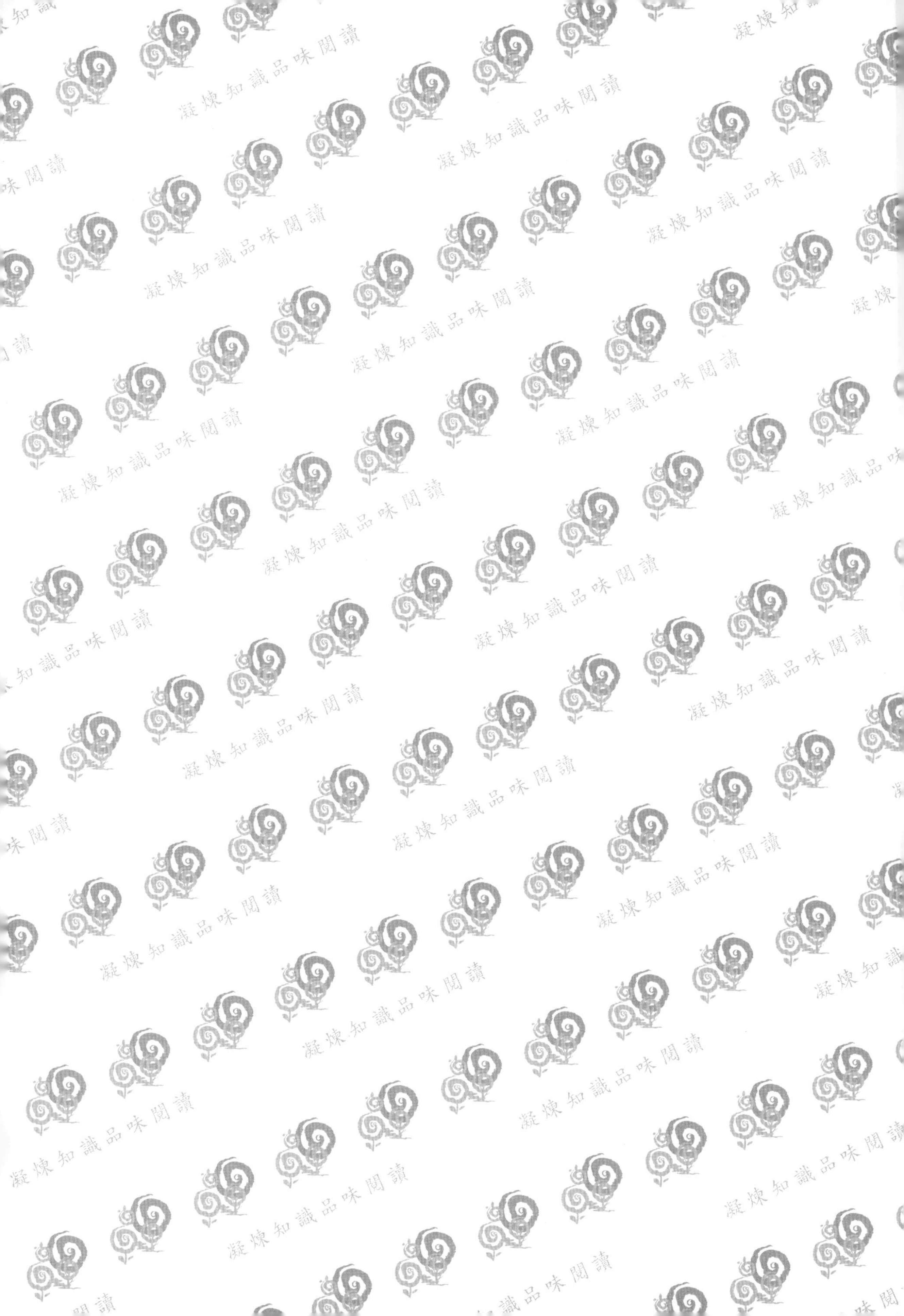
凝煉知識品味閱讀

凝煉知識品味閱讀

交通工程

第2版

陳惠國 邱裕鈞 朱致遠——著

五南圖書出版公司印行

再版序

本書《交通工程》自2010年出版以來廣受歡迎，於時隔七年之後，應五南出版社之邀請正式改版。

這次改版之除了提升圖形品質、更正繕打錯誤、更新相關考題之外，也增加5.1節靜態車流模式、9.9節交通寧靜區，以及12.3節緩衝設施等內容。此外，本書內容與其他交通科目用書不免有些許重疊之處，但基於完整性之考量，均暫不更動。

近年來，交通科技之發展一日千里，包括車輛自動駕駛、車輛間與設施間的物聯網通訊、自動偵測技術、交通資料大數據分析、客貨運共享經濟均相繼崛起，這些最新科技與觀念的發展，對於傳統的車流理論、用路人行為、停車需求與設計、交通安全與肇事、交通工程設備與設施，以及交通違規與裁決等，帶來極為巨大之衝擊，但由於相關研究成果迄今仍未臻成熟，擬俟下次改版時再行考量納入。

陳惠國、邱裕鈞、朱致遠 謹誌

2017 年 4 月

目 錄

2 道路幾何設計與交通管理設施

3 交通管制

4 停車管理設施

5 公路容量分析

6 交通影響評估

第 1 章

緒論

交通工程（traffic engineering）之目的在於透過設計、工程與管理手段，創造一個優質的交通系統。因此，無論是交通系統之規劃者、設計者、建造者，以及營運者均必須充分了解交通工程與設計之精神。其中，規劃者在評估不同交通系統替選方案時，必須充分了解交通系統內各組成元件間之互動關係，方能掌握各方案對交通及環境可能產生的衝擊，據以進行方案之評選。設計者在設計道路幾何線形、車道配置乃至於號誌時制計畫時，則必須熟稔各種交通工程設計規範及原理，俾設計出優質的交通系統。建造者則必須深刻體認設計者之本意據以確實的施工，更須站在未來營運者之立場未雨綢繆保留預為準備的空間。營運者則必須具備交通工程與設計理論之專業知識，方能清楚判斷交通系統之實際問題，並預測各項改善計畫可能帶來的正、負面效果，進而研擬及執行有效可行之改善計畫。

美國運輸工程師學會（Institute of Transportation Engineers, ITE）認為交通工程屬於運輸工程的一類，並將運輸工程與交通工程分別定義為：「運輸工程」是利用科技與科學原理進行各種運輸系統（包括公路、軌道、海運、空運、管道）之規劃、功能設計及設施營運與管理，以提供一安全、快速、舒適、方便、經濟及環保的人、貨運輸系統。至於「交通工程」則是針對道路（市區街道及城際公路）之路網、場站、毗鄰土地，以及與其他運輸系統間相互關係之規劃、幾何設計及交通管理（Roess *et al.*, 2004）。由此可知，交通工程係運輸工程之一環，特別著重於道路交通系統之規劃設計與營運管理。

1.1 交通工程的目標

交通工程與設計的最重要目標即是營造一個安全的道路交通環境。以民國 98 年為例，我國道路交通事故死亡人數 2,092 人，受傷 239,260 人，而因道路交通事故所導致之財損與交通擁塞亦相當可觀。因此，透過交通工程技術提高道路交通系統之安全性，是降低交通事故最有效的對策之一。

除了安全以外，交通工程與設計的目標還包括：快速、方便、舒適、經濟、美觀及環保等項目，符合這些目標方可稱為優質的道路交通系統。其中，快速與方便兩項亦即所謂易行性（mobility）與可及性（accessibility）兩項指標，前者係指快速的將人與貨從起點運送至迄點，而後者則是指及戶（door to door）運輸的便利性。舒適則指用路人能充分享受道路交通設施的使用，諸如寬裕的行車空間、平整的道路鋪面、平順的道路線形，以及合宜的交通管制措施等。經濟係指道路交通系統之興建、管理及營運必須在有限資源中達成，不可浪費。美觀則指道路交通系統必須相容於周遭環境，不致過於突兀而破壞當地環境之美感。經由妥善設計之交通設施，甚至可成爲當地的觀光景點。另外，在節能減碳的趨勢下，符合環保要求的道路交通系統，更是規劃設計時的一項重要的考量。

1.2 交通工程師之倫理與責任

交通工程師與一般民衆有著相當特殊的關係，其關係之密切，甚至遠超過其他任一類工程師。因爲，交通工程師負責規劃設計民衆日常使用之道路交通系統，與民衆行之安全與便利息息相關。基此，交通工程師的責任也比其他工程師更爲重要，必須充分運用專業智能及可用資源，俾規劃設計出優質的道路交通系統。

此外，交通工程師也和其他工程師一樣必須恪遵下列工程人員之倫理守則（行政院公共工程委員會，2007）：

1. 善盡個人能力，強化專業形象。
2. 涵蘊創意思維，持續技術成長。
3. 發揮合作精神，共創團隊績效。
4. 維護雇主權益，嚴守公正誠信。
5. 體察業主需求，達成工作目標。
6. 公平對待包商，分工達成任務。
7. 落實安全環保，增進公衆福祉。
8. 重視自然生態，珍惜地球資源。

値得特別注意的是，道路交通是一個非常複雜及快速變遷的系統。交通工程理論與技術之發展一日千里，交通工程師必須能夠與時俱進，因應環境與技術的變化，時時更新自身的專業知識與規劃理念。例如，早期在處理運輸需求不足的問題時，大多以提增運輸供給作爲主要對策，包括新闢道路、擴建車道、增建停車設施等。但是，提高運輸供給的同時，也促使民衆多持有使用私人運具。根據我國及世界各國的經驗，私人運具的成長比例通常遠高於運輸供給的增加幅度，致使交通問題反而更形惡化。因此，在不致過度影響民衆社會經濟活動的情況下，適當限制私人運具運輸系統之供給，積極鼓勵與發展大衆運輸，也形成一種趨勢。

1.3 交通工程的重要內涵

交通爲一個人、車、路三者間互動運作之系統，而透過適當的交通管理及控制設施與措施，可使此一系統達到和諧地運作。因此，亦可將人、車、路與控制單元合稱爲交通系統的四個基本要素。而道路交通系統之績效優劣，則可透過服務水準評估技術加以衡量。至於因爲道路交通系統之供給降低（例如，道路施工）或需求增加（例如，基地開發），所造成之道路交通供需失衡之服務水準惡化，則必須利用交通工程相關專業技術與能力，加以評估並研提改善策略。因此，本書章節也依據此一脈絡加以安排，如圖1-1所示。

有關人、車特性之調查、分析及研究將於本書第一篇「交通調查與特性分析」（共計六章）加以介紹。有關路的規劃與設計則於第二篇「公路幾何設計與交通管理設施」（共計七章）加以說明。用於管理移動中及停止的車輛的交通控制設施及停車管理設施，將分別於第三篇「交通控制」（共計四章）及第四篇「停車管理設施」（共計四章）加以介紹。而道路交通系統之服務容量與服務水準評估則於第五章「公路容量分析」（共計四章）加以簡介。最後，如何評估與因應交通供需失衡所衍生之問題，則於第六篇「交通影響評估」（共計三章）加以說明。

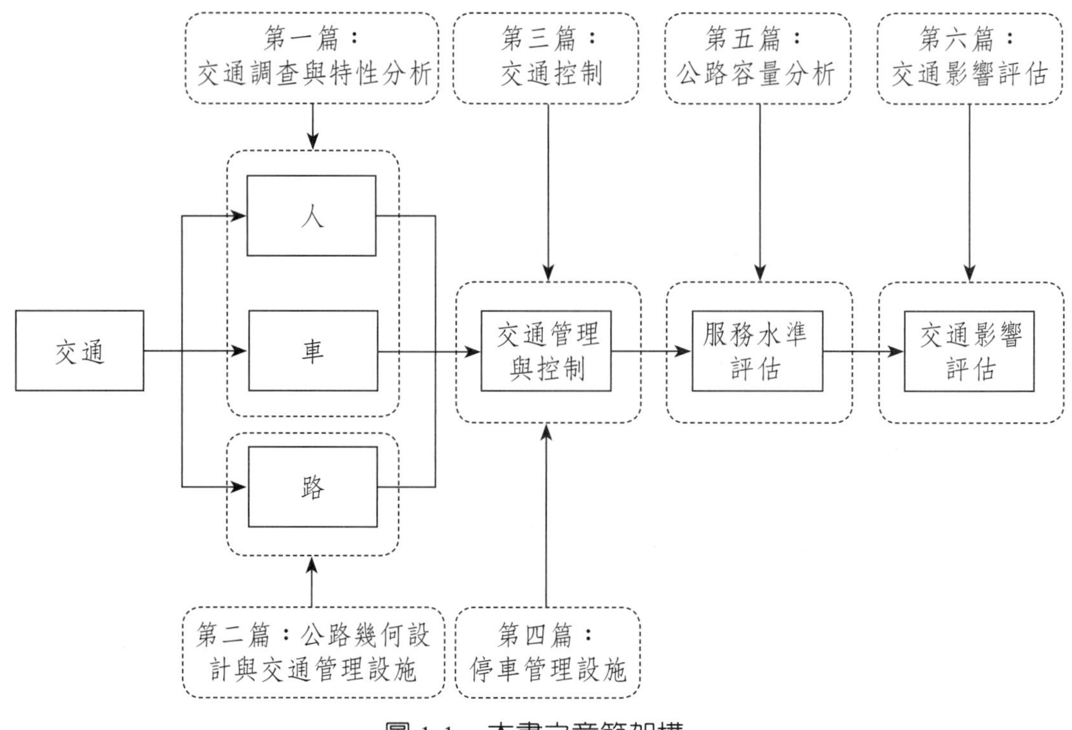

圖 1-1　本書之章節架構

1.4 結論與建議

本書的內容以傳統交通工程與設計的專業知識爲主，含括交通調查與車流特性分析、道路幾何設計、交通控制、停車管理、公路容量分析，以及交通影響評估，但也因應運輸科技的快速發展，同時融入新的知識與應用，特別是交通數據收集、車輛性能以及運輸系統營運管理方面。本書旨在提供交通工程入門修習之用，若欲進行進階之研究，可進一步修習更深入之相關課程及書籍，例如，車流理論、交通控制、公路幾何設計、公路容量分析等。

値得一提的是，由於自動駕駛車輛（autonomous cars 或 self-driving cars）科技與大數據（big data）科學的快速發展，交通工程也將面臨巨大的衝擊與轉變，如何因應嶄新的觀念與發展適用的實質內容，這是我們未來不可避免之挑戰。

問題研討

1. 請分別說明「交通工程」與「運輸工程」定義與內涵。又兩者之間的關係為何？
2. 請說明交通工程師之倫理與責任。
3. 請說明交通工程的基本要素與其內涵。

參考文獻

一、中文文獻

1. 行政院公共工程委員會（2007），工程倫理手冊，技術叢書。

二、英文文獻

1. Roess, R.P., Prassas, E.S. and McShane, W.R. (2004) *Traffic Engineering*, Third edition, Pearson Prentice Hall.

第 1 篇

交通調查與特性分析

第 2 章

用路人特性分析

交通爲一個人、車、路三者間互動運作之系統。因此，一位交通工程師必須充分掌握用路人（road users）之特性，方能設計出優質的人—車及人—路界面，以達到安全、效率與美觀之交通運行目標。雖然，人類的身心狀況相當複雜，但就交通運行的角度而言，有兩項駕駛人特性最爲重要：視力特性及感知反應時間。因爲絕大部分的用路人均需仰賴視覺，用以判斷道路交通環境狀況，以作爲車輛操控（駕駛人）或步行運作（行人）之決策依據。因此，影響視力優劣的因素對於車輛及道路（含交通管制設施）之設計十分重要。至於反應過程則包括用路人感知周圍環境，進而作出決策，並採取行動的過程。此一過程所需時間因人因地而異，感知反應時間不足常會衍生不必要交通延滯，甚至導致事故發生。當然，用路人的生、心理狀態也是影響其駕駛（或步行）行爲的因素之一。本章即針對用路人特性加以探討，並分析其對交通效率與安全之影響。

本章節之順序安排如下：第一節說明用路人行爲；第二節介紹視力特性；第三節說明感知反應時間之特性；第四節說明視距的定義與計算；第五節探討側向偏移；第六節說明行人步行速率及其在交通設計上之重要性；第七節爲結論與建議。

2.1 用路人行爲

用路人包括駕駛人及行人兩類。其中，駕駛人的駕駛行爲主要包括兩階段：1. 感知反應階段（perception-response phase or perception-reaction phase）：主要爲駕駛人針對資訊進行接收、處理、感知、決策、行動等過程；2. 控制移動階段（control phase）：主要爲駕駛人行動（加速、減速及方向操控）後之人車界面關係以及車輛制動之機械關係。至於行人的步行行爲則僅有駕駛行爲的第一階段，而無第二階段。因此，以下僅介紹駕駛行爲，步行行爲則與第一階段之過程類似。駕駛行爲之重要過程如圖 2-1 所示：

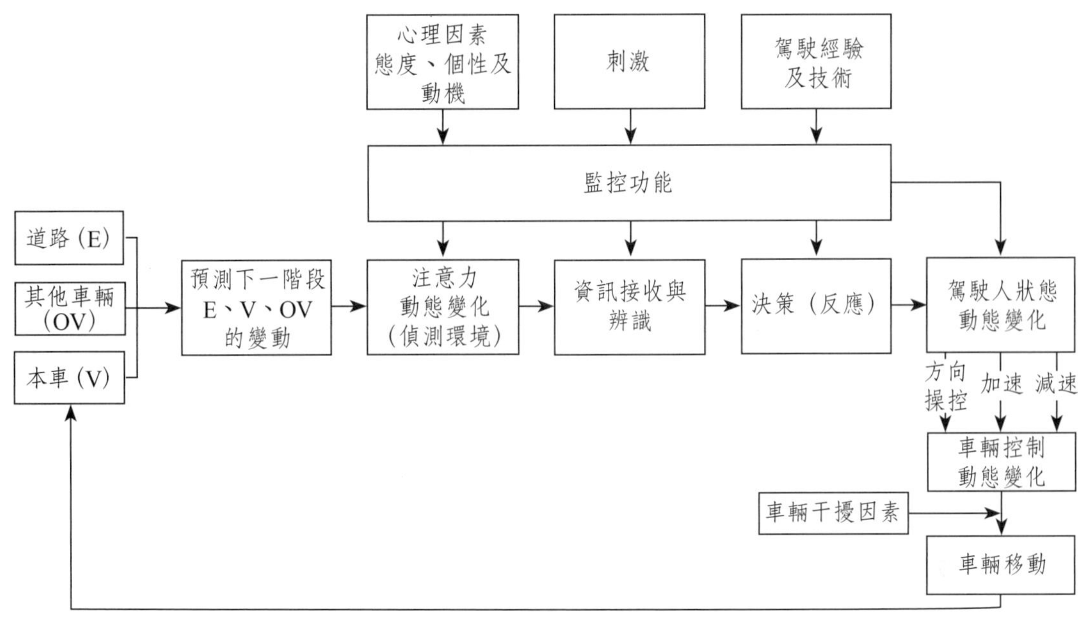

圖 2-1　駕駛行為的重要過程

由圖 2-1 知，駕駛行爲包括下列重要過程：預測下一階段道路交通環境（道路、其他車輛及本車）變動、環境偵測、資訊接收與辨識、決策、駕駛人動態及車輛控制動態等過程。其中，駕駛人接收資訊之種類與來源，又會因其在不同層次有關。駕駛行爲可分爲控制、指引及導航等三個層次（Alexander and Lunenfeld, 1975）：

1. 控制（control）：係指駕駛人與車輛間之互動關係，即加速、減速及方向操控等運作。駕駛人所接收之主要資訊來自本身車輛及其儀表板，是一種以駕駛技術爲基礎（skill-based）的駕駛行爲。

2. 指引（guidance）：係指駕駛人維持在一個安全行駛速率及正確的行駛路徑的車道上。駕駛人所接收之主要資訊來自道路幾何、危險、交通管制設施及其他在道路上之車輛及行人，是一種以判斷規則爲基礎（rule-based）之駕駛行爲。

3. 導航（navigation）：係指駕駛人旅次起迄點間之行程規劃與執行。駕駛人所接收的資訊主要來自地圖、指引標誌、地標等，是一種以知識庫爲基礎（knowledge-based）的駕駛行爲。

2.2 視力特性

由圖 2-1 知，資訊接收是駕駛行爲一項關鍵的程序。而有 90% 以上的駕駛資訊必須透過視覺方式加以傳達與接收。因此，駕駛人的視覺能力是車輛及道路（含交通管制設施）設計之重要依據。美國工程師學會（ITE, 1992）針對視力對駕駛行爲之影響整理如表 2-1。由表知，與駕駛行爲相關之視覺能力甚多，且對某種特定的駕駛情境中影響最大。惟一般有關報考駕駛執照之視力要求，多僅檢驗靜態視力及辨色能力。

表 2-1　影響駕駛行為之視覺因素

視覺能力	定義	相關之駕駛行為案例
視力調節（accommodation）	改變瞳孔形狀以便影像映入焦距	改變焦距自儀表板至道路
靜態視力（static visual acuity）	能夠看清楚細微物體	閱讀遠方標誌
調適能力（adaptation）	在不同光線下之視覺靈敏度	進入隧道時因應光線變化自動調適視覺
角度移動（angular movement）	看見物體由視線前方穿越	判斷橫向車流的速度
移動遠近（movement in depth）	偵測視覺影響大小之變化	判斷接近車流的速度
辨色能力（color）	辨識不同顏色	判斷交通號誌之顏色
色差對比（contrast sensitivity）	看見與背景亮度相近之物體	在夜間看見穿著深色衣物之行人
視覺深度（depth perception）	判斷物體之距離遠近	在雙車道道路上考量對方車流遠近情況下，利用對向車道進行超車
動態視力（dynamic visual acuity）	能夠看見移動的物體	在高速行進中，閱讀交通標誌
視線掃視（eye movement）	改變眼睛注視的方向	掃描道路環境中的可能危險物體
眩光恢復（glare sensitivity）	能夠抵抗眩光或迅速於眩光影響中恢復	視力因車前燈眩光影響而降低
周邊視界（peripheral vision）	偵測位於視力範圍兩側的物體	看見自行車自左方接近
雙眼聚合（vergence）	雙眼視線的角度	由注視儀表板移轉至道路之改變

（資料來源：ITE, 1992）

人類視力在視線範圍內並非一致，參見圖 2-2，所謂視線範圍（fields of vision）或視界，大致包括雙眼正前方 0° 至 180° 的範圍內。Roess *et al.*（2004）進一步指出在 3°～10° 的範圍內屬於相當清楚視錐（clear vision cone）範圍，在此一視線範圍內文字才能被清楚辨識；10°～12° 的範圍內屬於尚稱清楚視錐（fairly clear vision cone）範圍，在此一範圍內顏色及形狀可被清楚辨識，至於周邊視線（peripheral vision）則可延伸至左右兩側各 90° 位置及上方 60° 及下方 70° 位置。在此一範圍內只能偵知動態物體，而無法偵知靜態物體。而在行進中時，視線範圍會隨速度提高而縮小。在時速 40 公里／小時，視線範圍僅有 100°；時速達 70 公里／小時，則降爲 65°；時速 100 公里／小時，則更降爲 40°。

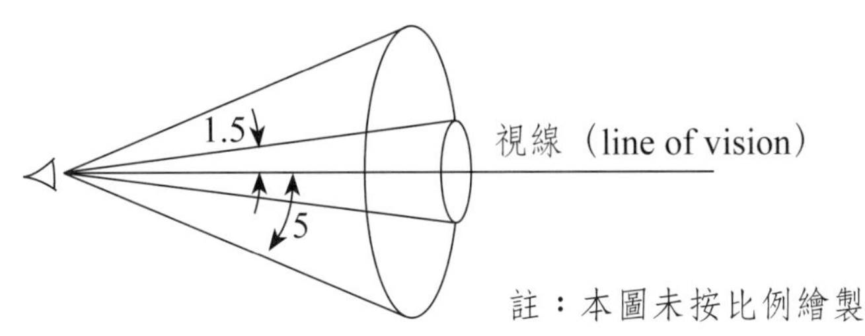

圖 2-2　視錐示意圖

（資料來源：Papacostas and Prevedouros, 2005, p. 40）

另外，視力因人而異，在道路設計上不可能以最差視力進行設計，否則會造成超高的設計標準及工程成本。以標誌大小爲例，Jacobs *et al.*（1975）即指出要讓第 95 百分位數的用路人可以看清楚的標誌大小是第 50 百分位數的 1.7 倍。因此，一般而言，會依據調查所得之視力分布狀況，取第 85 至第 90 百分位間之數值，作爲設計依據。另外，標誌大小或辨識距離也與標誌內容有關。Greene（1994）指出在固定標誌大小的情況下，文字標誌的辨識距離是符號標誌的一半，而且愈複雜的標誌內容所需的辨識距離也愈長。

2.3 感知反應時間

感知反應時間（perception-response time, PRT）是另外一項重要的用路人特性。由圖 2-1 知，駕駛行爲基本上可分爲偵測、感知、決策及行動等四個階段，這四個階段總共所需花費的時間即稱爲感知反應時間。感知反應時間會因人因地（環境）而異。例如，Neuman（1989）認爲感知反應時間與行駛於不同的道路系統有關，其分布由低流量道路之 1.5 秒，到都會區高速公路的 3.0 秒不等。美國公路及運輸官員協會（American

Association of State Highway and Transportation Officials, AASHTO, 1990）則以 2.5 秒設定爲煞車的感知反應時間（大約是在第 90 百分位處），其中，1.5 秒爲感知時間，1.0 秒爲反應時間。Hooper and McGee（1983）則針對煞車感知反應中的各項過程所需時間進行調查與模化，表 2-2 爲第 85 百分位之數值。其累積之感知反應時間約 2.74 秒，與美國公路及運輸官員協會（AASHTO）的建議值相近。其中，煞車效果開始發揮時間（反應時間）係指腳由加油板移至煞車板的時間。

表 2-2 Hooper-McGee 模式所推估的感知反應時間

項目	時間（秒）	累積時間（秒）
(1) 感知		
遲疑（latency）	0.31	0.31
顧盼需時（eye movement）	0.09	0.40
凝視（fixation）	0.20	1.00
辨知（recognition）	0.50	1.50
(2) 煞車效果開始發揮	1.24	2.74

（資料來源：Hooper and McGee, 1983（Koppa, 2008 彙整））

至於交通號誌時制設計時，美國運輸工程師學會（ITE, 1992）建議感知反應時間爲 1.0 秒（大約是第 85 百分位數）。美國公路及運輸官員協會（AASHTO, 1990）則認爲駕駛人對號誌的感知反應時間在 1.0 至 2.5 秒間。Chang *et al.*（1985）對號誌變換之感知反應時間平均爲 1.3 秒，第 85 百分位爲 1.9 秒，第 95 百分位則爲 2.5 秒。

煞車的感知反應時間與駕駛人所反應的事件與採取的行動有關。如果感知反應的事件屬於預期中的（例如，號誌變換），其所需的時間通常較意外的事件（例如，前車突然停車）來得短。例如，Olson *et al.*（1984）即透過實驗設計方式，分別調查學生駕駛人面臨預先告知的事件及未事先告知的事件的感知反應時間之分布情形（如圖 2-3，圖中「驚嚇」係指駕駛人完全無預期，「預警」係指有事先預告駕駛人，「煞車」係指利用煞車燈號提示駕駛人事件即將發生）。由圖知，預期事件的感知反應時間約較非預期事件短 0.5 秒。

由上述文獻之回顧知，感知反應時間會因道路環境（不同道路等級）、駕駛狀態與反應行爲、事件反應之突發性等因素而異，但即便在同一種因素下，其所需時間也會受用路人本身的生理、心理因素所影響。其中，生理因素包括性別、年齡、疲勞、酒駕或用藥。心理因素則包括動機、情緒及個性等。有關駕駛人不同生理、心理狀態下，感知反應時間變化之掌握，對於車輛及道路設計、交通管理措施規劃、駕駛輔助科技發展，乃至於事故責任鑑定都至爲重要，值得加以深入研析。

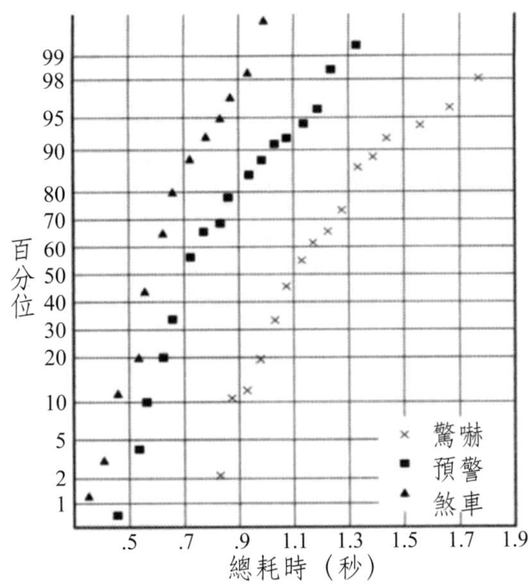

圖 2-3　預期與非預期事件之感知反應時間之分布與比較

（資料來源：Olson *et al.*, 1984（Roess *et al.*, 2004 重繪））

2.4 視距

視距（sight distance）與用路人感知反應時間有關，爲交通管制措施規劃與管制設施之設置規模與地點之重要考量因素。依我國「公路路線設計規範」之規定，視距可分爲停車視距（stopping sight distance, SSD）、應變視距（decision sight distance, DSD）及超車視距（passing sight distance, PSD）等三種。

1. 停車視距

(1) 駕駛人發現車道中有障礙物，自反應、煞車至完全停止車輛所需之距離。

(2) 各級公路及各類市區道路應符合最短停車視距之規定。

2. 應變視距

(1) 在車輛行進中遇到非預期或較複雜的資訊、路況，可能影響駕駛人辨識或認知其潛在危險性，駕駛人仍得以充分、有效地變換適當車道、車速、車向或停止，完成安全駕駛所需之距離。

(2) 各級公路及各類市區道路應檢核最短應變視距；視距不足時，應以各類交通管制措施輔助之。

3. 超車視距

(1) 在雙向雙車道之公路、市區道路，駕駛人得以在不影響前方車輛行駛的情況下行駛對向車道，於對向來車會車前完成安全超越前車所需之距離。

(2) 雙向雙車道公路、市區道路應符合最短超車視距之規定；視距不足路段，應劃設禁止超車標線。

除上述三種視距外，有關用路人視點及目標物高度及曲線之水平視距也一併分述如下：

2.4.1 停車視距

所謂停車視距定義為：「駕駛人以『設計速率』（design speed）行駛時，若發現車道上有障礙物時，能夠反應、煞車並安全地停止的最短長度」。因此，停車視距係指駕駛人感知反應（看到並加以辨識後，再下達煞車決策）時間內的行駛距離，再加上煞車發揮效果後，車輛由行進狀態而達到完全停止之過程中所需的行駛距離，如圖 2-4 所示。其計算公式如下：

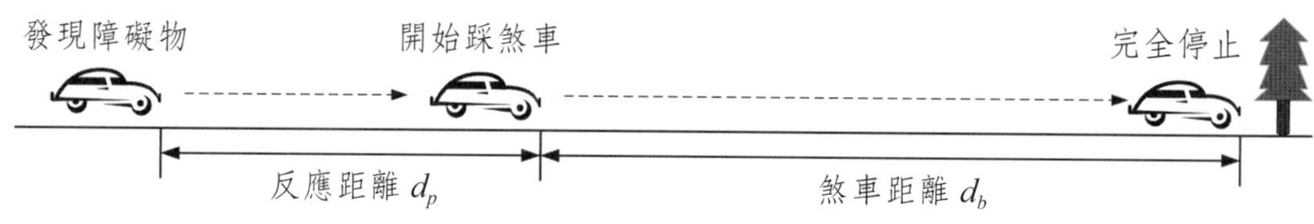

圖 2-4　停車視距計算之示意圖

$$d_{ss} = d_p + d_b = \frac{V_d \times t_p}{3.6} + \frac{V_d^2}{254f} \qquad (2\text{-}1)$$

其中，

d_{ss}：停車視距（公尺）。

d_p：駕駛人於感知反應時間內，繼續以設計速率行駛的距離，即煞車反應距離（公尺）。

d_b：開始制動車輛至車輛完全停止所行駛距離，即煞車距離（公尺）。

V_d：設計速率（公里／小時）。所謂設計速率是指在良好情況的公路上能安全行駛車輛所維持的最高速率而言，此一速率完全取決於路線狀況，其主要受地形及車輛性能影響。本速率用於設計彎道、超高、坡度、視距等項目。

t_p：感知反應時間（一般設為 2.5 秒）。

f：輪胎與路面間之縱向摩擦係數。

因輪胎、路面、制動力等條件不同而異，計算停車視距時一般以路面潮溼狀態計算之（係數較低）。由式 2-1 知，停車視距會隨著駕駛人的感知反應時間長短、車輛的減速性能及輪胎與路面間的摩擦係數而異。此外，坡度高低也會影響停車視距（煞車距離），即將式 2-1 的第二項改爲：

$$d_b = \frac{V_d^2}{254(f \pm G)} \quad (2\text{-}2)$$

其中，

G 爲坡度，以百分比除以 100（或比例）。上坡取正號，分母爲 $254(f + G)$，下坡取負號，分母爲 $254(f - G)$。

表 2-3 爲我國「公路路線設計規範」有關最短停車視距的規定。

表 2-3　最短停車視距

設計速率 V_d（公里／小時）	停車視距 d_{ss}（公尺）		坡度修正值 Δd_{ss}（公尺）		
	容許最小值	建議值	縱坡度 G +3%/−3%	縱坡度 G +6%/−6%	縱坡度 G +9%/−9%
120	195	250	−14/14	−	−
110	175	220	−12/12	−	−
100	155	185	−10/10	−	−
90	135	160	−8/8	−	−
80	110	130	−6/6	−11/15	−
70	90	105	−5/5	−9/11	−
60	70	85	−3/3	−6/8	−
50	55	65	−2/2	−4/6	−6/10
40	40	50	−2/2	−3/4	−4/6
30	30	35	−1/1	−2/2	−2/3
25	25	30	−1/1	−1/1	−2/2
20	20	20	0/0	0/0	0/0

註：縱坡度超過 ±3% 範圍時，宜考量其縱坡之影響。

2.4.2 應變視距

應變視距係指「在車輛行進中遇到非預期或較複雜的資訊、路況，可能影響駕駛人辨識或認知其潛在危險性，駕駛人在設計速率下仍可以充分、有效地變換適當車道、車速、車向或停止，以完成安全駕駛之所需距離」，如圖 2-5 所示。

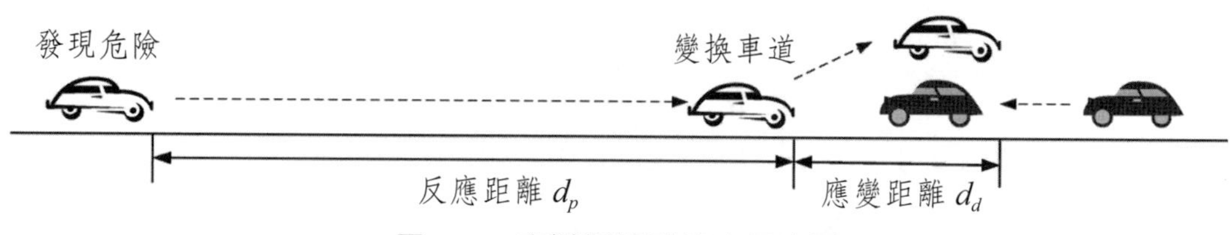

圖 2-5　應變視距計算之示意圖

通常，應變視距會較停車視距較長。我國「公路路線設計規範」有關最短應變視距之規定如表 2-4 所示。由表知，應變視距會隨著應變狀況不同而異，原則上如果是決定停止（狀況一及二，略大於停車視距），通常會較變換車速、車道或車向（狀況三及四）來得短。

表 2-4　最短應變視距

設計速率 V_d（公里／小時）	應變視距 S_d（公尺）			
	狀況一	狀況二	狀況三	狀況四
120	265	470	360	470
110	235	420	330	430
100	200	370	315	400
90	170	325	270	360
80	140	280	230	315
70	115	235	200	275
60	95	195	170	235
50	70	155	145	195

註：應變狀況一：鄉村區公路車輛為應變而須停止。
應變狀況二：市區公路車輛為應變而須停止。
應變狀況三：鄉村區公路車輛為應變而須變換車速、車道或車向。
應變狀況四：市區公路車輛為應變而須變換車速、車道或車向。

2.4.3 超車視距

超車視距係指「在雙向雙車道之公路，駕駛人在其設計速率下，得以在不影響前方車輛行駛的情況下，行駛對向車道於對向來車會車前完成安全超越前車所需之距離」，如圖 2-6 所示。其計算公式如下：

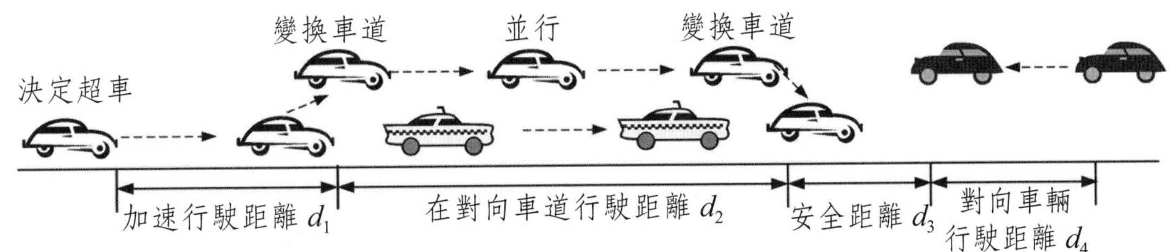

圖 2-6　超車視距計算之示意圖

$$d_{ps} = d_1 + d_2 + d_3 + d_4 \tag{2-3}$$

其中，

d_{ps}：超車視距（公尺）

d_1：加速行駛距離

d_2：在對向車道行駛距離

d_3：安全距離

d_4：對向車輛行駛距離

各項距離之定義與計算公式說明如下：

$$d_1 = \frac{V_o t_1}{3.6} + \frac{1}{2} a t_1^2 \tag{2-4}$$

其中，

d_1：加速行駛距離（公尺），其為當尾隨在被超車輛後面的超車車輛經判斷認為有超車的可能時，便加速駛入對向車道，在進入對向車道之前所行駛的距離。

V_o：被超車輛的行駛速率（公里／小時），一般以低於設計速率 5～20 公里／小時設計之。

t_1：自辨識、反應及開始加速超過被超車輛行駛速率一定速差（即 5～20 公里／小時，AASHTO 建議為 10 英哩／小時，即 16 公里／小時）之所需時間，其大約為 3.6～4.5 秒。

a：平均加速度（公尺／秒 ^{2}）。

$$d_2 = \frac{V_d t_2}{3.6} \tag{2-5}$$

其中，

d_2：超車車輛在對向車道的行駛距離（公尺）。

V_d：設計速率（公里／小時）。

t_2：超車車輛占用對向車道的時間，其值為 9.3～10.3 秒。

另外，d_3 為超車完後，超車車輛與對向車輛間的安全距離，其值隨設計速率而異，約 33～90 公尺。d_4 爲超車車輛開始加速到超車完成，在這段時間內，對向車輛的行駛距離（公尺），即 $d_4 = V_d(t_1 + t_2)/3.6$。

我國「公路路線設計規範」有關最短超車視距之規定如表 2-5 所示。

表 2-5　最短超車視距

設計速率 V_d（公里／小時）	超車視距 d_{ps}（公尺）	
	容許最小值	建議值
120	–	–
110	–	–
100	–	–
90	420	600
80	380	540
70	330	470
60	290	410
50	240	340
40	200	280
30	160	220
25	140	195
20	120	160

2.4.4 視點及目標物高度

視距丈量依據表 2-6 所示，駕駛人視點高度與目標物高度之規定，以內線車道中心丈量平縱面視線方向可視距離之較小值。

表 2-6　視點及目標物高度

駕駛人視點高 H_e（公尺）	目標物高 H_o（公尺）		
	停車視距	應變視距	超車視距
1.05	0.15	0.60	1.30

2.4.5 曲線之水平視距

曲線之水平視距如圖 2-7 所示，其計算公式如式 2-6。

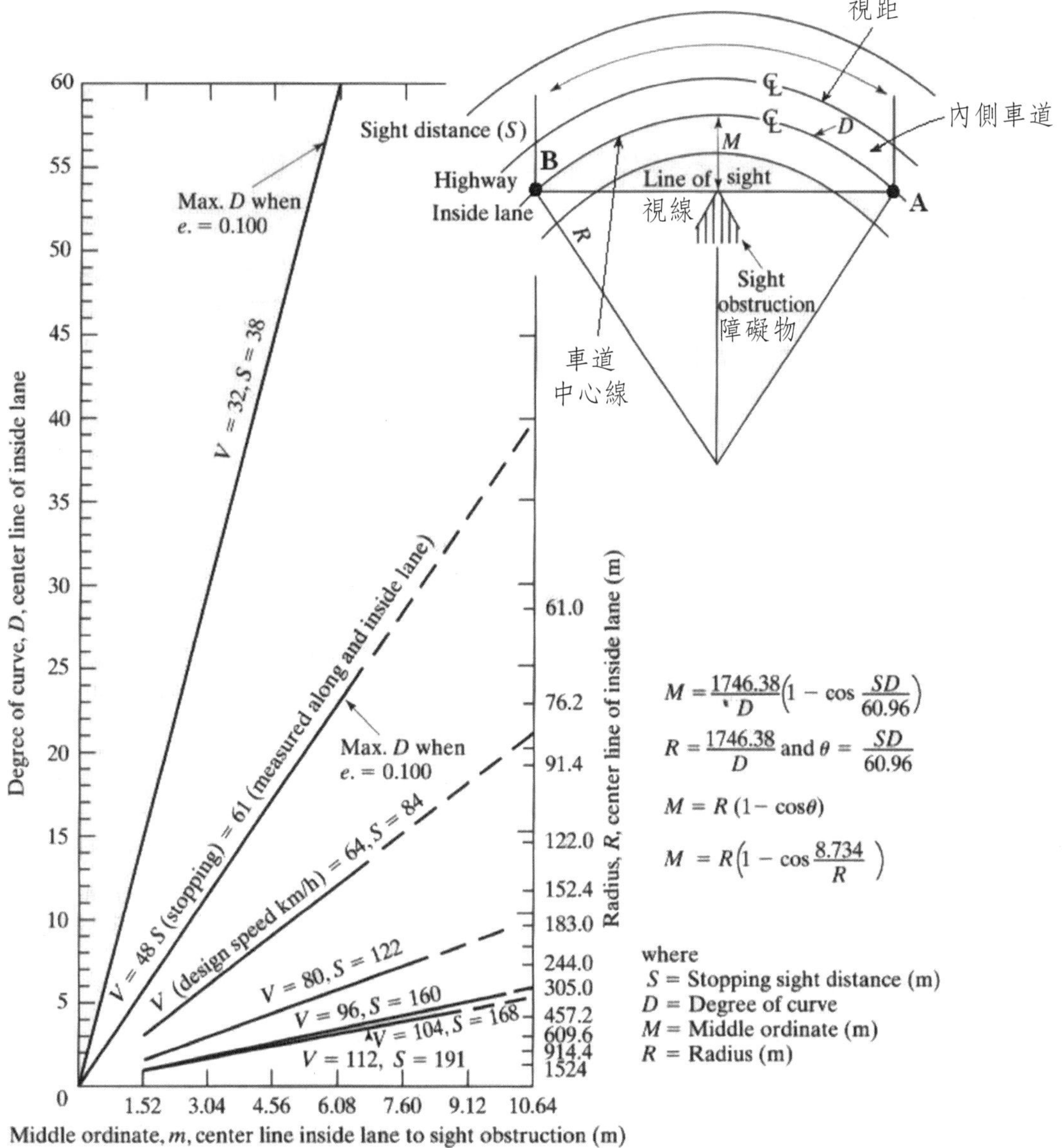

圖 2-7　曲線水平視距示意圖

（資料來源：Papacostas and Prevedouros, 2005, p. 61）

$$m=\frac{D^2}{8R} \qquad (2\text{-}6)$$

其中，

D：視距之長度（公尺）

R：內側車道之曲線半徑（公尺）

m：內側車道中心線至視距限界之距離（公尺）

2.5 側向偏移

當道路上駕駛人開車接近其行駛路徑上之障礙物時，即使該障礙物並非直接位於駕駛人的行駛路徑上，駕駛人多多少少也都會表現出逐漸避開障礙物的傾向，這種現象稱之爲側向偏移（lateral displacement）。一般說來，駕駛人目視方向與障礙物所形成視角的變化率（$d\theta/dt$）是駕駛人用以決定側向偏移以及減速程度的主要依據。當視角的變化率是 0 時，表示障礙物剛好在行駛路徑之正中間，但若視角的變化率大於某一臨界值時，則表示障礙物遠在行駛路徑之外，因此不須進行側向偏移的閃躲動作。

茲將視角的變化率的公式推導於下。假設有一個障礙物放置於道路路肩，其與駕駛人目視之縱向距離爲 l，目視之橫向距離爲 a，所形成之視角爲 θ，如圖 2-8 所示。

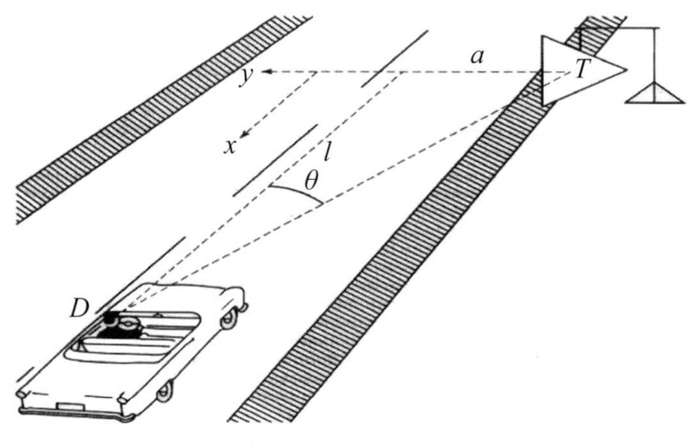

圖 2-8　側向偏移的幾何圖形示意圖

（資料來源：Papacostas and Prevedouros, 2005, p. 42）

根據三角函數關係可得

$$l = a\cot\theta \qquad (2\text{-}7a)$$

等號兩邊對時間 t 微分

$$\frac{dl}{dt} = -a\csc^2\theta\frac{d\theta}{dt} \qquad (2\text{-}7b)$$

因爲長度對時間 t 微分等於速度 $-v$ 且根據餘割之定義，即

$$\frac{dl}{dt} = -v \qquad (2\text{-}7c)$$

$$\csc^2\theta = (a^2 + l^2) / a^2 \qquad (2\text{-}7d)$$

所以視角的變化率就等於

$$\frac{d\theta}{dt}=\frac{va}{a^2+l^2} \tag{2-7e}$$

2.6 步行速率

行人的各種行爲中與道路及交通管制設施之關係最大的即是步行速率（walking speed），尤其在設計號誌化路口的時制計畫時（即最短綠燈時間）最爲重要。然而，影響行人步行速率的最重要因素即是年齡及是否有肢體障礙。表 2-7 爲不同年齡下，男、女性行人第 50 百分位步行速率分布狀況。由表知，年齡較小或較長者，其步行速率明顯較低，而且與壯年行人差異頗大。例如，以 20-29 歲男性行人爲例，其步行速率可達 1.75 公尺／秒（約 6.3 公里／小時），但 60 歲以上年長者之步行速率降至 1.25 公尺／秒（約 4.5 公里／小時）。而行人步行速率是時制計畫中最短綠燈時間之設計依據。所謂最短綠燈時間必須能使行人順利步行通過路口的時間，因此該時間等於路寬除以步行速率而得。一般多以步行速率 1.2 公尺／秒作爲設計基礎，以滿足大多數行人的需要。

表 2-7　不同年齡行人第 50 百分位之步行速率

年齡	第 50 百分位步行速率（公尺／秒）	
	男性	女性
2	0.85	1.04
3	1.07	1.04
4	1.25	1.25
5	1.40	1.37
6	1.46	1.52
7	1.52	1.52
8	1.52	1.62
9	1.55	1.65
10	1.68	1.65
11	1.58	1.58
12	1.77	1.74
13	1.62	1.71
14	1.55	1.62

年齡	第 50 百分位步行速率（公尺 / 秒）	
	男性	女性
15	1.71	1.62
16	1.58	1.65
17	1.58	1.65
18	1.49	N/A
20-29	1.74	1.65
30-39	1.65	1.65
40-49	1.55	1.62
50-59	1.49	1.52
60+	1.25	1.25

（資料來源：Eubanks and Hill, 1999; Roess, 2004 彙整，並換算為公制。）

2.7 結論與建議

「人」、「車」、「路」爲道路交通行爲的主體，無論是交通運行的安全或者是效率，均有賴此三者之和諧互動方可達成。其中，「人」更是整個交通系統中最主要也最爲複雜的主體。因此，交通工程師無論在進行車輛或道路設計、交通管理措施規劃、交通管制設施配置，或事故責任鑑定等工作時，均必須能夠充分掌握用路人（包括駕駛人及行人）的特性，了解用路人的需要與習慣，適當地引導用路人以安全及效率的方式，正確地使用道路。

由於人爲因素（human factors）的研究成果，係研擬相關道路交通工程設計規範之重要依據，其重要性不言可喻。惟此類研究均相當耗力費時，因此我國許多設計規範大多係參採美國或日本等國家之規範，較缺乏本土化實驗數據之支持。然而，不同國家的用路人的特性，極可能因生、心理狀態之不同，而存有相當程度之差異。基此，政府有必要持續投入資源，進行道路交通人因工程之研究。

問題研討

1. 名詞解釋：
   (1) 感知反應時間（perception response time）。
   (2) 設計速率（design speed）。
   (3) 停車視距（stopping sight distance）。
   (4) 應變視距（decision sight distance）。
   (5) 超車視距（passing sight distance）。
   (6) 側向偏移（lateral displacement）。
   (7) 眩光恢復（glare sensitivity）。
2. 請繪圖說明駕駛行為的重要過程。
3. 在設計速率為60公里／小時、摩擦係數為0.348、坡度為上坡3%的道路上，其停車視距多長？
4. 請說明感知反應時間（perception response time）會受哪些因素影響？
5. 駕駛行為可分為控制（control）、指引（guidance）及導航（navigation）等三個層次，請說明各層次的主要駕駛行為為何，以及該層次接收資訊之類型與來源。
6. 請說明視距設計之種類與內容。

相關考題

1. 請繪圖說明：(每小題6分)
   在二車道郊區公路上甲車欲超越乙車，自甲車與對向來丙車相距200米時，開始轉出車道，若超車完成後甲乙車頭間距為10米，而甲丙車頭距為20米。請繪〈J〉甲、〈K〉乙、〈L〉丙三車之時空軌跡圖。(91專技高)
2. (一) 試定義最短停車視距（minimum stopping sight distance）。(15分)(91高三級第二試)
   (二) 試推導最短停車視距之計算公式。(10分)(91高三級第二試)
3. 請說明視距有幾種？如何計算？其用途分別為何？(20分)(95專技高)
4. 試說明平面交叉路口三種最短視距之意義，並繪製視界三角圖說明以無管制、讓標誌、停標誌與號誌四種路口管制方式之最短視距來分析其間之關係。(25分)(100專技高)
5. 交岔路口的安全視距如何考量與設計？請配合視界三角圖示作答。(25分)(104專技高)

6. 若要使時速 60 公里的車輛可以在 18.5 公尺內煞車停止，試計算路面所需的摩擦阻力係數。（25 分）（105 高三級）

參考文獻

一、中文文獻

1. 交通部，公路路線設計規範，民國 97 年。

二、英文文獻

1. Alexander, G.J. and Lunenfeld, H., (1975), *Positive Guidance in Traffic Control*. Federal Highway Administration, Washington, DC.
2. American Association of Highway and Transportation Officials, AASHTO, (1990), *A Policy on Geometric Design of Highways and Streets*. Washington, DC.
3. Chang, M.S, Messer, C.J. and Santiago, A.J., (1985), *Timing Traffic Signal Change Intervals Based on Driver Behavior*. Transportation Research Record 1027, Transportation Research Board, National Research Council, Washington, DC.
4. Eubanks, I. and Hill, P., (1999), *Pedestrian Accident Reconstruction and Litigation*, 2nd Edition. Lawyers & Judges Publishing Co., Tucson, AZ.
5. Greene, F.A., (1994)., *A Study of Field and Laboratory Legibility Distances for Warning Symbol Signs*, Unpublished doctoral dissertation, Texas A&M University.
6. Hooper, K.G. and McGee, H.W., (1983), Driver perception-reaction time: Are revisions to current specifications in order? *Transportation Research Record* 904, Transportation Research Board, National Research Council, Washington, DC, pp. 21-30.
7. Institute of Transportation Engineers, ITE, (1992), *Traffic Engineering Handbook*, 4th Edition, Washington, DC.
8. Jacobs, R.J., Johnston, A.W. and Cole, B.L., (1975), The visibility of alphabetic and symbolic traffic signs, *Australian Board Research*, 5, pp. 68-86.
9. Neuman, T.R., (1989), *New Approach to Design for Stopping Sight Distance,* Transportation Research Record, 1208, Transportation Research Board, National Research Council, Washington, DC.
10. Papacostas, C.S. and Prevedouros, P.D., (2005), Transportation Engineering and Planning, SI

ed., Pearson Education South Asia Pte Ltd, Singapore.

11. Olson, P.L., Cleveland, D.E., Fancher, P.S., Kostyniuk, L.P., and Schneider, L.W., (1984), *Parameters Affecting Stopping Sight Distance*, NCHRP Report 270, Washington, D.C.: Transportation Research Board.
12. Roess, R.P., Prassas, E.S. and McShane, W.R., (2004), *Traffic Engineering*, Third edition, Pearson Prentice Hall.

第3章

交通及車輛運作特性分析

如第二章所述，交通爲一個人、車、路三者間互動運作之系統，路又可進一步延伸包括道路（公路及市區街道）、交通管制設施及環境。而人、車、路三者間之交互運作關係也決定交通車流的特性。因此，一位交通工程師除必須清楚掌握駕駛人及行人的反應時間與行爲，也必須同時了解車輛（vehicle）之特性，方能設計出優質的車一人及車一路界面，以達到安全、效率與美觀之交通運行目標。本章旨在介紹車輛的種類及數量，及由車輛運行所形成交通車流之特性。

本章節之順序安排如下：第一節說明我國各車種車輛登記數量；第二節說明我國設計車輛（design vehicle）的尺寸與轉向軌跡；第三節簡介車輛之加減速性能及其對道路設計及交通管制設施配置之重要性；第四節爲結論與建議。

3.1 車輛數量

我國歷年機動車輛登記數量係依大客車（自用、營業）、大貨車（自用、營業）、小客車（自用、營業）、小貨車（自用、營業）、機車[1]（重型、輕型）等類別加以統計，如表 3-1。由表知，我國各種機動車輛登記數量以自用小客車及機車最多，而且隨我國經濟發展，呈急速成長趨勢。以自用小客車爲例，民國 60 年全國總計才 32,824 輛，民國 70 年成長 13.35 倍成爲 438,052 輛，民國 80 年則又成長 5.57 倍達 2,440,685 輛，至民國 90 年再成長 1.93 倍成爲 4,720,641 輛，民國 98 年則成長 1.18 倍達 5,559,247 輛，由成長趨勢觀之，我國自用小客車之成長比率略有舒緩現象，惟每千人擁車率（自用小客車）已高達 242 輛。

若觀察我國機車每間隔約 10 年的成長趨勢，可發現其由民國 60 年 826,492 輛成長 5.55 倍至民國 70 年之 4,591,547 輛，再成長 1.61 倍至民國 80 年的 7,409,175 輛，再成長 1.58 倍至民國 90 年的 11,733,202 輛，再成長 1.24 倍至民國 98 年的 14,604,330 輛。我國機車之成長比率也略有減緩趨勢，惟每千人擁車率高達 635 輛，高居世界各國之冠。

若進一步與世界已開發國家（國民所得超過 3 萬美元者）進行比較（如表 3-2），我國小客車持有率仍遠低於各先進國家。許多研究指出，國民所得對小客車持有數量具有相當重要之影響，亦即國民所得愈高的國家，其小客車持有率也會愈高。因此，未來我國經濟持續成長後，小客車持有數量極可能會繼續成長。至於我國機車持有比率則遠高於其他國家，此與多數國家係將機車作爲旅遊用途，而非通勤用途有關。我國機車之

1 目前相關法規及公務統計報告將機車稱為機器腳踏車，簡稱機踏車，本書統一稱為機車。

表 3-1　機動車輛登記數

單位：輛

年度	總計	大客車			大貨車			小客車			小貨車			特種車	機車		
		合計	自用	營業	合計	自用	營業	合計	自用	營業	合計	自用	營業		合計	重型	輕型
41	10,710	1,623	244	1,379	3,699	1,511	2,188	2,579	2,089	490	325	316	9	482	2,002	...	...
45	16,753	2,599	423	2,176	4,399	1,919	2,480	5,594	4,760	834	272	262	10	758	3,131	...	...
50	56,774	3,600	498	3,102	6,555	2,880	3,675	8,968	6,671	2,297	1,314	1,280	34	3,604	32,733	...	...
55	152,636	5,539	963	4,576	11,143	3,291	7,852	19,209	11,038	8,171	4,597	3,816	781	19,374	92,774	...	...
60	957,295	8,900	1,732	7,168	21,992	8,028	13,964	55,111	32,824	22,287	25,593	24,686	907	19,207	826,492	517,684	308,808
65	2,347,298	13,724	2,661	11,063	41,764	19,145	22,619	170,984	127,416	43,568	88,089	85,514	2,575	23,039	2,009,698	1,710,500	299,198
70	5,413,409	18,790	4,726	14,064	66,564	34,782	31,782	506,291	438,052	68,239	211,304	206,748	4,556	18,913	4,591,547	3,833,293	758,254
75	8,696,045	21,698	5,976	15,722	86,121	46,350	39,771	1,046,660	956,625	90,035	332,091	327,427	4,664	15,273	7,194,202	5,419,023	1,775,179
80	10,611,036	20,120	5,381	14,739	121,161	66,184	54,977	2,541,364	2,440,685	100,679	495,167	489,381	5,786	24,049	7,409,175	4,798,804	2,610,371
85	14,273,465	21,772	3,487	18,285	155,740	81,964	73,776	4,146,475	4,039,649	106,826	622,144	615,966	6,178	43,420	9,283,914	5,455,570	3,828,344
87	15,959,135	22,871	3,088	19,783	156,239	81,953	74,286	4,545,488	4,433,195	112,293	657,855	650,592	7,263	47,642	10,529,040	6,199,613	4,329,427
88	16,317,768	23,798	2,878	20,920	152,878	79,434	73,444	4,509,430	4,401,730	107,700	627,034	618,943	8,091	46,159	10,958,469	6,496,189	4,462,280
89	17,022,689	23,923	2,748	21,175	155,623	81,003	74,620	4,716,217	4,608,960	107,257	652,963	643,796	9,167	50,791	11,423,172	6,848,116	4,575,056
90	17,465,037	24,053	2,580	21,473	155,140	81,813	73,327	4,825,581	4,720,641	104,940	675,533	665,718	9,815	51,528	11,733,202	7,131,438	4,601,764
91	17,906,957	25,079	2,326	22,753	155,805	82,649	73,156	4,989,336	4,888,050	101,286	700,978	690,750	10,228	52,002	11,983,757	7,386,784	4,596,973
92	18,500,658	25,628	2,196	23,432	157,156	83,912	73,244	5,169,733	5,071,981	97,752	728,624	717,915	10,709	52,653	12,366,864	7,759,650	4,607,214
93	19,183,136	26,453	2,042	24,411	160,460	85,662	74,798	5,390,848	5,262,693	128,155	758,809	743,939	14,870	52,616	12,793,950	8,239,700	4,554,250
94	19,862,807	26,967	1,883	25,084	164,248	88,049	76,199	5,634,362	5,495,693	138,669	789,222	770,659	18,563	52,743	13,195,265	8,746,286	4,448,979
95	20,307,197	27,522	1,812	25,710	166,211	90,142	76,069	5,698,324	5,555,507	142,817	805,590	783,979	21,611	52,522	13,557,028	9,225,155	4,331,873
96	20,711,754	27,361	1,793	25,568	164,004	91,050	72,954	5,712,842	5,567,687	145,155	811,646	787,361	24,285	52,428	13,943,473	9,762,555	4,180,918
97	21,092,358	27,339	1,723	25,616	161,231	91,215	70,016	5,674,426	5,530,314	144,112	812,440	786,782	25,658	51,480	14,365,442	10,349,865	4,015,577
98	21,374,175	27,667	1,909	25,758	158,812	91,543	67,269	5,704,312	5,559,247	145,065	827,955	792,288	35,667	51,099	14,604,330	10,749,348	3,854,982

（資料來源：交通部運輸研究所，2010）

高持有率，固然可減輕國人對小客車持有與使用的依賴性。但由於機車的高機動性與低私人成本特性，也不利於大眾運輸之發展。

表 3-2　各已開發國家小客車及機車持有數量統計

國家名稱	每千人小客車持有數量	每千人機車持有數量
盧森堡	611.25	27.88
冰島	602.71	13.45
紐西蘭	588.76	15.08
義大利	587.50	69.37
德國	551.56	46.53
加拿大	538.42	10.62
澳大利亞	518.45	20.08
瑞士	511.76	78.44
奧地利	494.16	73.62
法國	487.79	40.49
比利時	458.74	30.38
瑞典	454.08	35.20
美國	452.78	20.65
日本	440.54	105.97
挪威	430.84	66.52
西班牙	416.42	33.72
丹麥	350.88	29.69
愛爾蘭	349.72	8.04
臺灣	238.94	573.70

註：表中各數值為各國 2005 年資料（IRF, 2009）。

3.2 車輛類型

車輛類型可依加減速性能、排氣量、轉向軌跡、尺寸、廠牌、淨重、軸重、載客人數等因素加以區分，其中尤以車輛尺寸、加減速性能、轉向軌跡等對於公路及市區街道之幾何設計最爲重要。但車輛尺寸、加減速性能及轉彎特性即便是排氣量相同的車輛，也會因廠牌，甚至型號不同而異。爲便於工程設計，乃針對各車種訂定一個設計車輛

（design vehicle）之尺寸。美國公路及運輸官員協會（AASHTO）界定了 20 種設計車輛，每一種均有其特定尺寸及特性。而我國「公路路線設計規範」則將公路設計車種分為小客車、貨車、大客車、中型半聯結車、大型半聯結車、全聯結車等 6 種車型，其尺寸如表 3-3 所示，其最小轉向軌跡如圖 3-1～3-6 所示。

表 3-3　設計車種各部尺寸

設計車種	車輛尺寸（公尺）									
	全長 L	全寬 U	全高 H	前懸 L_a	前軸距 L_1	中軸距 L_2	軸結 L_x	結軸 L_y	後軸距 L_3	後懸 L_b
小客車	5.5	2.1	2.0	0.9	3.3	–	–	–	–	1.3
貨車	9.0	2.5	4.1	1.2	6.0	–	–	–	–	1.8
大客車	12.2	2.5	4.1	2.1	7.6	–	–	–	–	2.5
中型半聯結車	15.0	2.5	4.1	1.2	3.9	7.5	–	0.6	–	1.8
大型半聯結車	16.5	2.5	4.1	0.9	5.4	9.0	–	0.6	–	0.6
全聯結車	20.0	2.5	4.1	0.6	3.0	6.1	1.2	1.7	6.4	1.0

（資料來源：交通部部頒「公路路線設計規範」，2008）

一般而言，車輛尺寸及轉向軌跡的數據主要是作為市區道路或公路之車道寬度及其在彎道或交叉路口處，是否需要加寬設計的依據。在設計時，宜以未來使用該道路一定頻度以上的最大型車種，作為設計基礎。由表 3-1 知，小客車係 6 種車種中尺寸最小車輛，因此，被選作設計車輛的機會並不大。因為，很少道路僅專供小客車通行。不過，即便有此類專用道路，也必須考慮緊急車輛（如消防車、救護車、維修車等）通行之必要標準，而大部分緊急車輛尺寸均較小客車大，在設計上宜加以注意。不過，小客車尺寸仍可作為小客車停車位尺寸設計之依據。

由圖 3-1～3-6 知，車輛最小轉向軌跡（以右彎為例）中，外側最前輪軌跡，即最小轉彎半徑（minimum turning radius）與內側最後輪軌跡，會較直行時軌跡相距距離大幅增加，尤其車輛愈長及轉向幅度愈大，愈為明顯。此即車道在彎曲處必須加寬的原因。此外，值得注意的是，圖 3-1～3-6 僅標示外側最前輪及內側最後輪行駛軌跡，若進一步比較內側最前方車輪與內側最後方車輪的行駛軌跡，會不盡相同，此稱為內輪差。同理，外側最前方車輪與外側最後方車輪行駛軌跡的差異，則稱為外輪差，此一前後輪行駛軌跡之差異通稱為「離軌現象」（off-tracking），如圖 3-7 及圖 3-8 所示。而且，車輛愈長及轉向幅度愈大，也愈為明顯。其中，內輪差易造成行人及其他車輛之誤判，而遭其後輪碰撞、碾壓，故車輛行駛或行人行步時應與大型轉彎車輛保持一定距離，以策安全。

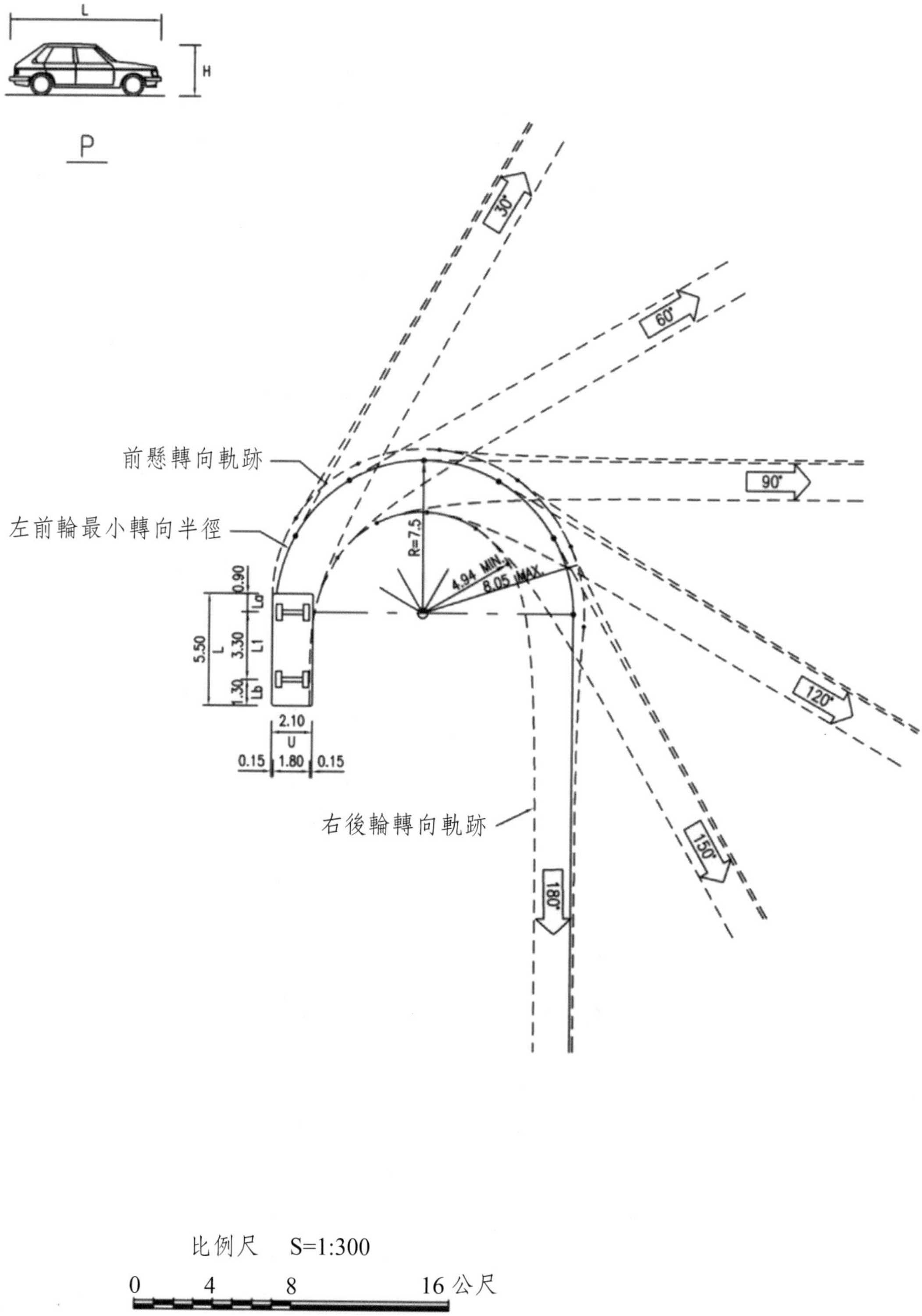

L
H
P

前懸轉向軌跡
左前輪最小轉向半徑
右後輪轉向軌跡
R=7.5
4.94 MIN.
8.05 MAX.
30°
60°
90°
120°
150°
180°
0.90 Lo
5.50 L 3.30 L1
1.30 Lb
2.10
U
0.15 1.80 0.15

比例尺 S=1:300

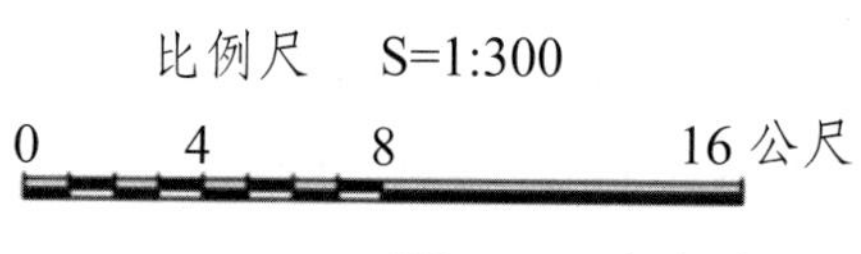

圖 3-1 小客車最小轉向軌跡

（資料來源：交通部部頒「公路路線設計規範」，2008）

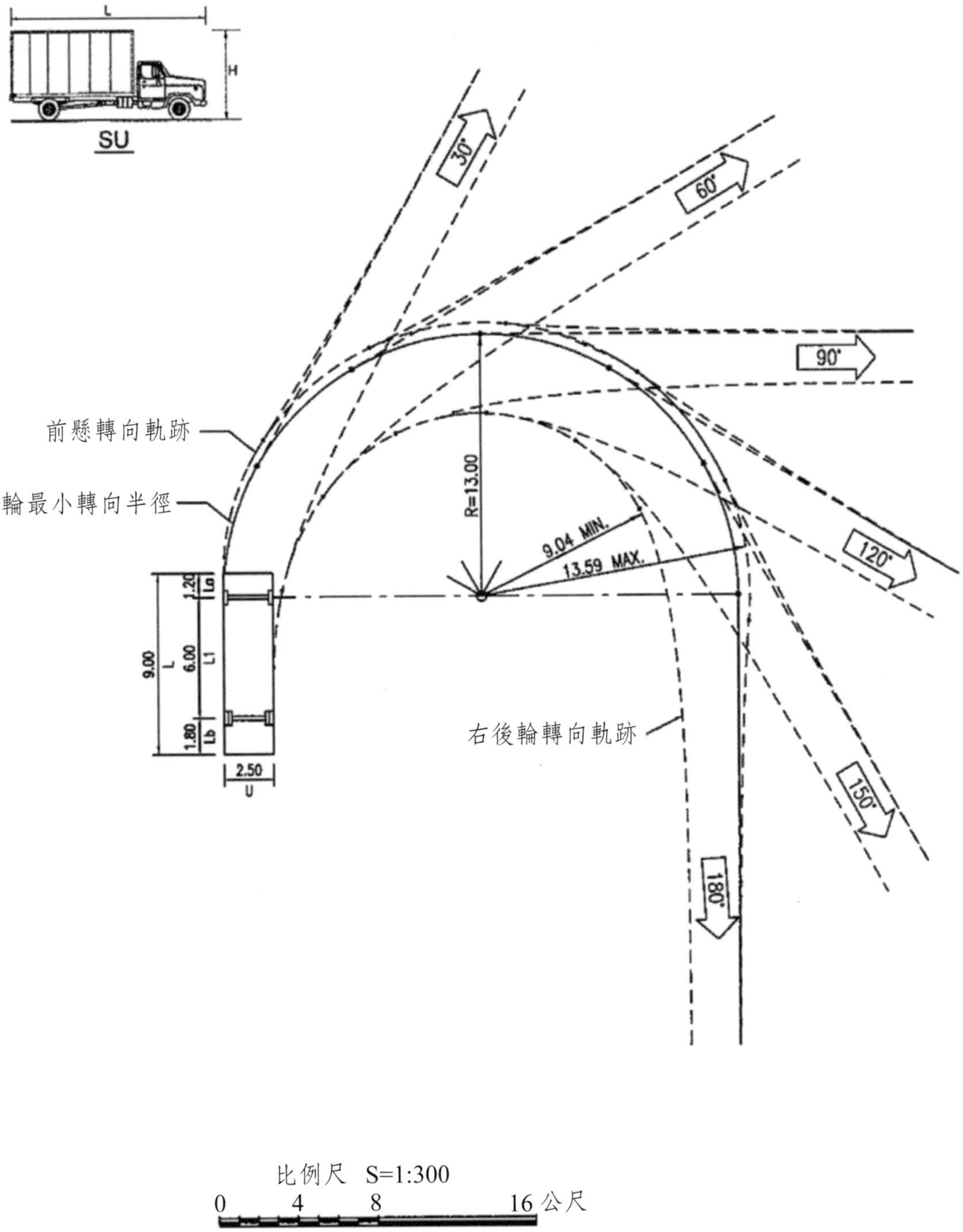

L
H
SU
30°
60°
90°
120°
150°
180°
前懸轉向軌跡
左前輪最小轉向半徑
R=13.00
9.04 MIN.
13.59 MAX.
右後輪轉向軌跡
1.20 La
9.00 L
6.00 L1
1.80 Lb
2.50 U
比例尺 S=1:300
0 4 8 16 公尺

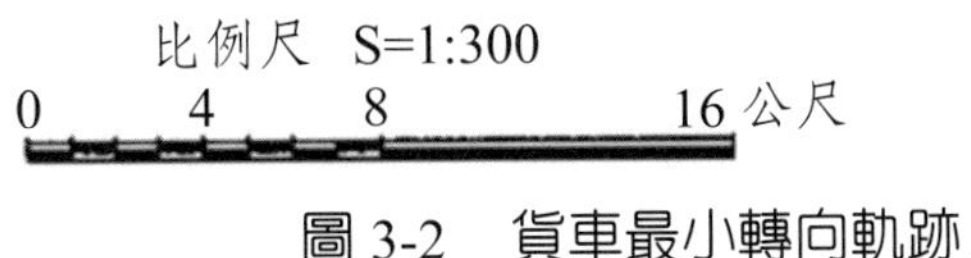

圖 3-2　貨車最小轉向軌跡

（資料來源：交通部部頒「公路路線設計規範」，2008）

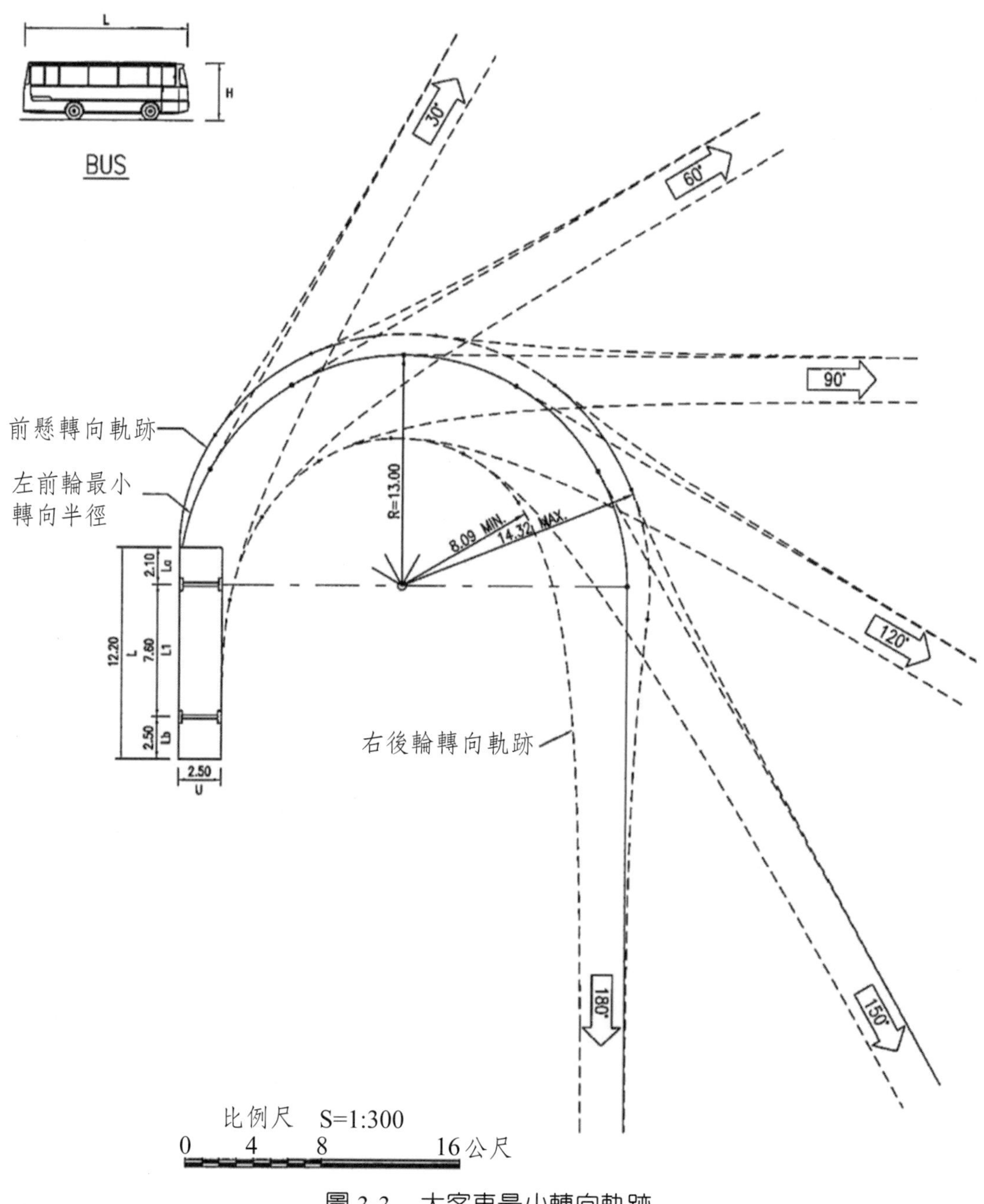

圖 3-3 大客車最小轉向軌跡

（資料來源：交通部部頒「公路路線設計規範」，2008）

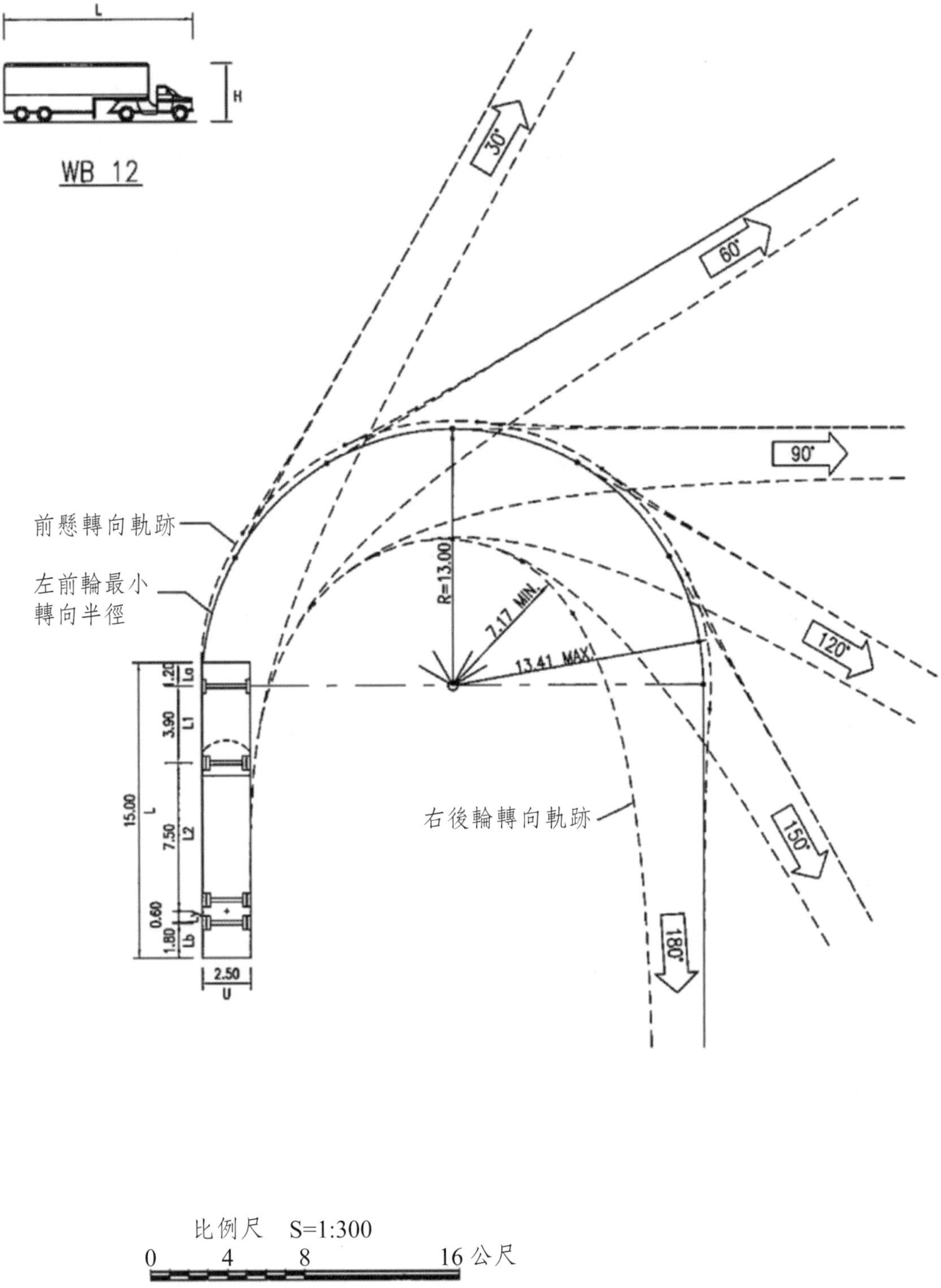

L
H
WB 12
30°
60°
90°
120°
150°
180°
前懸轉向軌跡
左前輪最小轉向半徑
R=13.00
7.17 MIN.
13.41 MAX.
右後輪轉向軌跡
1.20 Lo
3.90 L1
15.00 L
7.50 L2
0.60
1.80 Lb
2.50
U

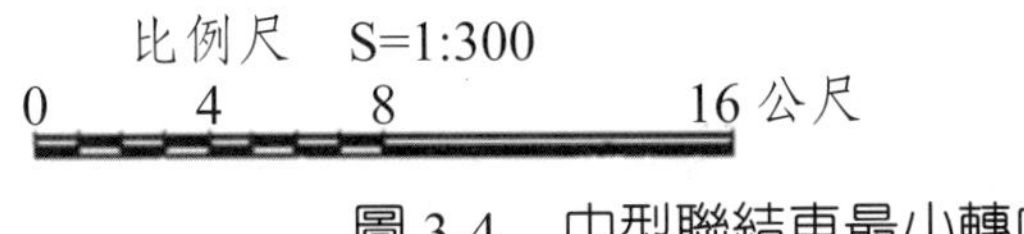

圖 3-4　中型聯結車最小轉向軌跡

（資料來源：交通部部頒「公路路線設計規範」，2008）

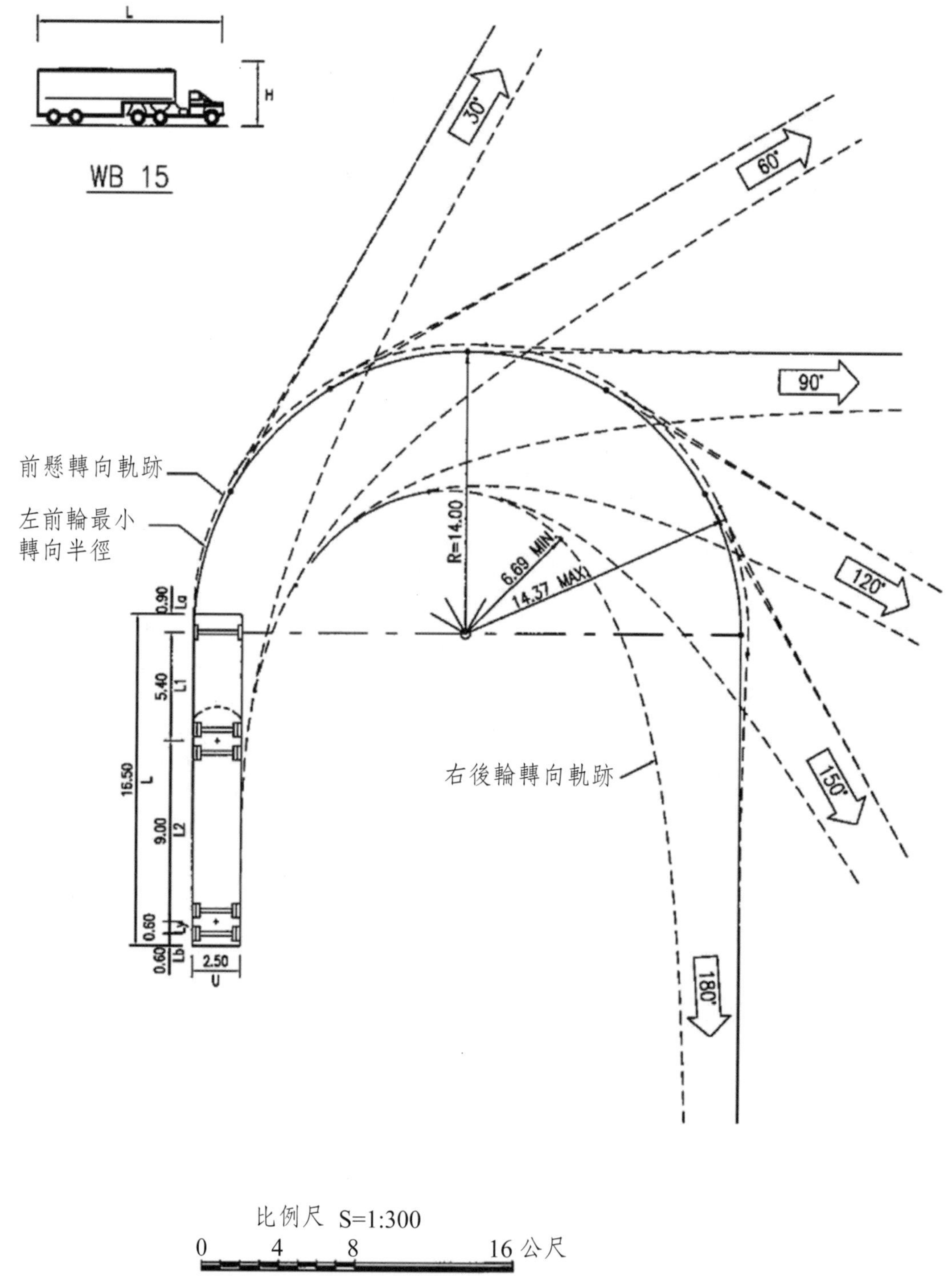

L
H
WB 15
30°
60°
90°
120°
150°
180°
前懸轉向軌跡
左前輪最小轉向半徑
R=14.00
6.69 MIN.
14.37 MAX.
右後輪轉向軌跡
0.90 La
5.40 L1
16.50 L
9.00 L2
0.60 Lr
0.60 Lb
2.50 U

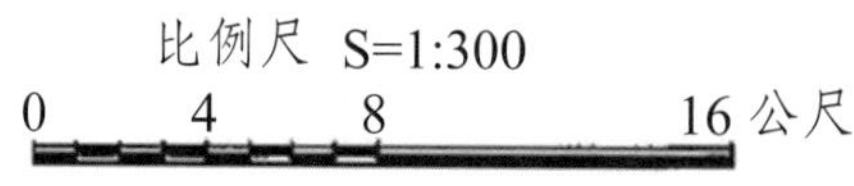

圖 3-5 大型半聯結車貨車最小轉向軌跡

（資料來源：交通部部頒「公路路線設計規範」，2008）

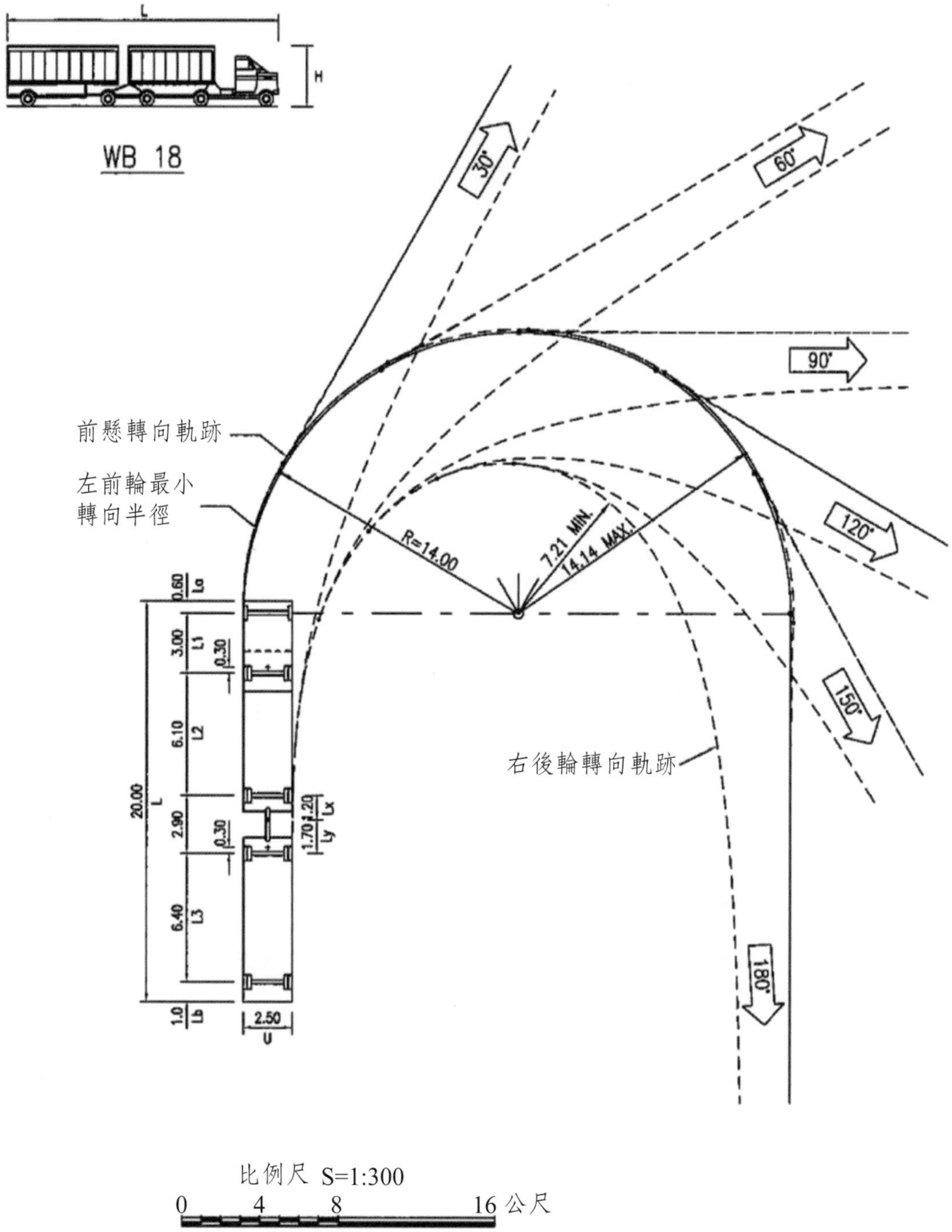

L
H
WB 18
30°
60°
90°
120°
150°
180°
前懸轉向軌跡
左前輪最小
轉向半徑
R=14.00
7.21 MIN.
14.14 MAX.
右後輪轉向軌跡
0.60 La
3.00 L1
0.30
6.10 L2
20.00 L
2.90
0.30
6.40 L3
1.0 Lb
1.20 Lx
1.70 Ly
2.50 U
比例尺 S=1:300
0 4 8 16 公尺

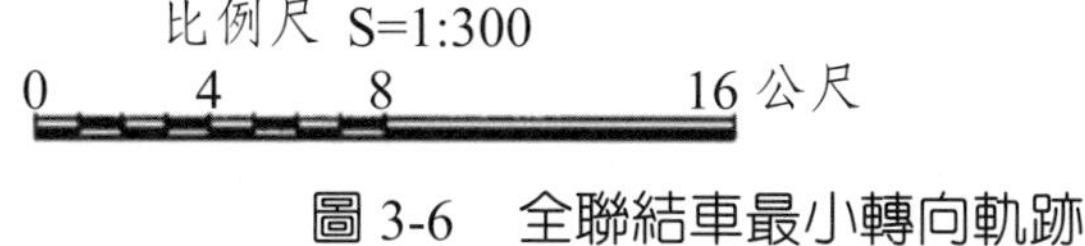

圖 3-6　全聯結車最小轉向軌跡

（資料來源：交通部部頒「公路路線設計規範」，2008）

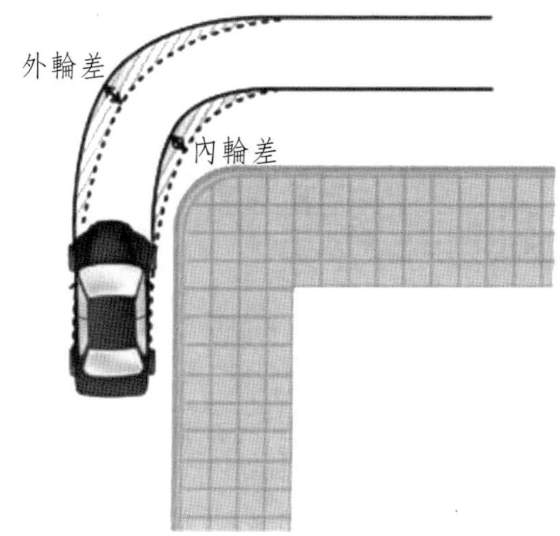

圖 3-7 小客車內外輪差之示意圖

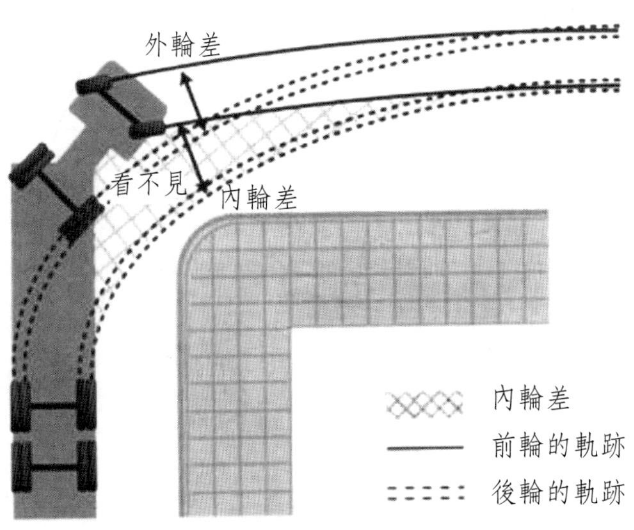

圖 3-8 半聯結車內外輪差之示意圖

3.3 加減速性能

車輛之加減速性能對於道路幾何設計相當重要。以加速度而言，其對於高速公路加速車道長度之設計、兩車道公路之超車區域長度之設計、號誌週期長度之設計、上坡長度之設計，乃至於燃油效率與旅行時間之計算等均相當重要。以小客車爲例，其在平坦道路上之最大加速度隨其功率重量比（power-to-weight ratio）而異，一般大約爲 3m/

sec^2。但使車內駕駛及乘客比較沒有壓迫感的加速度最大爲 0.6m/sec^2。但如果是大貨車或聯結車其在平路上之最大加速度則約在 0.2～0.8m/sec^2 間。

至於車輛之減速性能是計算停車視距一項相當重要的因素，而停車視距又是許多交通管制設施配置規劃之依據，其重要性不言而喻。而車輛減速性能與許多因素有關，例如，輪胎與路面間的摩擦係數、行駛車速、車輛重量、使用煞車的方法（如緊急煞車、正常煞車及減速煞車）、輪胎的情況（如胎壓、胎紋面磨損狀態、胎的新舊及與路面接觸的大小），還有煞車鼓與煞車來令片（brake linings）間的摩擦阻力，以及是否裝置有先進防鎖死煞車系統（anti-lock braking system, ABS）等。一般小客車的最大減速度大約是 5～8m/sec^2。而使車內駕駛及乘客感覺比較舒適的減速度最大爲 3m/sec^2。

3.4 結論與建議

由上述介紹知，機動車輛之運作特性及其形成之交通車流特性對於交通工程規劃與設計，扮演關鍵性之角色。因此，隨著車輛技術之日新月異，相關設計規範也應該定期予以審視修訂。此外，由於我國機車持有率高居世界之冠，但國內有關機車之交通工程相關設計規範相對較爲缺乏，值得投注更多關注，俾提昇我國機車運行安全與效率。

此外，以往有關交通工程之相關設計規範，大多以安全爲最主要考量。惟在節能減碳的目標下，也值得思考如何透過適當的道路設計及交通管制設施配置，提昇車輛運作效能，減少不必要之能源消耗與污染排放。

問題研討

1. 名詞解釋：
   (1) 設計車輛（design vehicle）。
   (2) 最小轉向軌跡（minimum turning radii）。
   (3) 功率重量比（power-to-weight ratio）。
   (4) 離軌現象（off-tracking）。
2. 請說明車輛最小轉向軌跡在道路設計上之用途與重要性。
3. 請說明何謂內輪差？其對交通安全又有何影響？
4. 請說明車輛加減速性能對交通工程設計之用途與重要性。

相關考題

1. 車輛特性可以區分為實體（physical）與運行（operational）特性兩大類。請說明：
   (1) 交通工程領域所探討的這兩類特性分別包括哪些項目？（10 分）
   (2) 每一項特性如何應用於交通工程與設計的相關問題？（15 分）（103 專技高）

參考文獻

一、中文文獻

1. 交通部，公路路線設計規範，民國 97 年。
2. 交通部，交通工程手冊，民國 93 年。
3. 交通部運輸研究所，運輸研究統計資料彙編，民國 99 年。

二、英文文獻

1. IRF, (2009), *World Road Statistics Compilation*, International Road Federation.
2. Roess, R. P., Prassas, E.S. and McShane, W.R., (2004), *Traffic Engineering*, Third edition, Pearson Prentice Hall.

第 4 章

交通調查與車流特性分析

交通調查旨在蒐集特定路段或區域內的交通特性資料，並加以評估分析，俾掌握研究範圍內的交通供需狀況、現存問題，以及交通系統服務水準，進而提出交通工程相關之改善策略與措施。一般而言，交通調查可分爲兩大部分，第一爲道路交通調查，主要係針對交通特性三大參數：交通量、速率及密度進行調查。其中，又以交通量調查最爲重要。第二爲停車調查，主要係針對停車供給容量與需求進行調查，以了解停車供需差距，有關停車行爲特性與調查將於第十八章說明。

本章節之順序安排如下：第一節針對各項重要交通特性變數加以定義與說明；第二節說明道路交通調查之內涵與進行方式；第三節說明交通三大特性參數：流量、速率及密度間之關聯；第四節爲結論與建議。

4.1 交通特性變數

交通係指在道路上運行之車流行爲或在停車場（路外或路邊）的停車行爲。以下僅針對道路車輛運行特性之相關變數加以定義與說明。至於停車行爲與特性則於第十八章說明。

4.1.1 道路交通特性變數

流量、速率及密度爲交通三大特性參數，惟在不同層面上（微觀或巨觀）觀察這些特性參數可獲得不同意義的衡量結果，分別定義如下：

1. 流量（flow）：任何一段時間內通過道路某一點之車輛總數。單位：輛／時間。一般多以小時或日爲時間單位。若以小時爲單位時，流量又稱爲交通量（volume）。流量之詳細定義請參考 4.3.1 節。

2. 速率（speed）：係指單位時間內車輛的行駛距離。單位：公里／小時或公尺／秒。

3. 旅行時間（travel time）：行駛一已知路段長度所需的行駛時間，包括運行時間（running time）及停等延滯（stopped delay time）。單位：小時、分鐘或秒。

4. 密度（density）或稱爲空間集中度（spatial concentration）：單位路段長度內的車輛總數。單位：輛／公里。

5. 占有率（occupancy）或稱爲時間集中度（temporal concentration）：在一段時間內道路某一點被車輛占有的時間比例。

6. 時間車距（headway）：兩車車頭通過道路某一點之時間間隔。單位：秒。

7. 間程（spacing; distance headway）：亦稱車頭距，係指兩車車頭在空間上之相隔距離。單位：公尺。

8. 時間間隙（time gap; gap）：前車後緣與後車前緣通過道路某一點的時間間隔。單位：秒。

9. 距離間隙（distance gap）：前車後緣與後車前緣之間隔距離。單位：公尺。

各參數間之關係如表 4-1 所示。圖 4-1 進一步以時間及空間角度說明各變數之關係。以時間軸觀之，觀察者站在觀察點 *A* 處，以第 1 輛車經過時間爲時間座標起點，陸續記錄後面 3 輛車經過時間。而各車車頭經過觀察點 *A* 之時間間隔，稱爲時間車距（以符號 *h* 表示）；而前車後緣通過觀察點 *A*，至後車前緣經過觀察點 *A* 之時間間隔，則稱爲時間間隙（以符號 *g* 表示）。因此，觀察時間總長 $T = h_1 + h_2 + h_3$。以巨觀層面而言，流量 $q = 3/T = 3/(h_1 + h_2 + h_3)$。由此可知，流量與時間車距間，具有倒數關係，即：$q = \frac{1}{\bar{h}}$（$\bar{h}$ 爲平均時間車距）。

表 4-1　不同觀察層面下之交通三大特性參數

交通特性	微觀（microscopic）（以一輛車為觀察重點）	巨觀（macroscopic）（以一群車為觀察重點）
流量	時間車距	流量
速率	瞬時速率	空間平均速率
密度	間程	密度

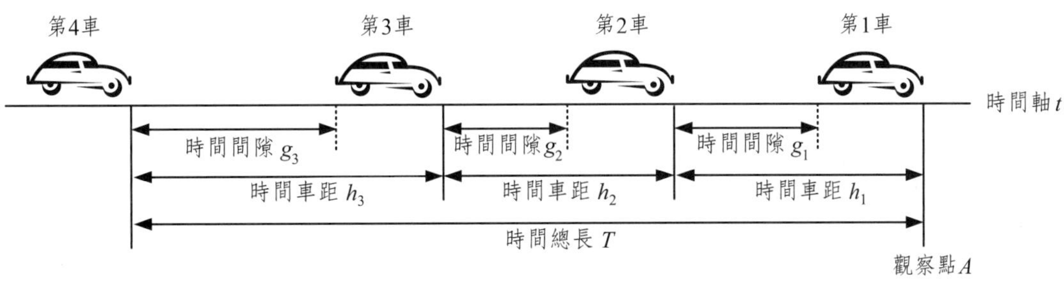

(a) 車流（輛）參數之時間定義

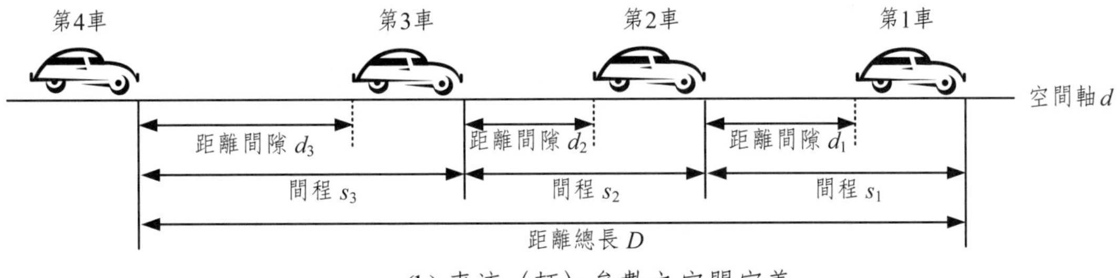

(b) 車流（輛）參數之空間定義

圖 4-1　車流（輛）參數之時間或空間定義

以空間軸觀之，若在某一時間點，以高處攝影方式，拍攝一張照片。同時以第 1 輛車的位置作為空間座標起點，可測得後面 3 輛車間之前後車車頭間之空間間隔，即稱為間程（以符號 s 表示），也可測得前車後緣至後車前緣之距離，即為距離間隙（以符號 d 表示）。而此一照片拍攝的範圍為 $D = s_1 + s_2 + s_3$。因此，以巨觀層面而言，密度 = $3/D = 3/(s_1 + s_2 + s_3)$。由此可知，密度與間程間，也具有倒數關係，即：$k = \frac{1}{\bar{s}}$（$\bar{s}$ 為平均間程）。

4.1.2 車種分類

在進行道路交通調查時，可將車輛劃分為下列車種分別統計。

1. 客車：指載乘人客四輪以上之汽車，可分為下列兩類：
   (1) 大客車：座位在十座以上之客車或座位在二十五座以上之幼童專車，依行駛路線及班次可區分為兩種。
      (a) 定期大客車：有固定班次及路線之大、中型客車，如市區公車、長途客運車。
      (b) 非定期大客車：無固定班次及路線之大、中型客車，如遊覽車。
   (2) 小客車：座位在九座以下之客車或座位在二十四座以下之幼童專車，依使用類別可區分為兩種。
      (a) 自用小客車：非營業載客用之四輪機動車輛。
      (b) 計程車：有「出租汽車」標誌之小客車或懸掛營業牌之小客車。
2. 貨車：指裝載貨物四輪以上之汽車，可分為下列兩類：
   (1) 大貨車：總重量逾 3,500 公斤之貨車。
   (2) 小貨車：總重量 3,500 公斤以下之貨車。
3. 聯結車：指汽車與拖車所組成之車輛。
4. 特種車：指有特種設備供專門用途而異於一般汽車之車輛，包括吊車、救濟車（relief vehicle）、消防車等。
5. 機車：裝有動力引擎之二輪車輛。
6. 腳踏車：未裝有動力引擎之二輪鏈條帶動車輛。
7. 其他：無法歸類於前述車種之車輛，如人、獸力車。

以上各車種可透過小客車當量之換算，將混合流量換算成以小客車為單位之流量。前述之車種分類為依車輛使用特性之一般分類，調查單位得依其調查資料使用之目的，將車種歸類簡化以節省調查之人力經費。

4.2 道路交通調查

道路交通調查旨在蒐集道路交通特性資料，俾利進一步之分析、評估及預測，以供交通工程規劃設計之用。就車輛在道路路網上運行行爲而言，如果可以追蹤調查範圍內（空間及時間範圍）所有車輛之行駛軌跡，則可提供最完整的交通資訊。惟受限於調查方法與技術，一般交通調查方式可分爲 5 大類（Hall, 1992）：

1. 在道路某一地點進行量測（measurement at a point）：交通調查人員在道路某一地點，利用計數器（hand tally counter）、環路感應線圈（inductive loop）或氣管式（pneumatic tube）車輛偵測器、微波式（microwave）、雷達式（radar）、超音波式 (ultrasonic）測速槍、攝影機（television camera）等設備，進行交通特性變數測量。可衡量的變數包括：流量、時間車距、時間間隙、現點速率等。
2. 在道路某一短路段進行量測（measurement over a short section）：在道路上利用兩組迴路線圈或在螢幕上劃設兩條參考線（攝影方式），此兩個觀測點相距通常小於 10 公尺。可衡量的變數包括：流量、時間車距、時間間隙、現點速率、占有率等。
3. 在道路某一長路段進行量測（measurement over a length of road）：利用高空攝影（aerial photography）或高處攝影方式，拍攝一定長度以上（大於 0.5 公里）之範圍內交通特性。可衡量的變數包括：間程、距離間隙、密度。當然，若進一步以連續方式拍攝，比較不同時間點之範圍內車輛移動情形，則可測得瞬時速率及流量。
4. 調查車法（test car procedure; moving observer method; floating car procedure）：調查車（test car）以車流之平均速率在調查路段內來回行駛，並由乘坐於車內之 2 位調查員利用手錶或碼錶記錄調查車經過時間、超車（passing）車輛數、被超車車輛數，以及對向車輛數等。假設擬調查一北向路段之交通特性，調查車往北行駛時，記錄超車車輛數、被超車車輛數、並記錄行駛時間。返程時（向南行駛時），則記錄對向（北向）經過車輛數及行駛時間。此一北向路段之流量及速率計算如下：

$$\text{流量：} Q_n = \frac{(M_s + O_n + P_n)}{T_n + T_s} \qquad (4\text{-}1)$$

$$\text{平均旅行時間：} \overline{T}_n = T_n - \frac{(O_n - P_n)}{O_n} \qquad (4\text{-}2)$$

$$\text{速率：} U_n = \frac{60D}{\overline{T}_n} \qquad (4\text{-}3)$$

其中，

O_n：調查車向北行駛時，被超車的車輛數。

P_n：調查車向北行駛時，超車的車輛數。

M_s：調查車向南行駛時，經過對向（即北向）車輛總數時。

T_n：調查車向北行駛此一路段之時間。

T_s：調查車向南行駛此一路段之時間。

D：此一路段之長度。

5. 智慧型運輸系統大範圍量測（ITS wide-area measurements）：利用智慧型運輸系統 ITS 相關技術進行車輛偵測、定位、追蹤，蒐集相關交通資訊。常見的 ITS 大範圍量測方法有三：
   (1) 衛星定位探偵車（global positioning system-based vehicle probe, GVP）：利用裝有衛星定位系統之車輛，透過通訊系統持續回傳定位資料，俾進行該車輛行駛軌跡之追蹤。這樣的車輛稱為探偵車（probe vehicle）。如果有足夠數量之探偵車，便可用以推估各路段之平均行駛速率。
   (2) 電子標籤探偵車（electronic toll collection-based vehicle probe, EVP）：利用裝有 e-Tag 車輛或車牌影像辨識技術，在路側裝置 e-Tag 讀取器或影像辨識 CCTV，以辨識及記錄車輛通過該地點之時間，透過不同地點同一車輛紀錄之比對，用以推估旅行時間及路段行駛速率。
   (3) 行動通訊探偵車（cellular-based vehicle probe）：利用透過行動通訊裝置與基地台 (base transceiver station, BTS）互動時產生之數據通訊紀錄（data communications detail records, DCDR）進行用戶移動分析，包含用路人定位、行駛路徑追蹤，以及移動速率計算，進而據以產製即時道路行駛速率資訊。

道路交通特性調查中，最重要的調查項目即是流量（交通量）。交通量調查又可分爲路段交通量調查、路口轉向交通量調查、行人交通量調查，以及起迄交通量調查等四大類，分述如下：

4.2.1 路段交通量調查

路段交通量調查又可依道路等級分類如下（交通部，2004）：

1. 高（快）速公路交通量調查

(1) 調查目的：蒐集高（快）速公路主線路段、交流道匝道及其連絡道路之交通量與交通組成資料，以了解高（快）速公路交通特性，作爲評估服務水準及交通管制之依據，並可作爲長期與短期交通改善規劃之參考。

(2) 調查站選定與配置：

(a) 高（快）速公路主線兩端及各交流道均設爲主調查站，每一主調查站上，依其不同匝道與主線位置逐次編定調查分站。

(b) 於每一主調查站配置一名督導員，若干名調查員，負責各向流量調查事宜。

2. 一般公路交通量調查

(1) 調查目的：蒐集省道、縣道、鄉道之交通流量與交通組成資料，以了解公路系統交通特性，作爲評估服務水準、長期與短期交通改善規劃之參考。

(2) 調查站選定與配置：

(a) 以公路或道路交叉點爲節點，原則上節點間之路段均應酌設爲交通調查站，惟道路特性及交通特性變化不大之連續路段，得減少調查站數。

(b) 省道及縣道之設站地點以能反應該路段在該區域之交通特性者爲原則，若有路線經過城鎮時，應視情形加設調查站。鄉道以每一路線設一調查站爲原則，若其路線較長、叉路口較多時，應視需要增加調查站之設置。

(c) 每一調查站配置若干名調查員，約 5 站配置 1 名督導員。調查員位置應擇視野良好且不影響交通之處，並應注意安全。

3. 市區道路、屏柵線（screen line）與周界線（cordon line）交通量調查

(1) 調查目的：蒐集市區道路、屏柵線與周界各路段之交通流量與交通組成資料，以了解道路系統之交通特性，可作爲研擬都會區運輸規劃、交通改善計畫與規劃路邊停車參考。其中，屏柵線係以縱貫或橫貫方式劃分調查範圍之分界線，俾了解兩側來往交通分布狀況。一般多利用交通分區周界線、主要天然地形（如山嶺、河川）及人工屏障（如鐵路等）作爲屏柵線。周界係指調查範圍或交通分區之區域邊界。

(2) 調查站之選定與設置：

(a)「一般調查站」設置條件：屏柵線上、外區進入調查地區之周界點、次要道路之路段視狀況予以設置。

(b)「主要調查站」設置條件：每一主要幹道至少設置一主要調查站、外區進入調查地區或市中心區之重要周界點。

(c) 於每一調查站配置若干名調查員，原則上約 5 名調查員配置 1 名督導員。

進行上述調查時，每隔 5 分鐘（或 15 分鐘，應事先核定）按流向與車種分類統計各路段上所通過各車種之車輛數，並記錄於「車輛交通量調查表」（如表 4-2）內。

表 4-2　車輛交通量調查表

	位置簡圖

站　號：_______					調查方向：往_______						
站　名：_______					調查日期：___年___月___日						
路線編號：_______					調 查 員：_______						
樁　號：_______					督 導 員：_______						
車種／調查時間	(1)自用小客車	(2)計程車	(3)小貨車	(4)定期大客車	(5)非定期大客車	(6)大貨車	(7)聯結車	(8)特種車	(9)機車	(10)腳踏車	(11)其他
：～：											
：～：											
：～：											
合　計											

（資料來源：交通部，2004）

4.2.2 路口轉向交通量調查

路口轉向交通量調查旨在蒐集主要交叉路口交通量、流向分布及交通組成，以作爲交叉路口號誌設計、槽化設計、容量分析與研擬短期交通改善計畫之規劃參考。調查站主要設於調查地區內所有的主要交叉路口、設有號誌之次要交叉路口及地區內高速公路交流道等處，並於每一調查站配置若干名調查員及 1 名督導員。每 15 分鐘，調查員就設站位置將所有通過停止線之車輛，按流向（右轉、直進、左轉）、車種分別統計所通過之車輛數，並記錄於「交叉路口轉向交通量調查表」（如表 4-3）內。

表 4-3　交叉路口轉向交通量調查表

站＿＿＿＿號：＿＿＿＿調查方向：往＿＿＿＿＿＿＿＿
站＿＿＿＿名：＿＿＿＿調查日期：＿＿年＿＿月＿＿日
臨近路口編號：＿＿＿＿調 查 員：＿＿＿督導員：＿＿

位置簡圖

註：1、2、3、4 係指鄰近路口編號。

車　型	大型車			小型車			機車		
調查時間	左轉	直進	右轉	左轉	直進	右轉	左轉	直進	右轉
:									
:									
:									
:									
:									

註：大型車——大客車、大貨車、聯結車及特種車；小型車——小客車、計程車及小貨車。
（資料來源：交通部，2004）

4.2.3 行人交通量調查

行人交通量調查旨在蒐集行人交通量，以決定交叉路口行人通過所需號誌時相長度及設置行人穿越道的適當位置，並作爲是否須設置及設計行人徒步區、行人地下道或行人陸橋的評估依據。調查站設於市區內交叉路口、路段及中心商業區行人徒步區域四周之交叉路口，並視行人交通量大小，於每一調查站配置若干名調查員及 1 名督導員。每一調查員調查一流向，四叉路口共需 8 位調查員，對於其他型式路口視情形增減調查人員，調查時每 15 分鐘記錄該流向所通過路口之行人數量於「行人交通量調查表」（如表 4-4）內。

表 4-4 行人交通量調查表

<table>
<tr><td colspan="4">站　號：＿＿＿＿ 調查日期：＿＿年＿＿月＿＿日
站　名：＿＿＿＿ 調 查 員：＿＿ 督導員：＿＿
分站號：＿＿＿＿</td><td colspan="2">○○路○段
(分站號 1–8)
○○路○段</td></tr>
<tr><td>調查時間</td><td>交通量</td><td>調查時間</td><td>交通量</td><td>調查時間</td><td>交通量</td></tr>
<tr><td>07:00～07:15</td><td></td><td>17:00～17:15</td><td></td><td>:　～　:</td><td></td></tr>
<tr><td>07:15～07:30</td><td></td><td>17:15～17:30</td><td></td><td>:　～　:</td><td></td></tr>
<tr><td>07:30～07:45</td><td></td><td>17:30～17:45</td><td></td><td>:　～　:</td><td></td></tr>
<tr><td>07:45～08:00</td><td></td><td>17:45～18:00</td><td></td><td>:　～　:</td><td></td></tr>
<tr><td>08:00～08:15</td><td></td><td>18:00～18:15</td><td></td><td>:　～　:</td><td></td></tr>
<tr><td>08:15～08:30</td><td></td><td>18:15～18:30</td><td></td><td>:　～　:</td><td></td></tr>
<tr><td>08:30～08:45</td><td></td><td>18:30～18:45</td><td></td><td>:　～　:</td><td></td></tr>
<tr><td>08:45～09:00</td><td></td><td>18:45～19:00</td><td></td><td>:　～　:</td><td></td></tr>
<tr><td>:　～　:</td><td></td><td>:　～　:</td><td></td><td>:　～　:</td><td></td></tr>
</table>

主辦單位：

註：右上圖分站號表示調查員位置與調查方向，其編號分別為 1、2、3、4、5、6、7、8。

（資料來源：交通部，2004）

4.2.4 車輛起迄點調查

車輛起迄調查旨在蒐集旅次起迄點、目的、時間及使用交通工具別等資料，以獲取通過調查站之旅次特性。通常此種調查係於都會區整體運輸系統規劃及新建道路系統時所採用。其調查方法一般可分爲三種，分述如下（交通部，2004）：

1. 路邊訪問調查法：配合警力協助攔車接受訪問，由訪問調查員訪問車輛上人員之起迄點、旅次目的、車輛種類及乘坐人數，並記錄於表 4-5 中。

2. 車輛牌照登錄法：在不同之地點抽樣登錄所經過車輛之號牌，透過追蹤整理，以了解車輛之行經路線、起迄及其數量。抽樣所經過各車種車輛之車牌號碼直接或錄音、錄影整理於表 4-6 中。抽樣比率可視交通量大小調整之。

3. 錄影偵測法：利用錄影方式，記錄車輛流動的狀況，以了解各種車輛的交通進出情形。

表 4-5 路邊訪問調查交通起迄點訪問調查表

本調查績數政府該定編號第○○○○○○號

有效期限○○年○○月度

站號____號__站名________方向往______日期____年____月__日__星期____時間 ：～ ：　　組　長____　調查員____

1	2	3	4	5	6	7
編號	車輛種類	乘坐人數	旅次目的	起點（出發地）	迄點（目的地）	備註
				縣（市）鄉（市）鎮區 路（街）段	縣（市）鄉（市）鎮區 路（街）段	推次目的
				地點：	地點：	1. 家
				縣（市）鄉（市）鎮區 路（街）段	縣（市）鄉（市）鎮區 路（街）段	2. 工作
				地點：	地點：	3. 學校
				縣（市）鄉（市）鎮區 路（街）段	縣（市）鄉（市）鎮區 路（街）段	4. 社交娛樂
				地點：	地點：	5. 購物
				縣（市）鄉（市）鎮區 路（街）段	縣（市）鄉（市）鎮區 路（街）段	6. 其他
				地點：	地點：	
				縣（市）鄉（市）鎮區 路（街）段	縣（市）鄉（市）鎮區 路（街）段	
				地點：	地點：	
				縣（市）鄉（市）鎮區 路（街）段	縣（市）鄉（市）鎮區 路（街）段	
				地點：	地點：	
				縣（市）鄉（市）鎮區 路（街）段	縣（市）鄉（市）鎮區 路（街）段	
				地點：	地點：	
				縣（市）鄉（市）鎮區 路（街）段	縣（市）鄉（市）鎮區 路（街）段	
				地點：	地點：	
				縣（市）鄉（市）鎮區 路（街）段	縣（市）鄉（市）鎮區 路（街）段	
				地點：	地點：	
				縣（市）鄉（市）鎮區 路（街）段	縣（市）鄉（市）鎮區 路（街）段	
				地點：	地點：	

主辦單位：

（資料來源：交通部，2004）

表 4-6　車輛旅次起迄調查牌照抽樣紀錄表

調查站名：				日　期：　　年　　月　　日		
調查方向：				督導員：		
調查站號：				調查員：		
調查時間	牌照號碼	車型代號		調查時間	牌照號碼	車型代號
：～：				：～：		
：～：				：～：		
：～：				：～：		
：～：				：～：		
：～：				：～：		
：～：				：～：		

（資料來源：交通部，2004）

4.2.5 其他交通特性調查

其他交通特性調查包括以下三種，分述如下：

1. 路段行駛時間及延滯調查：調查各主、次要道路之路段行駛時間與交通延滯情形，找出交通問題所在，作爲決定路口最佳號誌管制、槽化設計以及其他短期交通改善規劃之參考。調查方法可利用調查車法來回行駛每一調查路段數次，由乘坐車內之 2 位調查員（1 位負責記錄，另 1 位手持二個碼錶負責計時及報里程。一個碼錶記錄路線起迄全程時間，另一碼錶記錄延滯時間）記錄調查車經過各路口之里程、時刻及所有延滯時間與其延滯原因於「主次要道路行駛時間及延滯調查表」（如表 4-7）內。
2. 交叉路口車輛延滯調查：調查某一特定交叉路口車輛延滯之具體資料，以作爲決定最佳號誌時制之根據以及評估路口服務績效之參考。利用停止時間延滯法，於每一臨近路口配置 4 位調查員，1 位負責計時與報時，另 1 位則於每分鐘之 0 秒、15 秒、30 秒、45 秒時計數路口之停止車輛數（包括所有車種），其餘 2 位調查員手持計數器，分別將該路口此一分鐘通過與未受阻直接通過之車輛數記錄於「交叉路口車輛延滯調查表」（如表 4-8）內。
3. 現點速率調查：對通過道路某一特定地點的車輛，用抽樣法計算其平均速率，俾用以決定在研究時間內車流在該路段移動的實際情形，與估計整個車流通過該受測路段的速率分布概況。其調查方法有三：

表 4-7　主次要道路行駛時間及延滯調查表

站　　名：＿＿＿＿＿＿

旅次編號：＿＿＿＿＿＿

方 向 往：□東，□西，□南，□北

時　　間：□上午尖峰（7：00～1：00）

□非尖峰　（13：00～16：00）

□下午尖峰（16：00～19：00）

日　　期：＿＿年＿＿月＿＿日

天　　氣：＿＿＿＿＿＿

調查員：＿＿＿＿＿＿

路線			時刻						總旅行時間（秒）及百分比				總旅行速率（公里／小時）	總旅行速率（公里／小時）
起點位置	終點位置	距離公尺	起點			終點			合計	交叉口延滯	路段中延滯	行駛時間		
			時	分	秒	時	分	秒	秒	秒	秒	少		
									百分比	%	%	%		

經過路口		經過時刻			延滯時間（秒）																	
					路段中						交叉門							旅行時間(秒)	距離(公尺)	行駛時間(秒)	旅行速率(公里/時)	行駛速率(公里/時)
		時	分	秒	阻塞	公車停靠	計程車停靠	路邊停車	行人穿越	其他	紅燈	左轉同向	左轉對向	右轉	橫越車輛	行人	其他					
延滯時間（秒）	小計																					
	合計																					
延滯時間（百分比）	小計																					
	合計																					

（資料來源：交通部，2004）

表 4-8　交叉路口車輛延滯調查表

站　　　號：＿＿＿＿　　調查員：＿＿＿＿

站　　　名：＿＿＿＿

臨近路口編號：＿＿＿＿

方　　　向：往＿＿＿＿　　督導員：＿＿＿＿

開始時刻	停等在臨近車道數上車輛總數				臨近車道上流量		
	0 秒	15 秒	30 秒	45 秒	總數	未受阻	受阻
總計							

總延滯＝

每一臨近車輛之平均延滯＝

每一停等車輛之平均延滯＝

停等百分比＝

（資料來源：交通部，2004）

(1) 鋪面標線測速法：在選妥路段的鋪面上，於橫貫路面方向畫出二道基線，由觀測者按動及制停碼錶以讀錄車輛通過該二基線的時間。

(2) 攝影法：如同前述現點速率研究攝影法，包括距離和時間關係，依預定間隔時間進行攝影拍照，但其結果係由底片獲得，而非利用各種量尺或碼錶的計量，但此法通常僅限於小範圍或研究使用。

(3) 應用都卜勒（光、電、磁、聲波）反射原理的方法：利用信號發射器將信號發向移動車輛，經反射原理使信號頻率依移動車輛速率作有規則的比例變動。目前有多種不同型式，當然其操作性質也稍有不同。其中，雷達測速儀係根據都卜勒原理（即某一目標的移動速率係與發射到該目標的無線電波和由該目標反射回來無線電波之間頻率的變化成正比）操作，專供測定此種頻率差數，並直接將結果以 KPH（公里／小時）表示者。超音波測速儀將一種高能量值低週波訊號直接對準對向來車發出，由於移動車輛所反射收回訊號的頻率發生變化，此種變化與車速成正比。發射機和接收機均裝設在車道中心線上方，以 45° 角度對準臨近車輛，偵測區域非常狹窄，故所有車輛幾乎均在路段的相同位置被測出，通常資料均被現場設備藉電信路由傳送至中央控制站，其精密度與雷達測速儀相似。

上述交通量調查也可利用車輛偵測器（vehicle detector）蒐集流率、現點速率及占有率等交通特性資料，進行分析。

4.3 車流特性分析

依據上述交通調查資料可先作初步的車流特性分析，以掌握當地交通狀況。用來觀察及衡量交通特性的參數主要有三：流量（flow, q）、速率（speed, u）及密度（density, k）。三者間之恆等式為：$q = ku$，分述如下：

4.3.1 流量

流量係指在道路上某一點一段時間內所測得的車輛總數。在計算車輛時，如果又同時有多種車輛，則必須透過小客車當量換算為小客車單位，俾利評估與比較。其中，小客車當量及小客車單位的定義如下（交通部，2004）：

1. 小客車當量（passenger car equivalent, PCE）

在現有道路幾何布設、交通組成與管制設施之情況下，各車種在交通流中相對於小客車之影響比例稱為小客車當量，為將不同車種轉化成同一影響單位之換算標準。

2. 小客車當量數（passenger car unit, PCU）

將道路上各車種數量以小客車當量換算成相當於小客車之數量，稱之為小客車當量數，為相關交通分析之計算基準。

理論上，流量可指任一時間內之車輛總數，可以是 1 分鐘、1 小時、1 天、1 週，甚至 1 年。但在道路規劃設計及服務水準評估時，大多採用兩種時間單位：日及小時。依據交通部編訂交通工程手冊（2004），以日及小時為基礎之流量，其用途略有不同，定義如下：

1. 以日為基礎

(1) 平均每日交通量（average daily traffic, ADT）

調查天數多於一天，少於一年之日交通量平均數稱為平均每日交通量。可作為評定公路等級、研擬道路拓建計畫、估算交通量成長及分析交通事故資料之依據。

(2) 年平均每日交通量（annual average daily traffic, AADT）

調查整年之交通流量，其累計值除以一年之總天數，即可得出年平均每日交通量，其應用範圍與平均每日交通量相同。

2. 以小時為基礎

(1) 尖峰小時交通量（peak hour volume, PHV）

交通尖峰時間內之最高小時交通量稱爲尖峰小時交通量。可作爲評估道路服務水準、線形設計及研擬交通改善計畫之依據。

在分析交通特性時，尖峰小時因子（peak hour factor, PHF）也是相當重要的一項因素。其定義爲：在尖峰小時內，車輛集中於某一最高 5 分鐘或 15 分鐘內的程度稱爲尖峰小時因子，其計算方式分別爲：

$$5\text{ 分鐘尖峰小時因子（PHF5）} = \frac{\text{尖峰小時交通量}}{12 \times \text{（尖峰小時中最高 5 分鐘交通量）}}$$

註：高（快）速公路

$$15\text{ 分鐘尖峰小時因子（PHF15）} = \frac{\text{尖峰小時交通量}}{4 \times \text{（尖峰小時中最高 15 分鐘交通量）}}$$

註：一般公路及市區道路

依照定義，尖峰小時因子應小於 1，其值愈小者，表示尖峰的趨勢愈明顯。

(2) 第 30 高小時交通量（30HV）

將某一地點全年中每小時的交通量依高低次序排列，其第 30 高小時的交通量稱爲「30HV」，其爲公路設計交通量之重要計算參數。

(3) 設計小時交通量（design hourly volume, DHV）

據以用於公路設計之交通量，一般採用第 30 高小時交通量作爲設計小時交通量。一般而言，流率（flow rate）大多以 1 小時作爲衡量基礎，但用來代表 1 小時內之流量變化，例如在容量分析時使用的尖峰小時流率係利用尖峰小時因子「放大」尖峰小時交通量而得，以避免尖峰小時內 5 分鐘或 15 分鐘更高峰之交通量需求造成容量的不足，即流率 = 尖峰小時交通量 ÷PHF15（或 PHF5）。至於日交通量及小時交通量可透過 K 因子（K factor）加以轉換，其定義爲：第 30 高小時交通量與年平均每日交通量（AADT）之比值，可用以求得設計小時交通量。一般在市區街道，K 因子約爲 8%，而郊區或鄉間道路則約爲 12%。另外，D 因子（D factor）係指同一路段，雙向流量中較高流向之交通量占雙向總流量之百分比，係作爲道路設計及交通管制之依據。

4.3.2 速率

在交通工程規劃與設計上，速率有多種定義，分述如下（交通部，2004）：

1. 總旅行速率（overall travel speed）

兩點間之距離除以其總行駛時間稱為總旅行速率。依分析方法之不同，可區分為空間平均速率（space mean speed）及時間平均速率（time mean speed）。其定義分別如下：

$$\text{空間平均速率：}\bar{u}_s=\frac{\sum_{i=1}^{n}u_i^s}{n} \tag{4-4a}$$

$$\text{時間平均速率：}\bar{u}_t=\frac{\sum_{i=1}^{n}u_i^t}{n} \tag{4-4b}$$

其中，

n = 車輛數

u_i^s = 第 i 輛車的瞬時速率（instantaneous speed）

u_i^t = 第 i 輛車的現點速率（spot speed）

瞬時速率係指車輛行駛一段距離（D）除以其所需行駛時間（t_i）之數值，即 $u_i^s=D/t_i$。而現點速率則係指在某一瞬間內，某一特定地點的車輛行駛速率，可透過測速槍或車輛偵測器加以測量。由此可知，空間平均速率與時間平均速率並不相同。在車流理論相關模式中所引用之速率均為空間平均速率，但由於現點速率之測量較為容易，因此，也有研究將空間平均速率定義為現點速率之調和平均數（harmonic average），即：

$$\bar{u}_s=\frac{1}{\frac{1}{n}\sum_{i=1}^{n}\frac{1}{u_i^t}} \tag{4-5a}$$

空間平均速率與時間平均速率之關係如下：

$$\bar{u}_t=\bar{u}_s+\frac{\sigma_s^2}{\bar{u}_s} \tag{4-5b}$$

其中，

σ_s：空間平均速率的標準差（standard deviation）

由式 4-5b 知，時間平均速率恆大於空間平均速率，而且兩者在不穩定車流中（停停走走車流，stop-and-go）差異更大。

空間平均速率主要提供通過某已知路段車輛的速率平均值，亦即由全程行駛總時間所求出的速率平均值，用以評定該路段之交通狀況，其與道路之幾何條件較相關。而時間平均速率則提供在已知時段內，通過某特定點車輛行駛速率算數平均值，用以評定該時段道路之交通狀況，其與道路之車流量及組合狀態較相關。

2. 行駛速率（running speed）

兩點間之距離除以扣除延滯後之實際行駛時間稱為行駛速率，其分布情形可評估道路幾何設計的良窳。

3. 八十五百分位速率（eighty-five percentile speed）

將某段道路之現點速率調查所得資料，依速率分布等級，由低速至高速分布的百分率累計，即可繪製「速率累加次數曲線」，在此曲線上有 85% 之車輛係以低於某一速率行駛，該速率即爲八十五百分位速率，可作爲決定該段道路最高速限之依據。

4. 十五百分位速率（fifteen percentile speed）

某段道路之「速率累加次數曲線」上，有 15% 之車輛以低於某一速率行駛，該速率即爲十五百分位速率，可作爲決定該段道路最低速限之依據，若車輛以低於此一速率行駛，即有妨礙其他車輛流動之趨勢。

4.3.3 密度

密度係指單位道路長度內的車輛數量，一般以「輛／公里」作爲衡量單位。密度高低係交通順暢與否的重要決定因素。密度愈高，車流速率愈慢。不過，由於密度的調查相對較爲困難，所以，實務操作上多以占有率（O）作爲替代。占有率係指一段時間內道路上某一地點被車輛占有的時間比例，以百分比表之。當車輛密度愈高，車速愈慢，則該地點被車輛占有的時間比例也會愈長。假設一偵測器長度爲 d 公尺，第 i 輛經過車輛的車長爲 L_i 公尺（如圖 4-5 所示），現點速率爲 u_i^t 在一段觀測時間（T）內，共有 n 輛車經過。其占有率爲：

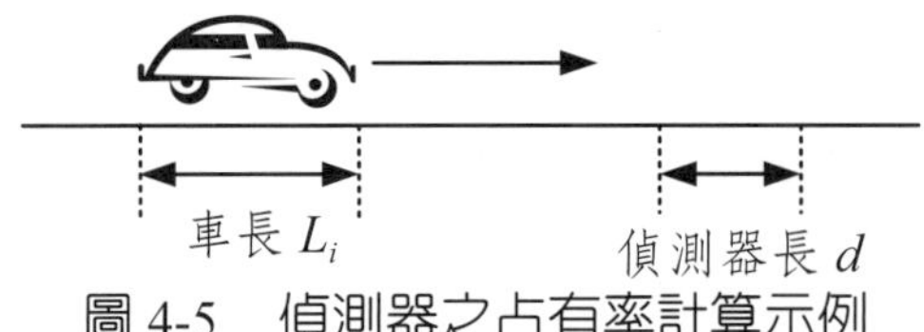

圖 4-5　偵測器之占有率計算示例

$$O=\frac{\sum_{i=1}^{n}\left(\frac{L_i+d}{u_i^t}\right)}{T}=\frac{1}{T}\sum_{i=1}^{n}\frac{L_i}{u_i^t}+\frac{d}{T}\sum_{i=1}^{n}\frac{1}{u_i^t}=\frac{1}{T}\sum_{i=1}^{n}\frac{L_i}{u_i^t}+\frac{d/n}{T/n}\sum_{i=1}^{n}\frac{1}{u_i^t}=\frac{1}{T}\sum_{i=1}^{n}\frac{L_i}{u_i^t}+dk \quad (4\text{-}6a)$$

其中，k 係由式 4-5a、T/n 爲流量 q 之倒數以及 $k = q/u$ 推得。若假設所有經過車輛之車長與速率均相等，即 $L_i = L$、$u_i^t = u$，則上式可進一步化簡爲：

$$O=\frac{n}{T}\left(\frac{L}{u}\right)+dk=Lk+dk=(L+d)k \quad (4\text{-}6b)$$

即在車輛長相等（僅有單一車種之純車流）及速率相等（穩定車流）時，可利用上式將占有率轉換成密度。（計算時，要先將 k 改以車輛數／公尺表之，俾與以公尺爲單

位之 L、d 一致。）

4.4 結論與建議

交通調查爲交通特性分析與交通系統評估之基礎，如果調查計畫及內容未經妥適設計與執行，則其蒐集所得交通資料之品質勢必不佳，極可能導致交通工程師對實際交通狀況之誤判，而無法提出正確之交通工程規劃設計與改善策略，其重要性無庸置疑。而交通重要特性參數可分爲交通量、速率及密度等三大類。其中，交通量的調查相對其他兩變數較易執行，因此，大多數的交通調查計畫均以交通量調查爲主。但是如果僅依據交通量調查結果，可能作出錯誤的判斷。因爲，依據交通車流理論，若調查所得之交通量很低，可能代表當地交通需求很低（離峰）或交通需求遠超過道路容量，而導致車流不順暢的兩種極端結果。因此，在進行交通現況分析時，必須配合其他變數之調查結果，方能作出正確判斷。然而，以傳統交通調查技術而言，要精確衡量速率（空間平均速率）及密度並不容易。但隨著交通調查技術之進步，速率與密度調查的成本與難度，也隨之降低。先進交通調查技術將於第六章介紹。

除了人工交通調查方式，許多道路都設置有車輛偵測器，持續蒐集當地之交通量、現點速率（時間平均速率）及占有率。因此，在交通車流理論之研究上，也要思考如何利用時間平均速率及占有率，進行理論模式之開發與應用，以發揮車輛偵測器的最大功用。

問題研討

1. 名詞解釋：
   (1) 空間平均速率（space mean speed）。
   (2) 時間平均速率（time mean speed）。
   (3) 尖峰小時因子（peak hour factor）。
   (4) 時間車距（headway）。
   (5) 時間間隙（gap）。
   (6) 間程（spacing）。
   (7) K 因子（K factor）。
   (8) D 因子（D factor）。

(9) 占有率（occupancy）。

(10) 小客車當量（passenger car equivalent, PCE）。

2. 請說明交通調查方法及其可蒐集之交通特性參數。
3. 何謂調查車法（test car procedure; floating car procedure）？請說明其操作方式及可蒐集的交通特性。
4. 請說明流量（flow）、交通量（volume）、流率（flow rate）之定義。
5. 請說明空間平均速率與時間平均速率之差異。
6. 請說明占有率與密度之關係。

相關考題

1. 請繪圖說明浮動車調查法（floating car procedure or moving observer method）的作業方式，並說明如何搜集車流特性參數。（25 分）（99 高三級）
2. 請說明下列名詞：(每小題 5 分，共 20 分）（100 高三級）

(1) 平均每日交通量（Average Daily Traffic, ADT）。

(2) 年平均每日交通量（Annual Average Daily Traffic, AADT）。

(3) K 係數（K Factor）。

(4) D 係數（D Factor）。

3. 請說明空間平均速率及時間平均速率的定義？請問空間平均速率與時間平均速率之正確換算關係及實務上的近似值換算關係分別為何？若在道路的某一車道的某一地點設一個迴圈偵測器，長度為 2 公尺。若已經知道所有經過的車子的長度皆為 5 公尺。在 1 分鐘測得的 25 輛車，其壓占偵測器的時間（單位為秒）分別如下表：

車輛編號	1	2	3	4	5	6	7	8	9
壓占秒數	0.3	0.2	0.25	0.3	0.3	0.7	0.8	1.0	1.2
車輛編號	10	11	12	13	14	15	16	17	18
壓占秒數	1.1	1.2	0.9	0.7	0.5	0.5	0.4	0.6	0.3
車輛編號	19	20	21	22	23	24	25		
壓占秒數	0.4	0.3	0.2	0.3	0.6	0.5	0.4		

請問此 1 分鐘這些車的時間平均速率為何？請問此 1 分鐘這些車的空間平均速率為何？

這時的密度（K）應為多少？(25 分)（101 專技高）

4. 高速公路即將進行里程計費，請問於研議收費機制前，應蒐集何項資料？(5 分) 又此類資料之蒐集可採用之方式為何？(20 分)（101 高三級）
5. 若某車裝有行車紀錄器，可以記錄行駛過程中每個位置的點速率，若它總共行駛 1,000 公尺，每 100 公尺記錄一次點速率，共得到 10 筆數據，分別為 30 公里／小時、40 公里／小時、30 公里／小時、20 公里／小時、10 公里／小時、10 公里／小時、30 公里／小時、40 公里／小時、30 公里／小時、20 公里／小時。假設在每 100 公尺內為等速行進，若將這些數據直接加起來再除以 10 取得的平均速率為多少？所得到的此種平均速率是何種速率及有何特點？請估算此車走過這段 1,000 公尺路段的旅行速率為何？並請比較分析兩者的差異及其出現差異的原因。(25 分)（104 高三級）
6. 車輛平均延滯為評估號誌化路口服務水準的指標。我國係以停等延滯（Stopped Time Delay），而美國則以控制延滯（Control Delay）為評估指標。請說明：
   (一) 兩者的定義與調查方法有何不同？(15 分)
   (二) 影響平均停等延滯的各項因素及其影響情形。(10 分)（103 專技高）
7. 請從時間因素、方向性、車道分布、交通組成四方面，說明交通量的一般特性。(25 分)（105 高三級）
8. 請說明交叉口車輛延滯調查方法及如何進行資料整理與分析？如何將機車及兩段式左轉機車的延滯納入考慮，用來評估服務水準？並分別說明用延滯及 V/C 當服務水準之評估準則各有何優缺點？(25 分)（105 高一二）

參考文獻

一、中文文獻

1. 交通部，公路路線設計規範，民國 97 年。
2. 交通部，交通工程手冊，民國 93 年。
3. 交通部運輸研究所，運輸研究統計資料彙編，民國 99 年。
4. 交通部運輸研究所（1996），停車場規劃手冊。
5. 交通部運輸研究所（2008），交通衝擊評估作業手冊之制訂。

二、英文文獻

1. IRF, (2009), *World Road Statistics Compilation*, International Road Federation.

2. Roess, R.P., Prassas, E.S. and McShane, W.R., (2004), *Traffic Engineering*, Third edition, Pearson Prentice Hall.

3. Hall, F.L., (1992), "Traffic stream characteristics," *Traffic Flow Theory: A State-of-the-Art Report*, pp. 2-1～2-36, Transportation Research Board.

第 5 章

交通車流理論分析

5.1 靜態車流模式

5.2 巨觀動態車流模式

5.3 微觀動態車流模式

5.4 中觀動態車流模式

5.5 結論與建議

交通車流理論（traffic flow theory）旨在探討、分析及模擬車流運行行爲。其中，用以描述車流在同一路段之車流三大特性變數：流量（q）、密度（k）及速率（u）間之靜態關係者，稱爲交通流模式（traffic stream model），或稱爲靜態車流模式（static traffic flow model）。至於用以模擬車流在時空移動的動態行爲者，則稱爲動態車流模式（dynamic traffic flow model）。動態車流模式可依其對車流特性觀測與模化的解析度（resolution）及擬眞度（fidelity）加以區分爲：巨觀（macroscopic）、微觀（microscopic）及介於兩者間的中觀（mesoscopic）等 3 類。解析度係指分析或模擬車流最小單位的大小（一部車輛、一群車隊或一股車流），而擬眞度是指用以模擬車流行爲的行爲規則或函數反映實際駕駛行爲的程度。其中，巨觀動態車流模式主要是利用交通流模式（流量、密度及速率三者關係式）及流量守恆法則（conservation equation），將車流在路網上的運行行爲以流體形態加以分析或模擬，故又稱爲流體動態模式（fluid dynamics; hydrodynamics），並不特別強調個別車輛的運行行爲。相反的，微觀動態車流理論則著重於描述在時間一空間下個別駕駛人因應前方車輛狀況之反應行爲（加減速度或變換車道）。因此，可用於探討車輛間之互動關係，例如，跟車、車道變換及超車等駕駛行爲，所以其觀測的變數包括個別車輛之加減速率及速率、前後車間之時間車距及間程，以及前後車之速度差異等。由於每一部車輛之運行行爲均須以函數方式加以推導、預測與追蹤。因此，在運算上會較爲複雜及耗時。至於中觀車流理論則介於巨觀車流與微觀車流之間，因此又稱爲介觀車流。不過，學者對於中觀車流模式的定義卻有不一致的看法。有的學者認爲沒有所謂的中觀車流模式，只要是利用車流三大特性變數描述車流行爲之車流模式都是巨觀車流模式，反之則是微觀車流模式。有的學者認爲中觀車流模式是利用巨觀車流變數（例如，密度）來分析或模擬個別車輛的運行行爲，所以車輛之加減速是依據下游車流密度，而不必計算與前車的距離及速率差距，以節省模擬運算時間，故模式具有高解析度（模擬個別車輛運行行爲）及低擬眞度（以巨觀車流變數推導運行行爲）特性。此外，也有學者認爲中觀車流模式係以巨觀的流體力學車流模式爲基礎，進一步將微觀的跟車行爲（car-following behaviors）納入模式中。因此，模式具有低解析度（模擬總體車流運行行爲）及高擬眞度（融入微觀跟車行爲）特性。本章節之順序安排如下：第一節介紹靜態車流模式；第二節介紹巨觀動態車流模式；第三節說明微觀動態車流模式；第四節則說明中觀動態車流模式；最後一節爲結論與建議。

5.1 靜態車流模式

靜態車流模式主要是用以描述同一路段之流量、密度及速率等三大變數間之函數關係，又稱爲交通流模式（traffic stream model）。雖然每輛車輛都爲一單獨個體，彼此間並不連續，但爲了分析方便，巨觀車流理論係將其視爲一連續的流體，如此方能以連續函數方式表達三大變數間的關係。此外，如果利用同一函數表達三個變數的關係，則必須使用三度空間方能繪製三者間之關係圖，在解釋上較不方便。因此，一般都以成對方式，分別建立其函數關係及繪製其圖形，包括：速率—密度圖（*u*-*k* diagram）、流量—密度圖（*q*-*k* diagram），以及速率—流量圖（*u*-*q* diagram）。其中，流量—密度圖最常被用於分析車流行爲及推導車流在路網運行之時空動態行爲，故又稱爲基本圖形（fundamental diagram）。

車流模式中的速率係指空間平均速率，而非時間平均速率。密度係指某單位長度的車輛數。兩者均非在一個定點可以測得之參數，並不容易蒐集。爲便於分析及應用，在繪製圖形或建立函數時，也有利用現點速率進行空間平均速率之推估（例如，取調和平均數）。而密度則利用占有率替代之。此外，以數學函數型式表達此三個變數關係的模式又可分爲兩大類：單階段車流模式（single-regime models）及多階段車流模式（multi-regime models），分述如下：

5.1.1 單階段車流模式

單階段車流模式係以單一函數表達不同交通狀態（擁塞及不擁塞）下之車流參數間之關係。Greenshields（1935）是最早提出此類模式的學者。Greenshields 於 1934 年觀測美國俄亥俄州的二車道公路，獲得 7 個觀察點，進而配適（curve fitting）出線性的速率—密度（*u*-*k*）關係圖（如圖 5-1 所示），其函數型式如下：

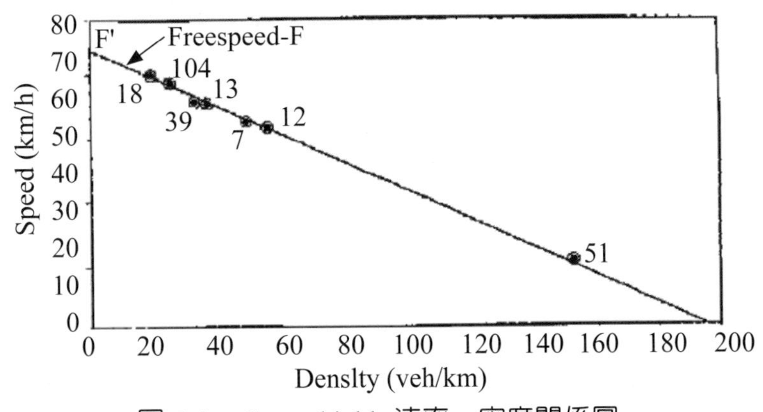

圖 5-1　Greenshields 速率—密度關係圖

（資料來源：Greenshields, 1935）

$$u = u_j\left(1 - \frac{k}{k_j}\right) \tag{5-1}$$

其中，

u_f：自由車流（free-flow）速率，即在車流量很低的情況下，駕駛人可隨其意願（或速限）自由行駛的速率。

k_j：擁塞密度（jam density），即當擁塞最嚴重時，單位長度內的車輛總數。

如果要配適式 5-1，則必須蒐集足夠樣本的流量與密度（u, k）資料，再利用統計迴歸技術配適函數 $u = a + bk$。而推估所得分別爲 $a = u_f$、$b = -u_f/k_j$，故進而據以計算 u_f 及 k_j 之值。

另外，透過恆等式 $q = ku$，可進一步推導 u-q 及 q-k 兩個函數關係如下：

$$q = k_j\left(u - \frac{u^2}{u_f}\right) \tag{5-2}$$

$$q = u_f k - u_f\frac{k^2}{k_j} \tag{5-3}$$

而 u-q 關係則可描繪如圖 5-2 所示。

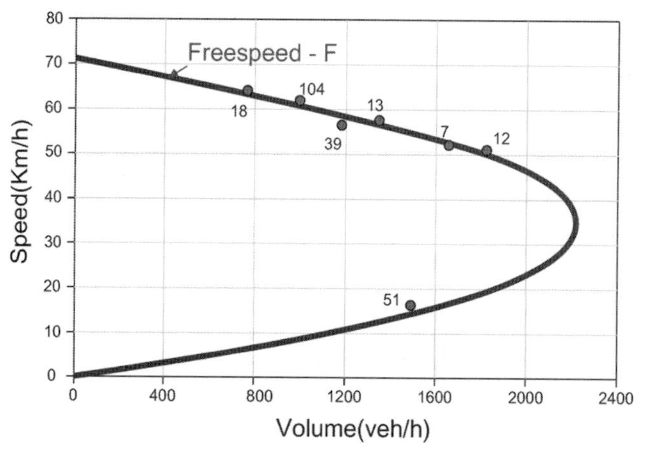

圖 5-2　Greenshields 速率—流量關係圖

（資料來源：Greenshields, 1935）

受限於早期不成熟的交通量調查技術，圖 5-1 及圖 5-2 Greenshields 所蒐集的 7 個樣本中，呈現密度高、速率低（呈擁塞狀態）的第 51 號樣本與其他 6 個樣本並非於同一路段所測得。但如果只用同一路段所測得的 6 個不擁塞狀態的樣本，進行 u-q 函數之配適時，極可能獲得類似 u-k（圖 5-1）線性關係。如此，將導致速率愈低，流量卻愈大的不合理現象。這也是爲什麼 Greenshields 要特別去蒐集另外一個擁塞狀態樣本點來配適曲線的主要原因。因此，如果要配適車流模式，必須蒐集各種交通狀態下（含括擁塞與不擁塞）的樣本。

如果將 Greenshields 三個車流基本圖形繪製在一起，則如圖 5-3 所示。Greenshields 鐘形（bell-shaped）的流量—密度（q-k）關係圖更是經常被引用說明流量與密度間之關係。若將流量—密度關係圖上任一點與原點連線，該線的夾角為 θ、該線的斜率即為速率，因為 $u = q/k = \tan\theta$。所以密度愈大的點，其速率一定會愈低。

事實上，車流模式中，只要給定其中一個函數或圖形，即可推導或繪製其他兩個函數及圖形。此外，由於道路最大流量（即容量）通常不容易觀測。因此，如果透過車流模式加以配適時，而找到適當的函數關係時，即可據以推估容量。依據式 5-2 及式 5-3，透過微分技術（令斜率等於 0）即可求得使流量最大下的 u、k 值。即 $k_m = k_j/2$、$u_m = u_f/2$、$q_m = u_f k_j/4$。其中，q_m 為道路容量，k_m、u_m 分別為達到容量時的密度與速率。

Greenshields 所提出的車流模式雖然相當簡單，但其概念一直被美國公路容量手冊（Highway Capacity Manual, HCM）引用長達將近 50 年，直至 1994 年版，才改採其他模式。

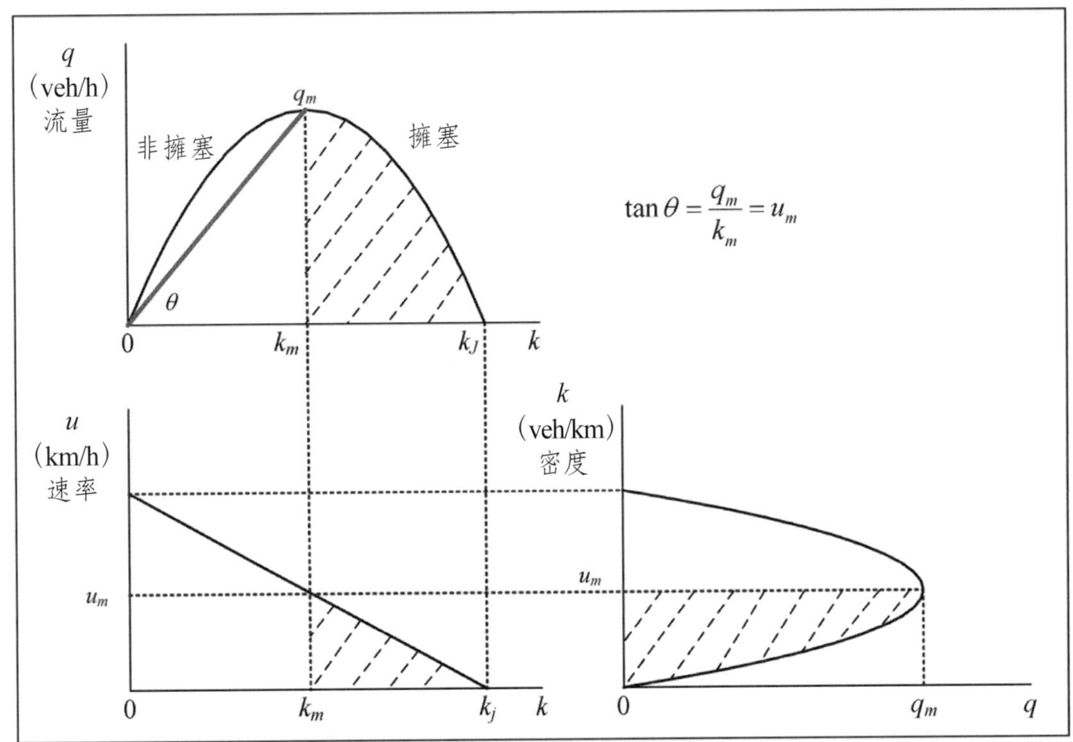

圖 5-3　Greenshields 速率—流量關係圖

此外，陸續也有許多學者，提出許多不同的模式。較著名者，例如，Greenberg、Underwood、Northwestern University、Pipes、Drew 等模式。各模式之 u-k 函數彙整如表 5-1 所示（May, 1990）：

表 5-1　單一階段車流模式

模式（年份）	u−k 函數
Greenshields (1935)	$u=u_f\left(1-\frac{k}{k_j}\right)$
Greenberg (1959)	$u=u_m\ln\left(\frac{k_j}{k}\right)$
Underwood (1961)	$u=u_fe^{-\left(\frac{k}{k_m}\right)}$
Northwestern University (1965)	$u=u_fe^{-\frac{1}{2}\left(\frac{k}{k_m}\right)^2}$
Pipes (1967)	$u=u_f\left(1-\left(\frac{k}{k_j}\right)^n\right)$
Drew (1968)	$u=u_f\left(1-\left(\frac{k}{k_j}\right)^{n+\frac{1}{2}}\right)$

（資料來源：May, 1990）

建立靜態車流模式的主要目的有兩個，第一是設定模式的函數型態（model specification），即依據實地觀察或依據其他理論推導，先擇定一特定模式（例如，Greenshields）。第二是模式推估（model estimation），即依據所設定的函數型態，進行參數推估。依據所選定的模式，其所需推估參數也不同。例如，如果選定的是 Greenshields 模式，所需推估的參數爲 u_f、k_j。但是如果選定的是 Greenberg 模式，則所需推估參數則爲 u_m、k_j。

5.1.2 多階段車流模式

車流行爲在自由車流與擁擠車流狀態時之關係函數並不相同，因此，單階段模式僅用一個函數就要描述不同車流狀態之參數關係，恐有捉襟見肘之慮。例如，Greenberg 模式比較適合用於描述高密度車流行爲（因爲低密度時，會出現速率無限大之不合理現象），但 Underwood 模式則反而比較適合用於描述低密度車流行爲。因此，許多學者則建立多階段模式，利用多條函數關係描述不同交通狀態的車流行爲，如表 5-2 所示。其中，Edie（1961）就是利用 Underwood 模式描述自由車流行爲，再利用 Greenberg 模式描述擁塞車流行爲。

表 5-2　多階段車流模式

模式（年份）	自由車流階段	轉換車流階段	擁塞車流階段
Edie (1961)	$u=54.9e^{-\left(\frac{k}{163.9}\right)}$ $(k\leq 50)$	–	$u=26.8\ln\left(\frac{162.5}{k}\right)$ $(k\geq 50)$
2-regime linear (1967)	$u=60.9-0.515k$ $(k\leq 65)$	–	$u=40-0.265k$ $(k\geq 65)$
Modified Greenberg (1967)	$u=48$ $(k\leq 35)$	–	$u=32\ln\left(\frac{145.5}{k}\right)$ $(k\geq 35)$
3-regime linear (1967)	$u=50-0.098k$ $(k\leq 40)$	$u=81.4-0.913k$ $(40\leq k\leq 65)$	$u=40-0.265k$ $(k\geq 65)$

註：表格內參數係採取英制，即速率：miles/h、密度：veh/mile/lane、流量：veh/h/lane。
（資料來源：May, 1990）

近年來的實證結果指出，流量—密度關係圖可能如圖 5-4 所示，像是一個「人」字的形狀或是三角形形狀，並非呈 Greenshields 的鐘形形狀。其主要原因可能是因為車輛性能日益提昇，因為在密度達到臨界密度（即流量最大時的密度）前，車流均能以自由車流速率前進，故流量—密度關係圖像是一條直線，其斜率即為自由車流速率。但超過臨界密度後，車流呈現不穩定現象，可能會因為輕微干擾，而對車速產生極大影響。由圖 5-4(a) 即可觀察此一現象，在自由車流狀態下，樣本點的分布相當集中，變異較小。但過了臨界點後，樣本點的分布範圍大幅增加，變異程度變大。Kerner（2004）則進一步依據流量—密度關係圖將交通狀態分為三大類：自由車流、同步車流（synchronized flow）及大範圍擁塞車流（wide moving jam flow）。

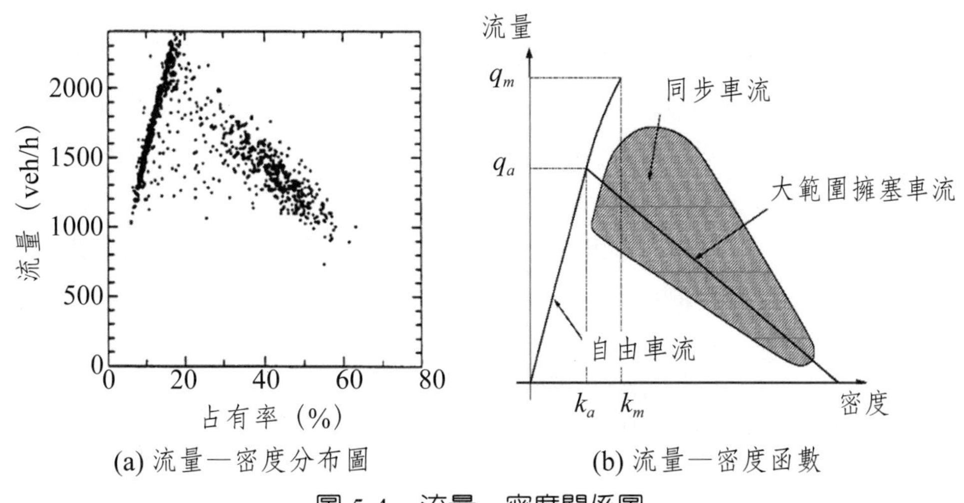

(a) 流量—密度分布圖　(b) 流量—密度函數

圖 5-4　流量—密度關係圖

（資料來源：Kerner, 2004）

多階段車流模式雖然可以選擇較適當之函數，分別描述不同交通狀態下的車流行爲。但是困難點在於如何決定各函數的分界點。

5.2 巨觀動態車流模式

巨觀動態車流模式係在利用速率—密度—流量三者間之關係函數描述車輛的時空運行行爲，可有效分析交通環境變化（例如，交通控制、車道縮減）對車流產生之影響。巨觀模式種類甚多，最著名的包括：簡單連續流模式（simple continuum model, SCM）、高階連續流模式（high order model, HOM），以及格位傳遞模式（cell transmission model, CTM）。分述如下：

5.2.1 簡單連續流模式

簡單連續流模式最早由 Lighthill and Whitham 於 1955 年提出，其將車流視爲一維空間的可壓縮流體，並以流量守恆方程式推導出動力學方程式。密度高時，車輛間程小，速率低；密度低時，車輛間程大，速率高。Richards 於 1956 年亦提出類似的車流理論，因此，又被稱爲 LWR 模式。簡單連續流模式之推導係基於二個方程式：1. 流量守恆方程式及 2. 速率與密度之一對一關係式。其中，流量守恆方程式可表爲：

$$\frac{\partial k}{\partial t}+\frac{\partial q}{\partial x}=0 \tag{5-4}$$

爲何式 5-4 稱爲流量守恆式？其推導過程如下：假設車流分別通過兩測站：測站 1 及測站 2，兩測站相距Δx（如圖 5-5 所示）。經過時間Δt，兩測站測得通過的車輛總數分別爲：N_1 及 N_2。所以，測站 1 的流量爲 $q_1 = N_1/\Delta t$，測站 2 的流量爲 $q_2 = N_2/\Delta t$。如果，流進的車輛比流出的多（即：$N_1 > N_2$），則兩測站間增加的車輛總數爲：$\Delta N = (N_1 - N_2) = (q_1 - q_2)\Delta t = (-\Delta q)\Delta t$，其中，$\Delta q = q_2 - q_1$。而兩測站間的密度增加量爲$\Delta k = (N_1 - N_2)/\Delta x$。基於流量守恆原則，$\Delta N = (-\Delta q)\Delta t = \Delta k\Delta x$，即 $\Delta k/\Delta t + \Delta q/\Delta x = 0$。當$\Delta x$ 及Δt 無限小時，則成爲式 5-9。

由於式 5-4 爲一階偏微分方程式，所以簡單連續流模式又稱爲一階連續流模式。而式 5-4 即用來描述車流在運行過程中，其車速、密度及流量會因應交通時空環境而變化。其中，密度進一步表爲一時空函數：$k = k(x, t)$。而假設速率爲密度的函數：$u = f(k)$，因爲，$\frac{\partial q}{\partial x}=\frac{\partial k}{\partial x}\frac{\partial q}{\partial k}=\frac{\partial k}{\partial x}\frac{\partial [kf(k)]}{\partial k}=\frac{\partial k}{\partial x}\left[f(k)+k\frac{df}{dk}\right]$，則流量守恆方程式可改寫成式 5-5：

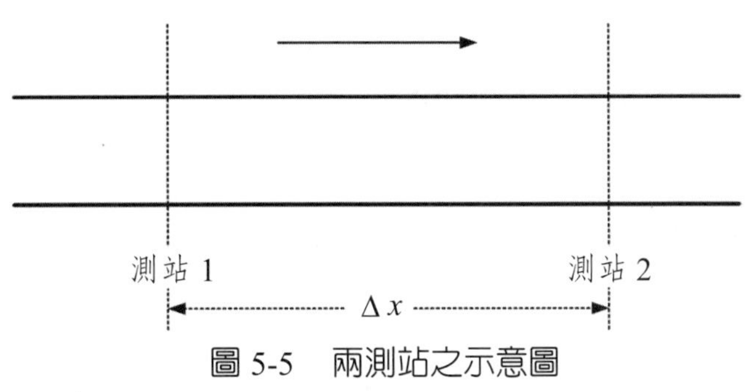

圖 5-5　兩測站之示意圖

$$\left[f(k)+k\frac{\partial f}{\partial k}\right]\frac{\partial k}{\partial x}+\frac{\partial k}{\partial t}=0 \tag{5-5}$$

由於同一群車具有類似的車流特性（即密度），當這群車隊以速率 u 向前移動時，透過速率與密度的一對一關係，同時也代表此一車流密度也會隨著時間變化而向前傳遞。當然，若遇到交通環境變化時，例如，遇到紅燈或遇到另外一群速率較慢的車隊時，衝擊波（shock wave）及其速度則可用來描述受影響的變化速率。

假設有一上游車隊 A 的速率、密度及流量分別為：u_A、k_A、q_A、而另一下游車隊 B 的速率、密度及流量為：u_B、k_B、q_B。假設 $u_A > u_B$，如果不能超車則遲早上游車隊 A 會追到下游車隊 B。因此，可預期的是，最後兩車隊的特性最後都會變成：u_B、k_B、q_B，即上游車隊會被下游車隊「同化」。因為根據駕駛行為，只有後車會受前車影響，前車的駕駛行為並不受後車影響。而衝擊波即是用來描述此一「同化」現象發生的速率與方向。

可以想像衝擊波為一界面 w，此一界面移動即代表上游 A 車隊中有多少車輛已被下游 B 車隊同化。在任一時間點，上游被同化的車輛，必等於下游新加入的車輛。假設其同化流量分別為 q_{Aw}、q_{Bw}，則同化的車輛數為 $N = q_{Bw}t = q_{Aw}t$。可進一步推導成為：$N= u_{Bw}k_B t = u_{Aw}k_{At}$。$u_{Bw}$、$u_{Aw}$ 分別上游車隊與衝擊波間之相對速度，亦即 $u_{Bw} = (u_B - u_w)$ 、$u_{Aw} = (u_A - u_w)$。所以，$N = (u_B - u_w)k_B t = (u_A - u_w)k_A t$。等式兩邊移項，並消去 t 後，可推導衝擊波的速度為：

$$u_w=\frac{u_B k_B - u_A k_A}{k_B - k_A}=\frac{q_B - q_A}{k_B - k_A} \tag{5-6}$$

其中，

u_w：衝擊波速度

依據式 5-6，衝擊波的速度即是將 A、B 兩車隊在流量－密度關係圖上的位置連線的斜率，如圖 5-6 所示。由圖知，此一衝擊波的斜率為負，即 A 車隊遇到 B 車隊時，其接觸界面所產生的衝擊波係以與車流行駛方向相反的方向，是一個向後傳遞的衝擊波。由於車流只能向前移動，因為其速度永遠為正值。此由圖 5-6 流量－密度關係圖的任何一點與原點連線，其斜率永遠為正值，即可驗證。但是，衝擊波之速度就不一定是正值，端視 A、B 兩點在流量一密度關係圖的位置而定。

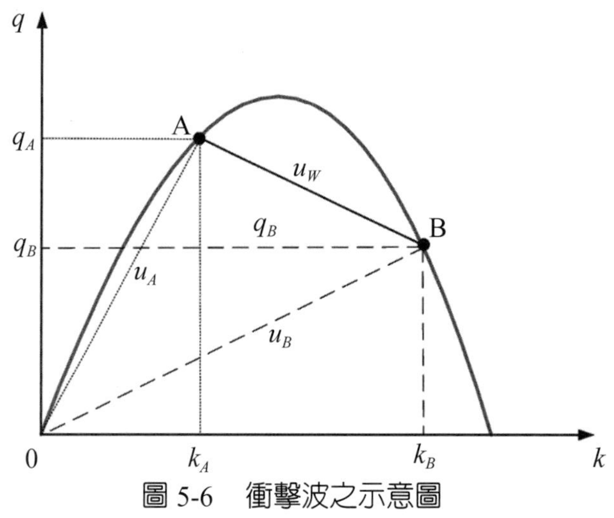

圖 5-6　衝擊波之示意圖

衝擊波可用於探討車隊運行受到交通環境影響的時空變化，對其運行速率的影響，可進一步推估車輛延滯發生的時空範圍，以掌握車流所受之衝擊大小及影響範圍，以作為研提改善策略之基礎。

5.2.2 高階連續流模式

由於簡單連續流模式係奠基於流量一密度關係圖之靜態車流模式上，並令速率與密度為一對一關係（即 $u = f(k)$）。但是，這樣的假設與實際車流行為，有三個明顯不合理處：

1. 流量一密度關係圖僅存在於車流達穩定狀態時的情形。但根據跟車理論，後車因應前車運行狀態改變時，可能需要一段時間的加減速動作才能再回到穩定狀態，也就是說，在車流運行過程中，可能有相當大比例的時間是處於不穩定的狀態。因此，如果以穩定狀態的巨觀車流模式加以推估，可能會產生相當大的誤差。

2. 因為駕駛人反應時間的關係，速率並無法因應密度的改變而作立即的改變，而必須經過一段時間後，才能逐漸反應至上游車隊，而產生所謂的遲滯現象。此外，依據圖 5-6 的衝擊波分析，車輛通過衝擊波界面的一瞬間，立即轉化具備另一個車隊的車流特性。例如，速率由 u_A 立即變成 u_B，而不考慮車輛的加減速能力限制。

3. 由於簡單連續流模式係假設車流為連續性，因此當流量不高時，理論的應用上也會發生錯誤（Kuhne and Michalopoulos, 1992）。

爲解決一階波動方程不合理的假設，Whitham（1974）和 Payne（1979）則以動量方程式（momentum equation）取代簡單連續流模式所引用的靜態車流模式，並假設速率會受到駕駛人反應時間的影響，即：$u(x, t+\tau) = U_e(k(x+\Delta x, t))$。其中，$u = u(x, t)$ 爲速率的時空函數，τ 爲車流改變至均衡狀態的遲延時間，$Ue(k)$ 爲穩定狀態下的速率與密度的關係函數，即交通流模式之 u-k 關係式（如式 5-1 及表 5-1）。也就是說，在時間點 $t+\tau$ 及空間位置 x 的速率會等於在時間點 t 及下游空間位置 $x+\Delta x$ 的均衡速率。當 τ 及 Δx 極小時，利用泰勒展開式（對單位時間 τ 及單位空間 Δx 展開，其推導過程較爲複雜，有興趣之讀者可參考 Nagel, 1996），可推導車隊加減速的關係式：

$$\frac{\partial u}{\partial t} + u\frac{\partial u}{\partial x} = \frac{1}{\tau}\left[U_e(k) - u\right] - c_0^2\frac{k_x}{k} \tag{5-7}$$

其中，

$k_x = \frac{\partial k}{\partial x}$：密度在空間上的變化率

c_0^2：一係數

$U_e(k)$：在密度 k 的車流狀況下，車流的均衡速率

式 5-7 等式左方爲速率對時間的全微分式，即：

$$\frac{du}{dt} = \frac{du(x(t), t)}{dt} = \frac{\partial u}{\partial t} + \frac{\partial u}{\partial x}\frac{dx}{\partial t} = \frac{\partial u}{\partial t} + u\frac{\partial u}{\partial x} \tag{5-8}$$

式 5-8 代表隨著車流向前推移的觀察者，其所觀測的加速率，故會隨著時間及空間而有不同的觀測值。而速率對時間的偏微分式（$\frac{\partial u}{\partial t}$），則代表站在路旁的觀察者（地點固定，不會隨著車流而移動位置），其觀測此一車隊的加速率。

式 5-7 右方第一項稱爲鬆弛項（relaxation term），表示駕駛行爲會逐漸趨近穩定狀態。當車隊行駛速率（u）高於均衡速率（$U_e(k)$）時，第一項爲負值，即加速率會降低或爲負值；反之，則第一項爲正值，加速率會增加。兩者相等（即第一項等於零）時，加速率才會趨近於零。當駕駛人不再加、減速率時，速率才能維持一個穩定數值，此即穩定狀態。第二項稱爲預期項（anticipation term），即依據下游車流密度狀況，調整加減速率。由於係數 c_0^2 及密度 k 均爲正，所以當 k_x 爲正值時，表示愈下游的車流密度愈高，故加速度會降低（甚至爲負）。反之，k_x 爲負值時，則表示下游車流密度逐漸降低，表示車隊逐漸疏解，故加速度會增加。此項反映駕駛人會根據前方車流狀況而改變其加減速行爲。當然，事實上，駕駛人是透過與前方車輛間之距離及速率差來決定跟車行爲，不可能偵知下游車流的密度，自然也不會依密度來調整行駛速率。所以，高階連續流模式還是一個低解析度及低擬眞度的巨觀模式。

式 5-7 搭配式 5-4 的流量守恆式，即發展成爲高階連續流模式。雖然，高階連續流模式較簡單連續流模式更接近實際車流行爲，但其求解過程則相對較爲複雜。

5.2.3 格位傳遞模式

格位傳遞模式（CTM）係由 Daganzo（1994）所提出，用以模擬車流在空間與時間上的流動行為，如車隊的形成與紓解等。模式假設一均質（homogeneous）路段，且路段上並無任何匝道可供車輛進出，故該路段上車輛僅能由一端進入路段內並由另一端離開路段。將該道路分成數個同質性相等長度的格位（cell），從道路上游依序給予編號從 1 到 I，每個格位長度會依照一般車輛在單位時間內所行走的距離而定，而該行走的距離亦可由車輛在自由車流的速率下推算而得（參見圖 5-7）。

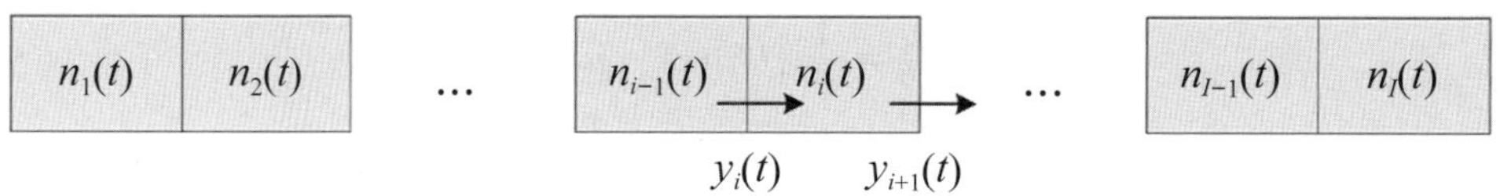

圖 5-7　道路分割成為各個均質格位示意圖

車輛在自由車流的情況下，可以隨著時間的推移前進至下一個格位內，不需要考量車輛在格位裡的位置，其關係式如下（邱裕鈞等人，2010）：

$$n_{i+1}(t+1) = n_i(t) \quad for\ t = 0, 1, 2, \cdots, T \tag{5-9}$$

其中，

$n_i(t)$：時間 t 時在格位 i 的車輛數

$n_{i+1}(t+1)$：時間 $t+1$ 時，在格位 $i+1$ 之車輛數

上述情況發生在低交通流量時，亦即車輛能以自由車流速率（free-flow speed）前進的情況下。當速率因進入瓶頸路段而降低的時候，也就是道路出現車隊等候時，模式則新增兩個變數 $N_i(t)$ 及 $Q_i(t)$，以模擬擁塞時所造成車流變化情況。$N_i(t)$ 為各格位所能容納之最大車輛數，$Q_i(t)$ 則表示格位所能通過的最大流量。因此，可以定義單位時間 t 可以進入格位 i 的車輛數 $y_i(t)$ 如下：

$$y_i(t) = \min\{n_{i-1}(t), Q_i(t), N_i(t) - n_i(t)\} \tag{5-10}$$

其中，

$n_{i-1}(t)$：格位 $i-1$ 在時間 t 的車輛數。

$Q_i(t)$：格位 i 在時間 t 單位時間內所能流入的最大車輛數。

$N_i(t) - n_i(t)$：格位 i 在時間 t 剩餘空間可以容納的車輛數。

根據以上關係，格位 i 在時間 $t+1$ 的車輛數即等於格位 i 在時間 t 的車輛數加上淨流入車輛數（流入車輛數－流出車輛數），其關係式可表為：

$$n_i(t+1)=n_i(t)+y_i(t)-y_{i+1}(t) \quad (5\text{-}11)$$

格位傳遞模式依據上式依時間變化而不斷遞迴計算每一時間各個格位的車輛數。由於格位長度均設定爲等長，且格位長度 = 自由流速率 × 時階長度。因此，每一格位內的車輛數即代表密度，而每一時階（從 t 到 $t+1$）格位 $i-1$ 在時間 t 的車輛，最多只能推進到下一格位 i，不能到格位 $i+1$。因此，式 5-10 及 5-11 表達流量與密度的時空變化關係。此與 LWR 的流體模式之流量一密度與有著相似的關係。爲簡化起見，一般假設流量一密度關係圖爲梯形或三角形如圖 5-8 所示。其中，v、w 分別爲自由車流速率及衝擊波速率，一般而言，$v \geq w$。

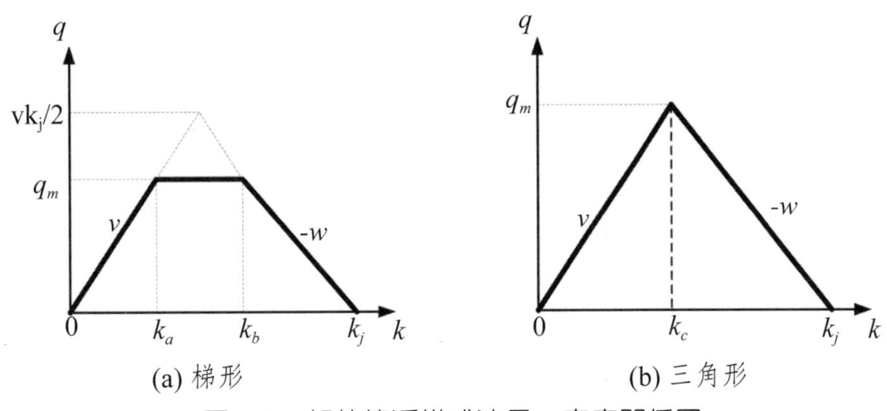

(a) 梯形　　(b) 三角形

圖 5-8　格位傳遞模式流量一密度關係圖

根據三角幾何關係，當密度 $k \leq k_a$（圖 5-8a）或 $k \leq k_c$（圖 5-8b）之自由車流狀態下，可通過的流量爲 vk；當密度 $k_a \leq k \leq k_b$（圖 5-8a）或 $k = k_c$（圖 5-8b）之飽和車流狀態下，可通過的流量爲 q_m；當密度 $k > k_b$（圖 5-8a）或 $k > k_c$（圖 5-8b）之擁塞車流狀態下，可通過的流量則成爲 $w(k_j - k)$。所以，對所有密度狀態而言，能通過的流量可表爲：

$$q=\min\{vk, q_m, w(k_j-k)\} \quad (5\text{-}12)$$

假設單位時間間隔爲 1 單位，則格位長度爲 $v \times 1 = v$。因此，$k = n_i(t)/v = n_{i-1}(t)/v$（均質狀態下）、$k_j - k = N_i(t)/v - n_i(t)/v$、$Q_i(t) = q_m$，其關係式可表爲：

$$y_i(t)=\min\left\{n_{i-1}(t), Q_i(t), \frac{w}{v}(N_i(t)-n_i(t))\right\} \quad (5\text{-}13)$$

由於各格位會分別對應實際路網的特定路段，故依據各該路段的道路環境與交通管制狀況，可分別針對流量一密度關係圖進行設定，俾據以模擬車流行爲。例如，Chiou *et al.*（2009）即針對道路因事故或施工封閉部分車道時，可實施上游動態速限控制，以提昇交通運行效率與安全。圖 5-9 及圖 5-10 分別爲部分車道封閉及動態速限控制的流量一密度關係圖。

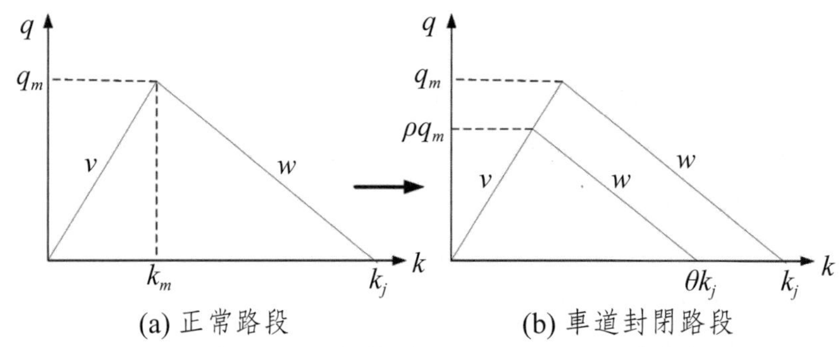

圖 5-9　正常路段及車道封閉路段之流量－密度關係圖

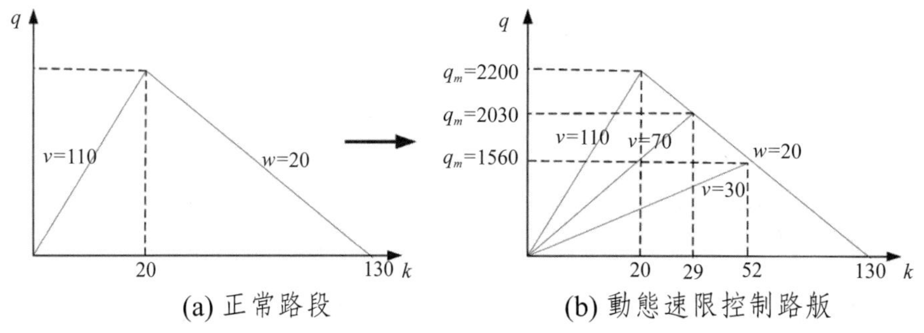

圖 5-10　正常路段及動態速限控制路段之流量－密度關係圖

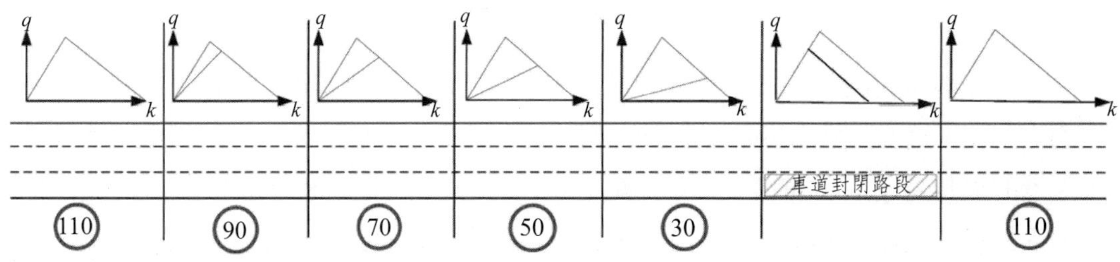

（註：50 代表主線速限為 50km/h）

圖 5-11　事故路段及動態速限控制的流量－密度關係圖

（資料來源：Chiou *et al.*, 2012）

由上述介紹得知，格位傳遞模式主要係因應道路交通環境分析每一時階每一格位的車輛數變化情形，藉以模擬車流之運行狀況。至於每一格位內車輛數之分布狀況及每一輛車之運行行爲，並不加以探討。

5.3 微觀動態車流模式

微觀車流模式最早由 Reuschel（1950）與 Pipes（1953）所提出，其基本假設係利用期望速率、間程、相對速率，以及駕駛者反應時間等參、變數，來模化單一車輛的駕駛行爲分析基礎。而駕駛行爲中（包括跟車、變換車道、超車等）又以跟車行爲（car following behaviors）之相關研究最多。所謂跟車理論顧名思義即是後車（following car）依據其與前車（lead car）之互動關係，進行加減速率之決策，以達到跟車的目的。在跟車理論最著名的即是 Herman 所領導的研究群，於 1958 至 1964 年間透過通用汽車實驗室（General Motors Research Laboratories）進行跟車行爲之觀測與模化，陸續發表 5 個模式，通稱爲 GM 模式。從最早的第一代 GM 模式至最一般化的第五代 GM 模式爲止。分述如下：

1. 第一代 GM 模式

第一代 GM 模式爲一線性函數模式，即所謂的「刺激－反應方程式」，如下：

$$\ddot{x}_{n+1}(t+T)=\lambda_0[\dot{x}_n(t)-\dot{x}_{n+1}(t)] \quad (5\text{-}14)$$

其中，

$x_{n+1}(t)$：第 n+1 輛車在 t 時的空間位置，即距離函數

$\dot{x}_{n+1}(t)$：距離函數的一次微分，代表速率

$\ddot{x}_{n+1}(t)$：距離函數的二次微分，正値代表加速率，負値則代表減速率。

T：駕駛人之反應時間

$\dot{x}_n(t)-\dot{x}_{n+1}(t)$：前後車的相對速率

λ_0：敏感度（sensitivity）

由於第 n 輛車爲第 n+1 輛車的前車（或第 n+1 輛車爲第 n 輛車的後車），因此刺激－反應方程式的基本概念即是後車在（t+T）時之「反應」，可以表示爲在 t 時所受「刺激」與駕駛人「敏感度」之乘積。其中，「反應」指本身車子的加減速率，「刺激」指與前車相對速度，「敏感度」則代表後車駕駛對刺激之敏感程度，其値愈大，反應愈大。當然，如果敏感度値設定太高，則後車反應會過於敏感，而使得跟車行爲呈現不穩定現象（instability），甚至發生後車超越前車（即碰撞）行爲，此並不符合實際跟車行爲。一般而言，當 $\lambda_0 \times T \le \pi/2$，可達到局部穩定性（local stability），指的是前後兩車間之穩定現象。而當 $\lambda_0 \times T \le 1/2$，可進一步達到漸近穩定性（asymptotic stability），指的是全車隊（platoon）中的穩定現象。

2. 第二代 GM 模式

第二代 GM 模式大致沿用第一代 GM 模式的概念，仍採用線性的「刺激－反應方

程式」，惟有鑑於後車非常接近前車時，駕駛行爲會更爲謹慎，而敏感度會較大。但後車距離前車較遠時，其敏感度會大幅降低。因此，分別設定兩種敏感度值，如下式：

$$\ddot{x}_{n+1}(t+T)=\begin{bmatrix}\lambda_1[\dot{x}_n(t)-\dot{x}_{n+1}(t)]\\ \lambda_2[\dot{x}_n(t)-\dot{x}_{n+1}(t)]\end{bmatrix} \tag{5-15}$$

其中，

λ_1：用於距離前車較近，即間程（spacing）較小時的敏感度

λ_2：用於距離前車較遠時的敏感度，$\lambda_1 \geq \lambda_2$

此一模式的困難處在於如何判斷何種狀況該採用哪一種敏感度值。此外，此一函數型式，也導致不連續的狀況，而難以進行進一步之分析。

3. 第三代 GM 模式

爲了改善第二代 GM 模式難以判斷敏感度值選用門檻之缺點，第三代模式進一步將兩車距離（間程）納入模式中成爲：

$$\ddot{x}_{n+1}(t+T)=\frac{\lambda_1}{[x_n(t)-x_{n+1}(t)]}[\dot{x}_n(t)-\dot{x}_{n+1}(t)] \tag{5-16}$$

其中，

$x_n(t)-x_{n+1}(t)$：兩車距離

若比較式 5-16 與式 5-14 可知：$\lambda_0=\frac{\lambda_1}{[x_n(t)-x_{n+1}(t)]}$。所以，第三代 GM 模式是第二代 GM 模式的一般化模式，即敏感度值會隨著兩車距離增大而變小。

4. 第四代 GM 模式

Herman 等人進一步發現駕駛人在速率較高時，駕駛行爲會比較謹慎，即敏感度較高。因此，第四代 GM 模式則進一步將後車速率納入模式成爲：

$$\ddot{x}_{n+1}(t+T)=\frac{\lambda_2\dot{x}_{n+1}(t+T)}{[x_n(t)-x_{n+1}(t)]}[\dot{x}_n(t)-\dot{x}_{n+1}(t)] \tag{5-17a}$$

$$\ddot{x}_{n+1}(t+T)=\frac{\lambda_2\dot{x}_{n+1}(t+T)}{[x_n(t)-x_{n+1}(t)]^2}[\dot{x}_n(t)-\dot{x}_{n+1}(t)] \tag{5-17b}$$

5. 第五代 GM 模式

第四代 GM 模式係假設敏感度受後車速率及兩車距離影響，且呈線性關係如式 5-17a，或與後車速率成線性關係，但與兩車距離呈二次方倒數關係如式 5-17b。因此，第五代 GM 模式則不先設定敏感度與後車速率及兩車距離之關係，以一般化型式表之，如下式：

$$\ddot{x}_{n+1}(t+T)=\frac{\lambda_2\dot{x}_{n+1}(t+T)^m}{[x_n(t)-x_{n+1}(t)]}[\dot{x}_n(t)-\dot{x}_{n+1}(t)] \tag{5-18}$$

其中，

m 及 l：參數

當 $l = 0$ 及 $m = 0$ 時爲第一代 GM 模式

當 $l = 1$ 及 $m = 0$ 時爲第三代 GM 模式

當 $l = 1$ 或 2 及 $m = 1$ 時爲第四代 GM 模式

在穩定狀態（steady state）下，透過數學推導可連結巨觀車流模式與微觀 GM 模式間之關係。其中，第一代 GM 模式即爲 Pipes 巨觀車流模式、第三代 GM 模式爲 Greenberg 巨觀車流模式、第四代 GM 模式爲 Greenshields 巨觀車流模式。有關微觀模式轉換爲巨觀模式的推導過程，可參考 TRB（1992）。

此外，在微觀車流模式中仍有許多其他著名模式，例如，模糊推論模式（fuzzy inference model）、心理—物理行爲門檻模式（psycho-physical behavior threshold model）及細胞自動機模式（cellular automaton, CA）等。分述如下：

1. 模糊推論模式

傳統跟車理論假設每位駕駛人爲同質（homogeneous），且駕駛人行爲與周遭環境的變化有一明確關係，但通常駕駛人的駕駛行爲並無一定規則可尋，且與外界環境並非一對一的確定關係，其間存在若干的模糊性。基此，Kikuchi and Chakroborty（1993）將跟車行爲視爲一模糊控制系統，並用模糊邏輯（fuzzy logic）、模糊推論（fuzzy inference）來進行模擬。由於模糊推論正是用以近似人類的推論、決策及控制行爲，頗適合用來模化駕駛行爲。惟其缺點在於模糊推論規則及模糊隸屬函數通常必須主觀設定，致使其應用彈性受限。基此，邱裕鈞、藍武王（2001）及 Chiou and Lan（2005）即提出基因邏輯控制模式（genetic fuzzy logic control, GFLC）利用基因演算法（genetic algorithm, GA）自動學習最佳之邏輯規則與隸屬函數，並應用於跟車行爲，確可獲致良好績效。

2. 心理—物理行為門檻模式（陳世泉，1993；張建彥等人，2005）

心理—物理行爲門檻模式係 Hoefs（1972）於車流觀察中發現，當後車駕駛者感知到前車與自身之間距及相對速率差異過大時，會加速貼近前車以縮短間距，逐漸由不受影響駕駛範圍進入受影響駕駛範圍；當後車駕駛者感知到過於貼近前車不安全時，則減速以加大間距；減速後之間距若不合後車駕駛者之期望則再加速，整個系統就在本車不斷加減速的自我調整過程中達到穩定跟車狀態。因此，本模式之主要研究重點在於如何界定不受影響駕駛範圍的間距，或相對速率門檻以及受影響之跟車行爲反應。而此種駕駛行爲所表現的現象有兩點：(1) 跟車過程處於一微幅振盪調整之間距與速差系統中；(2) 在各反應狀態下，具有如拋物線形之感知門檻。決策者在某一相互影響範圍內，具有相同之決策行爲，須越過某門檻後，其行爲才會有所差異，此即「行爲門檻」的意義。將行爲門檻用來判斷不同行爲區域間的觀念引入跟車模式中，即爲心理—物理間程模式（psycho-physical spacing model）。Wiedemann（1974）將心理—物理間程模式引進微觀車流模式中，建構一數學模式，即所謂的「行爲門檻模式」，其特點爲同時考慮速差與車間距離作爲行爲變化的決策條件，即駕駛人根據路況中的時空變化，對應其決策門檻而進行跟車行爲調整。本模式之基本假設亦爲單一車道跟車行駛，不考慮變換車道情形，可將車流狀況分成三個反應區：

(1) 感知反應（perceived reaction）區，在後車接近前車並感知到距離前車太遠時，通常會加速貼進前車。

(2) 無意識反應（unconscious reaction）區，指當前後車十分接近時，後車爲維護安全距離，通常有速度震盪的現象。

(3) 無反應（no reaction）區，指駕駛者不受前車影響。

圖 5-12 中各門檻參數之定義如下：(1) 靜態間距（AX）：後車於靜止時希望與前車保持之車頭距離。(2) 最小跟車間距（BX）：後車車速與前車相近時，所欲維持最小跟車間距。(3) 感知速差門檻（SDV）：在一較大間距下，跟車駕駛者對於速率差異

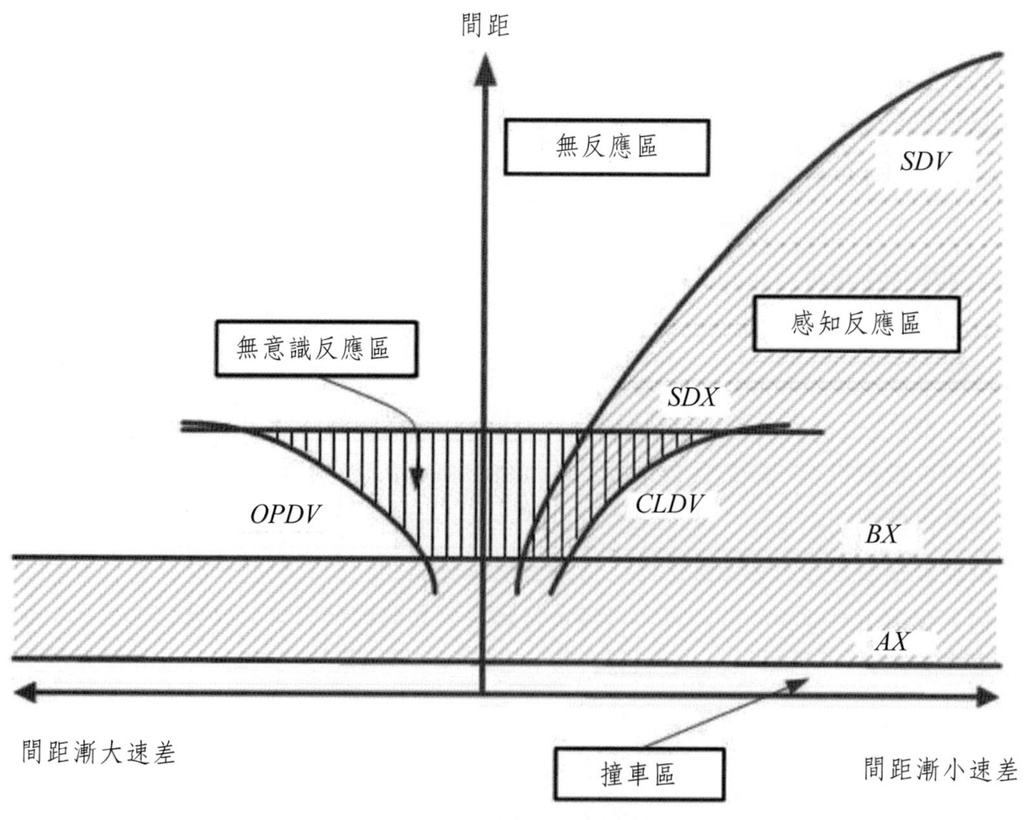

圖 5-12　行為門檻關係示意圖

（資料來源：陳世泉，1993；張建彥等人，2005）

（後車車速減前車車速）之感知門檻。(4) 跟車間距上限（SDX）：爲顧及駕駛者判斷間距能力之差異，SDX 約在 1.5～2.5 倍最小跟車間距範圍內振動。(5) 間距漸減速差門檻（CLDV）：在一較小間距、間距漸減且速差爲正之情況下，速率差異之門檻值。(6) 間距漸增速差門檻（OPDV）：在一較小間距、間距漸增且速差爲負之情況下，速率差異之門檻值，約爲 1～3 倍 CLDV 值（此因駕駛者通常對正在遠離物比正在接近物反應遲緩之故）。

3. 細胞自動機模式

細胞自動機（CA）模式最早係由數學家 von Neumann 於 1950 年代提出，Nagel and Schreckenberg（1992）則是第一篇以 CA 模擬高速公路車流行爲的研究（稱爲 N-S 模式）。由於 CA 採用離散格位推移概念，利用簡單的跟車及車道變換規則，能夠迅速眞實模擬車流行爲，甚至包括擁塞車流停停走走（stop-and-start）狀況及擁塞車流及自由車流間之遲滯現象（hysteresis）。因此，吸引相當多學者投入研究，並提出改良模式。所謂 CA 模式係以間斷不連續的時階及網格化的道路格位來模擬系統內每一輛車的移動狀況。傳統 CA 模式係以一輛車占用一格位方式進行模擬。因此，透過追蹤車輛在空間上格位位置的變化，即可模擬車流行爲。Lan and Hsu（2006）、Lan *et al.*（2009）、邱裕鈞等人（2010）及 Lan *et al.*（2010）等研究，更進一步將格位細分，以模擬混合車流行爲及掌握更精確的加減速率變化。至於車輛移動方式則建立在三維空間：縱軸描述車輛直進行爲、橫軸描述車輛橫向位移或變換車道行爲，另加上時間軸描述車輛位置、速率、加速率之變化。CA 之基本組成（如圖 5-13）包含單元網格係組成交通系統的單元網格，稱爲基本單元（common unit）。每個網格隨著時間演進只允許有 2 種狀態，不是被車輛占有就是空的；車輛細胞（cell）代表車輛的基本組成單元，意即被車輛占有的基本單元網格，故不同大小類型的車輛將由不同數目的細胞所組成。例如：機車以長 2 個細胞、寬 1 個細胞（即 2×1cells）；小型車以長 6 個細胞、寬 2 個細胞表示（即 6×2cells）；大型車則以 12×3 個細胞表示。該定義是以實際車輛大小，加上運行過程所需之動態安全間距而定；道路格位（site）代表道路空間的基本組成單元，以此概念來描述距離、位置、速率等空間單位。例如：一 3.75 公尺寬的標準車道以 3 個格位表示；一 2.5 公尺寬的市區窄車道以 2 個格位表示。

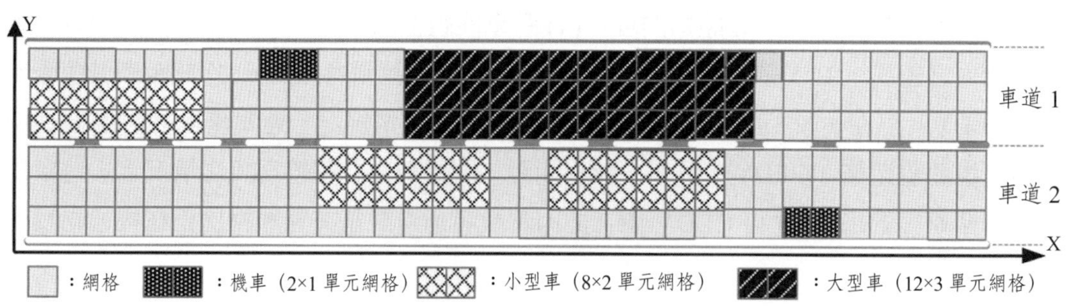

圖 5-13 單元網格、車輛細胞與道路格位示意圖

5.4 中觀動態車流模式

巨觀動態車流模式具有低解析度、低擬眞度特性，但模式運算快速、模擬效率高，適合用於大規模路網之車流模擬。而微觀動態車流模式則具有高解析度、高擬眞度特性，但模式運算耗時、模擬效率低，僅適合用於小路網及短期間之車流模擬。顯然，車流模式之精確度及效率性難以兼顧。因此，爲了提高微觀模式之模擬效率，或克服巨觀模式之不合理車流行爲，乃發展中觀動態車流模式。因此，中觀模式不是降低微觀模式的解析度，就是提高巨觀模式的擬眞度，其特性介於巨觀及微觀模式間。例如，車流模擬軟體 DYNASMART、DynaMIT 即以巨觀密度—速率關係式推估單一車輛之運行速率，是高解析度、低擬眞度的典型代表。至於低解析度、高擬眞度的中觀模式則大多以高階連續流模式爲基礎，進一步將微觀的跟車行爲融入動量方程式中。因爲，式 5-7（動量方程式）的等式左方爲速率對時間的全微分式，即車輛的加減速率，其與微觀模式的式 5-14 等式左方意義相同，只是前者係指一股車流、後者是針對一部車輛。因此，只要透過巨、微觀車流變數的轉換，可以將微觀跟車模式融入高階連續流模式中，以克服高階連續流模式若干不合理之問題。例如，Jiang et al.（2002）即將跟車行爲融入高階連續流的動量方程式等式右方第二項（預期項）中，以解決高階連續流模式之車流特性波速高於車流速率及負速率（反向行駛）的不合理問題：

$$\frac{\partial u}{\partial t}+u\frac{\partial u}{\partial x}=\frac{1}{\tau}\left[U_e(k)-u\right]-c_1\frac{\partial u}{\partial x} \qquad (5\text{-}19)$$

其中，

c_1：參數 = Δ/τ。Δ 表車流行駛的一小段距離。

相較於式 5-7，式 5-19 將原來高階連續流模式的密度梯度函數轉換爲速率梯度函數。由於推導過程略顯複雜，有興趣的讀者可自行參閱該研究。

此外，也有學者認爲 Prigogine and Herman（1971）所提出的動力學車流模式（Kinetic theory）也是一種中觀動態車流模式，其旨在利用動力學理論推導連續流模式的車流行爲，使其符合微觀跟車行爲，也是一種提高巨觀模式擬眞度的方式。不過，其推導過程也略顯複雜，有興趣的讀者可自行參閱該研究。

5.5 結論與建議

交通車流理論主要係用於分析不同道路與交通環境下，分析或模擬車流運行行爲，諸如最大容量、延滯、等候長度、旅行時間、安全等的一種理論模式，可用於探討不同交通工程設施與交通管制策略對車流的影響，進而研提設計準則與最佳管制策略的重要分析工具，無疑是交通工程師必須具備的基本分析能力。

惟就分析的解析度及擬眞度而言，本章分別介紹巨觀靜態車流理論、巨觀動態車流理論、微觀動態車流理論，以及中觀動態車流理論，而各級理論中又各自包括多種模式可供選擇運用。各層級理論之適用範圍如下：

1. 巨觀靜態車流理論：用於描述同一路段車流三大特性變數：流量、密度、速率間之關係函數，可作爲該路段服務水準評估及容量推估之用，也是動態車流模式分析的基礎。

2. 巨觀動態車流理論：利用車流三大特性變數，分析或模擬車流在路網上之時空運行之動態變化情形。著重於整體車流特性之描述，而不分析及模擬個別車輛間之關係，適用於大規模路網或長分析期間之車流模擬分析，屬於低解析度、低擬眞度的模式。

3. 微觀動態車流理論：著重於個別車輛行駛軌跡之模擬分析，對於車輛之位置、瞬時速度及加減速均須加以記錄，並大多以跟車行爲模化車輛間之互動關係。此種模式運算較爲耗時、占用記憶體空間較大，故僅適用於小規模路網及短分析期間，但需要研析車輛間互動關係之車流模擬分析，屬於高解析度、高擬眞度的模式。

4. 中觀動態車流理論：介於巨觀及微觀模式間，一種是以個別車輛作爲模擬的對象，對於車輛的運行行爲則採用巨觀車流變數來處理，且不處理車輛間的互動關係，屬於高解析度、低擬眞度的模式。另一種以整體車流之運行爲基礎，但車流運行行爲則適度納入微觀跟車行爲，屬於低解析度、高擬眞度的模式。

基本上，此四級車流理論並無優劣之分，交通工程師或分析師應視其分析目的及範圍，選擇適當的理論與模式。除此四級車流理論模式外，也有學者提出超巨觀模式（macroscopic flow models）及超微觀模式（nano-microscopic model）。其中，超巨觀模式用於評估大規模都市交通路網之車輛運行效率，例如，雙質流模式（two-fluid model）將車流分爲停等（stopped flow）及移動（moving flow）車流兩大類，再依據實地抽樣車輛的停等及移動的時間比例推估整體路網的平均車流運行速率。而超微觀模式則進一步將人車互動行爲，納入車流模式中，可用以分析車載資訊對駕駛行爲之影響。

問題研討

1. 名詞解釋：
   (1) 單階段車流模式（single-regime traffic stream model）。
   (2) 多階段車流模式（multi-regime traffic stream model）。
   (3) 格位傳遞模式（cell transmission model）。
   (4) 細胞自動機（cellular automaton）。
   (5) 心理—物理行為門檻模式（psycho-physical behavior threshold model）。
   (6) 基本圖形（fundamental diagram）。
   (7) 速率—密度關係圖（*u-k* diagram）。
2. 試各列舉一個巨觀（macroscopic）、中觀（mesoscopic）及微觀（microscopic）動態車流模式，並比較其適用範圍與分析重點之差異。
3. 試推導 Greenshields 巨觀靜態車流模式在最大流量時之速率與密度關係。
4. 請說明 GM（General Motors）微觀車流模式之理論模式與應用限制。
5. 請推導衝擊波速度的計算公式，並說明衝擊波對交通運行效率與安全可能造成的影響。

相關考題

1. 請說明通用汽車（General Motors）實驗室所發展出來的微觀車流模式，也就是刺激反應模式，說明 GM 五代模式發展及其變數意義。（25 分）（102 高三級）
2. 試以適當之車流關係圖形，描述道路車道驟然縮減形成瓶頸，對道路瓶頸處之上游及下游車流的影響。（25 分）（102 專技高）
3. 某一個三車道的高速公路路段因養護作業需要，將封閉其內側車道三小時（10:00～13:00）。此一路段上游之交通量如下表所示，請預估說明：

(1) 封閉時段內經過此一路段車輛之平均等候時間。（10 分）

(2) 封閉時段內最長等候車隊發生時間及其車隊長度。（10 分）

(3) 交通擁塞消除的時間。（5 分）

此一路段在正常情況下每一車道之容量為 2,300 pcu／小時，施工狀況下每車道平均容量為 1,700 pcu／小時。如需其他資料可自行作合理的假設。（103 專技高）

時段	上游交通量
09:00～10:00	3,200
10:00～11:00	4,000
11:00～12:00	4,200
12:00～13:00	3,400
13:00～16:00	3,000

參考文獻

一、中文文獻

1. 陳世泉（1993），「混合車流中機車駕駛行為之分析」，國立臺灣大學土木工程學研究所碩士論文。
2. 邱裕鈞、藍武王（2001），「應用遺傳演算法建構適應性模糊邏輯控制系統—以跟車行為為例」，中華民國運輸學會第十六屆學術論文研討會論文集，中華民國運輸學會，第 515-525 頁，臺北市，11 月 29 日。
3. 張建彥、張靖、林靜芬、曾雅瑜（2005），「大客車心理物理行為門檻模式之駕駛模擬器場景建置」，中華管理學報，第六卷，第一期，第 119-140 頁。
4. 邱裕鈞、藍武王、許珮珊、曾群明（2010），「應用格位傳送模式建構高速公路動態起迄矩陣推估演算法」，運輸學刊，第二十三卷，第一期，第 97-128 頁。

二、英文文獻

1. Chiou, Y.C., Huang, Y.F. and Lin, P.C., (2012), "Optimal variable speed-limit control under abnormal traffic conditions," *Journal of the Chinese Institute of Engineers*, Vol. 35, No. 3, pp. 299-308.
2. Edie, L.C., (1961), "Car-following and steady-state theory for noncongested traffic,"*Operations*

Research, Vol. 9, No. 1, pp. 66-76.

3. Hoefs, D.H., (1972), "Untersuchung des fahrverhaltens in fahrzeugkolonnen," *Forschungsberichte des Institut fur Verkehrswesen*, Heft 140, Universitat Karlsruhe. (In German)
4. Jiang, R., Wu, Q.S. and Zhu, Z.J. (2002), "A new continuum model for traffic flow and numerical tests," *Transportation Research Part B*, Vol. 36, pp. 405-419.
5. Kuhne, R. and Michalopoulos, P., (1992), "Continuum flow models," *Traffic Flow Theory: A State-of-the-Art Report*, Chapter 5, FHWA, ORNL.
6. Greenshields, B.D., (1935), "A study of traffic capacity," *Highway Research Board*, Vol. 14, pp. 448-477.
7. Lighthill, M.J. and Whitham, G.B., (1955), "On kinematic waves I: Flood movement in long rivers," *Proceedings of the Royal Society of London. Series A, Mathematical and Physical Sciences*, Vol. 229, No. 1178, pp. 281-316.
8. May, A.D., (1990), *Traffic Flow Fundamentals*, Prentice Hall, Englewood Cliffs, NJ.
9. Nagel, K., (1996), "Particle hopping model and traffic flow theory," *Physical Review E* 53:55, pp. 4655-4672.
10. Payne, H.J., (1979), "FREFLO: A macroscopic simulation model of freeway traffic," *Transportation Research Record*, No. 722, pp. 68-77.
11. Pipes, L.A., (1953), "An operational analysis of traffic dynamics," *Journal of Applied Physics,* Vol. 24, pp. 271-281.
12. Prigogine, I. and Hermann, R., (1971), *Kinetic Theory of Vehicular Traffic*, Elsevier, New York.
13. Reuschel, A., (1950), "Fahrzegbewegungen in der Kolonne Beigleichformig beschleunigtem oder verzogerten Leitfahrzeub," Zeit. D. Oster. Ing-Arch (In German).
14. TRB, (1992), *Traffic Flow Theory: A State-of-the-Art Report*, sponsored by TRB Committee A3A11. Available at: http://www.tfhrc.gov/its/tft/tft.htm
15. Whitham, G.B., (1974), *Linear and Nonlinear Waves*. Wiley & Sons.
16. Wiedemann, R., (1974), "Simulation des strassenverkehrsflusses," *Schriftenreihe des Instituts furverkehrswesen*, Heft 8, Universitat Karlsruhe (In German).

第 6 章

先進交通調查技術

交通調查是掌握研究範圍內交通特性、供需狀況及研提改善策略的重要步驟。惟如果都要採用人工方式進行調查，不僅曠日廢時，也因為需要龐大人力資源而難以執行。尤其，缺乏即時交通資料，也無法進行即時交通管理與控制。因此，隨著科技發展，愈來愈多先進的交通調查技術已相當成熟，也使得智慧型運輸系統（intelligent transportation systems, ITS）得以落實推動，尤其是先進交通管理系統（advanced traffic management systems, ATMS）及先進旅行者資訊系統（advanced traveler information systems, ATIS）更是必須仰賴可靠的先進交通調查技術，特別是先進車輛偵測器技術的使用方能發揮功能。自從 1920 年代第一座自動車輛偵測器安裝以來，車輛偵測器的技術持續發展，現今已廣泛運用到各種的交通管理策略。近年來，因電磁波及無線電通訊技術的導入，使得車輛偵測方式有了更多樣的選擇。

目前常用之車輛偵測器可分為「移動式」與「固定式」兩大類（交通部運輸研究所，2010），其中「固定式」車輛偵測器依其對於路面施工的需求，又可分為「侵入式」與「非侵入式」車輛偵測器兩種，如圖 6-1 所示。前者包括「環路線圈」、「動態地磅」（weigh-in-motion, WIM）與「磁感應式」；後者則包括「超音波」、「微波式」、「紅外線」、「閉路電視」（closed circuit television, CCTV）（或稱「影像式」）、及「聲納式」車輛偵測器等。藉由這些偵測器，管理者或用路人可獲得流量、速率、占有率、事件等資訊。

各式車輛偵測器之中，以環路線圈式使用最廣、歷史最久，在我國現有布設之車輛偵測器中，絕大部分亦為此類偵測器，其原因一般認為係價格低廉、準確度高等因素，但若就施工、維修時須長時間封閉車道，對於道路系統造成之衝擊及社會成本考量，未

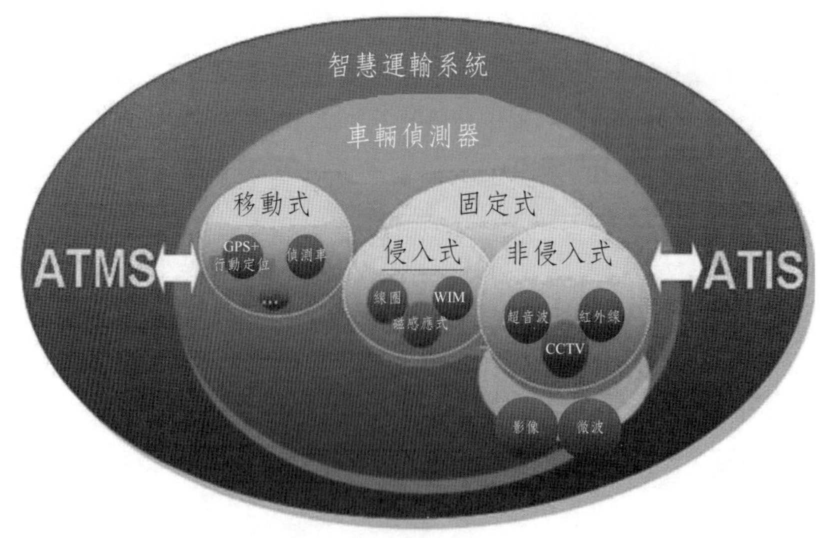

圖 6-1 車輛偵測器之分類

（資料來源：交通部運輸研究所，2010）

必仍占有成本優勢。根據國工局資料：北二高自中和以南先期通車以來，因道路之過度負荷等原因，致使原先埋設之環路線圈多有損壞，資料蒐集不易完整，實難作爲「智慧化」的基礎。是故重新評估應用其他車輛偵測技術的可行性，已成爲目前之趨勢，且實際上各類替代性產品已不斷推陳出新。本章即針對車輛偵測器技術加以介紹。

本章節之順序安排如下：第一節介紹固定式（侵入式）車輛偵測器；第二節說介紹固定式（非侵入式）車輛偵測器；第三節介紹移動式車輛偵測器；第四節爲結論與建議。

6.1 固定式（侵入式）車輛偵測器

常見的固定式（侵入式）車輛偵測器可分爲環路線圈式及磁感應式兩種，分述如下（交通部運輸研究所，2000；2010）：

6.1.1 環路線圈式車輛偵測器

環路線圈式其應用時間已久，爲世界各國最廣泛採行之偵測器布設方式。其布設方式爲在道路路面下埋設金屬環路線圈，當車輛通過時，藉由電磁場之變化可測得該車道之流量及占有率。同時利用車輛通過兩組環路線圈的時間差，亦可求得車輛之長度與速度，進而判斷出車輛之種類。環路線圈式車輛偵測器（loop detector）之示意圖詳圖6-2。

由於環路線圈埋設於車道下，其設置不影響美觀，加上其高精準度的偵測結果，此類偵測器廣受一般工程使用，惟施工維修須長時間封閉車道爲其缺點，不過近年亦因配合潛遁工法（trenchless technology）之應用而有所克服。應用潛遁工法之環路線圈布設圖詳見圖 6-3。此外，超重之車輛通過時，線圈容易受破壞，因此該設備每年之維護費用亦相當可觀。

6.1.2 磁感應式車輛偵測器

磁感應式車輛偵測器（magnetic detector）可在任何氣候情況下偵測車輛，可分爲「主動磁力式」及「被動磁力式」兩種：

1. 主動磁力式：主動磁力式車輛偵測器爲利用高導磁性之線圈，裝設於路面下，當車輛通過時，針對磁場變化感測車輛之存在。因磁場係由線圈主動產生，故稱爲「主動磁力式」車輛偵測器。磁力式偵測器之裝設並不一定需要破壞鋪面，也可以裝設在橋梁等地方。

圖 6-2　環路線圈式車輛偵測器示意圖

（資料來源：美國加州柏克萊大學 PATH 計畫網頁）

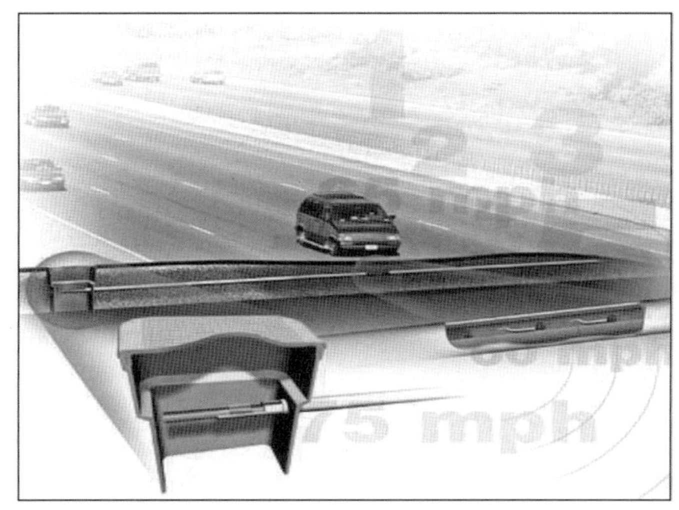

圖 6-3　應用潛遁工法之環路線圈式車輛偵測器布設圖

（資料來源：3M 公司網頁）

2. 被動磁力式：被動磁力式車輛偵測器爲利用線圈裝設於路面下，線圈本身並不產生磁場，而利用地球所產生磁場，作爲感應車輛之因子，當車輛通過時對磁場產生的偏移輸出電壓訊號以偵測車輛，經由內部靈敏度之設定調整，一般可偵測 1～3 車道。惟當車速低於 8km/h 以下時，被動磁力式偵測器將無法感應到磁場的變化，所以此種偵測器不適用於低速區裝設。由圖 6-4 知，當車輛進入並通過偵測器陣列時，對地球磁場造成的歪變十分明顯，而偵測器發出不同的訊號來反應這些變異，然後由電腦加以分析，以計算車輛數、車速與車長等資料。

另外，磁力式車輛偵測器陣列偵測車速的原理如圖 6-5 所示。當車輛逐漸駛近，首先偵測器 (a) 發生反應，然後是偵測器 (b) 也起反應。其後，電腦利用偵測器 (a) 與偵測器 (b) 的時間數據運算出車速，再以車輛經過陣列的時間找到車身長度。

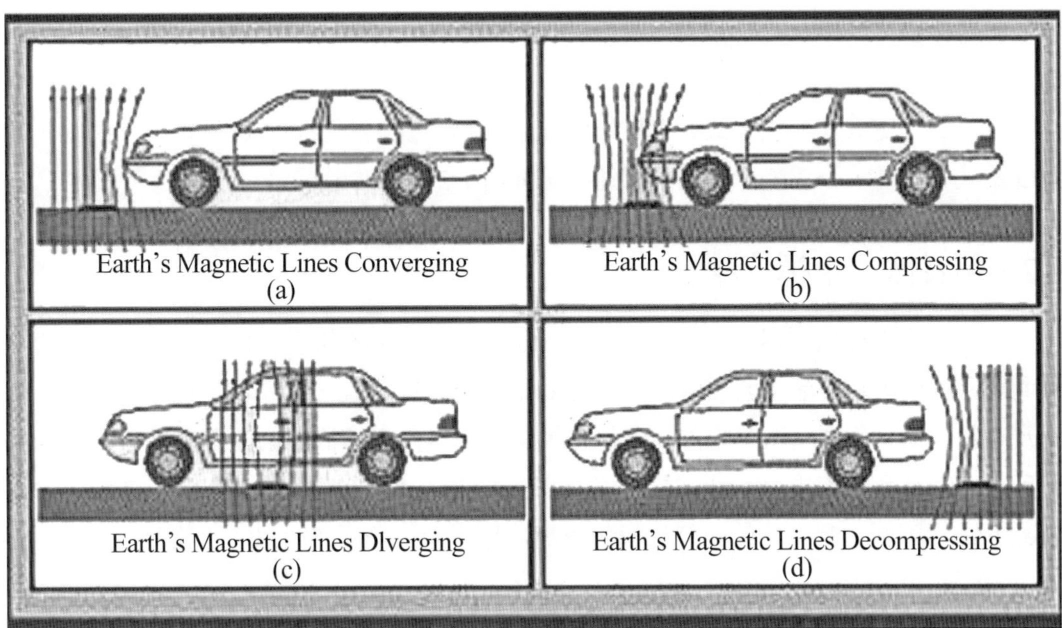

圖 6-4　汽車磁性質量使地磁線彎曲示意圖

（資料來源：交通部運輸研究所，2000）

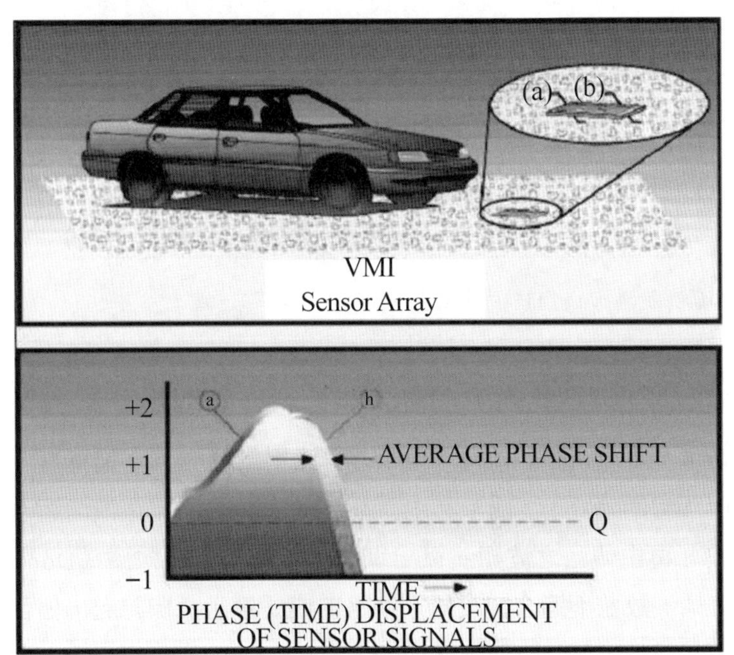

圖 6-5　車磁感應偵測車速之原理示意圖

（資料來源：交通部運輸研究所，2000）

6.2 固定式（非侵入式）車輛偵測器

常見的固定式（非侵入式）車輛偵測器包括超音波、微波式、紅外線、影像式，以及聲納式等五種，分述如下（交通部運輸研究所，2000；2010）：

6.2.1 超音波式車輛偵測器

超音波式車輛偵測器（ultrasonic detector），如圖 6-6 所示，係由超音波感測器和偵測單元組成，利用超音波反射時間差之變化可偵測車流量、車高及占有率等資料。車速及車長之偵測原理同環路線圈式，係利用車輛通過兩只感測器之時間差求得，車種判別可利用車高及車速求得。其裝設方式有高架上空式（overhead type）及側射式（side fired type）兩種。其中側射式無法偵測車高，且不適用於兩車道以上之路段。

圖 6-6　超音波式車輛偵測器示意圖（高架上空式）

（資料來源：日本經濟新聞社，「ITS 的全貌」，1995）

6.2.2 微波式車輛偵測器

微波式車輛偵測器（microwave detector）適用於偵測多車道車流，其技術可分爲「都卜勒式」與「時間差式」2 種。其中「都卜勒式」偵測器在偵測範圍內發送出一固定頻率的電磁波，再由傳回之波頻演算出車速，早期都卜勒效應（Doppler effect）無法測得靜止之車輛，故並不適合裝設於十字路口或「停止」標誌處，但目前此感應車輛通過之技術已相當成熟，可以克服上述問題。

而「時間差式」則是利用發送與接收微波脈衝頻率之差異，以獲得車輛出現與車道之流量、速率、占有率等資料，但此種方法因微波以光速前進，使其時間差非常短，技術上較爲困難，故目前可生產之廠商較少。微波式車輛偵測器之設置方式可分爲側射式與俯瞰式（forward looking）兩種，如圖 6-7 及圖 6-8 所示。

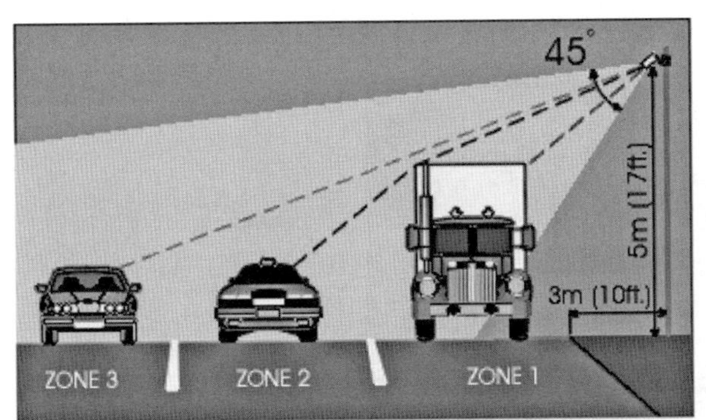

圖 6-7 側射式微波雷達車輛偵測器示意圖

（資料來源：EIS Electronic Integrated Systems Inc.）

圖 6-8 俯瞰式微波雷達車輛偵測器示意圖

（資料來源：EIS Electronic Integrated Systems Inc.）

6.2.3 紅外線車輛偵測器

紅外線車輛偵測器其可架設於車道上方或路側，進行安裝或維修作業較不會阻礙交通，且日夜皆適用。從技術來看可分為「主動式」與「被動式」兩種。

1. 主動式紅外線車輛偵測器：此式偵測器之原理類似前述的時間差式微波車輛偵測器。由 LED 或是雷射二極體發射紅外線至路面上一特定感測區域，當有來車時，部分發射出去的紅外線波（約 900 奈米（nm）之波長）將會被反射回偵測器，由矩陣式感光元件接收，感光元件矩陣可分為一維或二維矩陣。一維矩陣最常被應用，可偵測車輛出現、車速、占有率等資料；二維矩陣則可取得車輛影像，利用影像處理技術偵測車流資料，此類方式除攝影技術與影像式車輛偵測器不同外，其餘特性近乎相同。目前警方所使用之雷射測速器亦屬於主動式紅外線偵測器，其波長為 904 奈米之近紅外線，光束集中、散射角度小，美國製之產品其紅外線強度受到美國食品藥物管理局（FDA）之管制，因此其功率控制在不會傷害肉眼之範圍內。紅外線式車輛偵測器如圖 6-9 所示。

圖 6-9　紅外線式車輛偵測器示意圖

（資料來源：日本 UTMS 協會網頁）

2. 被動式紅外線車輛偵測器：被動式紅外線車輛偵測器本身不發射任何能源，所以只能在其偵測區域內偵測出車輛停止情形及車流量。其偵測原理主要係藉由器具上的光子（photon）探測器依車輛行駛後對路面所產生的光子變化在鎖定之偵測面／線做出反應。因其偵測原理使致，故空氣中的水氣、霧、雨水及下雪等會對此類偵測器的精準度帶來影響。惟偵測器與偵測區的距離如在 6.1 公尺以內，則上述天候狀況對交通偵測的影響不大。

我國早期建置的高速公路自動收費系統（Electronic Toll Collection, ETC）即是利用主動式紅外線技術。1998 年底到 2001 年初，高速公路局委託中華電信在北二高的樹林收費站、龍潭收費站兩處使用奧地利 EFKON 公司的紅外線系統進行電子收費之試辦。經過試辦後，高速公路局在 2004 年將國道電子收費系統以 BOT 模式公開招標，並由遠通電收公司進行興建營運，而遠通電收公司也採用奧地利 EFKON 的紅外線系統。由於用路人必須購置兩件主動式單位設備單元（on-board unit, OBU）導致利用率不高，2006 年遠通電收公司才改採 RFID 無線射頻辨識系統（即 eTag）。

6.2.4 影像式車輛偵測器

影像式車輛偵測器（video image detector）可同時收集多車道資料與追蹤車輛等功能，其設備元組件包含閉路電視攝影機、終端控制器與影像處理軟體等。其技術原理係以影像處理器分析由閉路電視攝影機所拍攝而得之數位化影像。影像在數化後可依像素（pixel）的明暗度變化來演算出各種交通資料，包括車流量、車速、車長等。從過去的實例得知潮濕路面的反光及其他事物的陰影會對偵測效果帶來一定的影響，但從影像處理技術多方位的特性考量（如可用單一設備探測多條車道，或是同時分析多組攝影機拍得的畫面資料等），影像處理仍是一個符合經濟效益的選擇。影像式車輛偵測器如圖 6-10 所示。

圖 6-10　影像式車輛偵測器示意圖

（資料來源：HITACHI 公司產品型錄）

6.2.5 聲納式車輛偵測器

聲納式車輛偵測器（acoustic detector）係利用安裝於車道上方的兩個陣列聲納器來接收路面各式車輛所發出之聲音，再利用所接收到之音波做頻譜分析，因各型車輛之引擎及輪距各有不同，所發出之音波頻譜亦有差異，經由分析頻譜之差異，可測得車流量、車種、平均車速及占有率等資料。因利用音波之頻譜分析測得各類數據，故於車速極低時仍有相當好之表現，惟路面需寬整平坦，僅適用於高快速道路，圖 6-11 為聲納式車輛偵測器之裝置示意圖。此種偵測器由潛艇的聲納技術發展而來，商品化僅 4～5 年，目前供應廠商有限。

6.3 移動式車輛偵測技術

移動式車輛偵測的原理主要是在車輛裝置車上單元（on-board unit, OBU）、全球定位系統（global positioning system, GPS）、無線射頻識別技術（radio-frequency identification, RFID）、無線電話等，進行移動車輛之定位與追蹤，據以取得交通特性資料。這樣的技術通稱為探偵車技術（probe vehicle technique），而蒐集所得的資

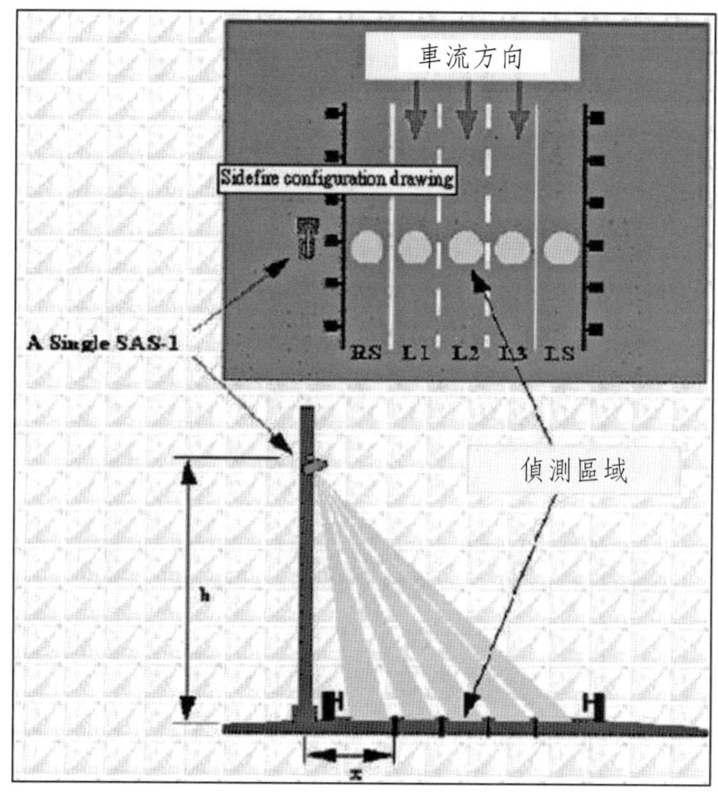

圖 6-11 聲納式車輛偵測器裝置方式示意圖

（資料來源：SmarTek 公司網頁，SAS-1 型偵測器）

料則稱爲移動車輛資料（floating car data, FCD）。這樣的技術具有下列優點（Texas Transportation Institute, 1998）：

1. 資料單位成本低：一旦必要的基礎設施及設備建置完成後，即可以低成本方式取得資料。

2. 資料蒐集不中斷：相關交通資料可以一天 24 小時全天候取得不中斷。

3. 資料自動蒐集：探偵車的資料可以自動傳送至 ITS 控制設施。

4. 資料電子數位化：取得之資料均爲電子數位格式，不需要人工建檔。

5. 不干擾交通：由於資料自動於車流中蒐集，不會對運行的交通產生任何干擾。

但移動式車輛偵測技術也有下列缺點：

1. 建置成本高：探偵車系統通常需要龐大的期初投資成本，用以支付設備購買、基礎設施建置、傳輸費用，以及營運人員訓練費用。

2. 基礎設施建置限制：部分探偵車系統需要建置固定的基礎設施，例如路側的接收器。而且，一旦設施建置後，很難再調整系統覆蓋範圍的大小與方向（GPS 爲例外）。

3. 軟體設計技術要求高：用以蒐集資料的軟體因必須整合多套硬體設施、設備，通常十分複雜。

4. 隱私權問題：由於此技術係針對探偵車加以定位追蹤，因此，駕駛人及乘客的隱私權恐受影響。

5. 不適用小規模資料蒐集：由於探偵車技術需要龐大的建置成本，因此，比較適合用在大規模的交通資料調查與蒐集。

而常用的 5 種 ITS 探偵車資料蒐集系統如下：

1. 信號柱車輛自動定位系統（signpost-based automatic vehicle location）：其係在號誌、標誌或路燈桿上裝設發報器（transmitter），可定位範圍內的探偵車，此技術最常被大衆運輸系統或商用車輛所採用。

2. 車輛自動辨識系統（automatic vehicle identification, AVI）：探偵車裝有電子標籤（electronic tag），其可與裝設於路側的收發器（transceiver）溝通，以辨認特定車輛，而透過同一輛車通過兩個不同接收器的時間，可推估其旅行時間。當然，利用車牌辨識系統（license plate recognition system, LPR）辨識、儲存及比對車牌號碼後，也可以偵知同一輛車通過兩套系統的旅行時間。

3. 全球定位系統（GPS）：GPS 透過 24 顆位於地球軌道的人造衛星所傳送的訊號，由車輛裝設之接收器讀取後，進行定位。

4. 無線導航定位系統（ground-based radio navigation）：透過探偵車與無線電塔間之通訊，可進行車輛之定位，其定位原理類似 GPS。

5. 行動電話定位系統（cellular geo-location）：透過行動電話基地台及行駛車輛內的行動電話進行定位及追蹤。

此外，探偵車技術調查所得的交通資料如需即時處理與發布，仍必須透過有線（例如：光纖）或無線（例如：GSM、GPRS、WiMAX）通訊系統進行傳輸。

6.4 結論與建議

先進的交通調查技術可提供有效、可靠、即時及大量的交通特性資料，可供道路交通狀況評估與分析，並進一步作爲交通管理策略與控制邏輯設計之依據。惟各種技術均有其適用範圍與應用限制，而且相關技術之發展日新月異，在進行系統規劃宜審愼爲之，並儘量保留彈性。此外，由於交通調查技術的進步，許多過去甚難大量蒐集的交通特性資料，例如，密度、空間平均速率、微觀的駕駛行爲等，現在均可輕易取得。因此，對於大數據（big data）的交通資料分析及車流理論的研究發展，具有相當助益。

如何在保障用路人隱私的前提下，運用交通資料，進行更有效的交通行爲分析及交通車流管理，應爲當務之急。

問題研討

1. 名詞解釋：
   (1) 探偵車（probe vehicle）。
   (2) 全球定位系統（global positioning system, GPS）。
   (3) 無線射頻識別（radio-frequency identification, RFID）。
   (4) 移動車輛資料（floating car data, FCD）。
   (5) 行動電話定位系統（cellular geo-location）。
2. 試述固定式車輛偵測器的類別及其原理。
3. 試述探偵車技術的類別及其原理。
4. 試述探偵車技術的優缺點。

參考文獻

一、中文文獻

1. 交通部運輸研究所（2000），臺灣地區建構自動化交通資料蒐集站之先期規劃研究。
2. 交通部運輸研究所（2002），先進車輛偵測技術測試評估作業程序研擬及驗證之研究。
3. 交通部運輸研究所（2010），動態交通資訊之技術開發與應用研究（二）——車輛偵測器研發成果之技術移轉研究。

二、英文文獻

1. Texas Transportation Institute (1998), *Travel Time Data Collection Handbook*, Federal Highway Administration, U.S. Department of Transportation.

第 2 篇

道路幾何設計與交通管理設施

第 7 章

道路分類

道路分類牽涉到路權歸屬之判定、主管機關之認定及經費負擔之原則等道路行政管理事務，適當的道路分類，將有利於道路之管理。由於各國之道路系統因地理環境、服務功能及等級、設計標準等之不同，以致路線系統分類有所差異。本書之「道路分類」，係以我國現行法規爲依據，劃分爲兩類：一爲公路，另一爲市區道路。本章節所介紹之內容，主要參考「市區道路及附屬工程設計規範」（2009）、「交通工程手冊」（2004）、「交通工程規範」（交通部，2015），以及交通部公路總局之「認識公路」網站加以編修而成。

本章節之順序安排如下：第一節簡介公路系統；第二節簡介市區道路系統；第三節說明易行性與可及性的關係；第四節爲結論與建議。

7.1 公路

公路是以公路法爲依據，主管機關包含交通部臺灣區國道高速公路局及公路總局，至於各級公路共用部分劃歸較高級之系統。根據交通部訂定「公路路線設計規範—第三版」（2008 年頒布），公路可依照行政系統、交通功能、地域特性分類如下：

7.1.1 行政系統分類

公路依行政系統可分爲國道、省道、縣道、鄉道及專用公路五類。

7.1.2 交通功能分類

公路可依交通功能分爲下列五類，其易行性依序遞減，可及性則依序遞增。

1. 高速公路

(1) 爲公路之最高級型式，屬於完全出入管制之公路，除起迄點外，出入口均設有交流道。

(2) 爲雙向分隔行車且單方向爲雙車道以上之公路。

2. 快速公路

(1) 爲次高級型式之公路，屬於完全或部分出入管制之公路，出入口原則應設交流道；必要時，其與主、次要公（道）路相交之出入口可設號誌管制。

(2) 爲雙向分隔行車與單方向爲雙車道以上之公路。

3. 主要公路

(1) 以通過性交通爲主之公路，或爲連接區域內中心商業區與周圍住宅區、市郊中心區與市內主要社區間之交通幹線。得設有行人與機、慢車使用之交通設施。

(2) 爲部分或無出入管制之公路。

(3) 爲雙向雙車道以上之公路。

4. 次要公路

(1) 爲連接主要公路系統間之公路，具有汽車、機慢車與行人混合之多種交通服務功能。

(2) 爲無出入管制；必要時得部分出入管制之公路。

(3) 爲雙向雙車道以上之公路。

5. 地區公路

(1) 爲地區性出入連接次要公路之公路，具有汽車、機慢車與行人混合之多種交通服務功能。

(2) 爲無出入管制之公路。

(3) 爲雙向雙車道或可供雙向行車之單車道公路。

7.1.3 地域特性分類

1. 地形分區

公路依所經地域之地形，分爲下列三區：

(1) 平原區——地形平坦。

(2) 丘陵區——地形起伏。

(3) 山嶺區——地形複雜。

2. 地區分區

公路依所經地域之發展程度，分爲市區與鄉區。

(1) 市區——都市計畫區以內、直轄市及市行政區以內，以及其他經中央主管機關核定人口集居之地區。

(2) 鄉區——市區以外之地區。

7.2 市區道路

市區道路是以市區道路條例爲依據，主管單位包括內政部營建署及縣市政府交通局、處。市區道路包含：(1) 都市計畫區域內所有道路、(2) 直轄市及省轄市行政區域以內、都市計畫區域以外之道路，以及 (3) 中央主管機關核定人口集居區域內之道路。其主管機關爲內政部、直轄市政府、市縣政府。

市區道路依交通功能可分爲快速道路、主要道路、次要道路及服務道路等四類：

1. 快速道路：指出入口施以完全或部分管制，供穿越都市之通過性交通及都市內通過性交通之主要幹線道路。

2. 主要道路：都市內各區域間或連接鄰近市（鄉、鎮）間之主要幹線道路。

3. 次要道路：都市內各區域間或連接鄰近市（鄉、鎮）間的主要道路與服務道路之次要幹線道路。

4. 服務道路：提供都市內社區人車出入或至次要道路之聯絡道路。

7.3 易行性與可及性的關係

道路功能主要有兩種，即易行性（mobility）與可及性（accessibility）；前者係指將人與貨從起點運送至迄點快速的之程度，而後者則是指及戶（door to door）運輸的便利性。一般道路等級愈高，易行性愈高但可及性愈低；反之道路等級愈低，易行性愈低但可及性愈高，請參見圖 7-1 所示。

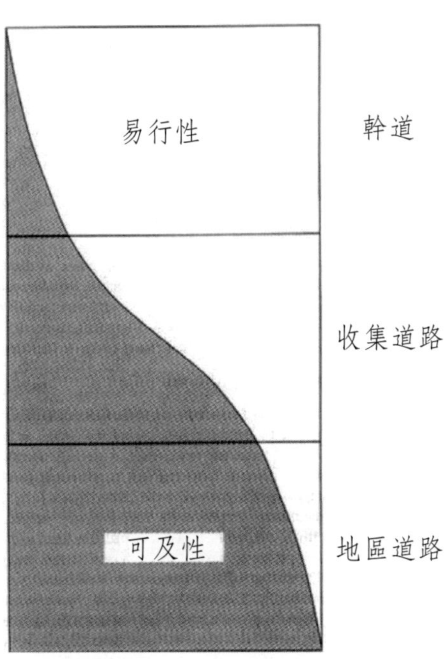

圖 7-1　易行性與可及性之關係

（資料來源：Papacostas and Prevedouros, 2005）

7.4 結論與建議

道路系統可依主管機關之不同區分爲公路與市區道路兩大類。前者以交通部臺灣區國道高速公路局（主管國道系統）及公路總局（主管省、縣道公路系統（不含經院轄市及省轄市之路段））爲主管單位；後者則以內政部營建署及縣市政府交通局、處爲主管單位。兩者之間重疊部分則由較高層次單位管轄。雖然依據管轄權之不同，不同種類之道路分由不同單位管理，但有效率的運輸系統是整體性、無縫隙接軌的。例如：高、快速道路與平面道路的必需平順接軌，又如影響高速公路行車安全的兩側 T 霸廣告的建築管理，都有待於不同機關之間的充分合作才能發揮最大的成效。

問題研討

1. 請說明道路的種類及其次級分類內容。
2. 請說明易行與可及性之間的關係。

參考文獻

一、中文文獻

1. 交通部公路總局（2010.03），網頁：「認識公路」，http://www.thb.gov.tw/tm/Menus/Menu08/main0801/main0801-3.aspx。
2. 內政部（2009），市區道路及附屬工程設計規範，臺北。
3. 交通部（2008），公路路線設計規範，臺北。
4. 交通部（2004），交通工程手冊，二版，幼獅文化事業公司，臺北。
5. 交通部（2015），交通工程規範，臺北。
6. 臺灣世曦工程顧問股份有限公司運輸土木部（2010.03），「公路、市區道路路線設計概論」，投影片。

二、英文文獻

1. Papacostas, C.S. and Prevedouros, P.D., (2005), Transportation Engineering and Planning, SI ed., Pearson Education South Asia Pte Ltd, Singapore.

第 8 章

道路設計程序及準則

道路之規劃設計涉及廣泛，且限制條件多，本章主要係參考「公路路線設計規範」（2008）、「市區道路及附屬工程設計規範」（2009）、「交通工程手冊」（2004）、「交通工程規範」（交通部，2015）、「交通工程學 - 理論與實用」（1993）、交通部公路總局之「認識公路」網站，以及 Transportation Engineering（2005）加以編修而成。

本章節之順序安排如下：第一節介紹道路設計程序與內容；第二節說明道路等級與設計速率；第三節介紹道路幾何構造分類；第四節介紹道路橫斷面設計；第五節介紹道路平面線形設計；第六節介紹超高設計；第七節介紹道路縱斷面設計；第八節爲結論與建議。

8.1 道路設計程序與內容

茲將道路設計流程程序與道路設計內容，分別說明如下。

8.1.1 道路設計程序

道路設計之程序（參見圖 8-1）主要分成初步設計與細部設計兩大部分。前者包括規劃方案產生、工地探勘、現地測量、地質鑽探、幾何配置設計在內；後者則將選定之方案進行更細部的設計，包括機電、土建等相關部分在內，其詳細之程度必須足以作爲發包與施工之依據。

8.1.2 道路設計內容

道路設計內容，可劃分爲功能設計以及構造設計兩大類：

1. 功能設計可細分為以下六項

(1) 幾何構造——橫斷面、平面線形、縱斷面。

(2) 路面構造——平坦性、防滑。

(3) 交通功能設施——交流道、服務設施、停車場、公車站等。

(4) 交通安全設施——道路照明、防護欄、防眩、視線誘導等。

(5) 交通管理設施——標誌、標線、號誌、緊急電話等。

(6) 環境保育——道路景觀、造園、公害防制設施等。

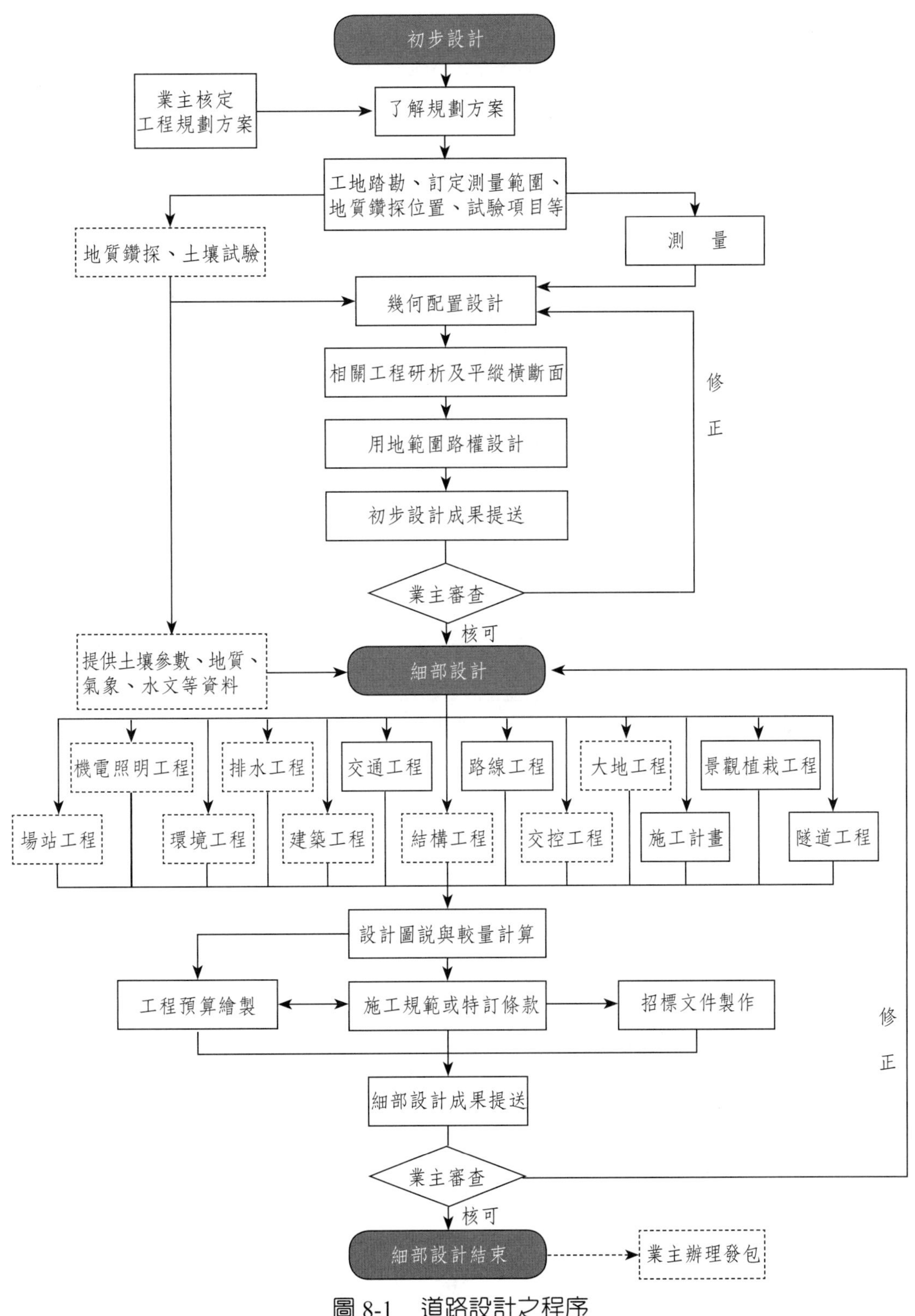

圖 8-1　道路設計之程序

（資料來源：臺灣世曦工程顧問股份有限公司，2010）

2. 構造設計可細分為以下四項

(1) 路工——路體構造、排水設施、路工構造物、防災設施。

(2) 橋梁構造物——上、下部結構。

(3) 隧道——主體構造、附屬結構。

(4) 鋪面構造。

8.2 道路等級與設計速率

依照不同之標準，公路以及市區道路可以進一步區分爲不同的等級：

1. 公路：根據公路路線設計規範，公路可依照地域特性類別、最低設計速率、交通功能分類及行政系統分類，區分爲下列六個等級，如表 8-1 所示。

表 8-1　公路等級與設計速率

<table>
<tr><th>公路等級</th><th colspan="2">地域特性類別</th><th>最低設計速率 V_d（公里／小時）</th><th>交通功能分類</th><th>行政系統分類</th></tr>
<tr><td rowspan="4">一級路</td><td rowspan="3">鄉區</td><td>平原區</td><td>120</td><td rowspan="4">高速公路</td><td rowspan="4">國道
省道</td></tr>
<tr><td>丘陵區</td><td>100</td></tr>
<tr><td>山嶺區</td><td>80</td></tr>
<tr><td colspan="2">市區</td><td>80</td></tr>
<tr><td rowspan="4">二級路</td><td rowspan="3">鄉區</td><td>平原區</td><td>100</td><td rowspan="4">高速公路
快速公路</td><td rowspan="4">國道
省道
縣道</td></tr>
<tr><td>丘陵區</td><td>80</td></tr>
<tr><td>山嶺區</td><td>60</td></tr>
<tr><td colspan="2">市區</td><td>60</td></tr>
<tr><td rowspan="4">三級路</td><td rowspan="3">鄉區</td><td>平原區</td><td>80</td><td rowspan="4">快速公路
主要公路</td><td rowspan="4">國道
省道
縣道</td></tr>
<tr><td>丘陵區</td><td>60</td></tr>
<tr><td>山嶺區</td><td>50</td></tr>
<tr><td colspan="2">市區</td><td>60</td></tr>
<tr><td rowspan="4">四級路</td><td rowspan="3">鄉區</td><td>平原區</td><td>60</td><td rowspan="4">主要公路
次要公路</td><td rowspan="4">省道
縣道
鄉道</td></tr>
<tr><td>丘陵區</td><td>50</td></tr>
<tr><td>山嶺區</td><td>40</td></tr>
<tr><td colspan="2">市區</td><td>50</td></tr>
</table>

公路等級	地域特性類別		最低設計速率 V_d（公里／小時）	交通功能分類	行政系統分類
五級路	鄉區	平原區	50	主要公路 次要公路	省道 縣道 鄉道
		丘陵區	40		
		山嶺區	30（註）		
	市區		40		
六級路	鄉區	平原區	40	地區公路	縣道 鄉道
		丘陵區	30		
		山嶺區	20		

註：按 30 公里／小時設計將對環境造成劇烈衝擊或經費劇增時，其最低設計速率得採用 20 公里／小時。

另專用公路之等級，則由興建機構視需要擬定，並報請主管機關核定。

2. 市區道路：市區道路的分類與設計速率，應依道路功能、地形分區定之，並符合表 8-2 之規定。但如爲因順應現地地形地勢之變化，經主管機關核可者，得爲必要之調整。

表 8-2　市區道路功能分類與設計速率（單位：公里／小時）

地形分區	道路功能分類			
	快速道路	主要道路	次要道路	服務道路
平　原　區	60～100	50～80	40～70	20～50
丘　陵　區	60～80	50～70	40～60	20～40
山　嶺　區	50～60	40～50	30～40	20～30

註：平原區——地形平坦、緩坡、相對高度小；丘陵區——地形起伏、陡坡、相對高度小；山嶺區——地形複雜、陡坡、相對高度大。

另道路之平均行駛速率（高、中、低流量）與設計速率之間的關係，如表8-3所示。

8.3 道路幾何構造分類

茲按照公路及市區道路兩大類型將道路組成之幾何構造分述如下：

表 8-3 平均行駛速率與設計速率關係

設計速率 V_d（公里／小時）	平均行駛速率（公里／小時）		
	低流量 V_r	中流量 V_i	高流量 V_c
120	97	89	60
110	91	84	60
100	85	78	60
90	78	72	58
80	70	66	56
70	62	59	53
60	54	51	48
50	46	43	41
40	38	35	33
30	29	27	25
25	25	23	21
20	20	19	17

8.3.1 公路

公路組成元素可區分為橫斷面、平面線形、縱斷面三種：

1. 橫斷面

公路橫斷面所需考量之因素甚多。例如，考量自然邊坡之構成因素如圖 8-2a 所示；考量檔土邊坡之構成因素如圖 8-2b 所示；考量劃設快、慢車道之構成因素如圖 8-2c 所示；考量設置人行道、自行車道、停車設施之構成因素如圖 8-2d 所示。

2. 平面線形

公路平面線形構成要素如圖 8-3 所示。

3. 縱斷面

公路縱斷面之構成要素可參考圖 8-6 市區道路縱斷面構成要素。

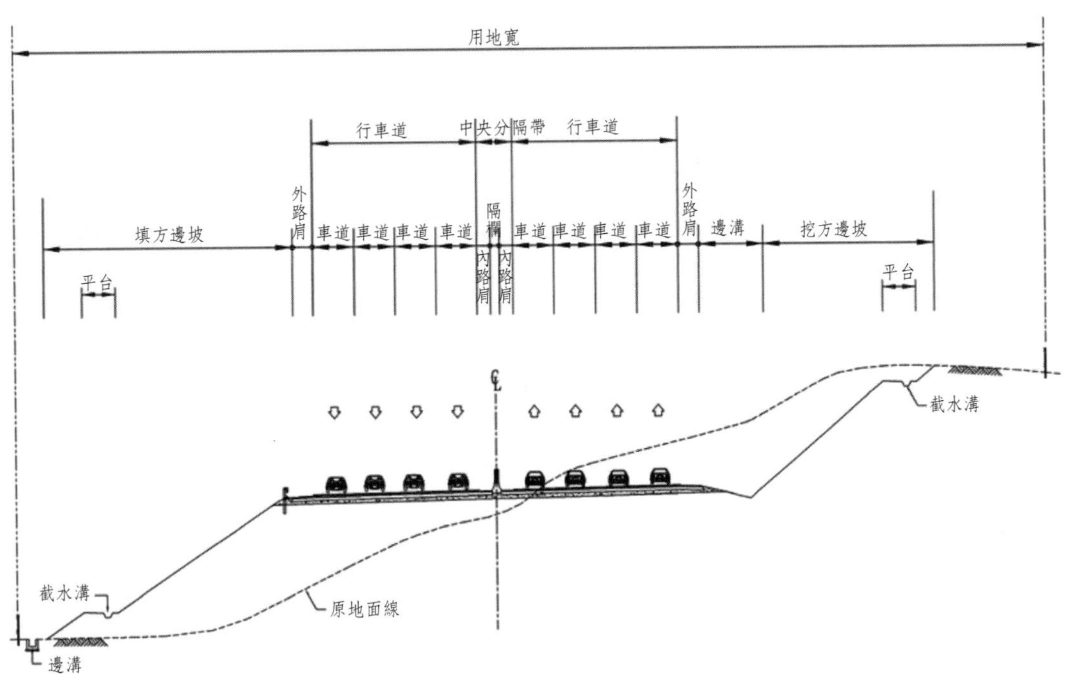

圖 8-2a　公路橫斷面構成要素（考量自然邊坡）

註：高、快速公路，自然邊坡參考例。

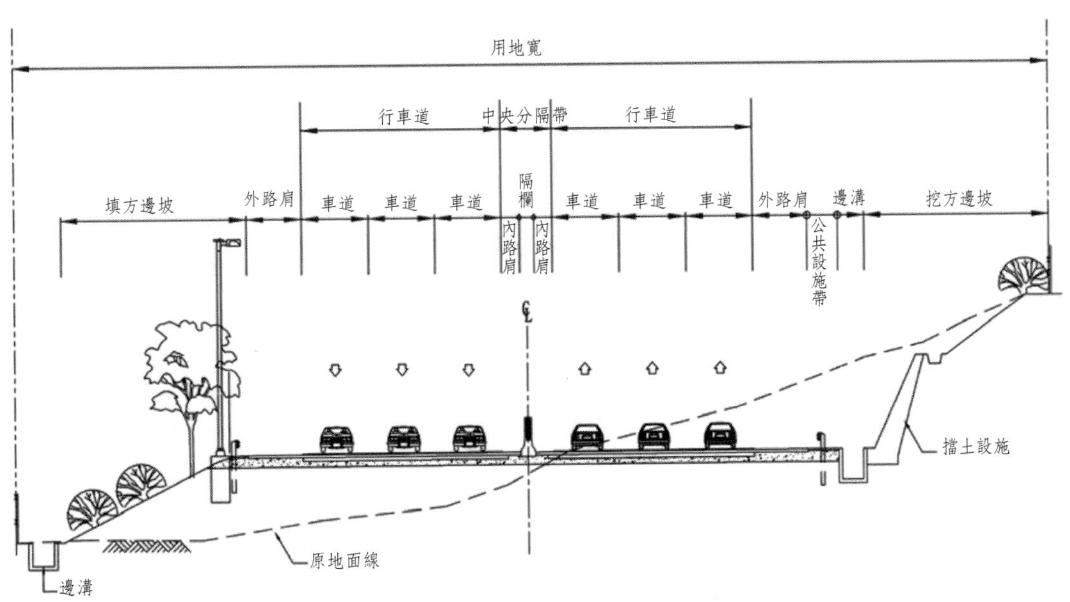

圖 8-2b　公路橫斷面構成要素（考量擋土邊坡）

註：高、快速公路，擋土邊坡參考例。

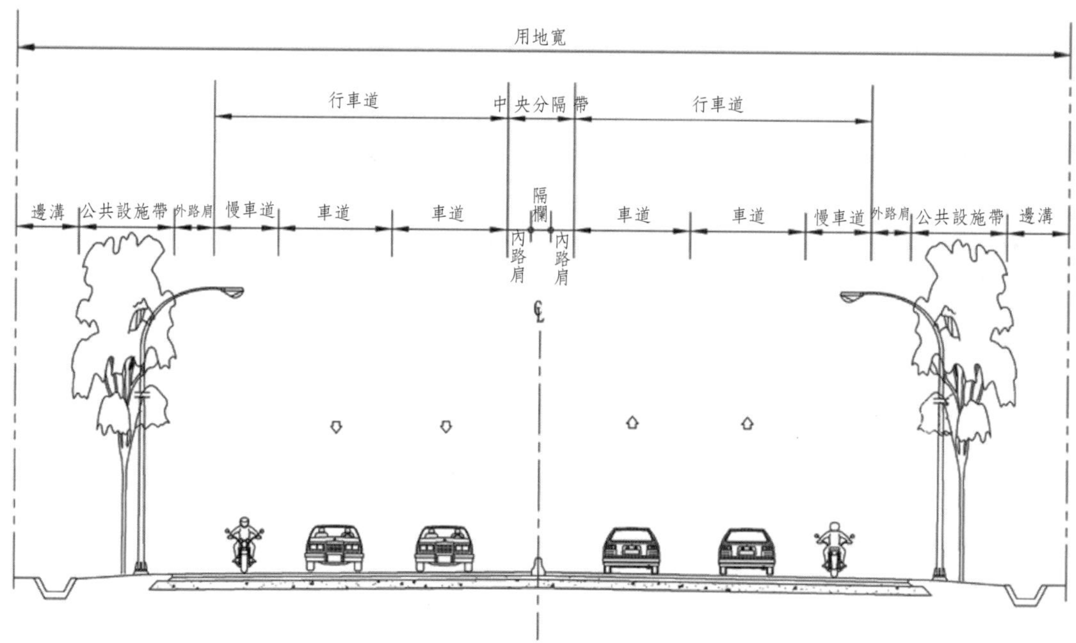

圖 8-2c　公路橫斷面構成要素（考量劃設快、慢車道）

註：非高、快速公路之一般性公路，劃設快、慢車道參考例。

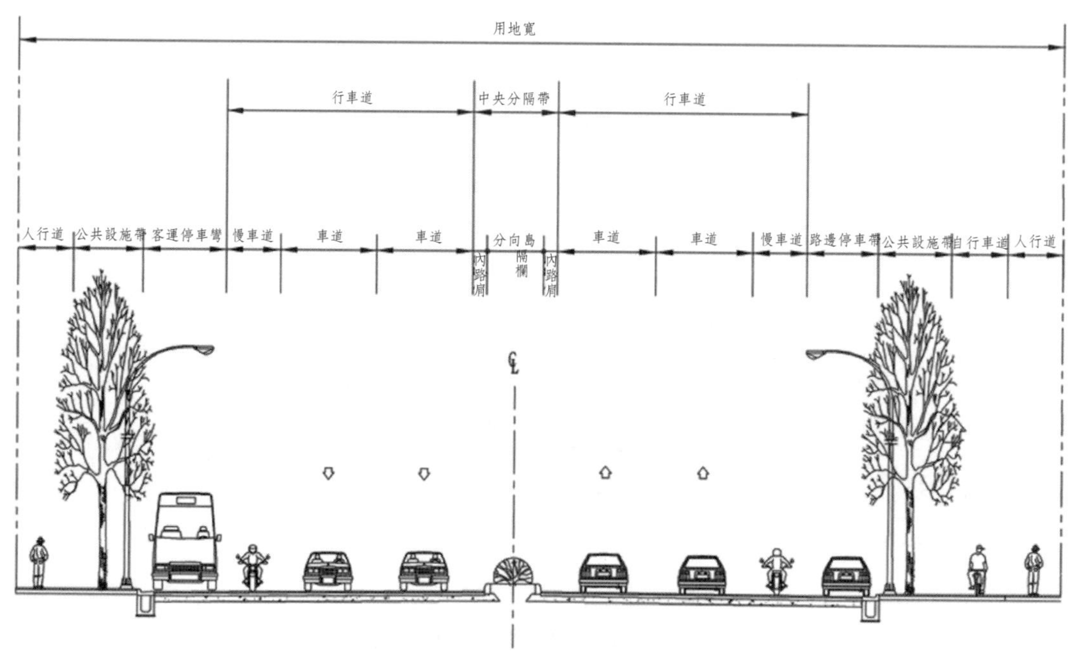

圖 8-2d　公路橫斷面構成要素（考量設置人行道、自行車道、停車設施）

註：非高、快速公路之一般性公路，設置人行道、自行車道、停車設施參考例。

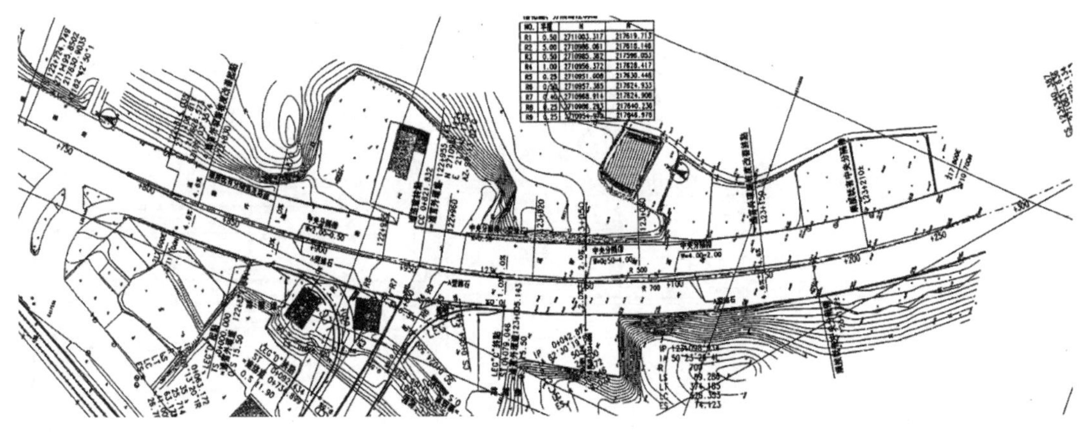

圖 8-3　公路平面線形構成要素

8.3.2 市區道路

市區道路組成元素可區分為橫斷面、平面線形、縱斷面三種：

1. 橫斷面

市區道路之橫斷面構成要素如圖 8-4 所示。

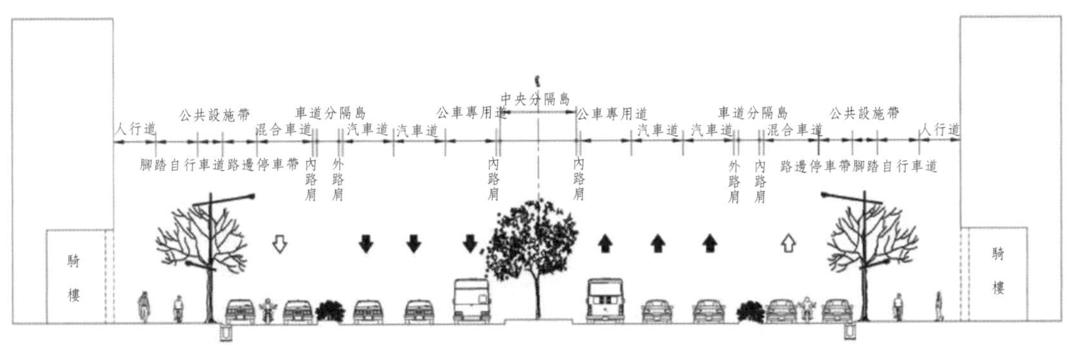

圖 8-4　市區道路橫斷面構成要素參考圖

註：1. 非基本要素如公車專用道、車道分隔島、自行車道等，依交通需求及路權條件而設置。
　　2. 本參考圖係表示路段斷面，公車專用道站台部分應另行設計。

2. 平面線形

平面線形設計應與發布實施之都市計畫圖說相互配合。市區道路之平面線形構成要素如圖 8-5 所示。

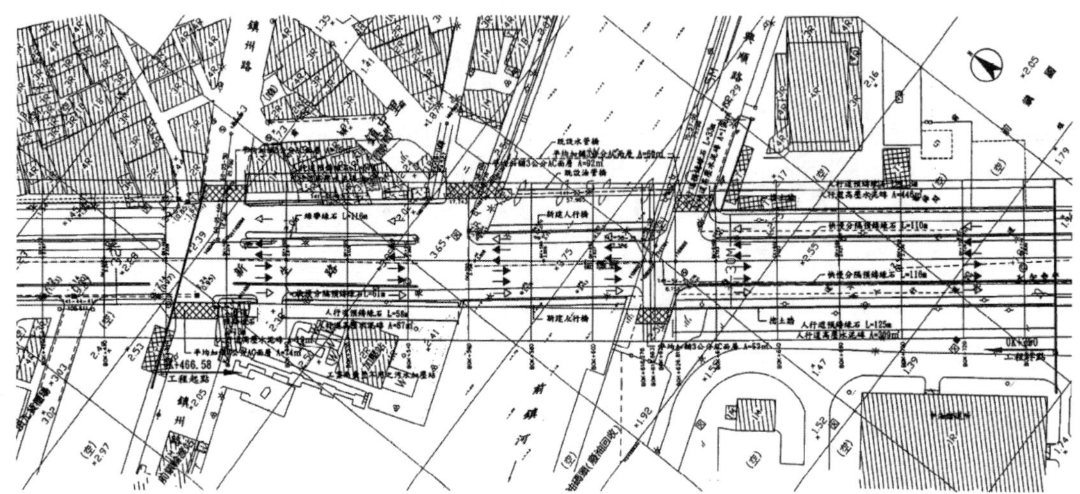

圖 8-5　市區道路平面線形構成要素參考圖

3. 縱斷面

市區道路之縱斷面構成要素如圖 8-6 所示。

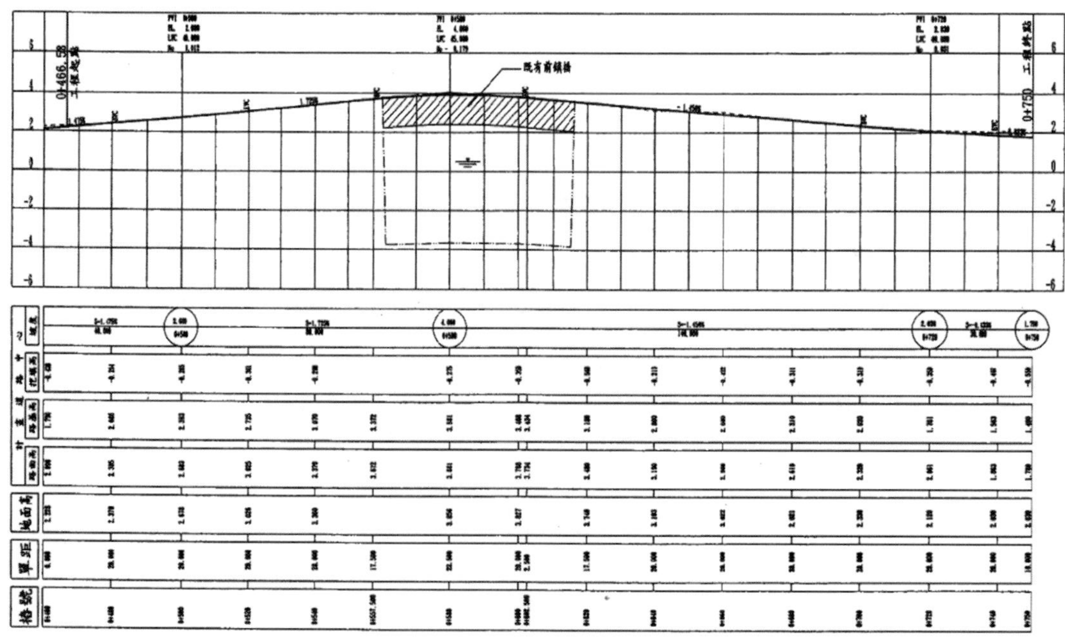

圖 8-6　市區道路縱斷面構成要素參考圖

無論是公路或市區道路都是由三度空間所構成，亦即橫斷面、平面線形與縱斷面。在道路幾何設計中，三者必須整合來考量，缺一不可。

8.4 道路橫斷面設計

道路橫斷面（cross section），係指沿著道路寬度所切開之剖面。國內之道路橫斷面設計主要參照「公路路線設計規範」（2008）及「市區道路及附屬工程設計規範」（2009），有關公路系統橫斷面調整，建議以「公路橫斷面最適化使用手冊之修訂」（2009）爲參考規範。

8.4.1 道路橫斷面構成要素

公路及市區道路的橫斷面構成要素依道路種類而異，由行車道、路肩、分隔帶、邊坡，以及交通工程、停車、排水、擋土或其他附屬設施組成，參見 8.3 節道路分類之橫斷面圖。

二車道與四車道之橫斷面設計，參見圖 8-7。

8.4.2 車道寬

車道種類包含汽車道、輔助車道、慢車道、混合車道，以及專用車道（機車道、自行車道及公車專用道）等在內。

車道寬度直接影響用路人之安全與舒適感，同時亦影響行車速率與交通容量。以下依序介紹各種車道寬度之規定。

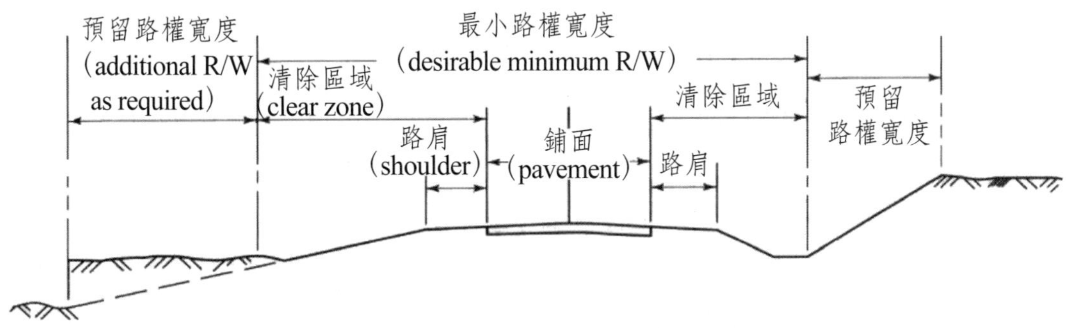

圖 8-7a　二車道之橫斷面設計

（資料來源：Papacostas and Prevedouros, 2005, p. 46）

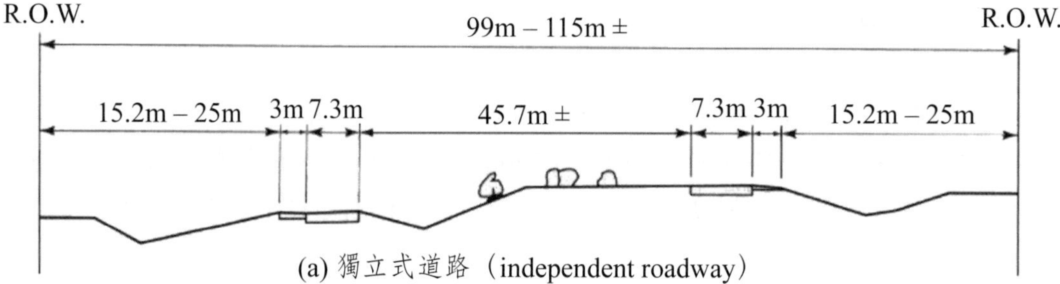

(a) 獨立式道路（independent roadway）

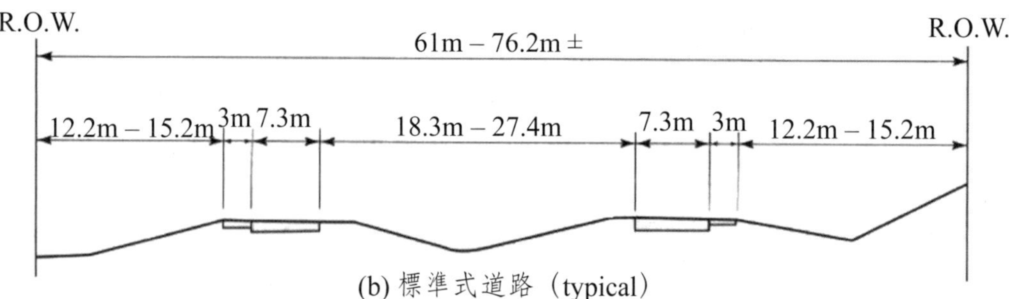

(b) 標準式道路（typical）

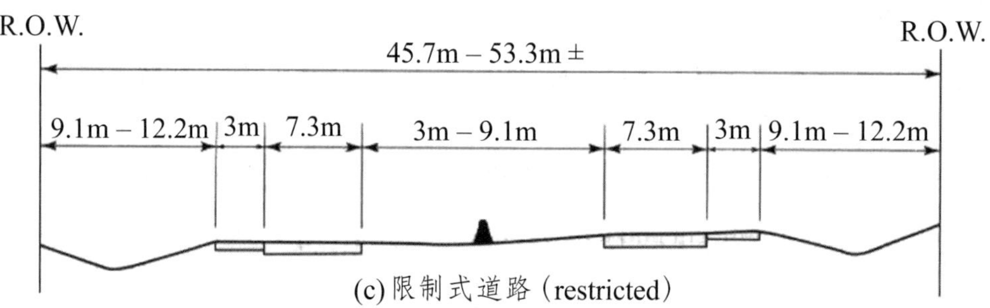

(c) 限制式道路（restricted）

圖 8-7b　四車道之橫斷面設計

（資料來源：Papacostas and Prevedouros, 2005, p. 47）

8.4.2.1 汽車道

汽車道係指供汽車行駛之車道，其寬度規定如下：

1. 雙車道以上，每車道寬按設計速率規定如表 8-4 所示。

表 8-4　設計速率與每車道寬

設計速率 V_d（公里／小時）	每車道寬 W（公尺）
$V_d \geqq 80$	3.50～3.75
$50 < V_d < 80$	3.25～3.50
$V_d \leqq 50$	3.00（註）～3.50

註：設計速率低於 30 公里／小時，受地形或空間限制之路段，最小車道寬得採 2.75 公尺。

2. 未劃設行車分向線，但提供雙向行車之車道（以下稱單車道），其寬度宜 4.5 公尺以上，且含兩側路肩總寬度宜 5.5 公尺以上。

3. 快速道路每車道寬度以 3.5 公尺以上爲宜，最小不得小於 3.25 公尺。

4. 主要道路及次要道路每車道寬度不得小於 3.0 公尺。

5. 服務道路每車道寬度不得小於 2.8 公尺。

8.4.2.2 輔助車道

輔助車道指附設於主線車道外側，提供車輛超越、轉向、交織、重車爬坡等使用之附加車道，包括左右轉車道、加減速車道、爬坡車道等。輔助車道寬度宜與主線車道同寬，但受地形或空間限制時，設計速率 50 公里／小時以上時，最小得採 3 公尺；設計速率 50 公里／小時以下時，最小得採 2.75 公尺，但爬坡車道除外；路肩寬度得予縮減，除轉向車道另依第 10.2.8 節規定外，最小得採 0.25 公尺。

8.4.2.3 慢車道

1. 在劃分快慢車道之道路，慢車道係指供機車、人力行駛車輛、獸力行駛車輛等使用之車道。

2. 道路應視實際需要設置慢車道，車道寬最小 2.0 公尺。慢車道之設置若與高、快速公路平行，應於高、快速公路路肩外採用分隔設計，車道寬最小 2.5 公尺。

3. 採分隔設計之慢車道，若供汽車共同使用時，車道加路肩寬宜採 5.5 公尺以上，最小不得小於 4.0 公尺。

8.4.2.4 混合車道

混合車道係指汽車、機車及人力車輛皆可使用之車道，其寬度規定如下：

1. 主要道路及次要道路其寬度不得小於 3.5 公尺，於服務道路寬度不得小於 2.8 公尺。

2. 主要道路及次要道路採用分隔設計時，車道加路肩寬度宜大於 4.5 公尺。

8.4.2.5 專用車道

專用車道包括機車道、自行車道及公車專用道，其寬度規定如下：

1. 機車道：詳細內容參見第 16.1 節。

2. 自行車道：詳細內容參見第 16.2 節。

3. 公車專用道：指專供公車行駛之車道，其寬度以 3.5 公尺爲宜，不得小於 3.25 公尺，於站台區之車道寬不得小於 3.0 公尺。

8.4.3 路肩

路肩（shoulder）係指行車道（traveled way）外側與邊溝（或緣石、邊坡）內側之間的地面；若設有中央分隔帶之公路，最內側車道與分隔帶之間亦常設置路肩。路肩之主要功用包括（周義華，2007）：

1. 提供臨時故障車輛作爲停放及檢修之場所。
2. 提供車輛緊急避開肇事或減輕肇事程度之場所。
3. 提供駕駛人偶爾停車休息、查閱地圖之場所。
4. 增加路邊淨距，可增加美觀，並可提高行車之自由及身心之舒暢。
5. 在挖方路段可增加視距，有益行車安全。
6. 可提高公路容量。
7. 提供設立標誌、號誌、護欄及公車站之場所。
8. 提供冬季清除積雪及堆放之場所。
9. 可遠離道路路面排除地面水分，並防止滲流現象接近路基，減少鋪面結構之破壞。
10. 可提供行人及自行車使用。

路肩之寬度必須是連續的，才能充分發揮上述之功用，設計標準如下：

1. 路肩寬度按照公路等級規定如表 8-5 所示。橋梁、隧道或地形及空間受限制之路段，最小得採 0.25 公尺。

2. 市區道路之快速道路應設置路肩，內路肩寬度不得小於 0.25 公尺，外路肩寬度宜大於 0.5 公尺、最小 0.25 公尺；其他道路設置路肩寬度宜大於 0.25 公尺。

3. 雙車道以上，設有人行道並劃設有快慢車道者，得免設外側路肩。

4. 如有中央分隔島或快慢分隔島，其邊緣應留設 0.1 公尺以上淨距。

表 8-5　公路等級與路肩最小寬度

公路等級	路肩寬 W_s（公尺）			
	內（左）側		外（右）側	
	建議值	容許最小值	建議值	容許最小值
一級路	1.0	0.5	3.0	2.5
二級路	1.0	0.5	2.5	2.5
三級路	0.5	0.25	1.5	1.2
四級路	0.5	0.25	1.5	1.2
五級路	0.5	0.25	1.0	0.5
六級路	0.5	0.25	1.0	0.5

在鄉間公路，有些路肩並未鋪設面層，其表面可以為夯壓穩定之碎石、礫石、土壤或鋪植草皮。

8.4.4 中央分隔帶

分隔帶係指在公路用地範圍內，為了區分車道、導引行車、分隔人車，設置公共設施、植栽綠化等目的而設置之帶狀空間，其型態種類可分為中央分隔帶（median）、車道分隔帶、植栽綠帶、公共設施帶、邊緣帶等。

中央分隔帶係介於車道分向邊線間之範圍，作為公路分隔對向車道之用。公路設有內路肩時，中央分隔帶則包含內路肩寬度。中央分隔帶設置規定如下：

1. 一、二級公路應設置中央分隔帶；其寬度應 1.8 公尺以上。
2. 三級路四車道以上公路，宜設置中央分隔帶。

8.4.5 道路用地寬度

道路用地寬度稱為用地寬或路權寬。用地寬應考量行車道、路肩、分隔帶、邊坡，以及交通工程、停車、排水、擋土或其他附屬設施所需之總寬度。

8.4.6 鋪面種類與路拱

路面設計應綜合考量交通量、交通特性，就近可使用之路面材料、建造成本及完工後維護成本等；另路拱之設置與鋪面種類息息相關。

8.4.6.1 鋪面種類

鋪面種類按公路等級設置，其原則如表 8-6 所示。

表 8-6　公路等級與鋪面種類

公路等級	鋪面種類
一級路	瀝青混凝土、水泥混凝土
二級路	瀝青混凝土、水泥混凝土
三級路	瀝青混凝土、水泥混凝土
四級路	瀝青混凝土、水泥混凝土
五級路	瀝青混凝土、水泥混凝土、碎石
六級路	瀝青混凝土、水泥混凝土、碎石

8.4.6.2 路拱

基於排水因素之考量，路面中某處需較兩側爲高，形成自中央由高處往兩邊之路緣傾斜，形成之坡度爲路拱，如圖 8-8 所示，而圖 8-9 則爲各種路拱型態示意圖。

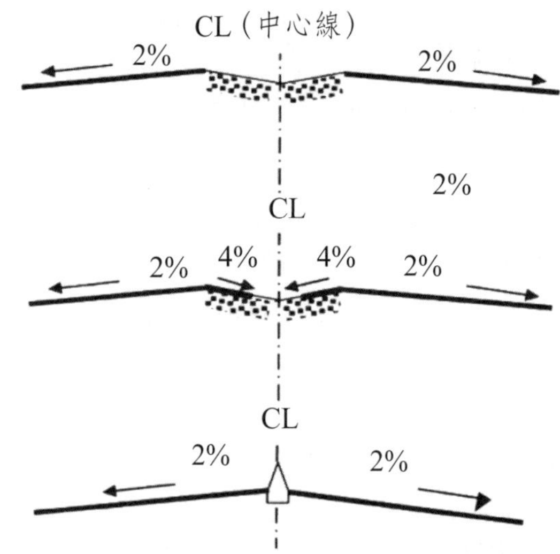

圖 8-8　公路典型之路拱（徐耀賜，2010）

路拱型態	正常路拱	水平路拱	反向路拱	全超高
圖示	NC 	LC 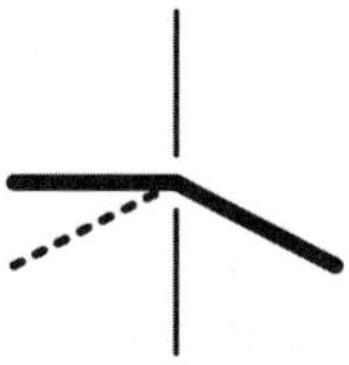	RC 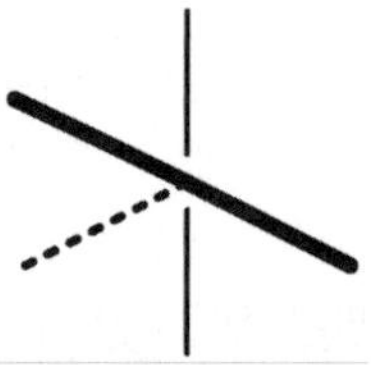	FS 

圖 8-9　各種路拱型態示意圖

直線段路拱須依照鋪面種類設置，其原則如表 8-7，至於曲線段路拱則應依第 8.6 節超高之規定設置。

表 8-7　鋪面種類與路拱

鋪面種類	路拱（%）
瀝青混凝土、水泥混凝土	1.0～2.5
碎石	2.0～4.0

8.4.6.3 路肩橫坡

路肩橫坡應考量排水需求，且其坡度與行車道橫坡之坡度差不得大於 8%。

8.4.7 排水溝渠（設施）

道路排水係指結合道路工程排除路面與地面雨雪水、城市廢水、地下水和降低地下水位的設施。道路排水在公路與市區道路的做法有所不同。公路一般較附近地面為高，兩側無成片街坊或建築，如不涉及複雜地形，主要考慮排除路面雨雪水和必要時排除或降低地下水。市區道路溝通居住區、商業區、工廠、企業、機關、學校等之間的交通，路面高度一般接近附近地面，因此對市區道路排水，應與市區排水規劃統一考慮。

公路排水溝渠參照交通部頒布之「公路排水設計規範」（2009）辦理。

8.4.8 地下管線

市區道路地下管線埋設位置及深度，應依內政部頒布「市區道路地下管線埋設物設置位置圖說明」（1975）辦理。

8.4.9 公路邊坡

公路之邊坡（side slope）係指公路邊側之土、岩、人工護坡，其設計規範如下：

1. 公路邊坡以自然邊坡為宜，坡度規劃應就地質狀況、地形條件、基礎土層、填方材料、土方處理、工程經濟、行車安全、視覺景觀、環境生態、天候水文及用地等條件分析。

2. 填方邊坡之坡度依填方材料及填方高度而定，並應對平台設置、坡表覆土及坡面排水等事項分析，檢核邊坡穩定性。

3. 挖方邊坡之坡度依地層之岩石與土壤性質、狀態及挖方高度而定，並應對開挖坡面隨時間之變化分析，檢核邊坡穩定性。

4. 考量邊坡穩定性及用地條件，得設置必要之坡面保護措施或擋土設施，設施型式應兼具工程安全、經濟、景觀及生態考量。

8.4.10 人行道

人行道（行人專用道）係指在道路兩旁，專為行人而鋪設的道路。人行道設置與否，應視行人之多寡、交通量及行車速度而定。人行道在市區是非常普遍的，一般街道旁均有人行道；人行道在鄉村比較少。有關人行道設置標準之詳細內容請參見第 16.3 節。

8.4.11 避車彎

避車彎是指避讓來車之處所。避車彎得於前方明顯之處以附牌指示方向及距離。避車彎之設置規範如下：

1. 雙向雙車道公路之隧道與橋梁，各側路肩寬度不足 2.5 公尺者，最長每隔 800 公尺宜加寬路肩設置緊急避車彎一處，加寬後之路肩寬度最小 3.0 公尺，長度最小 20 公尺。減速車道之長寬比例不得小於 5：1，加速車道不得小於 3：1。

2. 單車道公路之車道加路肩寬度不足 5.5 公尺，無法提供車輛交會者，最長每隔 400 公尺應加設避車彎一處，其車道加路肩寬度宜 6.0 公尺以上，加寬段長度最小 20 公尺。減速車道之長寬比例不得小於 5：1，加速車道不得小於 3：1。

8.4.12 路邊停車帶與客運停車彎（公車停靠站）

路邊停車帶與客運停車彎（公車停靠站）設計之詳盡內容參照第 19.5 節。

8.4.13 橋梁[1]

橋梁設計之詳盡內容參照第 9.7 節。

8.4.14 隧道

隧道設計之詳盡內容參照第 9.8 節。

8.4.15 公共設施帶

公共設施帶係指供路旁設施（如：植栽、路燈、景觀及街道傢俱）使用之帶狀空間，其設置原則如下：

1. 道路設計宜衡酌機能需求與用地限制，考量公共設施帶設置之可行性。

2. 公共設施帶宜設於公路路肩外、或道路路邊緣石與人行道間、或分隔島，設計時宜以該路段所有公共設施最寬者爲設計寬度之依據。其寬度宜 1.5 公尺以上，最小寬度不宜小於 0.8 公尺，必要時得將部分公共設施採立體方式設計，以減少公共設施帶寬度。

3. 公共設施最突出之外緣與路肩外緣或道路邊線應有 20 公分以上之淨距。

1 目前交通部統一使用「橋梁」兩字。

8.5 道路平面線形設計

道路之平面線形設計，是以直線與平曲線構成，其整體架構如圖 8-10 所示。

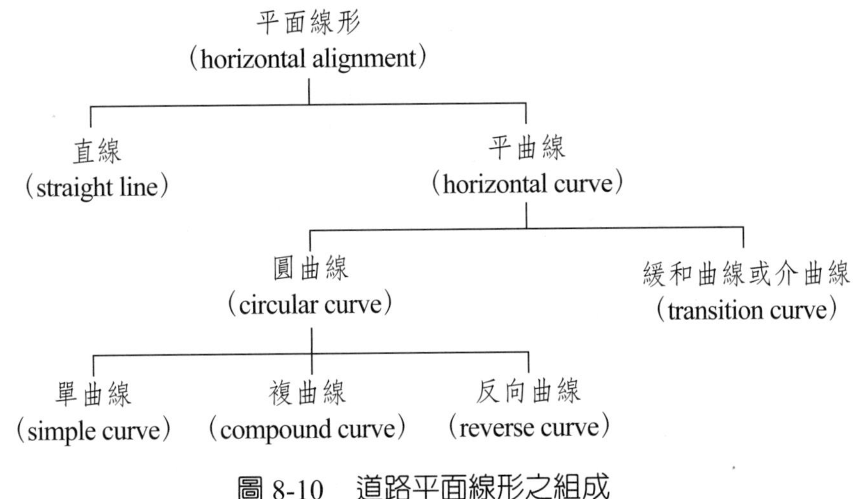

圖 8-10　道路平面線形之組成

1. 道路直線

道路直線長度之設計，參照下表：

表 8-8　道路直線設計

直線長度	設計速率 V_d（公里／小時）			
	120	100	80	60
直線之最大長度（公尺）	2400	2000	1600	1200
介於反方向彎曲圓曲線間之最短直線（公尺）	240	200	160	120
介於同方向彎曲圓曲線間之最短直線（公尺）	720	600	480	360

2. 平曲線

平曲線區分為：圓曲線及緩和曲線二類。線形布設方式如圖 8-11 所示：(a) 爲直線與單曲線直接相連；(b) 爲直線與圓曲線中間以緩和曲線相連。

圓曲線再區分為：單曲線、複曲線、反向曲線三種類型，如圖 8-12 所示。道路線形在實質環境下之布設方式，參見圖 8-13。

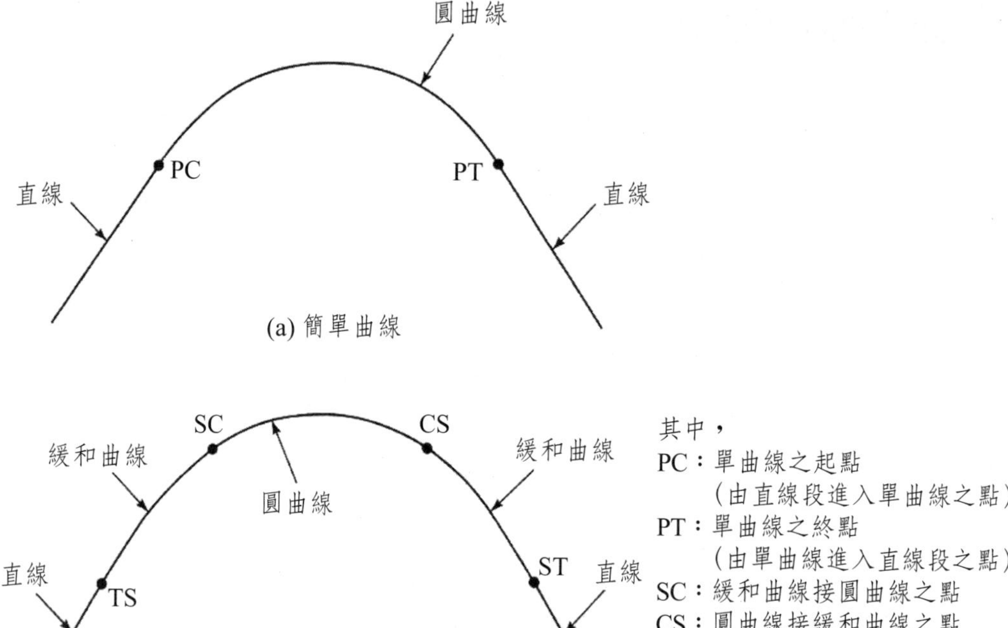

圖 8-11　道路平曲線之類型

（資料來源：Papacostas and Prevedouros, 2005, p.48）

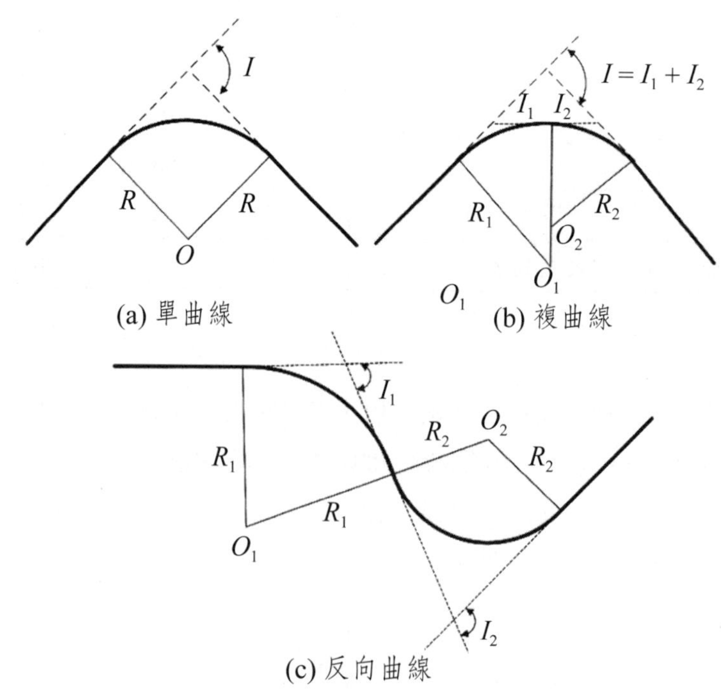

圖 8-12　道路圓曲線之三大類型

（資料來源：徐耀賜，2010）

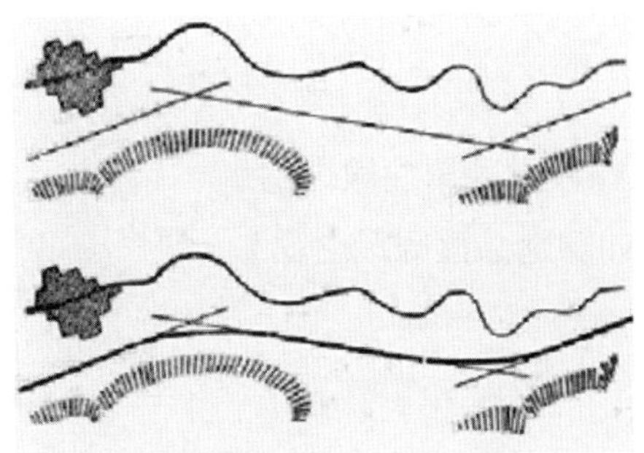

(a) 線形布設方法（一）
先布設直線再以圓曲線連接

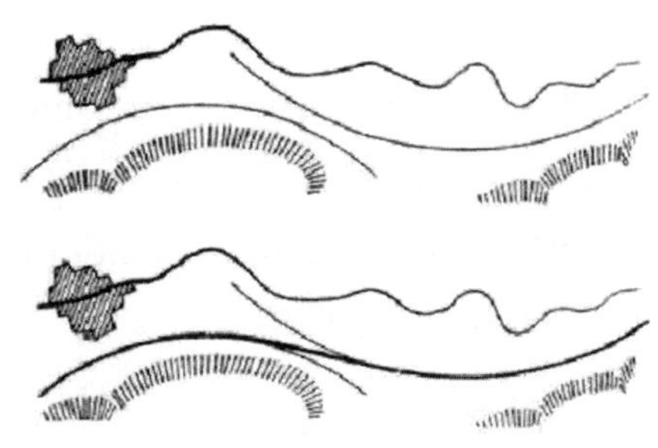

(b) 線形布設方法（二）
先布設圓曲線再以緩和曲線連接

圖 8-13　實質環境下道路線形之布設方法

8.5.1 圓曲線

1. 單曲線

單曲線爲最基本之曲線，係指曲線半徑保持一定之圓曲線，只有單一的曲線半徑，如圖 8-14 所示。

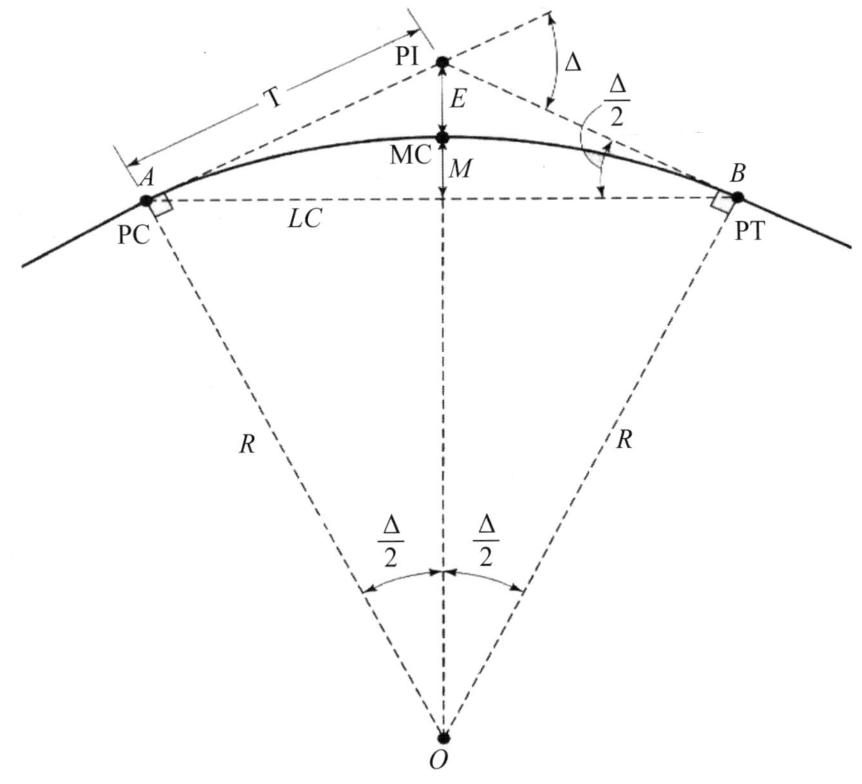

圖 8-14　單曲線中心線的水平定線圖

（資料來源：Papacostas and Prevedouros, 2005, p. 49）

其中，

MC：單曲線弧長之中點（midpoint of curve)

PC：單曲線之起點（point of curvature）（由直線段進入單曲線之點）

PT：單曲線之終點（point of tangency）（由單曲線進入直線段之點）

R：單曲線之曲線半徑

Δ：兩直線段之偏角（或稱切線偏角）

T：切線長（length of tangent）$= R\tan\frac{\Delta}{2}$（由 PC 點至 PI 點之水平距離或由 PI 點至 PT 之距離）

E：外距（external distance）或外線縱距 $= R\left(\sec\frac{\Delta}{2} - 1\right)$（由 PI 點至 MC 點之水平距離）

M：中距或中央縱距（middle ordinate distance）$= R\left(1 - \cos\frac{\Delta}{2}\right)$（由 MC 點至長弦中點之距離）

LC：長弦（long chord）$= 2R\sin\frac{\Delta}{2}$（由 PC 點及 PT 點連線之弦線長度）

O：單曲線之圓心

PI：交會點（point of intersect）

L_c：由 PC 點及 PT 點連線之曲線長度（length of curve）

$$L_c = 2\pi R\frac{\Delta}{360} \qquad (8\text{-}1)$$

2. 複曲線

複曲線係指兩個或兩個以上圓曲線相連接之圓曲線，各圓曲線之圓心皆位於道路同一側。複曲線適用於地形上不適用單曲線之處，大小圓曲線之圓半徑不可差異太大，如圖 8-15 所示。

複曲線之設計規範如下：

(1) 一、二級路以不設複曲線爲原則。

(2) 設計速率 $V_d \geqq 80$ 公里／小時者，其複曲線相鄰兩圓半徑比值應小於 1.5。

(3) 設計速率 $40 \leqq V_d < 80$ 公里／小時者，其複曲線相鄰兩圓半徑比值應小於 2.0。

(4) 設計速率 $V_d > 40$ 公里／小時各級道路之複曲線不合上述規定及「免設緩和曲線」之規定者（請參見 8.5.2 節），須於兩圓曲線間加設緩和曲線。

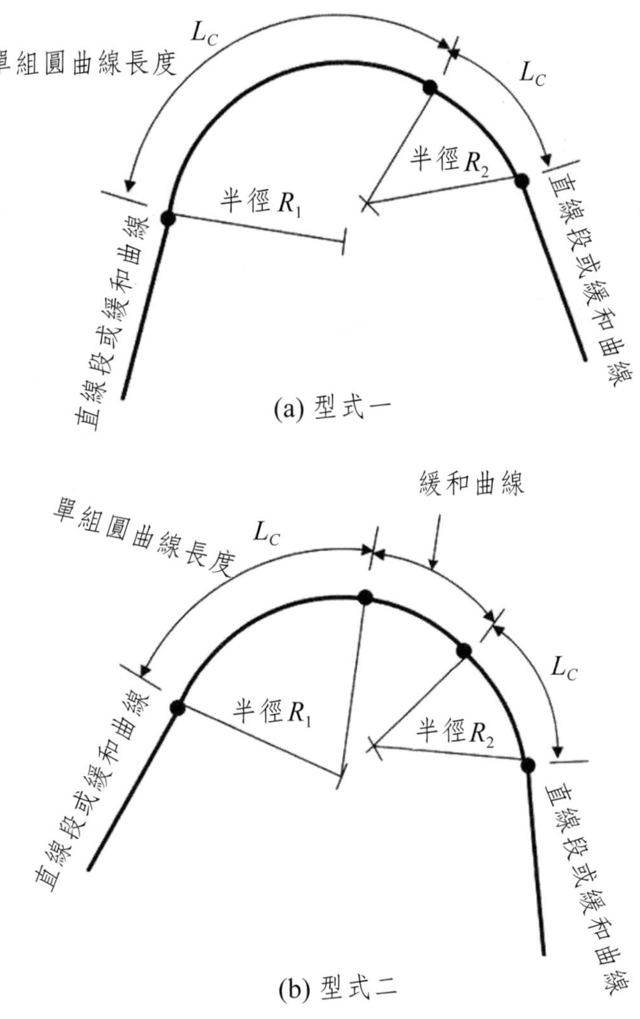

圖 8-15　複曲線示意圖

（資料來源：徐耀賜，2010）

3. 反兩曲線

反向曲線餘措兩個圓心分居於道路之兩側之圓曲線所組成之圓曲線，如圖 8-16 所示：

反向曲線之設計規範如下：

(1) 一、二級路反向曲線間應加設緩和曲線。

(2) 各級道路符合「免設緩和曲線」規定而未設緩和曲線者，宜考慮第 8.6.5 節之超高變化需求，加設直線超高漸變段。

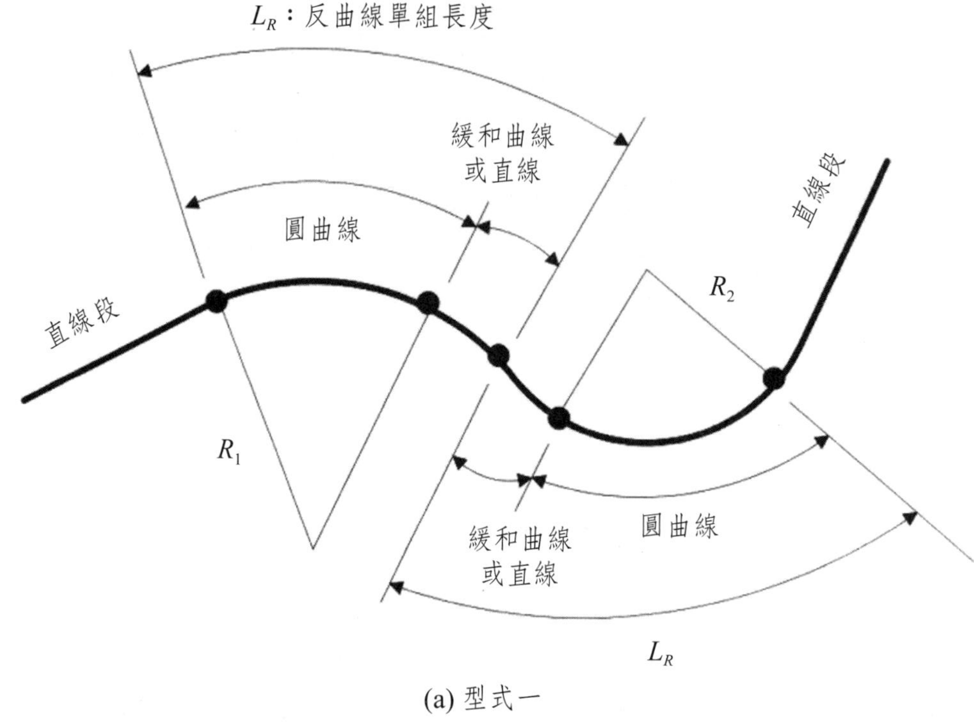

(a) 型式一

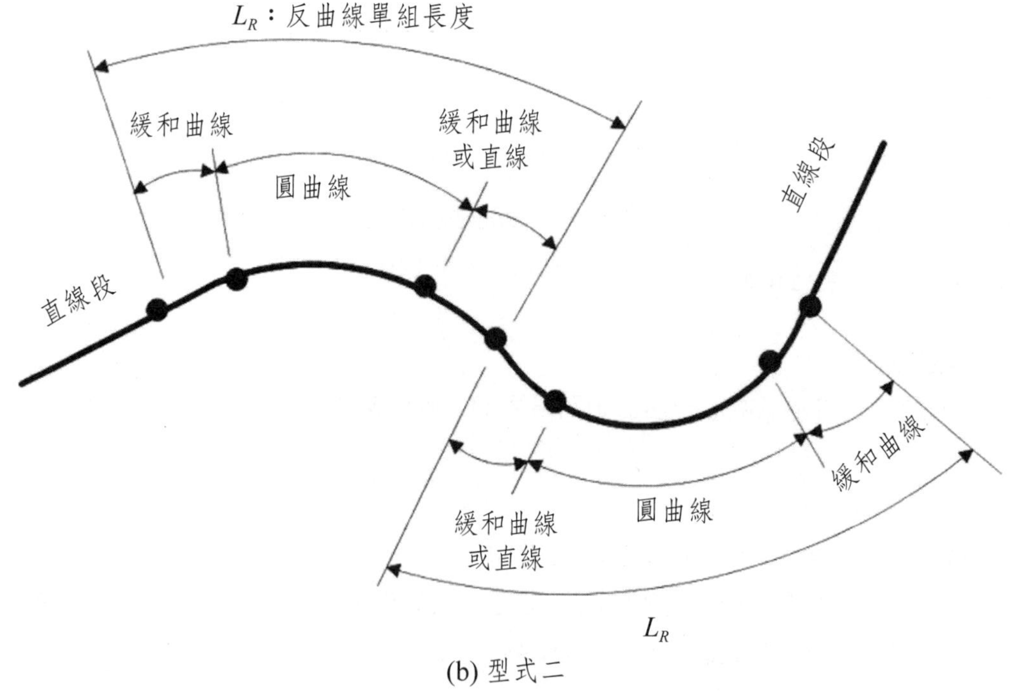

(b) 型式二

圖 8-16　反向曲線示意圖

（資料來源：徐耀賜，2010）

8.5.2 緩和曲線

緩和曲線是指道路在直線段與圓曲線段之間加入的一段漸變曲線。道路在直線段並無曲率，但進入彎道的圓曲線路段則有一定的曲率，因此車輛由直線段進入曲線段在此兩路段間必需逐漸調整方向，而在圓曲線路段內車輛有一定的離心力，在公路及市區道路設計時亦需要有一路段區間以供調整路面的超高率以平衡車輛離心力，再則車輛後輪在曲線路段內會產生偏移，所以圓曲線路段需要加寬。質言之，緩和曲線的主要功能包括路線方向的調整、路面傾斜度的漸變以及路面加寬的漸變段三部分。

緩和曲線之種類分為：螺旋曲線（spiral curve）（或稱克羅梭曲線，Clothoid curve）、雙葉曲線（lemniscate）以及三次拋物線（cubic parabola）等。臺灣地區公路系統大部分採克羅梭曲線，完整之克羅梭曲線如圖 8-17 所示，但在設計緩和曲線時僅使用其中一段，即靠近 O 點之曲線部分。

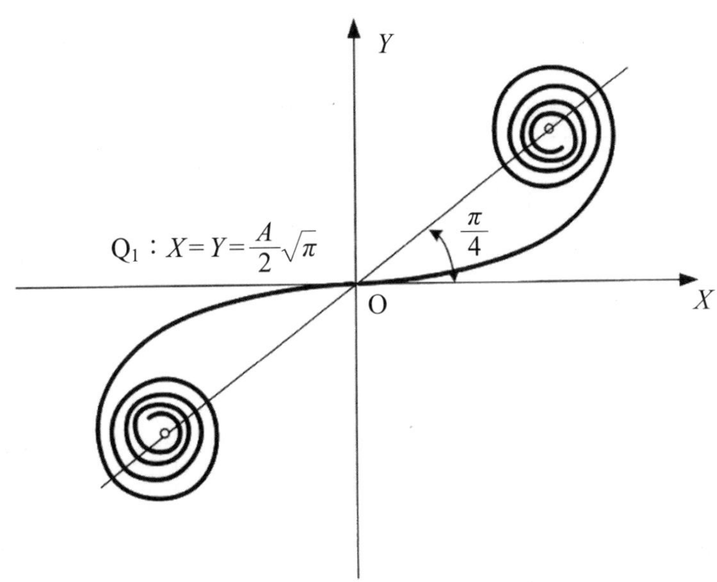

圖 8-17　完整之克羅梭曲線示意圖（A：參數或稱曲率通徑）

免設緩和曲線與緩和曲線之最短長度之標準如下：

1. 免設緩和曲線之條件

公路合於以下條件之一者，得免設緩和曲線：

(1) 平曲線半徑大於表 8-9 規定者，一般情況宜採用表中之建議值。

(2) 公路設計速率 $V_d \leqq 40$ 公里 / 小時，且受地形或其他特殊限制者。

(3) 符合「複曲線」規定者。

2. 最短緩和曲線

公路於曲線路段，除符合免設緩和曲線規定外，應設置緩和曲線；其他市區道路曲線路段，宜設置緩和曲線，其最短長度之計算如下式，但不得短於第 8.6.5 節建議之超高漸變長度。

$$L_s \geq \frac{V_d^3}{47J \times R} \tag{8-2}$$

其中，

L_s：緩和曲線長度（公尺）

V_d：設計速率（公里／小時）

R：平曲線半徑（公尺）

J：向心加速度變化率（公尺／秒 ^{3}）

建議值： $J^* = 0.7 - \frac{V_d}{400}$

容許最大值：$J_{\max} = 1.1 - \frac{V_d}{200}$

表 8-9　免設緩和曲線之平曲線半徑

設計速率 V_d（公里／小時）	免設緩和曲線之平曲線半徑 R_s（公尺）	
	容許最小值	建議值
120	2100	4200
110	1750	3500
100	1450	2900
90	1200	2400
80	950	1900
70	700	1400
60	500	1000
50	360	720
40	230	460
30	130	260
25	90	180
20	60	120

註：快速道路之設計速率為 20～100（公里／小時）。

8.5.3 平曲線最小半徑

平曲線最小半徑公式之推導，係以車輛轉彎之力圖（free-body diagram）（圖 8-18）爲依據。

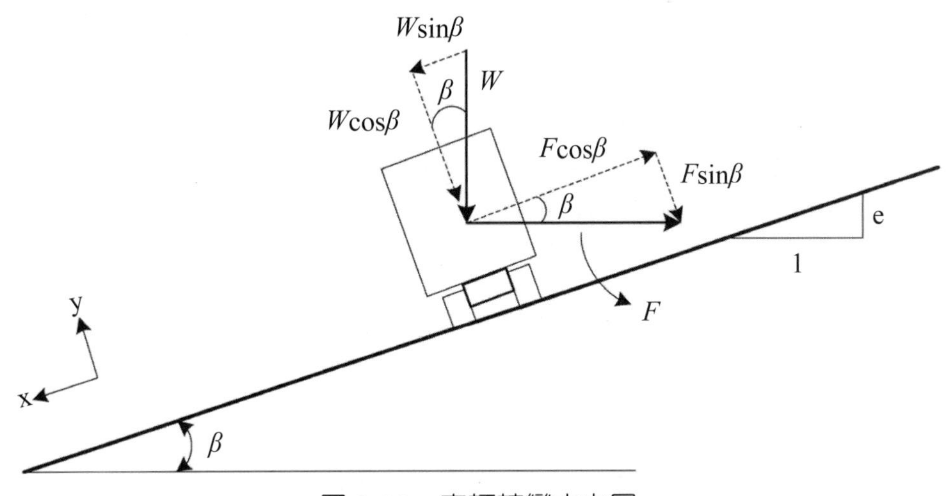

圖 8-18　車輛轉彎之力圖

（資料來源：Papacostas and Prevedouros, 2005, p. 23；陳惠國，「運輸工程」，2013；徐耀賜，2010）

根據圖 8-18，離心力的公式如下：

$$F = ma = \frac{Wv^2}{gR} \tag{8-3a}$$

力在 y 軸之平衡公式爲：

$$N = W\cos\beta + F\sin\beta \tag{8-3b}$$

又根據牛頓第二定律（Newton's second law），力在 x 軸之平衡公式爲：

$$W\sin\beta + f_s\,(W\cos\beta + F\sin\beta) = F\cos\beta \tag{8-3c}$$

或

$$W\sin\beta + f_s\left(W\cos\beta + \frac{W}{g}\frac{v^2}{R}\sin\beta\right) = \frac{W}{g}\frac{v^2}{R}\cos\beta \tag{8-3d}$$

將兩邊除以 $W\cos\beta$ 可得

$$e + f_s = \frac{v^2}{gR}(1 - f_x e) \tag{8-3e}$$

因爲 $f_s e$ 值很小，可直接省略，得

$$e+f_s=\frac{v^2}{gR} \qquad (8\text{-}3f)$$

根據式 8-3f，可求算平曲線最小半徑 R_{min} 如下：

$$R_{min}=\frac{V_d^2}{127(e_{max}+f_s)} \qquad (8\text{-}3g)$$

其中，

R_{min}：最小曲線半徑（公尺）

V_d：設計速率（公里／小時）

e_{max}：最大超高率，爲正切（tangent）角度值

f_s：側向摩擦係數（採用表 8-11 之主線數值）

g：$9.8(m/s^2)$

當最大超高率 e_{max} = 0.04 時，適用速率範圍爲 20～90（公里／小時），e_{max} = 0.06～0.10 時，速率範圍爲 20～120（公里／小時），而對應之平曲線最小半徑數值參見表 8-10 所示。

表 8-10　平曲線最小半徑

設計速率 V_d（公里／小時）	平曲線最小半徑 R_{min}（公尺）			
	e_{max} = 0.04	e_{max} = 0.06	e_{max} = 0.08	e_{max} = 0.10
120	–	700	620	560
110	–	560	500	450
100	–	440	390	360
90	380	340	300	280
80	280	250	230	210
70	210	190	170	160
60	150	140	120	110
50	100	90	80	75
40	60	55	50	45
30	35	30	30	25
25	25	20	20	20
20	15	15	10	10

註：市區道路之設計速率為 20～100（公里／小時）。

8.5.4 摩擦係數

側（橫）向摩擦係數（side friction factor）取決於許多因素，如車速、路面型式及表面狀況、輪胎之品質及表面狀況等。許多研究顯示，摩擦係數隨車速之增加而降低，一般在乾燥路面約爲 0.4～0.8；在潮濕路面上約爲 0.25～0.4；路面結冰或積雪時，降到 0.2 以下；在光滑的冰面上可降至 0.06。

在公路設計時不可採用最大側向摩擦係數值，因爲由其所計算出之曲線半徑過短，對駕駛人之安全與舒適皆不利，因此依照美國州公路及運輸官員協會（AASHTO）所設定之規範（AASHTO, 2001）採用最大側向摩擦係數，此一數值爲駕駛人因曲線上之離心力而有不適感受時之速率，爲推求最大容許側向摩擦係數之選擇標準。設計速率與最大側向摩擦係數之關係，如表 8-11 所示。

表 8-11　側向摩擦係數 f_s

設計速率 V_d（公里／小時）	側向摩擦係數 f_s		
	主線	匝環道	轉向彎道 *
120	0.100	–	–
110	0.110	–	–
100	0.120	–	–
90	0.130	–	–
80	0.140	0.140	–
70	0.146	0.146	–
60	0.152	0.152	0.173
50	0.158	0.158	0.197
40	0.164	0.164	0.230
30	0.170	0.170	0.276
25	0.173	0.173	0.307
20	0.180	0.180	0.350

* 轉向彎道：係指槽化路口供轉向且與主線分離之車道。

註：市區道路之設計速率為 20～100（公里／小時）。

8.5.5 平曲線最短長度

車輛沿曲線行駛時，若曲線長度太短，駕駛人即須將剛轉彎不久之方向盤立刻轉回，此時的離心力變化太大會導致乘客不舒服，且駕駛人操作方向盤之困難度亦較高，故平曲線之最短長度有限制之必要。

8.5.5.1 同向曲線最短長度

同向曲線最短長度的設置標準如下：

1. 單曲線或單曲線加緩和曲線之最短長度依設計速率規定，如表 8-12。

2. 由兩個以上單曲線組成之複曲線，其總長應符合表 8-12 規定，且每一圓曲線段最短長度應考量其設計速率規定，如表 8-13。

8.5.5.2 反向曲線各向最短長度

反向曲線視爲兩組同向曲線之反向組合，其中同向曲線之最短長度依第 8.5.5.1 節規定。

8.5.6 平曲線行車道加寬

由於車輛後輪軌跡半徑較前輪小，因此駕駛人會有向車道兩側偏離之自然傾向，爲了在平曲線行車時能與直線行車一樣平穩，必須在曲線路段將行車道加寬。

表 8-12 同向曲線最短長度

設計速率 V_d（公里／小時）	同向曲線最短長度 $\Sigma L_c + \Sigma L_s$（公尺）
120	165
110	150
100	140
90	125
80	110
70	100
60	85
50	70
40	55
30	40
25	35
20	25

註：市區道路之設計速率為 20～100（公里／小時）。L_c：圓曲線長度；L_s：緩和曲線長度。

表 8-13　複曲線每一圓曲線段最短長度

設計速率 V_d（公里／小時）	圓曲線段最短長度 L_c（公尺）
120	65
110	60
100	55
90	50
80	45
70	40
60	35
50	30
40	25
30	20
25	15
20	10

註：市區道路之設計速率為 20～100（公里／小時）。

1. 平曲線行車道加寬Δ W 應依照下式計算，Δ W 小於 0.5 公尺者，得免設加寬。

$$\Delta W = W_c - W_n = [N(U_c + C_c) + Z_c] - W_n \qquad (8\text{-}4)$$

其中，

W_c：平曲線段行車道寬（公尺）

W_n：直線段行車道寬（公尺）

N：車道數

U_c：彎道車體幾何路幅（公尺）；$U_c = 2.5 + \sqrt{R^2 + X} - \sqrt{R^2 - Y}$

（X、Y 爲設計車種尺寸係數，如表 8-14 所示）

C_c：彎道車側淨距（公尺）；$C_c = (V_d + 90)/200$

Z_c：彎道寬裕量（公尺）；$Z_c = 0.1V_d / \sqrt{R}$

V_d：設計速率（公里／小時）

R：平曲線半徑（公尺）

對應於各種車種、路寬、設計速率及半徑之車道加寬，請參考「公路路線設計規範」（2008）及「市區道路及附屬工程設計規範」（2009）。

2. 車道加寬應平均分配於每一車道內側，其漸變段宜配合緩和曲線布設。

表 8-14　車輛尺寸係數

設計車種		車輛尺寸係數	
		$X = L_a(2L_1 + L_a)$	$Y = L_1^2 + L_2^2$
貨車	SU	15.8	36.0
大客車	BUS	36.3	57.8
中型半聯結車	WB12	10.8	71.5
大型半聯結車	WB15	10.5	110.2

註：L_a：車輛前懸；L_1：車輛前軸距；L_2：車輛中軸距。

8.6 超高設計

車輛行駛於平曲線時，會產生離心力（centrifugal force），此時車輛將會產生滑出車道之傾向，嚴重者甚至造成翻車。因此爲避免此種情況發生，有兩種方法可採用：

1. 增加路面之側向摩擦力。
2. 提高平曲線外側路面，即設置超高（superelevation），使產生向心力以抵消摩擦力。

8.6.1 超高率

超高率的設置介於最小與最大超高率之間。最小超高率依正常路拱規定，正常路拱是指道路鋪面中心線兩側之緩和斜坡，用來協助排水之用；路拱之設計標準視排水需求而定，通常介於 10.42～20.83（mm/m）之間。

至於最大超高率取決於以下因素（周義華，2007）：

1. 氣候狀況，如冰雪之頻率與數量。
2. 地形狀況，如平原或山嶺。
3. 地區狀況，如鄉區或市區。
4. 慢速車輛之數量。

由上可知，最大超高率應綜合考量上述四類因素，視情況選用不同的數值，不可能以某一數值應用於全線公路。最大超高率依區位及氣候規定如表 8-15 所示。

8.6.2 超高漸變之設置規定

超高漸變（superelevation runoff）應設置於緩和曲線路段。未設緩和曲線者，超高漸變設置宜適當分配於直線路段與曲線路段；曲線路段部分不得超過 50%，建議採

20%～40%。

表 8-15　最大超高率 e_{max}

區位及氣候		最大超高率 e_{max}
鄉區	一般地區	0.06～0.10
	冰雪地區	0.06～0.08
市　區		0.04～0.08

註：一般地區：無積雪結冰地區；冰雪地區：有積雪結冰地區。

8.6.3 超高率計算

超高率之建議值按下式計算：

$$R \leq R_r：e = e_{max}\left[1 - \frac{\left(1 - \frac{R_{min}}{R}\right)^2}{2\left(1 - \frac{R_{min}}{R_r}\right)}\right] \qquad (8\text{-}5a)$$

$$R > R_r：e = e_{max} \times \frac{R_r}{R}\left(1 - \frac{R_r - R_{min}}{2R}\right) \qquad (8\text{-}5b)$$

容許之最小值按下式計算：

$$e = \frac{e_{max}}{R} \times R_{min} \qquad (8\text{-}5c)$$

公路通過市區時若受到周遭環境限制，超高率得依下式酌予調整：

$$R \leq R_r：e = e_{max}\left(\frac{R_{min}}{R_r - R_{min}}\right) \times \left(\frac{R_r}{R} - 1\right) \qquad (8\text{-}5d)$$

$$R > R_r：\begin{matrix} R \leq R_n：e = \text{反向路拱} \\ R > R_n：e = \text{正常路拱} \end{matrix} \qquad (8\text{-}5e)$$

其中，

e：正常路拱或反向路拱的超高率

e_{max}：最大超高率

f_s：側向摩擦係數（見表 8-11）

R：平曲線半徑（公尺）

R_{min}：以 V_d 行駛之平曲線最小半徑（公尺）；$R_{min} = \frac{V_d^2}{127(e_{max} + f_s)}$

R_n：免設超高曲線半徑（公尺）（參見第 8.6.6 節）

R_r：以 V_r 行駛，當離心力與 e_{max} 平衡時之平曲線半徑（公尺）；$R_r=\frac{V_r^2}{127e_{max}}$

V_d：設計速率（公里／小時）

V_r：低流量平均行駛速率（公里／小時）

8.6.4 最大超高漸變率

最大超高漸變率之規定，如表 8-16 所示。在正常路拱與反向路拱間，超高漸變率絕對值 $G_r \geqq 0.003$。

表 8-16　最大超高漸變率

設計速率 V_d（公里／小時）	最大超高漸變率 G_r	
	容許最大值	建議值
120	1/250	1/300
110	1/230	1/280
100	1/210	1/260
90	1/190	1/240
80	1/170	1/220
70	1/150	1/200
60	1/130	1/180
50	1/110	1/160
40	1/90	1/140
30	1/70	1/120
25	1/60	1/110
20	1/50	1/100

註：市區道路之設計速率為 20～100（公里／小時）。最大超高漸變率（G_r）：以雙向雙車道為基準計算，且以行車道中心縱坡（定義於第 8.7.1 節）基線（profile grade line, PGL）為轉軸布設超高漸變長度（定義於第 8.6.5 節）。

8.6.5 超高漸變長度

超高漸變長度 L_e 不得小於下列二式之較大值：

$$Le \geqq (B+W)\Delta e / (2G_r) \quad (8\text{-}6a)$$

$$Le \geqq V_d \times s/3.6 \quad (8\text{-}6b)$$

其中，

B：縱坡基線至最外側車道邊線之寬度（公尺）

Δe：超高率代數差絕對值；例如，e_1 與 e_2 兩個超高率之代數差 $\Delta e = |e_1 - e_2|$

G_r：超高漸變率

L_e：超高漸變長度（公尺）

s：時間（秒）（最小值 $s = 2$，建議值 $s = 3$，一般情況宜採建議值）

V_d：設計速率（公里／小時）

W：汽車道寬（公尺）

ASSHTO（1990）將雙向雙車道所需之超高漸變長度整理如下表 8-17。例如，當車道寬度 = 3.65m，設計速度 V_d = 80（公里／小時），超高率 e = 0.10 時，查表可知所需之超高漸變長度 = 74m。

表 8-17　雙線道公路所需之超高漸變長度（公尺）

超高率（e）	設計速率（km/h）							
	32	48	64	80	88	96	104	112
3.65 公尺寬之車道								
0.02	16	31	38	46	49	54	58	61
0.04	19	31	38	46	49	54	58	61
0.06	29	34	38	46	49	54	58	61
0.08	38	45	52	58	63	66	70	74
0.10	49	55	64	74	78	83	89	92
0.12	60	66	77	89	93	98	107	110
3.0 公尺寬之車道								
0.02	16	31	38	46	49	54	58	61
0.04	16	31	38	46	49	54	58	61
0.06	25	31	38	46	49	54	58	61
0.08	32	37	43	49	52	55	58	61
0.10	40	46	54	61	66	69	74	77
0.12	49	55	64	74	78	83	89	92

（資料來源：AASHTO, 1990）

超高率在路段上之變化情形，參見圖 8-19。其中 A 點位於正常鋪面上；B 點之道路外緣已旋轉至道路中心線的高度，但道路內緣仍維持正常路拱坡度；C 點的道路外

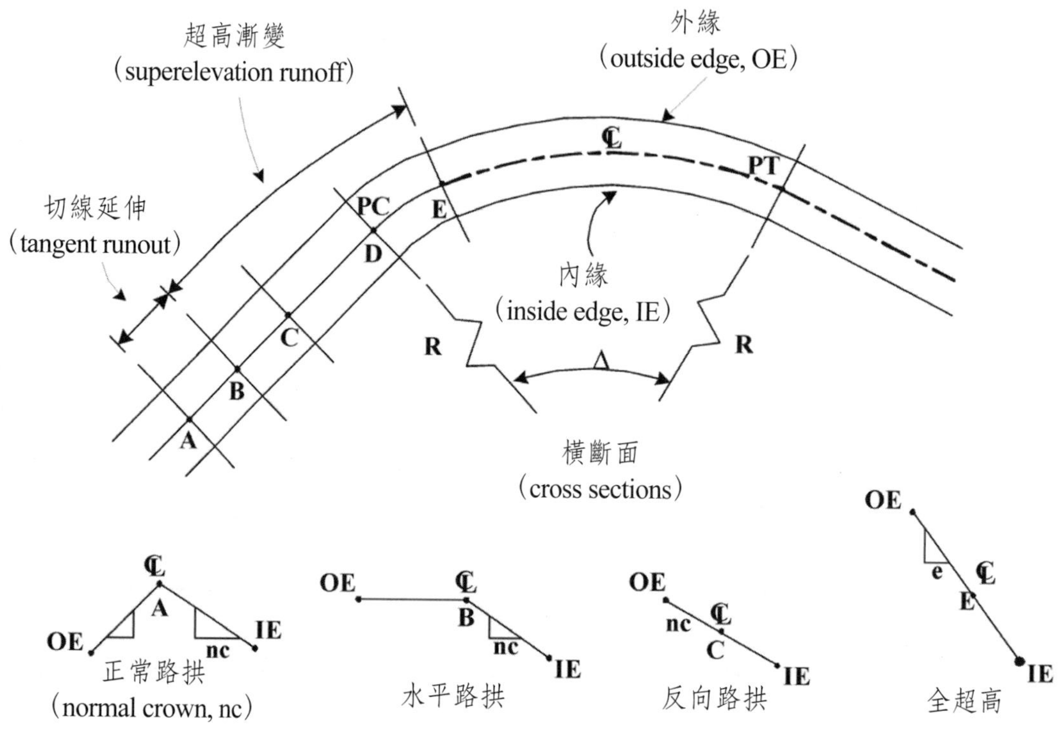

Note：CL = 中心線（center line）

圖 8-19　超高之發展過程

（資料來源：Papacostas and Prevedouros, 2005, p. 52; 陳惠國，「運輸工程」，2013）

緣、中心線、內緣之斜率相同且等於路拱坡度；D 點位於平曲線之起點；E 點爲達到全超高之點。A 點與 B 點之間的水平距離稱之爲正切伸出（tangent runout），B 點與 E 點之間的水平距離稱之爲超高漸變（superelevation runoff）。

一般說來，簡單平曲線之超高漸變大約有 2/3 是分配至直線路段上，即 BD = 2/3BE，另有 1/3 的超高漸變是分配至曲線路段上，即 DE = 1/3BE。

發展全超高的方法有四種，參見圖 8-20。圖 8-20a 係以中心線爲基準旋轉路拱鋪面；圖 8-20b 係以內緣線爲基準旋轉路拱鋪面；圖 8-20c 係以外緣線爲基準旋轉路拱鋪面；圖 8-20d 則以外緣線爲基準旋轉平直鋪面。

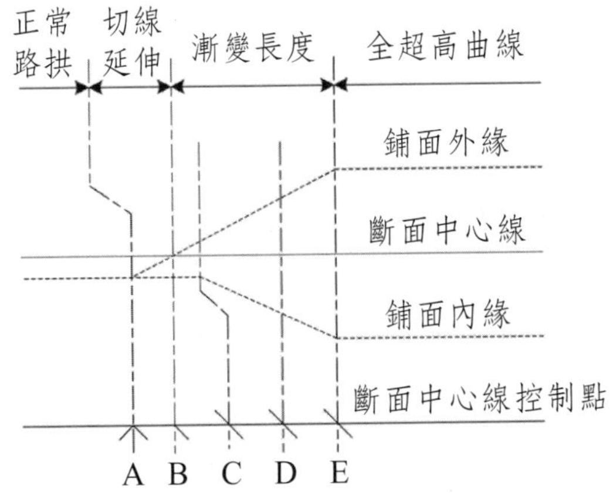

(a) 以中心線為基準旋轉路拱鋪面

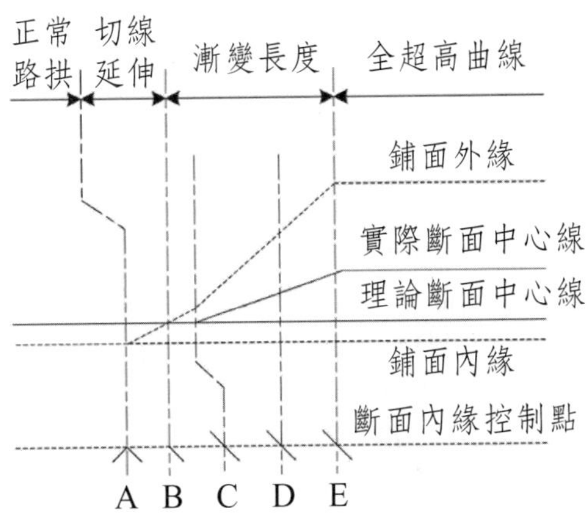

(b) 以內緣線為基準旋轉路拱鋪面

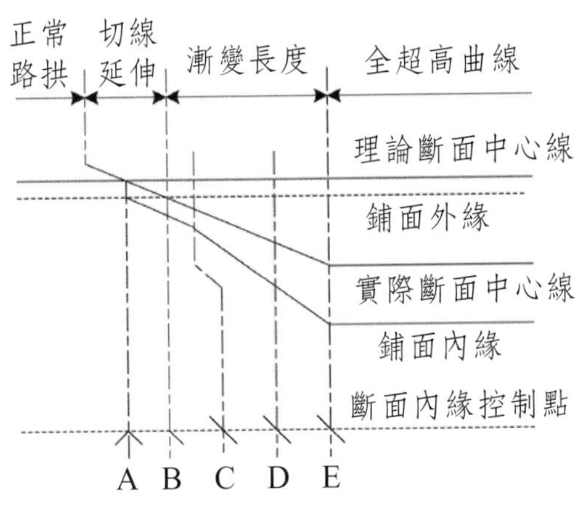

(c) 以外緣線為基準旋轉路拱鋪面

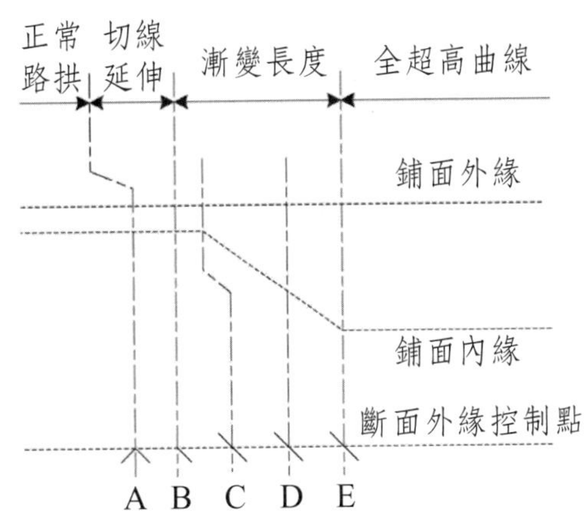

(d) 以外緣線為基準旋轉平直鋪面

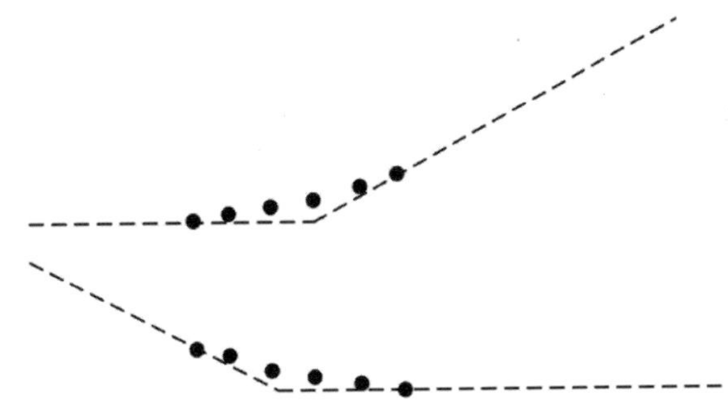

註：虛線轉角之鋪面須修正為點線之平滑鋪面

圖 8-20　發展全超高的四種方法

（資料來源：Papacostas and Prevedour, 2005, p.54：陳惠國，「運輸工程」，2013）

0.37 m = 3.65*0.1
0.076 m
= 3.65*0.2083
A B C D E
0.076 m
0.37 m
15.2 m 15.2 m 34.13 m 24.67m=74* $\frac{1}{3}$ 334.66 m 24.67m 34.13 m 15.2 m 15.2 m
49.33 m
= 74* $\frac{2}{3}$
49.33 m
Lc
PC PT

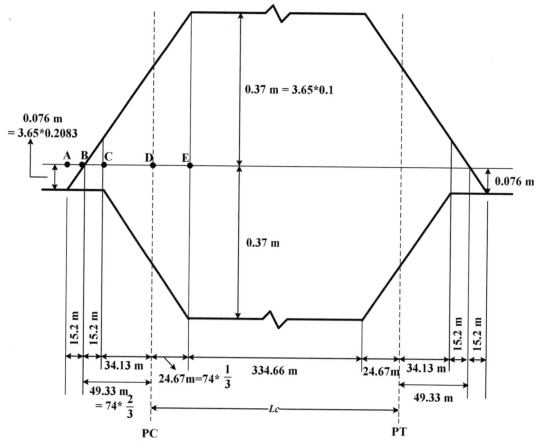

圖 8-21　道路超高在平曲線上變化之示意圖

（資料來源：Papacostas and Prevedouros, 2005, p. 55；陳惠國，「運輸工程」，2013）

 例題8-1

如圖8-21所示，假設已知之資料如下：

曲線半徑$R = 220$ m

切線偏角$\Delta = 100°$

超高率$e = 0.10$

設計速度$V_d = 80$（公里／小時）

車道寬度 = 3.65 m

正常路拱（最大值） = 20.83 mm/m

請說明道路超高在平曲線上變化。

 解答8-1

已知曲線半徑$R = 220$ m，切線偏角$\Delta = 100°$，根據公式8-1，可計算曲線長度$L_e = 2\pi R\left(\frac{\Delta}{360}\right) = 384\text{m}$。

又當車道寬度= 3.65m，設計速度$V_d = 80$（公里／小時），超高率$e = 0.10$時，查表8-17可知所需之超高漸變長度= 74 m（即水平路拱B點至全超高E點之長度）。其中水平路拱B點至曲線起點D點約占2/3的長度，即49.33m (= 74×2/3）；而曲線起點D點至全超高約占1/3的長度，即24.67m(= 74×1/3)。

至於在全超高E點與道路中心線之高程差等於車道寬度乘以超高率，即0.37m(= 3.65×0.1)。

另在正常路拱的坡度下（20.83mm/m），一個車道寬（3.65m）之高程差等於車道寬度乘以正常路拱的坡度，即0.076m(= 3.65×20.83 = 76mm)。

最後，水平路拱（B點）至反向路拱（C點）之距離為相似三角形之比例關係，即15.2m(= 74×(0.076)/ 0.37)。而且正常路拱（A點）至水平路拱（B點）之距離等同於水平路拱（B點）至反向路拱（C點）之距離。

8.6.6 免設超高曲線半徑

免設超高之平曲線最小半徑規定如表 8-18 所示，一般情況宜採用建議值。

免設超高曲線半徑 R_n 之計算公式如下：

$$R_n = \frac{V_d^2}{127(e + f_s)} \quad (8\text{-}7)$$

其中，

R_n：免設超高曲線半徑（公尺）

V_d：設計速率（公里／小時）

e：正常路拱之超高率

f_s：側向摩擦係數（常用值爲 0.035）

表 8-18 免設超高曲線半徑

設計速率 V_d（公里／小時）	免設超高曲線半徑 R_n（公尺）	
	容許最小值（正常路拱以 −1% 計算）	建議值（正常路拱以 −2% 計算）
120	4500	7500
110	3800	6400
100	3100	5200
90	2500	4300
80	2000	3400
70	1500	2600
60	1100	1900
50	780	1300
40	500	840
30	280	470
25	200	330
20	125	210

註：市區道路之設計速率為 20～100（公里／小時）。

8.7 道路縱斷面設計

8.7.1 縱坡

道路不可能一直保持平坦的狀態，在長度方向必會有高低起伏，此即道路之縱向坡度（簡稱縱坡）（grade）。道路之縱坡，指沿著道路中心線（或稱縱坡基線（profile grade line, PGL））路面之傾斜度，以兩點之高程差與兩點間水平距離之百分比表示，正值表示上坡道、負值表示下坡道。

1. 最小縱坡度

路塹及橋梁、隧道路段考慮排水之最小縱坡度以 0.3% 爲宜。

2. 最大縱坡度

最大縱坡度，按設計速率規定如表 8-19 所示，一般情況宜採用建議值。但冰雪地區不得大於 8%。需要機械通風設施之隧道，其縱坡度以小於 2% 爲宜；無需機械通風之隧道，縱坡度以小於 3% 爲宜。

表 8-19　最大縱坡度

設計速率 V_d（公里／小時）	最大縱坡度 G_{max}（%）	
	容許最大値	建議値
120	4	3
110	4.5	3.5
100	5	4
90	5.5	4.5
80	6	5
70	7	6
60	8	7
50	9	8
40	10	9
30	11	10
25	12	11
20	12	11

註：市區道路之設計速率為 20～100（公里／小時）。

8.7.1.1 縱坡長度限制

縱坡長度之限制如下：

1. 設計載重車輛上坡速差（即表 8-20 之設計載重車輛速率減去低流量平均行駛速率之差值），以小於 15 公里／小時爲宜，最大不宜超過 25 公里／小時。

2. 設計載重車輛產生速差達 15 公里／小時之上坡長度稱爲縱坡臨界長（L_o），產生速差達 25 公里／小時之上坡長度稱爲縱坡限制長（L_i）。

3. 連續坡應按爬坡性能曲線決定其坡長。馬力載重比爲 10 馬力／公噸（P_s/t）之載重車輛，進坡爲水平時之縱坡臨界長與縱坡限制長，參見圖 8-22。（1 馬力 =75 公斤．公尺／秒）。

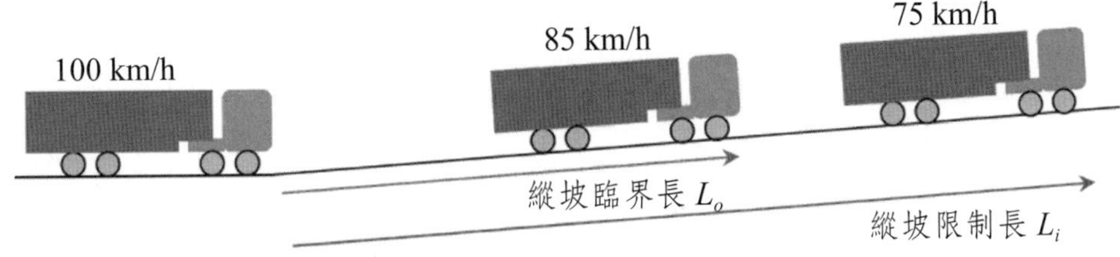

圖 8-22　縱坡臨界長與縱坡限制長

4. 設計速率 $V_d \leqq 50$ 公里／小時之公路，其連續坡各不同坡度之坡長 L_j，以 $\Sigma_j \frac{L_j}{Lt_j} \leq 1$ 設計之（Lt_j 爲連續各坡段之縱坡臨界長 L_o 或縱坡限制長 L_i）。

縱坡長度限制之規定，如表 8-20 所示。

表 8-20　縱坡長度限制

設計速率 V_d（公里／小時）	低流量平均行駛速率 V_r（公里／小時）	縱坡度 G（%）	縱坡臨界長 L_o（公尺）	縱坡限制長 L_i（公尺）
120 110	97 91	2 3 4	800 450 300	– 800 500
100	85	3 4 5	450 300 250	900 550 400
90	78	3 4 5	550 350 250	– 600 400
80	70	4 5 6	350 250 200	850 450 300
70	62	4 5 6 7	500 300 200 150	– – 350 250
60	54	5 6 7 8	400 200 150 120	– 500 300 200
≤ 50	≤ 46	7 8 9 10 11 12	180 120 100 80 70 60	500 400 300 200 180 150

註：市區道路之設計速率≤ 50～100（公里／小時）。

8.7.1.2 緩和區間

凡縱坡度已達限制長度時，宜以緩和區間銜接；該區間內之縱坡度宜小於 3%，其長度宜大於 60 公尺。

8.7.1.3 合成坡度

道路於平曲線縱坡路段，其超高率 e（%）與縱坡度 G（%）所構成之合成坡度（resultant gradient）I（%）以畢氏定理（$I=\sqrt{G^2+e^2}$）計算之，合成坡度最大值規定如表 8-21 所示。

表 8-21 合成坡度最大值

設計速率 V_d（公里／小時）	120～100	90～80	70～60	50	40	30	25	20
合成坡度最大值 I（%）	10	10.5	11	11.5	12	12.5	13	13

8.7.2 爬坡車道

對於重車較多之道路而言，若縱坡坡度大且車道又長，則重車速率將嚴重降低，影響其他車輛行進，甚至造成道路擁塞等狀況，故應於坡道路段外側加設一車道，供慢速車行駛，此一專供載重慢速車行駛之車道，稱爲爬坡道（climbing lane），如圖 8-23 所示。

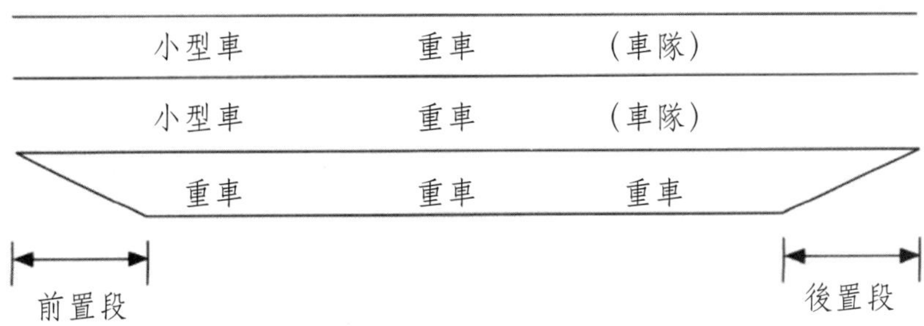

圖 8-23 重車爬坡道示意圖

（資料來源：徐耀賜，2010）

8.7.2.1 爬坡車道設置時機

1. 設計載重車輛行駛速率低於最低速限規定時，應布設爬坡車道。
2. 公路容量因受上坡影響而降低至設計服務水準以下時，宜布設爬坡車道。

3. 縱坡長度超過限制長度時宜布設爬坡車道。

4. 縱坡長度超過臨界長度時得考慮布設爬坡車道。

8.7.2.2 爬坡車道設置方式

1. 設置爬坡車道時，其起點宜設置於小型車與重車速差小於 15 公里 / 小時處，最大速差不得超過 25 公里 / 小時。前置車道漸變段長寬比例以 V_d /5 比 1 為宜。

2. 設置爬坡車道時，其終點宜設置於小型車與重車速差小於 15 公里 / 小時處，最大速差不得超過 25 公里 / 小時。後置車道漸變段長寬比例以 V_d /2 比 1 為宜。

3. 雙向雙車道公路爬坡車道終點之速差若大於 15 公里 / 小時時，該終點處應符合最短超車視距之規定。

4. 爬坡車道長度宜大於最短應變視距，惟不得小於 200 公尺。

5. 爬坡車道宜與主線車道同寬度，最小不得小於 3.0 公尺，其路肩不得小於 0.5 公尺。

8.7.3 豎曲線

在縱坡度變化時，兩坡度將形成一轉角，當車輛通過該轉角處時，應於縱坡度變化處設置一段曲線，使坡度逐漸變化，如此路線才能平滑順暢，此曲線稱之為「豎曲線」，如圖 8-24 所示。

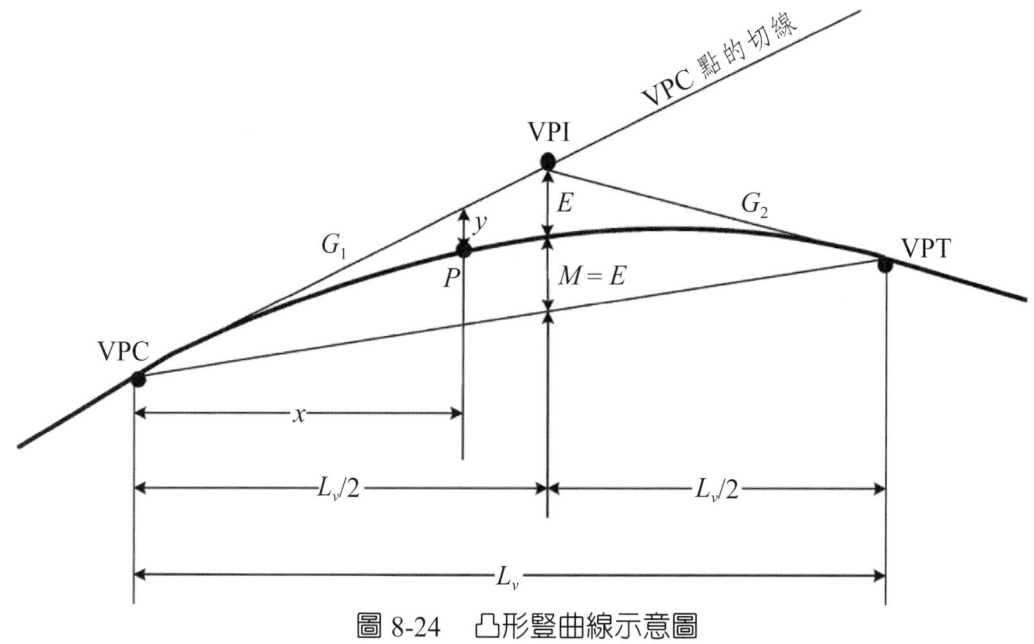

圖 8-24　凸形豎曲線示意圖

（資料來源：Papacostas and Prevedouros, 2005, p. 56；陳惠國，「運輸工程」，2013）

在凸形豎曲線上任一點 p 之高程可以下式計算：

$$p\text{點之高程}=\left[\text{VPC 點的高程}+\left(\frac{G_1}{100}\right)x\right]-y \quad (8\text{-}8b)$$

或凹形豎曲線

$$p\text{點之高程}=\left[\text{VPC 點的高程}+\left(\frac{G_1}{100}\right)x\right]+y \quad (8\text{-}8a)$$

其中，

A：坡度變化率，$A=\Delta G=G_1-G_2$

E：外線縱距（external distance），簡稱外距，表豎曲線起點切線與豎曲線在垂直交會點（VPI）的高程差，$E=\dfrac{AL}{800}$

G_1：上坡縱坡度，單位爲 %

G_2：下坡縱坡度，單位爲 %

L：豎曲線之水平長度，（以下亦使用 L_v 符號）

VPC：豎曲線起點（vertical point of curvature）

VPI：豎曲線之兩條切線交會點（vertical point of intersection）

VPT：豎曲線終點（vertical point of tangency）

x：豎曲線起點與 p 點之水平距離；當 p 點係指高點（high point）時，$x=\dfrac{LG_1}{G_1-G_2}$

y：垂直偏移（vertical offset），指豎曲線起點切線與豎曲線在 p 點之高程差，$y=4E\left(\dfrac{x}{L}\right)^2$

以下舉例說明如何運用上述公式計算凸形豎曲線上各（樁位）點之高程。

 例題8-2

假設有一條600公尺之凸形豎曲線連接 $G_1=+4\%$ 與 $G_2=-2\%$ 的坡度，這兩條坡度之切線相交於曲線交會點（VPI）的位置為25 + 60.55且該點高程為648.64m，參見圖8-25。請根據給定之資料計算下列三個樁位點（表示為P點）之位置與高程：(1)曲線起點VPC；(2)曲線中點；(3)高點（high point，即豎曲線最高之點）。

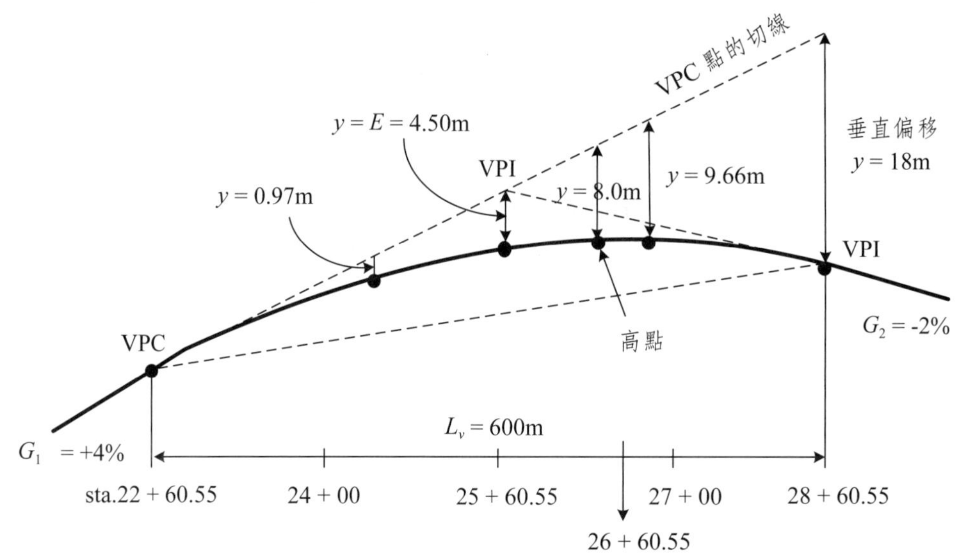

圖 8-25　凸形豎曲線計算例題

（資料來源：Papacostas and Prevedouros, 2005, p. 58；陳惠國，「運輸工程」，2013）

 解答8-2

1. VPC點與VPI點之距離= 300公尺（= 600公尺 / 2）；
   VPC點與VPI點之高程差為12公尺（= 300公尺×4%）；
   因為VPI點之高程為648.64公尺，所以VPC點之高程為636.64公尺（= 648.64 − 12）。

2. 外距$E=\frac{AL}{800}=\frac{6\times 600}{800}=4.5$公尺；
   曲線中點之垂直偏移$y=4E\left(\frac{x}{L}\right)^2=4\times(4.5)\left(\frac{1}{2}\right)^2=4.5$公尺；
   曲線中點之高程= VPI點之高程 − E = 648.64 − 4.5 = 644.14公尺。

3. 高點與曲線起點之距離，$x=\frac{LG_1}{G_1-G_2}=\frac{600(4)}{4-(-2)}=400$公尺；
   高點之垂直偏移$y=4E\left(\frac{x}{L}\right)^2=4\times(4.5)\left(\frac{400}{600}\right)^2=8$公尺；
   p點之高程$=\left[\text{VPC 點的高程}+\left(\frac{G_1}{100}\right)x\right]-y=\left[636.64+\frac{4}{100}\times 400\right]-8=644.64$公尺，茲將例題計算結果整理如下表。

表 8-22　例題結果總表

P 點（樁位）	x（公尺）	切線高程（公尺）	垂直偏移 y（公尺）	曲線高程（公尺）
22+60.55 (VPC)	000.00	636.64	0.00	636.64
24+00.00	139.45	642.22	−0.97	641.25
25+60.55（中點）	300.00	648.64	−4.50	644.14
26+60.55（高點）	400.00	652.64	−8.00	644.64
27+00.00	439.45	654.22	−9.66	644.56
28+60.55(VPT)	600.00	660.64	−18.00	642.64

（資料來源：Papacostas and Prevedouros, 2005, p. 57）

此外，公路及市區道路縱坡度變化處，除設計速率 $V_d \leqq 40$ 公里／小時，且相鄰縱坡度差絕對值小於 0.5% 時得不設置豎曲線外，應以豎曲線連接之，豎曲線最短長度爲以 V_d 之速率行駛 2 秒之距離。規定如表 8-23 所示。

表 8-23　豎曲線最短長度

設計速率 V_d（公里／小時）	豎曲線最短長度 $L_v = K \times \Delta G$（公尺）				最短長度規定值（公尺）
	凸形		凹形		
	建議值	容許最小值	建議值	容許最小值	
120	$195\Delta G$	$95\Delta G$	$70\Delta G$	$47\Delta G$	65
110	$140\Delta G$	$75\Delta G$	$60\Delta G$	$42\Delta G$	60
100	$100\Delta G$	$60\Delta G$	$50\Delta G$	$36\Delta G$	55
90	$70\Delta G$	$44\Delta G$	$40\Delta G$	$30\Delta G$	50
80	$47\Delta G$	$31\Delta G$	$30\Delta G$	$24\Delta G$	45
70	$30\Delta G$	$20\Delta G$	$23\Delta G$	$19\Delta G$	40
60	$18\Delta G$	$13\Delta G$	$17\Delta G$	$14\Delta G$	35
50	$10\Delta G$	$8\Delta G$	$12\Delta G$	$10\Delta G$	30
40	$5\Delta G$	$4\Delta G$	$7\Delta G$	$6\Delta G$	25
30	$3\Delta G$	$3\Delta G$	$4\Delta G$	$4\Delta G$	20
25	$2\Delta G$	$2\Delta G$	$3\Delta G$	$3\Delta G$	15
20	$1\Delta G$	$1\Delta G$	$2\Delta G$	$2\Delta G$	12

註：K：豎曲線參數（公尺／%）；ΔG：相鄰縱坡度差絕對值（%）。

表 8-23 之豎曲線最短長度又可分爲凸形豎曲線（crest vertical curve）凹形豎曲線（sag vertical curve）（參見圖 8-26）二種情境計算如下（但採用依公式 $L_v = K \times \Delta G$

計算之數值不得小於豎曲線最短長度規定值）

1. 凸形豎曲線

$$L_v=\begin{cases} K\times\Delta G=\dfrac{S^2\Delta G}{200(\sqrt{h_1}+\sqrt{h_2})^2} & S\leq L_v \\ 2S-\dfrac{200(\sqrt{h_1}+\sqrt{h_2})^2}{\Delta G} & S\geq L_v \end{cases} \quad (8\text{-}9a)$$

其中，K 值係以停車視距 S 之標準值與最小值（參考表 8-23，p. 155）代入；視點高度 $h_1=1.05$ 公尺；目標物高度 $h_2=0.15$ 公尺。

2. 凹形豎曲線

$$L_v=\begin{cases} K\times\Delta G=\dfrac{S^2\Delta G}{200(h+S\tan\beta)} & S\leq L_v \\ 2S-\dfrac{200(h+S\tan\beta)^2}{\Delta G} & S\geq L_v \end{cases} \quad (8\text{-}9b)$$

其中，K 值係以停車視距 S 之標準值與最小值代入；車燈高度 $h=0.6$ 公尺；光幅角度 $\beta=1°$。

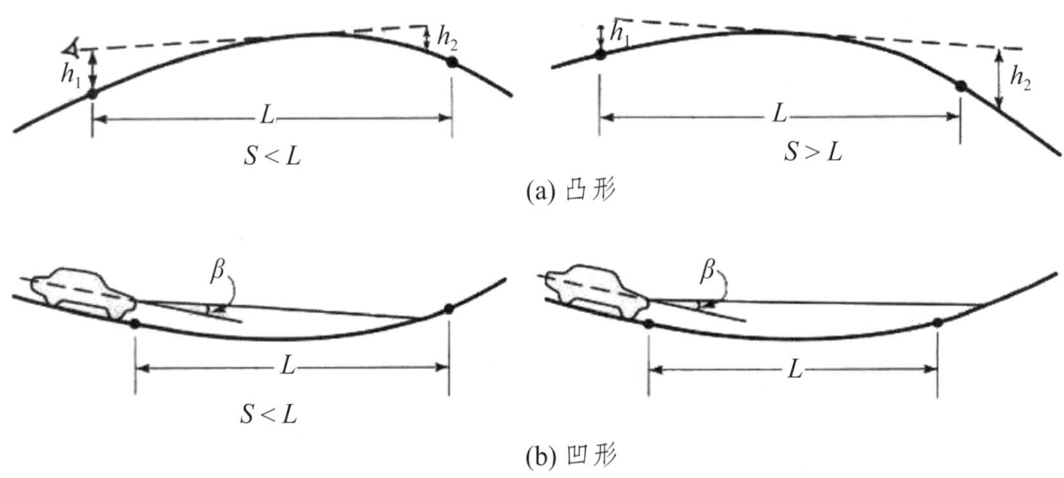

圖 8-26 垂直曲線之幾何圖形

（資料來源：Papacostas and Prevedouros, 2005, p. 62）

8.8 結論與建議

本章主要探討道路設計程序及準則，所涵蓋內容包括道路橫斷面設計、平面曲線設計、超高設計、縱斷面設計等在內。由於道路幾何設計的整體設計複雜，再加上設計標準會受到車輛性能提昇、科技進步以及鋪面材料的改良而不斷有所調整，因此必須善用電腦繪圖與設計軟體才能達到最佳的設計成果。目前國內大專院校之交通運輸相關科系並不特別強調電腦輔助設計之訓練，因此學生在這方面的能力也明顯不足，有待加強改善。

問題研討

1. 請說明道路設計之程序。
2. 道路設計內容可列分為幾個部分？請分別詳細說明之。
3. 請說明道路橫斷面之構成要素及其設計準則。
4. 試詳述道路平面設計的組成及其詳細內容。
5. 請說明超高設置之相關規定與計算公式。
6. 道路之縱向坡度（簡稱縱坡）設計所需注意的相關規定有哪些？
7. 何謂爬坡車道，其設置時機與設置方式為何？
8. 何謂豎曲線，其設計之時機與相關規定有哪些？

相關考題

1. 設計爬坡車道時，應如何分析設置之需要性？如何決定爬坡車道起點和終點之位置？（25分）（90高三級第二試）
2. 市區公車專用道之規劃應考量哪些因素？其於幾何設計及鋪面結構設計與一般車道有何不同？（25分）（93高三級第二試）
3. 傳統上，公路設計之主要控制有交通量、進出控制方式、設計速率、設計車輛特性與車種組成比例。請建議一套程序，俾以將先進安全車輛之發展趨勢納入公路設計之主要考量中。（25分）（95高三級）
4. 請說明公車專用道於道路橫斷面上的配置方式有幾種？其優缺點及適用的時機及考慮因素為何？（20分）（95專技高）
5. 公車專用道或平面輕軌車道可設置於不同的道路橫斷面位置；公車站或平面輕軌車站亦有不同的設置位置及月台型式。請比較分析近端設站及遠端設站的優缺點及適用條件？並比較側式月台與島式月台的優缺點及適用條件？請比較公車專用道或輕軌車道的設置

在不同的橫斷面位置的優缺點及適用條件？(25 分)(101 專技)

6. 請說明道路設計內容可包括哪些？(25 分)(102 高三級)
7. 請試述下列名詞之意涵：(每小題 5 分)(103 高三級)
   (1) 縱坡臨界長(critical length of grade)
   (2) 緩和曲線(transition curve)
8. 若給定公路設計速率為 V_d(公里／小時),最大超高率為 e_{max},而側向摩擦係數為 f_s,試利用車輛在彎道行駛時之力平衡概念,繪製力平衡圖,並推導公路最小曲率半徑公式。(15 分)(103 高三級)
9. 請說明公路為什麼要設置爬坡車道？(5 分)什麼狀況需要設置爬坡車道？(10 分)而爬坡車道的設置又有哪些應注意事項？(10 分)(103 高三級)
10. 假定側向摩擦力代表車輛輪胎與道路鋪面之間滑動阻力(f)、重力加速度(g)、設計速率(S)、彎道半徑(R),試繪圖推演公路在彎道的設計超高度(e)與前述變數的關係式。(25 分)(104 專技)
11. 請說明公路在轉彎處設計超高的目的,繪圖說明考慮因素有哪些？並請說明超高計算式為何？(25 分)(105 高一級暨二級)

參考文獻

一、中文文獻

1. 交通部公路總局(2009),公路橫斷面最適化使用手冊之修訂,臺北。
2. 交通部公路總局(2010.03),「認識公路」,http://www.thb.gov.tw/tm/Menus/Menu08/main0801/main0801-3.aspx。
3. 內政部(2009),市區道路及附屬工程設計規範,臺北。
4. 交通部(2008),公路線設計規範,臺北。
5. 交通部(2004),交通工程手冊,二版,幼獅文化事業公司,臺北。
6. 交通部(2015),交通工程規範,臺北。
7. 臺灣世曦工程顧問股份有限公司運輸土木部(2010.03),「公路、市區道路路線設計概論」,投影片,臺北。
8. 王文麟(1993),交通工程學——理論與實用,三版,臺北。
9. 徐耀賜(2010),公路幾何設計,五南圖書出版股份有限公司,臺北。
10. 周義華(2007),運輸工程(第 6 版),華泰文化事業有限公司,臺北。

11. AutoCAD Civil 3D 2011 用户手冊（2010.08），「超高變量和公式」，http://docs.autodesk.com/CIV3D/2011/CHS/indexMadRiverCUG.html?url=./filesMadRiverCUG/WSfacf1429558a55de171c2d5102c8ac2e75-6e1b.htm,topicNumber=MadRiverCUGd0e138416。
12. 交通部（2009），公路排水設計規範，臺北。
13. 內政部（1975），市區道路地下管線埋設物設置位置圖說明，臺北。

二、英文文獻

1. Papacostas, C.S. and Prevedouros, P.D., (2005), Transportation Engineering and Planning, SI ed., Pearson Education South Asia Pte Ltd, Singapore.
2. American Association of State Highway and Transportation Officials (AASHTO), (2001), A Policy on Geometric Design of Highways and Streets, AASHTO, Washington, D.C.
3. American Association of State Highway and Transportation Officials (AASHTO), (1990), A Policy on Geometric Design of Highway and Streets, AASHTO, Washington, D.C.

第 9 章

交通設施的功能定位與管理

交通設施（traffic devices）係指交通管制與管理相關的設施，包含交通管制設施（traffic control devices）、人行天橋及人行地下道、無障礙設施、交通島及緣石、道路照明、道路排水、自行車道、人行道、交通寧靜區、公共設施帶、公車停靠站及路邊停車帶，甚至橋梁、隧道等道路設施在內。本章節主要參考「公路路線設計規範」（2008）、「市區道路及附屬工程設計規範」（2009）、「交通工程手冊」（2004）、「交通工程規範」（交通部，2015）、交通部公路總局之「認識公路」網站，以及臺灣世曦工程顧問股份有限公司之「公路、市區道路路線設計概論」投影片加以編修而成。

本章節之順序安排如下：第一節介紹交通管制設施；第二節說明人行天橋及人行地下道；第三節介紹無障礙設施；第四節介紹交通島設計；第五節介紹道路照明設計；第六節介紹道路排水設計；第七節介紹橋梁設計；第八節介紹隧道設計；第九節介紹交通寧靜區；第十節介紹其他設施；第十一節爲結論與建議。

9.1 交通管制設施

交通管制設施的內容包括：交通標誌、標線、號誌在內，其設置之法源是依據「道路交通管理處罰條例」第四條第二項規定：「……道路交通標誌、標線、號誌之指示、警告、禁制規定、樣式、標示方式、設置基準及設置地點等事項之規則，由交通部會同內政部定之。」目前道路交通標誌、標線、號誌共有 235 條規定。

依照「道路交通標誌標線號誌設置規則」規定，交通標誌、標線、號誌定義如下：

1. 標誌：以規定之符號、圖案或簡明文字繪於一定形狀之標牌上，安裝於固定或可移動之支撐物體，設置於適當之地點，用以預告或管制前方路況，促使車輛駕駛人與行人注意、遵守之交通管制設施。

2. 標線：以規定之線條、圖形、標字或其他導向裝置，劃設於路面或其他設施上，用以管制道路上車輛駕駛人與行人行止之交通管制設施。

3. 號誌：以規定之時間上交互更迭之光色訊號，設置於交岔路口或其他特殊地點，用以將道路通行權指定給車輛駕駛人與行人，管制其行止及轉向之交通管制設施。

交通管制設施之詳細內容將在第 14、15 章說明。

9.2 人行穿越設施

人行穿越設施主要指的是人行天橋與人行地下道兩種設施。人行天橋是現代化都市中協助行人穿過道路的一種建築，人行天橋可以使道路上的車輛和穿越道路的行人完全分離，保證交通通暢和行人安全。人行天橋最常見的功能為跨越街道或公路，也有跨越鐵路、輕軌的人行天橋。另外還有一些人行天橋修建在立體交叉路口，與立體交叉橋的建築融為一體，例如：臺北的信義商圈空橋系統，將人行天橋以廊道連結在一起，形成了一個四通八達的空中人行交通網，成為城市的象徵。

人行地下道供行人經由地下道穿越道路，解決地面人車爭路的問題。人行地下道多半出現於大城市、商場、地鐵、公車總站、碼頭之間，人行地下道與人行天橋最大的差異在於建造經費與市容美觀方面。人行地下道需要考量地質、排水、施工等因素，因此興建成本高，但卻不影響市容美觀；而人行天橋的優缺點則剛好相反。

9.2.1 人行穿越設施之設置原則

行人以平面穿越為原則，但如考量路口穿越之行人流量與道路交通量，或其他影響行人安全之因素，得設置天橋或地下道為主的立體穿越設施。

9.2.2 人行天橋及人行地下道之設置條件

設置人行天橋及人行地下道，須符合行人流量及其他條件，如下：

1. 行人流量條件

雙向六車道以上之道路，穿越道路之行人流量達尖峰小時雙向 580 人次且道路交通量達尖峰小時雙向 3,360 輛以上，得考量設置人行天橋或人行地下道。

2. 其他條件

符合下列條件者亦得考慮設置人行天橋或人行地下道：

(1) 行人穿越不便之道路，且其路旁設有工廠、運動場、商場、市場、大眾運輸場站、學校或其他行人穿越需求較大之場所。

(2) 三年內因行人穿越道路，發生傷亡車禍五次以上，雖經交通工程改善，仍未能減少者。

9.2.3 人行天橋及人行地下道之設置位置

1. 人行天橋及人行地下道與相鄰行人穿越道或行人穿越設施之距離，不宜小於 200 公尺。

2. 人行天橋及人行地下道應設於行人流量集中之處。

9.2.4 人行天橋及人行地下道之設計

人行天橋及人行地下道之設計規範說明如下。

1. 人行天橋及人行地下道之最小淨寬度

(1) 人行天橋及人行地下道之最小淨寬度，得參考表 9-1 之規定，因用地或其他限制，得酌予縮減其寬度，但不得小於 1.5 公尺。

(2) 人行天橋或人行地下道出入口旁如無騎樓空間，人行道淨寬宜留設 1.5 公尺以上。

表 9-1　人行天橋、人行地下道最小淨寬度與行人流量對照表

行人流量 （人／尖峰小時）	淨寬度 （公尺）
< 4000	2.00
4000～5000	2.50
5000～6000	3.00
6000～7000	3.50
7000～8000	4.00
8000～9000	4.50

註：淨寬度為扶手至扶手之淨距。

2. 人行天橋及人行地下道之淨高

人行天橋上方及人行地下道內部空間淨高，以 2.5 公尺為宜，不得小於 2.1 公尺。

3. 人行天橋及人行地下道之階梯或坡道

(1) 人行天橋及人行地下道之階梯，其所有梯級之級高（R）及級深（T）應統一，級高須為 16 公分以下，級深不得小於 26 公分，並應符合 55 公分 ≦ 2R + T ≦ 65 公分之規定。梯級未鄰接牆壁部分，應設置高出梯級 5 公分以上之防護緣。梯級表面須施作粗面或防滑處理。

(2) 人行天橋及人行地下道除使用電動扶梯外，其階梯垂直距離每隔 2 公尺至 3 公尺，應設置緩衝平台，其平台深度不得小於 1.5 公尺。

(3) 人行天橋及人行地下道階梯兩側應設置連續之扶手；其設置依第 9.3.3 節第 5 項規定。

(4) 人行天橋及人行地下道階梯出入口應設置警示帶，並依第 9.3.4 節第 2 項規定辦

理。

(5) 人行天橋及人行地下道之上下坡道爲斜坡式者，其縱坡度不得大於 12%。

(6) 人行天橋及人行地下道階梯底板至其下方地板面淨高未達 1.9 公尺之部分應設置防護設施，或任何可提醒視障者之設施。

4. 人行天橋及人行地下道之其他規定

(1) 人行天橋及其階梯兩側之欄杆高度不得低於 1.1 公尺，欄杆不得設有可供攀爬之水平橫條。

(2) 人行天橋宜考量夜間照明；人行地下道應設置緊急照明裝置。

(3) 人行地下道宜考量設置必要之排水及通風設施。

(4) 地下道內須有明確之指示標誌。

(5) 人行天橋及人行地下道出入口應顧及行人使用之便，並不得妨礙來往車輛之視線。

(6) 人行天橋及人行地下道得配合使用需求，考量設置自行車牽引道。

9.3 無障礙設施

無障礙設施設立之目的是爲了創造一個既可通行無阻而又易於到達（或可及性高）的無障礙環境。道路之無障礙設施的組成包括：無障礙通路、路緣斜坡、無障礙坡道及導盲設施。無障礙設施主要參考「建築物無障礙設施設計規範」（2008）以及「市區道路及附屬工程設計規範」（2009）。

9.3.1 無障礙通路

市區道路宜視實際狀況於人行道設置無障礙通路，其一般性規定如下：

1. 無障礙通路最小淨寬爲 0.9 公尺，最小淨高爲 2.1 公尺。
2. 無障礙通路縱坡度宜小於 5%，不宜大於 8.33%（1：12）。
3. 無障礙通路淨寬不足 1.5 公尺者，應於通路轉向處設置轉向平台；並於適當地點設置等待平台，平台長寬各 1.5 公尺以上，平台間距宜小於 60 公尺。
4. 無障礙通路之鋪面規定如下：
   (1) 表面宜維持平順，並宜採防滑材質。
   (2) 若採石材或磚材鋪面，其接縫處均應採勾縫處理，勾縫完成後應與鋪面齊平。
5. 無障礙通路如無側牆且高於相鄰地面 20 公分以上，應設置高度 5 公分以上之防護緣（參見圖 9-1）；高於相鄰地面 75 公分以上時，除防護緣外應加設高度 1.1 公尺以上之安全護欄或護牆（參見圖 9-2）。

6. 無障礙通路上應儘量避免設置排水溝進水格柵或蓋板，無法避免時，長邊應與行進方向垂直，開孔短邊宜小於 1.3 公分。

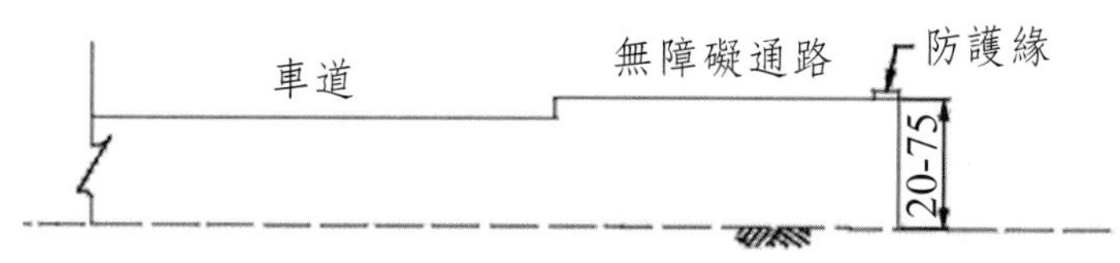

圖 9-1　無障礙通路設置防護緣示意圖

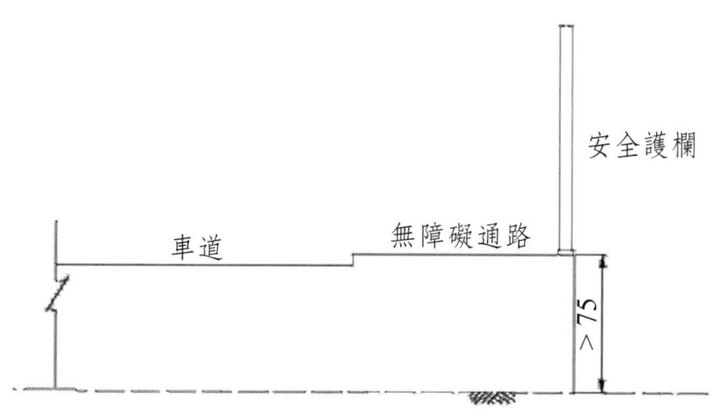

圖 9-2　無障礙通路設置安全護欄示意圖

無障礙設施之其他項目尚包含路緣斜坡、無障礙坡道及導盲設施，說明如下：

9.3.2 路緣斜坡

路緣斜坡係指將人行道或交通島平順銜接至車道之平緩斜坡，路緣斜坡之設置須符合下列規定：

1. 路緣斜坡應配合無障礙通路之動線與行人穿越道位置予以設置。

2. 路緣斜坡之淨寬（不包括側坡之寬度）宜大於 1.2 公尺。

3. 路緣斜坡之坡度宜小於 8.33%（1:12）；高低差小於 20 公分者，其坡度得酌予放寬，並參照下表規定設置。

4. 斜坡頂所連接之人行道或坡頂平台，其橫坡度不得大於 5%。

5. 路緣斜坡之鋪面材質應具止滑之特性。

有關路緣斜坡（路段）設計請參考圖 9-3、路緣斜坡（轉角）設計請參考圖 9-4、路緣斜坡（橫斷面）設計請參考圖 9-5。

表 9-2　路緣斜坡坡度

高低差	20 公分以下	5 公分以下	3 公分以下
坡度	10% (1:10)	20% (1:5)	50% (1:2)

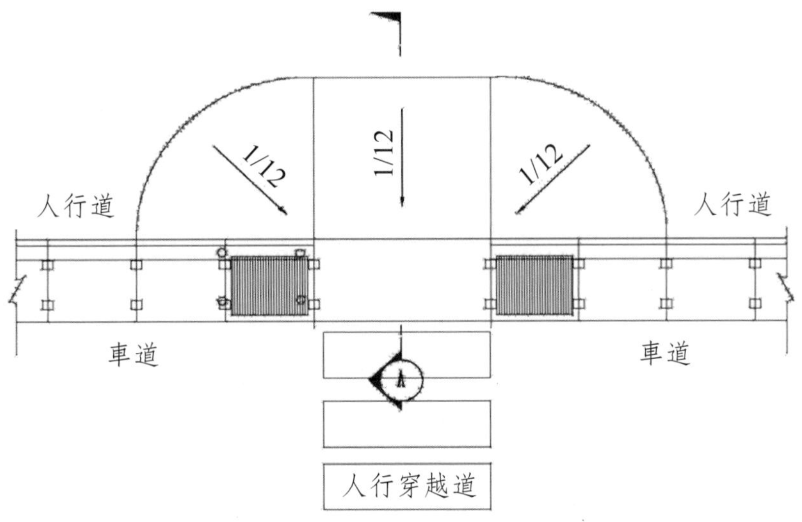

圖 9-3　路緣斜坡設計圖例（路段）

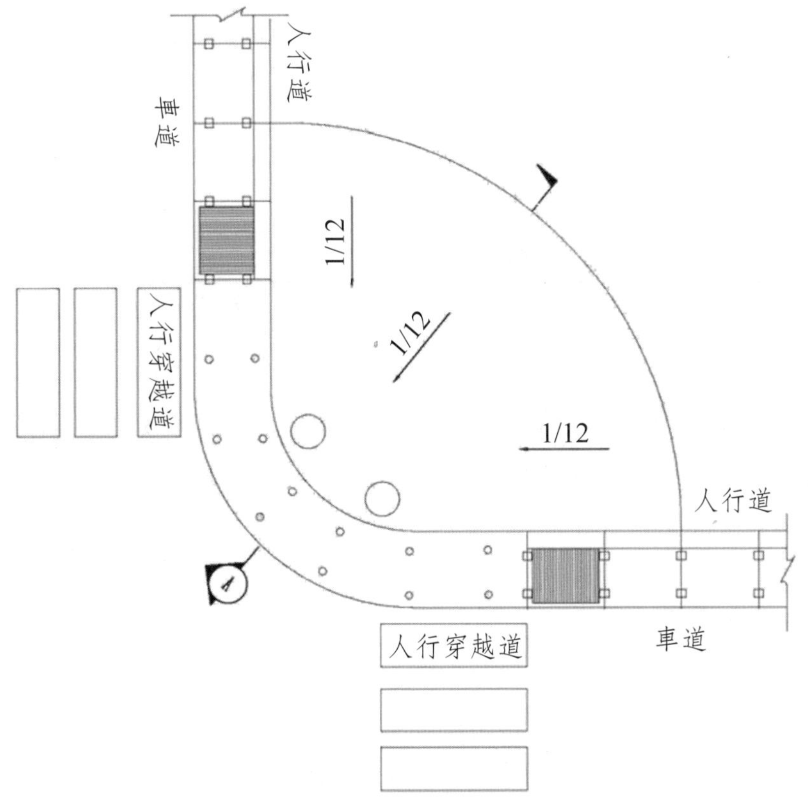

圖 9-4　路緣斜坡設計圖例（轉角）

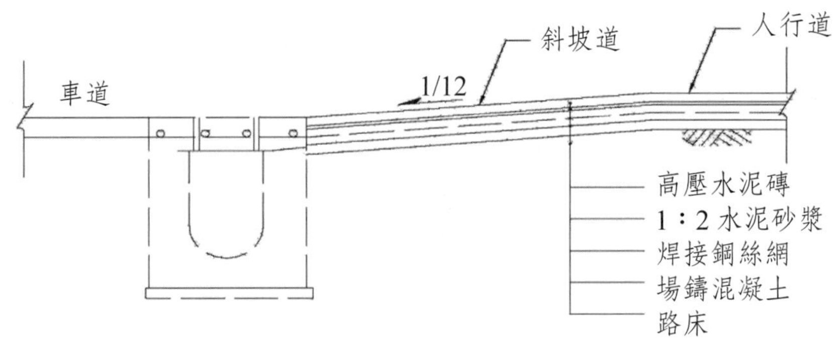

圖 9-5 路緣斜坡設計圖例（橫斷面）

9.3.3 無障礙坡道

無障礙通路縱坡度宜小於 5%，不宜大於 8.33%（1:12）。無障礙通路縱坡度超過 5% 者，應視爲無障礙坡道，但不包括路緣斜坡。無障礙坡道之配置方式應符合下列規定：

1. 無障礙坡道之最小淨寬爲 0.9 公尺，供兩輛輪椅併行者最小淨寬爲 1.5 公尺；坡道上方最小淨高爲 2.1 公尺。

2. 無障礙坡道最大縱坡度爲 8.33%（1:12），最大橫坡度爲 2%。

3. 無障礙坡道長度限制依表 9-3 規定，超過限制長度者應按第 4 項設置緩衝平台。

表 9-3 無障礙坡道長度限制

縱坡度（G）	斜坡限制長（水平投影方向）
6.25% (1:16) ≦ G ≦ 8.33% (1:12)	9 公尺
5% (1:20) ≦ G < 6.25% (1:16)	12 公尺

註：「市區道路及附屬工程設計規範」（2009）指出當縱坡度等於 6.25% 時，斜坡限制長亦可採用 12 公尺。

4. 無障礙坡道需設置平台的位置包括：坡頂、坡底、轉向處及上述第 3 項規定所設之緩衝平台。平台最小縱向長度爲 1.5 公尺；平台最小寬度不得小於坡道寬度，坡頂、坡底、轉向平台寬度亦不得小於 1.5 公尺；平台上方最小淨高爲 2.1 公尺；平台最大坡度爲 2%（無障礙坡道設置平台參見圖 9-6、無障礙坡道平台種類參見圖 9-7）。

5. 無障礙坡道兩側應設置連續之扶手（參見圖 9-8），扶手端部須採防勾撞處理。採雙道扶手時，扶手上緣距地面高度分別爲 65 公分及 85 公分；採單道扶手時，高度爲 75～85 公分。扶手若鄰近牆面則應與牆面保持 3～5 公分淨距。扶手採圓形斷面時，外徑爲 2.8～4 公分；採用其他斷面形狀，外緣周邊長 9～13 公分。

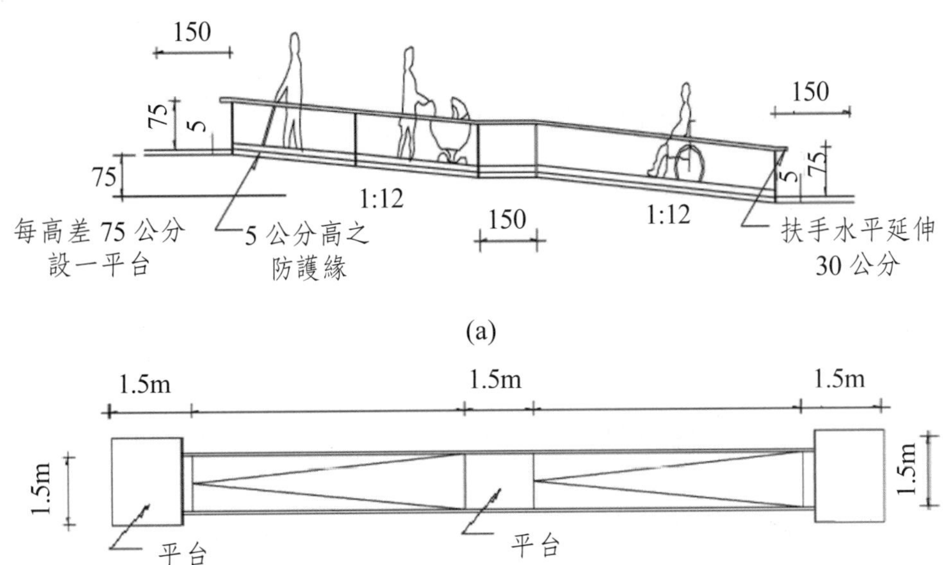

圖 9-6　無障礙坡道設置平台示意圖

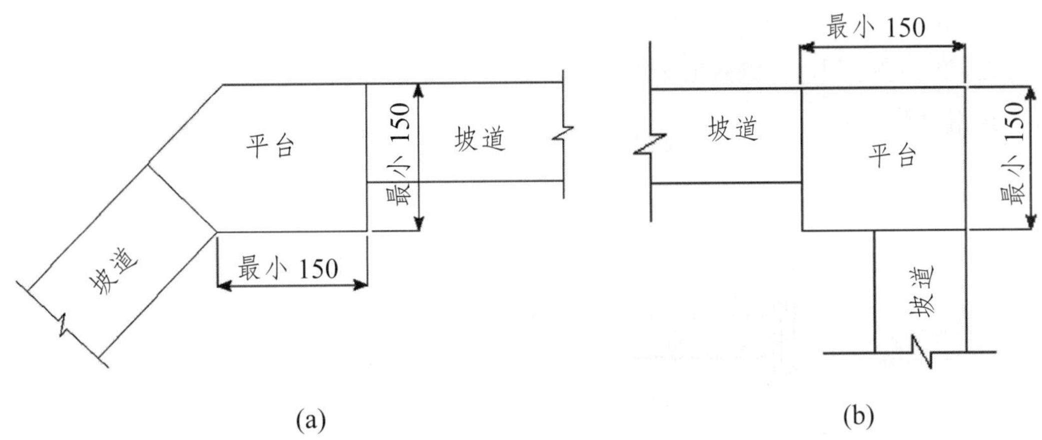

圖 9-7　無障礙坡道平台種類

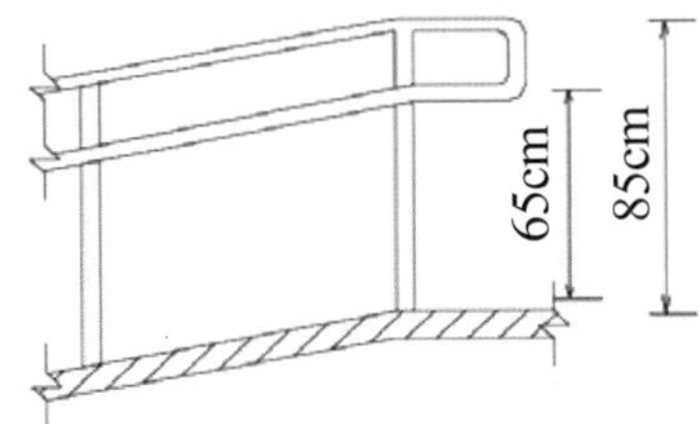

圖 9-8　無障礙坡道兩側扶手示意圖（雙道）

6. 無障礙坡道可兼供拄枴杖者行走之路徑，但未設防護緣（120 公分為雙拐者通行時需要之寬度）。

7. 無障礙坡道及平台如無側牆則應設置高度 5 公分以上防護緣；鋪面材質應具止滑之特性。

9.3.4 導盲設施

導盲設施主要包含整齊邊界線及警示帶，其相關規定如下：

1. 整齊邊界線

(1) 無障礙通路之一側或兩側應具備足供視障者依循前進之整齊邊界線。

(2) 整齊邊界線宜採直線與直角設計，避免不易察覺之弧度，並保持完整與連續性。

(3) 利用地面鋪材提供整齊邊界線時，其顏色、材質、觸感或敲擊聲必須與相鄰地面呈現明顯差異或對比，足供視障者辨識，據以導引前進。

2. 警示帶

(1) 人行天橋或地下道階梯出入口應設置警示帶，其寬度應與階梯出入口相同；縱向深度 30 公分以上；距離終端梯級 30 公分，設置參考例如圖 9-9。

(2) 警示帶之顏色、觸感或敲擊聲應與鄰接地面有明顯對比，材質應具備堅實、穩固及止滑之特性。

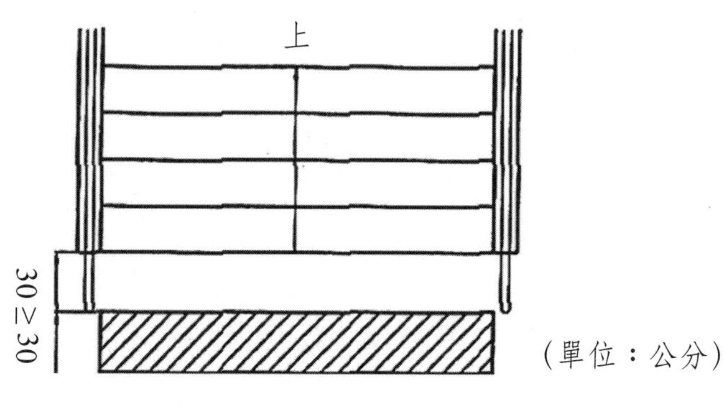

圖 9-9　階梯出入口設置警示帶圖例

9.4 交通島設計

交通島為車道間之特定區域，用以區分行車方向、分隔快慢車道、導引車流、提供行人臨時庇護及設置交通管制設施，其邊緣設施物稱之為緣石。詳細之設計內容請參閱第 12 章「交通島布設原則」。

9.5 道路照明設計

道路照明，主要在於提供用路人（駕駛者或行人）在夜間或隧道等視線不明或亮度急遽變化之場所而設置的照明設備，其目的在使駕駛者或行人能有清楚的視覺，得以掌握道路及交通狀況，以達到交通安全及流暢的目標。道路照明的範圍十分廣闊，覆蓋了城市鄉村的大小街道，市中心在昏峰時段交通混亂的區域需要照明以維安全；在市中心以外區域，車輛限速一般比較高，照明點所提供的指引功能對行進安全也具有相當重要之作用；在寧靜區域，照明對人身和財務的安全亦有極大的重要性。道路照明的一般原則分爲：照明設施之位置及照明設計基本要求兩項。有關道路照明之詳細內容請參見第 17 章。

9.6 道路排水設計

道路排水設施的主要功能爲迅速排除路面逕流、地面逕流和各種城市廢水，防止積水，降低過高的地下水位和排除滲入路面結構層與路基的水，以保證路基穩定、延長路面使用年限。因此道路設計應配合設置相關排水設施，以保障道路路基穩定及延長路面使用年限、改善植生條件、維持道路整潔衛生、減輕道路維護管理問題、保護車輛與行人的正常通行。本節以下內容主要參考「景觀道路相關設施設計及施工參考手冊」（2003）以及「市區道路及附屬工程設計規範」（2009）。

公路與市區道路對排水的做法有所不同。公路一般較附近地面爲高，兩側並無群聚街坊或建築，如不涉及複雜地形，主要考慮排除路面雨雪水和必要時排除或降低地下水。市區道路溝通居住區、商業區、工廠、企業、機關、學校之間的交通，路面高度一般接近附近地面，大部分須按系統排除路面與街道之逕流。因此對城市道路排水，應與城市排水規劃一併考慮。

市區道路排水設計之基本原則如下：

1. 市區道路排水設計於已有區域性排水系統或雨水下水道系統規劃地區，宜參照其規劃內容辦理，或協調水利主管機關認可相關設計標準與內容。無區域性排水系統或雨水下水道系統規劃地區，應依據道路集水面積範圍內所需容納之排水量，設計適當排水設施。

2. 道路排水系統之設計，除特殊乾旱地區或須考慮生態工程之路段外，以立即排水爲原則，依所研選頻率之降雨強度、道路之種類等級、地區降雨特性、排水構造物、風險損失等因素，採合理化公式或其他適用方法推算，並配合道路條件選用適當之排水構造型式。

3. 道路排水設施之布設，以避免積水侵入車道、不妨礙行車安全及易於清理維護爲原則。

4. 道路排水設施以採重力式排水爲原則，但受地形高程限制者，得依需要設置抽水設備或採壓力管流等相關設計。

5. 道路排水設施與具使用標的之水路牴觸須改建時，其斷面尺寸應考量配合該水路目的事業機構之規定或需求。

6. 道路排水設施如與其他水路共用時，其斷面尺寸應爲原設計流量加上共用水路之流量。

7. 不同頻率之流量推求，有流量紀錄者，由歷年流量資料推算；僅有雨量紀錄者，由雨量資料依雨量與逕流之關係，間接推求；在無紀錄地區，得以經驗公式決定。

8. 設計流量推算，設計者宜訪談當地居民是否有暴雨淹水紀錄及調查原有區域排水溝渠斷面尺寸，並考量集水區之未來土地利用情形；條件許可時，應採保守方式推算。

9.7 橋梁設計

橋梁爲重要公共工程結構之一，依需求功能、荷載狀況、使用之材質及所處地質地理條件並配合當地景觀，而有多樣性之變化，在公共安全及經濟利益的考量之下，橋梁之設計在交通設施中亦占有重要的地位。

9.7.1 橋梁設計原則

橋梁之設計原則如下：

1. 安全性：結構之設計須考量各類載重需求之安全性。

2. 景觀性：造型宜配合景觀採行合宜型式。

3. 經濟性：配置、材料、工法之選擇應兼顧經濟因素。

4. 施工性：型式及材料之選擇須考量施工性。

5. 維護性：設計須考慮結構物將來管理維修之需求。

6. 符合現地情況：結構之配置須考量地形、地質、交通、水理及環境等因素，俾符合實質需求。

7. 附屬公共管線：設計應協調各項附屬公共管線之需求並納入考量。

8. 橋梁設有人行道時應於起始端及終端依「無障礙設施」相關規定設置路緣斜坡。

9.7.2 橋面淨寬布設

橋面淨寬布設應配合橋梁二端平面道路配置布設。橋面之車道寬、自行車道寬、路肩寬及人行道寬宜與前後路段一致。

9.7.3 設計規範

橋梁設計規範應依交通部頒布「公路橋梁設計規範」（1995）辦理。

9.8 隧道設計

隧道是指在既有的建築或土石結構中挖出來的通道，供交通立體化、穿山越嶺、地下通道、越江、過海、管道運輸、電纜地下化、水利工程等使用。隧道不一定全是地下通道，僅位於地面下稱作地下隧道。隧道大部分的功能，爲提供行人、自行車（腳踏車）、道路交通、鐵路交通、或運河使用，而部分隧道只運送水、石油或其他特定服務，包括軍事及商業物流等。

9.8.1 隧道設計通則

本章所稱隧道適用於道路山岳隧道、明挖覆蓋隧道、車行地下道。隧道之設計通則如下：

1. 隧道設計宜綜合考量安全性、景觀性、經濟性、施工性、維護性等原則。
2. 隧道內宜避免車輛匯入、岔出及交織等之設計。
3. 隧道內宜考量設計交通量、設計速率、隧道長度等條件，依需要設置排水、通風、照明、交通監控及安全附屬設施。

9.8.2 隧道斷面

隧道之斷面布設之組成因素可分爲四個面向：寬度、淨高、通風、其他設施。

9.8.2.1 隧道寬度隧道寬度之相關規定如下：

1. 隧道總寬度應包含車道、路肩，以及必要之緊急避車彎、維護步道或人行走道。
2. 隧道內車道寬度宜與前後路段一致。
3. 雙車道隧道，車道含路肩寬最小 7 公尺；單車道但供雙向行車之隧道，車道含路肩寬宜 5.5 公尺以上，最小 5.0 公尺。

4. 隧道內不供人通行之維護步道寬最小 0.7 公尺；供人通行之走道淨寬度最小 0.9 公尺。

5. 雙向雙車道之隧道，路肩寬度不足 2.5 公尺者，最長每隔 800 公尺，宜加寬路肩設置緊急避車彎一處，加寬後之路肩寬度最小 3.0 公尺，長度最小 20 公尺。進入端漸變段之長寬比例不得小於 5:1，離去端漸變段不得小於 3:1。

9.8.2.2 隧道淨高

隧道淨高之規定如下：

1. 隧道內車道及路肩淨高應 4.6 公尺以上。限制車種通行之隧道淨高不得小於最大可通行車輛高度加 0.5 公尺，並應設置限高及警告設施。

2. 隧道內維護步道及人行走道淨高最小 2.1 公尺。

9.8.2.3 隧道通風隧道通風之規定如下：

1. 隧道通風設施主要功能在維持隧道內空氣品質、維持隧道內能見度、降低隧道內火災損失。

2. 隧道內宜依隧道長度、單向或雙向行車、交通量大小等條件，採用自然通風或機械通風。

9.8.2.4 隧道內其他設施隧道內其他設施之規定如下：

1. 隧道宜考量設置交通監控設施，主要包含交通監視設施、交通控制設施。

2. 隧道宜考量設置緊急及安全逃生設施，主要包含逃生坑道、通信設施、火警通報設施、消防設施、避難指引設施。

3. 隧道宜考量設置偵測設施，主要包含火警偵測器、一氧化碳偵測計、煙塵濃度偵測計。

9.9 交通寧靜區

根據「市區道路及附屬工程設計規範」（內政部營建署，2009），交通寧靜區係指劃定某線道路或部分路段禁止按鳴喇叭或限制車行速率，並設置車輛減速設施之地區。在交通寧靜區域範圍內之道路必須採行寧靜式交通策略，結合路網系統規劃及道路交通工程措施，以減少穿越性交通及降低行車速率，降低機動車輛所帶來的負面影響，進而改善該範圍內道路使用環境。

9.9.1 設置原則

交通寧靜區之設置原則如下：

1. 交通寧靜區之設置以住宅社區、商業購物區及學校周邊主要通學服務道路爲主，經整體路網功能評估，以人本交通爲考量，使道路空間之規劃兼具人車交通需求及安全使用機能。

2. 交通寧靜區規劃設置，應考量救災車輛及垃圾車通行需求。

9.9.2 設計要點

交通寧靜區之設計要點如下：

1. 交通寧靜區之設計宜整體考量路網機能、交通安全、行人與自行車空間、路邊停車、道路環境景觀、噪音振動影響及商業區貨物裝卸等需求。

2. 交通寧靜區應採低速管制，最高速限 30 公里／小時以下。

3. 交通寧靜區出入口及設施布設，應配合適當標誌及標線，使駕駛者易於辨識。

4. 交通寧靜區設施布設需符合內政部營建署「劃設消防車輛救災活動空間指導原則」。

5. 車道寬規定如表 9-4：

表 9-4　交通寧靜區車道寬規定

路段分類	雙車道以上每車道寬（公尺）		雙向單車道（公尺）		單向單車道（公尺）
	最小	標準	最小	標準	最小
一般路段	2.80	3.25	5.25	5.50	3.5
限制大型車進入路段	2.50	3.00	4.50	5.25	

（資料來源：「市區道路及附屬工程設計規範」，內政部營建署，2009）

9.9.3 規劃原則

交通寧靜區之規劃原則如下：

1. 交通寧靜區的設置需以社區爲基礎，並獲得社區居民的支持。將道路空間優先配給行人及當地居民活動使用。

2. 轉移穿越性交通，其餘的交通則加以降速處理。

3. 交通寧靜區的設置要能實際改善街道使用者的安全，建全行人、自行車路網設施，確保徒步及自行車通行品質，提高社區居民可用之空間。特別是對孩童、行動不便者、老年人及自行車使用者。

4. 交通寧靜區的設計應有對汽機車駕駛人產生限制，使駕駛人減速行駛的效果，規劃者必須利用最有效和最適當的設施以達到車輛減速的目的。

5. 交通寧靜區的設置方式要能直接影響汽機車駕駛人的駕駛行爲。

6. 交通寧靜區的出入口在建設時就應能清楚辨識，其可能位於主要道路與次要道路的交叉口（理想狀況）或離交叉口不遠。

7. 交通寧靜區內之分隔空間可做爲行人保護措施。例如，使用護柱護欄或樹木。

8. 路面停車位應座落於角落，標線與字母「P」應與路面其他部分有明顯區別。

9. 資訊的標誌可利用交通標誌表現該區的特性。

10.改善公共運輸及其停車轉乘。

11.整體規劃停車空間。在商業區街道應提供特殊卸載貨區域，在時限內提供短時間停車。

9.9.4 設計方法

交通寧靜區的主要設計方法如下：

1. 路網結構改變：調整行車動線，引導轉移穿越性交通。

2. 路段降速措施及道路空間調整：利用路面高程、線形、寬度、材質、顏色等變化及道路停車空間規劃以警示並迫使駕駛者減速慢行。

3. 路口整合設計：利用路口高程、線形、寬度、材質、顏色等變化及路口槽化處理，以提醒駕駛者注意並迫使其減速慢行。

9.9.5 主要設施

交通寧靜區設施依機能可歸類爲流量管制設施及速率管制設施，其主要設施型式如表 9-5。

表 9-5　交通寧靜區主要設施型式

管制項目	主要設施型式
流量管制設施	道路全封閉式設施
	道路半封閉式設施
	路口對角封閉設施
	中央分隔阻斷路口設施
	強制轉向槽化島
	單行道管制及限制通行時間

管制項目	主要設施型式
速率管制設施	路段之減速墊、減速丘、減速台
	交岔路口之墊高
	跳動路面
	鋪面材質或色彩變化
	路段之車道曲折
	狹路或路寬縮減
	速限標誌

（資料來源：「市區道路及附屬工程設計規範」）

9.9.5.1 流量管制設施

交通寧靜區之流量管制設施可分成以下四大類：

1. 道路封閉設施

(1) 全封閉式：設置道路橫斷阻隔設施，以阻絕穿越性車流，僅維持自行車及人行通行空間。

(2) 半封閉式：設置交通島並配合標誌設施，以封閉部分行車方向之車流。

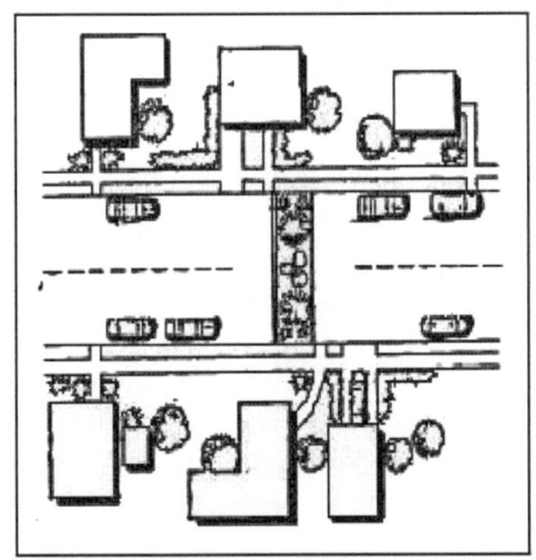
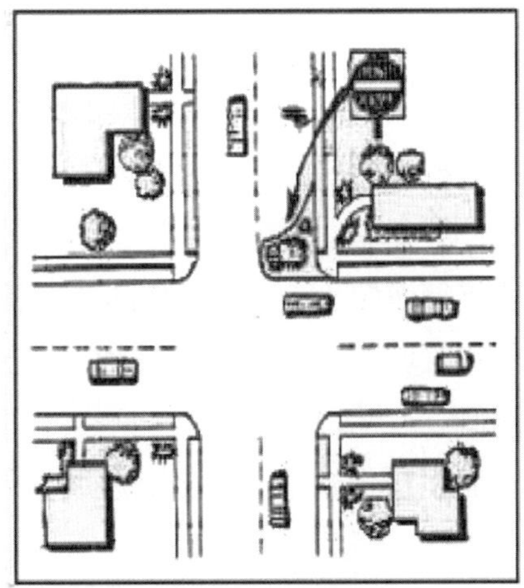

圖 9-10　左圖為全封閉式圖例，右圖為半封閉式圖例

2. 路口對角封閉設施

(1) 設置交通島、車阻或暫時性的阻隔設施，於十字路口作對角線的分隔，以阻斷路口穿越性車流。（圖 9-11a）

(2) 設施之布設應維持自行車及人行通行空間，並於緊急狀況發生時，救災車輛仍

可穿越而過。

3. 中央分隔阻斷路口設施：利用中央分隔島延伸至路口，以阻斷橫向穿越車流。設施之布設應維持自行車及人行通行空間。（圖 9-11b）

4. 強制轉向槽化島：設置路口槽化島，以強制部分行車方向右轉。（圖 9-11c）

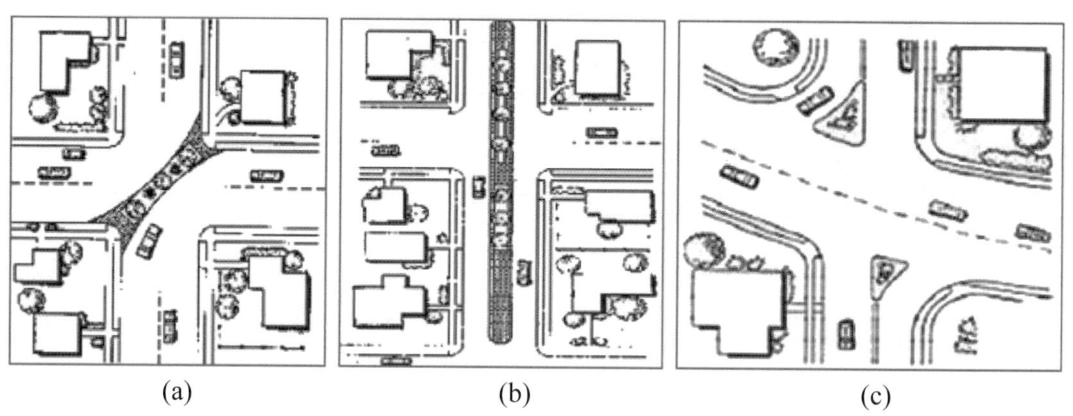

圖 9-11 左圖 (a) 為路口對角封閉設施圖例，中間圖 (b) 為中央分隔阻斷路口設施圖例，右圖 (c) 為強制轉向槽化島圖例

9.9.5.2 速率管制設施

交通寧靜區之速率管制設施可分成以下六大類：

1. 路段之減速墊、減速丘、減速台（圖 9-12）

(1) 設施鋪面顏色、標線及標誌必須確保辨識性。

(2) 道路縱坡大於 8%，不宜設置。

2. 交岔路口之墊高（圖 9-13）

(1) 設施鋪面顏色、標線及標誌必須確保辨識性。

(2) 道路縱坡大於 8%，不宜設置。

3. 跳動路面

(1) 路面粗糙化處理、凹凸處理或採用粗糙面材質鋪面，使行車產生些微振動與噪音效果。

(2) 考量噪音影響，緊鄰住宅區巷道不宜使用。

(3) 每組布設長度爲 1.6 公尺～6 公尺。

(4) 凹凸式處理尺寸如圖 9-14。

H：0.6 公分～2 公分。

W1：5 公分～15 公分。

W2：20 公分。

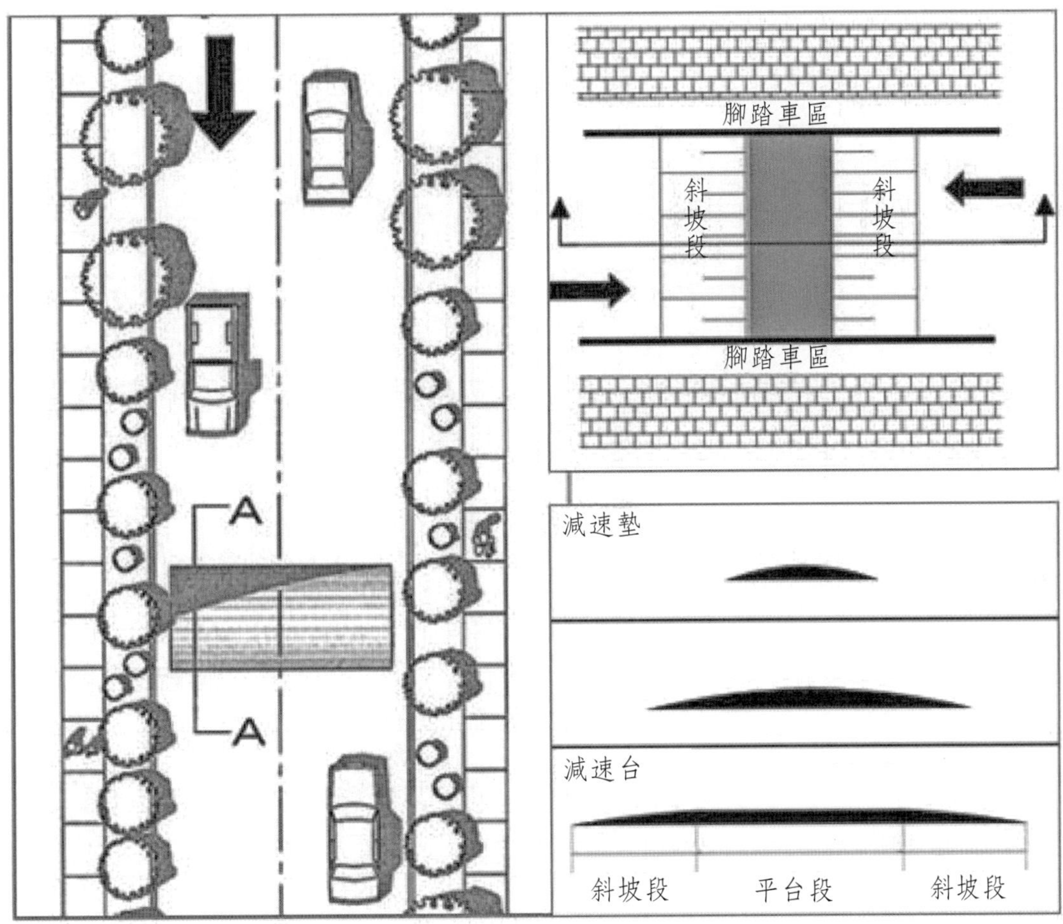

圖 9-12　左圖為減速墊及減速丘平面圖例，右上圖為減速台平面圖例，右下圖為減速墊、減速丘及減速台斷面圖例

表 9-6　減速墊、減速丘及減速台幾何尺寸建議

分類	減速墊	減速丘	減速台
高度	0.025 公尺～0.035 公尺	0.05 公尺～0.10 公尺	0.075～0.15 公尺 設置於人行穿越道宜配合人行道緣石高度
斜坡段坡距比	1/10～1/7	1/20～1/10	1/25～1/10
	坡頂宜以圓弧處理	坡頂宜以圓弧處理	–
長度	–	–	平台段 2.4～6 公尺

（資料來源：「市區道路及附屬工程設計規範」）

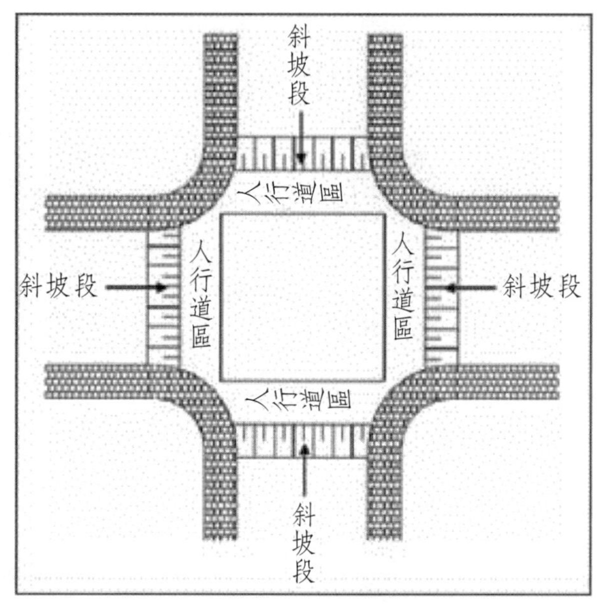

圖 9-13　交叉口墊高圖例

表 9-7　交叉口墊高幾何尺寸建議

高度	0.075～0.15 公尺 （配合人行道高緣石高度）
斜坡段變化率	1/40～1/25

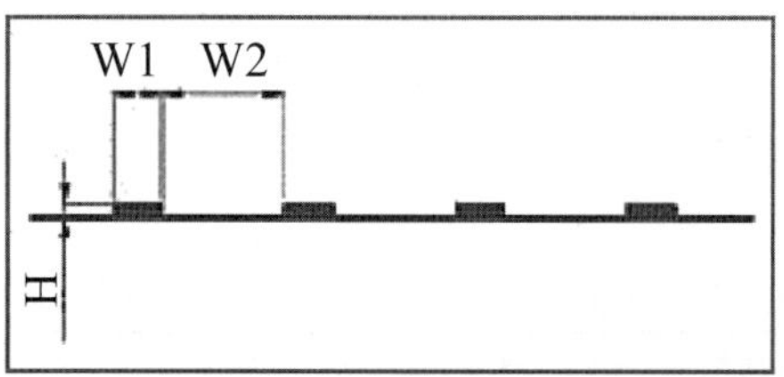

圖 9-14　凹凸式處理圖例

4. 鋪面材質或色彩變化

變化路面鋪面材質或色彩，使駕駛者產生警示效果。

5. 路段之車道曲折（圖 9-15）

(1) 利用車道線形彎曲配置，迫使駕駛者減速。

(2) 車道配置應依交通部頒布「公路路線設計規範」1.5 節設計車種與最小轉向軌跡規定辦理。

(3) 道路縱坡大於 8%，不宜設置。

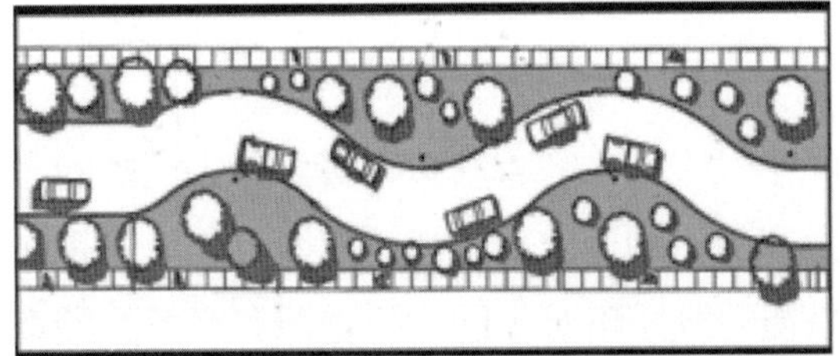

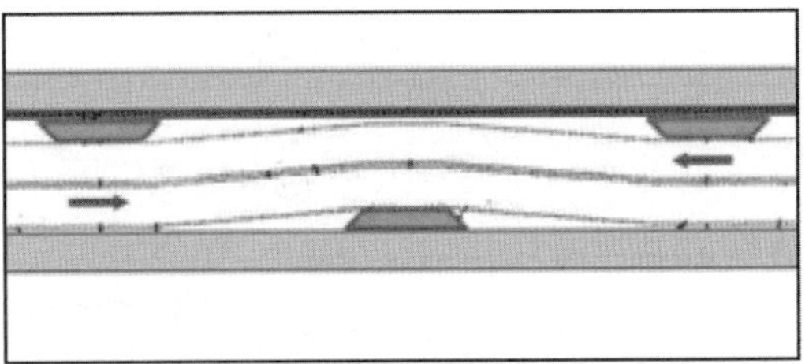

圖 9-15　左圖為車道彎曲圖例，右圖為車道取折圖例

6. 狹路或路寬縮減（圖 9-16）

以實體設施縮小車輛通行寬度或以視覺效果方式，使駕駛通過產生壓迫感而減低行車速率。

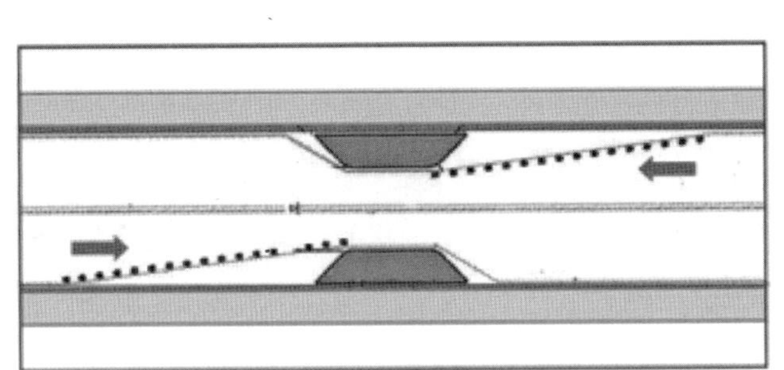

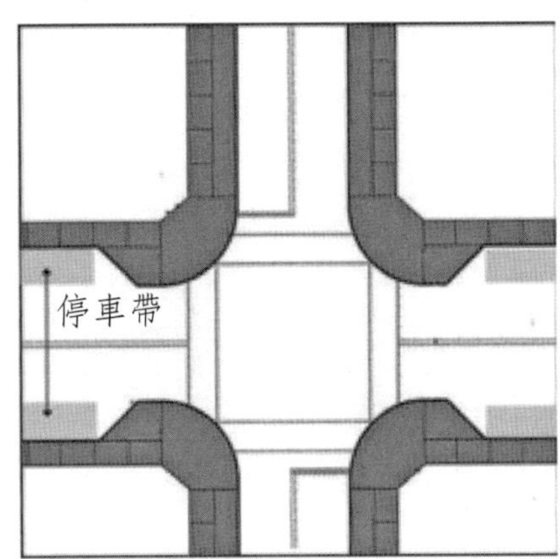

圖 9-16　左圖為車道寬縮減圖例，右圖為路口寬縮減圖例

9.10 其他交通工程設施

道路交通工程其他相關設施，如機車、自行車道及人行道，請參見第 16 章「機車、自行車及行人設施」。

9.11 結論與建議

交通設施包括交通管制與管理的相關設施在內，其設置的目的除了提昇交通的安全、順暢與效率之外，也強調行人的路權與安全。目前我國大力打造無障礙環境，但仍有很多不足之處，例如無障礙設施之設置未達法定標準，或現有無障礙通路被非法占用等缺失，均仍須大幅改善。

交通寧靜區爲一人性化的交通空間，空間中以人爲主，車子以不影響行人活動的方式與人共存。而目前在定義上有些爭議，交通寧靜區的理念應是無速度限制的，但是在目前的施行區卻有 30km 的速度限制，是與最初的概念略有不同的。臺灣有衆多的機車族群，如果想在臺灣施行交通寧靜區，必須先設法解決機車的問題。

問題研討

1. 請說明人行立體穿越設施之設置條件與設計標準。
2. 請說明無障礙設施之內容與設置標準。
3. 請說明市區道路排水設計之基本原則。
4. 橋梁設計原則為何？
5. 請說明隧道設計通則與斷面布設標準。

相關考題

1. 請說明道路之無障礙設施之組成元素以及其設計規定。（25 分）（99 高三級）
2. 請說明道路之無障礙設施之組成元素以及其設計規定。（25 分）（99 高三級）
3. 何謂「交通寧靜區（traffic calming）」？試闡述交通寧靜區的規劃與提升生活環境品質之間的關係，並列舉規劃目標，評估項目與指標。（25 分）（101 高三級）
4. 交通寧靜區（traffic calming）是綠色街道（Green Street）的重要元素。試舉出四種交通寧靜區之作法，並說明各種作法應用時須注意事項。（25 分）（102 專技）
5. 交通寧靜區（traffic calming zone）的定義為何？其中在路段中用來控制速率的方法有那些？並請說明這些方法的優缺點（25 分）。（104 高三級）

參考文獻

一、中文文獻

1. 交通部公路總局（2010.03），「認識公路」，http://www.thb.gov.tw/tm/Menus/Menu08/main0801/main0801-3.aspx。
2. 內政部（2009），市區道路及附屬工程設計規範，臺北。
3. 臺灣世曦工程顧問股份有限公司運輸土木部（2010），「公路、市區道路路線設計概論」，投影片，臺北。
4. 交通部（2009），道路交通標誌標線號誌設置規則，臺北。
5. 交通部（2004），交通工程手冊，二版，幼獅文化事業公司，臺北。
6. 交通部（2015），交通工程規範，臺北。
7. 交通部（1995），公路橋梁設計規範，二版，臺北。
8. 交通部（2008），公路路線設計規範，臺北。
9. 交通部臺灣區國道高速公路局（2003），「景觀道路相關設施設計及施工參考手冊」，臺北。
10. 維基百科（2010），http://zh.wikipedia.org/。
11. 國立中央大學橋樑工程研究中心（2010），http://www.cber.ncu.edu.tw/。
12. 全國法規資料庫（2010），「道路交通管理處罰條例」，修正日期 2010.05.05，http://law.moj.gov.tw/LawClass/LawContent.aspx?PCODE=K0040012。
13. 內政部營建署（2008），建築物無障礙設施設計規範，臺北。

第 10 章

交叉路口幾何設計與車道布設

道路交叉之型式主要可分爲平面交叉（at-grade intersection or grade crossing）及立體交叉（grade-separated intersection or grade separation）兩種，本章所介紹的設計規範主要參考「公路路線設計規範」（2008）、「市區道路及附屬工程設計規範」（2009）、「市區道路交通島設計手冊」（2003）、「交通工程手冊」（2004）、「交通工程規範」（交通部，2015）、交通部公路總局之「認識公路」網站、交通部臺灣鐵路管理局「平交道停看聽」網站、「交通工程學——理論與實用」（1993），以及「公路幾何設計」（2010）編修而成。

本章節之順序安排如下：第一節說明道路交叉設計原則；第二節介紹道路平面交叉；第三節介紹道路與軌道系統平面交叉；第四節介紹路口立體交叉；第五節爲結論與建議。

10.1 道路交叉設計原則

道路交叉之設計原則如下：

1. 高速公路與各級道路相交，均應採用立體交叉。
2. 設計速率 80 公里／小時以上之公路與各級道路相交，宜採用立體交叉。
3. 其他道路交叉須考量路口交通特性、肇事率、幾何條件等因素決定交叉型式。

10.2 道路平面交叉

道路平面交叉是指兩條道路在同一個平面上交叉的部分，俗稱路口。道路平面交叉在市區道路中很常見。道路平面交叉之設置需考量之因素與交通設施包括：標誌、標線、號誌、轉向控制、行人控制、停車控制、照明、公車停靠等。交通不繁忙的路口，靠道路交通標誌提醒駕駛人和行人自行避讓；但在交通繁忙的路口則須由交通號誌來控制。

10.2.1 平面交叉型式

道路平面交叉的基本設置原則如下：

1. 路線應儘量平直。
2. 交叉角度以 ≧ 60° 爲宜。
3. 交叉處縱坡宜平緩，路口處宜 < 3%。

4. 平面交叉之交角以直角爲佳，斜交時其相交銳角宜大於 75°，不宜小於 60°。交角較小時宜局部調整路線或採用槽化處理。

道路平面交叉形式可依照：1. 交叉之數量，2. 平面交叉處理方式來分類（市區道路交通島設計手冊，2003）。

1. 道路平面交叉形式可依交叉之數量分為以下四種，參見圖 10-1：

(1) **三支（路）交叉**（three-leg or three-arm intersection）

依交叉形狀、角度不同，可區分爲：

a. Y 型交叉（Y-shaped intersection）：交叉之銳角 $\theta < 75°$（或無垂直交叉）。

b. T 型交叉（T-shaped intersection）：交叉角 θ 介於 75° 至 105° 之間（或有垂直交叉）。

(2) **四支交叉**（four-leg intersection）

依交叉形狀不同、角度不同，可區分爲：

a. 直角交叉（right-angle intersection）：即十字形，交叉之 $\theta = 90°$。

b. 分枝交叉（offset or staggered intersection）：錯開的交角。

c. 斜向交叉（oblique intersection）：即 X 形交叉角 θ 介於 75° 至 105° 之間。

(3) **多支交叉**（multi-leg intersection）

係指大於四支情況，多支交叉宜避免使用或應以槽化方式處理。

(4) **環形交叉**（rotary intersection）

即圓環。路口交通量較小且有景觀或交通安全考量時，得採環形交叉。

除此之外，尙有分隔帶開口可供車輛迴轉、車輛及行人穿越之中央分隔帶開口，或快慢車道間分隔帶之開口。

2. 道路平面交叉形式可依交叉處理方式分為：

(1) **非槽化式**（unchannelization）

在交叉路口完全無槽化設施。非槽化式平面交叉僅能設置在交通需求量低、地形簡單、交叉道路較少之交叉路口。

(2) **槽化式**（channelization）

a. 槽化式平面交叉適用範圍較廣，於路面設置緣石（curb）、凸島（raised island）等以導引或約束車輛之行進，增加交通量及安全。

b. 槽化之目的在於運用交通島或其他適當方法，分隔易發生衝突之車輛動線，或縮小及減少衝突點方式，並導引其行駛軌跡以便行人與車輛能安全有秩序的行進。

c. 就視距觀點而言，槽化設施不應配置於平曲線或凸型豎曲線上，若受路權限制時，應力求平整以增加視距。

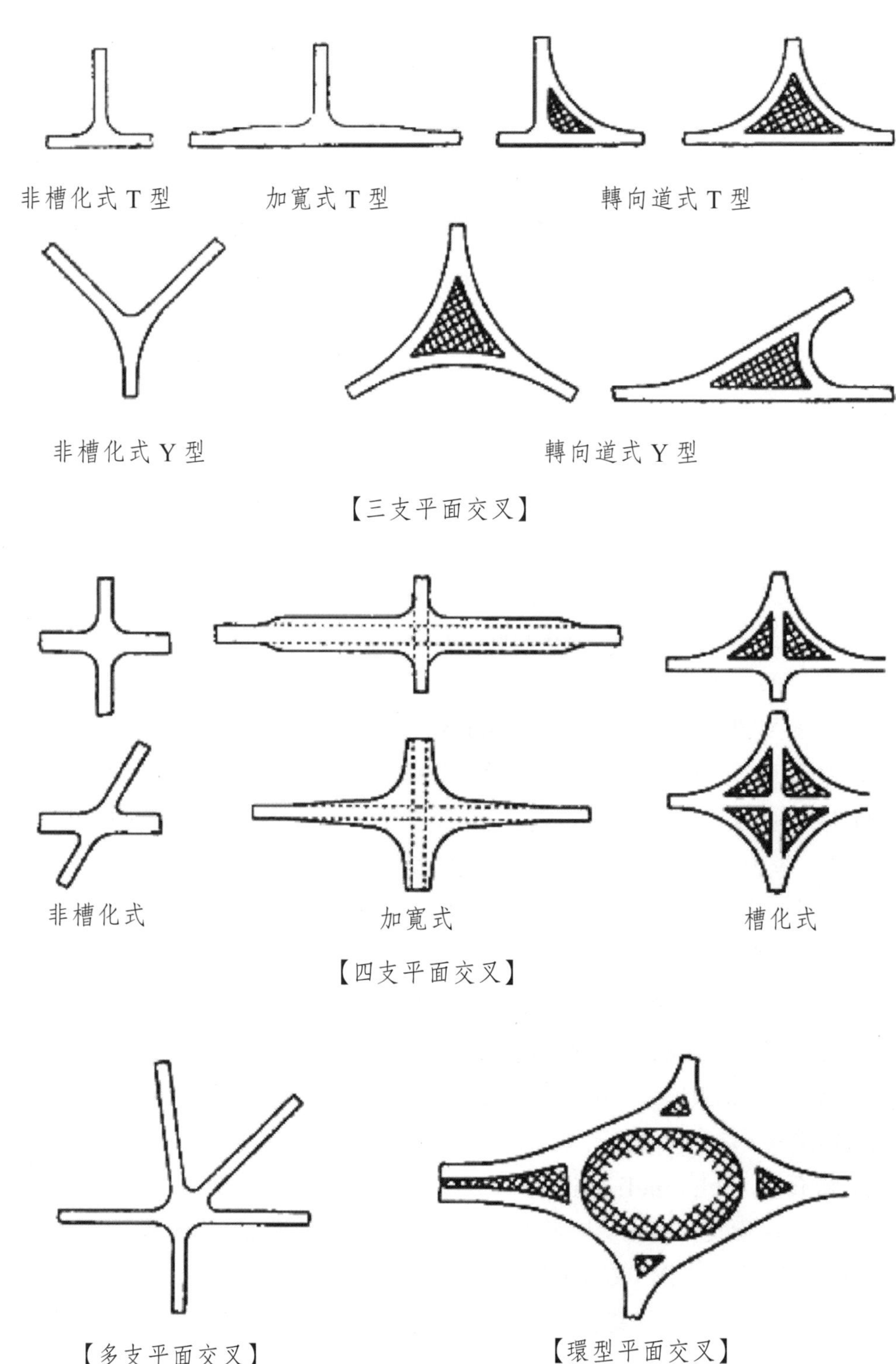

圖 10-1　道路平面交叉之型式

（資料來源：臺灣世曦工程圓周股份有限公司，2010；本書修正）

d. 平面交叉之交角以直角爲宜；斜交時其交角宜在 60° 以上。

e. 根據市區道路交通島設計手冊（2003），槽化方式可分爲以下四種：

(a) 利用標線或路面標記槽化

交叉路口槽化設計時，可利用標線或路面標記繪成槽化島圖形，用以區隔直行與轉向之車道。槽化線分爲單實線、Y 型線與斜紋線三種線型，其顏色應與其連接之行車分向線、分向限制線或車道線相同。利用標線或路面標記之非實體阻隔方式係最經濟之槽化方法，但因非實體阻隔，對不遵守交通規則之駕駛人未能絕對防止超越，故僅適合於較單純之道路使用。

(b) 利用槽化島槽化

平面交叉路口使用實體阻攔物做成不同之槽化島，將更能有效管制及保護車輛與行人，如圖 10-2 所示。

(c) 利用路面加寬槽化

若道路路權允許，爲避免直通車輛受到轉向車輛之干擾，可將主要道路交叉路口部分之路面予以加寬，加寬部分之寬度至少須具有一車道，長度應按變速車道[1]設計。

受到都市計畫劃設之道路寬度之限制，路面加寬往往必須縮減人行道寬度，但基於以人爲本之考量，此種做法較爲少見。

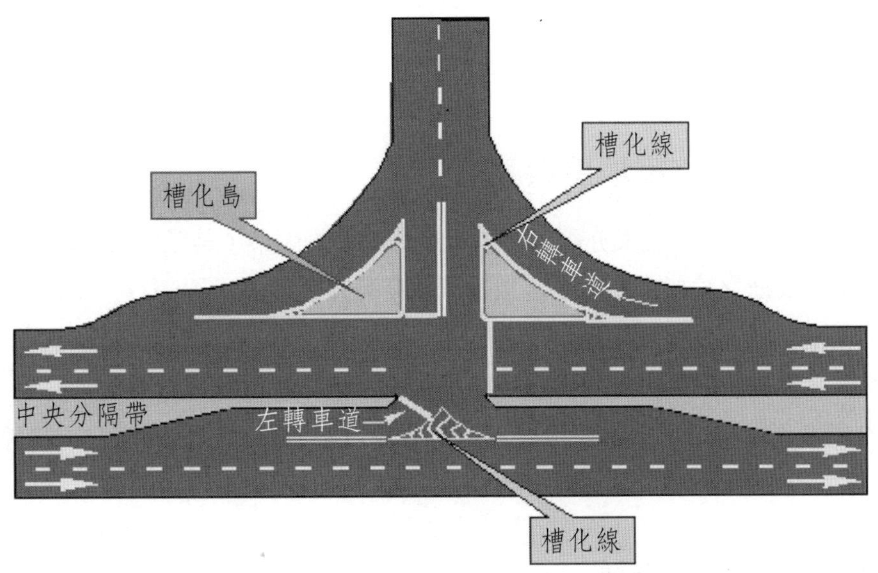

圖 10-2　平面交叉路口槽化示意圖

1　為加速或減速車道之總稱。加速車道是為了保障匯入車輛能安全加速以進入幹道所設置之變速車道；減速車道則是為保障車輛安全駛出高速車流以進入低速車道所設置的變速車道。

(d) 利用圓環槽化

環型交叉爲平面交叉之一種特殊型式，較適合於多支交叉之路口；圓環係使車輛循反時鐘方向運行，以交織（weaving）代替直接交叉，以保持平順之運轉。除交通量較少的路口或爲達成減緩車速之目的之交通寧靜區外，市區道路仍宜儘量避免圓環設計。

10.2.2 平面交叉之設計速率

平面交叉設計之速率，規定如下：

1. 平面交叉處之直行設計速率宜與一般路段之設計速率相同。

2. 轉向設計速率低於直行設計速率達 25 公里／小時者，應參照第 11.7 節（匝道分匯流區）之規定。

10.2.3 平面交叉之交通管制與視界

爲了發揮道路設施之交通功能，有必要對平面交叉進行交通管制以保持清楚的視界，設置平面交叉交通管制的一般性原則如下：

1. 平面交叉之管制可分爲：號誌、「讓」標誌、「停」標誌、以及無管制四種管制方式。

2. 平面交叉處須有充分視界，以看清叉路上左右來車。各種管制方式之視界距離依「交通工程手冊」（2004）規定辦理。

10.2.4 平面交叉處之縱坡度與超高

受到地形影響，有些交叉亦須考量縱坡度與超高的因素，其設計規定爲：

1. 平面交叉處之線形宜平直，若須設置超高時宜小於 3%。

2. 平面交叉處之縱坡宜平緩，交叉口之縱坡度宜小於 3%，惟如地形特殊及情況受限者，不得大於 5%。車輛停等區範圍內，縱坡最大不得大於 6%。

3. 前項平面交叉口，係指道路或人行道邊緣虛擬連接線以外 5 公尺，或停止線劃設後（不含截角）所涵蓋之路面，如圖 10-3 所示。

10.2.5 平面交叉轉角設計

與一般路段相比較，平面交叉之轉彎大多數屬急轉彎狀態，因此平面交叉之轉角行車道邊線，宜與設計車種之轉向軌跡邊線保持 0.25 公尺以上之側向淨距。

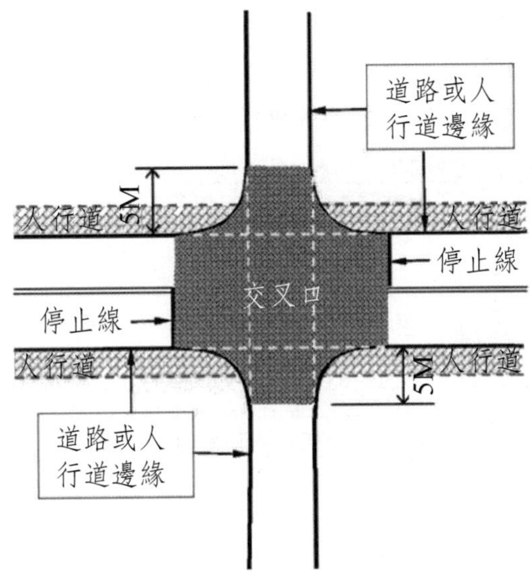

圖 10-3　平面交叉口範圍示意圖

10.2.6 緣石與緣石交通島之設計原則

緣石之設計原則如下：

1. 緣石側面至車道邊線之淨距宜大於 0.5 公尺，最小 0.25 公尺。緣石起點處與車道邊線之淨距宜大於 1.0 公尺，最小 0.5 公尺。

2. 緣石頂與路面之高差大於 20 公分時，其淨距應按前述規定增加 0.25 公尺。

3. 不同淨距界面之漸變比例宜大於 V_d /5 比 1，其中 V_d 係指設計速率。

緣石交通島之設計原則如下：

1. 緣石交通島之面積宜大於 7.0 平方公尺。

2. 三角形緣石交通島之邊長均宜大於 4.0 公尺，所有轉角處應有曲度。

3. 長條形緣石交通島之寬度宜大於 1.0 公尺，最小 0.5 公尺。長度不得小於 6 公尺。

有關緣石之詳細設計說明，請參閱第 12.2.1 節。

10.2.7 轉向彎道

轉向彎道（turning roadway）係於公路交叉處，因實際需要設置槽化路口供轉向且與主線分離之車道。轉向彎道至少須符合下列之規定：

1. 轉向彎道之最短停車視距同第 2.4.1 節規定。

2. 轉向彎道內緣最小半徑 R_{min} 及超高率 e 宜大於表 10-1 規定。

3. 轉向彎道之超高漸變長度同第 8.6.5 節規定，超高漸變率得採容許最大值。

4. 表 10-1 中粗框外之超高率可不設緩和曲線。其餘同第 8.5.2 節緩和曲線規定。
5. 轉向彎道複曲線之相鄰兩圓曲線，大圓半徑不得大於小圓半徑之兩倍。複曲線中每一圓曲線段最短長度，依曲線半徑規定如表 10-2 所示。
6. 轉向彎道分匯流區，彎道與主線之橫向坡差，不得大於表 10-3 規定。橫坡超高漸變率規定應依第 8.6.4 節辦理。
7. 轉向彎道路寬
   (1) 設計交通狀況依行車運轉及主要設計車種，分為九種情況如表 10-4 所示。
   (2) 轉向彎道最小全寬依車道內緣半徑及設計交通狀況，規定如表 10-5 所示。

表 10-1　轉向彎道最小超高率

內緣半徑 R（公尺）	轉向彎道超高率 e (%)					
	$V_d = 20$	$V_d = 25$	$V_d = 30$	$V_d = 40$	$V_d = 50$	$V_d = 60$
500	*NC*	*NC*	*NC*	*NC*	*NC*	2.0
400	*NC*	*NC*	*NC*	*NC*	*RC*	2.5
300	*NC*	*NC*	*NC*	*NC*	2.0	3.5
200	*NC*	*NC*	*NC*	*NC*	2.5	5.0
150	*NC*	*NC*	*NC*	*RC*	3.5	6.5
120	*NC*	*NC*	*NC*	2.0	4.0	8.0
100	*NC*	*NC*	*NC*	2.0	5.0	$R_{min} = 115$
80	*NC*	*NC*	*NC*	2.5	6.0	
60	*NC*	*NC*	*NC*	3.5	$R_{min} = 80$	
50	*NC*	*NC*	*NC*	4.0		
40	*NC*	*NC*	*RC*	$R_{min} = 45$		
30	*NC*	*NC*	2.0			
25	*RC*	*RC*	2.0			
20	2.0	2.0	$R_{min} = 25$			
15	2.0	$R_{min} = 15$				
	$R_{min} = 10$					

註：(1) 若使用最小半徑時，採該設計速率之超高最大值。
(2) 內緣半徑係指靠圓心側之車道邊線半徑。
(3)NC：正常路拱。
(4)RC：反向路拱。

表 10-2　轉向彎道圓曲線最短長度

曲線半徑 R（公尺）	轉向彎道圓曲線段最短長度（公尺）	
	容許最小值	建議值
≧150	40	60
120	35	50
100	30	45
80	25	40
60	20	35
50	18	30
40	15	25
30	12	20
20	10	15

註：設計速率 20 公里／小時以下之轉向彎道應依據設計車輛轉向軌跡設計，不受上述表 10-2 及半徑比例之限制。

表 10-3　轉向彎道分匯流區橫向坡差

轉向彎道分匯流區設計速率 V_d（公里／小時）		≦30	40	50	≧60
橫向坡差（%）	容許最大值	8	7	6	5
	建議值	5	5	5	4

表 10-4　轉向彎道設計交通狀況

行車運轉	主要設計車種	設計交通狀況代號
單車道不超車	小客車 *P*	1*A*
	貨車 *SU*	1*B*
	中型半聯結車 *WB*12	1*C*
單車道超越停止車輛	小客車 *P*– 小客車 *P*	2*A*
	小客車 *P*– 貨車 *SU*	2*B*
	貨車 *SU*– 貨車 *SU*	2*C*
雙車道行車	小客車 *P*– 貨車 *SU*	3*A*
	貨車 *SU*– 貨車 *SU*	3*B*
	中型半聯結車 *WB*12–*WB*12	3*C*

表 10-5 轉向彎道最小全寬

內緣半徑 *R*（公尺）	轉向彎道最小全寬（公尺）								
	單車道不超車			單車道超越停止車輛			雙車道行車		
	1*A*	1*B*	1*C*	2*A*	2*B*	2*C*	3*A*	3*B*	3*C*
≧ 200	3.7	4.2	4.3	5.2	5.7	6.2	7.3	7.8	8.0
150	3.8	4.3	4.4	5.3	5.8	6.3	7.4	7.9	8.1
135	3.8	4.3	4.4	5.4	5.9	6.4	7.5	8.0	8.2
120	3.8	4.3	4.4	5.4	5.9	6.4	7.5	8.0	8.3
100	3.8	4.4	4.5	5.4	5.9	6.5	7.5	8.1	8.4
80	3.8	4.4	4.6	5.5	6.0	6.6	7.6	8.2	8.6
70	3.9	4.5	4.7	5.6	6.1	6.7	7.7	8.3	8.7
60	4.0	4.5	4.7	5.6	6.1	6.8	7.7	8.4	8.9
50	4.1	4.6	4.9	5.7	6.2	7.0	7.8	8.5	9.1
45	4.2	4.6	4.9	5.8	6.3	7.0	7.9	8.6	9.2
40	4.3	4.7	5.0	5.9	6.4	7.2	8.0	8.7	9.4
35	4.4	4.8	5.2	6.0	6.5	7.3	8.0	8.9	9.6
30	4.5	4.9	5.3	6.1	6.6	7.5	8.2	9.0	9.9
25	4.7	5.0	5.5	6.3	6.8	7.7	8.5	9.3	10.2
20	5.0	5.2	5.8	6.5	7.1	8.1	8.9	9.6	10.8
15	5.5	5.5	6.4	6.8	7.5	8.7	9.5	10.2	11.8

10.2.8 轉向車道

轉向車道包括：平面交叉口需停等之左、右轉車道，及不停等直接銜接轉向彎道之加、減速車道。轉向車道的寬度、長度、以及設計速率說明如下：

1. 轉向車道寬度
   (1) 轉向車道宜與直行車道同寬度，至少 2.75 公尺。需停等之轉向車道，得不設緣石淨距及路肩。
   (2) 減速車道寬度漸變比例規定如表 10-6 所示。
2. 轉向車道長度
   (1) 需停等時之等待長度，依交通需求設定，最小 20 公尺；減速長度（包括車道漸變段）規定如表 10-7 所示。

表 10-6　減速車道寬度漸變比例

漸變比例	設計速率 V_d（公里／小時）							
	20	30	40	50	60	70	80	90
最小比例	3:1	4:1	6:1	8:1	10:1	12:1	14:1	15:1
最大比例	4:1	6:1	8:1	10:1	12:1	14:1	16:1	18:1

表 10-7　最短減速長度

最短減速長度	設計速率（公里／小時）							
	20	30	40	50	60	70	80	90
最小值（公尺）	25	30	35	45	65	80	100	120
建議值（公尺）	35	40	60	75	95	115	135	150

(2) 不需停等而直接與轉向彎道銜接之加、減速車道長度，與 11.7 節（匝道分匯流區）規定相同。

3. 轉向設計速率低於直行設計速率達 25 公里／小時者，宜加設加減速車道。但設有「停」標誌或號誌管制之公路不在此限。

10.2.9 中央分隔帶開口

中央分隔帶口之設計規定如下：

1. 除寬度 8 公尺以上之橫交道路、有行人穿越需求、備有救護車之醫院大門口、消防隊等外，原則上中央分隔帶不設開口。專供汽車迴轉及慢車穿越者，其間距不宜小於 300 公尺。

2. 分隔帶開口，供車輛穿越者應依交通量及設計車輛行駛軌跡，比照交叉路口設計，其側向淨距宜保持 0.25 公尺以上。

3. 分隔帶開口，供車輛迴轉者應符合設置轉向車道或交叉路口之規定，但供緊急車輛迴轉之開口不在此限，惟須設置必要之管制設施。

4. 分隔帶開口之最小長度，不得小於橫交道路全寬（不含人行道）且不小於行車道加 2.5 公尺，亦不得小於 12.5 公尺。專供車輛迴轉之分隔帶開口，不受此限。

5. 專供人行之開口，應有適當之交通管制設施。

10.2.10 環形交叉設計

環形交叉俗稱圓環，除了可美化都市形成都市意象之外，亦具有交通管制之功能，當車輛進入環形交叉口後會受到環形的規範，車流必須以同方向繞行，並採交織運行的方式來消除衝突點，但僅適用交通量較小之地區。環形交叉設計之設置規定如下：

1. 環形交叉之設計速率規定如表 10-8 所示。
2. 在環道內之縱坡度，不宜超過 3%，最大不得超過 5%。
3. 環形交叉之交織距離依交織路段交通量而定，最小交織距離規定如表 10-9 所示。
4. 環形交叉處車道之超高不宜大於 4%，橫坡差[2] 規定如表 10-10 所示。
5. 環形交叉處之最小半徑規定如表 10-11 所示。
6. 環形交叉之環道全寬，按輻射道路支數，可參考如表 10-12 所示。

由於環形交叉需要較大土地面積及較平坦之地形，容量並不比其他槽化式平面交叉為高，因此現今的都市交通建設已很少採用環形交叉來解決道路平面交叉問題，適用的情境僅限於交叉路口駛入交叉處之交通量小於 3,000 輛／每小時，轉向車輛之數量接近或超過直行車輛，或交叉道路超過 4 支。

表 10-8　環形交叉設計速率

輻射道路設計速率（公里／小時）	20	30	40	50	60	70
環形交叉處設計速率（公里／小時）	15	25	30	35	45	55

表 10-9　環形交叉交織距離

環形交叉處設計速率 V_d（公里／小時）	20	25	30	35	45	55
最小交織距離（公尺）	25	30	35	40	50	65

表 10-10　環形交叉橫坡差

環形交叉處設計速率 V_d（公里／小時）	≦35	45	55
最大橫坡差 (%)	8	7	6

2 係指道路橫向之坡差，與縱坡差相對應。

表 10-11 環形交叉最小半徑

環形交叉處設計速率 V_d（公里／小時）		20	25	30	35	45	55
最小半徑（公尺）	無超高	15	20	30	40	80	135
	2% 超高	15	20	25	40	75	120
	4% 超高	15	15	25	35	70	110

表 10-12 環形交叉環道全寬

輻射道路（支）	3	4	5	6
環道全寬（公尺）	7.5～11	7.5～15	9～15	9～15

10.3 道路與軌道系統之平面交叉

平交道係指鐵路與公路相交處，為維護列車行經平交道之安全，設置交通控制設備。軌道平交道應依照軌道系統相關規章辦理。

10.3.1 平交道安全設備、視界與管制

軌道列車所需要的煞車距離較汽機車長，以一輛 150 節的列車為例，在時速 80 公里時，所需要的煞車距離約為 2 公里，因此，由於列車無法像一般車輛僅需短距離的煞車距離，因此平交道安全設備、視界與管制更顯得重要。

1. 平交道安全設備：包括遮斷裝置、警報裝置、接近電鈴、電話設備、限高架等。

2. 平交道之視距：可分為：(1) 鐵路側列車瞭望平交道之視距，與 (2) 公路側駕駛人瞭望平交道之視距。

3. 平交道管制：有關平交道的相關管制之規範，請參見道路安全規則第 104 條及第 106 條。

10.3.2 平交道寬度

平交道寬度應比道路寬度每側加寬 30 公分，道路拓寬時，該道路主管機關應通知鐵路機構勘定後將該平交道版同時配合加寬。

10.3.3 平交道之交角

平交道交角爲平交道與道路的交角，其理想狀態爲 90 度，交角若非 90 度對於行車安全較具有危險性，而法律規定需大於 45 度，未設置警報器或攔路機之平交道，其交角不得小於 60°。

10.3.4 平交道路段之縱坡度

距平交道外緣 30 公尺以內，縱坡度不得大於 2.5%；平交道範圍內之縱坡度得配合軌道頂高程調整之。

10.3.5 平交道路段之路線線形

平交道處公路線形宜平直。距平交道 30 公尺以內，不宜設超高及變化線形。

10.4 路口之立體交叉設計

路口之立體交叉爲多條道路或道路與軌道系統在不同平面上交叉。

10.4.1 道路立體交叉

10.4.1.1 立體交叉設計型式

立體交叉可分爲無匝道立體交叉及有匝道立體交叉。無匝道立體交叉係指上下兩公路無匝道相連，故無需考量匝道處之匯入（merging）與分流（diverging）問題。

10.4.1.2 立體交叉處之視距

公路及市區道路在立體交叉處之視距不得小於第 2.4.1 節停車視距之規定。在出口處宜採用更長之視距。

10.4.1.3 立體交叉處縱坡、超高率與曲線半徑

1. 無匝道立體交叉之縱坡度、超高率與平曲線最小半徑同第 8 章之規定。

2. 立體交叉之匝道分匯流區主線之最大縱坡度規定如表 10-13，地形受限制或其他特殊情況得增加 1%（註：「市區道路及附屬工程設計規範」（2009）中，將「立體交叉之匝道分匯流區主線」定義爲「交流道匝道分匯流區主線」）。

表 10-13　立體交叉之匝道分匯流區主線最大縱坡度

主線設計速率（公里／小時）	120	110	100	90	80	70	60	50
最大縱坡度（%）	2	2	2	3	3	4	5	6

註：市區道路之設計速率為 50～100（公里／小時）。

3. 立體交叉之匝道分匯流區主線之最大超高率與平曲線最小半徑規定如表 10-14 所示，一般情況宜採用建議值。

表 10-14　立體交叉之匝道分匯流區主線最大超高率與平曲線最小半徑

主線設計速率（公里／小時）		120	110	100	90	80	70	60	50
最大超高率（%）		3	3	3	3	3(4)	3(4)	4(5)	5(5)
最小半徑（公尺）	建議值	2300	2000	1700	1450	1150	900	500	250
	容許最小值	1500	1250	1000	800	600 (500)	450 (350)	300 (200)	180 (150)

註：市區道路之設計速率為 50～100（公里／小時）。括弧內數值為地形受限制或其他特殊情況。

10.4.1.4 立體交叉之淨空

立體交叉之淨空考量，主要爲了顧及上方或下方車輛通行之順暢。因此須符合以下設計標準：

1. 立體交叉之垂直淨空

(1) 立體交叉處之行車道及路肩淨高宜大於 4.6 公尺。

(2) 限制車種通行者，淨高不得小於最大可通行車輛高度加 0.5 公尺，並應設置限高或警告設施。

(3) 專用慢車道之淨高宜大於 2.5 公尺。

2. 高架道路與建築物之側向淨空

高架道路與建築物結構外緣線間之側向淨空，在主線結構不得小於 4.5 公尺，在匝道結構不得小於 3 公尺。

此外，除非特殊情況，立體交叉處跨越橋及穿越道之橫斷面宜和前後接續道路一致。行車道外之側向淨寬在立體交叉結構前若有縮減，跨越橋應以設計速率 V_d /5 比 1 以上之漸變率達成，穿越道應以 V_d /2 比 1 以上之漸變率達成。

10.4.1.5 立體交叉之側車道寬度

立體交叉如需設置高架橋下之平面側車道時，其全寬度以大於 4.5 公尺為宜，不得小於 3.0 公尺，並應留設迴轉車道空間。

圖 10-4　平面側車道示意圖

10.4.2 道路與軌道系統之立體交叉

道路與軌道系統立體交叉之規定如下：

1. 設計速率 80 公里／小時以上之道路（快速道路以上）與軌道系統相交，應採用立體交叉。

2. 其他道路與軌道系統交叉，除輕軌系統外，宜採用立體交叉，並應參照各類軌道系統相關規章辦理。

至於道路與軌道系統立體交叉處，其視距、縱坡度、淨空之設計同第 10.3 節規定。

10.5 結論與建議

交叉路口為各方來車、行人匯入與匯出之節點，也是發生交通衝突最多的地方，為了保持交通之安全與順暢就必須透過時間區隔與空間區隔的設計，才能達到設定之安全與效率目標。

在交叉路口進行路權的時間區隔，主要指的是號誌設計的部分，相關內容請參見本書第 15 章。至於在交叉路口進行路權的空間區隔，主要就是本章所講的平面交叉設計與立體交叉設計兩種。平面交叉的成本較低，但防護性較不高；而立體交叉設計則剛好相反。

根據統計，交叉路口爲肇事率最高的地點之一，因此爲了有效降低路口之肇事率，除了應用傳統的交通工程手段之外，必須更進一步導入新的科技，如碰撞預警設備，以及減少交通衝突點的交通管理方式，如兩階段左轉等措施，才能有效改善現況的缺失。

問題研討

1. 請說明道路平面交叉設計之型式與處理槽化的方式。
2. 請說明道路立體交叉設計之型式與其設計標準。
3. 請說明道路與軌道系統之平面交叉以及立體交叉設計規定。

相關考題

1. 近年來我國大眾運輸之發展將納入對輕軌運輸系統（LRT）的考慮。請說明輕軌運輸系統之路權型式有那幾種，並比較其利弊。另分析其設置在道路不同橫斷面位置的利弊，以及不同路權與橫斷面配置下輕軌運輸系統對於交叉口績效的不同影響及如何配合設計？(25 分）（90 專技高）
2. 請繪圖說明：
   請試繪兩單行道交叉路口之機車兩段式左轉待轉區與〈M〉行人穿越道、〈N〉路邊停車位、〈O〉左轉專用車道之關係圖。（每小題 6 分）（91 專技高）
3. 在設計交叉路口安全視距時必須考慮最小視界三角形，請圖示說明何謂「最小視界三角形」，並說明其影響因素為何？(25 分）（94 高三級第二試）
4. 何謂槽化？說明交叉路口的槽化設施如果引用恰當則可達到哪些目的？（25 分）（94 高三級第二試）
5. 何謂槽化設計？(7分) 並請輔以簡圖，列出六種槽化設計之原則。（18分）（98高三級）

參考文獻

一、中文文獻

1. 交通部公路總局（2010），「認識公路」，http://www.thb.gov.tw/tm/Menus/Menu08/main0801/main0801-3.aspx。
2. 交通部臺灣鐵路管理局（2010），「平交道停看聽」，http://www.railway.gov.tw/admin/admin-8.aspx。
3. 內政部（2009），市區道路及附屬工程設計規範，臺北。
4. 交通部（2008），公路路線設計規範，臺北。
5. 交通部（2004），交通工程手冊，二版，幼獅文化事業公司，臺北。
6. 交通部（2015），交通工程規範，臺北。
7. 臺灣世曦工程顧問股份有限公司運輸土木部（2010），「公路、市區道路路線設計概論」，投影片，臺北。
8. 王文麟（1993），交通工程學——理論與實用，三版，臺北。
9. 徐耀賜（2010），公路幾何設計，五南圖書出版股份有限公司，臺北。
10. 內政部營建署全球資訊網（2003），「市區道路交通島設計手冊」，http://www.cpami.gov.tw/。

第 11 章

交流道規劃設計

交流道（interchange）係指高速公路、快速公路或高架道路與其他道路交匯之處，由「立體交叉」或「平面交叉」與數個匝道（ramps）或集散道（collector/distributor roadways, C-D roadways）所組成，用以引導車輛轉換不同公路的一種交通設施。當兩條高速公路（主幹線）交會時的交流道，則稱之爲系統交流道。本章所介紹之內容係主要參考「公路路線設計規範」（2008）、「市區道路及附屬工程設計規範」（2009）、「交通工程手冊」（2004）、「交通工程規範」（交通部，2015）、交通部公路總局之「認識公路」網站、「公路、市區道路路線設計概論」投影片（2010）以及 Transportation Engineering（2005）加以編修而成。

本章節之順序安排如下：第一節說明交流道規劃之原則；第二節介紹交流道之型式；第三節說明交流道之間距；第四節介紹交流道車道平衡、車道縮減及分匯流輔助車道；第五節說明匝道設計；第六節介紹交流道集散道路；第七節說明匝道分匯流區；第八節說明連續匝道鼻端間距離；第九節爲結論與建議。

11.1 交流道規劃原則

評選交流道設置位置時，應考量之原則如下：

1. 交流道宜設在主要公路之交會處。
2. 交流道位置必須能配合高速公路或快速道路之主線地形。
3. 擬設交流道之附近地區必須有適合之地形可供配置交流道。
4. 交流道應避免設在現存都市中心或邊緣，最好用聯絡道路之方式，如此可避免上下匝道車輛擁擠之情形。
5. 交流道位置應考慮到其對附近城鎮有正面之助益，如經濟發展、對外交通方便等。
6. 交流道避免設在與觀光區與軍事地區之交叉地點處，應以聯絡道路連接。
7. 兩相鄰交流道之間距應列入考慮。
8. 建築物拆遷應最少，以減少用地範圍以便於施工，且節省土地使用。

11.2 交流道之型式

交流道之型式有很多種，分類之型式也各有不同，本書區分成立體（grade-separated）及平面（at-grade）兩種，分別說明如下。

11.2.1 立體型交流道

立體交流道之設置形式可分成以下三種：

1. 喇叭型（trumpet）

喇叭型交流道亦稱之爲 T 型交流道，爲高速公路與其他公路交叉，出入口皆位於同一處，因設置數個匝道與一環道形似喇叭而得名，其中環道（loop）供車流量較小的一方進出。此型交流道適合匝道收費之高速公路系統使用，是次世代的交流道型式，參見圖 11-1(a)、(b)。

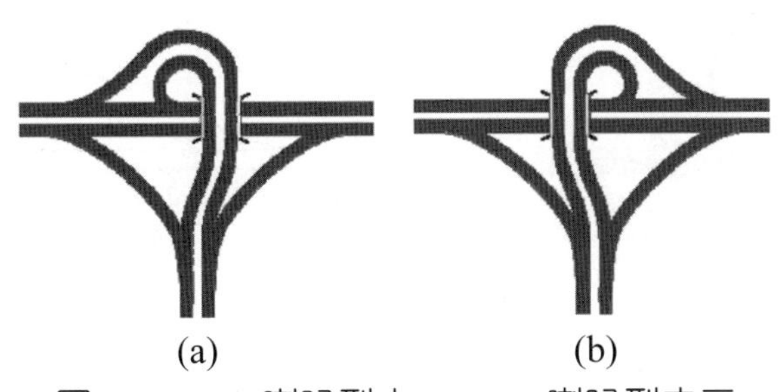

圖 11-1　(a) 喇叭型之一、(b) 喇叭型之二

（資料來源：維基百科）

2. Y 型

Y 型交流道捨去環道，改以路線較長、起伏較大的高架橋梁連貫動線。Y 型交流道同樣也是次世代之交流道型式，參見圖 11-2(a)、(b)、(c)。

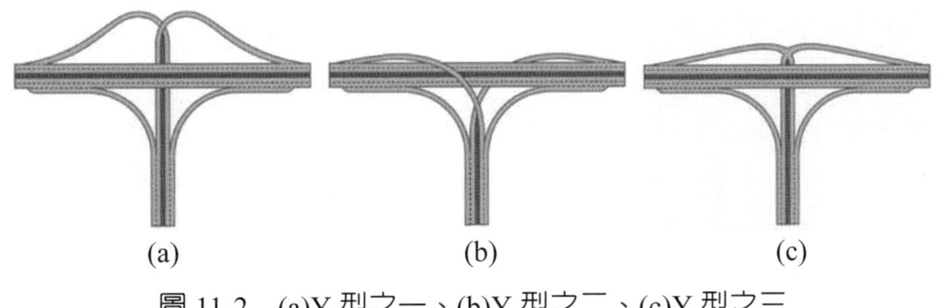

圖 11-2　(a)Y 型之一、(b)Y 型之二、(c)Y 型之三

（資料來源：維基百科）

3. 其他型式

(1) 苜蓿葉型（cloverleaf）

苜蓿葉型交流道（也稱四葉型、幸運草型），設置四個環形匝道，讓左轉車輛行駛約 270° 的環道後自右側匯入高速公路，適用於高速公路與交通量大之連接道路。其優點在於高速公路連接道路無平面交叉，匝道不互相干擾，轉向交通皆能快速通行，此型

式僅需一座高架橋就可使交通暢通；但其缺點爲用地較廣、路線迂迴較長、兩環間的路段也容易形成交織路段、直行車輛易受轉向車輛干擾。爲解決上述問題，部分交流道加入集散道的設計，紓緩交織路段的交通流量，參見圖 11-3a。

AASTHO（1990）亦納入半苜蓿葉型（partial cloverleaf）設計，類似 Y 型設計，半苜蓿葉型交流道通常有兩個環道與兩個出口匝道，僅需一座高架橋梁，一般用於高速公路與地區道路成十字交叉之路線上。此型式可疏導之交通量較鑽石型交流道大，且設有環道避免交叉之交通衝擊，但工程費用亦較鑽石型高，參見圖 11-3b。

圖 11-3a 苜蓿葉型

（資料來源：維基百科）

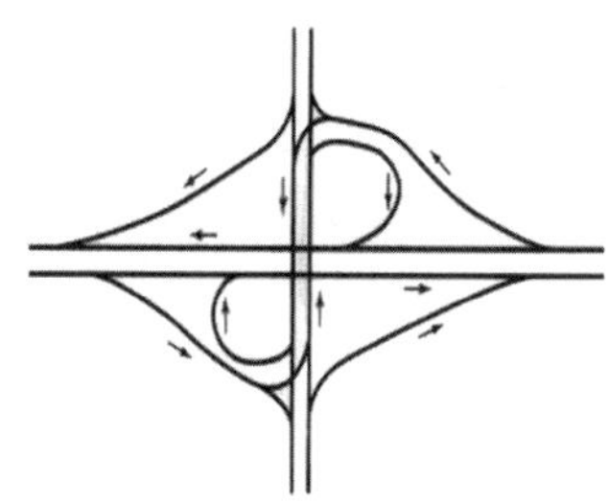

圖 11-3b 半苜蓿葉型

（資料來源：AASHTO, 1990）

(2) **環狀型**（stack）

環狀型交流道與四叉全定向型交流道[1]（all directional four leg interchange）相同，爲設置「高架匝道」穿越兩高速公路間，與對向右轉匝道相互匯流後再匯入高速公路；其交流道層數多，無苜蓿葉型之缺點，但造價較昂貴，一般爲三層之形態，參見圖 11-4a。AASTHO（1990）亦納入三叉定向型（directional three leg interchange）設計，參見圖 11-4b。

圖 11-4a 環狀型

（資料來源：維基百科）

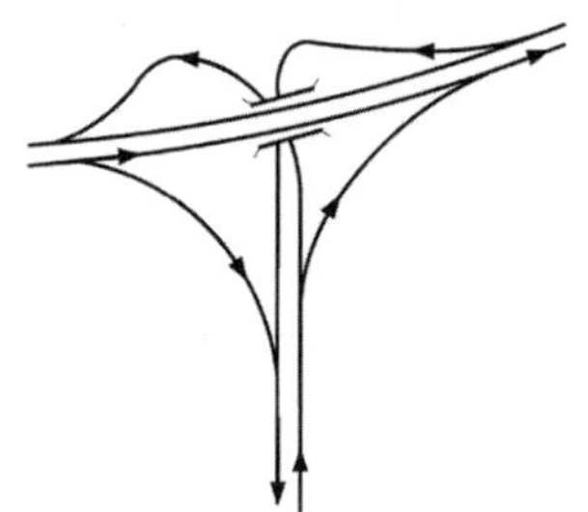

圖 11-4b 三叉定向型

（資料來源：AASHTO, 1990）

1 亦稱四叉全直接型交流道或四叉型全方位交流道

(3) 四環混合型

四環混合型交流道，爲苜蓿葉型交流道和環狀型交流道的結合體。不但可以擁有環狀型交流道的優點，造價也相對便宜。

(4) 鑽石型（diamond）

鑽石形交流道（也稱菱形），其優點爲動線單純、用地較小、由主要公路駛出之車輛均順向行駛、匝道線形較平直且長度可任意決定，但其缺點爲交通量大時容易堵塞，常見於聯絡地區性道路的交流道上（如台 61 線快速道路），參見圖 11-5b。

圖 11-5a　四環混合型

（資料來源：維基百科）

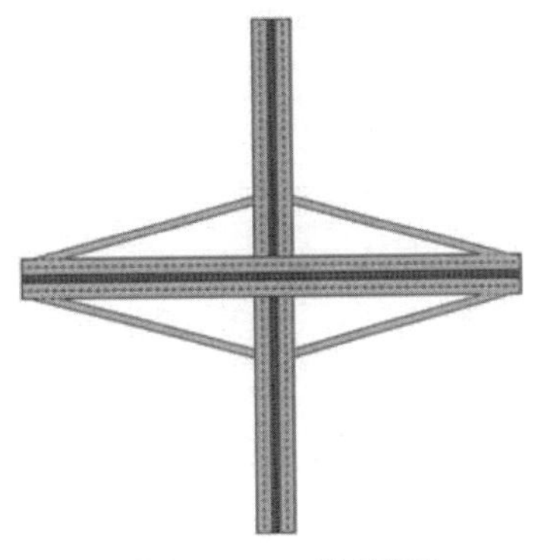

圖 11-5b　鑽石型

（資料來源：維基百科）

(5) 單象限型（one quadrant）

單象限型，參見圖 11-6。

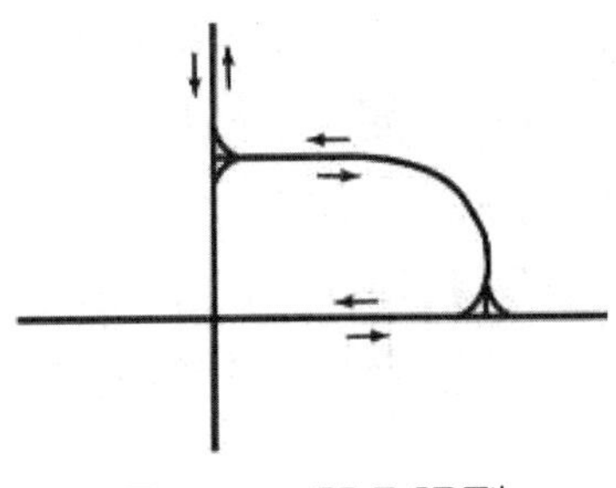

圖 11-6　單象限型

（資料來源：AASHTO, 1990）

受到土地資源稀少，地形限制等影響，位於都會區中的交流道大部分皆爲多重混合型。多重混合型乃是綜合以上各種交流道行式之特點，以適應各種因素限制之交流道型式。

11.2.2 平面型交流道（平交匝道）

臺灣某些省道等級快速公路的交流道，是以平面交叉的形式來聯絡地區道路（如台 61 線和台 66 線）。其旁邊通常會布設不屬於快速公路系統的二線道側車道供地區聯絡使用，並兼做爲平面交流道的集散道，讓快速公路主線保有直行的路權。此種交流道型態可說是鑽石型立體交流道的簡化版，如圖 11-7 所示。

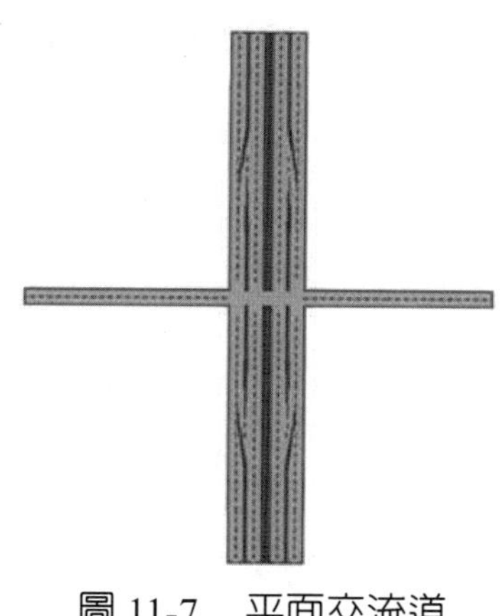

圖 11-7　平面交流道

（資料來源：維基百科）

11.3 交流道之間距

交流道之間距，係指與交流道相交之連絡道間之距離。交流道車流頻繁匯出、匯入影響正常車行，短程旅次的湧入，更是車流量大幅增加，導致常態性塞車主因。因此交流道之間距在市區宜大於 1.5 公里，在鄉村區宜大於 3 公里，且必須符合環保、地形要求。若密度過高，則會導致短程旅次大量湧入，高速公路通車便利性大爲降低。

臺灣中山高速公路之交流道數量目前爲 68 處，密度之高全球罕見，桃園縣爲短程旅次比例最大的縣市，根據中山高桃園路段車流監測資料，該路段單純往來於桃園縣境各處交流道的車輛，將近四成五。

11.4 交流道車道平衡、車道縮減及分匯流輔助車道

交流道設計必須考量車道平衡、車道縮減以及分匯流輔助車道之布設：

1. 車道平衡

車道平衡之主要目的在於控制匯流、分流前後之車道數變化，使分匯流不致於影響高、快速公路之主線交通。

(1) 匯流後車道數大於或等於匯流前車道數之和減 1。

(2) 分流前之車道數等於分流後車道數之和減 1。

(3) 車道平衡宜藉分匯流輔助車道之設置以達成，並宜兼顧基本車道數及路線之連續性與一致性。

2. 車道縮減

公路之車道數並非不可改變，但車道必須逐次縮減，不可同時縮減二車道以上。基本車道縮減之漸變率宜採用 V_d /2 比 1（V_d 表設計速率）。

3. 分匯流輔助車道

分匯流輔助車道寬度和主線車道相同。路肩寬度宜大於 1.8 公尺，最小 0.5 公尺（若特殊狀況下，不宜小於 0.25 公尺）。

11.5 匝道設計

匝道又稱引道，有上、下匝道（進口、出口匝道）之區別，為交流道的主要設施之一，通常指提供車輛進出主幹線（高速公路、高架道路、橋梁及行車隧道等）的一小段輔助車道（auxiliary road），或其他主幹線的陸橋／斜道／引線連接道，以及集散道等之附屬接駁路段。匝道型態分為以下幾種：

1. 定向式匝道（directional ramp/road）：亦稱直接式匝道，係由主線右外側車道分流後，再右轉彎之匝道型式。

2. 非定向式匝道（non-directional ramp/road）：亦稱非直接式匝道，係指環道（loop ramp）由主線右外側車道分流後，再以 270 度角左轉彎之匝道型式。

3. 半定向式匝道（semi-directional ramp/road）：亦稱半直接式匝道，係由主線右外側車道分流後，再以 90 度角左轉彎之匝道型式。

4. 迴轉匝道（U-turn ramp/road）：U 型轉向的匝道。

（以上名詞以靠右行駛的道路設計為基礎，與靠左行駛的道路設計，僅左右兩字互換而已。）

匝道設計之規範如下：

1. 設計速率

(1) 匝道之設計速率為主線設計速率之 50%～80%，一般視匝道型式，採用下列規定：

a. 定向式匝道（或稱直接式匝道）設計速率不宜低於 60 公里／小時。

b. 半定向式（或稱半直接式匝道）匝道設計速率不宜低於 50 公里／小時。

c. 環道設計速率不宜低於 40 公里／小時。

(2) 若因特殊條件不能達到上列標準時，必須布設適當之集散道路或加減速車道。

2. 視距

匝道上之視距應符合最小之停車視距。

3. 縱坡度與豎曲線

(1) 匝道之縱坡度依設計速率規定如表 11-1 所示，一般情況宜採用建議值。

(2) 匝道之豎曲線同第 8.7.3 節規定。

表 11-1　匝道縱坡度

設計速率（公里／小時）		25	30	40	50	60	70	80
最大縱坡度（%）	建議值	7.5	7.0	6.0	5.5	5.0	4.5	4.0
	容許最大值	10.0	9.5	9.0	8.5	8.0	7.0	6.0

4. 匝道之最小半徑、超高、超高漸變長度及緩和曲線長度宜和主線相同，銜接地區道路端匝道不得小於第 10.2.8 節（轉向彎道）規定。匝道之複曲線同第 8.5.1 節規定。

5. 行車道寬度

(1) 匝道行車道最小寬度、單車道匝道行車道加兩側路肩最小總寬規定如表 11-2 所示。

(2) 匝道每側路肩不得小於 0.5 公尺（特殊狀況下，不得小於 0.25 公尺），右側路肩宜大於 1.8 公尺。

(3) 單向匝道行車道與兩側路肩之總和不宜大於最小行車道寬度加 3.0 公尺。

11.6 交流道集散道路

交流道集散道路之設計速率宜在 60 公里／小時～80 公里／小時之間，各項設計元素之標準與匝道相同。

表 11-2　匝道行車道最小寬度

內緣半徑 *R*（公尺）	匝道行車道最小寬度（公尺）								
	單車道行車道			單車道行車道加路肩			雙車道行車道		
	小客車	貨車	中型半聯結車	小客車	貨車	中型半聯結車	小客車	貨車	中型半聯結車
≧200	3.7	4.2	4.3	5.2	5.7	6.2	7.3	7.8	8.0
150	3.8	4.3	4.4	5.3	5.8	6.3	7.4	7.9	8.1
135	3.8	4.3	4.4	5.4	5.9	6.4	7.5	8.0	8.2
120	3.8	4.3	4.4	5.4	5.9	6.4	7.5	8.0	8.3
100	3.8	4.4	4.5	5.4	5.9	6.5	7.5	8.1	8.4
80	3.8	4.4	4.6	5.5	6.0	6.6	7.6	8.2	8.6
70	3.9	4.5	4.7	5.6	6.1	6.7	7.7	8.3	8.7
60	4.0	4.5	4.7	5.6	6.1	6.8	7.7	8.4	8.9
50	4.1	4.6	4.9	5.7	6.2	7.0	7.8	8.5	9.1
45	4.2	4.6	4.9	5.8	6.3	7.0	7.9	8.6	9.2
40	4.3	4.7	5.0	5.9	6.4	7.2	8.0	8.7	9.4
35	4.4	4.8	5.2	6.0	6.5	7.3	8.0	8.9	9.6
30	4.5	4.9	5.3	6.1	6.6	7.5	8.2	9.0	9.9
25	4.7	5.0	5.5	6.3	6.8	7.7	8.5	9.3	10.2
20	5.0	5.2	5.8	6.5	7.1	8.1	8.9	9.6	10.8
15	5.5	5.5	6.4	6.8	7.5	8.7	9.5	10.2	11.8

註：本表與表 10-5 相同。

11.7 匝道分匯流區

高速公路匝道係指與高速公路連接而供車輛上下之輔助車道。入口匝道與主線之車輛會產生匯流現象；反之，出口匝道與主線之車輛會產生分流現象。出入口匝道之設計規範分別敘述如下：

1. 出口匝道（參見圖 11-8）

(1) 減速長度 DL 由匝道車道寬度等於主線車道寬度處起算，至減速長度終點可達速率之對應點止，不得小於表 11-3 規定。

(2) 平行式出口匝道，（參見圖 11-8a、11-8b），減速車道漸變段 DT 及平行段長 DP（車道漸變段終點至鼻端距離），不得小於表 11-4 規定。

(3) 定向式出口匝道（或稱直接式出口匝道），（參見圖 11-8c、11-8d），岔出長度 DS（車道漸變段起點至鼻端之總長）不得小於表 11-5 規定。

(4) 鼻端處緩衝區鋪面漸縮長度 DZ = $0.3CV_r$，其中：

C 爲主線或匝道之鼻端退縮距離，宜大於路肩寬度，特殊情形得免設。

V_r 爲主線或匝道在鼻端處之低流量平均行駛速率。

(5) 雙車道出口匝道分流區應加設平行車道以維持車道平衡。平行車道標準長度同平行式出口匝道平行段長度 DP。

(6) 出口匝道鼻端距離主線隧道出口宜 300 公尺以上。

表 11-3　減速長度

主線設計速率 V_d（公里／小時）	匝道速率 V'（公里／小時）							
	80	70	60	50	40	30	20	0
	減速長度 DL（公尺）							
100	100	110	120	135	145	155	160	165
90	–	95	105	115	125	135	145	150
80		–	80	95	105	115	125	130
70			–	70	85	95	105	110
60				–	65	75	85	90
50					–	55	65	75

表 11-4　平行式減速車道

主線設計速率 V_d（公里／小時）	120	110	100	90	80	70	60	50
車道漸變段 DT（公尺）	80	75	70	65	55	50	45	40
平行段長 DP（公尺）	120	110	100	90	80	70	60	50

註：市區道路之主線設計速率為 50～100（公里／小時）。

表 11-5　定向式（或稱直接式）減速車道

主線設計速率 V_d（公里／小時）	120	110	100	90	80	70	60	50
岔出長度 DS（公尺）	180	170	160	145	125	110	90	75

註：市區道路之主線設計速率為 50～100（公里／小時）。

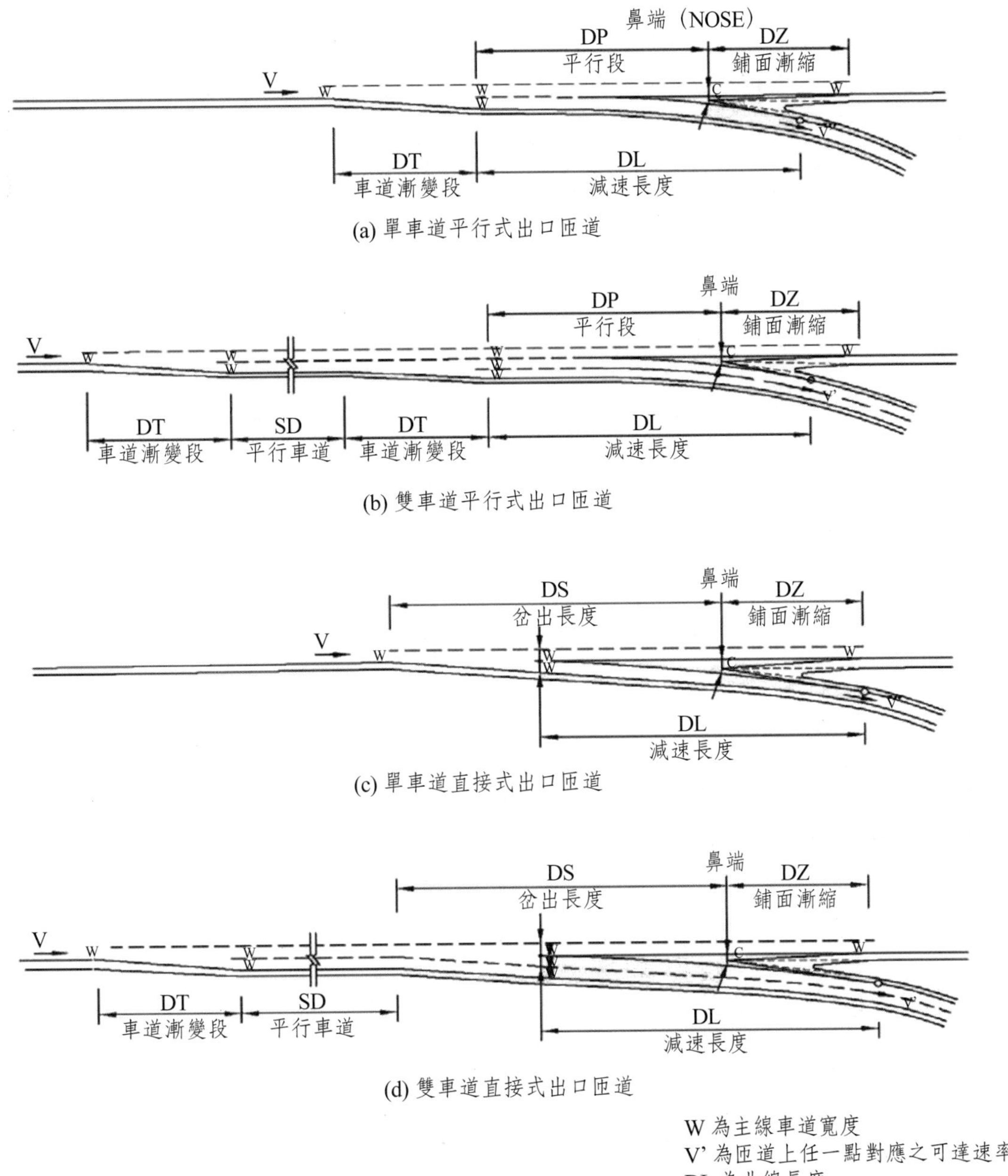

圖 11-8　出口匝道分流區

2. 入口匝道（參見圖 11-9）

(1) 入口匝道之加速長度 AL、入口前加速長度 BL、匯入操作長度 ML 及平行式入口匝道（參見圖 11-9a、11-9b）之加速車道漸變段 AT，不得小於表 11-6 規定。

(2) 加速長度 AL 由加速長度起點可達速率之對應點起算，至匯入操作區之終點爲止。

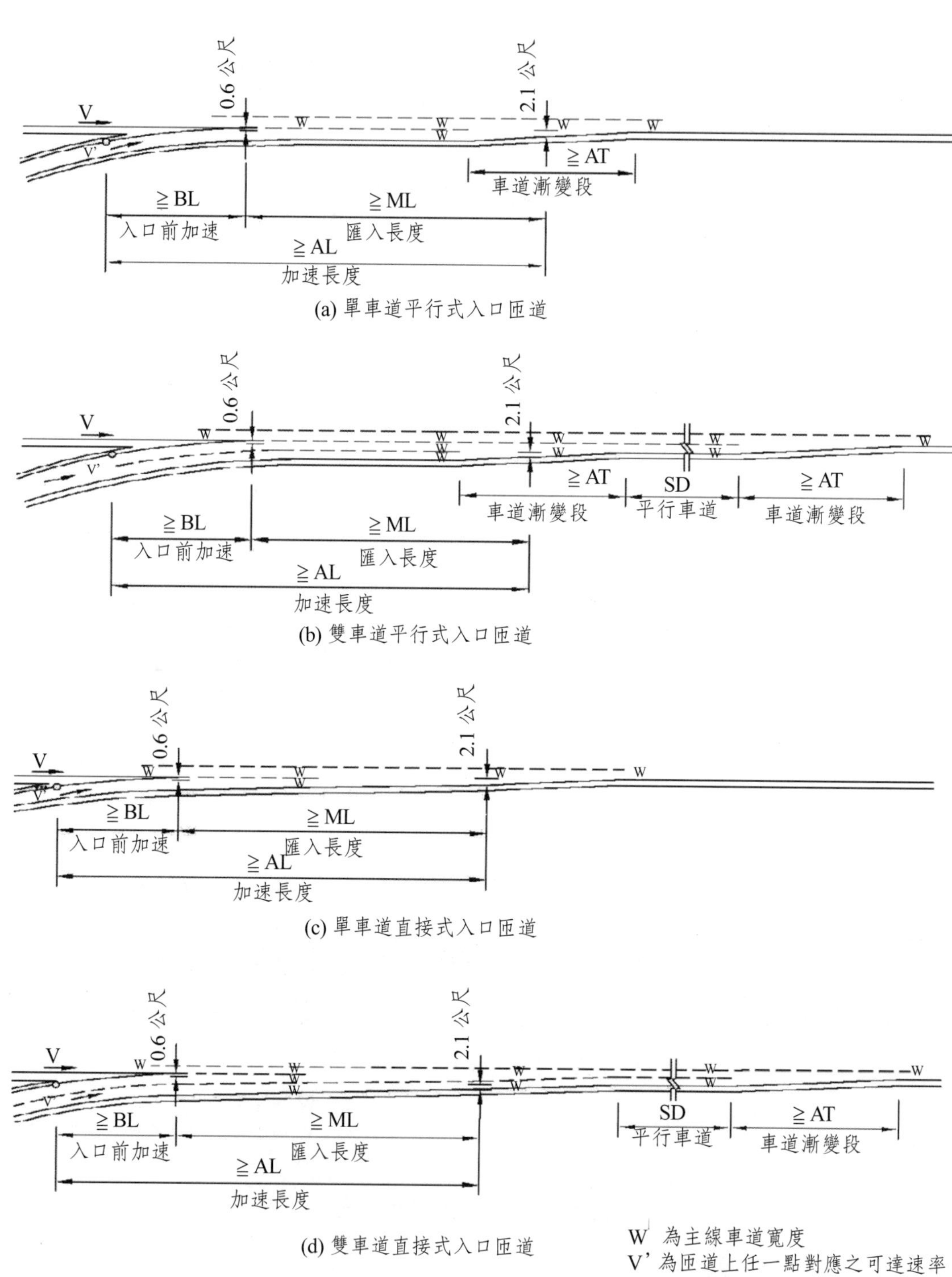

0.6 公尺
2.1 公尺
V
V'
W
≧AT
車道漸變段
≧BL
入口前加速
≧ML
匯入長度
≧AL
加速長度
(a) 單車道平行式入口匝道
SD
平行車道
(b) 雙車道平行式入口匝道
(c) 單車道直接式入口匝道
(d) 雙車道直接式入口匝道
W 為主線車道寬度
V' 為匝道上任一點對應之可達速率
BL 為曲線長度

圖 11-9 入口匝道匯流區

表 11-6　加速長度

主線設計速率 V_d（公里／小時）	AT（公尺）	ML（公尺）	匝道速率 V'（公里／小時）								
			90	80	70	60	50	40	30	20	0
			加速長度 AL／入口前加速長度 BL（公尺）								
120	95	165	240 –	285 65	370 130	425 190	475 235	505 265	530 290	550 305	560 315
110	90	145	–	190 –	275 65	330 120	375 170	410 200	440 225	450 240	465 250
100	85	130		–	190 10	250 70	300 120	330 150	350 170	370 190	380 200
90	75	115			–	165 15	210 60	245 95	270 120	285 135	295 145
80	70	100				–	130 10	165 45	190 65	205 85	215 95
70	60	85					– –	110 10	130 30	150 50	160 60
60	55	70					–	75 –	100 –	115 20	125 30
50	45	60						–	75 –	90 —	105 —

註：市區道路之加速長度，參見匝道速率0～70（公里／小時）、主線設計速率50～100（公里／小時）。

(3) 入口前加速長度 BL 由加速長度起點可達速率之對應點起算，至匯入操作區之起點爲止。

(4) 匯入操作區之起點爲匝道內側邊緣距主線邊緣 0.6 公尺處。匯入操作區之終點爲匝道外側邊緣距主線邊緣 2.1 公尺處。

(5) 雙車道入口匝道匯流區，應加設平行車道以維持車道平衡。平行車道標準長度同入口匝道匯入長度 ML。

3. 加減速長度之坡度修正係數

加減速車道之縱坡度大於 2% 時，變速長度應按表 11-7 係數修正之。

4. 匝道分匯流區之橫坡差

匝道分匯流區之橫坡差規定應參照第 10.2.8 節（轉向彎道）之規定。

表 11-7　變速長度坡度修正係數

縱坡度 (%)	減速長度修正係數	加速長度修正係數 V_d（公里／小時）			
		V_d =120	V_d =100	V_d =80	V_d =60
6	0.79	3.00	2.50	2.10	2.00
5	0.82	2.20	2.00	1.80	1.70
4	0.85	1.80	1.70	1.60	1.50
3	0.88	1.50	1.50	1.40	1.30
2	0.92	1.30	1.30	1.20	1.20
–2	1.10	0.85	0.85	0.90	0.90
–3	1.15	0.75	0.80	0.80	0.85
–4	1.21	0.70	0.75	0.75	0.80
–5	1.28	0.65	0.70	0.70	0.75
–6	1.35	0.60	0.65	0.65	0.70

註：市區道路之設計速率為 60～100（公里／小時），其變速長度坡度修正係數，參見本表之加速長度修正係數。

5. 匝道分匯流區之超高漸變

匝道分匯流區之超高漸變規定應參照第 8.6.4 節及第 8.6.5 節之規定。

11.8 連續匝道鼻端間距離

1. 連續匝道鼻端間最小距離依行駛路段設計速率規定，如表 11-8 所示，一般情況宜採用建議值。

2. 連續出口及連續入口匝道最小距離爲 L_r。

3. 出口匝道後連接入口匝道最小距離爲 $L_r/2$。

4. 入口匝道後連接出口匝道鼻端間距離，依交織長度布設，最小距離爲 $2L_r$。檢核交流道之間交織長度是否足夠時，其計算則係以兩交流道之鄰近鼻端間距離爲準。

表 11-8　連續匝道鼻端最小距離

行駛路段設計速率 V_d（公里／小時）		50	60	70	80	90	100	110	120
最小距離 L_r（公尺）	建議值	140	170	200	225	250	280	310	335
	容許最小值	75	90	105	120	135	150	165	180

註：市區道路之主線設計速率為 50～100（公里／小時）。

11.9 結論與建議

交流道爲高、快速道路之重要組成元素，用以連接都市、鄉村之人口聚集區域或其他交通設施。適當的交流道設置可帶來非常大的便利性，並帶動區域的發展，但由於交流道的設置會造成匯入與匯出的加、減速之駕駛行爲，因此無可避免的會減少高、快速道路容量，也會造成交通安全的問題，因此交流道的設置宜審慎爲之。

此外，臺灣高速公路的交流道設置密度非常高，短途使用的比例也偏高，此一現象有違高速公路當初闢建之目的，若能採用匝道收費的方式，落實使用者付費之原則或許可以減少短途車輛的比例，從而提高高速公路的使用效率。

問題研討

1. 請說明評選設置交流道的重要原則。
2. 請說明交流道之設置型式及其優劣點。
3. 試說明交流道進口、出口匝道之種類與設計標準。

相關考題

1. 都市中的公路建設常因土地不易尋找而轉向高架發展，其衍生的問題之一為：由高架公路下匝道之車隊常受平面街道路口號誌之阻礙而往上累積，以致影響高架公路上車流之暢通。試問對此類問題有哪些因應對策？(25 分)（91 高三級第二試）
2. 在市區中之道路建設，因受土地所限，常朝向高架發展。為了減輕高架道路上、下匝道之大量車流對市區交通造成阻塞，有哪些應對措施？試說明之。（25 分）（98 高三級）

參考文獻

一、中文文獻

1. 交通部公路總局（2010），網頁：「認識公路」，http://www.thb.gov.tw/tm/Menus/Menu08/main0801/main0801-3.aspx。

2. 內政部（2009），市區道路及附屬工程設計規範，臺北。
3. 交通部（2008），公路路線設計規範，臺北。
4. 臺灣世曦工程顧問股份有限公司運輸土木部（2010），「公路、市區道路路線設計概論」，投影片，臺北。
5. 交通部（2004），交通工程手冊，二版，幼獅文化事業公司，臺北。
6. 交通部（2015），交通工程規範，臺北。
7. 徐耀賜（2010），公路幾何設計，五南圖書出版股份有限公司，臺北。
8. 內政部營建署全球資訊網（2003），網頁：「市區道路交通島設計手冊」，http://www.cpami.gov.tw/。
9. 維基百科（2010），網頁：http://zh.wikipedia.org/zh-tw/。

二、英文文獻

1. Papacostas, C.S. and Prevedouros, P.D., (2005), Transportation Engineering and Planning, SI ed., Pearson Education South Asia Pte Ltd, Singapore.
2. American Association of State Highway and Transportation Officials (AASHTO), (1990), A Policy on Geometric Design of Highway and Streets, AASHTO, Washington, DC.

第 12 章

交通島布設原則

平面交叉路口由於同時服務穿越性交通以及左右轉向交通，因此容易造成交通互相衝突，爲減低此種衝突，可藉交通島之設置，以確保交叉路口有秩序之交通流動，增加交通容量、促進安全。交通島之配置，應以能夠自然與方便導引行車路線爲原則，因此交通島之布設，包括其大小、形狀與長度，必須使駕駛人能逐漸改變其行車速率。本章節內容主要參考「市區道路交通島設計手冊」（2003）、「市區道路及附屬工程設計規範」（2009）、「交通工程手冊」（2004）、「交通工程規範」（交通部，2015）、「交通工程學——理論與實用」（王文麟，1993）、交通部公路總局之「認識公路」網站，以及 Papacostas and Prevedouros（2005）加以編修而成。

本章節之順序安排如下：第一節說明交通島規劃設計；第二節介紹交通島之緣石與護欄；第三節介紹碰撞緩衝設計；第四節爲結論與建議。

12.1 交通島規劃設計

道路平面交叉路口之穿越性及左右轉向交通，彼此干擾容易造成互相衝突。爲減低此種衝突，可藉交通島之設置，將平面交叉路口之複雜交通導入有規則的路線，分隔導引或管制可能發生衝突之地點，以增加交通流量或容量，維持交通秩序，促進交通安全，進而提高道路服務績效。

交通島主要是指車道間之特定區域，用以區分行車方向、分隔快慢車道、導引車流、提供行人臨時庇護及設置交通管制設施。

12.1.1 交通島設置方式及主要功能

由於交叉路口之地形、交通量以及肇事紀錄等情形不同，因此交通島設計亦會隨之不同。設計者應視需要選擇設置最適合之交通島型式，例如可採凸島、凹降、標記、緣石、標線或其他設置方式，以期達到要求之功能。

交通島設置之主要功能如下：

1. 縮小衝突範圍或減少交叉點。
2. 使穿越車流爲 90° 或近於 90° 相交。
3. 使車輛以小角度匯入。
4. 減緩車輛速率。
5. 交叉路口設置之轉向車道及行人庇護島，可供交叉車輛、轉向車輛、騎自行車者及行人暫時停留以等候跨越或轉向。
6. 分散可能衝突之點。

7. 防止錯誤的轉向。
8. 提供適當地點裝設交通管制或安全設施。

12.1.2 交通島功能分類

交通島可依功能不同區分為四類，即 (a) 分隔島、(b) 槽化島、(c) 庇護島以及 (d) 圓環中心島，如圖 12-1 所示，茲分別敘述如下：

(a) 分隔島　(b) 槽化島

(c) 庇護島　(d) 圓環中心島

圖 12-1　交通島型態

12.1.2.1 分隔島

分隔島（又稱分隔帶），用以分隔對向車流或分隔快慢車輛之用，包括分隔對向車流之中央分隔島（帶），以及分隔快慢車流之車道（快慢）分隔島與邊緣帶等，其形狀可為長條形或淚滴形。最常應用者為分隔左轉車輛，以利直行交通。分隔島除配合設置交通管制設施外，若寬度達 2.5 公尺以上者，尚可配合公車營運方式作為公車候車站台。設置規定如下：

1. 分隔島寬度至少 0.5 公尺；有公共設施時，寬度宜大於 0.8 公尺；如有植栽時其寬度宜大於 1.2 公尺。
2. 分隔島若不兼作庇護島使用，且寬度小於 1 公尺時，得以標線或標記代替之。
3. 分隔島若兼作庇護島時應採屏障式緣石，其高度以 20 公分以下為宜，但行人穿越部分應採與路面齊平為原則，或於行人出入口設置路緣斜坡。

4. 分隔島配合橫交道路有開口需求時，橫交道路等級應爲分隔島所在道路次一級或以上，且橫交道路路面寬度應達 8 公尺以上；路段中以不開口爲原則，但備有救護車之醫院、消防隊門口及汽車專用迴轉道除外。

5. 中央分隔島開口長度應檢核車輛最小轉向軌跡，側向淨距宜採 0.25 公尺以上。開口長度不得小於橫交道路路面寬加 2.5 公尺，且不得小於 12.5 公尺，但特殊情況及專供車輛迴轉者不受此限。

   (1) 分隔島如配合公車營運作爲公車站台，則其寬度宜大於 3 公尺，最小 2.5 公尺。

   (2) 分隔島上設置交通管制設施時，交通管制設施距離分隔帶任一側邊緣不得小於 15 公分。

分隔島可依照開口設計，區分爲中央分隔島、車道（快慢）分隔島二種：

1. 中央分隔島

中央分隔島於路段中以不開口爲原則，若有開口需求時，中央分隔島開口決定因素爲分隔島所在道路及其橫交道路之等級，距離路口行人穿越道或立體穿越設施之距離，以及消防、醫療等緊急救援所需，分隔島開口條件彙整如下（如圖 12-2）：

(1) 中央分隔島所在之道路爲主要道路時，其橫交道路至少需爲次要道路以上之路口；中央分隔島所在之道路爲次要道路時，其橫交道路至少需爲集散道路以上之路口。

(2) 備有救護車之醫院大門口及消防隊門口。

(3) 專供汽車迴轉者（例如高架快速道路下方中央分隔島迴轉道）。

(4) 中央分隔島於路段中專供行人穿越之開口，該開口位置與既有路口行人穿越道或立體穿越設施之距離，於主要幹道其間距不宜小於 300 公尺；於次要道路其間距不宜小於 200 公尺。

2. 車道（快慢）分隔島

分隔式道路之車道（快慢）分隔島開口間距，除配合中央分隔帶開口位置外，尙需考慮快車道車輛於路口處禁止右轉，以避免與慢車道直行車輛衝突，同時可簡化路口號誌時相。而快車道上欲右轉之車輛，則利用前一路口或路段中車道（快慢）分隔島開口改行慢車道。

考慮市區道路規劃之交通效率性，市區道路之車道（快慢）分隔島於路段中是否配合橫交道路開口，將視橫交道路等級而定。亦即若車道（快慢）分隔島所在道路爲主要道路，則其橫交道路需爲集散道路以上方可考慮車道（快慢）分隔島開口；而車道（快慢）分隔島所在道路如果是次要道路，則其橫交道路需爲巷道以上方可考慮車道（快慢）分隔島是否開口。

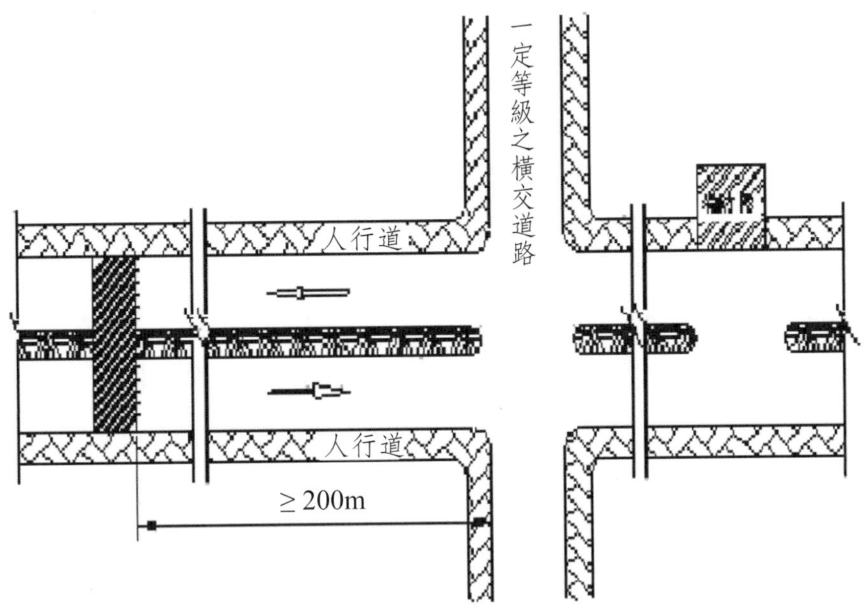

圖 12-2　中央分隔島開口位置示意圖

路段中車道（快慢）分隔島開口位置除考慮一般市區街廓中服務道路（集散道路及巷道）位置，尚需檢核快車道欲右轉車輛於路段中駛入慢車道後所須之交織長度是否足夠，交織長度係依交織路段的交通量而定。車道（快慢）分隔帶島口距路口最小距離，參見圖 12-3。

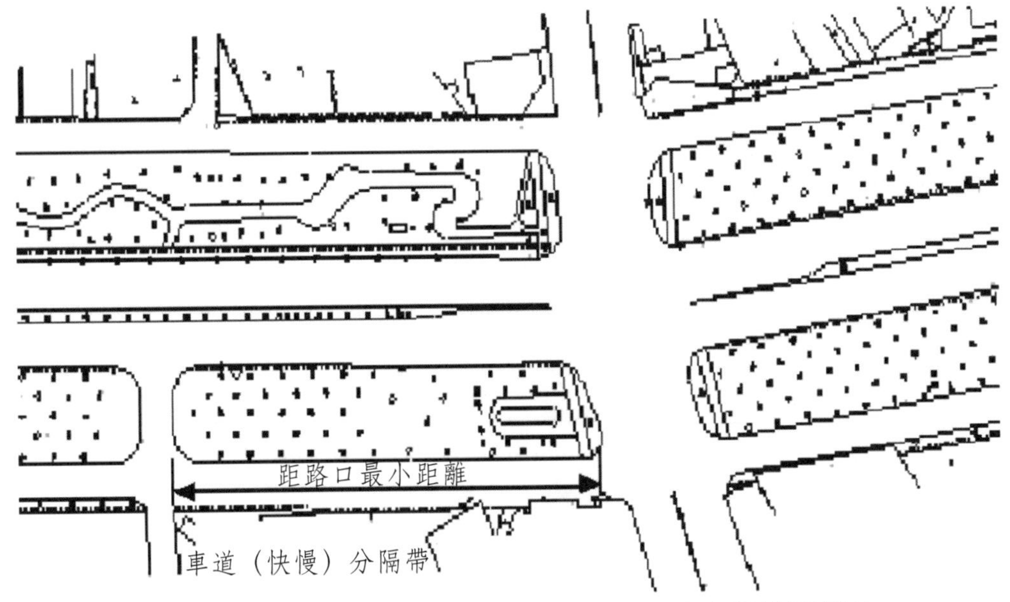

圖 12-3　車道（快慢）分隔島開口距路口最小距離示意圖

12.1.2.2 槽化島

槽化島用以引導車輛進入適當之動線，其型式需視現地條件之不同而變化，但槽化島形狀一般以三角形居多。槽化之目的在於運用交通島或其他適當方法，將發生衝突之車輛分開，或縮小及減少衝突點方式，並導引其行駛軌跡以便行人與車輛能安全而有秩序地流動。槽化之配置，就視距觀點而言，不應設於平曲線或凸形豎曲線上，若因受路權限制而無法避免時，則應力求平整，增加視距以促進安全。平面交叉之交角以直角爲宜；斜交時，其交角宜在 60° 以上。槽化島之設置原則如下：

1. 平面交叉路口應避免太多槽化島，槽化島面積宜 7 平方公尺以上，最小 5 平方公尺。

2. 槽化島爲三角形時，邊長宜 4 公尺以上；爲長條形時，長度宜 6 公尺以上，寬度依第 12.1.2.1 節設計之第 1 項規定。

3. 槽化島若不兼作庇護島使用時，可以標線或標記代替之；如需考慮保護行人，應採屏障式緣石，高度以 20 公分以下爲宜，行人穿越部分應採與路面齊平爲原則，或於行人出入口設置路緣斜坡。

4. 槽化島鼻端處之退縮宜大於 1 公尺，最小 0.5 公尺。緣石退縮之漸變比例宜大於 V_d /5 比 1。V_d 表設計速率（公里／小時）。

5. 緣石高度大於 20 公分時，其退縮距離宜按前項規定增加 0.25 公尺。

槽化島可分爲導向島、分向島二種：

1. 導向島

導向島用以引導車輛轉入適當的方向，其形狀一般多爲三角形。圖 12-4 之設計專爲右轉而設，此種形式，主要係供轉向半徑較大，交叉路口面積較廣之處採用，或者於行人與轉向車輛相交頻繁的交叉路口使用；圖 12-5(a) 及圖 12-5(b) 係爲左轉而設，可應用於三路交叉路口，或單行道之起迄點。

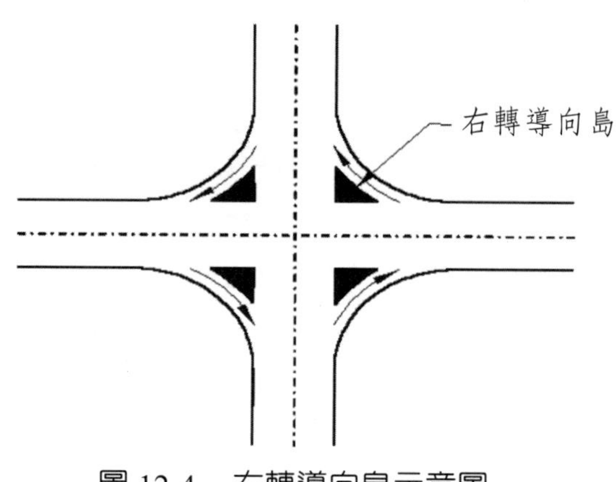

圖 12-4　右轉導向島示意圖

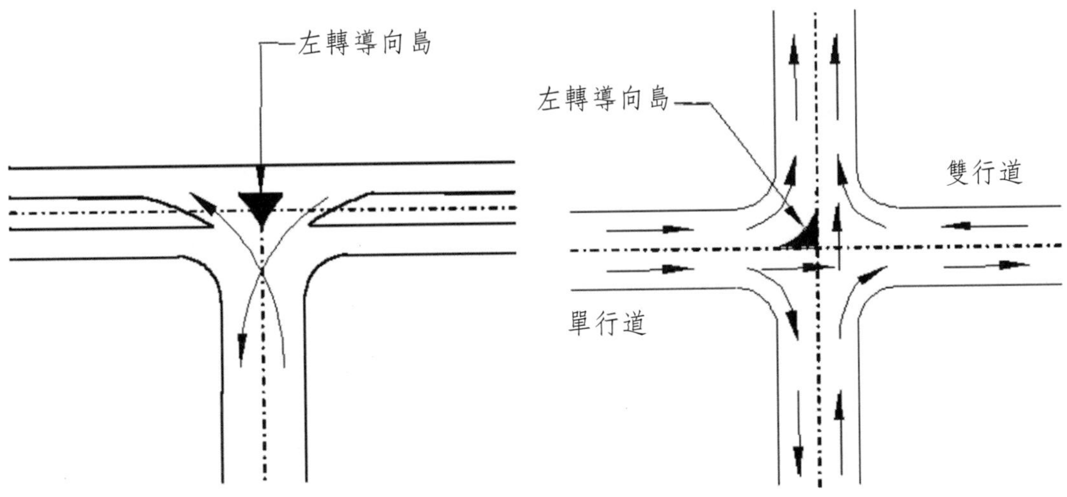

圖 12-5(a)　三路交叉左轉導向島示意圖　　圖 12-5(b)　單行道左轉導向島示意圖

2. 分向島

分向島通常使用於交通寧靜區，目的是為了降低車速，達到保護行人之功能。圖 12-6 即為淚滴型分向島設計範例。

槽化島亦可限制或防止錯誤的轉向如圖 12-7。

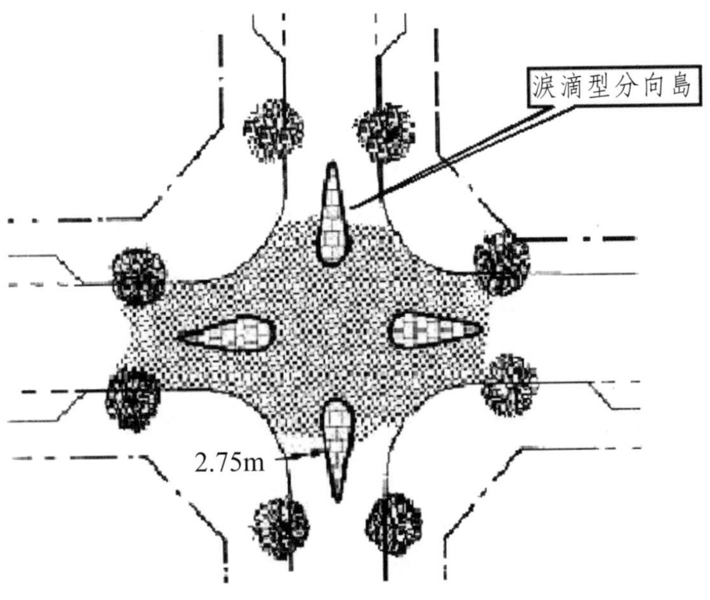

圖 12-6　淚滴型分向島設計示意圖

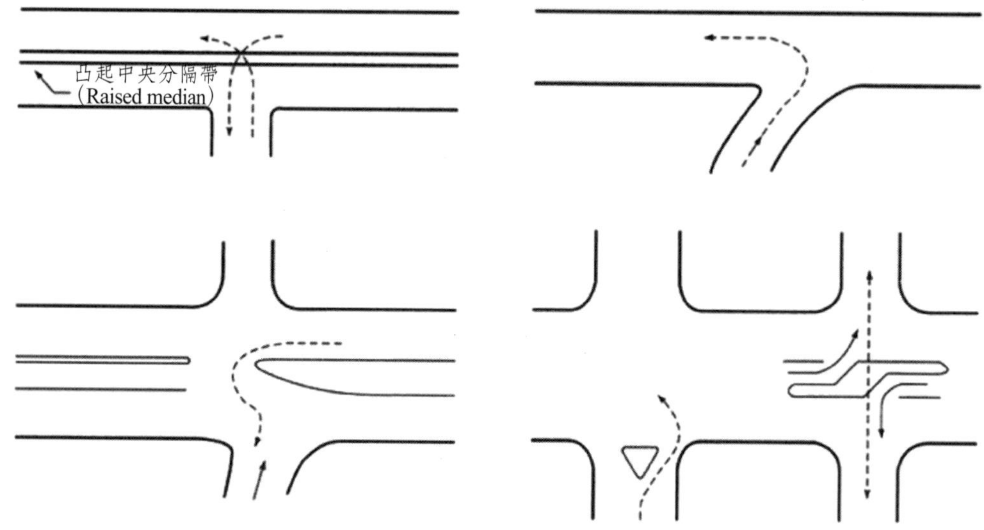

圖 12-7　限制或防止錯誤轉向的槽化島示意圖

（資料來源：Papacostas and Prevedouros, 2005）

12.1.2.3 庇護島

庇護島供行人及騎自行車者於穿越道路時，臨時暫停庇護之用；分隔帶及槽化島若作成屏障式（高出地面）均可兼作爲庇護島。此外，公車專用道爲保護候車乘客安全，亦可設置庇護島作爲候車站台。

考量行動不便者（如老人或持柺杖者）之步行速度較慢，並斟酌路口號誌時制計畫中綠燈時比的限制，當道路寬度達 25 公尺以上，且道路路型屬無分隔路型時，即可考量於路口處設置行人庇護島，提供行人（尤其是行動不便者）適當之待避空間，以有效保護行人通過路口的安全。

庇護島設計原則爲以下：

1. 庇護島寬度宜大於 1.5 公尺，長度以行人穿越道之寬度爲準。

2. 庇護島突出路面時高度以 20 公分爲宜，緣石應採屏障式，行人穿越部分應與路面齊平，或於行人出入口設置路緣斜坡。

3. 庇護島之端部應設置防護設施，並得加繪近障礙物標線及加設反光標誌。

庇護島可分爲行人庇護島、公車候車站台二種：

1. 行人庇護島

行人庇護島高度以 20 公分爲準，其寬度至少需 1.5 公尺，且應採無障礙設計方式。迎車面之端部應有端末處理，並得繪槽化線。行人庇護島寬度可視路口車流量及行人量之多寡斟酌調整，於設計實務上，一般大多以分隔帶之前緣作爲行人庇護島使用。圖 12-8 爲行人庇護島設置之範例。

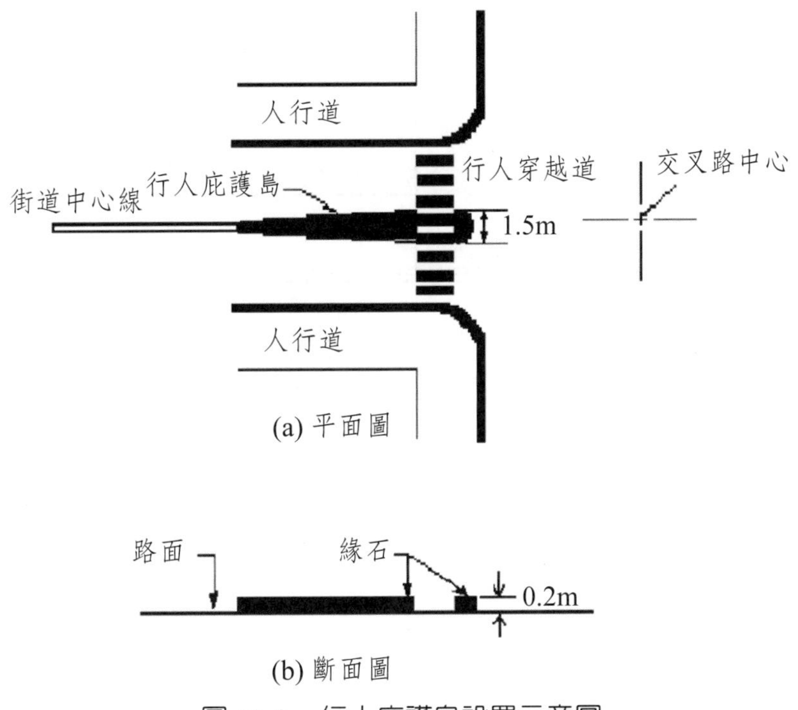

圖 12-8　行人庇護島設置示意圖

2. 公車候車站台

公車專用道爲維護乘客候車之安全，公車專用道之候車處須設置乘客候車之庇護島，以分隔人車使用空間，並放置相關候車設施，該站體主要由「A」型緣石[1]、鋪面及混凝土所組成。候車站台長度與寬度設計標準，訂定以第一席位長度 20 公尺及每增加一席位增加 15 公尺，計算站台之長度。另依乘客需求量、站台內相關設施及維護候車乘客安全等基本空間需求，站台最小寬度爲2.5～3公尺。相關尺寸規格如圖 12-9 所示。

12.1.2.4 圓環中心島

多路（五條以上道路）交叉路口，若以交通號誌管制將較爲複雜，因此可以圓環中心島的方式來處理。多條道路採平面交叉時，圓環用以導引車輛循反時鐘方向繞行，以交織代替直接交叉，而保持交通之順暢。圓環之組成要素參見圖 12-10 所示。

圓環中心島周邊緣石宜採用可跨式緣石，緣石面應加繪反光標線。如考慮行人或古蹟等建築物之安全時，得改爲屏障式緣石。

圓環之類型可依大小、分隔型式及功能區分如下：

1. 圓環依其大小可分爲「大型圓環」及「小型圓環」，如圖 12-11 所示。

1　請參考第 12.2.1 節之定義說明。

不銹欄桿
鋪面
1：3 水泥砂漿 3cm
176kg/cm2 預拌混凝土 22cm
176kg/cm2 預拌混凝土 18cm
預鑄緣石（27cm）
10cm
2%
2cm
3cm
15cm
7cm
18cm
AC
43cm
27cm
10cm 20cm
G.L
2cm
18cm
10cm
20cm
210cm
20cm

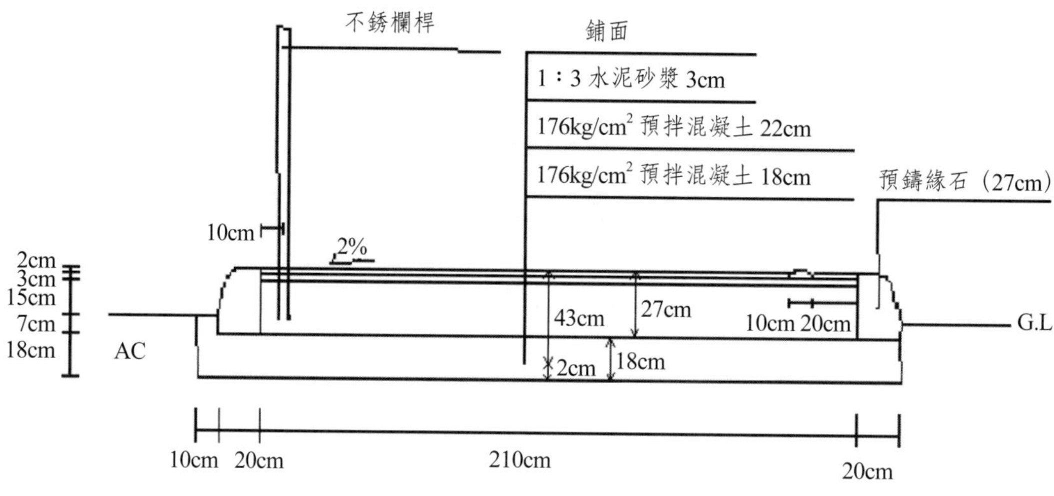

圖 12-9 公車專用道候車站台站體斷面圖

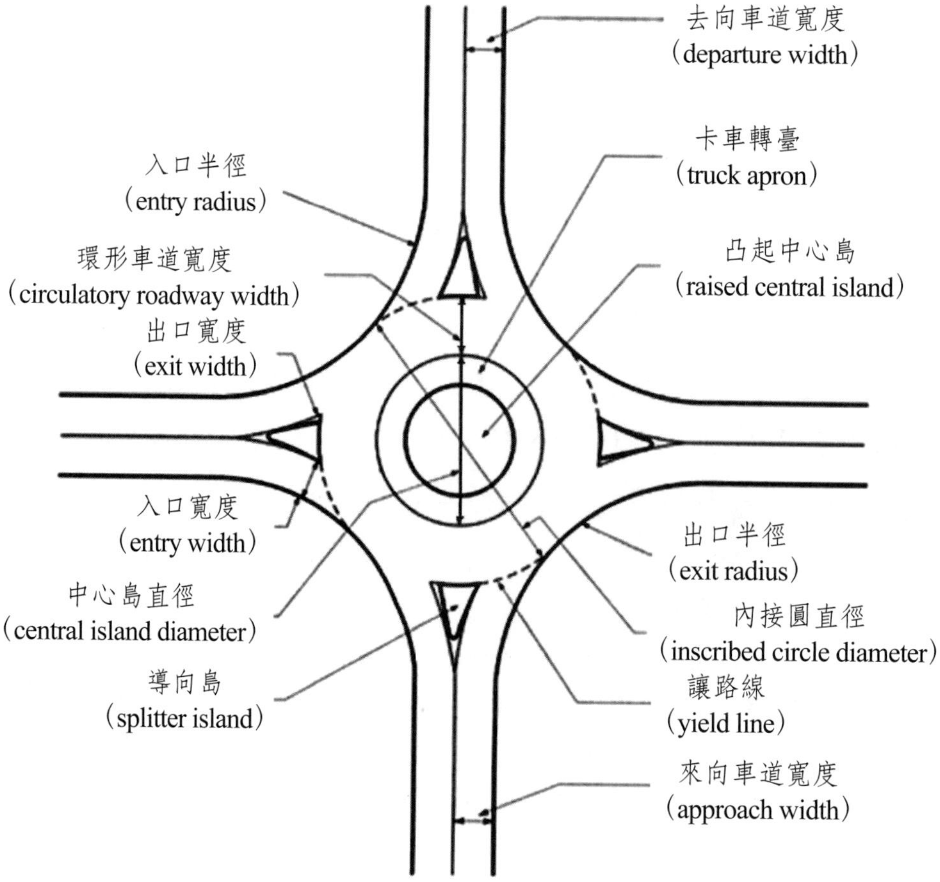

去向車道寬度
(departure width)
卡車轉臺
(truck apron)
入口半徑
(entry radius)
凸起中心島
(raised central island)
環形車道寬度
(circulatory roadway width)
出口寬度
(exit width)
入口寬度
(entry width)
出口半徑
(exit radius)
中心島直徑
(central island diameter)
內接圓直徑
(inscribed circle diameter)
導向島
(splitter island)
讓路線
(yield line)
來向車道寬度
(approach width)

圖 12-10 圓環組成要素

（資料來源：NCHRP, 1998）

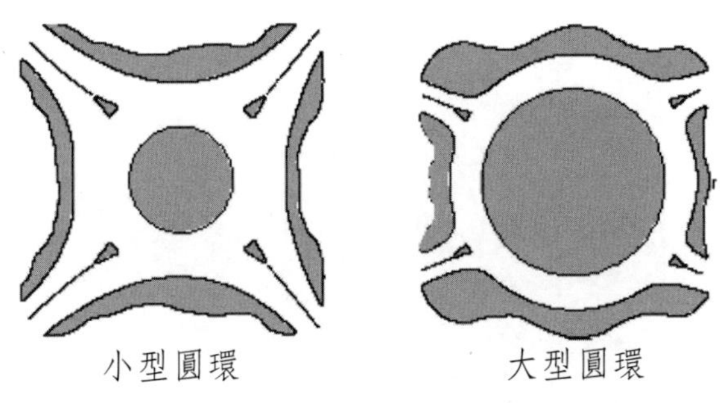

圖 12-11　小型及大型圓環示意圖

小型圓環係指半徑小於 15 公尺時之圓環。小型圓環考慮大型車及救災車輛（如消防車）之緊急通行需求，應以車輛軌跡線檢核是否於圓環中心島設置可跨越設施（如車道磚及可跨越式緣石），以利大型車輛順利通過圓環路口。

2. 圓環依其銜接道路分隔型式可分爲「無分隔圓環」及「快慢分隔圓環」。快慢分隔型圓環如圖 12-12 所示。

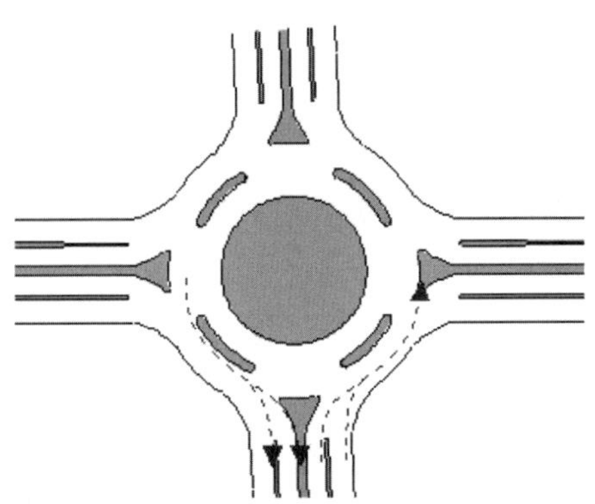

圖 12-12　快慢分隔型圓環示意圖

3. 圓環依其功能可分爲「一般交通圓環」及「交通寧靜區圓環」。係設置在道路或巷口中，強迫進入的車輛必須彎曲行進，以減低車輛速度，減少穿越型的交通，並以「可跨越式緣石」組成讓大型車通過。國內尚無「交通寧靜區圓環」案例（如圖 12-13）。

圖 12-13 德國交通寧靜區圓環實例

12.2 交通島之緣石與護欄

交通島之設施包括緣石與護欄在內，緣石使用於主要道路（含）等級以下之道路，若於快速道路（設計速率大於 60 公里／小時）則宜採用護欄。

12.2.1 緣石

緣石係指道路凸起區域（公共設施帶、人行道、交通島）之邊緣設施物，其功能包含控制排水、導引路面、保護行人、美觀道路及管制車流等。設置參考如圖 12-14a 所示。

緣石依高度及緣石面傾斜度，區分為「可跨式」（mountable）及「屏障式」（barrier）兩類。可跨式緣石約為 10～15 公分，屏障式約為 15～20 公分，分類標準依表 12-1 所列。

可跨越式緣石其表面斜率約為 1：1～2：1，車輛在緊急時可跨越救災。此類緣石可設於槽化島或中央分隔帶之邊緣或路肩之外緣。

市區道路設置緣石時如有行人庇護需求，應採用屏障式緣石，高度採 20 公分以下為宜。不可跨越式緣石一般分三種（A、B、C 型）。參考如圖 12-14b 所示。

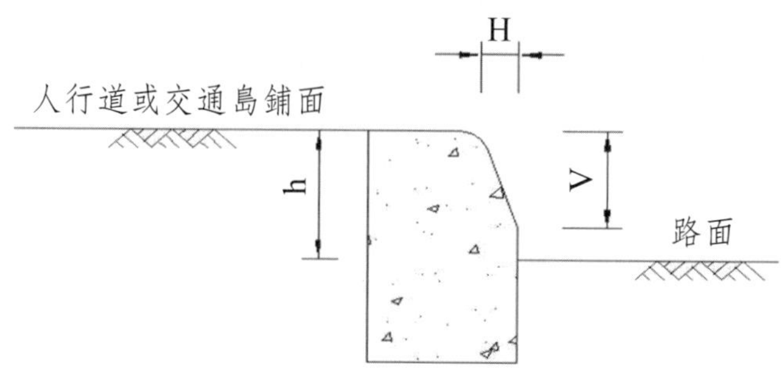

圖 12-14a 緣石斷面圖例

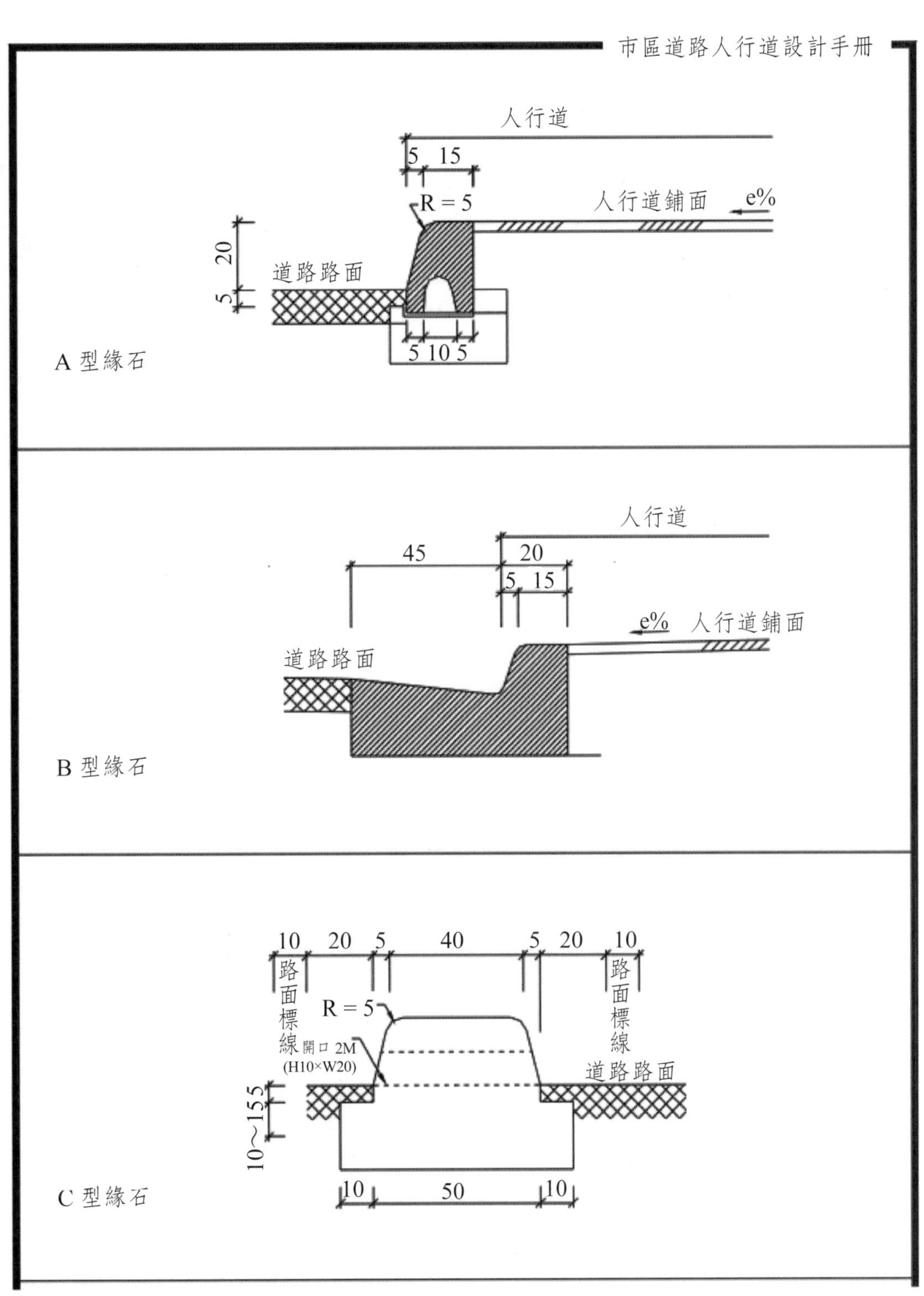

圖 12-14b　A、B、C 型緣石示意圖

（資料來源：市區道路人行道設計手冊第五章）

表 12-1　緣石分類

分類	高度 *h*（公分）	傾斜度	備註
可跨式	$h \leqq 10$	–	
可跨式	$10 < h \leqq 15$	V/H ≦ 1	
屏障式		V/H > 1	
屏障式	$15 < h \leqq 20$	–	特殊情況下，緣石高度得高於 20 公分

1. A 型緣石：最廣泛應用之緣石種類，可採用預鑄或場鑄方式使用於各種尺寸及形狀之交通島。

2. B 型緣石：配合道路排水設計，設置於排水溝上，應用於一般道路路側、快慢分隔道路之快車道外側。

3. C 型緣石：應用於中央分隔帶或車道（快慢）分隔帶，島體由鋼筋混凝土組成，爲規範規定之最小島寬（50 公分）。

12.2.2 護欄

護欄爲市區快速道路系統所採用，主要型式爲剛性護欄及半剛性護欄兩種，其型式選擇考慮之因素包括：設置成本、養護維修、駕駛者之保護、都市景觀與環境之相容等。

1. 剛性護欄

剛性護欄於國內慣用之型式主要爲紐澤西護欄，如圖 12-15 所示。其組成爲連續性之鋼筋混凝土護欄，側面傾斜，可以暗榫錨固，基礎可以適當的加深，外型可依道路幾何線形適當修正。

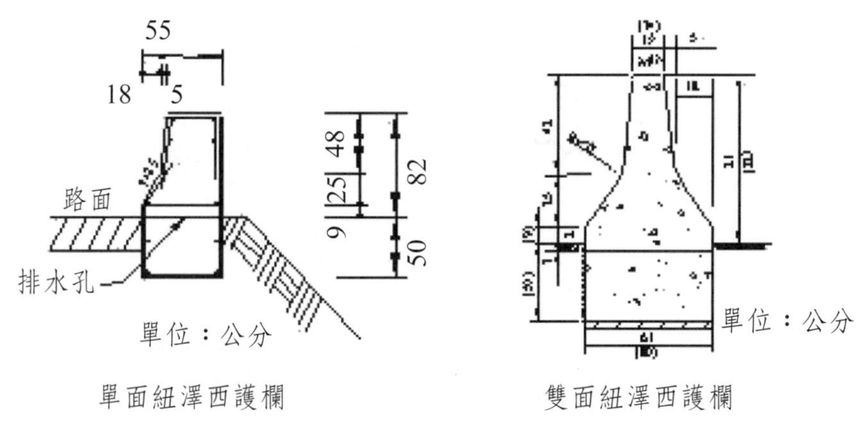

單面紐澤西護欄　　雙面紐澤西護欄

圖 12-15　紐澤西護欄設計圖例

2. 半剛性護欄

半剛性護欄於國內慣用之型式主要爲鋼板護欄，如圖 12-16 所示。主要組成爲橫梁 W 型鋼鈑、方型鋼管、浪型鋼鈑，支柱採強支柱設計，配有墊材。

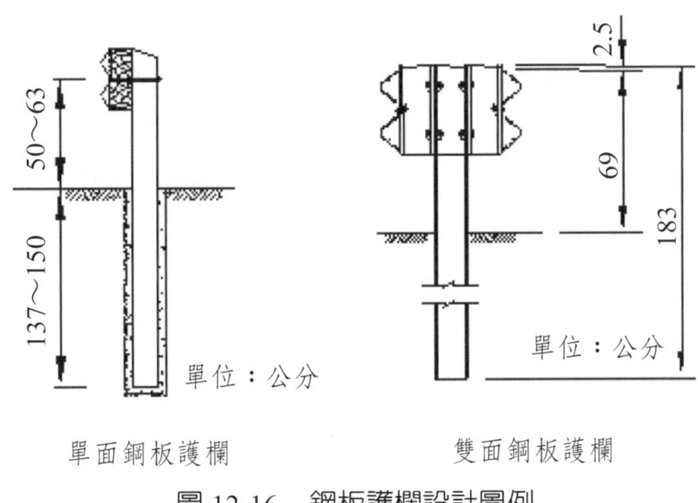

圖 12-16　鋼板護欄設計圖例

12.3 碰撞緩衝設計

12.3.1 碰撞緩衝路側設計（forgiving roadside design）

根據歐洲運輸安全委員會（European Transport Safety Council, ETSC）的統計，歐盟國家在行車事故中，自撞障礙物所占的比例達到 45%，因此如何減少單一車輛自撞事故的發生以及降低自撞事故的嚴重性，就成爲交通工程設施設計與施作的重要目標。

一般來說，容易造成自撞的路旁障礙物可以劃分成三大類：

1. 單一的固定物（single fixed objects）：包括樹木、岩石與漂石（boulders）、設施柱（utility poles）與燈光桿（lighting posts）、安全屏障終站與中間站（safety barrier terminals and transitions）、拱面牆（headwalls）、墓石（headstones），以及淨空區域內之圍籬（fencing）。

2. 連續的危險物（continuous hazards）：包括堤防與斜坡（embankments and slopes）、溝渠（ditches）、道路防護系統（road restraint systems）、緣石（kerbs）、永久水體（permanent water bodies），以及鋪面邊緣（pavement edge）。

3. 動態的路旁危險物（dynamic roadside hazards）：包括自行車、行人、停車，以及設立在木柱上或拖車上之臨時廣告標誌（temporary advertising signs on timber posts or trailers）。

若要降低車輛偏離道路衝撞路旁障礙物所造成致命事故之次數，就必須建立碰撞緩衝系統（forgiving systems）的觀念，意即經由尋求執行一系列安全改善措施使得道路更能夠承受駕駛人錯誤行爲而達到碰撞緩衝的目的。由此可知，碰撞緩衝路側設計的觀念在於降低錯誤駕駛行爲的後果，而非防止交通事故之發生。

欲達到這些具有野心的目標的策略就必須將安全系統的方法（safe systems approach）引進道路安全的範疇，安全系統[2]建立更安全道路與路邊環境的原則包括：

1. 降低車輛偏離車道的風險
2. 提供足夠之回復空間以供偏離車道之車輛使用
3. 確保車輛與路旁障礙物碰撞時會將駕駛人受衝撞的力道降至微小等級，不致造成嚴重傷亡。至於在碰撞時保護駕駛人與乘客的主要做法如下[3]（ETSC）：
   (1) 消除不必要的障礙物。
   (2) 將路邊障礙物移至遠處。
   (3) 修改障礙物的結構。
   (4) 利用較傳統護欄（guard-rails）更爲新穎的安全設施，以隔離特定之障礙物。

---

2 安全系統的方法主要植基於現有的道路安全干預（existing road safety interventions），包含下列三項原則：
(1) 人類的行為：人類總會犯錯，道路運輸系統必須吸納這種錯誤。
(2) 人類的脆弱（frailty）：人類很容易因為外力而重創或死亡，這部分必須納入設計考量。
(3) 碰撞緩衝系統（forgiving systems）：所有的道路、車輛、車速、用路人態度均必須能夠承受駕駛人錯誤行為而達到碰撞緩衝的目的。
（資料來源：National Roads Authority (NRA) (in Ireland), 2013, A guidance document for the implementation of the CEDRforgiving roadsides report.）

3 NRA（2013）則詳細提出三種讓路側更為安全的方案（treatment solutions）如下：
(1) 移除或重置障礙物：淨空區域的觀念、車道分岔區域的沙池（arrester beds）、安全植栽，以及圓環。
(2) 修改路側元素：分離設施（breakaway devices）、溝渠與斜坡處理、路線基礎的曲線處理、防撞石工結構（crashworthy masonry structures）、路肩修改（shoulder modifications）、擋土牆（retaining walls）與切割石頭（rockcuts）之修改、安全屏障終站（safety barrier terminals），以及安全屏障中間站（safety barrier transitions）。
(3) 屏蔽障礙物（shielding obstacles）：剛性屏蔽（rigid barriers）、半剛性屏蔽（semi-rigid barriers）、剛性屏蔽（flexible barriers）、暫行性安全屏蔽（temporary safety barriers）、防鑽撞設施（underriders）、路緣屏障組合（kerb-barrier combinations），以及碰撞緩衝設施（impact attenuators）。

12.3.2 國內有關碰撞緩衝設施之規定[4]

目前國內所使用的相關規範有二，即交通部的「交通工程手冊」以及臺灣省交通處公路局的「快速公路規劃設計手冊」。節錄相關內容如下：

1. 碰撞緩衝設施設置準則（交通工程手冊第八章，8.4.1）

(1) 在路側清除區範圍內或道路中，如有無法遷移之剛性物體，「宜」設置之。

(2) 公路分岔處之尖角區內若有固定障礙物，其前方「宜」設置碰撞緩衝設施。

(3) 在公路養護獲改善工程進行時，「可」使用活動式碰撞緩衝設施，以維護施工人員及駕駛人之安全，並防止車輛碰撞機具發生事故。

(4) 在車道上所設置之固定設施前方，如收費亭，「得」考慮設置碰撞緩衝設施。

2. 碰撞緩衝設施型式之選擇（交通工程手冊第八章，8.4.2）

選擇碰撞緩衝設施主要之考慮事項：

(1) 現場狀況：現場狀況為設施型式選擇之首要考慮事項，包括被防護對象之尺寸與結構特性，可供設施布設之空間與現場之幾何條件等。

(2) 設施之結構與安全性：設施之結構與安全性包括衝擊時之減速率、方向導正能力、是否需要錨定、受衝擊後是否產生碎片，以及是否需要支撐結構等。

(3) 設施之成本：設施之成本包括設置之初期成本、維護成本、對車輛或駕駛人之損害成本，以及設施之使用年限等。

(4) 維護之難易與美觀。

(5) 參考之試驗資料。

(6) 新式碰撞緩衝設施試驗性之設置。

3. 防撞設施設置原則（快速公路規劃設計手冊第九章，9.2）

(1)「應」優先考慮設置於交通量大或設計速率高的地點。

(2) 收費站之前端「宜」考慮設置防撞設施。

12.3.3 撞擊緩衝器

撞擊緩衝器（crash cushions）係依據碰撞原理使這些材料可以在與偏離道路的車輛碰撞時，將能量吸收。撞擊緩衝器常具有專利系統，存在各種各樣的形狀，使用一些容易取得的材料，如水或沙子，並將這些材料填充於桶中。某些縱向護欄如橋梁護欄、中央護欄的緩衝器設置為能防護大型車輛之碰撞，通常較為昂貴，故必須精心地選擇設置地點，如圖 12-17a、12-17b、12-17c 所示。

4　碰撞緩衝設施於「交通工程規範」已更名為「碰撞防護設施」。

圖 12-17a　撞擊緩衝器（crash cushions）——中央護欄正面

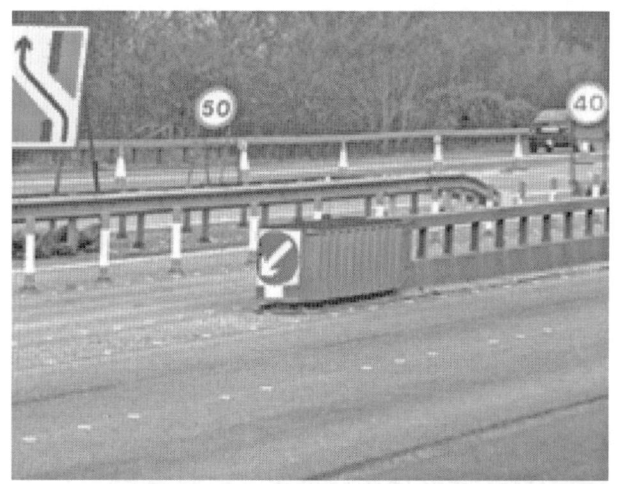

圖 12-17b　撞擊緩衝器（crash cushions）——中央護欄側面

圖 12-17c　撞擊緩衝器（crash cushions）——中央護欄碰撞

12.3.4 碰撞緩衝設施布設實例

依「道路交通標誌標線號誌設置規則」第 162 條：危險標記，用以標示道路上之彎道、危險路段、路寬變化路段及路上有障礙物體，以促進夜間行車安全。爲了裝設碰撞緩衝設施，通常需將原先設置之分向帶退縮（圖 12-18a、b），但這會產生下列兩個問題：

1. 停止線距離枕木紋行人穿越道過遠，對駕駛人之視距反而不利。

2. 設置碰撞緩撞設施而將中央分向帶／島進行退縮，致使路口加大，進而可能增加肇事之機會。

改善方法爲將分向帶端末處之危三類標記（圓圈標記處）移至碰撞緩衝設施前端裝設，用以指示道路中之障礙物體。

12.4 結論與建議

交通島是規範平面交叉路口行車秩序非常重要的交通設施，依照功能之不同可以區分爲四種，即：分隔島、槽化島、庇護島及圓環中心島。這些交通島的功能要能得以發揮尙需其他管理措施的配合，例如設置庇護島的路口號誌就必須設定足夠的綠燈長度，

圖 12-18a　交通安全——全民論文貼文的照片（台中市東勢區東關路），2016 年 12 月 18 日

圖 12-18b　交通安全——全民論文貼文的照片（台中市東勢區東關路），2016 年 12 月 18 日

讓行動不便的行人得以安全的到達。此外，圓環中心島的設置會減低道路容量，因此只適用於交通較不擁擠之地區。臺灣各大都市由於交通十分擁擠且土地資源有限，因此能夠設置圓環中心島的地點並不多見。至於碰撞緩衝路側設計的觀念主要在於降低錯誤駕駛行爲的後果，而非防止交通事故之發生，由於碰撞緩衝設施之發展日新月異，且其設置攸關交通安全至鉅，極需加強這方面之理論與實務之研究。

問題研討

1. 請說明交通島島體設施之組成元素，以及其型式為何？
2. 請說明交通島之設置方式。
3. 請說明交通島設置之主要功能為何，交通島之功能分類有幾種？其設計標準分別為何？
4. 請說明行人庇護島之種類與設計標準。

相關考題

1. 請說明路口槽化的目的為何？（10 分）就一丁字路口，針對各種可能的主要車流動線類型，描述其可能之槽化設計方式，並就其槽化島配置方式與動線及相關尺寸的要求，以示意圖詳加繪圖說明（須考慮有人行穿越需求）？（15 分）（90 專技高）

2. 設置道路護欄之目的為何？而在形式之選擇上應考慮哪些因素？(25 分)（92 專技高）
3. 路側護欄與中央護欄之設置準則各為何？並請敘述護欄型式選擇之要點有哪些？（25 分）（92 高三級第二試）
4. 請列舉交通島設置之主要功能為何？並詳細說明之。（25 分）（92 專技高）
5. 請說明交通島設置之主要功能為何？(25 分)（100 高三級）
6. 碰撞緩衝設施導入我國高快速公路已有多年歷史，也已被認為具相當安全防護功效，惟全球生產者眾多，而緩衝消能機制各異且屬商業機密，請問選用碰撞緩衝設施時主要應考慮哪些事項？(15 分)（103 高三級）

參考文獻

一、中文文獻

1. 交通部公路總局（2010），「認識公路」http://www.thb.gov.tw/tm/Menus/Menu08/main0801/main0801-3.aspx。
2. 內政部（2009），市區道路及附屬工程設計規範，臺北。
3. 交通部（2004），交通工程手冊，二版，幼獅文化事業公司，臺北。
4. 交通部（2015），交通工程規範，臺北。
5. 臺灣省交通處公路局，「快速公路規劃設計手冊」，民國八十一年五月。
6. 臺灣世曦工程顧問股份有限公司運輸土木部（2010），「公路、市區道路路線設計概論」，投影片，臺北。
7. 內政部營建署全球資訊網（2003），「市區道路交通島設計手冊」，擷取日期：2010，http://www.cpami.gov.tw/。

二、英文文獻

1. Papacostas, C.S. and Prevedouros, P.D., (2005), Transportation Engineering and Planning, 3 ed., Prentice Hall.
2. Transportation Research Board, (1998), Modern Roundabout Practice in the United States, NCHRP Synthesis 264, National Research Council, Washington, DC.

第 13 章

易肇事地點分析及改善策略

隨著經濟發展及旅次活動增加，使得道路交通量逐年增加，但伴隨而生的道路交通事故（road traffic accident）也日益頻繁。道路上發生交通事故時，不僅導致交通擁塞，甚至造成個人生命財產之損失，使得整個道路的服務水準降低與整體社會成本的增加，因此如何找出交通事故發生原因與降低事故的嚴重程度已成爲當務之急。而易肇事地點之判定（accident-prone location identification）通常爲道路交通安全管理程序的第一步。所謂易肇事地點一般又稱爲事故熱區（crash hotspots）、危險道路地點（hazardous road locations）、高危險地點（high-risk locations）、事故黑點（black spots）、優先改善地點（priority investigation locations）等。易肇事地點理論上可定義爲事故件數及／或事故嚴重度較其他類似地點爲高的地點（路段或路口），或指某一地點所發生的道路交通事故次數或嚴重程度到某一種標準或具有高度潛在肇事可能路段。易肇事地點如果判定錯誤，則導致高危險地點未能加以改善，但低危險地點卻投入太多改善工程資源。

雖然交通事故的發生受到多種因素所影響，具有相當程度的隨機性。但是透過事故資料的蒐集、整理、統計、分析與歸納，可以確認發生道路交通事故的規律性，再據以提出改善策略。此爲易肇事地點判定、事故分析及預防的最主要目的。本章即針對如何判斷易肇事地點及如何提出改善策略加以介紹。

本章節之順序安排如下：第一節針對道路交通事故之特性加以定義；第二節介紹事故統計分析之相關研究方法；第三節探討易肇事地點之判定方法；第四節介紹可行的易肇事地點改善策略；第五節爲結論與建議。

13.1 道路交通事故定義與特性

13.1.1 事故定義與分類

依據道路交通事故處理辦法第 2 條：「一、道路交通事故：指車輛或動力機械在道路上行駛，致有人受傷或死亡，或致車輛、動力機械、財物損壞之事故。」此外，根據強制汽車責任保險法第 13 條「本法所稱汽車交通事故，指使用或管理汽車致乘客或車外第三人傷害或死亡之事故。」另於道路交通事故處理規範第一點「定義（二）道路交通事故（以下簡稱交通事故）：指車輛或動力機械在道路上行駛，致有人受傷或死亡，或致車輛、動力機械、財物損壞之事故。」交通部公布之交通統計名詞公路運輸統計中「道路交通事故」的解釋係「道路交通事故指汽車或動力機械在道路上行駛，致有人員傷亡或車輛財物損壞之事故。」事故係指車輛與車輛相撞或撞及行人、牲畜、建物或因其事端而導致車輛損壞、人員傷亡及財物損失之交通事故。綜上所述，道路交通事故須符合下列構成要件：肇事一方須為「車輛或動力機械」、肇事須發生於「道路」上、須有「行駛」的狀態、須肇事致「有人傷、亡或車輛財物損壞」、須出於「過失或毫無過失之行為」。

現行道路交通事故死亡及受傷之判定標準，源自交通部道路交通安全督導會報民國58年12月29日交督字第0182號函，其規定如下：「死亡：指當場即死亡或自交通事故發生後24小時內死亡而言。重傷：係指下列情形之一者：合於刑法所定之重傷標準者、受傷須31天以上治療時間始克復原者，在發生交通事故經過24小時以後由於受傷之原因以致死亡者。輕傷：係指受傷後在30天內可治療復原者。」內政部警政署民國74年1月4日警署交字第009號函頒：「臺灣地區各警察機關交通事件報表管制考核規定」，因道路交通事故傷亡及財物受損之輕重區分為A1、A2及A3等三類：A1類之凡有人死亡或重傷之事故、A2類之僅有輕微傷害及財物損失之事故、A3類之無人傷亡、僅有財物損失之事故。民國85年11月編定之「道路交通事故調查報告表塡表須知」將A1、A2、A3定義如下：A1類：凡有人死亡或重傷、A2類：僅有輕微傷害及財物損失之事故、A3類：無人傷亡，僅有財物損失之交通事故。民國89年1月1日起各類道路交通事故分類如下：A1類係指造成人員當場或24小時內死亡之交通事故、A2類係指造成人員受傷或超過24小時死亡之交通事故、A3類係指無人傷亡，僅有財物損失之交通事故。為進一步與國外死亡事故之定義一致，民國105年8月18日將各類道路交通事故分類為：A1類係指造成人員當場或30天內死亡之交通事故、A2類係指造成人員受傷或超過30天死亡之交通事故、A3類係指無人傷亡，僅有財物損失之交通事故。茲將上述有關道路交通事故死亡及受傷之判定標準整理如表13-1。

表13-1　道路交通事故死亡及受傷之判定標準

頒布時間	規定依據	「A1」或死亡	「A2」或重傷	「A3」或輕傷
民國58年12月29日	交督字第0182號函	死亡：指當場即死亡或自交通事故發生後24小時內死亡而言。	重傷：係指下列情形之一者：合於刑法所定之重傷標準者、受傷須31天以上治療時間始克復原者，在發生交通事故經過24小時以後由於受傷之原因以致死亡者。	輕傷：係指受傷後在30天內可治療復原者。

頒布時間	規定依據	「A1」或死亡	「A2」或重傷	「A3」或輕傷
民國 74 年 1 月 4 日	臺灣地區各警察機關交通事件報表管制考核規定	「A1」：凡有人死亡或重傷之交通事故。	「A2」：僅有輕微傷害及財物損失之交通事故。	「A3」：無人傷亡，僅有財物損失之交通事故。
民國 85 年 11 月	道路交通事故調查報告表填表須知	「A1」：凡有人死亡或重傷之交通事故。	「A2」：僅有輕微傷害及財物損失之交通事故。	「A3」：無人傷亡，僅有財物損失之交通事故。
民國 89 年 1 月 1 日		「A1」：造成人員當場或 24 小時內死亡之交通事故。	「A2」：造成人員受傷或超過 24 小時死亡之交通事故。	「A3」：無人傷亡，僅有財物損失之交通事故。
民國 105 年 8 月 18 日		「A1」：造成人員當場或 30 天內死亡之交通事故。	「A2」：造成人員受傷或超過 30 天死亡之交通事故。	「A3」：無人傷亡，僅有財物損失之交通事故。

惟近年來，許多學者認爲現行 A2 類事故包括輕傷、重傷，甚至死亡（超過 24 小時或 30 天），其嚴重度差異甚大，有必要參考國外事故嚴重度分類方式，將 A2 進一步分爲輕傷及重傷兩類。

13.1.2 道路交通事故特性

交通事故具有包括隨機性、突發性、屢發性、社會性及不可預測之特性（艾嘉銘，2010）。說明如後：

1. 隨機性：交通運輸系統本身是一個複雜系統，與周圍環境相互作用時會構成一個動態的大系統。在這樣的動態大系統中，每一環節的失誤都可能會引發事故，而這些失誤絕大多數是隨機的，由此發生的事故也是隨機的。道路交通事故往往是多種因素共同作用或相互作用產生的結果，其中有許多因素本身就是隨機的，而多種因素正好湊在一起或互相作用發生的事故則具有更大的隨機性，因此道路交通事故的發生必定含有極大隨機性。

2. 突發性：道路交通事故的發生通常並沒有任何先兆。駕駛人從感知到危險至交通事故發生這段時間極爲短暫，往往短於駕駛員的反應時間與採取相應措施所需的時間。或者即使事故發生前駕駛員有足夠的反應時間，但由於駕駛員反應不正確、不準確、操作錯誤或不適宜，因而導致交通事故。

3. 社會性：道路交通是隨著社會和經濟的發展而發展的客觀社會現象，是一種日常生活和工作不可少的社會活動。在現代化的城市中，由於社會分工越來越細，人際間的交往也越來越密切，使人們在道路上的活動日趨頻繁，成爲一種社會的客觀需求。道路交通事故是隨著道路交通的發展而產生的一種現象，無論何時，只要發生交通行爲，就會有交通事故的危險性。道路交通隨著社會經濟的發展不斷地進行演進，從步行到馬車到汽車，以致形成今天的規模，這就是道路交通事故隨著社會和經濟而發展的社會現象，所以道路交通事故具有社會性。

4. 屢發性：由於汽車的高速發展，車輛急劇增加，交通量增大，造成道路交通事故頻繁，傷亡人數增多，道路交通事故傷亡的排名已爲世界前十大死因之一，世衛組織（WHO）曾特別將其列爲討論的議題。許多國家因道路交通事故造成的經濟損失約爲其國內生產總值（GDP）的 3～5%。因此，道路交通事故被稱爲是「無休止的交通戰爭」。

5. 不可預測性：道路交通事故是人、車、路組成的系統內部發展的產物，與該系統的組成因素有關，並受一些外部因素的影響。儘管交通事故是人類行爲的結果但卻不是人類行爲希望發生的結果。從行爲科學的觀點看，社會上沒有哪種行類似事故發生時的行爲，因此，無論如何研究事故發生的因素和防治措施，也不能預測何時何地何人發生何種事故。因此，道路交通事故是不可預測的。

從事故的特性可以了解交通事故發生的隨機、突發、屢發、不可預測性，這表示對交通事故研究仍有許多可以著力的地方，且交通事故是隨著社會和經濟的發展而產生的一種現象，人們必須隨社會和經濟的發展長期投入對交通事故的研究，才有機會對交通安全作出一些貢獻。

13.2 易肇事地點判定

易肇事地點判定包含易肇事評定指標及易肇事地點研判方法，分別說明如下（交通部運輸研究所，2003）：

13.2.1 易肇事評定指標

一般國內外常用來評定「易肇事」的指標有下列五種：

1. 肇事次數指標：根據研究範圍內，在一定期間內的事故紀錄資料，進行事故發生次數統計分析，分別依該事故發生位址之發生事故總次數、死亡事故或受傷事故之發生次數之統計分析結果，作爲「易肇事」衡量指標。

2. 傷亡人數指標：根據研究範圍內，在一定期間內的事故紀錄資料，進行事故死亡、受傷或傷、亡人數統計分析，分別依該事故發生位址之死亡、受傷或傷亡（死亡與受傷加總）總人數之統計分析結果，作爲「易肇事」衡量指標。

3. 肇事率指標：根據研究範圍內，在一定期間內的事故紀錄資料，分別計算各肇事地點位址之事故發生數或傷亡人數，除以該路段總車輛行駛里程（百萬延車公里）或經過該路口之總車次，得到每一路段或路口之肇事率或傷亡率，作爲「易肇事」地點之衡量指標。

4. 肇事嚴重性當量指標：根據研究範圍內，在一定期間內的事故紀錄資料，分別依該事故發生位址進行事故發生次數及傷、亡人數統計分析，並將其依給定權值轉換爲肇事發生當量、肇事嚴重性當量或財物損失當量，作爲「易肇事」地點之衡量指標。

5. 潛在風險指標：將事故地點一定期間內的事故記錄資料，包括事故次數、肇事率、肇事嚴重性、以及非肇事資料如視距、路段流量／容量值（V/C）、交通衝突點、不當之交通管理方式、不當駕駛行爲、交通資訊系統之欠缺等項目，轉換爲具有共同範圍之指標值（indicator value），再經由各項目之權重值轉換爲潛在風險指標（hazard index），並加總各項目潛在風險指標，以作爲「易肇事」地點改善之依據。

至於肇事地點分析長度的區間選定上，並無一致標準，一般可分爲路段長度區間與路口長度區間兩類。在國外部分，Deacon *et al.*（1975）建議每一路段長度區間應包含相同型式之鋪面、道路設計、交通型態及流量，並建議路段長度區間宜採單一固定值，其中，1.6 公里（1 英哩）爲合理的最小範圍值，其建議之範圍區間介於 3.2 公里（2 英哩）～8.0 公里（5 英哩），而美國肯塔基州則採 4.8 公里（3 英哩）。在國內部分，易肇事地點改善作業之地點長度區間爲 500 公尺。至於分析時段通常以一年爲比較基礎，因爲事故發生具有隨機性，太短的分析時段將不具代表性。

13.2.2 易肇事地點研判方法

易肇事地點之判定常用的方法有肇事地點圖法（accident spot map）、肇事件數法（accident frequency method）、肇事率法（accident rate method）、肇事件數與肇事率法、品管法、肇事嚴重性法、潛在風險指標法、肇事機率法、肇事機率法及嚴重程度控制法、肇事嚴重性比率法、實證貝氏法等作法內容摘要如下（交通部運輸研究所，2003）：

1. 肇事地點圖法：將肇事次數及嚴重程度，按照其事故發生的位置，標示於地圖上，如圖 13-1 所示，是最簡單直接的易肇事地點判定方法。

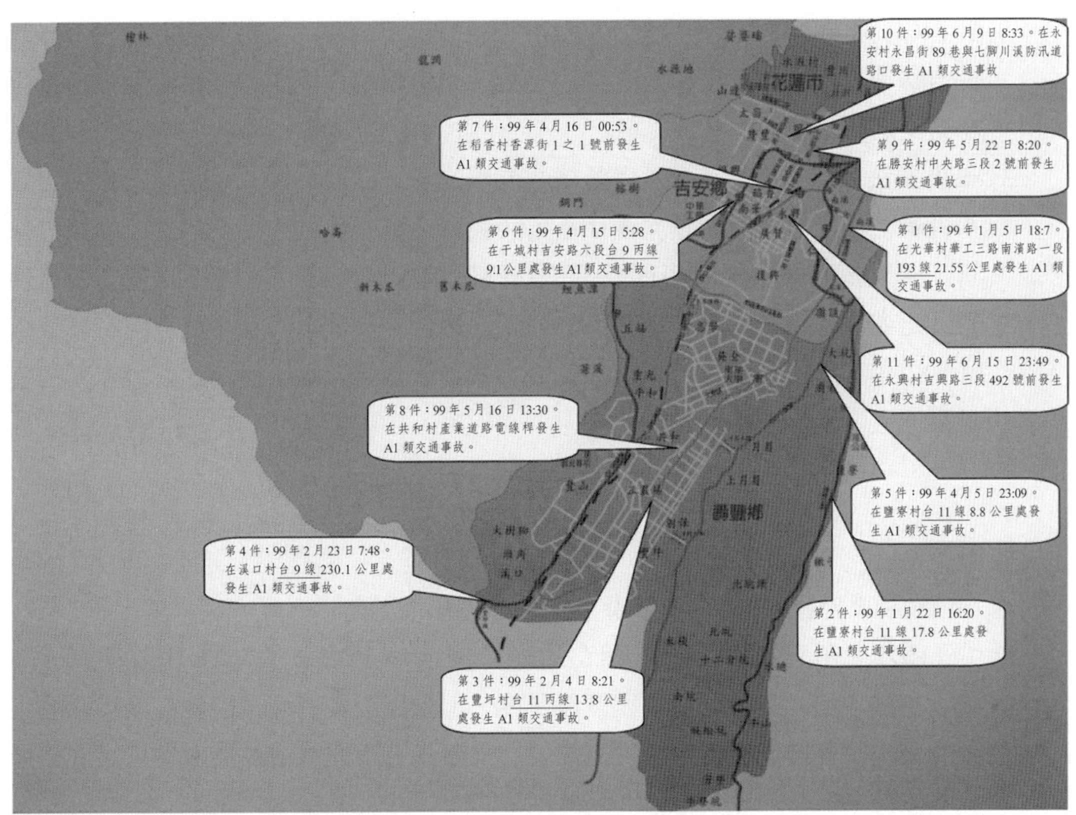

圖 13-1　交通事故斑點圖

（資料來源：花蓮縣警察局吉安分局 99 年 1～6 月）

2. 肇事件數法：係利用建立之交通事故資料，統計一特定期間內，於某一地點所發生之交通事故總次數，當交通事故總次數超過所訂定之門檻值（critical value）時，即將該地點評定爲易肇事地點。此外，並可將選定之易肇事地點依其交通事故數量之多寡，排定其危險程度之大小，而據以作爲改善之優先順序。此方法一般較適用於交通量較低之地區性道路系統。但純以交通事故件數作爲比較基準，易受區段長度大小設定之影響，一般而言，區段較長者，其肇事次數可能較多。因此，陳世屺和蔡肇鵬（1980）即以某一公路區段內所發生之交通事故密度來表示，若該值大於平均數或平均數兩倍時，則評估認定其爲易肇事路段。其數學模式爲：

$$D_i = A_i / L_i \qquad (13\text{-}1)$$

其中，

D_i：第 i 區段內之交通事故密度（件／公里）

A_i：第 i 區段內於調查期間之交通事故件數

L_i：第 i 區段長度（公里）

此方法簡單、明瞭，但未考慮交通事故之死傷嚴重程度與忽略路段間交通量大小對交通事故之影響。

3. 肇事率法：肇事率法進一步考量事故的曝光量（exposure），其計算方式爲肇事件數／曝光量。所謂曝光量係指進入或行經某一地點的總交通量。在路口採用「每百萬車輛數之肇事件數」；在路段則採用「每百萬車一公里之肇事件數」之肇事率指標，再利用高低排列順序來評定易肇事地點。陳世屺和蔡肇鵬（1980）以某一區段內，所發生之交通事故件數除以該區段內之行駛百萬公里數表示之，其數學模式爲：

$$R_i = [A_i(365 \times ADT_i \times L_i) \times 10^6] \qquad (13\text{-}2)$$

其中，

R_i：第 i 區段內之交通肇事率（件／百萬車公里）

ADT_i：第 i 區段內之平均日交通量

以上兩種方法，納入交通量與區段長度，但未區分其特性，僅就該區段內發生之交通事故件數或肇事率發生最高者爲最優先選擇或就潛在危險性排序者爲最優先依據。

4. 肇事件數與肇事率法（矩陣法）：主要是結合肇事件數與肇事率指標，利用肇事件數爲橫軸，肇事機率爲縱軸，將各評估地點依肇事件數及肇事率標示於肇事件數－肇事機率矩陣（frequency-rate matrix）上。矩陣位置愈右上方點表示優先順位較高之肇事地點，因爲具有高肇事件數及高肇事率特性。本方法優點在於結合肇事件數與肇事率，並可避免低流量路段之肇事率及高流量路段之肇事件數被過度突顯；而其缺點爲評估過程較複雜，同時未考慮肇事傷亡及損壞嚴重程度。

5. 品管法（臨界肇事率法）：運用統計方法的假設與檢定，來檢定各地點肇事率是否顯著高於所有類似路段的平均肇事率，如果該地點之肇事率超過所有類似路段的臨界肇事率時，即認定該路段爲易肇事地點。其臨界肇事率 R_c 之計算公式如下：

$$R_c = R_a + K \times (R_a/M)^{0.5} + 1/(2M) \qquad (13\text{-}3)$$

其中，

R_c：爲臨界肇事率

R_a：爲類似路段之平均肇事率

K：統計上顯著水準之機率因子

M：行經該肇事地點之交通量（百萬車公里）

本方法優點爲避免低流量路段之肇事率與高流量路段之肇事次數被過度凸顯，並利用統計方法之信賴水準與檢定來評定易肇事地點；缺點爲未考慮交通事故之嚴重程度。

6. 肇事嚴重性法，前述各項方法均未考慮肇事嚴重性，本方法納入計算事故之死亡，受傷及財物損失嚴重程度時，並採取「當量」之計算方式，至於當量值（權重值）則經分析產生，如利用死亡成本、受傷成本、財物損失成本等。本作法是將每次肇事之嚴重因子蒐集整理後，經過公式轉換得出該事故之嚴重性指標，並依各地點嚴重程度指標高低選取易肇事地點。

$$E = \sum_i w_i f_i \tag{13-4}$$

其中，

E：嚴重程度評估指標

w_i：第 i 種事故之嚴重性當量值

f_i：第 i 種事故之件數

目前國內外所使用之相關肇事嚴重性當量指標如下，

(1) 美國肯塔基州與西南密西根州財物損失當量（estimated property damage only, EPDO）：

EPDO = 9.5×(F + A) + 3.5×(B + C) + PDO

(2) 美國奧克拉荷馬州財物損失當量：

EPDO = 4×(F + A + B + C) + 2×PDO

(3) 美國愛荷華州財物損失當量：

EPDO = 9×F + 3×I + PDO

(4) 美國俄亥俄州財物損失當量：

EPDO = 292.9×F + 6.9×I + PDO

(5) 美國北卡羅來納州財物損失當量：

EPDO = 9×F + 1×I

(6) 我國交通部運輸研究所：

ETAN = 9.5×F + 3.5×I + TAN

其中，

EPDO：財物損失當量

F：死亡事故次數

I：受傷事故次數

A：有 A 級受傷事故次數（註：我國未將受傷事故分級）

B：有 B 級受傷事故次數

C：有 C 級受傷事故次數

PDO：爲僅有財物損失事故次數

ETAN（equivalent total accident number）：肇事次數當量

TAN：總肇事次數

7. 潛在風險指標法：根據研究範圍，將事故地點某期間內的事故記錄，包括事故次數、肇事率、肇事嚴重性、以及非肇事資訊，如視距、路段流量／容量值、交通衝突點、交通管理方式、駕駛行爲、交通資訊系統提供等項目，轉換爲具有共同範圍之指標值。再經由各項目之權重值轉換爲潛在風險指標，並加總各項目潛在風險指標，最後經由排序各地點之總潛在風險指標值以評定易肇事地點。
8. 肇事機率法：應用品管理論，爲各分析對象建立在特定信賴水準下的肇事率上下限，進而篩選易肇事地點。優點爲比較基準一致，並可描繪實際值與統計值間差異之隨機性；缺點爲方法繁複，且未考量肇事之傷亡情形等。
9. 肇事機率法及嚴重程度控制法：將分析對象之肇事率、嚴重程度、肇事次數分別除以其所屬類別之相關上限以得出三項危險因子，將各分析對象之三項危險因子相加或加權，以得到一包含三項危險因子的綜合性評估指標，再將該綜合性評估指標排序以判定各分析對象潛在危險性的高低。
10. 肇事嚴重性比率法：利用肇事嚴重性指標及肇事次數指標，將各分析對象之肇事嚴重性當量值除以該路段之肇事次數或交通量（如百萬延車公里等）後，加以排列其大小，以判定易肇事地點及改善優先順序。
11. 實證貝氏法：利用二種線索來估測分析對象的不安全性：(1) 道路交通事故特性、(2) 道路交通事故記錄。藉由前者可了解在固定之時段內，分析對象的一般性特質，亦即分析人員可利用與分析對象類似之其他對象（參考母體）的若干年相關資料，所取得的單位時間內之不安全性資訊，來表示該分析對象在人、車、路狀況均固定的情形下，其於單位時間內所面臨的不安全性，但是僅利用此種訊息來闡釋分析對象的不安全性，顯然無法彰顯該分析對象發生道路交通事故的隨機性，與其本身獨有之特質所產生的影響，故須利用第二條線索，來補其不足；由另一方面來說，如果分析人員僅用分析對象的道路交通事故記錄來說明其不安全性，則會發生當分析對象無道路交通事故記錄時，所估測之不安全性爲零的不合理現象，因此須利用第一條線索來補充說明其不安全性。

易肇事地點之判定如果只是單純將不同嚴重度事故件數予以加權加總，則其判定之易肇事地點通常是交通流量較高的地方。但除非將這些地點之交通量降低，否則並不容易研提其改善策略。因此，合理的易肇事地點判定方法應依道路幾何條件及交通量高低加以分類評比，同一類型的地點，其事故件數或嚴重度明顯高於平均值，即代表其爲易肇事地點。基此，美國聯邦公路總署建構一套道路交通安全績效函數（safety performance function, SPF），可用以推估某一種道路環境及交通量下的平均事故件數。其函數型式如下：

$$P = L \times e^{-\alpha} \times (AADT)^{\beta} \qquad (13\text{-}5)$$

其中，

P：事故件數

L：路段長度

$AADT$：年平均日交通量

α、β：待推估的參數

當然，式（13-5）可再加入坡度、曲率、曲線長度、交通量組成、號誌控制等相關變數，以反應不同道路交通環境之平均事故件數。各路段或路口可比較其事故件數是否較同類型地點之平均事故件數偏高，作爲判定易肇事地點之用。

13.3 事故分析與預測

事故分析與預測（accident analysis and prediction）對於事故肇因之確認及預防，具有相當重要之意義，也吸引相當多學者投入研究，無不希望能將事故之主要肇因加以確認，從而予以改善，俾以降低事故發生頻率或減輕事故嚴重性。由於事故資料多來自警員現場製作之交通事故調查報告，爲分析事故成因，並據以研擬改善對策，許多研究乃基於這些事故資料進行模化、分析及預測。其所採用的分析方法可分爲：個體（individual）及總體（collective）兩大類模式。以下即針對事故資料、個體模式及總體模式分別加以介紹。

13.3.1 事故資料

交通事故資料係來自交通警察到事故現場所製作的交通事故調查報告。該報告包括兩個主要調查表單（如表 13-1）。其中，「道路交通事故調查報告表（一）」的內容有記錄警察單位的資料，除了有事故類別、發生時間、地點、死傷人數外，還記錄肇事現場之道路與環境因素如事故發生時之天候、光線、道路類別、速限、道路型態、事故

表 13-1　道路交通事故調查報告表

警察局名稱	總編號	轄區分局名稱	處理編號
		分局	

道路交通事故調查報告表(一)

交通事故類別(請打勾)	A1	A2	A3

①發生時間

□□年□□月□□日

□□時□□分星期□

②發生地點　縣(市)

(1) 街道地址　區(市)　里　路__段__巷__弄__號前__公尺處　鎮(鄉)__(村)__鄰__(街)口　(東)(南)(西)(北)側　(附近)

(2) 路線及里程編號__公路__公里__公尺處__向__車道

(3) 平交道名稱__線__公里__公尺處__平交道(平交通專用)

③死傷人數

	(1)死亡(人)	(2)受傷(人)
24小時內	□□□	□□□
2-30日內	□□□	☒

④天候

1 暴雨　2 強風　3 風沙　4 霧或煙　5 雪　6 雨　7 陰　8 晴

⑤光線

1 日間自然光線
2 晨或暮光
3 夜間(或隧道、地下道、涵洞)有照明
4 夜間(或隧道、地下道、涵洞)無照明

⑥道路類別(第1當事人)

1 國道　2 省道　3 縣道　4 鄉道　5 市區道路　6 村里道路　7 專用道路　8 其他

⑦速限(第1當事者)

□□□

⑧道路型態

(一)平交道：01 有遮斷器　02 無遮斷器
(二)交岔路：03 三岔路　04 四岔路　05 多岔路
(三)單路部分：06 隧道　07 地下道　08 橋樑　09 涵洞　10 高架道路　11 彎曲路及附近　12 坡路　13 巷弄　14 直路　15 其他
(四)圓環廣場：16 圓環　17 廣場

⑨事故位置

(一)交岔路口：01 交岔路口內　02 交岔口附近　03 機車待轉區　04 機車停等區
(二)路段：05 交通島(含槽化線)　06 迴轉道　07 快車道　08 慢車道　09 一般車道(未劃分快慢車道)　10 公車專用道　11 機車專用道　12 機車優先道　13 路肩、路緣
(三)交流道：14 加速車道　15 減速車道　16 直線匝道　17 環道匝道
(四)其他：18 行人穿越道　19 穿越道附近　20 人行道　21 收費站附近　22 其他

⑩路面狀況

(1)路面鋪裝：1 柏油　2 水泥　3 碎石　4 其他鋪裝　5 無鋪裝
(2)路面狀態：1 冰雪　2 油滑　3 泥濘　4 濕潤　5 乾燥
(3)路面缺陷：1 路面鬆軟　2 突出(高低)不平　3 有坑洞　4 無缺陷

⑪道路障礙

(1)障礙物：1 道路工事(程)中　2 有堆積物　3 路上有停車　4 其他障礙物　5 無障礙物
(2)視距：(一)不良：1 彎道　2 坡道　3 建築物　4 樹木、農作物　5 路上停放車輛　6 其他；(二)良好：7 良好

⑫號誌

(1)號誌種類：1 行車管制號誌　2 行車管制號誌(附設行人專用號誌)　3 閃光號誌　4 無號誌
(2)號誌動作：1 正常　2 不正常　3 無動作　4 無號誌

⑬車道劃分設施-分向設施

(一)中央分向島：01 寬式(50 公分以上)　02 窄式附柵欄　03 窄式無柵欄
(二)雙向禁止超車線：04 附標記　05 無標記
(三)單向禁止超車線：06 附標記　07 無標記
(四)行車分向線：08 附標記　09 無標記
(五)無：10 無分向設施

⑭車道劃分設施-分道設施

(1)快車道或一般車道間：1 禁止變換車道線(附標記)　2 禁止變換車道線(無標記)　3 車道線(附標記)　4 車道線(無標記)　5 未繪設車道線
(2)快慢車道間：1 寬式快慢車道分隔島(50 公分以上)　2 窄式快慢車道分隔島(附柵欄)　3 窄式快慢車道分隔島(無柵欄)　4 快慢車道分隔線　5 未繪設快慢車道分隔線
(3)路面邊線：1. 有　2. 無

⑮事故類型及型態

(一)人與汽(機)車：01 對向通行中　02 同向通行中　03 穿越道路中　04 在路上嬉戲　05 在路上作業中　06 衝進路中　07 從停車後(或中)穿出　08 佇立路邊(外)　09 其他
(二)車與車：10 對撞　11 對向擦撞　12 同向擦撞　13 追撞　14 倒車撞　15 路口交岔撞　16 側撞　17 其他
(三)汽(機)車本身：18 路上翻車、摔倒　19 衝出路外　20 撞護欄(樁)　21 撞號誌、標誌桿　22 撞收費亭　23 撞交通島　24 撞非固定設施　25 撞橋樑、建築物　26 撞路樹、電桿　27 撞動物　28 撞工程施工　29 其他
(四)平交道事故：30 衝過(或撞壞)遮斷器　31 正越過平交道中　32 暫停位置不當　33 在平交道內無法行動　34 其他

表 13-1　道路交通事故調查報告表（續）

警察局名稱	總編號	轄區分局名稱	處理編號
		分局	

道路交通事故調查報告表(二)－□

⑯當事者姓名	⑰屬(性)別	⑱身分證字號	⑲出生年月日	⑳住址	㉑電話	備註
第幾當事者	1 男 2 女 3 無或物(動物、堆置物) 4 肇事逃逸尚未查獲					

㉒受傷程度	㉓主要傷處	㉔保護裝備	㉕行動電話
1. 24 小時內死亡 2.受傷 3.未受傷 4.不明 5.2-30 日內死亡	01 頭部　07 手(腕)部 02 頸部　08 腿(腳)部 03 胸部　09 多數傷 04 腹部　10 無 05 腰部　11 不明 06 背脊部	1 戴安全帽或繫安全帶(使用幼童安全椅) 2 未戴安全帽或未繫安全帶(未使用幼童安全椅) 3 不明 4 其他(行人、慢車駕駛人、汽車後座乘客)	1 未使用 2 使用手持 3 使用免持 4 不明 5 非汽(機)車駕駛人

㉖當事者區分(類別)						㉗車輛牌照號碼
(一)大客車 A01公營公車 A02民營公車 A03公營客運 A04民營客運 A05遊覽車 A06自用大客車 (二)大貨車 A11營業用 A12自用 (三)全聯結車	A21營業用 A22自用 (四)半聯結車 A31營業用 A32自用 (五)曳引車 A41營業用 A42自用 (六)小客車 B01計程車 B02租賃車 B03自用	(七)小貨車 (含客、貨兩用) B11營業用 B12自用 (八)機車 C01大型重型1 (550C.C.以上) C02大型重型2 (250-550C.C.) C03普通重型 C04普通輕型 C05小型輕型	(九)軍車 D01大客車 D02載重車 D03小型車 (十)特種車 E01救護車 E02消防車 E03警備車 E04工程車 E05其他特種車	(十一)慢車 F01腳踏自行車 F02電動輔助自行車 F03電動自行車 F04人力車 F05獸力車 F06其他慢車 (十二)其他車 G01拼裝車 G02農耕用車(或機械) G03動力機械 G04拖車(架)	G05火車 G06其他車 (十三)人 H01行人 H02乘客 H03其他人	

㉘車輛用途	㉙當事者行動狀態			㉚駕駛資格情形	㉛駕駛執照種類		㉜飲酒情形
1 砂石車 2 幼童專用車 3 校車 4 殘障特製車 5 教練車 6 裝載危險物品車 7 其他 8 非駕駛人及乘客	(一)車的狀態 01 起步 02 倒車 03 停車操作中 04 超車(含超越) 05 左轉彎 06 右轉彎 07 向左變換車道	08 向右變換車道 09 向前直行中 10 插入行列 11 迴轉或橫越道路中 12 急減速或急停止 13靜止(引擎熄火) 14停等(引擎未熄火) 15其他	(二)人的狀態 16 步行 17 靜立（止） 18 奔跑 19 上、下車 20 其他 (三)不明 21不明	1有適當之駕照 2無照(未達考照年齡) 3無照(已達考照年齡) 4越級駕駛 5駕照被吊扣 6駕照被吊(註)銷 7不明 8非汽(機)車駕駛人	(一)職業駕照 01 聯結車　02 大客車 03 大貨車　04 小型車 (二)普通駕照 05 聯結車　06 大客車 07 大貨車　08 小型車 (三)機車駕照 09 大型重型 10 普通重型　11 輕型	(四)軍用駕照 12 大客車　13 載重車 14 小型車 (五)其他 15 國際(外國)駕照 16 其他駕照(證) 17 學習駕駛證 18 無駕駛執照　19 不明 20 非汽(機)車駕駛人	1經觀察未飲酒 2經檢測無酒精反應 3經呼氣檢測未超過 0.15 mg/L或血液檢測未超過 0.03% 4經呼氣檢測 0.16~0.25 mg/L或血液檢測 0.031%~0.05% 5經呼氣檢測 0.26~0.40 mg/L或血液檢測 0.051%~0.08% 6經呼氣檢測 0.41~0.55 mg/L或血液檢測 0.081%~0.11% 7經呼氣檢測 0.56~0.80 mg/L或血液檢測 0.111%~0.16% 8經呼氣檢測超過 0.80 mg/L或血液檢測超過 0.16% 9無法檢測　10非駕駛人，未檢測　11不明

㉝車輛撞擊部位				最初	其他	㉞肇因研判	個別	主要	㉟肇事逃逸	㊱職業			㊲旅次目的
⑧ ⑤ ① ⑨ ④ ② ③ ⑦ ⑥　⑪ ⑫ ⑭ ⑬ 註：聯結車視為一部汽車	(一)汽車 01 前車頭 02 右側車身 03 後車尾 04 左側車身 05 右前車頭(身) 06 右後車尾(身)	07左後車尾(身) 08左前車頭(身) 09車頂 10車底 (二)機車 11 前車頭 12 右側車身	13 後車尾 14 左側車身 (三)其他 15 不明 16 非汽(機)車			參照索引			1 否 2 是	01 民意代表、行政主管、企業主管及經理人員 02 專業人員 03 技術員及助理人員 04 事務工作者 05 服務工作者 06 售貨員 07 農林漁牧工作者	08 保安工作者(不含警察人員) 09 技術工 10 汽車、火車駕駛員及船員 11 機械設備操作工及組裝工 12 非技術工及體力工 13 未就學兒童	14 小學生 15 國中生 16 高中生 17 專科生 18 大學(研究)生 19 家庭主婦(夫) 20 無業者 21 其他 22 不明 23 警察人員	1 上、下班 2 上、下學 3 業務聯繫 4 運輸 5 社交活動 6 觀光旅遊 7 購物 8 其他 9 不明

填表人：　　主管：　　刑事蒐證人員(現場死亡事故)：　　處理單位：　　（單位戳章）　　填表日期：　　年　　月　　日

表 13-1 道路交通事故調查報告表（續）

肇事因素索引表					
(一)駕駛人	16未保持行車安全距離	(三)裝載	(五)無（車輛駕駛人因素）	(七)行人(或乘客)	(八)交通管制(設施)
01違規超車	17未保持行車安全間隔	30裝載貨物不穩妥	44尚未發現肇事因素	51未依規定行走行人穿越道、地下道、天橋而穿越道路	61路況危險無安全（警告）設施
02爭(搶)道行駛	18停車操作時，未注意其他車(人)安全	31載貨超重而失控	(六)機件	52未依標誌、標線、號誌或手勢指揮穿越道路	62交通管制設施失靈或損毀
03蛇行、方向不定	19起步未注意其他車(人)安全	32超載人員而失控	45煞車失靈	53穿越道路未注意左右來車	63交通指揮不當
04逆向行駛	20吸食違禁物後駕駛失控	33貨物超長、寬、高而肇事	46方向操縱系統故障	54在道路上嬉戲或奔走不定	64平交道看守疏失或未放柵欄
05未靠右行駛	21酒醉(後)駕駛失控	34裝卸貨不當	47燈光系統故障	55未待車輛停妥而上下車	65其他交通管制不當
06未依規定讓車	22疲勞(患病)駕駛失控	35裝載未盡安全措施	48車輪脫落或輪胎爆裂	56上下車輛未注意安全	(九)無（非車輛駕駛人因素）
07變換車道或方向不當	23未注意車前狀態	36未待乘客安全上下開車	49車輛零件脫落	57頭手伸出車外而肇事	66動物竄出
08左轉彎未依規定	24搶(闖)越平交道	37其他裝載不當肇事	50其他引起事故之故障	58乘坐不當而跌落	67尚未發現肇事因素
09右轉彎未依規定	25違反號誌管制或指揮	(四)其他		59在路上工作未設適當標識	
10迴轉未依規定	26 違反特定標誌(線)禁制	38違規停車或暫停不當而肇事		60其他引起事故之疏失或行為	
11橫越道路不慎	(二)燈光	39拋錨未採安全措施			
12倒車未依規定	27未依規定使用燈光	40開啟車門不當而肇事			
13超速失控	28暗處停車無燈光、標識	41使用手持行動電話失控			
14未依規定減速	29夜間行駛無燈光設備	42其他引起事故之違規或不當行為			
15搶越行人穿越道		43不明原因肇事			

位置、路面狀況、道路障礙，交通設施、事故型態的資料。「道路交通事故調查報告表（二）」則記錄當事人之基本資料如姓名、性別、身分證號、出生年月日、受傷程度、傷處等資料，另有事故發生時駕駛人的屬性如職業、飲酒、資格，車輛屬性如車種、用途、撞擊部位及肇因研判等。最後一張表格則提供各種肇事原因之索引表，方便員警登載記錄之用。

其中，「道路交通事故調查報告表（一）」主要登載內容如下：

1. 發生時間：記錄年月日時分、星期。
2. 發生地點：含縣市、鄉鎮、路線、里程、方向、車道及鐵路平交道。
3. 死傷人數：含死亡與受傷人數。96年7月死亡欄增改爲24小時內與2至30日內。
4. 天候：含暴雨、強風、風沙、煙或霧、雪、雨、陰以及晴等八項。
5. 光線：含日間自然光線、晨或暮光、夜間（或隧道等等）有照明、夜間（或隧道等等）無照明等四項。
6. 道路類別：含國道、省道、縣道、鄉道、市區道路、村里道路、專用道路以及其他八項。
7. 速限：單位爲公里／時。不同道路其速限有所不同。
8. 道路型態：分爲平交道、交岔路、單路部分、圓環廣場等四大類。
9. 事故位置：含交叉路口、路段、交流道（加速車道、減速車道、匝道）及其他共 21 種位置，96 年 7 月將匝道增分爲直線匝道與環道匝道。
10. 路面狀況：分爲三欄，分別爲：(1) 路面鋪裝分爲柏油、水泥、碎石、其他鋪裝以及無鋪裝。(2) 路面狀況含冰雪、油滑、泥濘、濕潤以及乾燥等五類。(3) 路面缺陷含路面鬆軟、高低不平、有坑洞以及無缺陷等四類。
11. 道路障礙：劃分成障礙與視距兩欄，分別爲：(1) 障礙物：道路工事（程）中、有堆積物、路上有停車、其他障礙物以及無障礙物等五類。依事故發生時，現場 15 公尺範圍內有無障礙物是否造成影響。(2) 視距：分爲不良與良好兩類。
12. 號誌：包含號誌種類與號誌動作兩項。分別爲：(1) 號誌種類：分行車管制號誌、行人專用號誌、閃光號誌、無號誌四類。(2) 號誌動作：分正常、不正常、無動作及無號誌等四種類。
13. 車道劃分設施——分向設施：含中央分向島、雙向禁止超車線、單向禁止超車線、行車分向線、及無分向設施等五大項。
14. 車道劃分設施——分道設施：分三欄分別爲：
    (1) 快車道或一般車道：禁止變換車道線（附標記）、禁止變換車道線（無標記）、車道線（附標記）、車道線（無標記），未繪設車道線。

(2) 快慢車道間：分成寬式快慢車道分隔島（50 公分以上）、窄式快慢車道分隔島（附柵欄）、窄式快慢車道分隔島（無柵欄）、快慢車道分隔線及未繪設快慢車道分隔線等五類。

(3) 路面邊線：分有、無二種。

15. 事故類型及型態：分成四類型：

(1) 人與汽（機）車：分爲對向通行中、同向通行中、穿越道路中、在路上嬉戲、在路上作業中、衝進路中、從停車後（或中）穿出、佇立路邊（外）及其他等九類。

(2) 車與車：分爲對撞、對向擦撞、同向擦撞、追撞、倒車撞、路口交岔撞、側撞及其他等八類。

(3) 汽機車本身：分爲路上翻車與摔倒、衝出路外、撞護欄（樁）、撞號誌與標誌桿、撞收費亭、撞交通島、撞非固定設施、撞橋梁與建築物、撞路樹電桿、撞動物、撞工程施工及其他等十二類。

(4) 平交道事故：包括衝過（或撞壞）遮斷器、正越過平交道中、暫停位置不當、在平交道內無法行動及其他等五類。

16. 肇因研判分主要、個別兩欄。肇事因素索引分九類，如下：

(1) 駕駛人：違規超車、爭（搶）道行駛、蛇行、方向不定、逆向行駛、未靠右行駛、未依規定讓車、變換車道或方向不當、左轉彎未依規定、右轉彎未依規定、迴轉未依規定、橫越道路不愼、倒車未依規定、超速失控、未依規定減速、搶越行人穿越道、未保持行車安全距離、未保持行車安全間隔、停車操作時，未注意其他車（人）安全、起步未注意其他車（人）安全、吸食違禁物後駕駛失控、酒醉（後）駕駛失控、疲勞（患病）駕駛失控、未注意車前狀態、搶（闖）越平交道、違反號誌管制或指揮、違反特定標誌（線）禁制。

(2) 燈光：未依規定使用燈光、暗處停車無燈光、標識、夜間行駛無燈光設備（96 年 7 月增列）

(3) 裝載：裝載貨物不穩妥、載貨超重而失控、超載人員而失控、貨物超長、寬、高而肇事、裝卸貨不當、裝載未盡安全措施、未待乘客安全上下開車、其他裝載不當肇事。

(4) 其他：違規停車或暫停不當而肇事、拋錨未採安全措施、開啓車門不當而肇事、使用手持行動電話失控、其他引起事故之違規或不當行爲、不明原因肇事。

(5) 無（車輛駕駛人因素）：尚未發現肇事因素。

(6) 機件：煞車失靈、方向操縱系統故障、燈光系統故障、車輪脫落或輪胎爆裂、車輛零件脫落、其他引起事故之故障。

(7) 行人（或乘客）：未依規定行走行人穿越道、地下道、天橋而穿越道路、未依標誌、標線、號誌或手勢指揮穿越道路、穿越道路未注意左右來車、在道路上嬉戲或奔走不定、未待車輛停妥而上下車、上下車輛未注意安全、頭手伸出車外而肇事、乘坐不當而跌落、在路上工作未設適當標誌、其他引起事故之疏失或行爲。

(8) 交通管制設施：路況危險無安全（警告）設施、交通管制設施失靈或損毀、交通指揮不當、平交道看守疏失或未放柵欄：其他交通管制不當。

(9) 無（非車輛駕駛人因素）：動物竄出、尚未發現肇事因素。

「道路交通調查報告表（二）」則主要登載當事者相關資料，包括：

1. 當事者身份：包括姓名、性別、身份證字號、出生年月日、住址、電話等。
2. 受傷程度：分爲24小時內死亡、受傷、未受傷、不明、2至30日內死亡等五項。
3. 主要傷處：分爲 11 項，主要登載受傷之身體部位。
4. 保護裝備：主要登載安全帶、安全帽、幼童安全椅等之使用與否。
5. 行動電話：主要登載肇事時是否使用行動電話（手持、免持）。
6. 當事者區分：依當事者駕（乘）之運具類別，包括大客車、大貨車、半聯結車、曳引車、小客車、小貨車、機車、軍車、特種車、慢車、其他車，以及人等 12 類。各類運具再細分爲 2 至 6 細類不等。
7. 車輛牌照號碼。
8. 車輛用途：分爲砂石車、幼童專用車、校車、殘障特製車、教練車、裝載危險物品車、其他及非駕駛人及乘客。
9. 當事者行動狀態：分爲三大類，包括：
   (1) 車的狀態，例如，起步、倒車、停車操作中等 15 種動作。
   (2) 人的狀態，例如，步行、靜立、奔跑等 5 種動作。
   (3) 不明。
10. 駕駛資格情形：主要登載駕照之持有狀態。
11. 駕駛執照種類：分爲五大類，包括：
   (1) 職業駕照：聯結車、大客車、大貨車、小型車。
   (2) 普通駕照：聯結車、大客車、大貨車、小型車。
   (3) 機車駕照：大型重型、普通重型、輕型。
   (4) 軍用駕照：大客車、載重車、小型車。

(5) 其他：國際（外國駕照）、其他駕照（證）、學習駕照證、不明、非汽（機）車駕駛人。

12. 飲酒情形：分爲經觀察未飲酒經檢測無酒精反應、經呼氣檢測未超過 0.15mg/L 或血液檢測未超過 0.03%、經呼氣檢測 0.16～0.25mg/L 或血液檢測 0.031～0.05%、經呼氣檢測 0.26～0.40mg/L 或血液檢測 0.051～0.08%、經呼氣檢測 0.41～0.55mg/L 或血液檢測 0.081～0.11%、經呼氣檢測 0.56～0.80mg/L 或血液檢測 0.111～0.16%、經呼氣檢測超過 0.80mg/L 或血液檢測超過 0.16%、無法檢測、非駕駛人，未檢測，以及不明等 11 項。
13. 車輛撞擊部位：分爲汽車（10處）、機車（4處），以及其他（不明、非汽機車）等三大類。
14. 肇因研判：依肇事因素索引表登載主要及個別之肇因。主要係指整件事故的主要肇因，個別則指各該當事者之肇因。
15. 肇事逃逸：登載當事者是否肇事逃逸。
16. 職業：分爲 23 項。
17. 旅次目的：分爲上下班、上下學、業務聯繫、運輸、社交活動、觀光旅遊、購物、其他，以及不明等九項。

而上述因素可歸納爲人、車、路及環境等四類因素：

1. 人：死傷人數、事故關係人行爲等資料。
2. 車：車輛損失、車輛受損部分、車輛基本資料等資料。
3. 路：車道數、速限、道路類型、型態、事故位置、路面狀況與障礙、事故類型及型態、號誌、標線與標誌、車道劃分設施等資料。
4. 環境：天候、光線等資料。

13.3.1 個體模式

所謂個體模式係將每一個事故當作樣本，以各該事故的嚴重度（例如：A1 死亡事故、A2 受傷事故、A3 財損事故）作爲被解釋變數，駕駛行爲、現場交通與道路環境、預防反應行爲、以及碰撞型態等因素作爲解釋變數，以次序普羅比（ordered Probit model）、多項羅吉特（multinomial Logit model）或混合羅吉特（mixed Logit model）進行模化。但由於解釋變數大多爲類別變數，導致模式配適度通常不甚佳。另外，也有許多研究改採對變數分配型態較無嚴格要求之無母數方法進行模化，如羅吉斯迴歸模式（Logistic regression）、列聯表（contingency table）、類神經網路模式（artificial neural network），以及基因規則探勘（genetic rule mining）等方法進行（Shanker and

Mannering, 1996; Dissanayake *et al.*, 2002; Al-Ghamdi, 2002; Chiou *et al.*, 2013）。惟羅吉斯迴歸及交叉分析表均著重於勝算比（odds）及分布次數之表達，而類神經網路則主要係提供預測功能，較難以分析解釋變數的影響。雖然個體模式的研究對於事故的成因，有相當深入的探討，但卻較不易掌握事故發生的趨勢與評估安全措施的實施效果。

13.3.2 總體模式

所謂總體模式係以路口或路段爲單位，彙整某一期間內之發生件數，以發生件數或不同嚴重度事故比例作爲被解釋變數。當然，此一作法，只能就整體環境之相關變數，如號誌設置狀況、交叉路口型態、衝突點個數、平均日交通量、坡度、曲率等加以探討，無法觀測個案特性（如駕駛人社經變數、行爲反應狀況、當時天候狀況及交通狀況等）之影響。此類研究又分爲三類：

1. 事故頻次分析：事故頻次分析僅以事故發生件數爲基礎，進行模化。由於即便是一整年的事故資料，其分布次數仍相當有限，且均爲正整數計數資料（count data）及許多零事故樣本，不符常態分配。因此，一般多以一般化線性模式（generalized linear model）中的卜瓦松迴歸模式（Possion regression）、負二項迴歸模式（negative binomial regression）或負多項迴歸模式（negative multinomial regression）、卜瓦松—對數常態迴歸模式（Poisson-lognormal regression）等進行模化（Poch and Mannering, 1996; Ivan *et al.*, 1999; Abdel-Aty and Radwan, 2000; Greibe, 2003; Caliendo, 2007; Miaou *et al.*, 2003; Lord and Miranda-Moreno, 2008; Aquero-Valverde and Jovanis, 2008）。甚至，進一步考量當資料爲零的次數過高之狀況，以 ZIP（zero-inflated Poisson regression）或 ZINB（zero-inflated negative binomial regression）進行模化（Lambert, 1992）。然而無論上述何種方法，均存在的限制在於由於事故嚴重度差異甚大，將不同嚴重度事故件數，均視爲相同次數予以加總處理，將失去許多重要安全相關資訊，甚至導致錯誤的結論。因爲肇事的頻次多寡並不一定與肇事的嚴重性存在關聯。

2. 事故嚴重度分析：事故嚴重度分析係將各路段（或路口）之事故件數依嚴重度予以統計，假定在總事故件數已知的條件下，以各種嚴重度事故比例作爲被解釋變數，透過類別迴歸模式（多項羅吉特或混合羅吉特）予以模化，以此法構建之模式亦稱爲總計羅吉特（aggregate Logit）。此一概念即將分析路段或路口的嚴重度之事故比例視爲選擇機率建立模型，其缺點爲缺乏個體的相關資訊，例如：駕駛人身心狀況、車輛特徵、違法或藥物及酗酒等因素。

3. 事故頻次與嚴重度分析：當然，比較理想的處理方式即是同時考量事故頻次與嚴重度分析，並將兩者同時予以模化，但由於事故頻次資料屬計數資料，而事故嚴重度卻屬於比例資料。兩者適用的模型並不相同，在整合上確有相當困難。基此，部分研究乃採市場區隔方式，於建構頻次模式時，因假設不同嚴重度的頻次其分配型態與影響因素會有所差異，因此預先依據界定的嚴重性類別進行總樣本的劃分。此種兼顧肇事頻次與嚴重性之區隔方式，在分析原理上與一般肇事頻次迴歸無異，但假定不同肇事類型下的頻次彼此獨立，後續可就不同肇事類型頻次模式解釋能力、估計係數之顯著性或符號的比較，事實上，此法存在統計上的質疑，因為肇事嚴重性類別之間的影響關係並非相互獨立，例如減少或提高致命事故的發生機率，並無法避免提高或降低其他輕微事故的發生機率。或者認為可分別建構事故頻次模式（例如：卜瓦松與負二項迴歸）與事故嚴重度比例（例如：羅吉特與普羅比），再將兩者直接相乘，可得各路段不同嚴重度之事故件數分布。然此兩種作法都隱含相當強的假設。前者假設不同嚴重度事故的發生原因彼此相互獨立，後者則假設事故發生件數與嚴重度彼此間相互獨立。基此，部分研究以多變量頻次模式將不同嚴重度事故的件數視為應變數，以考量不同嚴重度事故件數間之關聯性（邱裕鈞和傅強，2015）或以有限混合模式（finite mixture model）結合頻次模式及嚴重度模式，利用誤差項模化頻次與嚴重度間之關聯性（Chiou and Fu, 2013, 2015）。

13.4 易肇事地點改善策略

易肇事地點經判定後，可透過簡單的資料分析或實地勘查或以上一節所介紹的統計方法找出主要肇事成因，接著再依據事故成因研擬改善策略。路口與路段之事故成因與改善策略可能不盡相同，分述如下（交通部運輸研究所，2010）：

13.4.1 路口

依據事故特性分析及國外之經驗，改善路口之肇事頻率與傷亡程度是以增加路口之可視度及路口（含周邊）之軟硬體設施的改善為主，具體的軟硬體設施之改善方向，包括路口周邊之停車管理、車道配置與轉向管制、交通設施的檢討與設置、安全停車視距的改善（非號誌化路口）、及促進駕駛遵守交通設施與交通法規。可用之改善策略如圖13-2 所示：

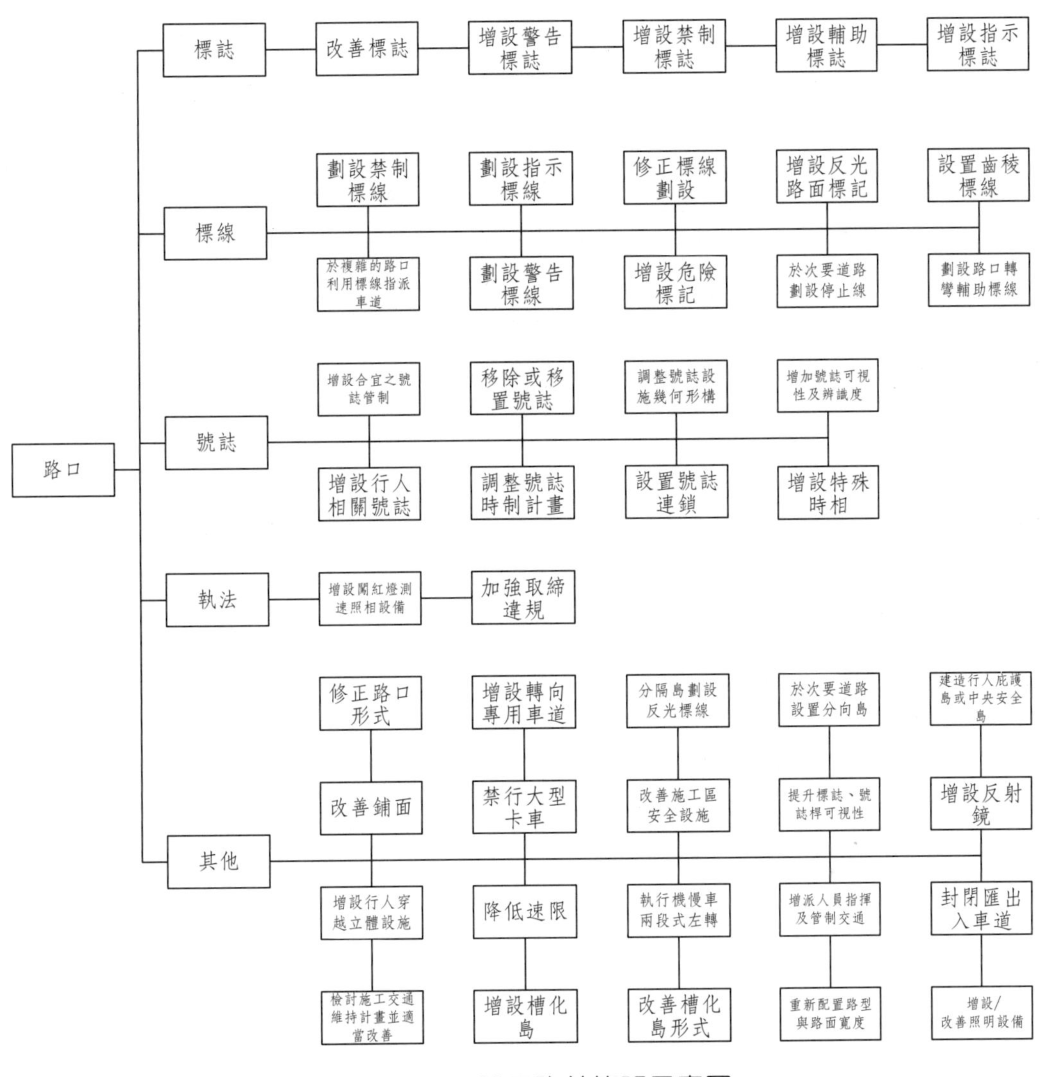

圖 13-2　路口改善策略示意圖

（資料來源：交通部運輸研究所，2010）

13.4.2 路段

依據事故嚴重特性分析及國外之經驗，發生於路段之事故以對撞、衝出路外、固定物體碰撞及駕駛人駕駛不當所引起的事故最爲爲嚴重，因此主要之改善策略是朝如何避免車輛偏離車道與跨越道路中心線、降低車輛衝出路外之可能性及如何降低因駕駛人違規或疏忽所引起的事故。較具體之改善方向，包括提供適當的警告、提升彎道線形的可視性與照明、安全停車視距的改善、如何促進駕駛人保持合理行車速度、設置護欄及路外固定物體的管理，同時亦可提供適當的警告與如何促進駕駛人保持合理的駕駛行爲等。可用之改善策略如圖 13-3 所示：

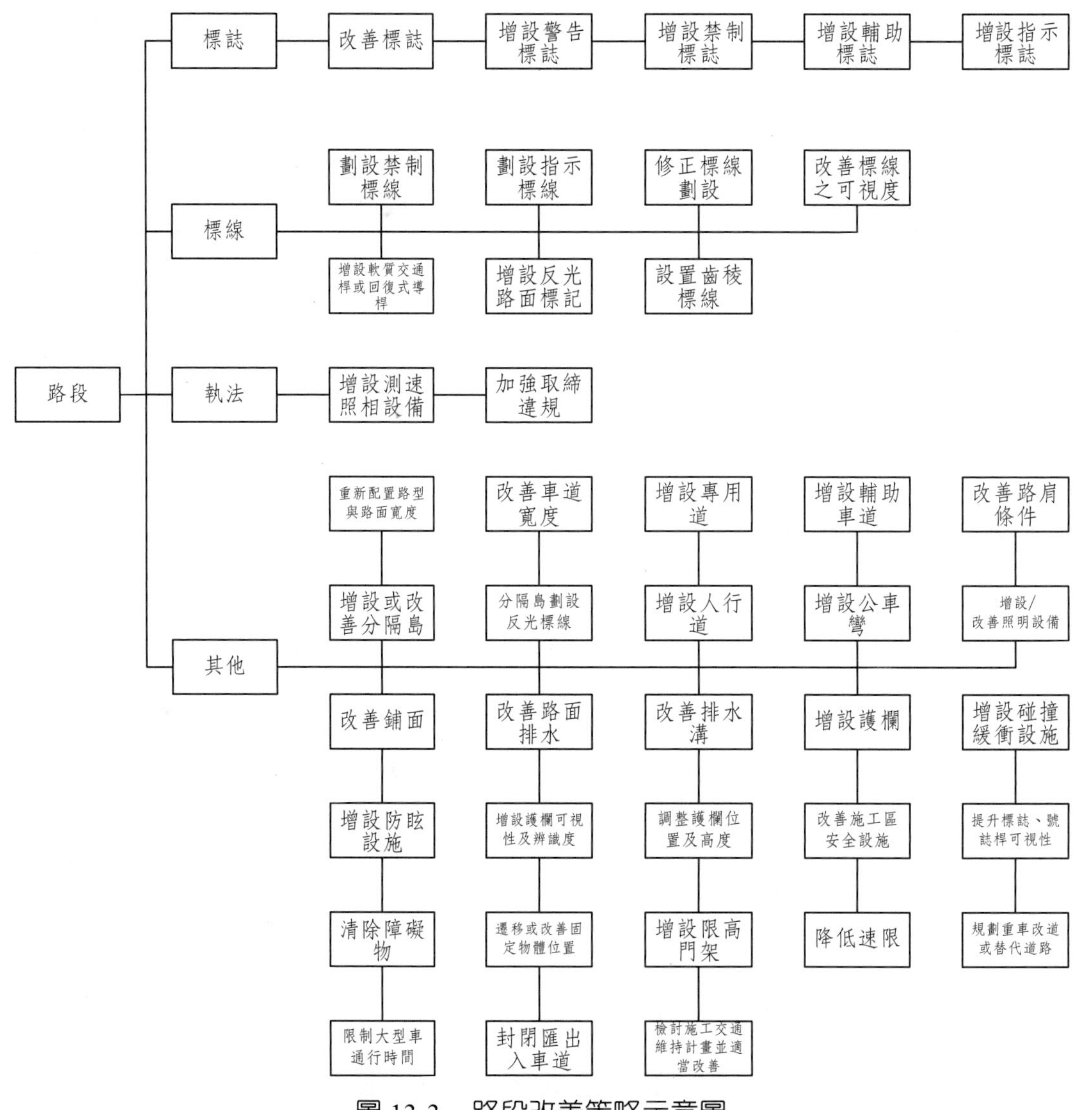

圖 13-3 路段改善策略示意圖

13.5 結論與建議

交通事故分析與改善策略研擬是維護道路交通安全一項非常重要的課題。然而由於道路交通事故的發生具有隨機性、突發性、屢發性、社會性及不可預測等特性，通常不符傳統母數統計分析上要求樣本數量多且呈常態分配之限制。因此，無論是以個體或總體角度進行事故之分析，均已有相當多的數量分析模型提出，而其中許多模式因應事故發生的特性，也發展出相當複雜的模型，值得有興趣的讀者投入研究。

如前所述，易肇事地點之判定可以透過複雜的數量模型加以預測（例如：卜瓦松迴歸、負二項迴歸等），也可以透過簡單的指標（例如：肇事件數法、肇事率法等）加以表達，端視肇事原因是否要於同一模式中加以辨認而定。事故數量模型旨在將建立事故危險與肇事成因間之關聯模式，除可辨認肇事成因外，也可依各路段或路口之相關資料代入，預測其肇事發生率及／或嚴重度，據以排序找出易肇事地點。而簡單指標方法則先用主觀設定肇事指標，先判定易肇事地點，再透過資料彙析或實地勘查，找出事故成因。

絕大部分的事故分析模式大多以交通事故統計資料作為分析來源，該資料主要係交通警察於事故現場所製作的交通事故交通調查報告（表）。該表內所記錄的事故相關資料或跡證，大多是可觀測的。但事實上交通事故的眞正成因可能與駕駛人生理狀態、心理因素，以及專心程度等難以量化且觀察的因素。這些因素的分析，可能必須透過實驗設計方式，例如駕駛模擬器，方能加以研析。況且警察到達事故現場後，爲能儘速排除事故以避免造成嚴重交通阻塞恢復交通，可能沒有充裕時間可供詳細蒐證與記錄。而不完整或不正確的事故資料，再先進嚴謹的研究方法也會產生錯誤的結果。因此，如何確保警察蒐證之精確與效率，爲一重要課題。另外，由於先進科技的發展，愈來愈多車輛及道路裝有行車記錄器及 CCTV，可將事故發生前後的周圍環境予以攝影記錄，也可作爲進一步強化蒐證、確認成因的重要輔助工具。

易肇事地點的改善策略是否奏效，端視事故的主要成因是否確實辨認，並「對症下藥」。而透過改善策略實施前後的事前事後分析（before-and-after analysis），可持續追蹤易肇事地點的改善狀況，也是一種有效的作法。

此外，美國聯邦公路總署所建立的道路交通安全績效函數，可用來作爲判定具有道路交通安全改善潛在機會的地點、評估道路設計規範變動對於道路交通安全改善之效果，以及評估道路交通工程安全改善策略之預期效果，對於道路交通安全之追蹤與改善具有相當重要的意義。我國也應該著手建立交通事故及道路交通環境的資料庫，並建立適用我國道路交通安全績效函數。

問題研討

1. 名詞解釋：
   (1) 易肇事地點（accident-prone locations）。
   (2) 肇事地點圖（accident spot map）。
   (3) 曝光量（exposure）。

(4) 肇事率法（accident rate method）。

(5) 安全績效函數（safety performance function）。

2. 請說明道路交通事故的特性。
3. 請說明易肇事地點之判定方法。
4. 事故之分析與預測有個體及總體兩大類模式，請比較此兩類模式的差異，並列舉其主要模式有哪些？
5. 進行易肇事路段判定時，必須將分析道路分段加以評估。試說明道路分段的考慮原則有哪些？
6. 易肇事路段的改善策略有哪些？

相關考題

1. 交通安全的改善策略，可以分為「降低肇事率」與「降低肇事嚴重程度」兩大類。請分別說明這兩類策略各有哪些主要方法？(20 分)（94 專技高檢覈）
2. 肇事地點圖（accident spot map）其紀錄內容可以包括哪些資訊？(25 分)（97 高三級）
3. 道路交通安全的改善策略，可以概略區分為「減低肇事率」與「減低肇事嚴重程度」兩大類別。請分別說明這兩大類策略的目標，以及各種可能的改善措施與方法。（20 分）（97 專技高）
4. 請詳述肇事報告應具備之內容以及資料分析之方式有哪些？(25 分)（98 專技高）
5. 易肇事地點分析的目的主要在剖析其肇事特性與可能的原因，並據以研擬有效可行的改善對策。請以任何一個已確定為易肇事地點的平面交叉路口為例，說明其分析的步驟，以及每一項步驟的具體內容與方法。（25 分）（99 專技高）
6. 交通安全之確保為交通工程師所努力達成之目標，以公路系統而言，請分別針對曝光量（exposure）控制、事故風險控制及事故嚴重性控制等三種策略，提出對應之執行方案。（25 分）（101 高三級）

參考文獻

一、中文文獻

1. 陳世屺、蔡肇鵬（1980），「臺灣區國道中山高速公路潛在危險路段之建立與判別」，運輸計劃季刊，第九卷第四期，頁 491-514。

2. 交通部運輸研究所（1992），臺灣地區易肇事路段改善計畫作業手冊。
3. 邱裕鈞（2010），「基因及螞蟻規則探勘模式——以事故分析及事故鑑定為例（I、II&III）」，國科會專題研究報告。
4. 交通部運輸研究所（2003），永續運輸資訊系統——交通事故資料分析研究。
5. 交通部運輸研究所（2010），易肇事路段改善專案研究。
6. 艾嘉銘（2010），重現型高速公路肇事路段與肇事因素之研究，逢甲大學土木水利研究所博士論文。
7. 邱裕鈞、傅強（2015），「不同嚴重程度及碰撞型態之多變量高速公路事故頻次模式」，運輸學刊，第二十七卷，第三期，第 345-384 頁。

二、英文文獻

1. Abdel-Aty, M.A. and Radwan, A.E. (2000) "Modeling traffic accident occurrence and involvement," *Accident Analysis and Prevention*, Vol. 32, pp. 633-542.
2. Aguero-Valverde, J., Jovanis, P.P. (2009) "Bayesian multivariate Poisson log-normal models for crash severity modeling and site ranking," *Proceedings of the 88th Annual Meeting of the Transportation Research Board.*
3. Al-Ghamdi, A.S. (2002) "Using logistic regression to estimate the influence of accident," *Accident Analysis and Prevention*, Vol. 34, No. 6, pp. 729-741.
4. Chiou, Y.C. and Fu, C. (2013) "Modeling crash frequency and severity using the multinomial-generalized Poisson model," *Accident Analysis and Prevention*, Vol.50, pp.73-82.
5. Chiou, Y.C. and Fu, C. (2015) "Modeling crash frequency and severity with spatiotemporal dependence," *Analytic Methods in Accident Research*, Vol. 5-6, pp. 43-58.
6. Chiou, Y.C., Lan, L.W. and Chen, W.B. (2013) "A two-stage mining framework to explore the key risk conditions on one-vehicle crash severity," *Accident Analysis and Prevention*, Vol.50, pp. 405-415.
7. Dissanayake, S. and Lu, J.J. (2002) "Factors influential in making an injury severity difference to older drivers involved in fixed object-Passenger car crashes", *Accident Analysis and Prevention*, Vol. 34, Issue 5, pp. 609-618.
8. Ivan, J.N., Pasupathy, R.K., and Ossenbruggen, P.J. (1999) "Differences in causality factors for single and multi-vehicle crashes on two-lane roads." *Accident Analysis and Prevention*, Vol. 31, pp. 695-704.
9. Lambert, D., (1992) "Zero-inflated Poisson regression, with an application to detects in manu-

facturing," *Technometrics*, Vol. 34, pp. 1-14.

10. Miaou, S.-P., Song, J.J. and Mallick, B.K. (2003) "Roadway traffic crash mapping: A space time modeling approach," *Journal of Transportation and Statistics,* Vol. 6, pp. 33-57.
11. Lord, D. and Miranda-Moreno, L.F. (2008) "Effects of low sample mean values and small sample size on the estimation of the fixed dispersion parameter of Poisson-gamma models for modeling motor vehicle crashes: A Bayesian perspective," *Safety Science*, Vol. 46, pp. 751-770.
12. Poch, M. and Mannering, F. (1996) "Negative binomial analysis of intersection," *Journal of Transportation Engineering*, Vol. 12, pp. 105-113.
13. Shanker, V. and Mannering, F. (1996) "Statistical analysis of accident severity on rural freeways," *Accident Analysis and Prevention*, Vol. 28, pp. 391-741.

第 3 篇

交通管制

第 14 章

標線與標誌之規劃設計

公路系統與其他許多運輸運具不同，其管理者與使用者之間並不存在直接且雙向的溝通管道，因此道路管理單位無法直接對道路使用者下達指示，必須間接地透過各項機制將道路使用規則清楚明瞭地單向傳送給所有用路人，並利用法律約束所有用路人共同遵守，以期達到安全又有效率的交通運作。由於訊息傳遞侷限於單向，用路人對於道路使用有任何疑問時無法提出詢問，爲使用路人利用自身判斷進而發生錯誤的機會儘量降低，道路使用資訊之傳達有許多的要求及規則，因此，各項交通管制設施（traffic control devices）之設置即是爲了建構道路管理者與用路人之溝通媒介以及用路人與用路人之間的互動規則，其目的在於提供用路人有關用路規則、道路狀況及方向指示等資訊，以便利交通及促進安全。本章第一節簡介交通管制之基本原則，而交通管制設施主要可分爲標誌（signs）、標線（markings）、號誌（signals）等三類，本章第二節說明交通標誌之規劃設計，但交通維持計畫中常用之輔助標誌於第 27.1 節一併討論，第三節介紹交通標線之規劃設計，交通號誌的規劃設計原理則在第十五章說明，第四節爲結論與建議；另外，第十二章交通島之功能與交通標線相似，因此亦可被視爲交通管制設施的一種，讀者可一併閱讀。

14.1 交通管制簡介

爲避免用路人對於不同的設施設計方式產生誤解及混淆，提昇用路人的辨識與了解，以及提昇道路系統的效率與安全，設計標準化乃是交通管制的最高原則之一，舉例來說，美國的交通管制設施必須符合「交通管制設施標準手冊」（Manual of Uniform Traffic Control Devices, MUTCD）（FHWA, 2009）之要求，而我國的標誌標線號誌則必須遵照「道路交通標誌標線號誌設置規則」（交通部、內政部，2015）及「交通工程規範」（交通部，2015）之規定。該類規範對於交通管制設計之基本要求包括以下四項（周義華，2007；交通部，2015）：

1. 需要性：提供用路人必要的路況資料，以利行旅及行車安全。

2. 醒目性：須能引起用路人的注意，在其背景環境襯托下有明顯對比，使用路人在規定行車速限下，有足夠的反應時間辨識。

3. 易讀性：圖文或燈號之意義須簡單明確，使用路人在規定行車速限下，有足夠的時間閱讀與理解。

4. 一致性：爲使用路人能直覺地了解各項交通管制設施的意義並建立權威性，應給予各項設施一套統一的標準化設計準則，標準化的項目包括實體設計（形狀、大小、顏色、圖案、圖例、尺寸、符號、文字、數字）與其涵義、設置位置（距離、高度），以及各項設施之使用條件（交通量、肇事率）等。透過標準化的規範，保留給道路管理者十分有限的彈性與判斷空間，以達到交通設施的一致性，令用路人對於不同地區內的交通管制設施有統一的認知，即使是在完全陌生的環境亦能正確了解各項交通管制設施所提供之資訊。

14.2 標誌

14.2.1 標誌定義

標誌爲「以規定之符號、圖案或簡明文字繪於一定形狀之標牌上，安裝於固定或可移之支撐物體，設置於適當之地點，用以預告或管制前方路況，促使車輛駕駛人與行人注意、遵守之交通管制設施」（交通部、內政部，2015）。

14.2.2 規劃設計原則

標誌之設置以用路人能在適當距離內辨識清楚且有充分時間反應爲原則，爲避免視線受到大型車遮蔽或加強用路人注意，重要資訊宜重覆提供。以尺寸而言，在高速率路段可採用加大式標誌，在低速率路段可使用縮小式。設置位置一般以豎立於車行方向右側並與行車方向呈 90 度角爲原則，但在特殊狀況下，如：視線受阻、無法以豎立方式設置、道路設計複雜、多車道、多標誌、多出口匝道、多大型車、出口在左側等，可設置在左側或懸掛於上方。標誌在設置時，必須考慮側向淨距、垂直淨高及縱向間距。舉例來說，豎立式標誌之設置原則爲標誌牌之任何部分不侵入路面上空且牌面邊緣與路面邊緣或緣石邊緣保持 50～200 公分，標誌牌高度（牌面下緣至地面）在 120-210 公分之間且不妨礙行人通行爲原則，標誌之間的縱向間距以不得少於 50 公尺爲原則，高速公路則以 300 公尺爲原則。

14.2.3 標誌分類

標誌所代表的意義大致分爲三類：警告（warning）、禁制（regulatory）、指示（guide）。警告標誌係用以促使車輛駕駛人及行人了解道路上之特殊狀況、提高警覺，並準備防範應變之措施，警告標誌的形狀爲正三角形，除「注意號誌」標誌之圖案爲紅、黃、綠、黑四色（圖 14-3）外，顏色爲紅邊白底黑字。當道路出現以下用路人須特別注意之狀況時，應設置警告標誌，各狀況之標誌例舉於圖 14-1 至圖 14-8（交通部、內政部，2015）。

1. 水平線形改變（圖 14-1）
2. 岔路（圖 14-2）
3. 注意號誌（圖 14-3）
4. 車道、路寬縮減（圖 14-4）
5. 狹路（圖 14-5）
6. 險坡（圖 14-6）
7. 須注意之路面狀況（圖 14-7）
8. 鐵路平交道（圖 14-8）

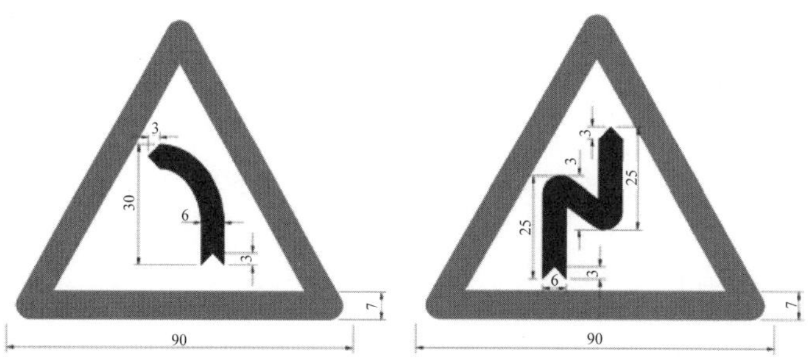

圖 14-1　水平線形改變（左：彎路標誌（左彎），右：連續彎路標誌（連續彎路先向右））

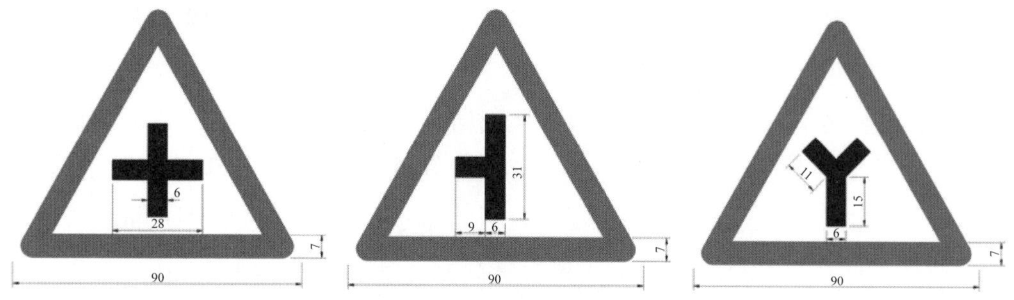

圖 14-2　岔路（圖案視道路交叉形狀定之）

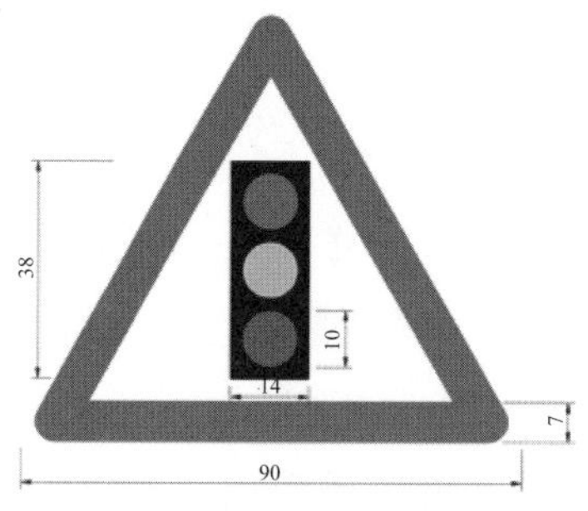

圖 14-3　注意號誌標誌

圖 14-4　車道、路寬縮減（左：左側縮減，右：右側縮減）

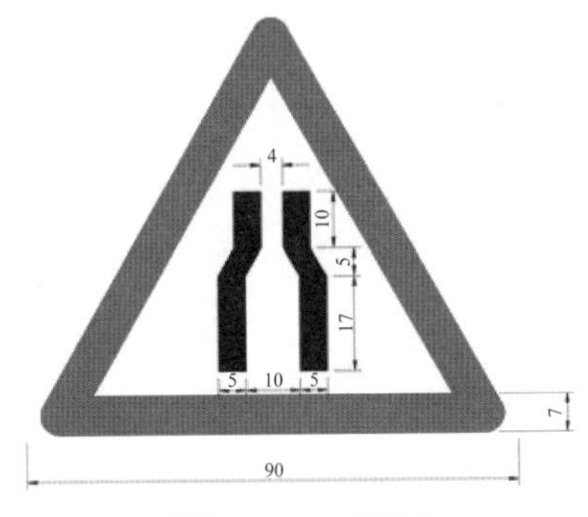

圖 14-5　狹路

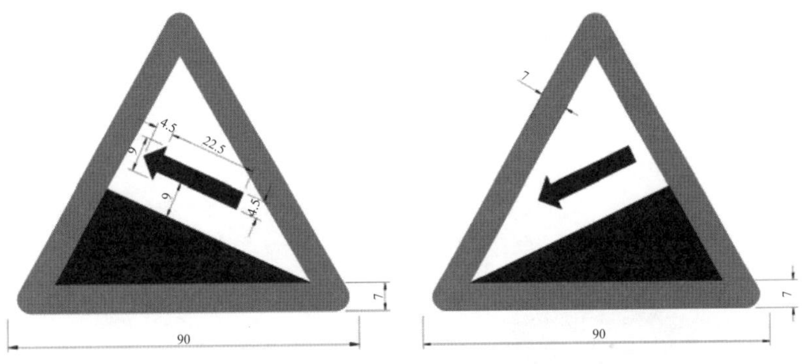

圖 14-6　險坡（左：險升坡，右：險降坡）

圖 14-7　路面狀況（左：路面顛簸，右：路滑）

圖 14-8　鐵路平交道（左：無柵門鐵路平交道，右：有柵門鐵路平交道）

禁制標誌用以告示車輛駕駛人及行人，特定之地點或路段或特定之時間內應遵守之交通管制措施。禁制標誌之形狀有圓形、八角形、倒等邊三角形、方形及專用於鐵路平交道之交叉形。禁制標誌之功能可再細分爲禁止、遵行、限制三類，分別代表道路上應禁止、遵行，及限制之行爲。一般來說，遵行標誌爲藍底白色圖案（停車再開、讓路、停車檢查等標誌爲例外），禁止限制標誌爲白底紅邊黑色圖案。禁止遵行限制的對象大致可分爲路權優先權（停車再開與讓路）、行駛方向（道路及車道遵行方向與禁行方向）、行駛速度（最高及最低速限）、行人及非機動車輛（專用與禁行）、停車（禁止停車與禁止臨停）等。遵行類標誌之範例包括停車再開、讓路、道路遵行方向及車道遵行方向、機慢車兩段左轉、以及行人及腳踏車專用等標誌，請見圖 14-9 至圖 14-13，禁止類標誌之範例包括禁行方向、禁止行人通行、禁止停車、以及禁止臨時停車等標誌，請見圖 14-14 至圖 14-16，限制類標誌之範例有最高速限以及最低速限等，請見圖 14-17（交通部、內政部，2015）。

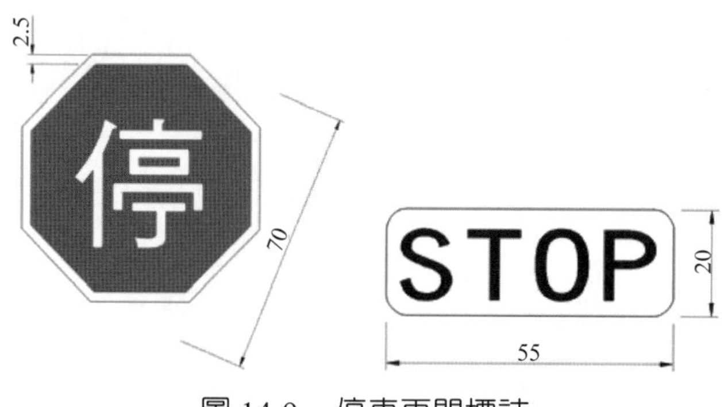

圖 14-9　停車再開標誌

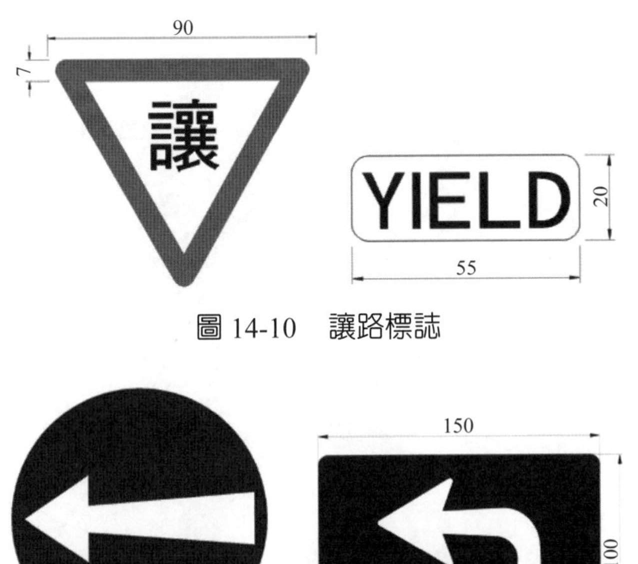

圖 14-10　讓路標誌

圖 14-11　道路遵行方向標誌（左）及車道遵行方向標誌（右）

圖 14-12　機慢車兩段左轉標誌

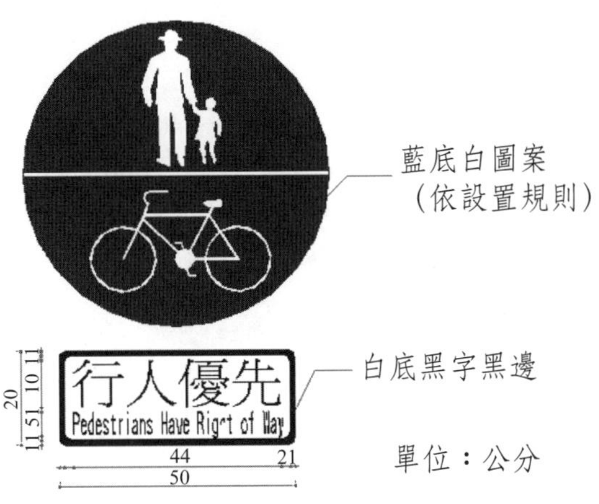

圖 14-13　行人及腳踏車專用標誌

圖 14-14　禁行方向標誌（左：禁止左轉，右：禁止右轉）

圖 14-15　禁止行人通行標誌

圖 14-16　禁止停車標誌（左）及禁止臨時停車標誌（右）

圖 14-17　最高速限標誌（左）及最低速限標誌（右）

指示類標誌之形狀有梅花形、方形、圓形、箭頭形、盾形，顏色及圖案則各不相同。常見指示標誌包括路線編號、路線方位指示、地名方向指示、方向里程、高速公路服務區預告、遊憩類別、觀光遊樂地區、以及里程牌等，請見圖 14-18 至圖 14-24（交通部、內政部，2015）。

圖 14-18　國道（左）、省道（中）、縣道（右）路線編號標誌

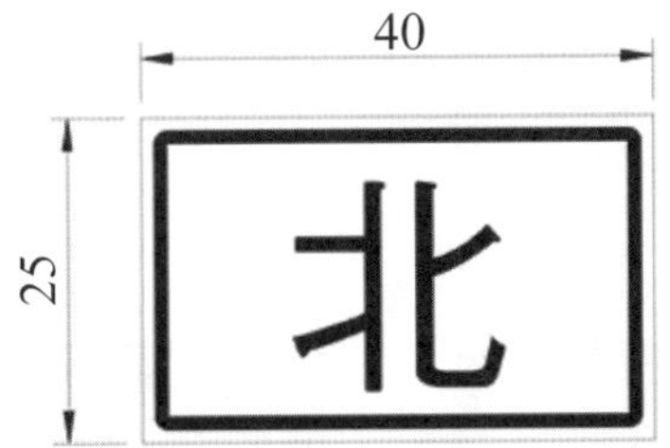

圖 14-19　路線方位指示標誌

圖 14-20　地名方向指示標誌（左：預告行車方向，右：指示行車方向）

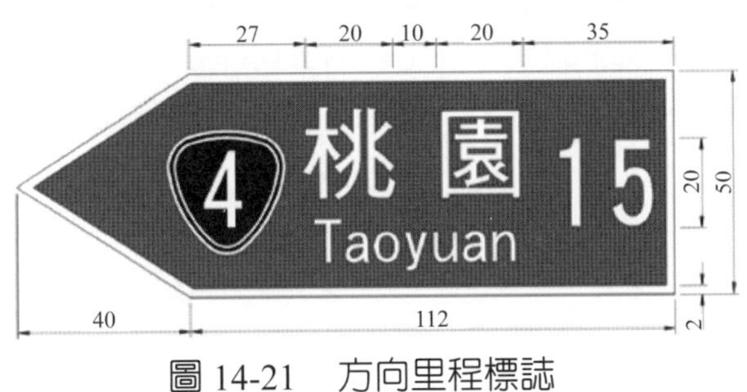

圖 14-21　方向里程標誌

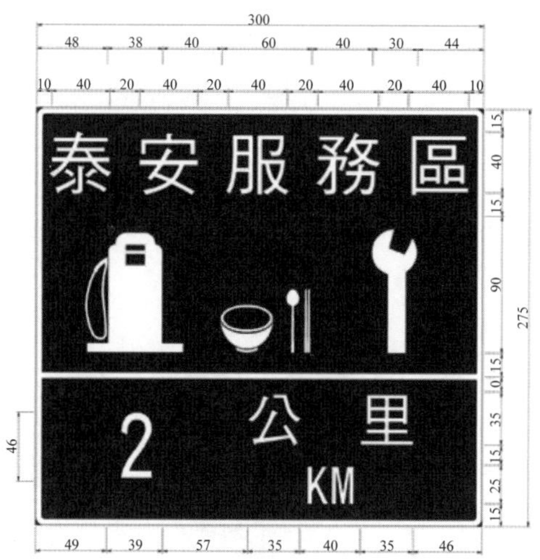

圖 14-22　高速公路服務區預告標誌

圖 14-23　遊憩類別標誌（左）及觀光遊樂地區標誌（右）

圖 14-24　里程牌

本節僅例舉常見或具代表性之警告、禁制、指示等三大類標誌，除該三類標誌外，交通標誌尚有次要的輔助標誌，其中交通維持計劃中常用之拒馬、告示牌、交通錐等將於第 27.1 節中介紹，完整之標誌種類及其設置規則請參見「道路交通標誌標線號誌設置規則」（交通部、內政部，2015）及「交通工程規範」（交通部，2015）。

14.3 標線

14.3.1 標線定義

標線為「用以管制交通，係表示警告、禁制、指示之標識，以線條、圖形、標字或其他導向裝置劃設於路面或其他設施上」之管制設施。標線之優點為不阻礙車流、費用低以及增減容易，其缺點為易被掩蓋、受到天候限制、不耐久以及無實質限制作用。

14.3.2 標線分類

標線依照型態主要可分為：線條、反光導標及危險標記、圖形以及標字，依據劃設方式則大致可分為縱向標線（longitudinal markings）、橫向標線（transverse markings）、輔助標線（auxiliary markings）以及標字（word markings），線條原則上區分為：白虛線、黃虛線、白實線、黃實線、紅實線、雙白虛線、雙白實線、雙黃實線、黃虛線與黃實線並列、白虛線與白實線並列，其意義舉例說明如下，設於路段中時，白線用以區隔車道，黃線用以區隔行車方向，雙線並列時，實線側代表禁止跨越；設於路側時，白實線代表車輛停放線，黃實線代表禁止停車（可臨時停車），紅實線代表禁止臨停；設於路口時，白虛線用以引導車輛行進，或作為大眾捷運系統車輛行駛界線，白實線作為停止線。

標線依照功能又可分為警告、禁制、指示標線，警告標線之功能為促使車輛駕駛人及行人了解道路上之特殊狀況，提高警覺，並準備防範應變之措施。禁制標線之功能在於表示道路上之遵行、禁止、限制等特殊規定，告示車輛駕駛人及行人嚴格遵守。指示標線之功能則在於指示車道、行車方向、路面邊緣、左彎待轉區、行人穿越道等，期使車輛駕駛人及行人了解進行方向及路線（交通部、內政部，2015）。表 14-1 整理標線功能及劃設方式，圖 14-25 為表 14-1 中各組合之範例（交通部、內政部，2015；交通部，2004），完整之標線種類及設置規則請參見「道路交通標誌標線號誌設置規則」（交通部、內政部，2015）及「交通工程規範」（交通部，2015）。

表 14-1 標線功能及劃設方式

功能＼方式	縱向標線	橫向標線	輔助標線	標字
警告標線	1. 線路寬變更線（圖 14-25a） 2. 近障礙物線 3. 近鐵路平交道線 4. 調撥車道線	減速標線（圖 14-25d）	1. 路中障礙物體線 2. 路旁障礙物體線 3. 反光導標及危險標記（圖 14-25g）	1. 慢（圖 14-25i） 2. 鐵路
禁制標線	1. 分向限制線（圖 14-25b） 2. 禁止超車線 3. 禁止變換車道線 4. 禁止停車線 5. 禁止臨時停車線	停止線（圖 14-25e）	1. 槽化線（圖 14-25h） 2. 讓路線 3. 網狀線 4. 車種專用車道線 5. 機車優先車道線 6. 機車停等區線	1. 禁止變換車道 2. 禁止停車 3. 禁止臨時停車 4. 越線受罰 5. 車種專用車道標字 6. 行車方向專用車道標字 7. 停（圖 14-25i） 8. 禁行機車 9. 速限標字
指示標線	1. 行車分向線（圖 14-25c） 2. 車道線 3. 路面邊線 4. 快慢車道分隔線 5. 左彎待轉區線	1. 枕木紋行人穿越道線（圖 14-25f） 2. 斑馬紋行人穿越道線 3. 自行車穿越道線 4. 公路行車安全距離辨識標線	1. 指向線（圖 14-25j） 2. 轉彎線 3. 大眾捷運系統車輛行駛界線 4. 車輛停放線 5. 機慢車左轉待轉區線	1. 左彎待轉區（圖 14-25k） 2. 地名、路名方向指示標字

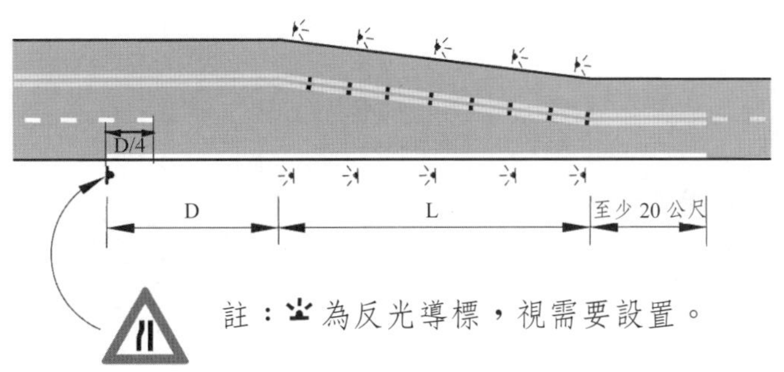

圖 14-25a　三車道縮減為雙車道

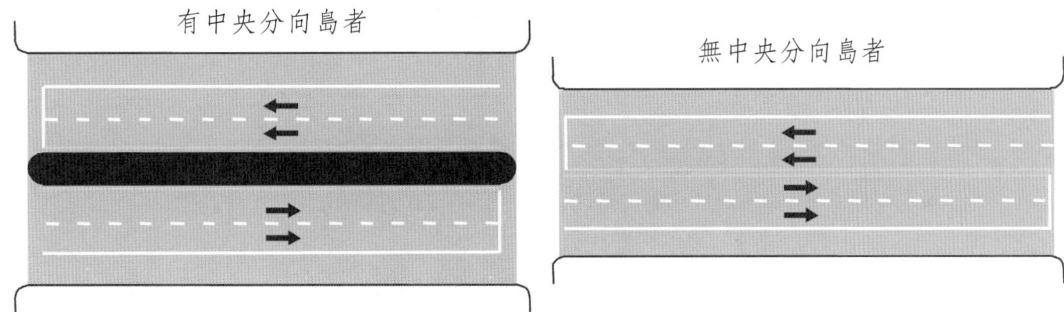

圖 14-25b　分向限制線

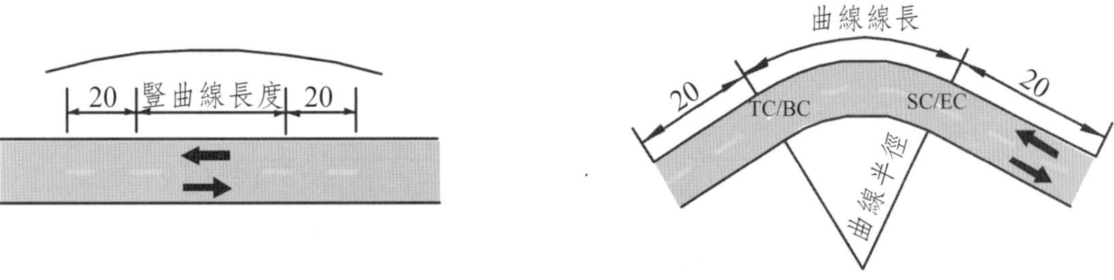

圖 14-25c　行車分向線

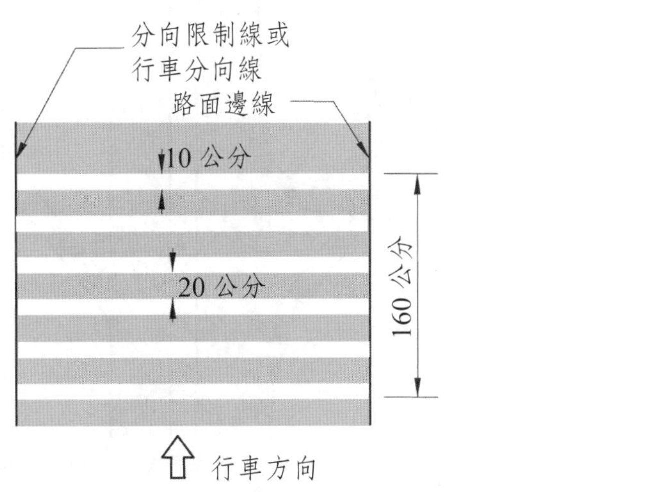

圖 14-25d　減速標線

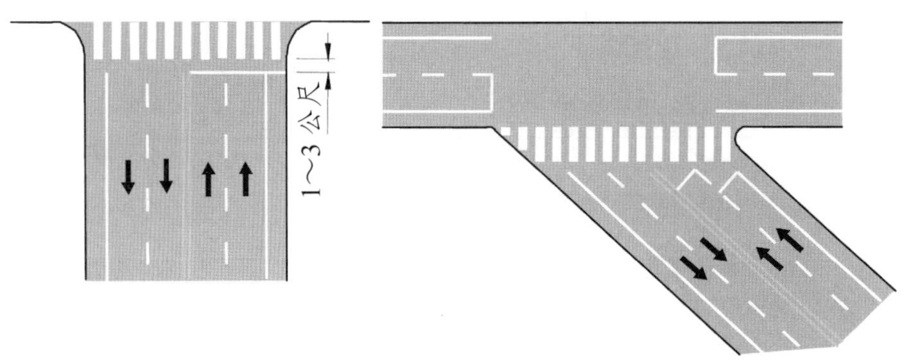

圖 14-25e 停止線

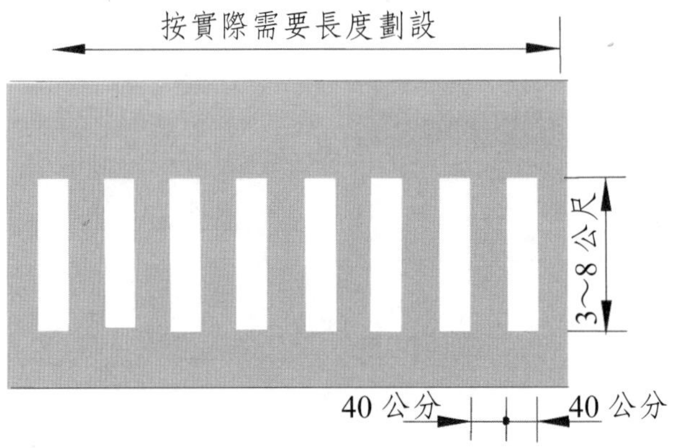

圖 14-25f 枕木紋行人穿越道路

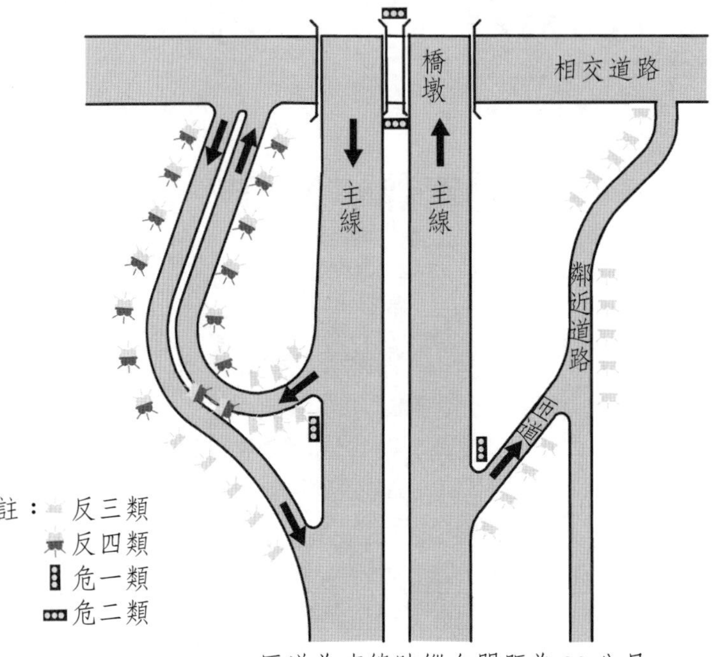

圖 14-25g 高速公路匝道反光導標及危險標記

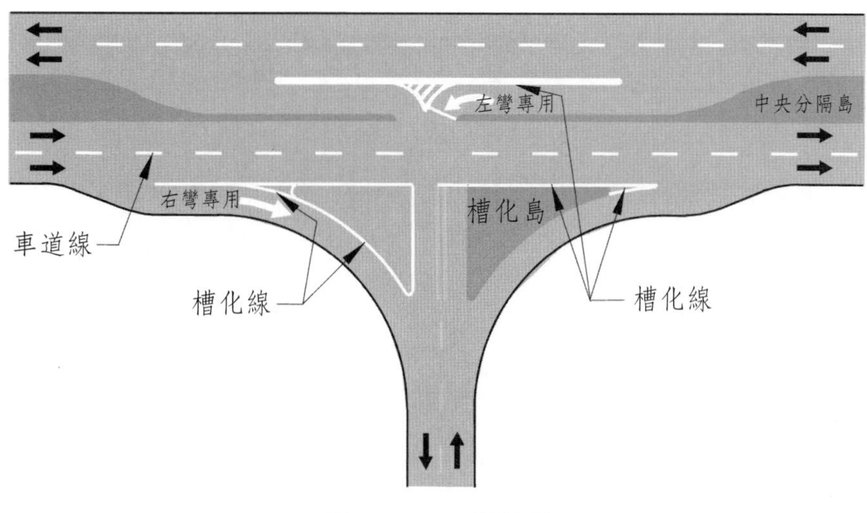

圖 14-25h　槽化線

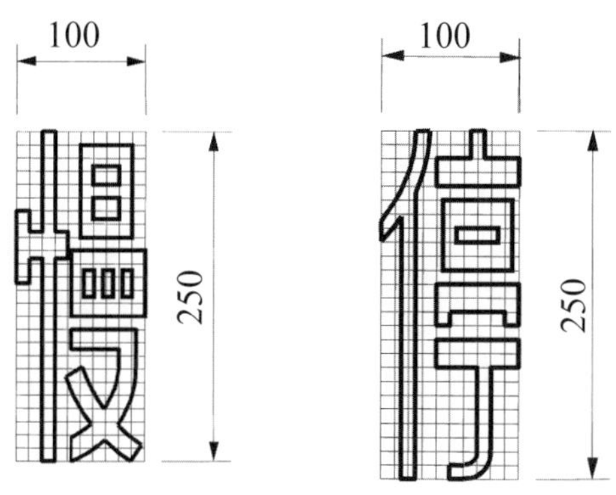

圖 14-25i　「慢」及「停」標字

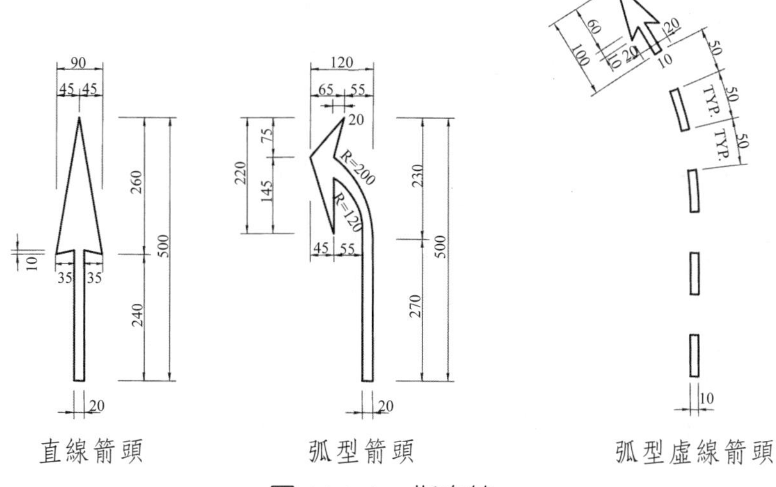

圖 14-25j　指向線

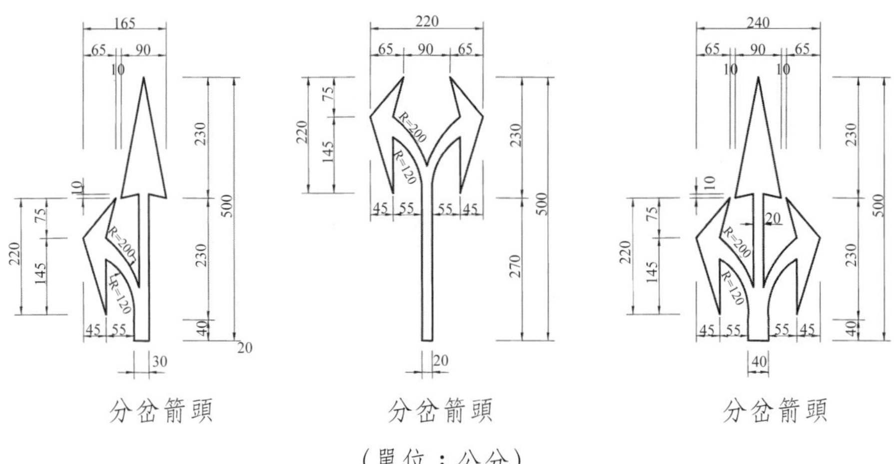

分岔箭頭　　分岔箭頭　　分岔箭頭

（單位：公分）

圖 14-25j　指向線（續）

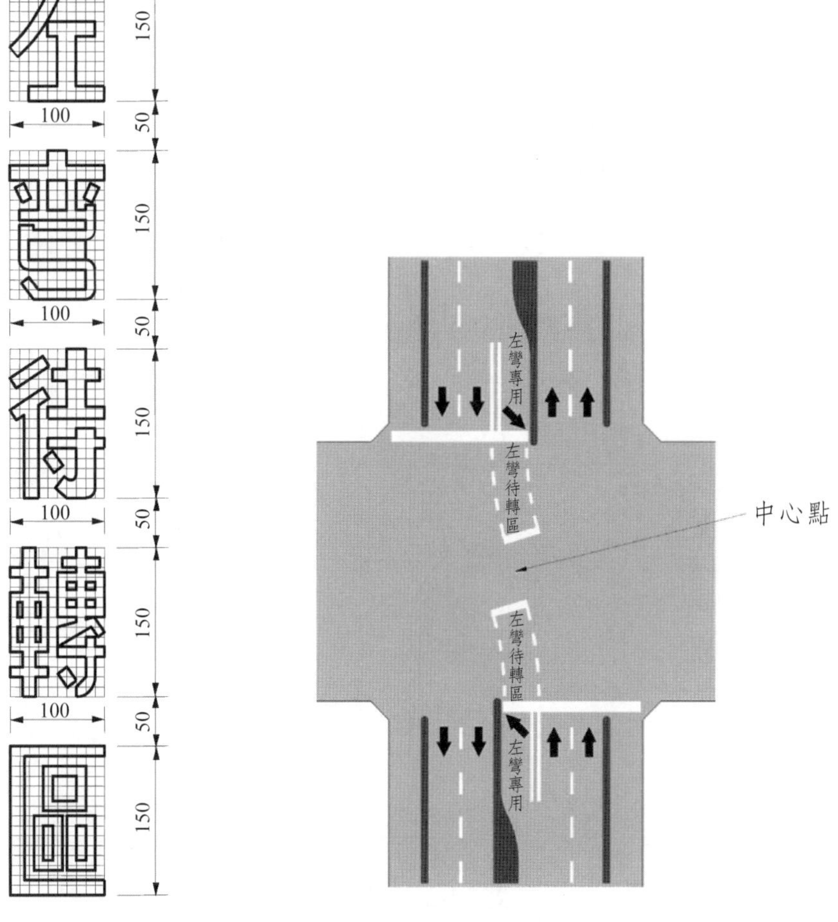

圖 14-25k　左彎待轉區標字

14.3.3 規劃設計原則

標線之材料宜具有反光性及抗滑性。標字一律使用中文及阿拉伯數字，設計原則爲字數不宜過多，文句簡明，縱向文字之順序爲沿車道由遠而近，橫向文字爲由左而右，爲使得駕駛人能看清楚標字內容，文字字體得拉長至 2：1，文字顏色多爲白色。在速限高或路幅寬的道路，其標線與文字之尺寸及其間距得視需要放大。

另外，路面標記亦可用於道路上以代替應有之標線，或輔助原有標線、交通島、緣石界線或實體分隔設施等，以促進行車安全。若爲點狀線以代替標線時，其顏色應爲代表標線相同；作爲線條加點時，其顏色應與原有標線相同；作爲輔助交通島、緣石界線或實體分隔設施者，應有自發光源或具反光性能。設置時必須黏合或錨錠堅實，且頂面高度不得過高。各類標線之詳細設計原則請參見「道路交通標誌標線號誌設置規則」（交通部、內政部，2015）。

14.4 結論與建議

交通管制設施乃是交通工程師與用路人之間的溝通媒介，交通管制設施主要分爲三大類，本章說明標誌及標線之設計，號誌則於第十五章說明。交通管制設施規劃之最高原則爲清楚地傳達道路法令及使用規則並減少用路人之誤解及混淆，因此在考量交通管制設施時應力求符合第 14.1 節所列出的五項基本原則，並依循標準化規範進行設計，進而提昇道路系統的效率與安全。在交通管制設施設置妥當後，應注重各項設施之清點、檢查、以及維護，隨時保持其清晰完整並在發生損壞時及時修復。最後，隨著智慧型運輸系統（intelligent transportation systems, ITS）的快速發展，配合各式先進技術提供之即時資訊可使交通管制設施發揮更大的效用，目前常見之應用包括先進交通管理系統及先進旅行者資訊系統（第六章）、停車管理與導引（第二十章）、電腦化號誌控制系統（第十五章與第二十八章）、以及匝道儀控（第二十八章），讀者可參閱相關章節以獲得更進一步之資訊。

問題研討

1. 請說明交通管制設計的基本原則與標準化的項目。
2. 請說明標誌的規劃設計原則。又標誌可分為哪幾類？其形狀、顏色等設計標準為何？
3. 請說明標線的規劃設計原則。其劃設的方式有哪幾種？其功能的分類又有幾種？

相關考題

1. 標線依功能區分有哪幾種？依劃設方式區分又有哪幾種？下列這五種標線依功能及劃設各屬哪種組合？(25 分) (92 專技高)
   (1) 減速標線。
   (2) 禁止停車。
   (3) 車道線。
   (4) 機慢車左轉待轉區線。
   (5) 慢。
2. 何謂公路平面交叉之視界三角形（sight triangle）？請繪圖說明視界三角形之視界距離如何應用在平面交叉口 (1) 無管制、號誌停車視距 (2)「讓」標誌穿越視距 (3)「停」標誌穿越視距 (4)「停」標誌轉向視距。(25 分) (96 專技高)
3. 有一雙向雙車道之 10 公尺寬路面，由南向北方向為填方之左彎，由北向南方向為挖方之右彎。試問該彎道處附近應設置哪些交通工程設施？請繪平面圖及橫斷面圖說明之。(25 分) (96 專技高)
4. 當單向雙車道的道路因為施工而必須封閉外側車道時，請繪圖標示相關之交通管制設施應如何布設。(25 分) (99 高三級)
5. 請說明「輔 2」標誌之功用、設置方式與配合措施。(15 分) (101 高三級)
6. 在交叉口設置地名指示標誌對於道路功能及交通安全有很大的影響。一般為了確保其效率有三種設置地點，分別為預告點、交叉點（或稱行動點）及確認點。請說明何謂預告點、交叉點及確認點？請說明如何決定預告點的位置及其距離路口的距離為何？請說明如何決定行動點的位置及其距離路口的距離為何？請說明如何決定確認點的位置及其距離路口的距離為何？且此三個地點的地名指示標誌的內容會有何異同點？(25 分) (101 專技)
7. 禁制標誌依其功能之不同可區分為哪三種？請說明其中停車再開標誌「遵 1」及讓路標誌「遵 2」等兩種標誌設置的意義及在何種狀況下設置？並用交叉口視距三角圖說明此兩種標誌與交叉口視距的關係。(25 分) (105 高一二級)

參考文獻

一、中文文獻

1. 交通部（2004），交通工程手冊，二版，幼獅文化。
2. 交通部（2015），交通工程規範。
3. 交通部、內政部（2015），道路交通標誌標線號誌設置規則。
4. 周義華（2007），運輸工程，六版。

二、英文文獻

1. Federal Highway Administration (FHWA), (2009), Manual Uniform Traffic Control Devices, Federal Highway Administration.

第 15 章

交通號誌之規劃設計

由於不同道路之車流在交叉路口交匯，交叉路口爲道路系統中最容易產生衝突及交通事故的地點之一，在車流量極小且視線廣闊的交叉路口，駕駛人可依照交通規則及自身判斷通過路口而不採取任何交通控制措施（第一級交叉路口管制），當車流量逐漸增加但未達到一定標準時，可利用第十四章所介紹之「停」或「讓」標誌，指派路權優先順序給不同車流，以消除交叉路口之車流衝突（第二級交叉路口管制）。但在車流量大或設計複雜的交叉路口，採用以上兩種交通控制將造成嚴重的車流衝突，因此有必要設置交通號誌將路權輪流指定給不同方向的車流，以維持交叉路口之運作效率以及交通安全（第三級交叉路口管制）。

本章之內容安排如下：第一節說明交通號誌之定義及優缺點，第二節定義交通號誌之重要名詞，第三節介紹交通號誌之種類，第四節說明交通號誌之設計方法，第五節則概述號誌化路口服務水準之劃分，第六節爲交通號誌設計方法之應用範例，第七節則爲結論與建議。

15.1 交通號誌之定義及優缺點

道路交通號誌之定義爲「以規定之時間上交互更迭之光色訊號，設置於交岔路口或其他特殊地點，用以將道路通行權指定給車輛駕駛人與行人，管制其行止及轉向之交通管制設施」，其目的在於「提供車輛駕駛人及行人有關道路路況之警告、禁制、指示等資訊，以便利行旅及促進交通安全」（交通部、內政部，2015），號誌之設置應達到「符合交通需求條件」以及「意義統一、清晰及易懂」的基本要求（交通部，2015）。

設計良好的交通號誌可帶來以下優點（FHWA, 2009）：

1. 交通號誌可將路權輪流指派給不同方向車流，使得車流運作較有秩序。

2. 若路口幾何設計與交通號誌配置得宜，並隨交通量而定期更新檢討時制設計，將能增加路口容量與安全。

3. 交通號誌可減少交通事故之頻率以及嚴重性，尤其對最嚴重的側向碰撞之改善特別有效。

4. 除了改善單一交叉路口的交通狀況，幹道上的多個路口可採取號誌連鎖控制以提昇整體效率（連鎖控制在 15.2 及 15.3 節進一步說明）。

5. 在交通量大的路口，能允許其他方向的車輛、行人穿越。

但不當的號誌設計反而會造成以下缺點（FHWA, 2009）：

1. 不當的時制設計（週期長度及綠燈時間分配）會造成不必要的延滯。

2. 失去駕駛人對交通號誌之尊重或誤認爲號誌故障而引發更多的違規事件。

3. 由於道路之間互相連結，不當設計會增加其他道路或路口之擁塞程度。

4. 由於車流必須反覆停止及啓動，交通號誌可能增加某些類型交通事故（如後車追撞）發生之頻率。

15.2 名詞解釋

交通號誌之相關重要名詞定義及解釋如下（交通部，2004；交通部，2015；交通部運輸研究所，2011；Roess *et al.*, 2011）：

1. 時制（timing）

號誌的週期、時相、時差與各時段長短的設計規定，稱爲時制。

2. 時段（interval）

對同一方向車流，燈號持續保持不變之期間稱爲時段，而一時段之時間長短，謂之時段長度。本章中綠燈時段長度之符號爲 G，黃燈時段長度之符號爲 Y，全紅時段長度之符號爲 AR，紅燈時段長度之符號爲 R。

3. 週期（cycle）

如圖 15-1 所示，面對某一車流方向，同一顏色的燈號循環一週爲一週期，所需之時間謂之週期長度（C）。週期長度過長將使得紅燈時段也隨之過長，進而導致駕駛人因不耐久候或誤認爲號誌故障而引發更多的違規事件。週期長度過短，則將因時相頻繁轉換導致綠燈時間損失及交叉路口容量降低。因此，一般週期長度設定在 30 秒至 200 秒間。

4. 時相（phase）

爲指示不同方向交通之行或止，將週期分爲幾個部分，每一部分皆爲一時相，每一時相被指派給一車流組合，而該車流組合在此時相中具有路權而得以通過交叉路口。一時相又可分爲綠燈時段、黃燈時段以及全紅時段，如圖 15-1 所示，爲指派路權給不同車流組合，一時相之全紅時段結束，下一時相之綠燈時間方可開始，因此，週期長度即爲各時相之長度加總（式 15-1）。時相之先後順序稱之爲時相順序（phase sequence），圖 15-1 中標示之時相 1、2、3 分別代表該時相之順序。最後，依照上項定義，同一時相循環一週之所需時間亦爲週期，因此可得到式 15-2 之關係。

$$C = \Sigma_{i=1}^{n} (G_i + Y_i + AR_i) \qquad (15\text{-}1)$$

其中，

i：時相

n：時相總數

$$C = G_i + Y_i + AR_i + R_i \tag{15-2}$$

其中，i：時相

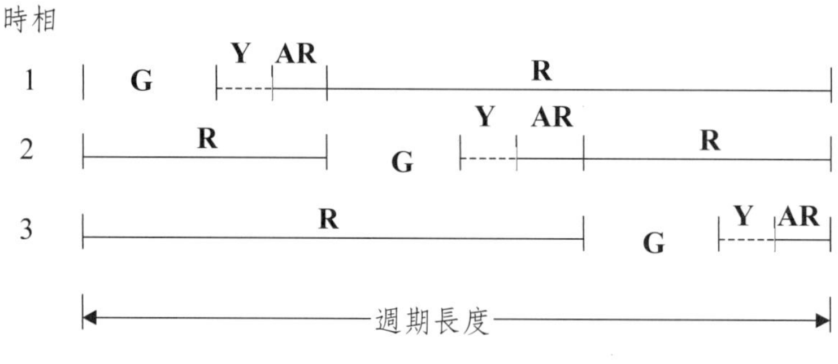

圖 15-1　三時相時制之週期劃分範例

（資料來源：交通部運輸研究所，2011）

5. 時比（split）

時段長度與週期之比率，稱之爲時比。

6. 時差（offset）

交通號誌某一特定燈號始亮至相鄰路口號誌同一燈號始亮時間之差距謂之時差。舉例來說，圖 15-2 中路口 1 號誌及路口 2 號誌之時差爲 $T_2 - T_0$，路口 1 及路口 3 之時差爲 $T_3 - T_0$。

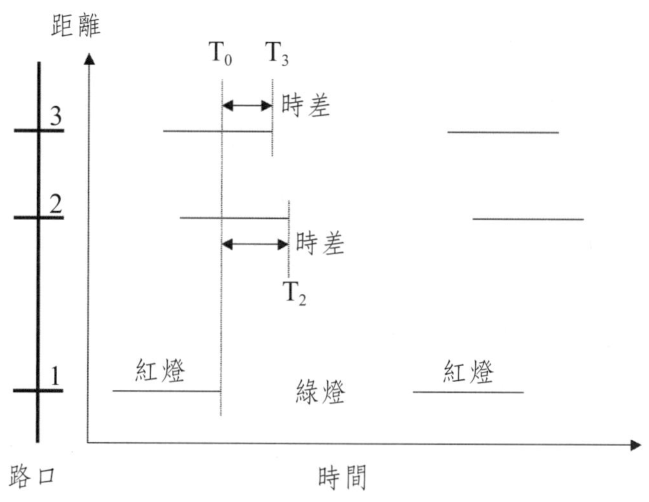

圖 15-2　時差之示意圖

（資料來源：交通部運輸研究所，2011）

7. 清道時間（clearance interval）或燈號轉換時段（signal change interval）或綠燈介間時間 (inter-green)

當綠燈結束時，為讓已進入交叉路口內之車流繼續通過，以淨空路口供下一時相綠燈方向車流使用之時間，稱為清道時間（符號 A），一般分為黃燈時間及全紅時間。

8. 起步損失時間（starting lost time）或起步延緩時間（starting delay time）

如圖 15-4 所示，由於駕駛人對號誌變化所需之反應時間，當綠燈始亮時，停等車隊最前面的車輛通過停止線之實際時間車距大於飽和時間車距（見第 12 項），而前述車輛通過停止線實際時間車距與飽和時間車距差距之總和即為因車輛起步所造成之損失時間（Roess *et al.*, 2011）。

9. 清道損失時間（clearance lost time）

當黃燈亮起時，部分駕駛人繼續通過路口，但也有一部分駕駛人決定不通過路口而剎停，因此交叉路口空間可能在部分清道時間未被使用，而造成清道時間的損失，此一損失稱為清道損失時間。由於駕駛人在綠燈時段結束後，通常僅利用黃燈時段通過路口，因此清道損失時間與全紅時間大致相等，在清道損失時間無法估計時，可利用全紅時間代替之。

10. 損失時間（lost time）

損失時間為起步損失時間和清道損失時間之總和。

11. 有效綠燈時間（effective green time）

在一時相中車流可有效使用之通行時間，一般為綠燈時間加清道時間減損失時間，因此時相 i 之有效綠燈時間估計如下式（參見圖 15-3）。

$$g_i = G_i + A_i - L_{t,i} \tag{15-3}$$

其中，

g_i：時相 i 之有效綠燈時間（秒）

G_i：時相 i 之綠燈時段（秒）

A_i：時相 i 之清道時間（秒），為黃燈時間及全紅時間之和

$L_{t,i}$：時相 i 之損失時間（秒），為起步損失時間與清道損失時間之和

<table>
<tr><td colspan="2" rowspan="2">綠燈</td><td colspan="2">清道時間 A_i</td><td rowspan="2">紅燈</td></tr>
<tr><td>黃燈</td><td>全紅</td></tr>
<tr><td colspan="2">G_i</td><td>Y_i</td><td>AR_i</td><td>R_i</td></tr>
<tr><td>起步損失時間</td><td colspan="2">有效綠燈時間</td><td>清道損失時間</td><td>紅燈</td></tr>
<tr><td>$l_{1,i}$</td><td colspan="2">g_i</td><td>$l_{2,i}$</td><td>R_i</td></tr>
</table>

圖 15-3　清道時間與損失時間之關係

12. 飽和時間車距（saturation headway）及飽和流率（saturation flow rate）

考慮一車道上有車隊因紅燈等候，綠燈開始之後車輛依序起動通過停止線，此一通過停止線進入路口之行爲稱爲疏解（discharge）。如圖 15-4(a) 所示，因爲駕駛人反應時間以及車輛起動加速，綠燈始亮至車隊第一台車通過停止線之時間間距爲最大，由於第二台車的駕駛與第一台車的駕駛同時開始反應與加速，待第二台車通過停止線時該車已加速較長時間，因此，第一台車與第二台車通過停止線之時間車距會較小。同理，後續車輛之時間車距將會持續縮小，到了車隊中的第四或第五台車時，此時車隊疏解時間車距將會達到穩定，此時之時間車距稱爲飽和時間車距（H），單位爲秒／車輛，在此一時間車距下的車隊疏解率稱爲飽和流率（s）（圖 15-4(b)），假設持續給予該車道綠燈時間且兩車之時間車距爲飽和時間車距（H 秒），計算一小時通過停止線之車輛數可得飽和流率爲 $s = 3600/H$（車輛／小時／車道）。一般假設飽和時間車距爲 2 秒且飽和流量爲 1,800 輛／小時／車道，此一數值隨著道路狀況（車道寬度、路邊停車、道路坡度、左右轉專用車道以及行人）而改變。

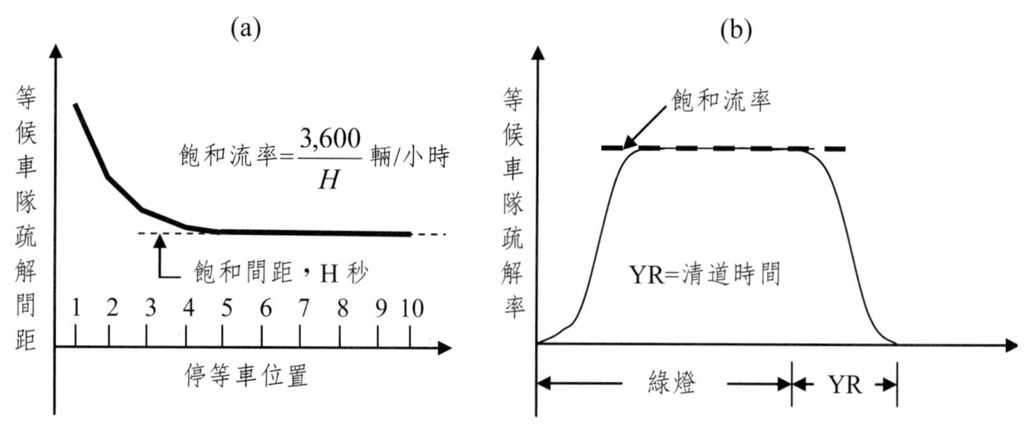

圖 15-4 飽和時間車距及飽和流率之示意圖

（資料來源：修改自交通部運輸研究所，2001）

13. 容量（capacity）

一般來說，號誌化路口之容量僅針對車道群（見第 15.4 節定義）估計而不考慮整體路口，飽和流率爲一車道群持續綠燈的狀況下一小時所能通過之每車道車輛數，但實際上一車道群不可能持續綠燈，因此飽和流量中可被該車道群有效使用之部分即爲其容量，其計算方式爲該車道群之有效綠燈時間占週期之比例乘上飽和流量，其公式如下：

$$c_i = s_i \frac{g_i}{C} \tag{15-4}$$

其中，

c_i：車道群 i 之容量（車輛／小時／車道）

s_i：車道群 i 之飽和流率（車輛／小時／車道）

g_i：車道群 i 之有效綠燈（秒）

C：週期長度（秒）

14. 綠燈帶（green band）或續進帶（progression band）或通過帶（through band）

於幹道號誌時制設計時間空間圖中，兩條平行之續進速率線間之區域，稱爲綠燈帶，在此區域內之車輛依設計之續進速率行駛，可續進系統內所有路口，其示意圖可見圖 15-5，各類幹道連鎖號誌設計方法見第 15.3 節。

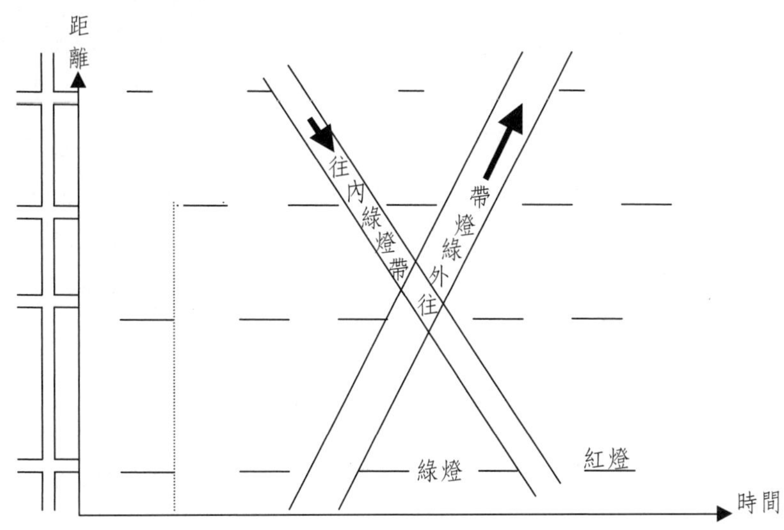

圖 15-5　幹道連鎖號誌與綠燈帶示意圖

（資料來源：交通部運輸研究所，2007）

15. 綠燈早開（leading green）

於時制計畫中允許左轉流量比例大之方向，綠燈始亮後有一段時間不受對向車流之影響。

16. 綠燈遲閉（lagging green）

於時制計畫中兩對向之綠燈號誌同時開啓，但左轉車輛較多的方向，其綠燈時間比左轉車輛較少的方向延後結束。

15.3 號誌分類

「道路交通標誌標線號誌設置規則」（交通部、內政部，2015）及「交通工程規範」（交通部，2015）將交通號誌依照功用及型式分類，分述如下：

1. 交通號誌依照功用可分爲行車管制號誌、行人專用號誌及特種交通號誌，其定義及內容如下。

(1) 行車管制號誌

藉圓形之紅、黃、綠三色燈號及箭頭圖案，以時間更迭方式，分派不同方向之行進路權；或藉僅含紅、綠二色之圓形燈號，以管制單向輪放之交通，一般設於交叉路口或實施單向輪放管制之道路上。依其控制方式，可再區分如下：

a. 定時控制（pre-timed control）：用於交通量穩定或變化有規律之地點，由號誌控制器計時機組之運轉，按預定時制表，依序顯示各種燈號。

b. 交通感應控制（traffic actuated control）：或稱交通觸動控制，用於交通量變化顯著且無規律，或主要道路和次要道路交通量懸殊之地點，由設於道路上之感應器偵測車輛到達狀況，以號誌控制器預設之程序，即時變換燈號。主要道路和次要道路交通量相差懸殊，且次要道路交通量變化甚大之地點，其感應器僅設於次要道路上，稱爲「半交通感應控制」(semi-actuated control），若各道路交通量相近但變化甚大且不規律之地點，其感應器設於所有道路上，稱爲「全交通感應控制」（full-actuated control）。

c. 交通調整控制（traffic adjusted control）：以車輛偵測器收集車流狀況，依號誌控制器內之微處理機或控制中心內之電腦程式即時計算時制，可反應交通變化，達到交岔路口之通行流量最大、延誤與停止次數最少之目的。

(2) 行人專用號誌

配合行車管制號誌使用，以附有「站立行人」及「行走行人」圖形之方形紅、綠兩色燈號，管制行人穿越街道之行止，設於交叉路口或道路中段。依其運轉方式可再分爲下列二類：

a. 定時號誌：依附於行車管制之直行綠燈時相，供行人通過路口之號誌，適用於行人交通量較大之路口。

b. 行人觸動號誌：設按鈕供行人使用，用以中斷車流使行人能通過路段或路口之號誌，適用於行人交通量較小之地點。

(3) 特種交通號誌

a. 車道管制號誌：以附有叉形及箭頭圖案之方形紅、綠兩色燈號，分派車道之使用權，設於道路中段或收費站。

b. 鐵路平交道號誌：以並列之圓形雙閃紅色燈號，禁止行人、車輛穿越鐵路平交道，設於鐵路平交道前。

c. 行人穿越道號誌：以並列之圓形雙閃黃色燈號，警告接近之車輛應減速慢行，如有行人穿越須暫停讓行人優先穿越街道，設於斑馬紋行人穿越道標線之前。

d. 特種閃光號誌：以單一鏡面之閃光紅色或黃色燈號，警告接近之車輛注意前方路況，應先暫停或減速慢行，再視路況以定行止，設於交叉路口或危險路段前。

e. 盲人音響號誌：將行人專用號誌或行人穿越道號誌配合固定音源之設置方式，以音響告知盲人可通行之方向及警告車輛駕駛人有盲人通過。視需要設於盲人旅次集中地點附近之交叉路口或路段。

f. 匝道儀控號誌：匝道儀控號誌係藉圓形之紅、黃、綠三色燈號或紅、綠二色燈號之更迭，管制車輛在入口匝道上的行止，以達到限制車輛進入高（快）速公路主線之目的，設於入口匝道與加速車道連接之位置。其運轉方式可以為定時號誌或交通調整號誌。

g. 大眾捷運系統聲光號誌：以動態閃爍燈號，輔以固定音源之設置方式，警告接近之車輛及行人應暫停讓大眾捷運系統車輛優先通行。設於接近大眾捷運系統車輛經過之交岔路口或路段。

2. 交通號誌依連鎖範圍又可分為獨立號誌、幹道連鎖號誌以及區域網路連鎖號誌，其定義及內容如下。

(1) 獨立號誌（isolated signal）

使用一控制器控制一獨立路口，減少交通衝突，縮小車流延滯之號誌。

(2) 幹道連鎖號誌（coordinated signal for arterials）

使用一組控制器以有線或無線控制二個以上之路口，使車流依時制設計之續進速率一貫通行之號誌。連鎖控制之效益常用車流續進之綠燈帶寬評估之（見圖 15-5），量化指標則為「綠燈帶效率」（bandwidth efficiency），某一車流方向的綠燈帶效率為該方向之「（最小）綠燈帶／週期長度×100%」。常見之設計方法有同亮系統 (simultaneous system）、迭亮系統（alternate system），以及遞亮系統（progressive system）。

同亮系統指的是幹道上各路口之號誌同時變換為相同之燈號。用於交叉路口間距較短或其長度大致相等或成倍數之路段，此系統有容易產生集體超速之可能缺失，因此如非必要不宜採用。然而，同亮系統雖然在續進上效果不佳，但在尖峰時段，當下游路口形成阻塞時，可阻斷車流持續進入路口，較不易造成路口阻塞而阻擋到橫向車流，為其優點。同亮系統之範例如圖 15-6 所示，如圖所示，某幹道上有五個號誌路口，其間距為 L，所有路口之號誌週期皆為 C，且綠燈開始時間皆相同（時差為 0），假設各路口幹道與支道的交通量相等，因此幹道之綠燈時相長度設為 $C/2$，若 V 代表速率，則通過幹道的行駛距離爲 $4\times L$ 且其所需時間爲 $4\times L/V$，由圖可推得綠燈帶寬爲 $C/2-4\times L/V$，而綠燈帶效率爲 $(C/2-4\times L/V)/C$，爲路口間距與速率的函數。由圖 15-6 亦可看出，在路口間距極短或速率甚高的條件下，有少數車輛可以續進的方式通過幹道的各路口，大多數的車輛需要多次停等方可通過，舉例來說，假設 $C=60$ 秒以及 $L=120$ 公尺，車輛速率爲每秒 24 公尺（時速 86.4 公里）時，單向的綠燈帶效率僅爲 16.7%，當車輛速率低於每秒 16 公尺（時速 57.6 公里），將無車輛可續進通過幹道，單向的綠燈帶效率爲 0%。再者，若號誌間隔增加至 240 公尺，則速率需大於每秒 32 公尺（時速 115.2 公里）綠燈帶寬方可大於 0，此速率在市區道路中顯不合理，由此可知同亮系統較適用於短距離路口或高速率之車流。

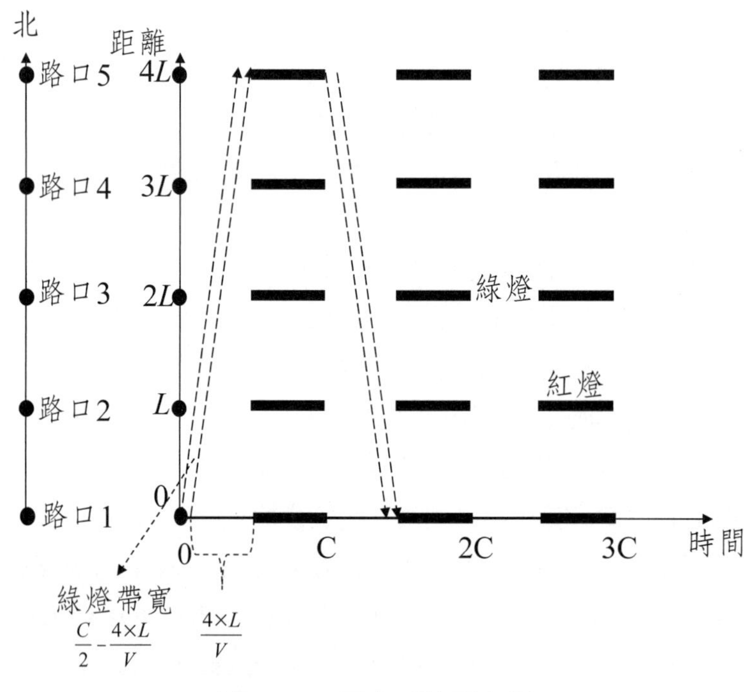

圖 15-6　同亮系統示意圖

（資料來源：修改 Roess *et al.*, 2011）

迭亮系統爲同亮系統之改良，其將幹道上之路口分爲兩組，而兩組路口號誌同時變換相反燈號，亦即一組爲紅燈時另一組爲綠燈，適用於相等之號誌間距與正方形街道之市區。圖 15-7 爲迭亮系統之範例，其符號定義與圖 15-6 同，如圖所示，本例屬於「隔一迭亮系統」，意即相鄰之兩交叉路口號誌迭亮，在兩相鄰路口間距皆爲 L 且號誌週期爲 C 的條件下，以續進速率 $V=2\times L/C$ 運行可達成雙向的續進，其單向的綠燈帶效率爲 50%。圖 15-8

則爲「隔兩迭亮（double-alternating）系統」之範例，每兩個相鄰之交叉路口號誌合成一組迭亮，故得其名，圖 15-8 與圖 15-7 僅號誌分組不同，其餘定義皆相同，在本例的條件下，以續進速率 $V=4\times L/C$ 運行可達成雙向的續進，其單向的綠燈帶效率爲 25%，該值介於同亮系統與隔一迭亮系統之間。接著，在給定相同週期以及續進速率的條件下，比較上述三個系統所適用的路口間距，可看出隔一迭亮系統適用於較長的路口間隔，即 $L=V/(2\times C)$，同亮系統則適用於極短的路口間隔，即 $L=V/(8\times C)$，而隔兩迭亮系統適用的間距則介於兩者之間，即 $L=V/(4\times C)$。

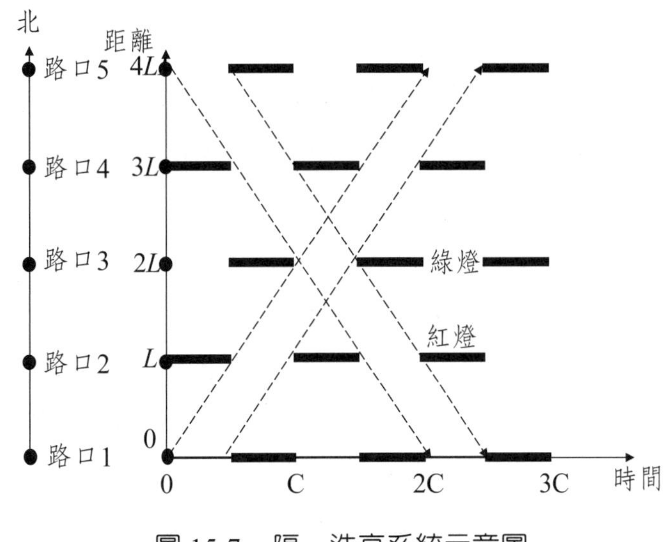

圖 15-7　隔一迭亮系統示意圖

（資料來源：修改 Roess *et al.*, 2011）

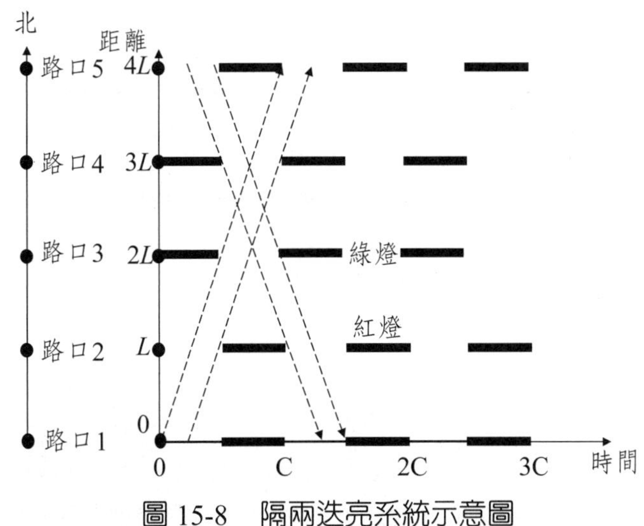

圖 15-8　隔兩迭亮系統示意圖

（資料來源：修改 Roess *et al.*, 2011）

遞亮系統指的是幹道上之號誌具有同一週期，各路口之綠燈始亮時間係按照各交叉路口之間距及行車速率設定時差，若車輛依規定速率前進則可持續行駛，適用於路口間距不同而交通量及路幅接近之幹道。遞亮系統之設計以圖 15-9 爲例說明，單向的續進設計十分單純。假設所有路口之號誌週期皆爲 C = 60 秒，各路口幹道與支道的交通量相等（因此綠燈時相之長度爲 30 秒 = C2），續進速率爲每秒 15 公尺（時速 54 公里），若僅考量北向的單向續進，則依照兩路口之間的距離以及速率可算出兩號誌之時差：

- 路口 2 對路口 1 爲 20 秒（300/15）
- 路口 3 對路口 2 爲 20 秒（300/15）
- 路口 4 對路口 3 爲 20 秒（300/15）
- 路口 5 對路口 4 爲 10 秒（150/15）
- 路口 6 對路口 5 爲 30 秒（450/15）

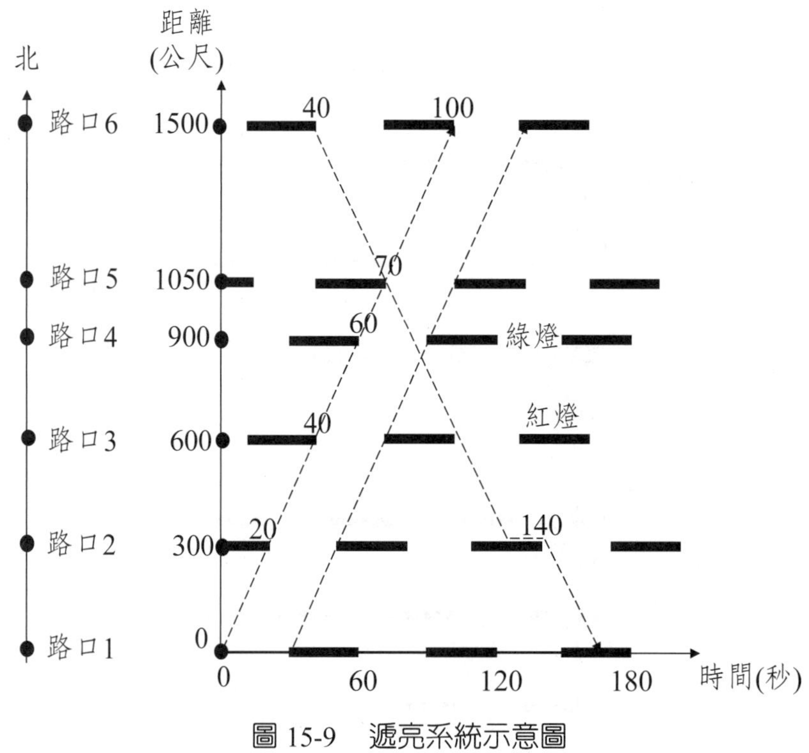

圖 15-9 遞亮系統示意圖

（資料來源：修改 Roess *et al.*, 2011）

令路口 1 綠燈始亮的時間爲 0，則所有路口之時制即可決定，所得綠燈帶寬度爲 30 秒，綠燈帶效率爲 50%，由圖可看出，以高於或低於每秒 15 公尺續進速率運行，皆爲造成綠燈帶寬的縮減以及綠燈帶效率的降低。另外，由該圖亦可得知，該連鎖號誌設計對於南向的續進效果不佳，南向的車流以同樣的速率運行無法達成續進（即綠燈帶效率爲 0%），必須經過多次停等才可通過幹道，此時可透過反覆調整各路口號誌間的時差以及號誌週期以改善南向車流的續進效果，但一般來說，當一方向之綠燈帶加寬時，另一方向之綠燈帶會相對地減小，無法達到雙向同時改善的結果。此一雙向街道的號誌續進設計工作不易以手動方式達到良好的結果，實務上係以電腦軟體完成，在此不予深入探討。

(3) 區域網路連鎖號誌（coordinated signal for networks）

以車輛偵測器不斷蒐集路況資料，經電腦設備之處理、運算，以控制區域性路網，使整體車流延滯最小之號誌。依照其控制功能，可分爲「固定時制控制」與「即時線上控制系統」等兩類。

15.4 獨立式號誌設計方法

號誌規劃設計經過長期的發展及研究，各家理論及方法眾多（蔡輝昇，1990；Roess *et al.*,2011; ITE, 2008），在實務上，我國的交通號誌之設置與規劃設計需遵守「道路交通標誌標線號誌設置規則」（交通部、內政部，2015）之規定，「交通號誌規劃手冊」（交通部運輸研究所，1986）、「交通工程手冊」（交通部，2004）、以及「交通工程規範」（交通部，2015）則依據該規則提出規劃設計之程序與標準供交通工程人員依循，爲便於讀者對於相關規定與標準之了解以及未來實務上的應用，本節摘要整理上述手冊及規範所提出之時制設計方法，對於背景理論說明不足處則予以補充說明。

交通號誌最常見的種類爲行車管制式定時獨立號誌，在說明獨立號誌之設計方法前，必須先統一定義車流及路口方向之描述，習慣上，相關方向之敘述係採用圖 15-10，意即由北方到達交叉路口的車流或路口可稱爲北端或南向（southbound）車流或路口，由西方到達之車流或路口則稱爲西端或東向（eastbound）車流或路口，由南方到達之車流或路口則稱爲南端或北向（northbound）車流或路口，由東方到達之車流或路口則稱爲東端或西向（westbound）車流或路口。

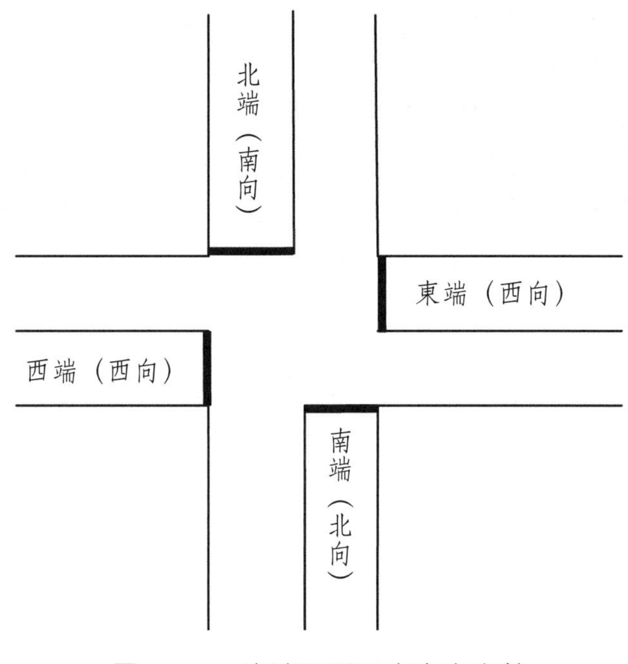

圖 15-10 車流及路口方向之定義

獨立號誌之設置流程有「資料調查與蒐集」、「號誌設置之必要條件比較」以及「時制計劃設計」三大項工作，其內容分別如下所述：

1. 資料調查與蒐集

在考慮設置號誌之前，必須先對擬設置地點之交通資料及道路幾何設計進行調查，以利評估設置號誌之必要性以及訂定適當之號誌時制設計。調查資料應包括各路口小時交通量、各路口上下午尖峰 15 分鐘交通量、各方向行人交通量、各路口行駛速率、道路現況以及肇事紀錄。

2. 交通號誌設置之必要條件比較

由於號誌之設置成本甚高，再加上不當的號誌設置不但無法改善交通，反而易導致交通狀況的惡化，因此在決定安裝號誌之前，必須先依據第 1 項所得之調查資料，與設置必要條件進行比對，以檢查號誌設置之必要性。號誌在滿足至少一項必要條件時方可設置，但經過專業評估發現設置號誌無明顯效益時，亦可不設置。不同種類號誌有不同之必要條件，詳細內容請參見「道路交通標誌標線號誌設置規則」（交通部、內政部，2015），其中獨立號誌所考慮之必要條件如下：

(1) 八小時交通量

(2) 四小時交通量

(3) 尖峰小時交通量

(4) 行人穿越數

(5) 學校出入口

(6) 肇事紀錄

(7) 配合幹道連鎖

(8) 配合路網管制

(9) 大衆捷運系統車輛行經之交叉路口

3. 獨立號誌時制設計

在合於以上第 2 項必要條件之一者，方可進行號誌之時制設計。不同的獨立號誌時制設計方法有不同的理念，過去曾經被採用過的至少包括以下幾種：

(1) 使車輛之平均延誤最小。

(2) 使車輛平均停等次數最少。

(3) 使車輛燃料消耗量最小。

(4) 使車輛廢氣排放量最小。

(5) 使停等車輛長度最短。

(6) 使每一車輛在第一次綠燈時間內可通過交叉路口之機率最大。

獨立號誌時制設計方法總共可分爲十一步驟，各步驟之內容說明如下：

〔步驟一〕時相設計

行車管制號誌時相之選用應依據車流方向之組合與各臨近路口之車道數、車道設置及幾何設計，常見交通號誌時相如圖 15-11 所示，在進行設計時可參考圖中所列時相並針對現況進行修改調整，其中以虛線表示之左轉時相爲「允許左轉」(permitted left-turn），該時相下之左轉車流與對向或衝突車流同時進入交叉路口，必須利用其他車流之間隙以通過交叉路口；以實線表示之左轉時相爲「保護左轉」或「專用左轉」（protected left-turn），在該時相下之左轉車流進入交叉路口時與其他車流不存在衝突。

由於每一時相皆伴隨著損失時間，時相設計之最基本原則爲減少時相數，一般而言宜儘量採用二時相設計，其他値得參考之重要原則及規定如下所列（交通部、內政部，2015）。

a. 有下列情形之一者，可使用二時相：

(a) 設置於三叉路口者。

(b) 設置於左轉車輛不多之四叉路口者（圖 15-11 例 1）。

(c) 設置於無行人專用時相之四叉路口者（圖 15-11 例 1）。

(d) 設置於設有行人專用號誌之非交叉路口者。

b. 有下列情形之一者，可使用三時相或四時相：

(a) 設置於五叉路口者。

(b) 在左轉車輛特多之四叉路口者，宜增設「專用左轉」時相以減少車流干擾，且該路口宜有左轉專用設施配合（圖 15-11 例 5）。

(c) 設置於行人特多須使用行人專用時相之交叉路口者（圖 15-11 例 11）。

c. 設置於道路錯綜、交通繁複之交叉路口者，視需要可使用五時相以上號誌，並得視交通情況將不必要之時相予以跳越。

d. 行車管制號誌設置於左轉車輛較多，且兩向交通流量懸殊之交叉路口者，可使用綠燈早開或綠燈遲閉方式處理（圖 15-11 例 2 及例 3）。

e. 行車管制號誌使用左轉專用時相，除設有早開控制時相外，應配合布設左彎待轉區線。左轉箭頭綠燈與對向號誌之圓形綠燈或直行箭頭綠燈不得於同一時相並亮（圖 15-11 例 5）。

時制名稱	時相圖
1. 普通二時相	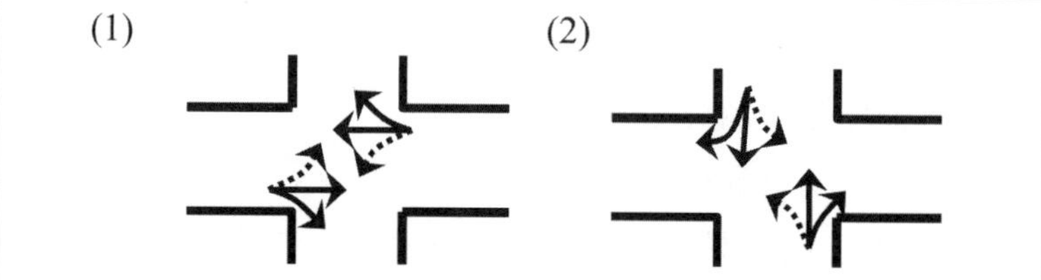 (1) (2)
2. 早開二時相	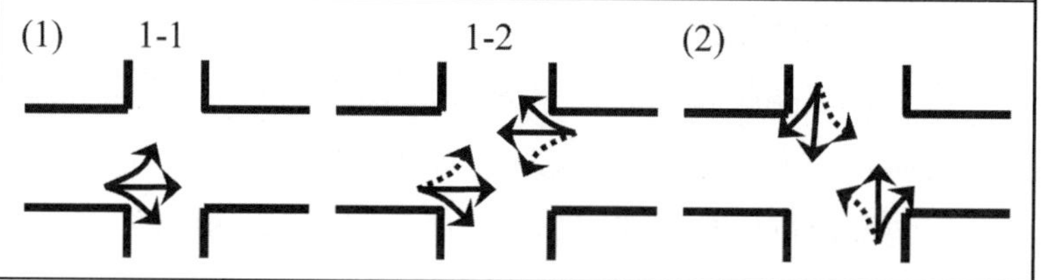 (1) 1-1 1-2 (2)
3. 遲閉二時相	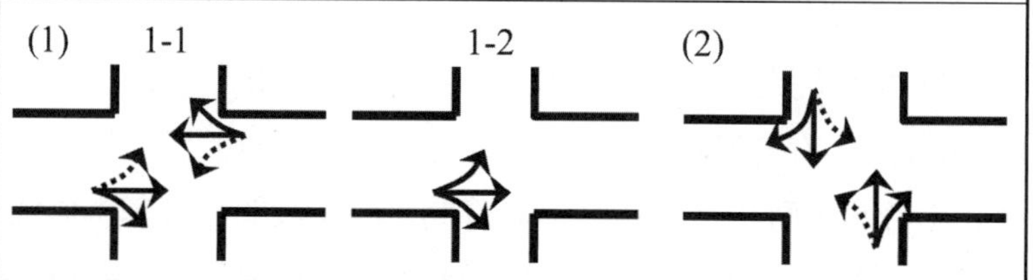 (1) 1-1 1-2 (2)
4. 輪放式三時相	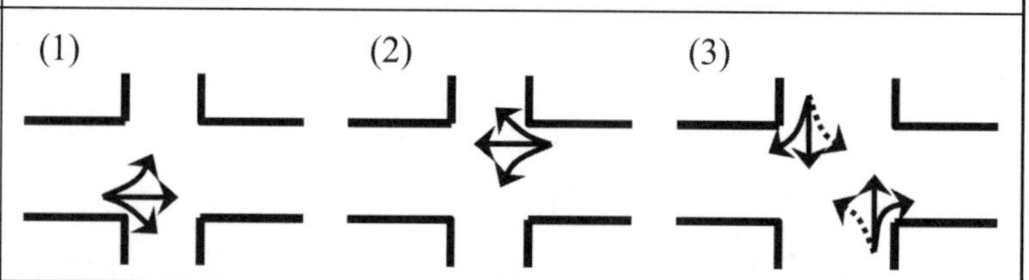 (1) (2) (3)
5. 左轉保護三時相	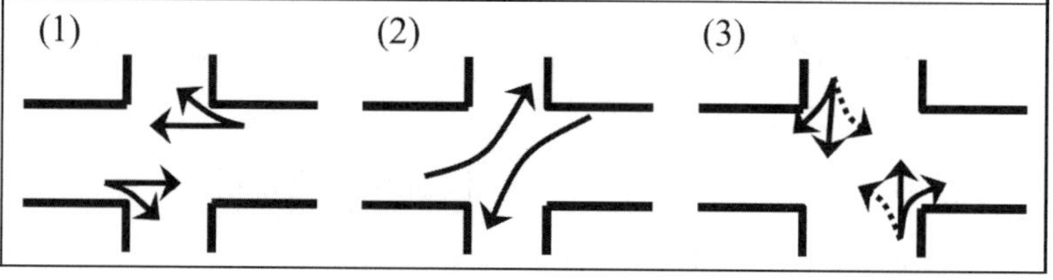 (1) (2) (3)

圖 15-11　常用交通號誌時相圖

（資料來源：交通部運輸研究所，1986）

時制名稱	時相圖
6. 輪放式四時相	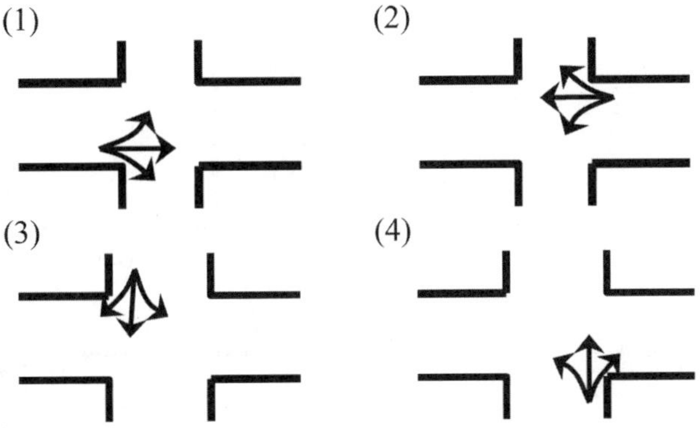 (1) (2) (3) (4)
7. 左轉保護四時相	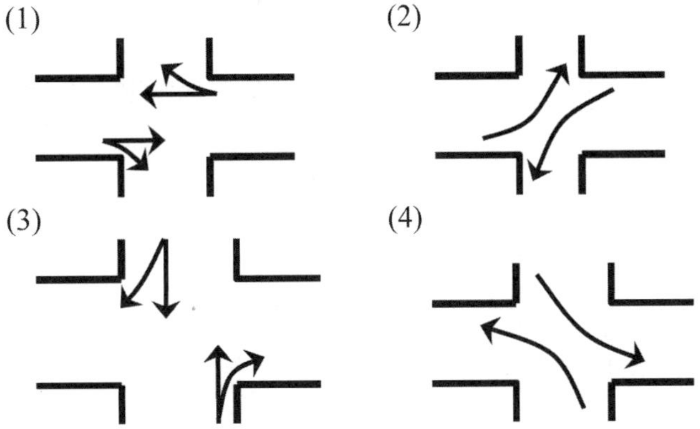 (1) (2) (3) (4)
8. 輪放左轉保護四時相	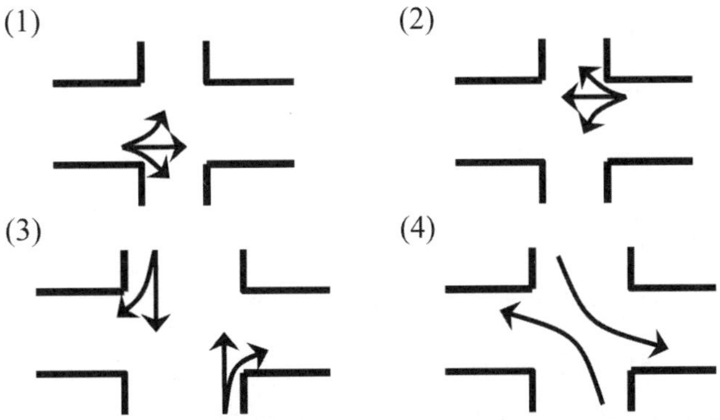 (1) (2) (3) (4)
9. 三叉路普通二時相	 (1) (2)

圖 15-11　常用交通號誌時相圖（續）

（資料來源：交通部運輸研究所，1986）

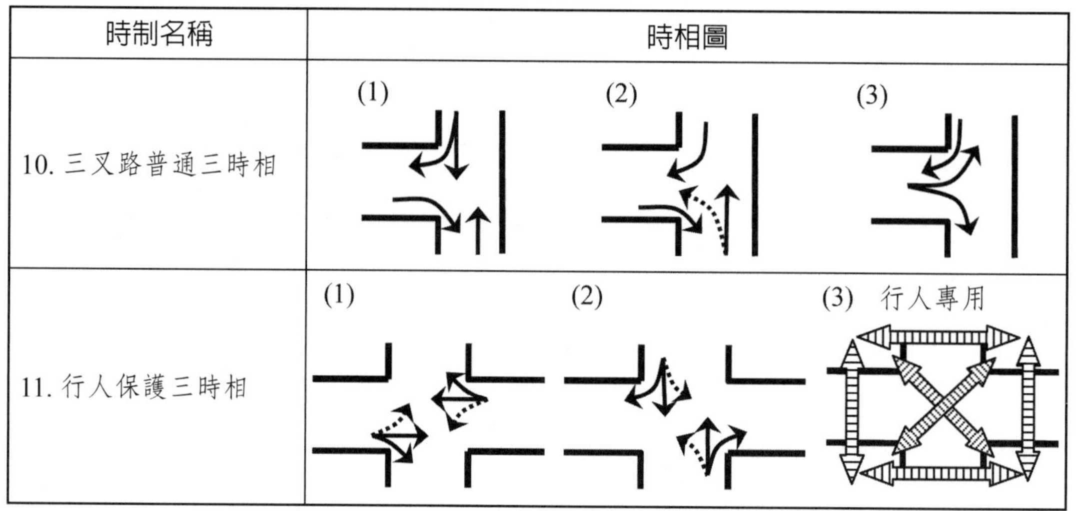

時制名稱	時相圖
10. 三叉路普通三時相	(1) (2) (3)
11. 行人保護三時相	(1) (2) (3) 行人專用

圖 15-11 常用交通號誌時相圖（續）

（資料來源：交通部運輸研究所，1986）

〔步驟二〕計算清道時間

清道時間之目的在於清空交叉路口以供他向車輛通行，其計算公式如式 15-5。爲使用方便，其計算結果需進位成整數。另外，「道路交通標誌標線號誌設置規則」（交通部、內政部，2015）建議黃燈時間採用表 15-1 之數據以及全紅時間在一秒以上。

$$A_{\min} = t + \frac{V}{2a} + \frac{W+L}{V} \qquad (15\text{-}5)$$

其中，

$A_{\min}$：最短清道時間，單位：秒

t：駕駛人反應時間，通常爲 1 秒

V：平均車速，得採用行車速限，單位：公尺 / 秒

a：車輛減速度，通常爲 5 公尺 / 秒 ^{2}

W：交叉路口近端停止線至遠端路段起點之距離長度，單位：公尺

L：平均車長，得採用 6 公尺

上述公式考量駕駛人安全煞停或繼續通過路口所需之時間，其原理說明如下。在足夠的清道時間下，當一車流方向之綠燈結束及黃燈時間開始時，駕駛人可能會遭遇到三種狀況：

a. 黃燈時間開始時，車輛距停止線距離仍遠，駕駛人可減速煞停在停止線前，如圖 15-12 之車 1。

b. 黃燈時間開始時，車輛距停止線距離過近，無法安全煞停在停止線前，但保持速率繼續行駛可在下一時相綠燈開始前通過路口，如圖 15-12 之車 2。

c. 黃燈時間開始時，車輛已在交叉路口中間，繼續前進可在下一時相綠燈開始前通過路口。

依據物理法則可知由速率 V 減速至靜止之移動距離為 $V^2/2a$，此一距離為最小之安全煞車距離，意即若車輛距停止線超過 $V^2/2a$（圖 15-12 灰線之前），駕駛在看到黃燈時應減速而安全停止在停止線前（即狀況 a）。若車輛距離停止線之距離小於 $V^2/2a$（圖 15-12 灰線之後以及停止線之前），則駕駛人應繼續通過路口（屬狀況 b），而所需行駛之最大可能距離為 $V^2/2a$ 再加上近端停止線至遠端路段（W）以及車身長（L），其所需時間為該距離除以 V，而此一時間即為上列公式所計算之最短清道時間（反應時間除外）。上述狀況 c 無需考慮，因為車輛已在路口中，所需行駛距離與清道時間必定小於狀況 b。

假設車輛前端在黃燈開始時處於圖 15-12 之斜線區內，且實際號誌時制所提供之清道時間 A' 小於 A_{min}，意即無法滿足最短清道時間，此時駕駛人若選擇停止將無法煞停在停止線前，若選擇繼續行駛只能行駛 $A' \times V$ 的距離（如圖 15-12 之雙虛線所示），亦無法在下一時相綠燈開始前完全通過路口（如圖 15-12 之車 3），兩種選擇皆會在路口與他向車流發生衝突，換句話說，該時制設計令斜線區內之駕駛人沒有機會做出正確的決定而造成駕駛人的猶豫，因此此一區間被稱為「猶豫區間」（dilemma zone），其長度即為 $V^2/2a + W + L$ 與 $A' \times V$ 之差距。

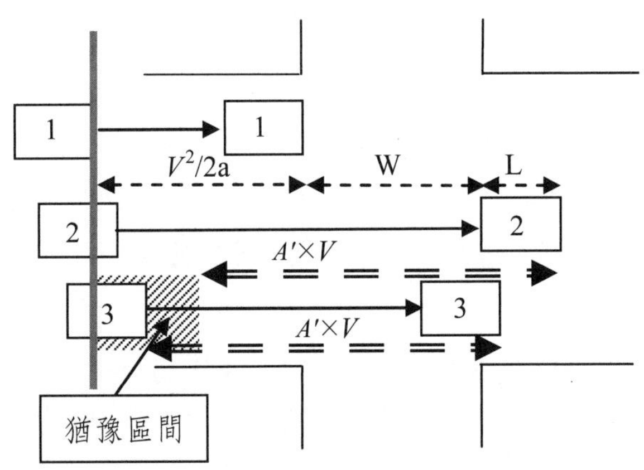

圖 15-12　清道時間計算及猶豫區間示意圖

表 15-1　行車管制號誌之黃燈時間規定

行車速限（公里／小時）	黃燈時間（秒）
50 以下	3
51～60	4
61 以上	5

（資料來源：交通部、內政部，2015）

〔步驟三〕行人穿越之最短綠燈時間

本步驟之目的在計算各時相通過行人穿越道路所需之最短綠燈時間，此最短綠燈時間，應考慮行人起步延緩、行人穿越道之長度、步行速率及清道時間，其計算公式如下，爲使用方便，其計算結果須進位成整數。

$$G_{\min, i} = D + \frac{W_{p,i}}{V_p} - A_i \tag{15-6}$$

其中，

$G_{\min, i}$：時相 i 之最短綠燈時間，以秒爲單位

D：一般行人最低之起步延緩時間爲 5 秒鐘

$W_{p, i}$：利用時相 i 之各方向行人穿越道中距離最長者之長度，以公尺爲單位

V_p：行人步行速率，一般採用 1.2 公尺／秒

A_i：時相 i 之清道時間，以秒爲單位

〔步驟四〕各車道群（lane group）之交通量

在號誌設計時，交通量之估計乃是採用車道群爲單位，車道群之目的在於將運作特性相近之車流歸爲同一車道群，以合理地描述交叉路口之車輛流動，車道群之決定必須考量車道布設以及轉向車流，常見之車道群劃分範例如表 15-2，

其劃分原則如下：

a. 專用左轉或專用右轉車道應獨立爲單一車道群。

b. 一路口劃分出專用左轉和專用右轉車道群後，其餘車道皆爲直行，因此可歸爲同一車道群。

c. 若未設置左轉專用車道（意即最內側車道爲直行左轉共用），但該車道絕大部分時間被左轉車輛占用時，可將該車道獨立爲左轉車道群。

d. 同上原則，若未設置右轉專用車道（意即最外側車道爲直行右轉共用），但該車道絕大部分時間被右轉車輛使用時，可將該車道獨立爲右轉車道群。

由交通量調查資料中，求得交叉路口各端各車道群可能到達之車輛數，該交通量一般採用 15 分鐘尖峰小時流率，各轉向車輛數必須再經由表 15-3 轉換爲小客車當量，由

於車道群可能包含一個或多個車道，其交通量統一以每車道每小時小客車當量數爲單位（PCU／小時／車道），爲使用方便，其計算結果須取整數。由該表可看出，直行車輛在各時相中皆有優先權而與其他車流無衝突，因此其小客車當量最小，因爲左轉之操作較直行稍微複雜，因此有專用時相之左轉小客車當量較直行略大，右轉車輛可能與行人以及對向左轉車輛衝突，因此小客車當量更大，無左轉時相之左轉車流必須等待其他車流之間隙以通過路口，其小客車當量爲各轉向車流中最大。

表 15-2　車道群劃分範例

車道數	車道布設	車道群	備註
1	(1) 左轉、直行、右轉共用車道	(1) 	
2	(1) 左轉專用車道 (2) 直行右轉共用車道	(1) (2) 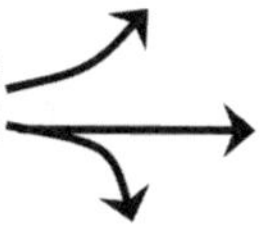	
2	(1) 左轉直行共用車道 (2) 直行右轉共用車道	(1) (2) 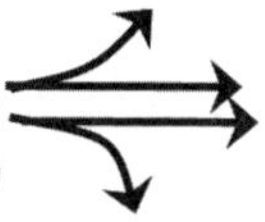	左轉及直行車輛皆使用左轉直行共用車道
2		(1) (2) 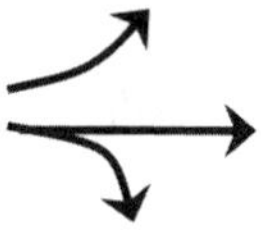	左轉直行共用車道大部分時間遭左轉車輛占用
3	(1) 左轉專用車道 (2) 直行車道 (3) 直行右轉共用車道	(1) (2) (3) 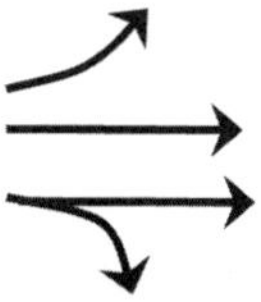	直行及右轉車輛皆使用直行右轉共用車道
3		(1) (2) (3) 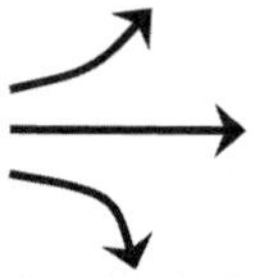	直行右轉共用車道大部分時間遭右轉車輛占用

（資料來源：修改自 Transportation Research Board, 2000）

表 15-3　各車種交叉路口小客車當量換算標準

轉向／車種		小型車	大型車	機車
右轉		1.3	2.0	0.4
直行		1.0	1.5	0.3
左轉	有左轉時相	1.2	1.8	0.4
	無左轉時相	1.5	2.3	0.5

（資料來源：交通部，2004）

〔步驟五〕交通流量與飽和流量之比值

本步驟計算交叉路口每端每車道群之飽和流量，即該車道群開放一小時最多所能通過之每車道車輛數，一般假設飽和流量爲 1,800 輛／小時／車道，並依據道路狀況進行調整。接著計算交叉路口每端每車道群流量（v）與飽和流量（s）之比值（v/s），此一比值又被稱作「流量比」（flow ratio），可代表該車道群之「需求」，同一時相內比值最高者爲該時相內需求最大之車道群，因此稱爲該時相之「臨界車道群」（critical lane group）。

〔步驟六〕計算每週期總損失時間

每週期之損失時間（Lt）爲週期中所有時相之起步損失時間及清道損失時間，爲簡化估計工作，各時相之起步及清道損失時間多假設相同，因此週期總損失時間可使用以下公式計算。

$$L_t = \Sigma_{i=1}^{n} L_{t,i} = n(l_1 + l_2) \qquad (15\text{-}7)$$

其中，

n：時相數

$L_{t,i}$：時相 i 之損失時間

l_1：每一時相之起步損失時間，通常爲 2.2 秒

l_2：每一時相之清道損失時間，此數據不易測量，可利用全紅時間估計之

〔步驟七〕計算總延滯最小之週期時間

Webster（1958）提出最佳週期時間之公式，該公式得到之週期長度可最小化交叉路口總延滯，其公式如下：

$$C = \frac{1.5L_t + 5}{1 - y_1 - y_2 - \cdots - y_n} = \frac{1.5L_t + 5}{1 - \Sigma_{i=1}^{n} y_i} \qquad (15\text{-}8)$$

其中，

C：週期長度，以秒爲單位

y_i：時相 i 之臨界車道群流量與飽和流量比值

由以上公式可看出，最佳週期之計算只在所有臨界車道群流量與飽和流率比值之總和（$\Sigma_{i=1}^{n} y_i$）小於 1 時有意義，另外，該值越低所需週期時間愈短，反之則週期時間愈高。爲使用方便，其計算結果一般進位至下一個 5 的倍數。

〔步驟八〕計算總有效綠燈時間

將總週期減去總損失時間以計算總有效綠燈時間：

$$g = C - L_t \qquad (15\text{-}9)$$

〔步驟九〕計算各時相有效綠燈時間

將總有效綠燈時間分配給各時相有許多策略與理論，其中最簡單且常用的乃是「令各時相中臨界車道群之流量與容量比（v/c）相等」，如此一來，各時相中需求最大之車道群（即臨界車道群）之擁塞狀況相同，而不會有任一時相產生過大延滯。流量與容量比又被稱作「飽和度」（degree of saturation）。

由式 15-4 可推導出時相 i 臨界車道群之流量／容量比（v/c）與流量／飽和流量比值（v/s）關係，如式 15-10 所示，其中下標 ci 代表公式中之數值屬於時相 i 之臨界車道群。

$$\left(\frac{v}{c}\right)_{ci}=\left(\frac{v}{s}\right)_{ci}\frac{C}{g_i}=y_i\frac{C}{g_i} \tag{15-10}$$

令所有時相之流量／容量比值相等，如式 15-11 所示，可推導出式 15-12 之關係，代表各時相有效綠燈時間之比例與臨界車道群流量／飽和流量比值相同，因此，計算時相 i 之有效綠燈長度之公式如式 15-13。

$$y_i\frac{C}{g_i}=y_j\frac{C}{g_j}\text{，}\forall i, j, i\neq j \tag{15-11}$$

$$g_i : g_j = y_i : y_j\text{，}\forall i, j, i\neq j \tag{15-12}$$

$$g_i=\frac{y_i}{\sum_{j=1}^{n} y_i}g \tag{15-13}$$

經過計算之後，必須檢查各時相之有效綠燈時間是否大於步驟三之行人穿越之最短綠燈時間。另外，因時相轉換會產生損失時間，過短的綠燈時間缺乏效率，因此為綠燈時間至少需大於 15 秒。結合以上兩條件，若時相 i 之有效綠燈時間小於 15 秒與 $G_{\min,\,i}$ 兩者中較大者，將其調整為 15 秒與 $G_{\min,\,i}$ 兩者中較大者，其餘時相之有效綠燈時間則以等比例放大。

〔步驟十〕計算各時相綠燈時間

依據步驟二之清道時間、步驟六之損失時間，以及步驟九之有效綠燈時間，重新計算綠燈時間（式 15-3）。為求實務上應用方便，定時號誌之綠燈時間須取整數。

〔步驟十一〕提出時制計畫

由於綠燈時間取整數，因此須利用式 15-1 重新確認週期長度，實務上週期長度皆取 5 之倍數，以介於 30 秒與 200 秒之間為原則。接著，使用式 15-2 計算各時相之紅燈時間。整理以上數據提出時制計畫，內容包括時相圖、各時相之綠燈、黃燈以及全紅時間長度，為實務使用方便，紅燈時間也會一併列出。

15.5 號誌化交叉路口服務水準劃分

「2011 公路容量手冊」（交通部運輸研究所，2011）建議以平均停等延滯時間爲主要績效指標劃分服務水準之等級（績效指標及服務水準之定義請見第二十二章說明），並以每週期平均最長停等車隊長度以及流量／容量比爲輔進行評估工作。該手冊並指出，由於號誌化路口之績效受到上游路口號誌以及交通狀況之影響，其牽涉到的影響因素及互動關係複雜，目前沒有可靠的分析性模式可準確估計相關績效指標，建議在評估號誌化路口之服務水準時，採用該報告所附之「公路交通系統模擬模式」（Highway Traffic Systems Simulation，簡稱 HTSS），將號誌時制計畫輸入 HTSS 模式後即可得到各項績效指標，再依據表 15-4 劃分服務水準等級。

表 15-4　服務水準之標準

服務水準	平均停等延滯時間 d（秒／車）
A	$d \leq 15$
B	$15 < d \leq 30$
C	$30 < d \leq 30$
D	$45 < d \leq 60$
E	$60 < d \leq 80$
F	$d > 80$

（資料來源：交通部運輸研究所，2011）

15.6 時制設計範例

某丁字路口，東西向爲雙向四車道，東端另外增設一左轉專用道，西端則另外增設一右轉專用道，其長度均足可容納等待轉彎之車輛，南北向則爲雙向四車道，路口無坡度且附近均禁止停車，其交通情況如圖 15-13 所示。假設每一流向之交通組成大致相同，大型車約 10%，機車約 50%，其餘爲小型車。若每一車道之飽和流量爲 1,800PCU／小時，每向車輛之起步損失爲 2.2 秒，試設計一個三時相號誌（交通部運輸研究所，2007）。

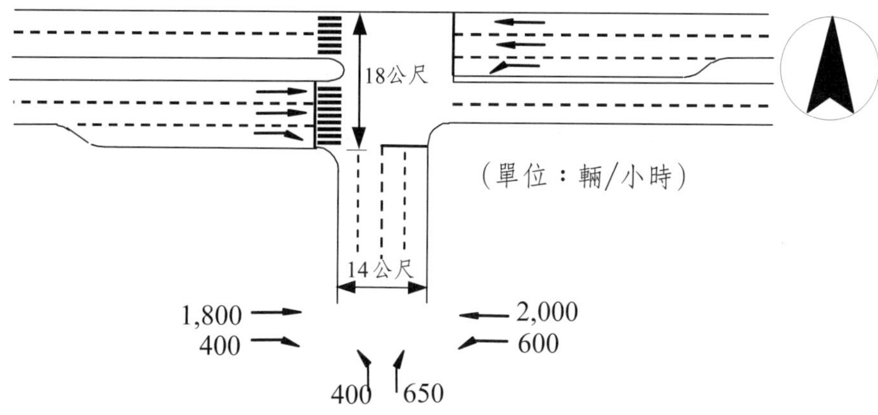

圖 15-13　應用範例之道路狀況及交通量

〔步驟一〕時相設計

本範例爲三叉路口，在本範例中假設左右轉皆採用專用時相，因此參考圖 15-11 之例 10 並將有衝突的左右轉去除後，得到以下時相設計。

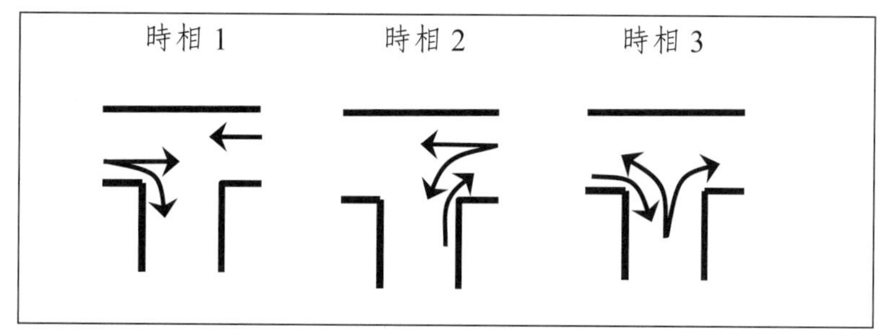

圖 15-14　應用範例之時相圖

〔步驟二〕計算清道時間

因未提供各端路口之速率，無法利用公式計算清道時間，參考相關規定選擇黃燈 3 秒，全紅 1 秒，因此清道時間總共爲 4 秒。

〔步驟三〕行人穿越之最短綠燈時間

利用式 15-6 計算最短綠燈時間，東西向之最短綠燈時間取整數後爲 13 秒，南北向最短綠燈時間則爲 16 秒。

1. 東西向 $G_{min} = 5 + \frac{14}{1.2} - 4 = 12.7$（取整數 13 秒）

2. 南北向 $G_{min} = 5 + \frac{18}{1.2} - 4 = 16.0$（取整數 16 秒）

〔步驟四〕各臨近路口各車道群之交通流量

車道群之劃分以及其交通流量計算如表 15-5 所示。

表 15-5 應用範例之交通流量計算

路口	車道群	交通量	比例			小客車當量			小客車當量數 PCU	車道數	每車道小客車當量數 PCU
		車輛數	小車	大車	機車	小車	大車	機車			
		a	b	c	d	e	f	g	$h=a\times(b\times e+c\times f+d\times g)$	i	$j=h/i$
東端	左轉	600	0.4	0.1	0.5	1.2	1.8	0.4	516	1	516
	直行	2,000	0.4	0.1	0.5	1.0	1.5	0.3	1,400	2	700
西端	直行	1,800	0.4	0.1	0.5	1.0	1.5	0.3	1,260	2	630
	右轉	400	0.4	0.1	0.5	1.3	2.0	0.4	368	1	368
南端	左轉	400	0.4	0.1	0.5	1.2	1.8	0.4	344	1	344
	右轉	650	0.4	0.1	0.5	1.3	2.0	0.4	598	1	598

〔步驟五〕流量與飽和流量之比值

在一交通流量可利用兩個以上的時相的情況下，臨界車道之決定十分複雜，完整過程可見美國公路容量手冊（Transportation Research Board, 2000）。為簡化說明，本章假設在一交通流量可利用兩個以上的時相時，交通量將平均分配至所有可利用時相，因此東端直行車輛可利用時相 1 及時相 2，因此其交通量平分至此二時相，同理，西端右轉之交通量可平分至時相 1 及時相 3，南端右轉之交通量被平分至時相 2 及時相 3，分配後之各時相交通流量如圖 15-15 所示。

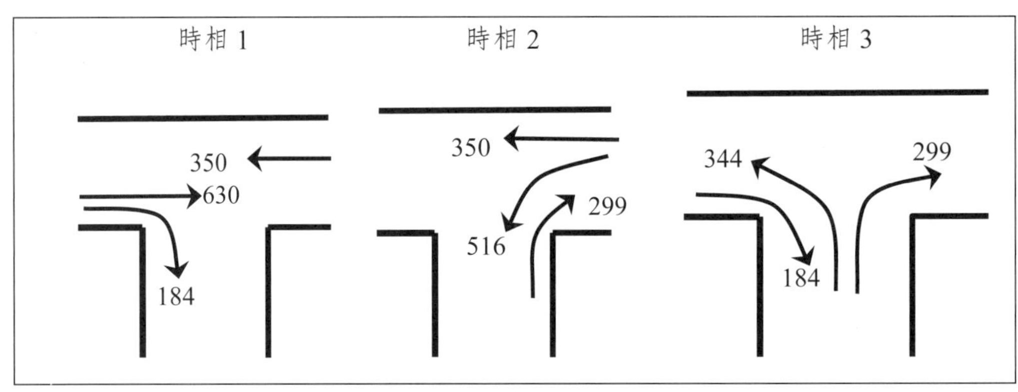

圖 15-15 應用範例之各時相交通流量

〔步驟六〕計算每週期總損失時間

每週期總損失時間爲所有時相損失之加總，本例中起動損失已給定爲 2.2 秒，而清道損失則利用全紅時間1秒估計之，因此每週期損失時間（L_t）爲$3\times(2.2+1)=9.6$秒。

〔步驟七〕計算總延滯最小之週期時間

利用公式 15-8，最佳週期時間爲：

$$C=\frac{1.5L+5}{1-\Sigma_{j=1}^{n}y_i}=\frac{1.5\times 9.6+5}{1-(0.35+0.29+0.19)}=114.1\text{（取115秒）}$$

其中，各時相下臨界車道群流量與飽和流量比值之計算請參見表 15-6。

〔步驟八〕計算總有效綠燈時間

利用式 15-9 可計算一週期之總有效綠燈時間，意即：

$$g=C-L_t=115-9.6=105.4\text{秒。}$$

〔步驟九〕計算各時相有效綠燈時間

各時相有效綠燈時間之詳細計算過程如表 15-6 所列。

表 15-6　應用範例之臨界車道群及綠燈時間分析

時相	路口	方向	交通流量	飽和流量	比值 (v/s)	臨界車道群	臨界車道群流量／飽和流量比 y_i	有效綠燈時間比例 $y_i/\sum_{i=1}^{n}y_i$	有效綠燈時間 g_i
			a	b	$c=a/b$		d	$e=d/\Sigma(d)$（式 15-13）	$f=e\times$總有效綠燈時間 (g)（式 15-13）
時相1	東端	左轉							
		直行	350	1,800	0.19				
	西端	直行	630	1,800	0.35	是	0.35	0.42	44.3
		右轉	184	1,800	0.10				
	南端	左轉							
		右轉							
時相2	東端	左轉	516	1,800	0.29	是	0.29	0.35	36.9
		直行	350	1,800	0.19				
	西端	直行							
		右轉							
	南端	左轉							
		右轉	299	1,800	0.17				

<table>
<tr><th rowspan="2">時相</th><th rowspan="2">路口</th><th rowspan="2">方向</th><th>交通流量</th><th>飽和流量</th><th>比值 (v/s)</th><th rowspan="2">臨界車道群</th><th>臨界車道群流量／飽和流量比 y_i</th><th>有效綠燈時間比例 $y_i / \sum_{i=1}^{n} y_i$</th><th>有效綠燈時間 g_i</th></tr>
<tr><th>a</th><th>b</th><th>$c = a/b$</th><th>d</th><th>$e = d/\Sigma(d)$（式 15-13）</th><th>$f = e \times$ 總有效綠燈時間 (g)（式 15-13）</th></tr>
<tr><td rowspan="6">時相 3</td><td rowspan="2">東端</td><td>左轉</td><td></td><td></td><td></td><td></td><td></td><td></td><td></td></tr>
<tr><td>直行</td><td></td><td></td><td></td><td></td><td></td><td></td><td></td></tr>
<tr><td rowspan="2">西端</td><td>直行</td><td></td><td></td><td></td><td></td><td></td><td></td><td></td></tr>
<tr><td>右轉</td><td>184</td><td>1,800</td><td>0.10</td><td></td><td></td><td></td><td></td></tr>
<tr><td rowspan="2">南端</td><td>左轉</td><td>344</td><td>1,800</td><td>0.19</td><td>是</td><td>0.19</td><td>0.23</td><td>24.2</td></tr>
<tr><td>右轉</td><td>299</td><td>1,800</td><td>0.17</td><td></td><td></td><td></td><td></td></tr>
</table>

〔步驟十〕計算各時相綠燈時間

利用式 15-3 可計算各時相綠燈時間，經檢查各時間皆滿足最短綠燈時間之要求。

1. $G_1 = 44.3 - (3 + 1) + (2.2 + 1) = 43.5$（取 44 秒）。
2. $G_2 = 36.9 - (3 + 1) + (2.2 + 1) = 36.1$（取 36 秒）。
3. $G_3 = 24.2 - (3 + 1) + (2.2 + 1) = 23.4$（取 23 秒）。

〔步驟十一〕提出時制計畫

利用式 15-1 及式 15-2 以及上列結果提出時制計畫：

1. 時相一：綠燈 44 秒，黃燈 3 秒，全紅 1 秒，紅燈 67 秒。
2. 時相二：綠燈 36 秒，黃燈 3 秒，全紅 1 秒，紅燈 75 秒。
3. 時相三：綠燈 23 秒，黃燈 3 秒，全紅 1 秒，紅燈 88 秒。
4. 週期長度 115 秒。

15.7 結論與建議

車流與號誌在交叉路口之互動關係極爲複雜，因此在交通號誌規劃設計時需要考量之因素甚多，再加上設計方法之流程繁瑣，在應用上有其一定困難度，因此在實務上多使用號誌時制設計軟體輔助交通工程師進行時制計畫之擬訂。因各家軟體之用途不一，部分軟體針對單一交叉路口之時制進行最佳化，部分軟體則是以幹道或整體路網爲分析對象，再加上各軟體之功能擴充及更新速度快，本書限於篇幅及時效性無法對相關軟體進行介紹或比較，使用者應定時參考國內外專業期刊與雜誌、相關單位網頁，以及研究機構報告等來源，針對需求選擇適宜之工具以協助交通號誌設計工作，更重要的是，在利用軟體進行分析設計之前，必須先對本章所介紹之基礎知識有深入之了解，方可具備正確解讀軟體輸出結果，以及適切地將其轉換爲實務可行時制計畫之能力，進而達到減少交叉路口、幹道，甚至整體路網之延滯以及改善交通擁塞狀況之目標。

問題研討

1. 解釋名詞
   (1) 時制。
   (2) 週期。
   (3) 時相。
   (4) 時相長度。
   (5) 時比。
   (6) 時差。
   (7) 清道時間。
   (8) 綠燈帶。
   (9) 綠燈早開。
   (10) 綠燈遲閉。
   (11) 損失時間。
   (12) 有效綠燈時間。
   (13) 飽和時間車距。
   (14) 飽和流率。
   (15) 容量。
   (16) 流量容量比。
   (17) 猶豫區間。
2. 試述設計良好的交通號誌可帶來之優點以及設計不當之交通號誌所引發的缺點。
3. 試述交通號誌之種類以及其適用條件。
4. 試述交叉路口獨立號誌之設置流程。
5. 試述交叉路口獨立號誌時制設計方法。
6. 假設本章範例中之南端路口由雙向四車道縮減為雙向二車道，試計算新的時制計畫並比較兩計畫之差別。

相關考題

1. 何謂號誌化交叉路口容量？請說明影響此容量的主要因素。（25分）（90高三級第二試）
2. 試繪出五種號誌化路口（標準四叉路口）常用之號誌時相圖，並說明選擇不同號誌時相之考慮因素為何？（25分）（93專技高）

3. 影響號誌管制路口與標誌管制路口之容量各有哪些因素？請分析比較其相同與不同之處。（20 分）（94 專技高檢覈）
4. 請以圖示說明在完全飽和綠燈時段下車隊駛離率、起動延誤、有效綠燈時間、損失時間之相互關係。（25 分）（94 高三級第二試）
5. 交通感應（actuated）號誌與交通調整（adaptive）號誌之基本理念異同處為何？時制設計所需之軟硬體設備應考慮的主要影響因子為何？（25 分）（95 高三級）
6. 何謂全觸動交通號誌？其主要之控制參數為何？試說明其控制程序以及適用之設置條件。（25 分）（96 高三級）
7. 當車輛行進路口常需依路口號誌燈之變換決定行進或停止，此決策過程是否正確常影響行車安全，試以圖示及相關變數說明何謂「猶豫區間」（dilemma zone），應如何考量此種現象，才能確保號誌化路口行車安全？（25 分）（96 高三級）
8. 道路設置預告號誌之目的及影響因素各為何？又預告號誌之設置距離應考慮哪些因素？（25 分）（96 專技高）
9. 試簡要說明集中式區域號誌系統控制（centralized areawide system control）之架構（5 分）及其優缺點。（20 分）（98 高三級）
10. 假設您負責設計臺北市某一個 T 字型路口之號誌時制計畫，您將如何進行該項工作？請說明您的執行步驟，以及每一步驟之具體內容與方法。（20 分）（94 專技高檢覈）
11. 請說明交通號誌之種類以及其設置之必要條件。（25 分）（98 專技高）
12. 請說明計算號誌化交叉口飽和流量的程序，其中何謂基本飽和流量？飽和流量的調整因素有哪些？並請說明如何應用此飽和流量來計算路口容量？請以公式方式說明。（20 分）（95 專技高）
13. 獨立號誌化路口之號誌在時相計畫（phase plan）決定後，其週期長度（cycle length）與每一時相之時段長度（interval）有哪幾種設計方法？請說明每一種方法的原理及其優點與缺點。（25 分）（90 專技高檢）
14. 延滯（delay）為評估平面路口服務水準的重要指標。請分析比較影響號誌管制路口與標誌管制路口之延滯各有哪些因素，並說明其影響情形。（25 分）（90 專技高檢）
15. 請詳細說明配合公車專用道下，公車優先號誌的類型有哪幾種及其控制邏輯與設施配置方式？（15 分）並分析在有設公車站的號誌化交叉口及無設公車站的號誌化交叉口會有何不同之設計考慮？（10 分）（90 專技高）
16. 何謂連鎖號誌系統（coordinated signal system）？（10 分）並述不同種類系統之適用條件及規劃設計時應有之基本資料及其功用。（15 分）（91 專技高檢覈）
17. 請繪圖說明下列各題：（每小題 6 分）（91 專技高）

    (1) 試繪交叉路口綠燈時段車隊疏解流率變化圖，並由圖中說明〈C〉飽和流率、〈D〉

非飽和流率、〈E〉起動延滯、〈F〉閒暇綠燈出現之位置，及〈G〉此綠燈時段之有效流量為何？

(2) 配合上圖繪出東西及南北向燈號之時相圖，並由圖中說明〈H〉綠燈介間時間（inter-green time）、〈i〉漏損時間（lost time）。

18. 請說明標誌及號誌設計之基本要求為何？若以所附圖為例，請說明該圖中標誌、號誌之設計上是否尚有可改善之處？（註：此圖並非為該處之現況）（25 分）（92 高三級第二試）

19. 何謂「綠燈早開」與「綠燈遲開」？請繪時相圖（phase diagram）說明其運作原理，並分析比較這兩種不同設計方式的相對優點與缺點。（25 分）（99 專技）

20. 請說明續進號誌有哪些優點？若一條主要幹道，連續五個交叉口要納入設計連鎖續進號誌，各交叉口的間隔皆為 300 公尺，此一幹道的速限為 50 公里／小時。若幹道與支道的每車道交通量比值約為 2：1。請問若採用同亮設計，則要達成雙向合計的綠燈帶效率值為 50%，單向為 25%（註：綠燈帶效率值指綠燈帶寬除以週期，以百分比計算），那週期至少應為幾秒？若將週期定為 100 秒，請分析如何做到雙向續進，及其對綠燈帶及延滯等績效會有何影響？（25 分）（101 專技）

21. 試說明時間空間圖（time-space diagram）之用途與繪製方法。並以之說明號誌週期（cycle）、時比（split）、時差（offset）與續進帶（through band）之意義。（25 分）（102 專技）

22. 請試述下列名詞之意涵：（每小題 5 分）（103 高三級）

(1) 猶豫區間（dilemma zone）

(2) 續進帶（progression band or through band）

23. 號誌化交叉口的號誌時制採用較長週期有何優缺點？假設在一個號誌化十字型交叉口，其號誌時制設計成兩時相定時號誌，整個交叉口 4 個方向的車道數皆為直進 1 車道，各時相的漏損時間（lost time）為 5 秒，如果飽和流量為每車道 1,800 車／小時，請分析當週期為 100 秒及週期 200 秒時的交叉口總容量差異有多大？若假設各車輛以均勻分配方式到達（uniform distribution），各車道的交通量為 300 車／小時，請比較分析其此兩種週期長度下的車輛平均延滯會有何差異？（25 分）（104 高三級）

（提示：參考公式$d=\frac{C(1-g/C)^2}{2[1-(g/C)X]}$）

24. 號誌化交叉口飽和流量（saturation flow）的定義為何？有哪三種基本的調查方法可用來調查取得飽和流量？若要依據公路容量手冊方法去推估某一車道的飽和流量，請說明考慮的調整因素有哪些？（25 分）（104 高三級）
25. 何謂號誌控制的「雙向續進」？試舉例繪製一包含至少六個不等間距路口的時空圖，設計使其雙向續進，並輔以說明。（25 分）（104 專技）
26. 號誌連鎖系統之設計可分為同亮系統、迭亮系統及遞亮系統等三種，請分別說明其定義，並說明如何決定其週期長度，及週期長度與速率的關係？（25分）（105 高一二級）
27. 為何號誌化交岔路口會有進退兩難區（dilemma zone，又稱猶豫區）？如何克服其所帶來的問題？（25 分）（105 高三級）

參考文獻

一、中文文獻

1. 交通部（2004），交通工程手冊，二版，幼獅文化。
2. 交通部（2015），交通工程規範。
3. 交通部、內政部（2015），道路交通標誌標線號誌設置規則。
4. 交通部運輸研究所（1986），交通號誌規劃手冊，交通部運輸研究所。
5. 交通部運輸研究所（2001），2001 年臺灣地區公路容量手冊，交通部運輸研究所。
6. 交通部運輸研究所（2007），2001 年臺灣地區公路容量手冊—— 2007 年修訂部分章節，交通部運輸研究所。
7. 交通部運輸研究所（2011），2011 臺灣公路容量手冊，交通部運輸研究所。
8. 蔡輝昇（1990），交通控制：理論與實務，生合成出版社。

二、英文文獻

1. Federal Highway Administration (FHWA), (2009), Manual Uniform Traffic Control Devices, Federal Highway Administration.
2. Institute of Transportation Engineers (ITE), (2008), Traffic Engineering Handbook, 6th edition,

Institute of Transportation Engineers.

3. Roess, R.P., Prassas, E.S., and McShane, W.R., (2011), Traffic Engineering, 4th Edition, Prentice-Hall, Inc.
4. Transportation Research Board (TRB), (2000), Highway Capacity Manual, Transportation Research Board.
5. Webster, F.V., (1958), Traffic Signal Settings, Road Research Technical Paper No. 39, Great Britain Road Research Laboratory.

第 16 章

機車、自行車及行人設施

本章介紹機動車輛中特性較爲獨特的機車（motorcycle），以及屬於非機動車輛的自行車（bicycle）與行人（pedestrian）之交通設施規劃與設計原則。如同第三章所述，我國之每千人機車擁有率高居世界各國之冠，也因此機車的使用在我國道路系統中極爲普遍，其占短程旅次之比例尤高，是交通工程與設計中不可忽略之運具，爲確保機車駕駛人之交通安全，汽機車分流乃是交通管理的趨勢，而機車專用設施則是落實分流的具體作法之一。又由於生活品質提昇，自行車遊憩的人數大幅增加，再加上環保意識高漲以及油價上漲等因素，以自行車通勤的比例也隨之上昇，因此建立便捷、舒適，以及安全的自行車騎乘空間亦成爲一重要課題。而隨著以人爲本的觀念逐漸提昇，行人之交通設施也被納入交通工程之範疇，透過適當的規劃設計，將可提供安全舒適的行人專用空間。

本章之內容安排如下：第一節說明機車設施，第二節說明自行車設施，第三節說明行人設施，第四節則爲結論與建議。

16.1 機車設施

本節說明機車設施之規劃設計原則，其內容主要係參考「市區道路及附屬工程設計規範」（內政部營建署，2015）、「機車專用道之設計與設置準則初探」（交通部運輸研究所，2001），以及「道路交通標誌標線號誌設置規則」（交通部、內政部，2015）整理而成。

16.1.1 機車行駛空間分類

機車行駛空間可大致分爲「機車專用道」、「機車優先道」、「機車專用道路」、「機車停等區」，以及「機車兩段式左轉待轉區」。前三項設於路段中，後兩項設於路口處，其定義如下：

1. 機車專用（車）道：專供機車行駛之車道，禁止其他車種及行人穿越、行駛、或停車等行爲。

2. 機車優先（車）道：供機車優先使用之車道，其他車輛除起步、準備停車、臨時停車、或轉向外，不得橫跨或占用行駛。前兩項可通稱爲「機車道」

3. 機車專用道路：專供機車使用之道路，其他車種車輛禁止進入（包括起步、準備停車、臨時停車、及轉向）。

4. 機車停等區：由於機車機動性高，在交叉路口停等時可左右橫移且向前集中，因此在交叉路口停等線前，以白實線圍成之方型空間，供機車集中停等，其他車種不得停等於其上。

5. 機車兩段式左轉待轉區：在禁止機車左轉之交叉口劃設之白實線方型空間，供機車兩段式直進以取代直接左轉。

16.1.2 機車道設置原則

我國現有之機車設施僅有機車道而未設置機車專用道路，因此本節僅介紹機車道之設置規則，包括寬度、車道線形、布設方式、路面要求等項目。

1. 寬度：機車道之寬度應考量機車基本尺寸、側向之行車安全空間以及行駛速率，在考量動態行進時之側向安全空間後，規範單一機車道寬度不宜小於 1.5 公尺。多機車道之車道總寬不宜小於 2.5 公尺。實體分隔或獨立設置之機車道寬度不宜小於 2.5 公尺。

2. 車道線形：機車道之線形原則上配合原有道路之線形。

3. 布設方式：機車道依行駛方向可分為「順向機車道」與「逆向機車道」。與主要車流方向相同之機車道為「順向機車道」，「逆向機車道」為機車道設置方向與路段主要車流方向相反者（圖 16-1），逆向機車道極少被使用，實際應用之案例係布設逆向機車道於單行道，意即，一方向允許汽機車單向通行，但另一方向則設置機車道供機車通行，必須注意的是為避免違反機車用路人之習慣，逆向機車道應靠右行駛，不宜靠左逆向行駛，若必須設置左側時，建議採用實體分隔以提高行車安全。

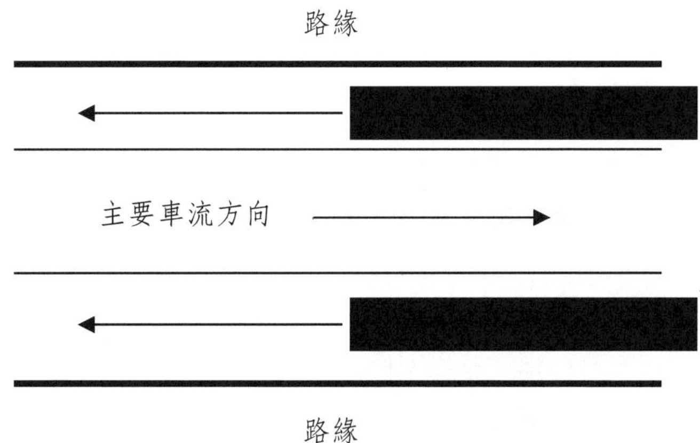

圖 16-1　逆向機車道示意圖

機車道依分隔型態可區分為「實體分隔機車道」及「非實體分隔機車道」，實體分隔機車道以緣石或分隔島與其他車道分隔，實體分隔阻絕其他車種車輛與路邊活動之可及性，而當機車不慎偏離車道時易造成事故，因此實體分隔機車道多設於橋梁，其餘路段十分少見。非實體分隔機車道僅以標線與其他車道分隔，其劃設方式明確規定於「道路交通標誌標線號誌設置規則」（交通部、內政部，2015），該規則第 174 條規定「機車專用道」標線由白色菱形劃設之，自專用車道起點開始，每隔 30～60 公尺標繪一組，過交叉路口入口均應標繪之，兩個菱形之間縱向標寫白色「機車專用」標字（如圖 16-2a），與其他車道間以雙白實線或雙黃實線分隔（如圖 16-2a 左側），允許機車進出車道時以單邊禁止變換車道線（如圖 16-2a 右側）。第 174-1 條則規定「機車優先車道」之標線，該標線以白色實線及機車圖形劃設之，每過交叉路口入口均應標繪之，兩個機車圖形之間縱向標寫白色「機車優先」標字（如圖 16-2b），與其他車道間以白實線分隔。

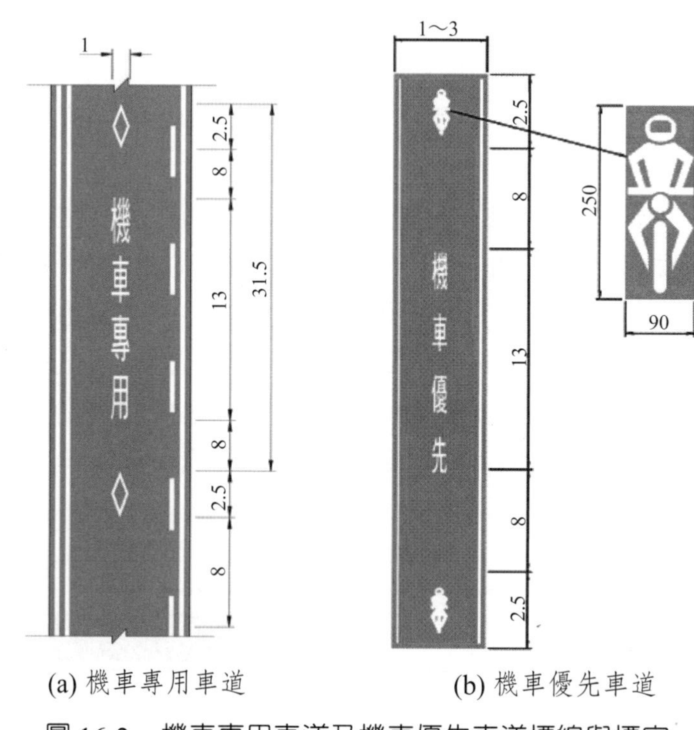

(a) 機車專用車道　　(b) 機車優先車道

圖 16-2　機車專用車道及機車優先車道標線與標字

（資料來源：交通部、內政部，2015）

機車道依布設位置又可分為「路緣型機車道」及「中央型機車道」（又稱為「快車道型機車道」）。路緣型機車道設於道路之最外緣，適用於無公車站位與停車格位之路段，其優缺點如下：

(1) 優點：機車轉向容易。

(2) 缺點：受路邊停車活動影響，易遭其他車種占用，容量低。中央型機車道設置於汽車道與汽機車混合車道之間，其功能在於服務穿越性機車交通，

適合路邊活動需求高（公車停靠、路邊停車）之路段，其優缺點包括：

(1) 優點：不易遭其他車種占用，不受路邊活動干擾，容量高。

(2) 缺點：機車轉向不易。

4. 路面要求：機車道路面應避免有凸出路面之標鈕，亦應避免細砂石與積水，以防止機車用路人因路面不平或打滑而發生事故。

16.1.3 機車道布設時機及方式

設置機車道之效益包括改善行車秩序、改善機車交通安全、有效節省整體運輸旅行時間、提昇民眾滿意度等。其中又以改善機車交通安全之效益最爲重要，由於約 80% 的機車相關交通事故中爲汽車與機車之間的衝突（交通部運輸研究所，2001），事故型態以側撞、追撞、同向擦撞爲主，因此若能在適當路段將汽機車分流，可大幅減少機車用路人之生命財產損失，提昇整體交通路網之安全及效率。交通部運輸研究所（2001）曾提出機車專用車道的布設準則，該報告建議當路段肇事率高且機車交通量高（交通需求條件詳見表 16-1），且設置機車道後仍有足夠車道可供其他車種使用的前提下，應予設置機車道，而其布設方式應考量各項道路環境條件（如：市區道路與否、路寬、道路斷面等，詳見表 16-2）。若分析結果顯示道路寬度無法容納表中建議的禁行機車車道數，代表設置機車專用車道將影響整體交通運行順暢，因此不予布設機車道，表 16-2 中所列機車道路型定義請見圖 16-3a 至 16-3h。

表 16-1　機車專用道交通需求評估指標

道路種類	設置需求	評估項目	資料需求	指標值（以臺北市為例）
市區道路	機車交通安全	機車交通肇事	肇事統計	每年每公里機車肇事率 > 4 件／公里／年
	機車交通需求	機車交通量	調查機車尖峰小時交通量	尖峰小時機車交通量 1. 未達 1,500 輛／小時：不需要設置機車道 2. 達到 1,500 但未達 3,000 輛／小時：設置單機車道 3. 達到 3,000 輛／小時：設置雙機車道
郊區道路	機車交通安全	機車交通肇事	肇事統計	每年每公里機車肇事率 > 1 件／公里／年
	機車交通需求	機車交通量	調查機車尖峰小時交通量	1. 尖峰小時機車占所有車輛之比例 > 0.3 2. 慢車道之汽車與機車尖峰小時交通量乘積大於 200,000（輛 2／小時 2）

（資料來源：交通部運輸研究所，2001）

表 16-2 符合道路環境條件之機車專用道配置路型

路型分類	市區道路				郊區道路	
	中央分隔或無分隔		快慢分隔或快慢與中央分隔		中央分隔或無分隔	
	禁止汽車路邊臨時停車	無禁止汽車路邊臨時停車	禁止汽車路邊臨時停車	無禁止汽車路邊臨時停車	路肩左側	路肩右側
路型及布設方式一	路型 A 路緣型	路型 C 快車道型	路型 D 慢車道左側	路型 F 慢車道左側	路型 G 路肩左側	路型 H 路肩右側
單向可用車道數	3 禁行機車車道；1 機車車道	3 禁行機車車道，停車帶；1 機車車道	2 禁行機車車道；1 機車車道	2 禁行機車車道，停車帶；1 機車車道	2 禁行機車車道，路肩；1 機車車道	2 禁行機車車道，路肩；1 機車車道
路型及佈設方式二	路型 B 快車道型		路型 E 慢車道右側			
單向可用車道數	2 禁行機車車道；1 機車車道		2 禁行機車車道；1 機車車道			

（資料來源：交通部運輸研究所，2001）

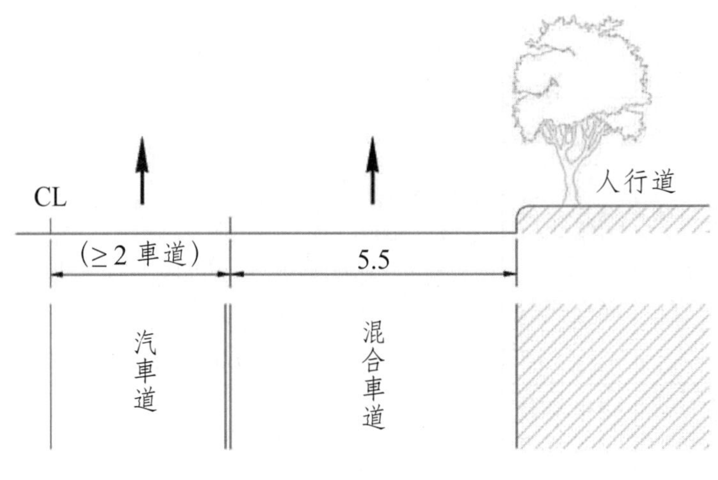

圖 16-3a 市區道路中央分隔或無分隔機車專用道路型（路型 A：路緣型）

（資料來源：交通部運輸研究所，2001）

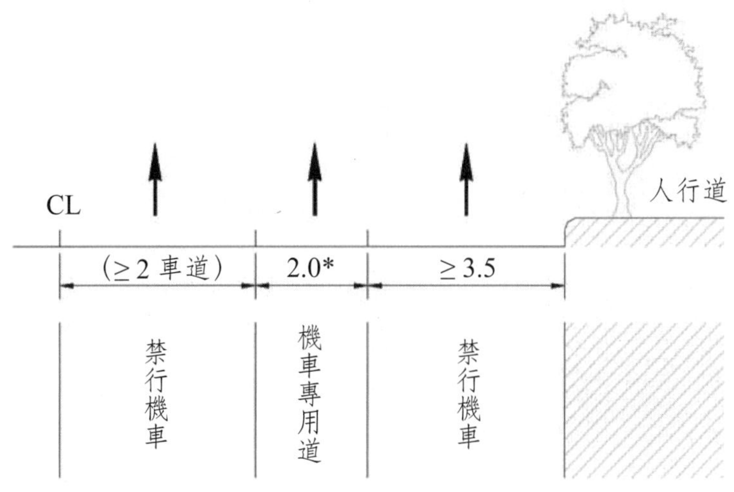

改變為機車專用道路型

＊單車道2.0公尺（最小1.5公尺）；雙車道3.0公尺（最小2.5公尺）

圖 16-3a　市區道路中央分隔或無分隔機車專用道路型（路型 A：路緣型）（續）

（資料來源：交通部運輸研究所，2001）

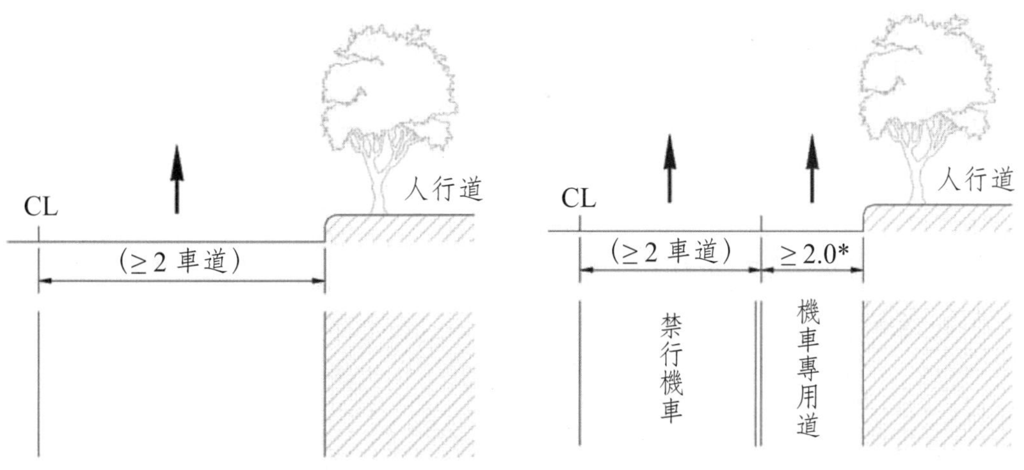

既有路型　　改變為機車專用道路型

＊單車道2.0公尺（最小1.5公尺）；雙車道3.0公尺（最小2.5公尺）

路型 B

圖 16-3b　市區道路中央分隔或無分隔機車專用道路型（路型 B：快車道型）

（資料來源：交通部運輸研究所，2001）

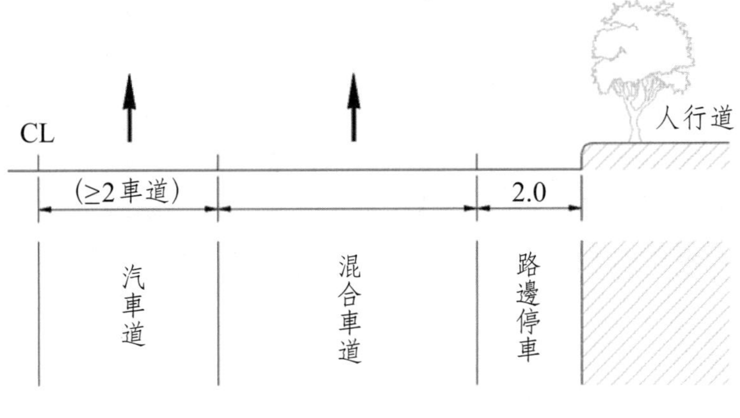

既有路型

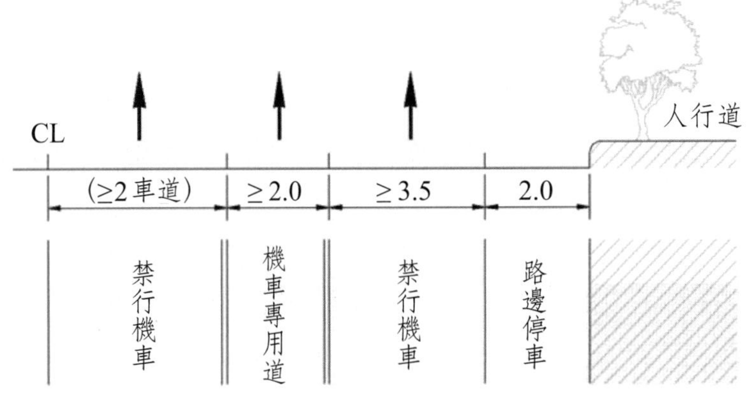

改變為機車專用道路型

*單車道2.0公尺（最小1.5公尺）；雙車道3.0公尺（最小2.5公尺）

圖 16-3c　市區道路中央分隔或無分隔機車專用道路型（路型 C：快車道型）

（資料來源：交通部運輸研究所，2001）

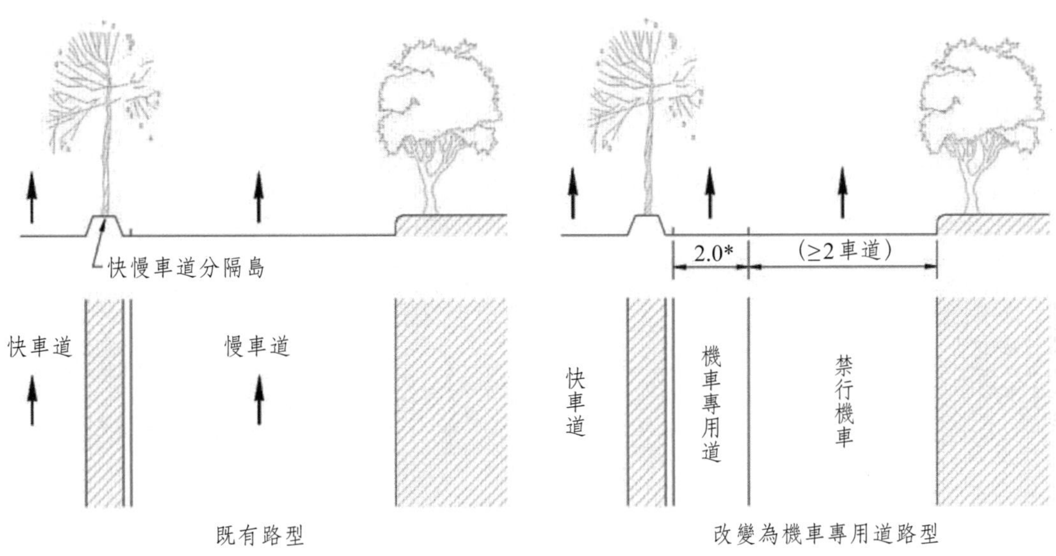

圖 16-3d　市區道路快慢分隔或快慢與中央分隔機車專用道路型（路型 D：慢車道左側）

（資料來源：交通部運輸研究所，2001）

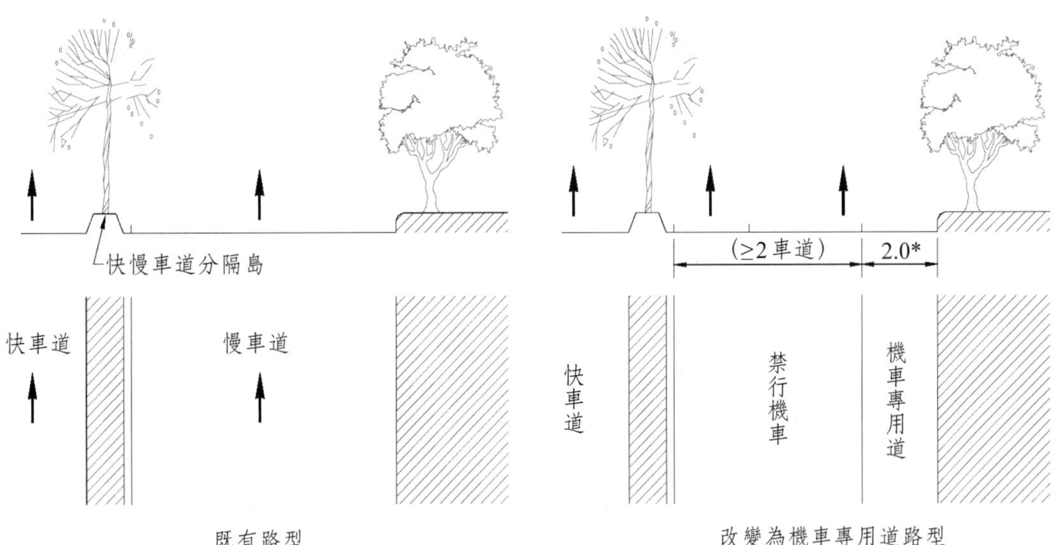

圖 16-3e　市區道路快慢分隔或快慢與中央分隔機車專用道路型（路型 E：慢車道右側）

（資料來源：交通部運輸研究所，2001）

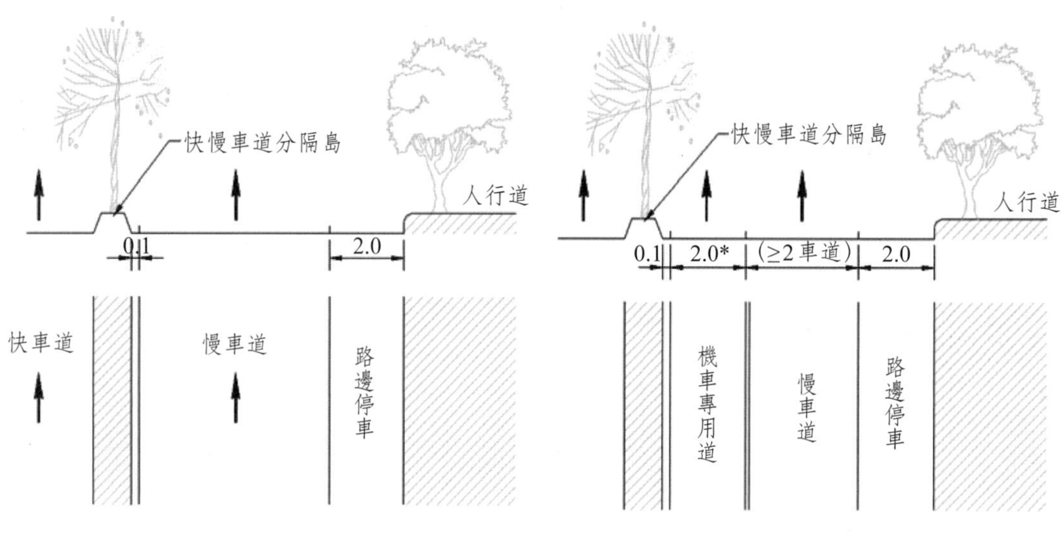

＊單車道 2.0 公尺（最小 1.5 公尺）；雙車道 3.0 公尺（最小 2.5 公尺）

路型 F

圖 16-3f　市區道路快慢分隔或快慢與中央分隔機車專用道路型（路型 F：慢車道左側）

（資料來源：交通部運輸研究所，2001）

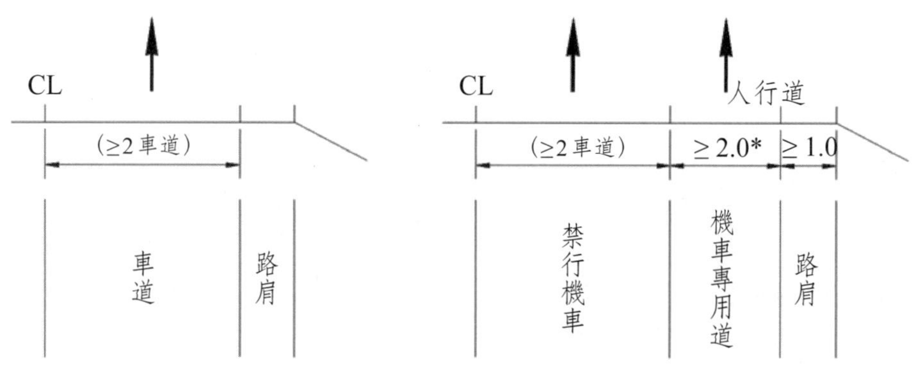

既有路型

改變為機車專用道路型

＊單車道 2.0 公尺（最小 1.5 公尺）；雙車道 3.0 公尺（最小 2.5 公尺）

路型 G

圖 16-3g　郊區道路中央分隔或無分隔機車專用道路型（路型 G：路肩左側）

（資料來源：交通部運輸研究所，2001）

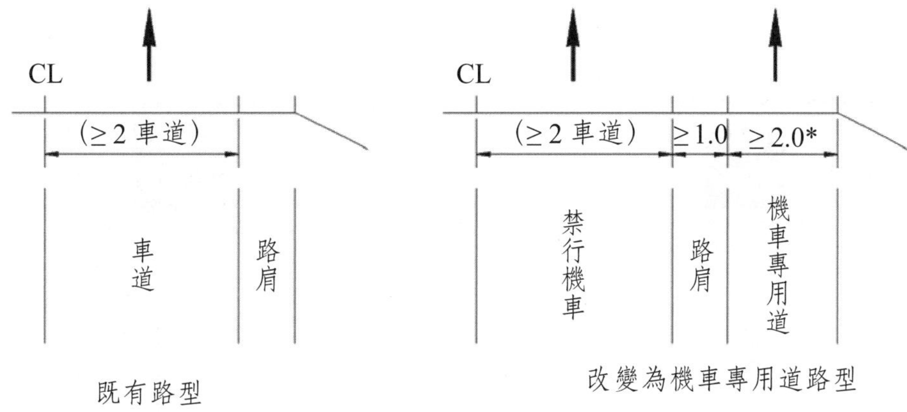

*單車道2.0公尺（最小1.5公尺）；雙車道3.0公尺（最小2.5公尺）

路型H

圖 16-3h　郊區道路中央分隔或無分隔機車專用道路型（路型H：肩右側）

（資料來源：交通部運輸研究所，2001）

16.1.4 機車停等區

由於機車機動性高，在交叉路口停等時可左右橫移且向前集中，因此在交叉路口停等線前，以白實線圍成之方型空間設置機車停等區，供機車集中停等，其他車種不得停等於其上，其布設方式及尺寸如下：

1. 布設方式

無機車道、路緣型機車道、中央型機車道之機車停等區之設置方式分別如圖 16-4a 至 16-4c 所示。

2. 停等區深度

停等區由停止線向後劃設，考量機車車長爲 1.8 公尺，機車間前後淨距 0.2 公尺，再額外加上 0.5 公尺之淨空，因此停等區最小深度爲 2.5 公尺，最多劃設至 6 公尺。

3. 停等區寬度

停等區寬度以車道寬爲單位，以一車道寬爲原則，交通量大時可設兩車道寬，若無右轉專用車道時，可劃至路邊緣石，若有右轉專用車道，應劃至車道內側爲止。

16.1.5 兩段式左轉待轉區

在禁止機車左轉之交叉口劃設白實線方型空間以設置兩段式左轉待轉區，供機車兩段式直進以取代直接左轉，其劃設原則、尺寸以及配合標誌分述如下：

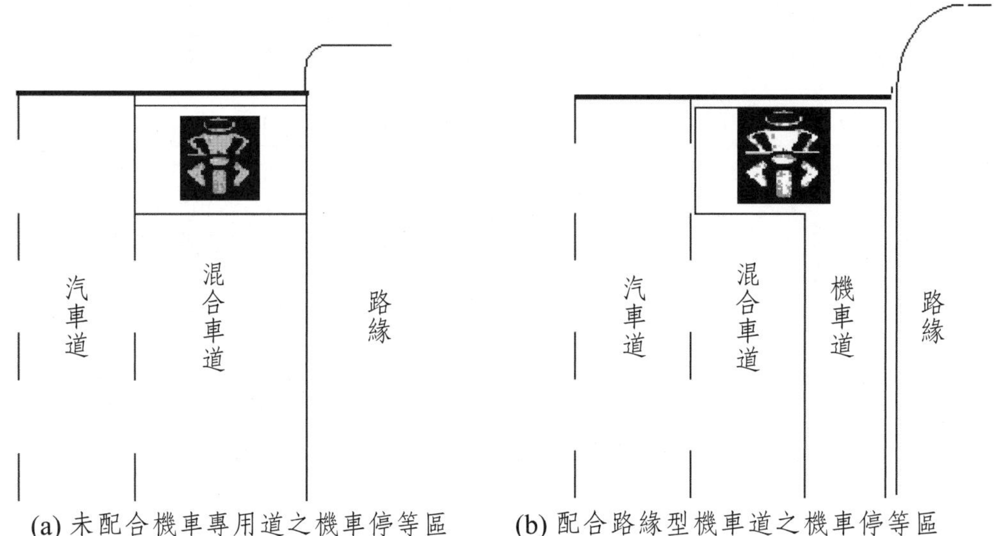

(a) 未配合機車專用道之機車停等區　(b) 配合路緣型機車道之機車停等區

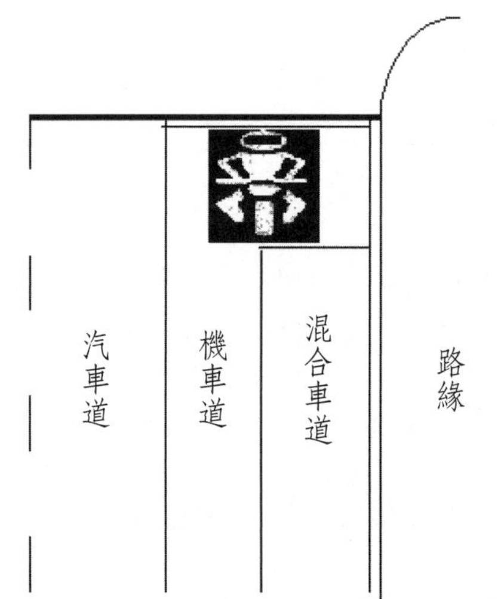

(c) 配合中央型機車道之機車停等區

圖 16-4　機車停等區示意圖

（資料來源：內政部營建署，2001）

1. 劃設原則

左轉待轉區劃設於停止線前端，設有行人穿越道時，劃設於行人穿越道前方，待轉區後端與行人穿越道或停止線宜保持 0.8 公尺，以方便機車駛入，前端以不超出橫交道路路面邊緣爲原則。

2. 左轉待轉區尺寸

待轉區深度設計同機車停等區，寬度以四部機車總計 3.2 公尺爲基本寬度，當需求量大時，可以1.6公尺（兩部機車）為單位增加，但不得干擾汽車左轉或右轉時相車流。

3. 兩段式左轉標誌

兩段式左轉標誌需設置於路口前 50 公尺處以提醒機車用路人，可另在路口號誌桿上增設一標誌。

16.2 自行車道

建立一完整的自行車路網，並搭配私人或大眾運具轉乘接駁，以形成更有效率且低污染的運輸系統，已成為各級政府的長期目標，但目前的交通系統仍缺乏完善的自行車設施，導致自行車與機動車輛之間的衝突層出不窮，因此自行車設施需要全面性以及系統性的交通工程設計與管理。

16.2.1 自行車道設計原則

自行車路線規劃原則中最重要的莫過於安全性，確保自行車用路人的安全性必須由路權劃分、幾何設計以及附屬設施著手（交通部運輸研究所，2013；內政部營建署，2015）。

1. 路權及道路斷面

(1) 自行車路權大致可分為專用路權與共用路權兩大類，其中專用路權又可分為獨立路權（專用道路）、專用車道，共用路權則包括與行人、汽機車共用車道型式，並按空間的使用與分隔型式細分為 11 種類型（Type），各種路權的道路斷面如表 16-3 與圖 16-5a 至 16-5k 所示。

(2) 路權的區分可採用實體分隔（緣石、護欄、車阻、欄杆、植槽、綠籬）、非實體分隔（標線、標字）或獨立設置。自行車專用道路之標線及標字明訂於「道路交通標誌標線號誌設置規則」（交通部、內政部，2015），自行車專用車道標線得劃設於騎樓以外之人行道，標線部分與上述機車專用道路同。自行車專用車道為磚紅色。

表 16-3　自行車路線路權種類

路權種類	型式	類型	示意圖
獨立路權（專用道路）	專用道路	Type 1	圖 16-5a
與行人共用道路	與行人共用道路	Type 2	圖 16-5b
專用車道	於人行道上設置專用車道以標線區隔	Type 3	圖 16-5c
	於人行道上設置專用車道以分隔設施區隔	Type 4	圖 16-5d

路權種類	型式	類型	示意圖
專用車道	於車行空間設置專用車道以設施分隔	Type 6	圖 16-5e
	於車行空間設置單側雙向之專用車道	Type 7	圖 16-5f
	於車行空間設置專用車道以雙白實線分隔	Type 8	圖 16-5g
	於車行空間設置以單白實線分隔之自行車道	Type 9	圖 16-5h
自行車共用車道	與行人共用人行道	Type 5	圖 16-5i
	共用慢車道	Type 10	圖 16-5j
	共用混合車道	Type 11	圖 16-5k

（資料來源：交通部運輸研究所，2013）

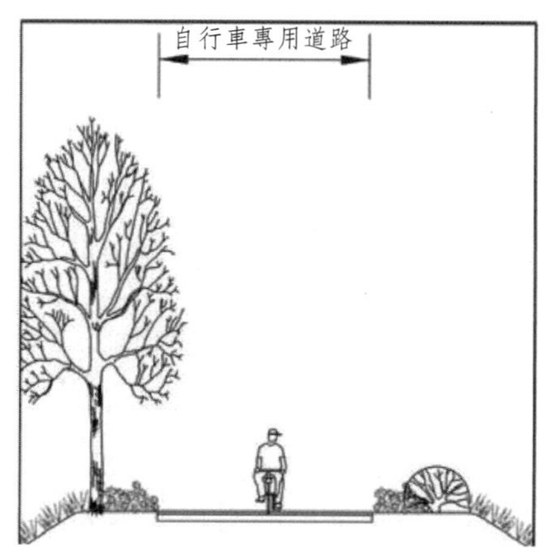

(a) 自行車專用道路示意圖

(b) 與行人共用道路示意圖

圖 16-5　自行車道示意圖

（資料來源：交通部運輸研究所，2013）

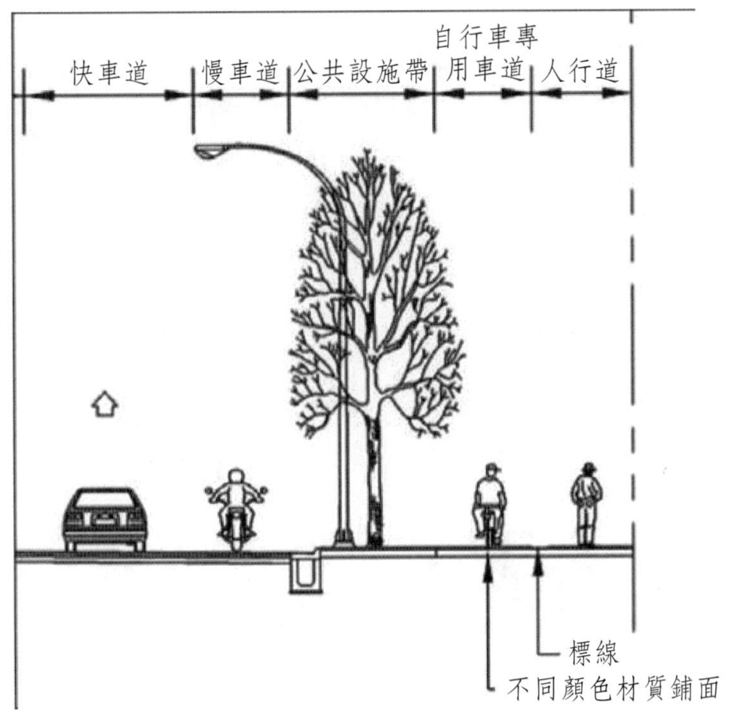

(c) 於人行道上設置專用車道以標線區隔示意圖

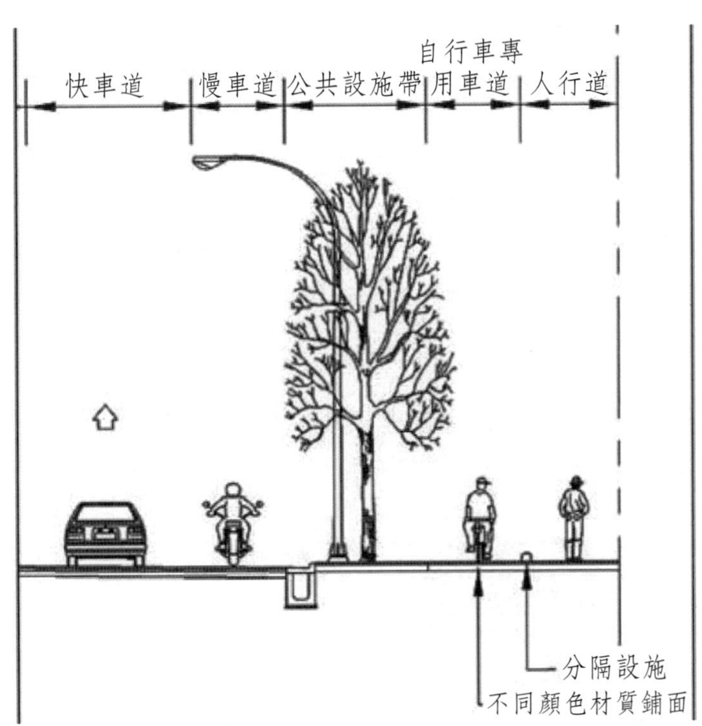

(d) 於人行道上設置專用車道以分隔設施區隔示意圖

圖 16-5　自行車道示意圖（續）

（資料來源：交通部運輸研究所，2013）

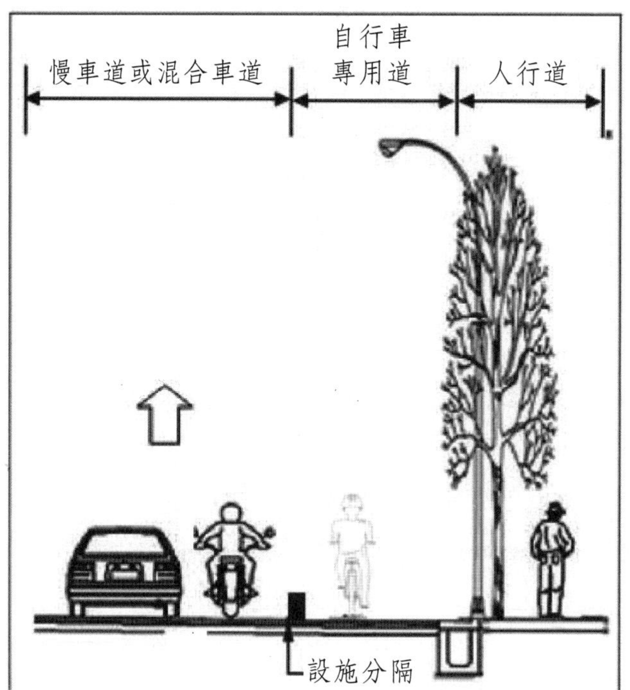

(e) 於車行空間設置專用車道以設施分隔示意圖

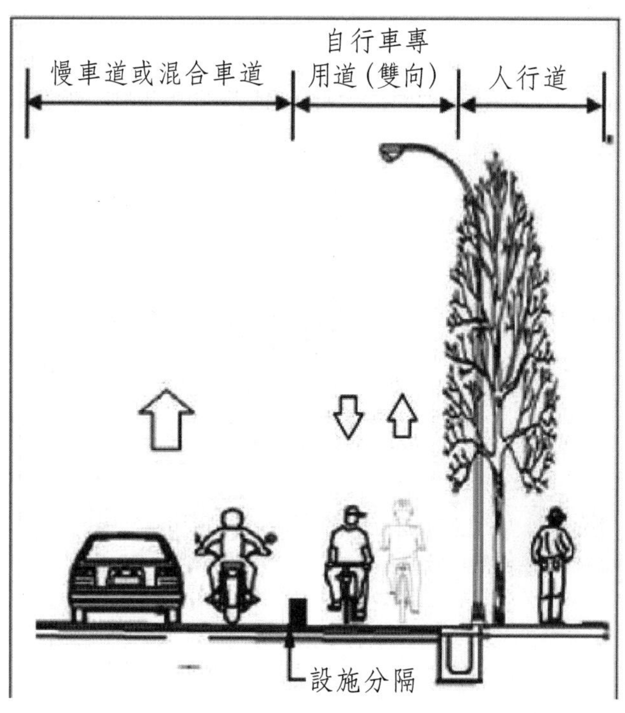

(f) 於車行空間設置單側雙向之專用車道示意圖

圖 16-5　自行車道示意圖（續）

（資料來源：交通部運輸研究所，2013）

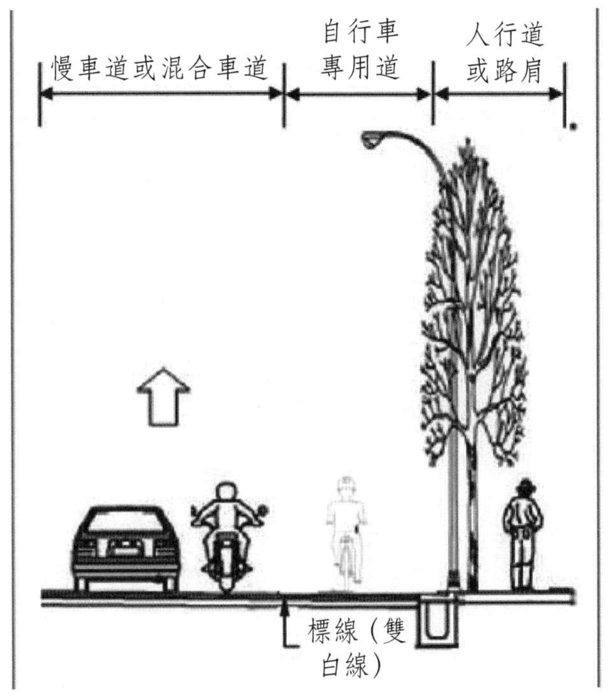

(g) 於車行空間設置專用車道以雙白實線分隔示意圖

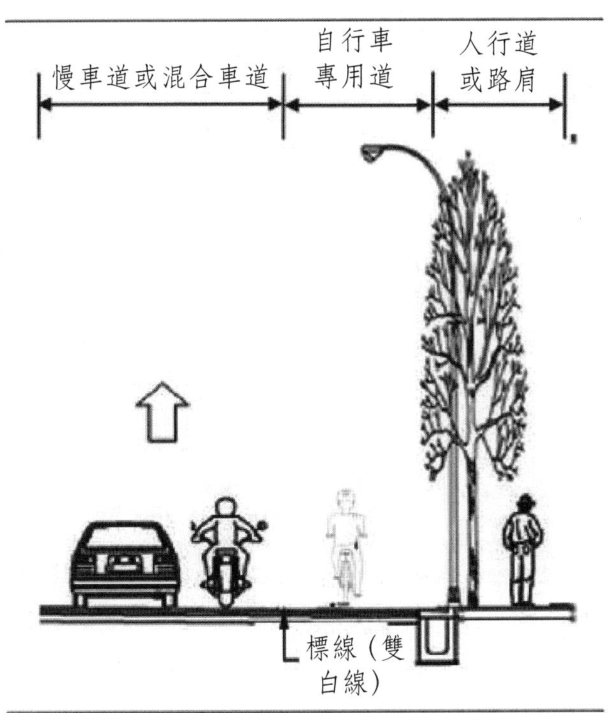

(h) 於車行空間設置以單白實線分隔之自行車道示意圖

圖 16-5 自行車道示意圖（續）

（資料來源：交通部運輸研究所，2013）

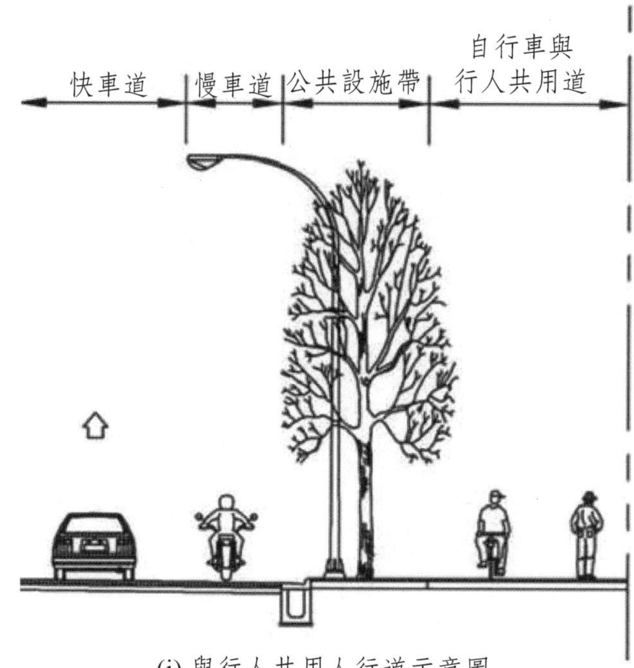

(i) 與行人共用人行道示意圖

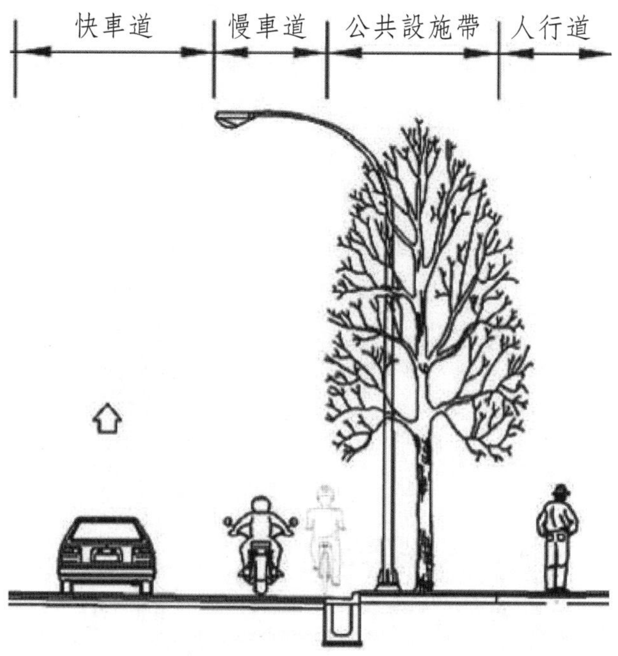

(j) 共用慢車道示意圖

圖 16-5　自行車道示意圖（續）

（資料來源：交通部運輸研究所，2013）

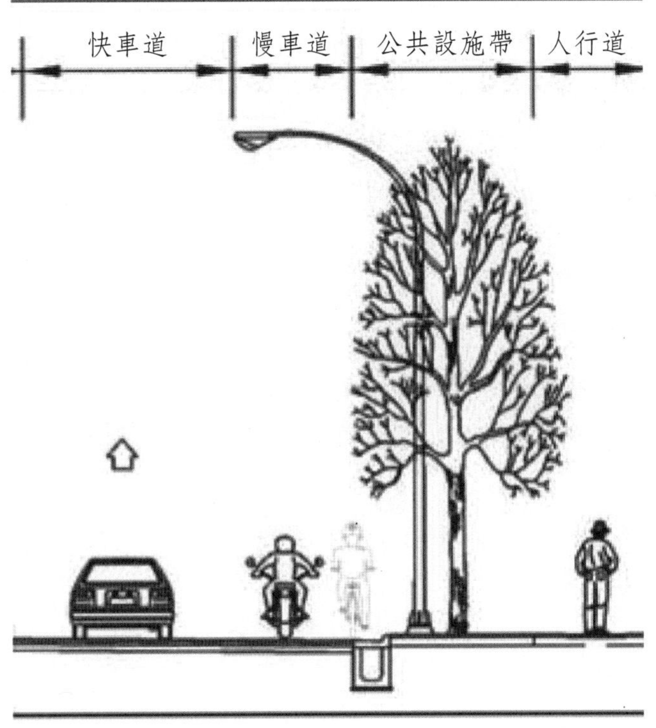

(k) 共用混合車道示意圖

圖 16-5　自行車道示意圖（續）

（資料來源：交通部運輸研究所，2013）

2. 鋪面

(1) 自行車道鋪面需平整且防滑，宜與其他車種道路及人行道採用不同材質及顏色以資區分。

(2) 路面積水將影響自行車道壽命且易造成事故，因此自行車道應具備良好排水設計，但應避免將排水設施（排水溝蓋或柵格）設於行車動線之上，若無法避免時，排水溝與柵格長邊必須與行車方向垂直，以避免車輪陷入排水溝或柵格而造成危險，排水設施亦應與鋪面齊平，以減少顛簸以維護行車品質。

(3) 常用自行車道鋪面，包含瀝青鋪面、水泥混凝土鋪面、木棧鋪面、磚材鋪面及人造石鋪面等五種。

3. 幾何設計

(1) 允許單一自行車行駛之專用車道寬度以 1.5 公尺以上爲宜，最小寬度爲 1.2 公尺。

(2) 允計雙向通行或單向兩車並行之專用車道寬度以 2.5 公尺以上爲宜，最小寬度爲 2.0 公尺。

(3) 允許單一自行車行駛之專用道路寬度以 2.0 公尺以上爲宜，最小寬度爲 1.2 公尺。

(4) 允計雙向通行或單向兩車並行之專用道路寬度以 3.0 公尺以上爲宜，最小寬度爲 2.0 公尺。

(5) 自行車與行人共用道之寬度以 2.5 公尺以上爲宜，最小爲 2.0 公尺。

(6) 自行車與行人共用道路之寬度以 4.0 公尺以上爲宜，最小爲 3.0 公尺。

4. 線形

依附於道路之自行車專用車道及自行車與行人共用車道，其線形設計與道路相同，獨立存在之自行車專用道路與自行車與行人共用道路，其線形規定如下：

(1) 設計速率：依路段特性可設爲 10～30 公里／小時。

(2) 平曲線最小半徑：依照設計速率而決定，設計速率爲 30 公里／小時的條件下，最小半徑設爲 30 公尺，速率爲 20 公里／小時的條件下，平曲線最小半徑爲 15 公尺，速率 10 公里／小時則爲 3 公尺平曲線最小半徑。

(3) 橫坡度：以 2% 爲宜，最小 0.5%。

(4) 超高率：最小超高率依上述橫坡度規定，最大超高率以 2% 爲宜，最大爲 3%。

(5) 最大縱坡度：以 5% 爲宜，特殊狀況（橋梁、立體交叉、地形限制等）不得超過 8%，縱坡度 5% 時縱坡長度不超過 100 公尺，8% 時不得超過 35 公尺。

(6) 安全淨高：不得小於 2.5 公尺。

(7) 連續性：途經橋梁、排水構造物與鐵道等銜接處，應注意自行車路線鋪面平整及坡度與寬度連續性。

5. 交叉口

自行車道在交叉口的主要設計原則例舉如下（交通部運輸研究所，2013）：

(1) 自行車道在交叉口或路段中之穿越方式，宜配合行人穿越道設置。自行車與行人共用道（路）穿越交叉口時，應與行人穿越道共用，若採用自行車專用道路或車道時，自行車宜與行人穿越道區隔。

(2) 自行車穿越道之劃設可爲標線或採不同顏色、材質之鋪面。

(3) 在自行車道接近路口之前，必須確保自行車騎士有足夠的安全視距。

(4) 自行車道與橫向車道儘量以直交爲原則，斜交時其相交銳角不宜小於 60 度。

6. 自行車牽引道

行經天橋、地下道、鐵路高架車站月台、隧道或跨越堤防時，若因坡度過大而無法騎乘時，可設置斜坡道供騎士牽引自行車。

16.2.2 自行車道設置條件及布設方式

自行車道的設置篩選應考量路段寬度、幾何設計、交通量及兩側土地使用特性，提出自行車道設置與否以及布設方式的建議，篩選條件主要包括：「是否有足夠路權檢核」、「道路路權範圍內人行道空間上布設自行車道檢核」、「道路路權範圍內行車道空間上布設自行車道檢核」、以及「外側車道交通量檢核」，其詳細流程如圖 16-6 所示（交通部運輸研究所，2013），圖中所列類型（type）請參照表 16-3。

16.2.3 自行車道系統規劃設計原則

在規劃自行車路網時應考慮路段友善性、串連友善性、指示友善性、以及據點友善性，（內政部營建署，2009；交通部運輸研究所，2009；2013），其內容如下：

1. 路段友善性對於市區道路之自行車道尤爲重要，在進行路段選擇及斷面設計時，應以設置安全舒適友善的自行車道爲目標，例如在交通量大或停車干擾多的路段應設置實體分隔的自行車專用道，若路幅不足，應另行規劃替代道路以免造成交通的衝擊，但仍須避免路線過於彎繞。

2. 串連友善性指的是自行車道路線應連接重大據點（如學校、公園、美術館、博物館、市政中心等），以提昇自行車道之吸引力。路線亦應整合原有道路路網、大衆運輸場站以及行人設施，以提昇自行車道的使用效率以及減少私人運具之使用，進而疏解交通擁塞，相關措施尙包括增設場站周邊之自行車停車空間、大衆運具攜行自行車措施、在適合地點提供公共自行車租賃服務等。

3. 指示友善性則是提供考量自行車特性的標誌、標線、號誌。另外，爲加強自行

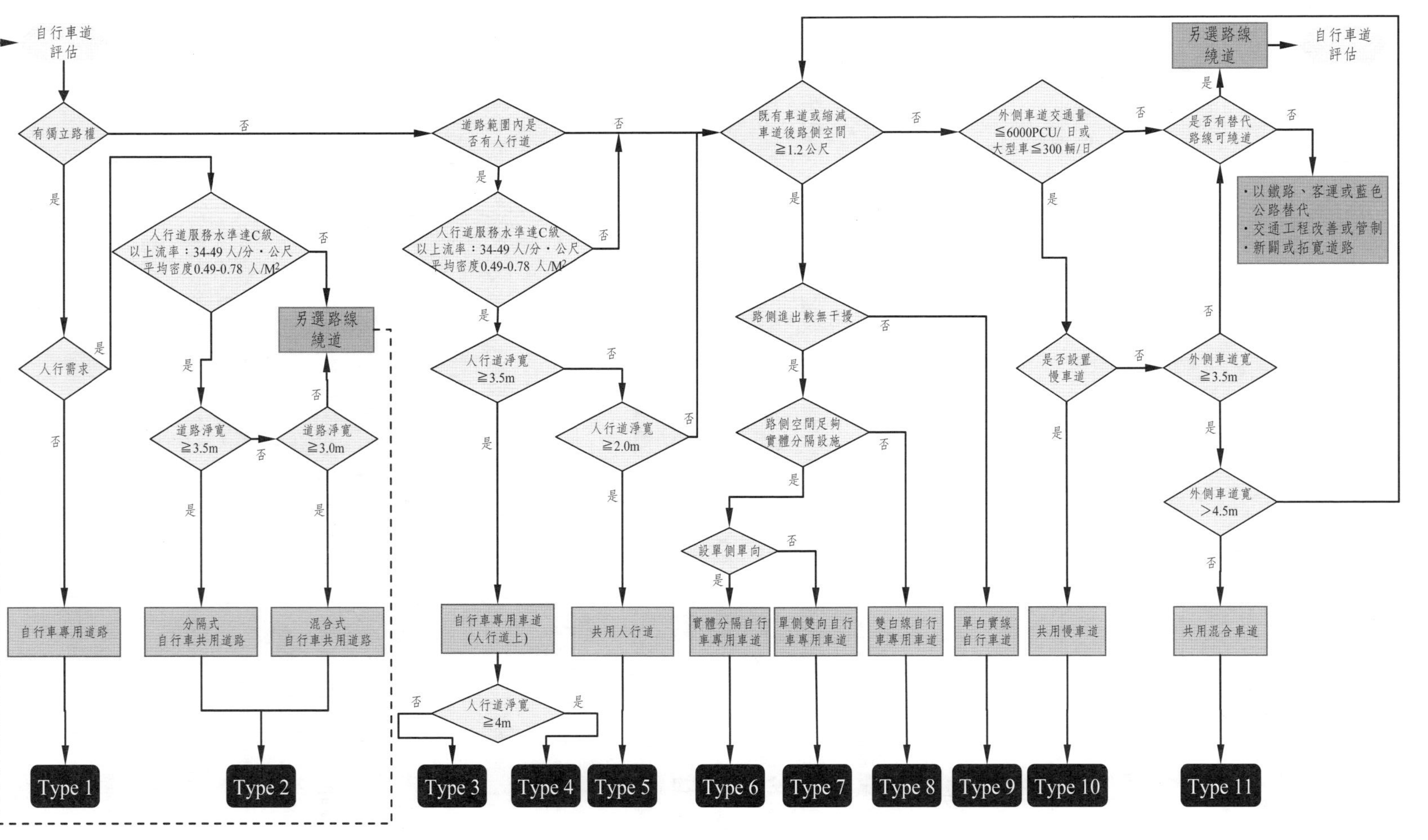

圖 16-6　自行車道設置篩選流程

（資料來源：交通部運輸研究所，2013）

車的遊憩功能，應完整提供觀光景點及休閒設施的指示標誌以及路線導覽資訊。

4. 據點友善性則是考量自行車騎士之體力，於適當間距設置休憩、補給以及服務資訊功能之設施。最後，自行車道的路網又可區分爲運輸型與休閒型兩大類，在路網規劃設計時，應依照其種類而予以考量。

16.3 人行道

人行道泛指供人行走之地面，包括道路、人行陸橋、人行地下道、騎樓以及走廊，本節僅介紹設於市區道路兩側之人行道之相關交通工程設計原則（內政部營建署，2015）。

1. 人行道淨寬

人行道淨寬係指人行道總寬扣除公共設施後，可供行人通行之連續淨空間，以 2.5 公尺以上爲宜，一般不小於 1.5 公尺，如局部路段受限而需要縮減時，不得小於 0.9 公尺。

2. 人行道坡度與淨高

(1) 人行道橫坡度最小爲 0.5%，最大 5%，如與鄰接地面仍有高度差距，可設置階梯銜接。

(2) 人行道縱坡度以不大於 5% 爲宜，最大不超過 12%，若大於 8% 應設置緩衝平台，且平台間距不大於 30 公尺。人行道縱坡度原則上配合道路縱坡度，無法配合者得另行設計。

(3) 人行道垂直淨高以 2.1 公尺以上爲宜，且於通道側邊高度 0.6 至 2.1 公尺間不得有 0.1 公尺之凸出物。

3. 鋪面

(1) 人行道鋪面宜與車道採用不同材質及顏色以供區別。

(2) 人行道鋪面應注重平整及防滑，並使用透水性材料施工，以增加雨水滲透能力及減少積水。

(3) 可選用的鋪面種類爲水泥混凝土、瀝青混凝土、磚石塊及其他。

(4) 人行道鋪面宜連續設置，且相鄰公共人行空間之施作應與人行道平順銜接。

(5) 埋設於人行道之管線人（手）孔應避免位於人行主要動線，人（手）孔蓋頂應與鋪面齊平，且孔蓋邊緣收邊材質宜與鋪面材質一致。

4. 橫越人行道之車行穿越道

(1) 穿越道係指巷道、停車場及公共場所等出入口提供車輛橫越人行道之通過，宜考量維持人行道之平順、暢通。

(2) 穿越道斜坡度不宜大於 10%，設置平臺時寬度以 1.2 公尺以上為宜，最小 0.9 公尺。

5. 交叉口

人行穿越設施以平面穿越設計為原則，若因地形或無法克服之因素限制下，方設置立體分隔設施（如：人行陸橋與地下道）予以輔助。

6. 分隔方式

(1) 實體分隔：包括緣石、車阻、欄杆、植槽、綠籬等方式。

(2) 非實體分隔：其分隔方式為標線與標字輔以交通安全設施。

16.4 結論與建議

交通工程師的職責之一為依照各運具之不同特性，妥善安排其行駛動線並設法減少衝突，當前交通工程與設計的趨勢為不同運具之分流，在空間允許的條件下，應透過適當的規劃設計，提供安全舒適的專用空間，以分流的方式確保各類用路人之交通安全。

問題研討

1. 何謂機車道？請說明其設置規則。
2. 請說明機車道的布設時機與方法。
3. 請說明機車停等區的設置方式與設計標準。
4. 請說明機車兩段式左轉待轉區之劃設原則。
5. 請說明自行車道的設計原則。
6. 請繪製自行車道的設置篩選流程，並說明其內容。
7. 自行車道系統規劃設計原則有那些？請說明其詳細內容。
8. 請說明人行道的設計原則。

相關考題

1. 近來使用腳踏車運具之用路人大量增加，試問腳踏車交通網設計之準則及交通工程應注

意之事項為何？又我國在這方面應有之配套措施包括哪些？（25 分）（97 高三級）

2. 試闡述自行車道之設計方式、布設型態與適用時機，並說明穿越交岔路口之處理方式。（25 分）（102 專技）
3. 描述行人流（pedestrian flow）特性有哪些重要的巨觀參數？請說明：
   (1) 各項參數的定義以及參數間的關係。（10 分）（103 專技）
   (2) 如何應用於行人設施的規劃設計與服務水準評估？（15 分）（103 專技）

參考文獻

一、中文文獻

1. 內政部營建署（2001），市區道路工程規劃及設計規範之研究。
2. 內政部營建署（2009），自行車路線規劃設計之原則參考手冊。
3. 內政部營建署（2015），市區道路及附屬工程設計規範。
4. 交通部、內政部（2015），道路交通標誌標線號誌設置規則。
5. 交通部運輸研究所（2001），機車專用道之設計與設置準則初探。
6. 交通部運輸研究所（2009），自行車道系統規劃設計參考手冊（第一版）。
7. 交通部運輸研究所（2013），自行車道系統規劃設計參考手冊（第二版）。

第 17 章
道路照明

道路照明之目的，在使公路之行人或駕駛者，於亮度不足時能安全通行，尤其使駕駛者能看清道路之形狀、行進方向及周圍等項目，以避免撞擊障礙物，且易於預測前進方向，使其處於無懼之心理狀態。實施適當之照明，可提高交通安全及行車效率。市區道路原則上皆設置照明，下列地點應考量設置照明設施（內政部，2015；交通部 2015）：

1. 交流道區及交叉路口。
2. 隧道、箱涵及陸橋下（含人行地下道）。
3. 服務區及休息站。
4. 危險或易肇事路段。
5. 其他經評估有必要設置處。

本章之內容安排如下：第一節定義道路照明相關名詞，第二節說明道路照明之規劃設計準則，第三章則爲結論與建議。

17.1 名詞定義

本節對於道路照明相關的專有名詞加以定義，說明內容著重於各名詞於交通工程道路照明之意涵，避免涉及光學領域的技術性探討。光通量、照度、光度及輝度之定義如下所述，各名詞之間的關係可進一步透過圖 17-1 了解。

1. 光通量或光束（luminous flux）：光源的強度，單位爲流明（lumen、lm），光源強度愈強，光通量愈大，光源強度愈弱，光通量愈小。

2. 照度（illumination）：物體被照明的程度，其定義爲被照體單位面積上所受之流明數，單位爲勒克斯（lux、lx）。照度與被照體與光源之間的距離有關，由於同一光源之光通量固定不變，距離光源愈遠，被照體單位面積所能分配到的光通量愈少，因此照度愈低，反之，距離光源愈近，照度愈高。同理，在同一光源下，當被照面與光線投射角度垂直時，照度最高，被照面與光線投射角度愈接近平行，照度愈低。

3. 光度或光強度（luminous intensity）：人眼所感受到光源的光亮程度，其定義爲光源在某特定方向上「單位立體角」內發出的光通量，單位爲燭光（candela、cd），光度與光通量的主要差異在於光度的定義包含方向而將人眼觀察光源的因素納入考量，由於光度係定義爲單位立體角，其量測值不因光源與觀察者之間距離而改變（註：考慮以光源爲中心半徑爲 r 之圓球體，立體角的大小即爲以該中心爲頂點的立體圓錐在球面上所截曲面面積除以半徑 r 平方）。

4. 輝度或亮度（brightness）：人眼所感受到單位面積光源的光亮程度，其定義爲光源單位面積朝某特定方向發出之光度值，單位為燭光／平方公尺（cd/m²、nit）。光度與光源的尺寸有關，但輝度為單位面積的光度，因此與光源之尺寸無關，再加上不受觀察距離影響，可知輝度為光源之客觀量測值，但輝度的量測不易，因此在訂定標準時多以照度代替。與照度類似，在同一光源下，當視線與發光面垂直時（投影面積最小），輝度最高，視線與發光面愈接近平行（投影面積越小），輝度愈低。

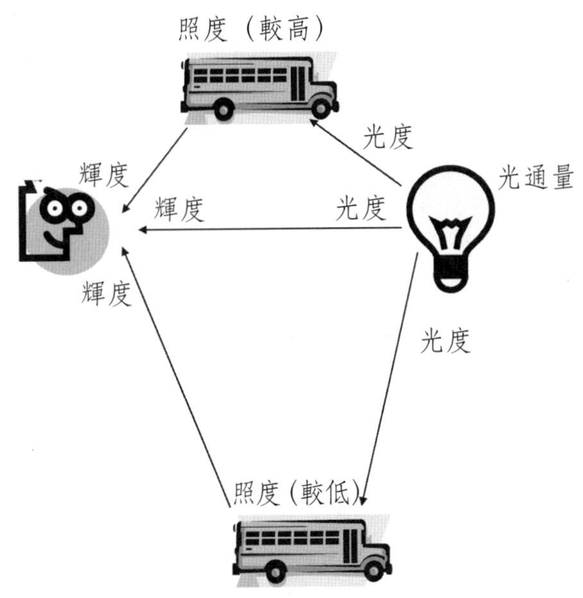

圖 17-1　名詞定義示意圖

17.2 規劃設計準則

本節先介紹道路照明設計之基本要求，接著指出一般道路、標誌、隧道，以及行人穿越道等照明之設計原則，最後說明道路照明之參考規劃設計程序。

17.2.1 道路照明設計之基本要求

道路照明設計之基本要求如下所述（內政部，2015；交通部，2015）：

1. 同一路段或範圍之照明設施設計宜求一致。
2. 設計時應符合設置目的，並重視照明效率、生命週期成本及對周圍環境之影響。
3. 燈具宜選擇最適合之光束分配，俾能平均分配於所照區域，不致產生黑暗或特亮等現象，而影響駕駛人之視覺。

4. 排除行人之恐懼感，防止並減少犯罪。

5. 照明燈具之配置應注意亮度、分布、眩光、閃爍、引導性等，爲車輛及行人之交通安全著想，以免溢散光束產生光害，對於住宅與農業地區，也應作相同之考量。

17.2.2 設計原則

17.2.2.1 一般道路照明

1. 市區道路之照明水準宜符合表 17-1 及表 17-2 之路面平均輝度及照度要求，且明暗均勻度（最低照度／平均照度）需大於 1：3。

2. 快速公路及主要公路之照明水準宜符合表 17-1 及表 17-2 之路面平均輝度及照度要求，防眩程度應符合快速公路及主要公路之要求，明暗均勻度（最低照度／平均照度）則需大於 1：4。

3. 在輝度或照度不同之交界處，應有緩和照明之設置。

4. 夜間交通量顯著減少時，爲節能得降低照明標準。

表 17-1　道路平均輝度基準值（單位：cd/m^2）

道路功能分類	商業區	住宅區
高（快）速公路	1.0	
一般道路（幹道）	1.0	0.5
一般道路（次要道路）	0.7	0.5
一般道路（輔助性道路）	0.7	0.5
交流道	1.0	0.5

（資料來源：交通部，2015）

表 17-2　道路平均照度基準值（單位：lux）

道路功能分類	商業區		住宅區	
	瀝青混凝土路面	水泥混凝土路面	瀝青混凝土路面	水泥混凝土路面
高（快）速公路	15			
一般道路（幹道）	15	10	7	5
一般道路（次要道路）	10	7	6	4
一般道路（輔助性道路）	10	7	6	4
交流道	15	10	7	5

（資料來源：交通部，2015）

17.2.2.2 標誌照明

1. 標誌得視需要附設照明設施。

2. 內部式照明應使標誌呈現原來之顏色，夜間其能見距離不得小於 150 公尺。應爲不易打開之製品，且須達到防水、防塵功能要求。

3. 外部式照明，其標誌牌面之照度應均勻，夜間其能見距離不得小於 150 公尺，光線不得對駕駛人產生眩光，燈具應設置屏蔽以減少燈光照射到路上，標誌面不得產生閃爍現象致影響標誌文字之辨認。

17.2.2.3 隧道（含車行地下道）照明

1. 隧道之照明應視隧道長度作分區設計。

2. 在日間由隧道入口處無法看到出口處之光源或隧道長度超過 100 公尺時，隧道各分區之照明設計應使駕駛人能適應光度之變化。由入口處可看到出口處光源之隧道，在日間一般無需照明。

3. 若隧道位於照明公路之路段，在夜間隧道全長平均路面輝度至少應與隧道兩端公路輝度相同。

4. 隧道交通量大或封閉交通會造成重大社會經濟衝擊時，應有備援發電機供緊急照明。燈具裝設位置、高度及其照明設計須避免對駕駛人造成眩光。

17.2.2.4 行人穿越道之照明

1. 行人穿越道照度應符合垂直照度需求。

2. 行人穿越道之燈具安裝應避免對駕駛人造成眩光。

17.2.3 道路照明規劃設計程序

本節介紹一般道路之參考設計方法，其內容主要係依循「交通工程手冊」（交通部，2004）與「交通工程規範」（交通部，2015）所提設計準則，再配合其他相關書籍、規範以及研究報告整理而得（王文麟，1993；內政部營建署，2001；內政部，2015；行政院公共工程委員會，2010），本章僅說明設計方法，範例可參見「基層公共工程基本圖彙編」（行政院公共工程委員會，2010）。一般道路之照明設計方法共有七大步驟，以下分述其內容。

1. 現況調查分析

調查內容包括道路幾何條件、路況、交通量、肇事及周圍環境，分析是否有設置照明設施之需要。

2. 選擇適當之照明水準

依照現況調查分析之結果，參考「市區道路及附屬工程設計規範」（內政部，2015）選擇適當之照明水準（輝度與照度）。

3. 系統分析選用

(1) 光源選擇

常見的照明光源可分為白熾燈、螢光燈、水銀燈、複金屬燈、高壓鈉氣燈及其他高壓放電燈等，燈具之光色應儘可能保持被照物體之原有色彩，採用效率高、壽命長、易維護、經濟性高之光源，以低耗能並不致對動物生息造成衝擊之燈具為原則。市區交叉路口照明宜採用複金屬燈，以避免與交通號誌混淆，多霧地區、箱涵內、高架橋下、高速公路、快速道路之照明宜採用高壓鈉氣燈。在管線布設困難的區域，可考慮使用再生能源（如太陽能）照明設施。

(2) 位置與排列方式

照明設施多設置於公共設施帶或交通島，設於路緣或人行道上者，應注意行人之通行。照明設施之排列方式有：(a) 單側排列、(b) 交錯排列、(c）相對排列、(d）中央分隔帶排列，如圖 17-2 所示。

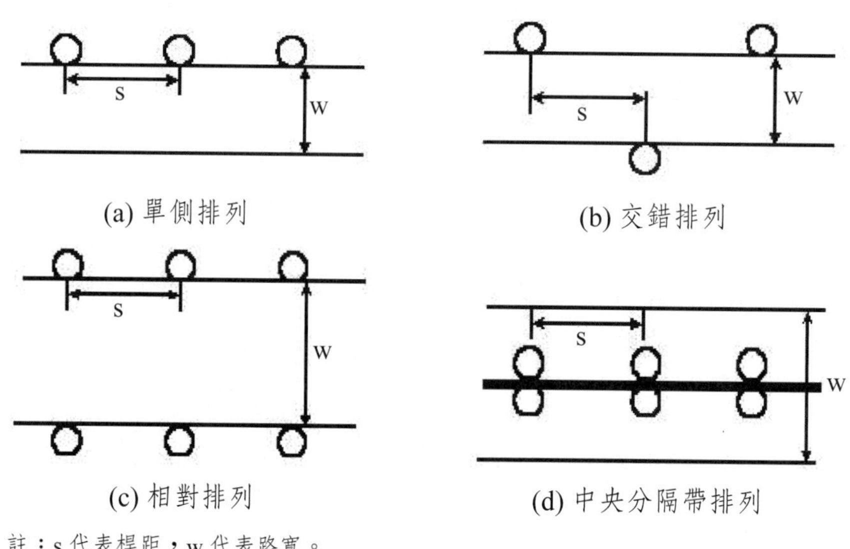

圖 17-2　照明設施排列方式（內政部營建署，2001）

排列方式的選擇原則有以下幾點：

a. 車道寬度較窄之匝、環道及一般巷道，得以單側排列設置之。

b. 高速公路交流道銜接之連絡道路、一般幹線道路得以交錯排列設置之。

c. 收費站廣場、車道較寬道路，得以兩側交錯或相對排列方式設置之。

d. 如中央分隔帶寬度足夠，可於中央分隔帶排列設置之。

e. 廣場、交流道、大圓環可設置高桿照明取代區域照明。

f. 車行箱涵內，得採用交錯排列或相對排列。

(3) 燈光分布

照明設施所產生之燈光在路面上的分布應符合以下原則：

a. 光束應充分向下分布，利用大部分之光源照明路面，以能產生充足且均勻的亮度，且具有最小的眩光為原則。

b. 燈光除涵蓋路寬外，應對道路外緣提供適度照明。

c. 除確保所需照度與涵蓋範圍外，應調整照明角度與範圍，避免過照眩光、過度漫射光或閃爍，影響鄰近地區動物棲息。

在設計燈光分布時，應考量垂直光分布、側面光分布、光度分布以滿足上述原則，以下分述其內容。

a. 垂直光分布：如圖 17-3 所示，燈具最大光度照射路面之落點距離（x）與燈具設置高度（H）決定垂直光分布。垂直光分布可分為短分布、中分布、長分布等三種，一般情形採用中分布垂直光為佳，而燈具間的桿距（圖 17-2 中 s）宜採用 5～6H。

(a) 短分布：x/H 在 1.0 至 2.25 之間時，垂直光分布為短分布，燈具間的最大桿距為 4.5H。

(b) 中分布：x/H 在 2.25 至 3.75 之間時，垂直光分布為中分布，燈具間的最大桿距為 7.5H。

(c) 長分布：x/H 界於 3.75 至 6.0 時，垂直光分布為長分布，燈具間的最大桿距為 12H。

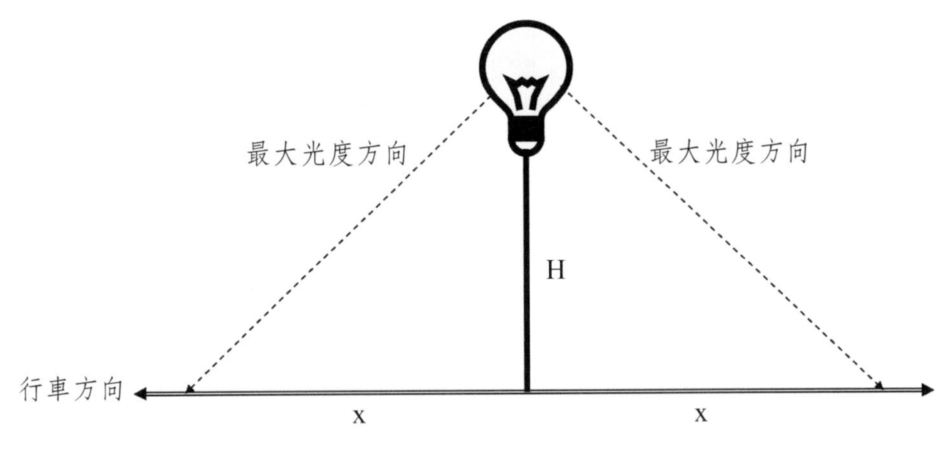

圖 17-3　垂直光分布示意圖

b. 側面光分布：側面光分布指的是燈具設置於道路之側向位置及光線投射方向，大致可分爲兩類，第一類將燈具設置於需要照明地區的中心，可用於狹窄街道、停車場、交叉路口等。第二類則將燈具裝設於道路邊緣或交叉路口之角落並向道路方向投射光線。

c. 光度分布：光通量發射的範圍愈廣，道路輝度愈高，但可能增加「眩光作用」，爲避免眩光影響用路人視線，可透過燈具遮蔽侷限光源之光通量發射範圍。

(a) 遮蔽型：若最大光度與垂直線之夾角爲 0～65 度，光源之發送被限制於一狹小的範圍內，對用路人之眩光作用最小，適用於高速公路、交通量大之主要道路以及周圍較暗之郊區公路。

(b) 半遮蔽型：若最大光度與垂直線之夾角爲 0～75 度，光源發射之範圍受限中等，對用路人之眩光作用稍有改善，適用於一般市區道路。

(c) 無遮蔽型：若最大光度與垂直線之夾角爲 0～90 度，對眩光作用無改善，僅適用於周圍明亮之處。

爲使照度均勻分布，不同排列與遮蔽方式下的路燈高度與桿距之設計應符合表 17-3 所列標準，各種排列方式之定義請參見圖 17-2，彎曲路段和斜坡路段應視需要縮短燈桿間隔。爲節約能源，高速公路桿距可放寬 10%，一般公路之燈桿間隔可增大 20%，無行車之場所可增大 50%。一般公路或無行車之場所之燈桿高度可降低 10%，高速公路之燈具高度則不宜降低。

表 17-3　路燈高度與桿距表（單位：公尺）

燈具／燈柱排列	遮蔽型		半遮蔽型		無遮蔽型	
	裝設高度 (H)	裝設間隔 (s)	裝設高度 (H)	裝設間隔 (s)	裝設高度 (H)	裝設間隔 (s)
單側排列	1.0w 以上	3H 以下	1.2w 以上	3.5H 以下	1.2w 以上	4H 以下
交錯排列	0.7w 以上	3H 以下	0.8w 以上	3.5H 以下	0.8w 以上	4H 以下
相對排列	0.5w 以上	3H 以下	0.6w 以上	3.5H 以下	0.6w 以上	4H 以下
中央分隔帶排列	1.0w 以上	3H 以下	1.2w 以上	3.5H 以下	1.2w 以上	4H 以下

註：除另有註明者，高速公路或郊區主要幹道之燈具最低高度為 10 公尺，市區道路為 8 公尺，行車巷弄內為 4 公尺。

（資料來源：交通部，2004）

4. 蒐集有關燈具之資料

應蒐集燈具之「等照度曲線圖」、「照明率」、「燈泡強度衰退曲線」及「維護係數」以選定適合之燈具型式及尺寸。「等照度曲線圖」利用等照度曲線劃分範圍內相同照度的區域，並了解照度是否足夠以及分布是否均勻。「照明率」為實際到達被照體之光通量與光源所發出之總光通量之比值，受到道路或車道寬度、燈具裝設高度及光線照射類型等因素影響，通常在 0.2 至 0.4 之間。「燈泡強度衰退曲線」為光度與點燈時間之衰退關係，可供設計與養護之參考。由於光源之光度將會隨著使用以及燈具表面遭塵土及車輛排氣污染而衰退，因此在設計時必須使用「維護係數」折減以考量上述因素，維護係數約在 0.6 至 0.7 之間。

5. 計算照度

利用選定燈具之光通量、照明率、維護係數、設置間距及道路或車道寬等因素計算平均照度與輝度，平均照度計算公式請參見「市區道路及附屬工程設計規範」（內政部，2015），表 17-4 則為平均照度與平均輝度之換算關係，計算所得的平均照度與輝度必須符合表 17-1 以及表 17-2 之要求，若不符合則返回步驟 3 重新設計。另一設計方式為選擇平均照度而反推最大燈具間隔。由於各製造商所生產之同型燈具仍可能有些微差異，若燈具製造商有提供電腦軟體，可配合使用進行設計驗證。

表 17-4　平均輝度與平均照度之關係

路面材料	換算係數 平均照度（lux）/ 平均輝度（cd/m^2）
水泥混凝土或路面較淺色	15
瀝青混凝土或路面較深色	10

（資料來源：內政部，2015）

6. 計算明暗均勻度

依照上一步驟計算之平均照度及「等照度曲線圖」中最低照度計算明暗均勻度，若不符合 17.2.2 節所列之明暗均勻度要求則返回步驟 3 重新設計。此步驟亦可配合燈具製造商提供之電腦軟體進行驗證。

7. 安全防護措施之考慮

若燈桿對行車安全有危害，得設置或延長現有護欄等防護設施。

17.3 結論與建議

道路照明在光線不足時的狀況下，可確保用路人所需之基本行駛條件，使得車輛及行人在視線條件較差時（如：夜間、下雨、隧道、地下道等）仍保有交通安全以及效率。交通工程師在進行道路照明規劃設計時，應依據17.2節所述設計流程進行妥善規劃，並考慮燈具光度衰退以及塵土與排氣污染等因素，安排保養、清潔以及汰換等工作。在運輸節能的潮流下，應優先採用能源效率高之光源，並利用偵測技術自動開啓及關閉照明，以兼顧交通安全以及能源節約之要求。

問題研討

1. 名詞解釋：
   (1) 光通量。
   (2) 照度。
   (3) 光度。
   (4) 輝度。
2. 道路照明之目的為何？
3. 請說明道路照明設計的基本要求。
4. 請說明各項交通設施之照明設計原則。
5. 請說明道路照明的規劃設計程序及其詳細步驟。

相關考題

1. 道路設置照明之目的何在？並請說明一般道路照明系統之設計程序。（25分）（100專技）

參考文獻

一、中文文獻

1. 王文麟（1993），交通工程學——理論與實用，三版。
2. 內政部（2015），市區道路及附屬工程設計規範。
3. 內政部營建署（2001），市區道路工程規劃及設計規範之研究。
4. 交通部（2004），交通工程手冊，二版。

5. 交通部（2015），交通工程規範。

6. 行政院公共工程委員會，基層公共工程基本圖彙編，2.5 道路照明工程，http://pcces.archnowledge.com/csinew/Tools/C/Fun_10_3_Anlage/25.doc，取得日期：2010 年 2 月 5 日。

第4篇

停車管理設施

第 18 章

停車供需特性分析

18.1 停車相關名詞定義

18.2 停車供需的關係

18.3 停車特性分析

18.4 停車供需之調查作業

18.5 路邊與路外停車供給調查

18.6 路邊與路外停車需求調查

18.7 建物附設停車供需分析與調查

18.9 結論與建議

在大都市的主要商業區、零售區或特殊地段，由於經濟及社會活動頻繁，會吸引大量的車輛及行人，容易造成了嚴重的停車和擁塞問題。近年來，由於我國機動車輛數的快速成長，再加上特殊的機動車輛生態，使得我國的停車問題更加複雜。

目前我國有關停車場之政策規劃、工程建設、經營管理及設置等事宜的主要依據爲2001年5月30日修定頒布的「停車場法」。前省住都處亦曾於「縣市改善停車問題工作手冊」（1996）中，對於「如何進行停車問題的診斷分析」中特別建議應著重四個核心問題之探討，分別爲：「現況的停車供給與需求落差有多大，發生在哪些地區？」、「未來5年內停車需求爲何？」、「現行改善工作推動情況，未來可增加多少停車空間？」、以及「現行工作遭遇到哪些問題？」。由此四個核心問題可知，唯有確實掌握與了解現況停車供需情形，才能對相關停車問題做一深入的探討，並進而研擬有效的改善方案或策略。本章主要係參考停車場法（2001）、「停車場規劃手冊」（1986）、「交通政策白皮書」（2002；2012-2013）、「交通工程手冊」（2004）、「交通工程規範」（交通部，2015）、「交通工程學——理論與實用」（王文麟，1993）、「縣市改善停車問題工作手冊」（1996），以及臺北市停車管理工程處網站加以編修而成。

本章節之順序安排如下：第一節介紹停車相關名詞定義；第二節說明停車供需的關係；第三節分析停車特性；第四節簡述停車供需之調查作業；第五節介紹路邊與路外停車供給調查；第六節說明路邊與路外停車需求調查；第七節敘述建物附設停車供需分析與調查；第八節介紹停車需求推估模式；第九節提出結論與建議。

18.1 停車相關名詞定義

依據「停車場法」（2001）、停車場規劃手冊（1986），以及「97年度臺北市汽機車停車供需調查（6個行政區）」（2008），停車之相關基本名詞定義如下：

1. 停車場：指依法令設置供車輛靜止時停放之空間，屬於場站設施之一種，爲交通運輸系統重要之一環，與道路、車輛同爲運輸系統之基本要素。
2. 路邊停車設施／路邊停車場（on-street or curb parking facilities）：指以道路部分路面劃設，供公衆停放車輛之場所。
3. 路外停車設施／路外停車場（off-street parking facilities）：指在道路之路面外，以平面式、立體式、機械式或塔臺式等方式所設置供停放車輛之場所。
4. 都市計畫停車場：指依都市計畫法令所劃設公共停車場用地，興闢後供作公衆停放車輛之場所。
5. 建築物附設停車空間（built-in parking facilities）：指建築物依建築法令規定，

應附設專供車輛停放之空間。

6. 停車場經營業：指經主管機關發給停車場登記證，經營路外公共停車場之事業。
7. 汽車停車供給：係指開放公共使用專供汽車使用之停車空間，包括路邊停車空間、路外停車場，以及建築物附設停車空間。
8. 機車停車供給：係指開放公共使用專供機車使用之停車空間，包括路邊停車空間、人行道停車空間、路外停車場，以及建築物附設停車空間。
9. 大型車停車供給：係指開放公共使用專供大型車使用之停車空間，包含路邊停車空間劃設有大型車停車格位者以及路外停車場。
10. 自行車停車供給：係指開放公共使用專供自行車使用之停車空間，包含路邊停車空間劃設有自行車停車格位者或擺設有自行車停車架、路外停車場、以及建築物附設停車空間。
11. 特殊車輛停車供給：係指開放公共使用專供特殊車輛（身心障礙、警用、卸貨專用等）使用之停車空間，包含路邊及路外停車空間劃設的停車專用格位。
12. 汽車停車需求：係指汽車實際停車數，包括停放在路邊、路外停車場、建物附設停車空間的汽車停車數，及違規停車之汽車停車數。
13. 機車停車需求：係指機車實際停車數，包括停放在路邊、騎樓、人行道、路外停車場、建物附設停車空間的機車停車數及違規停車之機車停車數。
14. 大型車停車需求：係指大型車實際停車數，包括停放在路邊、路外停車場的汽車停車數，及違規停車之大型車停車數。
15. 自行車停車需求：係指自行車實際停車數，包括停放在路邊、騎樓、人行道、自行車停車架、路外停車場、建物附設停車空間的自行車停車數及違規停車之自行車停車數。
16. 特殊車輛停車需求：係指特殊車種（身心障礙、警用、卸貨專用）實際停車數，其定義依各特殊車輛種類，說明如下：
    (1) 身心障礙：實際停放於「身心障礙」停車格位之「身心障礙」（貼有身心障礙貼紙）車輛數量。
    (2) 警用：實際停放於「警用」停車格位之汽機車停車數量。因部分警用車型外型與一般私人車輛相同，難以判別「警用格位」之停車車輛是否爲警用車，故停放在「警用格位」內之車輛，皆予以計算。
    (3) 卸貨專用：實際停放於「卸貨專用」停車格位之停車車輛數。因卸貨車輛可爲一般貨車、箱型車、私人汽車等，故停放在「卸貨格位」內之車輛皆予以計算。
17. 停車需供比：係指停車需求數量除以停車供給數量，主要可分爲汽車停車需供比與機車停車需供比兩類。

18. 停車尖峰小時：每日之最高小時停車量，主要可分爲汽車停車尖峰小時與機車停車尖峰小時兩類。

19. 服務水準：停車服務水準可分爲 A、B、C 三個等級，如表 18-1 所示。

表 18-1　停車服務水準劃分標準一覽表

服務水準	停車需供比（D/S）
A	D/S < 1
B	1 ≤ D/S <1.25
C	1.25 ≤ D/S

（資料來源：臺北市停車管理工程處，2008）

20. 停車困難處：係指停車服務水準爲 C 級之調查地區。

21. 街廓：係指一已開闢道路，與左右兩相鄰縱向已開闢道路或明顯地標之交角，所涵蓋之範圍。

18.2 停車供需的關係

當大衆運輸系統供給尚不足夠的情況下，市民的交通工具仍將以機動車輛爲主，此時政府相關單位就必須優先尋找公有閒置土地開闢爲路外平面停車場，或鼓勵民間申請設置路外停車場。如停車位仍有不足，再輔以劃設路邊停車格位及興建路外立體停車場方式增加停車供給。若整體大衆運輸系統使用狀況良好，即可逐步取消路邊停車格位，以促進道路交通安全與順暢。

停車位之供給，可分爲路邊停車位、路外停車場及建築物附設停車位等三大類，其總和即爲合法停車位總供給量。各都市之總停車位中，建築物附設者所占比例最大，均占六成以上（臺北、臺中、高雄、臺南、基隆市等分別占 74.2%、65.1%、72.2%、61.1%、71.4%）；路外公共停車場車位比例則甚低，均爲一成左右（臺北、臺中、高雄、臺南、基隆等市分別占 9.7%、7.0%、2.5%、5.6%、14.3%）；路邊停車位占總停車位之比例平均僅約二至三成左右。

汽機車之「路外停車」與「路邊停車」供給分類如表 18-2 所示。

表 18-2　汽機車停車供給分類

車種	路外停車	路邊停車
汽車	1. 有對外開放之停車場 (1) 公有路外停車場。 (2) 民營收費停車場。 2. 未對外開放之停車場 (1) 建物附設停車空間。 (2) 私人空地停車格位。	1. 有格位停車：指路邊停車格位數。 2. 無格位停車： (1) 路寬≤6 公尺：不估算停車供給。 (2) 6 公尺 < 路寬≤7 公尺：單邊估算。 (3) 路寬 > 7 公尺：雙邊估算。
機車	1. 有對外開放之停車場 (1) 公有路外停車場。 (2) 民營收費停車場。 2. 未對外開放之停車場 (1) 建物附設停車空間。 (2) 私人空地停車格位。	1. 有格位停車：指路邊停車格位數。 2. 無格位停車： (1) 路寬 ≤6 公尺：不估算停車供給。 (2) 6 公尺 < 路寬≤7 公尺：單邊估算。 (3) 路寬 >7 公尺：雙邊估算。 3. 未實施機車退出之人行道： (1) 人行道 < 3.5 公尺：不估算停車供給。 (2) 3.5 公尺≥路寬：單邊估算（路緣側）。

註：1. 無格位之汽車供給推估方式係以每 6 公尺推估 1 停車位。
2. 無格位之機車供給（包含路邊、人行道）推估方式係以 1 公尺推估 1 停車位。
3. 無格位之自行車供給（人行道）推估方式係以 0.6 公尺推估 1 停車位。
（資料來源：「臺北市汽機車停車格位合理分配比率與規劃配置方式」，2005 及「97 年度臺北市汽機車停車供需調查」，2008）

駕駛人欲完成其旅次目的，其使用車輛在旅次迄點所需的停車空間與停車時間稱之爲停車需求，以車位小時（space-hour）來加以表示；就整個地區而言，停車需求的涵義包括停車需求的集合強度，亦即都市中需要停車場（格）之車輛數。車輛停車之需求，包含「車輛持有」與「車輛使用」兩者所發生之自用與公用停車需求量總和，其中「車輛持有」之自用停車需求，係由住宅建築附設之車位以及住宅區內其他合法停車空間予以滿足。至於「車輛使用」所造成之公共停車需求，一般多以「車輛持有數」之 15% 至 20% 計之（交通部，1995）。

機動車輛登記數與汽車停車位逐年的成長趨勢可歸納如下：

1. 車輛總數每年持續增加，參閱表 3-1（機動車輛登記數）、表 18-3。
2. 停車位總數每年持續增加，參閱表 18-3。
3. 車位車輛比逐年小幅增加，從民國 91 年的 0.356，增加到民國 99 年的 0.524，但成長幅度明顯減緩。

表 18-3　歷年汽機車數與汽車的車位車輛比

年　月　別	每百人機動車輛數	每百人汽車數	汽車停車位	登記機動車輛數		車位車輛比
				汽車	機車	汽車
	輛／百人	輛／百人	萬個	千輛	千輛	千輛
91 年	79.5	26.3	211	5,923	11,984	0.356
92 年	81.8	27.1	229	6,134	12,367	0.373
93 年	84.5	28.2	247	6,389	12,794	0.387
94 年	87.2	29.3	266	6,668	13,195	0.399
95 年	88.8	29.5	285	6,750	13,557	0.422
96 年	90.2	29.5	303	6,768	13,943	0.448
97 年	91.6	29.2	331	6,727	14,365	0.492
98 年	92.4	29.3	353	6,770	14,604	0.521
99 年	92.5	29.3	-	6,786	14,614	-
1 月	92.4	29.3	-	6,780	14,596	-
2 月	92.5	29.3	-	6,783	14,601	-
3 月	92.5	29.3	356	6,783	14,606	0.524
4 月	92.5	29.3	-	6,786	14,614	-
本（末）月較上月增減（%）	0.05	0.04	0.90	0.05	0.06	-
本（末）月較上年同月增減（%）	1.10	0.72	6.64	1.04	1.60	-
本年累計數較上年同期增減（%）	1.10	0.72	6.64	1.04	1.60	-

一般說來，車輛持有數之數據多半來自於機動車輛登記資料。臺灣各縣市停車特性不同，停車需求也不同，由於縣市間車輛來往非常頻繁，不能單以登記車輛數作爲一地區整體車輛數，因此欲從車輛登記數目得知確切之停車需求量有一定的困難度。

18.3 停車特性分析

隨著社會經濟發展，國民所得逐漸提高，汽、機車輛數也快速成長，進而衍生大量的停車需求，然由於停車供給量並未隨之有效成長，因而造成供需之間的不平衡，出現日益嚴重的停車問題。停車問題，不論是路邊或路外停車，都有其時間以及空間的供需特性，如下所示：

1. 城鄉之間的差異

(1) 鄉村地區：係指分散於農村的地理居住環境，常與青山綠水、安靜、閒適的生活節奏相聯繫。其停車特性為：人潮僅出現在遊憩區，停車問題較為嚴重，其餘地區人口密度較少、停車空間較廣。

(2) 都會區：指以中心城市為核心，向周圍輻射構成城市的集合。都會區的特點反映在經濟緊密聯繫之間的產業分工與合作，交通與社會生活、都市計畫和基礎設施建設相互影響。其停車特性為：市中心的熱鬧區域人潮最多，但停車空間不足。

2. 土地使用分區的差異

停車位在不同空間區位上，有不同停車考量，如：金融貿易區、住宅區、機場、車站、捷運站或其他特殊區域等。市區建築物與土地使用情形，參閱表 18-4。

表 18-4　停車規劃分類與其特性一覽表

規劃區種類	土地使用	旅次目的	停車特性	停車供給形式
中心商業區	商業區 行政區 交通中心 大型購物中心	工作 洽公 購物 娛樂	需求大 轉換率高 步行距離大 日夜需求變化大	大型公共路外停車場 路邊停車位 建築物附設停車空間
住商混合區	住商混合 中心商業區邊緣工業區	工作 洽公 居住	需求中等 轉換率中等 步行距離中等 日夜需求變化小	中型公共路外停車場 路邊停車位 建築物附設停車空間
住宅區	住宅為主	居住	需求小 轉換率小 步行距離小 日夜需求變化大	停車塔 路邊停車位 建築物附設停車空間
特殊區	遊樂區 風景區	旅遊	需求集中 轉換率中等 步行距離在特定範圍內	專用路外停車場 路邊停車位

（資料來源：原臺灣省政府住宅及都市發展處，縣市改善停車問題工作手冊，1996）

3. 停車時間特性的差異

停車需求會隨時間而變化，尖峰離峰差異很大，如：一日離峰尖峰、一星期離峰尖峰、季節性、舉辦活動等，日間行車量大且速度快之路段其停車行爲會干擾交通且易肇事；反之，夜間車流量小，有些路段可規劃爲停車區。例如：臺北縣（新北市）、臺北市停車特性不同，收費時間費率亦有所差異（臺北縣政府交通局新聞，2010 年 6 月 8 日）。由於臺北縣市的停車特性不同，雖同爲一日共同生活圈，但路邊停車管理措施仍需因地制宜。以日間爲例，大量旅次從新北市前往臺北市上班，使得臺北市區停車使用需求主要集中於白天時段，夜間下班旅次返回新北市，因此臺北市區之停車需求大幅下降而無需進行停車收費；反觀新北市則因下班返回之停車旅次，導致地區停車需求上升，須維持收費方能增加停車之便利性。故臺北市夜間收費時間較短，但日間費率較高，甚至可高達每小時 60 元；反觀新北市雖夜間收費時間較長，但停車收費較低，大部分爲每小時 20 元。

4. 停車費率

停車收費之費率分爲三種型態：一般費率、差別費率、累進費率。一般用路人均不願停放在收費太貴之停車場或停車格位。爲了提高商圈及重點路段之停車周轉率、防止少數人長期占用停車格位，停車場法第 31 條規定「路邊停車場及公有路外公共停車場之收費，應依區域、流量、時段之不同，訂定差別費率。前項費率標準，由地方主管機關依計算公式定之，其計算公式應送請地方議會審議。」

差別費率與一般費率的收費標準不同，適用於住商混合區、主要聯外道路停車率較高路段及各大商圈。累進費率則適用於經濟活躍地區如各機關場所、金融機構、醫療院所及商辦大樓附近，車位需求量大且交通頻繁路段，採第一小時費率較低，延時逐漸提高費率。以上兩種費率制，用於短期洽公、購物使用。

5. 車位小時（space hour）

車位小時爲計算停車延時之單位，在某一車位上停車一小時之停車延時稱爲一車位小時。例如：某一路段之停車延時很長，表示周轉率不高。

6. 總停車延時（total parking duration）

所有登錄車輛之停車時間總和，單位爲小時。

7. 平均停車延時（average parking duration）

指在某一地區內車輛之平均停車時間，即總停車延時 / 總停車輛數。

8. 平均車位小時轉換率（average parking space turn-over rate）

指在單位小時內，每一車位被不同車輛停用之平均使用次數。其計算公式爲：

$$平均車位小時轉換率=\frac{總停車數}{停車容量（可供停車位數）\times調查時間（小時）}\quad(18\text{-}1)$$

9. 平均車位使用率（average parking space occupancy）

指在調查時間內，停車設施（車位）被車輛停放使用之程度。其計算公式爲：

$$平均車位使用率=\frac{總停車延時}{停車容量（可供停車位數）\times調查時間（小時）}\quad(18\text{-}2)$$

10. 尖峰車位使用率

指在尖峰小時內，停車設施被使用之情形，用以表示當地尖峰時段停車問題之嚴重度。其計算公式爲：

$$尖峰車位使用率=\frac{尖峰總停車數}{停車容量（可供停車位數）}\quad(18\text{-}3)$$

11. 停車尖峰小時因素（parking peak hour factor）

最高 3 小時平均停車數／尖峰總停車數。其中「最高 3 小時平均停車數」所指係爲「連續 3 小時停車輛次和之最高者除以 3」。

12. 其他

(1) 停車場／格位之服務範圍：一般用路人均不願在停車後步行太長之距離，最大可忍受的步行時間平均約爲 15 分鐘，是故每座停車場均有其大的服務範圍。

(2) 停車指引的提供。

(3) 當地停車與外來停車的習慣的不同。

(4) 停車獎勵或接駁誘因之有無。

18.4 停車供需之調查作業

停車供需調查旨在調查市區或特定地區之停車需求與供給間關係，以了解停車特性，並謀求改善之道。進行停車調查時，爲有效安排調查人員之分工區域與調查內容，必須先將調查範圍內所有路邊及路外之停車設施，依土地使用狀況之不同與適度之涵蓋面積予以劃分，訂定大分區，其次依調查員個人體力步行15～30分鐘之範圍作爲訂定小分區之依據。將總調查範圍劃分成數個大分區，每一大分區再分爲若干個小分區，分別編號，並將調查範圍內之每一大分區之相關位置與編號圖繪出。調查前應先踏勘調查範圍，將所有的路外停車場事先予以編號，並確認該停車場之性質（如公共或私人停車場），並可將每一分區之路邊與路外停車設施分布圖繪出。而路邊停車場部分亦應事先調查路邊停車管制情形，可繪出路邊停車管制狀況圖，並預先將所有路段及其兩側予以編號，本項事前作業必須很嚴密，並做出完整之停車場編號對照表與對照地圖。

至於調查時間之選擇應視當地停車供需特性決定。例如，一般住宅、上班上學地區則尖峰停車需求多發生在平常日，宜於平常日進行停車供需調查。但特殊地點如購物中心、娛樂中心、觀光景點等地則尖峰停車需求可能發生在假日，則適合於假日進行調查。

有關上述停車供需之相關內容與調查表格形式，請參見交通部（2004）。惟爲了讓讀者了解市區或特定地區之停車需求與供給關係，以下謹參照臺北市停車管理工程處（2008）之報告內容說明如何擬定一個供需調查計畫，至於特殊地點之停車供給及需求，如：「觀光遊憩地點」、「實施機車退出騎樓路段」等，本書暫不討論。

供需調查作業，大致上分爲「前置規劃」、「調查執行」、「檢核分析」等三個階段進行，如圖18-1所示，並說明如下：

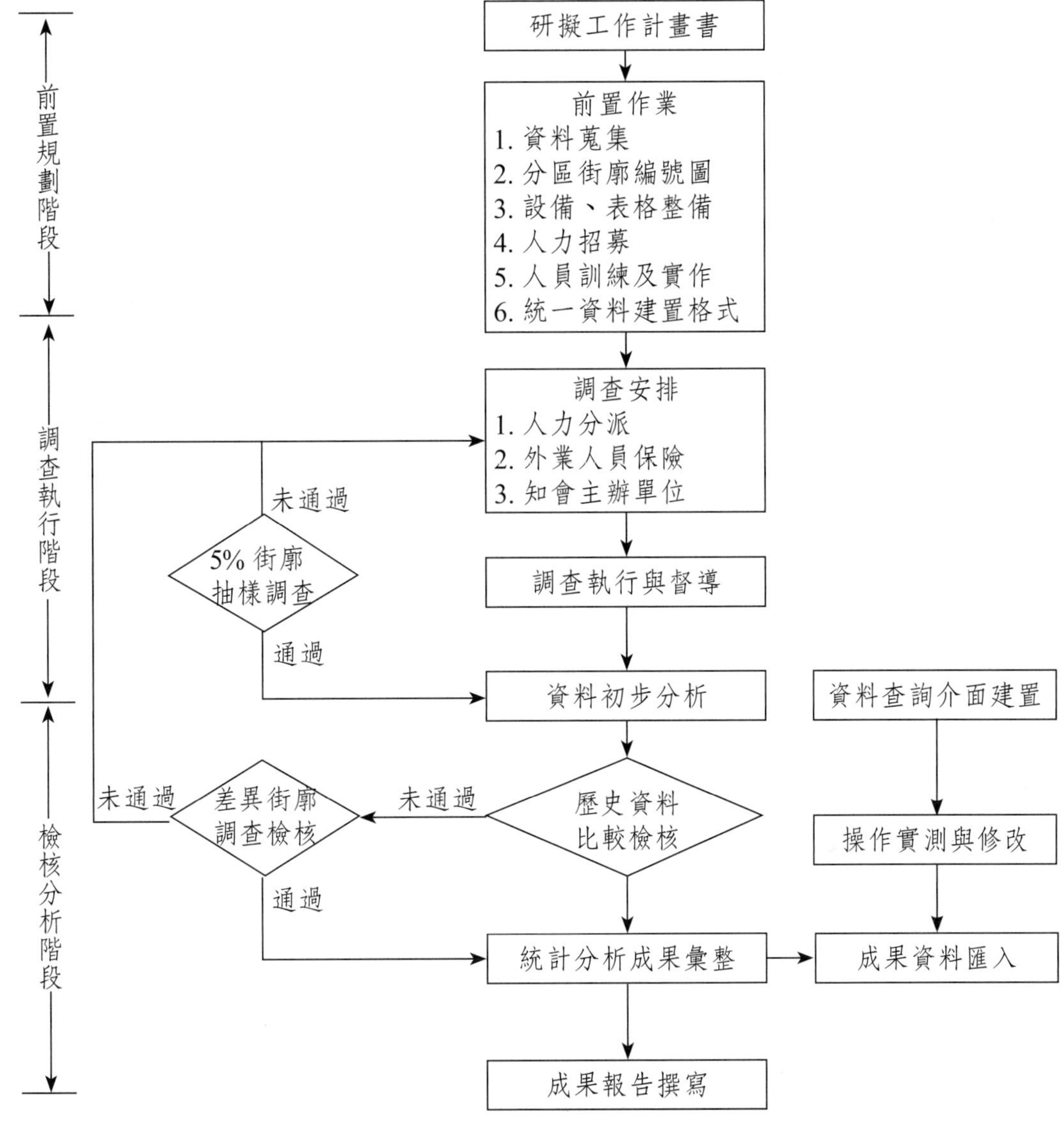

圖 18-1　停車供需調查作業流程圖

（資料來源：臺北市停車管理工程處，2008）

18.4.1 前置規劃階段

停車供需調查對象及分類十分複雜。調查分區亦有大有小，若人力分派不妥，易造成人力之浪費及不足。因此，若無事前完善調查規劃，除調查執行易遭遇阻礙，其成果之正確性亦難達成。

前置作業階段其主要工作項目有以下 7 項，如圖 18-2 所示：

(1) 相關資料之蒐集與整理

(2) 分區街廓編號圖之整理

(3) 統一資料之建置格式

(4) 調查表格之確認

(5) 調查設備、表格之整備

(6) 調查人力之招募

(7) 人員訓練與實作

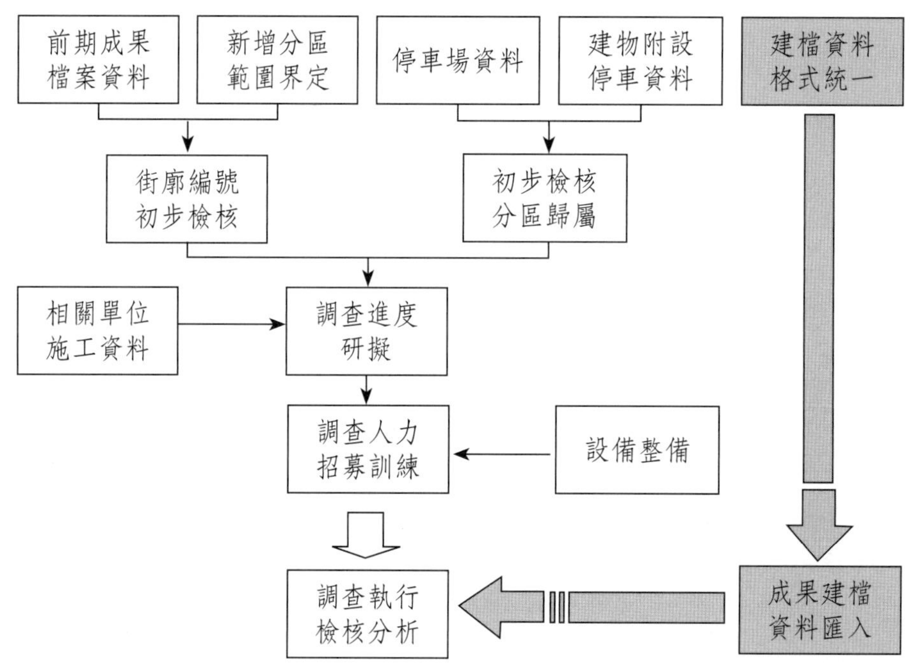

圖 18-2 停車供需調查前置作業流程圖

18.4.2 調查執行階段

調查執行階段作業如圖 18-3 所示，其主要工作項目有「停車供給調查」與「停車需求調查」、「建物附設停車供需調查」等三大項，茲簡要說明如下：

1. 路邊、路外停車供給調查

由於都市係持續發展變化，依往年調查經驗，實際街廓或多或少均會有與現有地圖不同之處，雖已經調查多年進行補強，但依然可能遇到不符之處。故於供給調查時，如發現新的街廓，且同時路寬達 4m 以上時，於街廓圖上繪製，並給予新的街廓編號；若發現該街廓已不存在時，應於表格上加以備註，但街廓編號不可取消。

在停車供調查時，調查員巡至每一街廓時，均於該街廓起始位置，以數位相機拍攝至少一張現況相片，以便後續檢核該街廓之停車供給與需求是否有明顯錯誤。

2. 路邊、路外停車需求調查

在需求調查時，該分區調查當天，選派其他的調查員至該分區調查，抽樣該分區 5% 之街廓，進行停車供需調查，以抽樣之街廓供需資料相互比對，誤差在 10% 以內者，視爲可接受，否則將重新安排調查。

3. 建物附設停車供需調查

「建築物附設停車空間供給及需求調查」，詳如第 18.7 節說明。

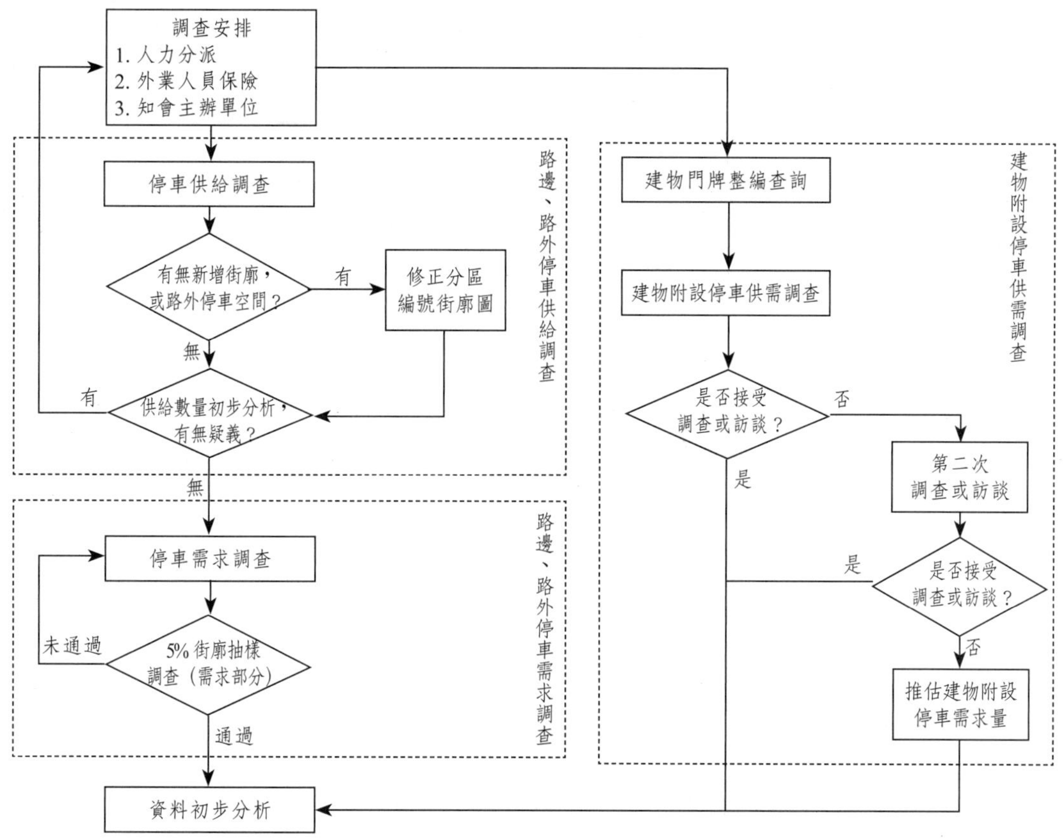

圖 18-3　停車供需調查執行階段作業流程圖

18.4.3 檢核分析階段

檢核程序分爲「現地抽樣檢核」與「歷史資料檢核」兩個階段，其檢核分析階段之詳細作業流程如圖 18-4 所示。「現地抽樣檢核」主要係是在「調查執行階段」進行，「歷史資料檢核」則是在「檢核分析階段」進行，以確保調查資料之完整與正確性。

1. 現地抽樣檢核

在需求調查時，該分區調查當天，選派其他的調查員至該分區調查，抽樣該分區 5% 之街廓，進行停車供需調查，以抽樣之街廓供需資料相互比對，誤差在 10% 以內者，視為可接受，否則將重新安排調查。

2. 歷史資料檢核

歷史資料檢核，又可分為「初步檢視」，以及「與歷史資料比較檢核」兩階段。

(1) 初步檢視

初步檢視調查資料是否完整齊全，不足者立即予以補調。若所有調查資料確認齊全後，則進行各調查分區資料之初步分析。

(2) 與歷史資料比較檢核

將每一街廓調查成果與前期資料進行比較，供給差異在 10% 以上、或尖峰需求差異在 20% 以上者，先調閱現地相片作初步比對，若尚無法確認其差異何者正確，則至現地進行補充調查。

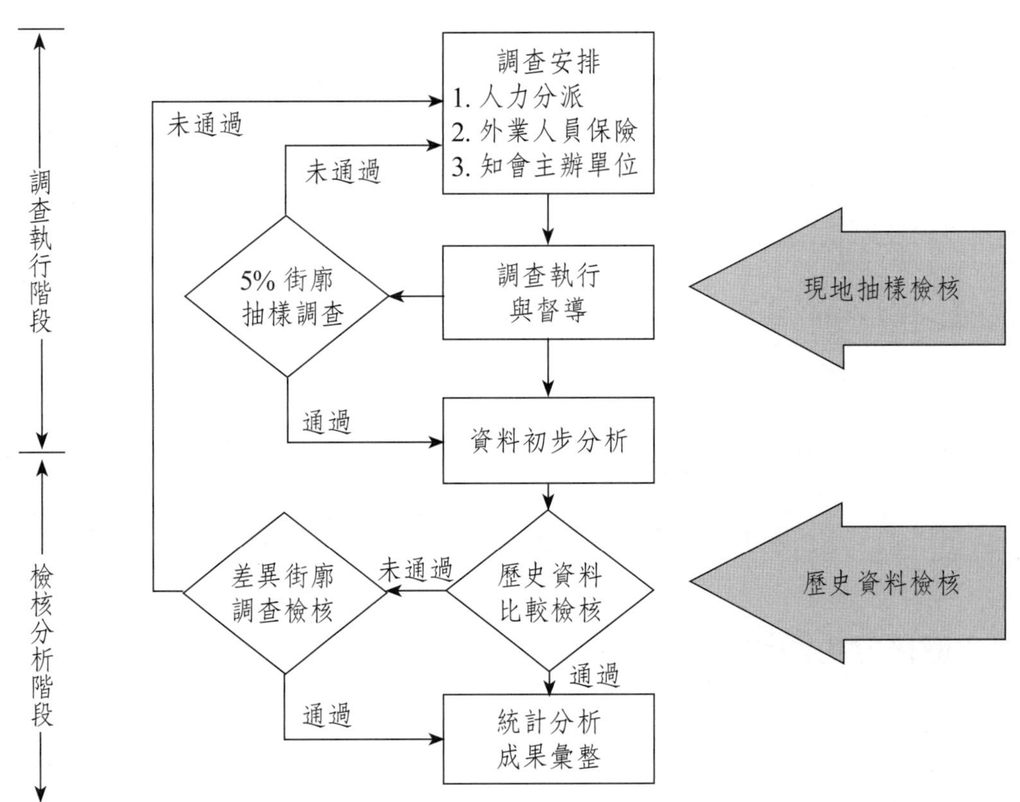

圖 18-4　停車供需調查資料檢核機制流程圖

若補充調查結果與之前的調查成果較接近，則接受之前的成果，否則即以補充調查資料為調查成果。當所有資料皆確認無誤後，即進行相關統計分析，並彙整撰寫報告。

18.5 路邊與路外停車供給調查

茲以臺北市停車管理工程處（2008）之報告為例，說明停車供給調查之內容、時間、方法，以及項目與表格如下：

1. 調查內容

(1) 路外停車

a. 公有路外停車場：指由臺北市停車管理工程處管有（含停管處委託民間經營者）之路外停車空間。

b. 民營收費停車場：包含領有停車場營業登記證之路外停車場、法定空地營業停車場、對外開放停車之建物附設停車空間（如賣場、機關）等。

c. 建物附設停車空間：指由市府建管處管有之建築物附設停車空間，但須扣除領有停車場營業登記證者與對外開放停車之建物附設停車空間（如賣場、機關）部分。

d. 私人空地停車格位：指私人建地範圍內、非登記為建物附設停車空間之格位，若其停車空間沒有劃設格位，則以每 20 平方公尺換算成一格汽車停車格位。

(2) 路邊停車

a. 有劃設格位：指路邊劃設有汽、機車及自行車停車格位可供車輛停放者。

b. 無劃設格位：調查巷道寬度 6 公尺以上之路段長度，扣除不得停車路段（若扣除範圍重疊，以較長者計），依「實際停放汽機車數量比率」及表 18-5 原則換算為汽機車格位。

表 18-5 停車服務水準劃分標準一覽表

巷道寬度	停車格位估算原則
巷道寬度≦6 公尺	不列入供給
6 公尺＜巷道寬度≦7 公尺	估算單邊供給
巷道寬度＞7 公尺	估算雙邊供給

無格位汽機車格位之換算原則為：

(a) 路邊及巷道寬度介於 6～7 公尺（包含 7 公尺）間，以單邊計算，且以可提供較多供給一側計算之。

(b) 路邊及巷道寬度大於 7 公尺，則以雙邊計算。

(c) 每 6 公尺換算爲 1 個汽車格位，每 1 公尺換算爲 1 個機車格位。其中，換算長度不得大於實際路段長度，又汽車格位數計算有小數者，以無條件捨去，多出路段長度則分配爲機車停車位。

但需注意具有下列七種狀況之一者，則屬於無劃設格位且不得停車的路段：

(a) 繪有禁止停車標線（黃色標線）或禁止臨時停車標線（紅色標線）路段。

(b) 電線桿、電信箱、號誌桿、樹穴、街道傢俱前後各 5 公尺。

(c) 無劃設禁止臨時停車標線（紅色標線）之交叉路口，各端各 10 公尺。

(d) 公車臨停區，無設有公車臨停區之公車站牌前後各 10 公尺。

(e) 消防栓、消防車出入口前後各 5 公尺。

(f) 停車場出入口前後各 5 公尺等。

(g) 在機場、車站、碼頭、學校、娛樂、展覽、競技、市場或其他公共場所出入口前後各 5 公尺。

c. 禁停黃線路段：依各路段開放停車時段，按「無劃設格位」汽機車格位換算原則計入各時段停車供給。

d. 彈性共用汽機車停車格位：依各格位開放共用停車時段，按該街廓之「實際停放汽機車數量比率」，以每 6 格機車格位換算爲 1 個汽車格位之原則，換算汽機車格位。

e. 人行道（無遮簷人行道視同人行道，騎樓不計入停車供給）：

(a) 已實施機車退出騎樓、人行道路段：依機慢車停放區劃設長度，以每 1 公尺 1 格機車停車位、每 0.6 公尺 1 格自行車位計算。

(b) 未實施機車退出騎樓、人行道路段：超過 3.5 公尺以上路段扣除設施帶標誌、變電箱或相關電器設施、公車站區及斜坡道等設施空間後之可停放長度，以每 1 公尺 1 格機車停車位、每 0.6 公尺 1 格自行車位計算。

f. 機車彎：指人行道設置機車彎並劃設停車格位或機慢車停放區可供車輛停放者，機慢車停放區亦以每 1 公尺 1 格機車停車位計算。

g. 卸貨格位：指路邊劃設有卸貨專用格位，供卸貨車輛使用之停車空間，若卸貨空間長度大於「交通工程手冊」（交通部，2004）中規範之卸貨停車空間（寬度 2.2 公尺、長度 8 公尺），則依卸貨專用停車空間劃設長度，以每 8 公尺 1 卸貨專用停車位計算。

2. 調查時間

由於停車供給數量不會在短時間就有所改變，因此調查時間可彈性選擇一週內任一天進行，惟爲避免困擾，調查時間安排於白天（08：00～18：00）間進行。

3. 調查方法

(1) 調查前置作業：依臺北市地形圖及現況調查情形將各調查分區內街廓圖進行整編後，並將路外停車空間（公有、民營、已知空地）標示在分區街廓編號圖上。

(2) 調查員配備分區街廓編號圖、調查表格、測距儀及計數器，以步行方式記錄分區內所有街廓之停車供給數量。

(3) 調查過程中如發現分區圖中未編號之街廓及路外停車場，調查員須自行增加繪製該街廓及路外停車場，並給予編號後再行調查。如發現該街廓或路外停車場已不存在，亦須於調查表中註明。

4. 調查項目及調查表格

調查項目分爲「路外停車供給」及「路邊停車供給」。調查表格係以招標文件所附之表格內容格式爲基礎範本，並依據此調查計畫後續調查結果、分析項目進行修正，其修正內容說明如下：

(1) 路外停車供給調查表格

路外停車供給調查項目主要可分爲六部分：「停車場基礎資料」、「大型車停車供給調查」、「汽車停車供給調查」、「特殊車輛」、「機車停車供給調查」，以及「自行車停車供給調查」。路外停車供給調查項目，詳見表 18-6a 所示。

(2) 路邊停車供給調查表格

路邊停車供給調查項目與路外停車供給調查相同，主要分爲六部分：「基礎資料」、「大型車格位調查」、「汽車格位調查」、「特殊車輛」、「機車停車調查」，以及「自行車有格位」。路邊停車供給調查項目，詳見表 18-6b 所示。

18.6 路邊與路外停車需求調查

停車需求分爲可觀測與無法觀測兩大部分。可觀測的部分爲在某地區內實際停車之數量，可由實地調查結果而得，稱之爲「可觀測需求」（observed demand）；至於因爲找不到停車場地而在路上流動之車輛數，或因缺乏停車場位而放棄開車改乘其他交通工具者，稱之爲「潛在需求」（potential demand），屬於無法觀測的部分，這些需求因無法實地調查得到，需依賴間接由問卷調查推估而得。「可觀測需求」加上「潛在需求」才是眞正的停車需求，但由於潛在需求不確定性高且不易推估，規劃時大多不納入停車需求計算。

表 18-6a　路外停車供給調查表

路外停車供給調查表　行政區：______　交通分區：______　日期：______　天候：______　調查員：______　編號：______

編號	名稱	地址	停車場類型	營業類型	出入口處	營業時間	大型車		小型車		特殊車輛					機車		自行車		備註
							格位數	費率	格位數	費率	身心障礙		警用格位		卸貨專用	格位數	費率	格位數	費率	
											小型車	機車	小型車	機車						

註一：停車場類型代碼：1. 空地、2. 建物附設、3. 停車場建物。

註二：營業類型代碼：1. 公有公營、2. 公有民營、3. 民營、4. 無營業。

註三：特殊規劃格位（如黃牌／紅牌重機）計入備註欄中。

表 18-6b　路邊停車供給調查表

路外停車供給調查表　行政區：______　交通分區：______　日期：______　天候：______　調查員：______　編號：______

街廓編號	總車道寬	路邊無格位【註一】			大型車		小型車				特殊車輛						
		不含紅黃線長度	禁停黃線		格位數	費率	格位數	時段管制		費率	身心障礙		警用格位		卸貨專用		
			長度	開放時間				格位數	時間		小型車	機車	小型車	機車	格位數	時段管制	
																格位數	時間

街廓編號	機車										自行車		
	路邊及巷道			機車彎			人行道【註二】			費率	格位數	費率	備註
	格位數	汽機車共用		機車彎處數	格位數	無格位長度	人行道寬	格位數	無格位長度				
		格位數	開放時間										

註一：路邊及巷道寬度 ≤ 6 公尺不列入供給計算；6 < 寬度 ≤ 7 單邊計算（計算可提供較多側）；寬度 > 7 公尺雙邊計算。

註二：人行道寬度 ≤ 3.5 公尺不列入供給計算；3.5 < 寬度：單邊計算（以道路緣石之一邊計算）。

如前所述，停車需求之調查作業，須包括調查範圍、調查對象、調查內容、調查時間、調查方法以及項目與表格。茲以臺北市停車管理工程處（2008）之報告爲例，分爲「平常日（星期一至星期四）調查」與「假日（星期六、星期日）調查」，說明如下：

1. 調查範圍

平常日實際停車數量調查範圍包含臺北市北投區、士林區、大同區、中山區、松山區及內湖區等 6 個行政區，計有 364 個調查分區。

假日調查範圍依據契約要求，爲自平常日調查範圍中選擇 19 處調查分區進行調查。其假日調查分區遴選原則爲：

(1) 篩除最近已進行假日調查之交通分區：由於某些特殊交通分區（重要商圈、觀光遊憩地點、捷運內湖沿線車站周邊）最近已進行假日停車調查，爲避免重複調查，應予篩除。

(2) 以歷年已進行之假日調查地點作爲優先考量分區，如此能與歷年調查進行比較分析。

(3) 以假日人潮聚集處之調查分區爲考量地區：遴選週休二日臺北市民衆休閒去處與重要商業區附近等假日人潮聚集，需大量停車供給之調查分區，用以比較一般日與假日之停車差異。

2. 調查對象

平日調查對象主要爲靜態停車車輛，包含汽車（含一般汽車、大型車（大客車、貨車等）、特殊車輛（停放於身心障礙者專用格位、警用車位之車輛及 550cc 以上重型機車））及機慢車（含一般機車、250cc 以上重型機車及自行車）等，不包含動態停車車輛，如：計程車、公車等車輛。假日實際停車調查對象同平常日實際停車調查對象。

3. 調查內容

調查內容爲各調查分區於調查期間內每小時實際停車數量，資料統計成果將依不同車種及格位分別統計。

4. 調查時間

平日調查時間爲週一至週四（排除特定節日）擇一日進行，調查時段爲 08：00～13：00 及 16：00～21：00，共計 10 小時。假日調查時間爲週六與週日，擇一日進行 10 小時調查。

5. 調查方法

視分區街廓數量及分區大小，配置足額調查員（將該分區切割小分區，以確保在一小時內可完成一次調查），以調查員每小時清查停放於各調查分區內之車輛數。

6. 調查項目及調查表格

調查項目分為「路外實際停車數量」及「路邊實際停車數量」。

(1) **路外實際停車數量調查表格**

路外停車場實際停車數量調查項目主要分為五部分：「大型車」、「汽車」、「特殊車輛」、「機車」、「自行車」。路外實際停車數量調查項目，詳見表 18-7a 所示。

(2) **路邊實際停車數量調查表格**

路邊實際停車數量調查項目主要分為五部分：「大型車」、「汽車」、「特殊車輛」、「機車」、「自行車」。路邊實際停車數量調查項目，詳見表 18-7b 所示。

18.7 建物附設停車供需分析與調查

建物附設停車供需調查是調查作業中最為棘手的工作項目，除建管單位提供之資料會有地址重複、地址不存在，或因門牌整編需至戶政事務所查核新的地址之情形外，在現地進行調查時，即使調查員備有公文及證件，建物管理單位仍不提供資料之情形發生。

茲以臺北市停車管理工程處（2008）之報告為例，將建物附設停車供需調查作業之範圍、對象、內容、時間、方法，以及項目與表格說明如下：

1. 調查範圍

調查範圍為臺北市士林區、北投區、中山區、大同區、松山區及內湖區等 6 個行政區，計有 364 個調查分區內之建築物附設停車空間。

2. 調查對象

調查對象為汽車（含一般小型車、大型車（大客車、貨車等）、特殊車輛（停放於身心障礙者專用格位、警用車位之車輛及 550cc 以上重型機車））及機慢車（含一般機車、250cc 以上重型機車及自行車）等。

3. 調查內容調

查內容為各建築物附設停車空間於調查期間內之停車供給數量與實際停車數量，資料統計成果將依不同車種及格位分別統計。

4. 調查時間

可任擇一天進行調查，惟為了避免困擾，調查時應於 8 時至 22 時進行。在現場狀況准許條件下，盡量於尖峰時間進入調查，使一次調查結果即具有代表性。

表 18-7a　路外空間實際停車調查表

路外空間實際停車調查表　行政區：______　交通分區：______　日期：______　調查時間：______～______　調查員：______　編號：______

編號	名稱	地址	大型車	小型車		特殊車輛【註一】					紅牌重機	機車				自行車	備註
				有格位	無格位	身心障礙		警用格位		卸貨專用		有格位		無格位			
						小型車	機車	小型車	機車			一般	黃牌	一般	黃牌		

註：特殊車輛僅針對特殊停車格位內之車輛進行調查。

表 18-7b 路邊實際停車調查表

路外空間實際停車調查表 行政區：＿＿＿ 交通分區：＿＿＿ 日期：＿＿＿ 調查時間：＿＿＿～＿＿＿ 調查員：＿＿＿ 編號：＿＿＿

街廓編號	大型車		小型車						特殊車輛					
	格位數	費率	有格位	無格位		違規			身心障礙		警用格位		卸貨專用	紅牌重機
				6M	< 6M	多排停車	停紅黃線	其他	小型車	機車	小型車	機車		

街廓編號	機車										自行車		備註	
	非違規										非違規	違規		
	黃牌重機	有格位	無格位		人行道	機車彎	停紅黃線	騎樓	人行道	其他				
			6M	< 6M										

註：特殊車輛僅針對特殊停車格位內之車輛進行調查。

5. 調查方法

建築物附設停車空間之調查流程如圖 18-5。簡要說明如下：

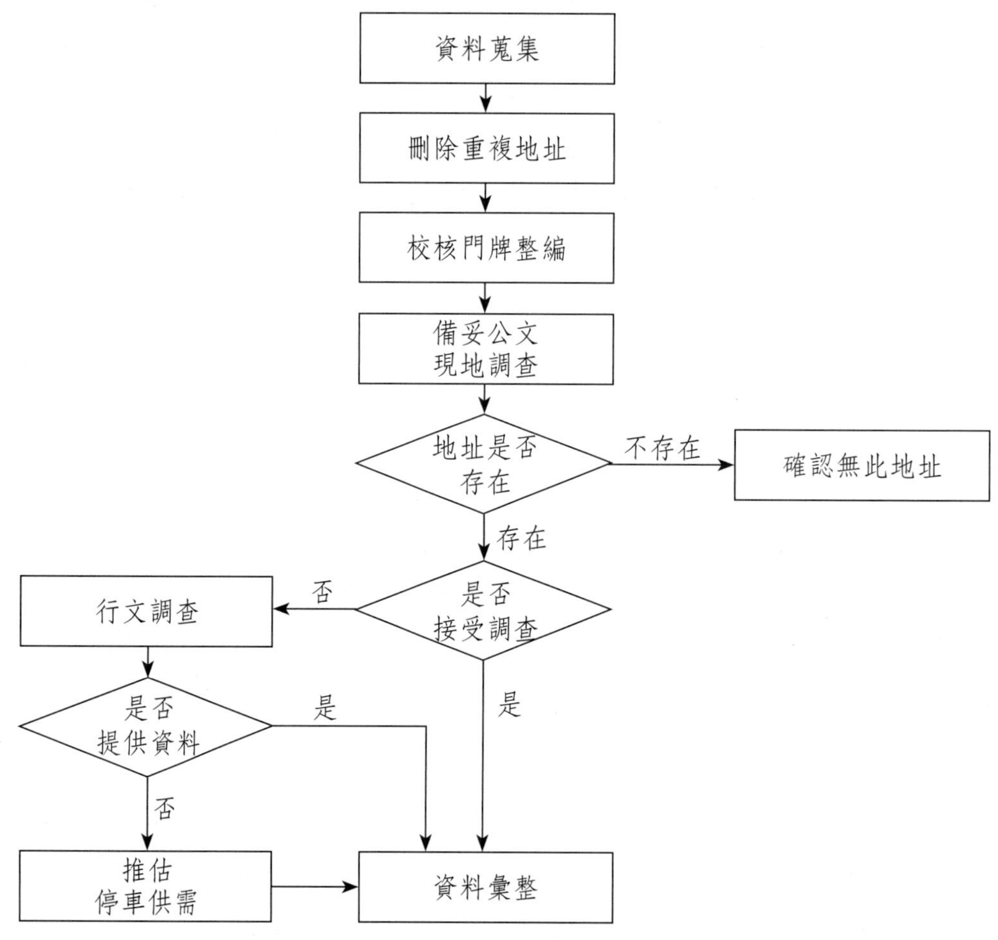

圖 18-5　建築物附設停車空間調查流程示意圖

(1) 商請建管單位提供調查範圍內所有建物之建號、地址、各車種申請設置之停車數量等。

(2) 以建物地址排序，檢核是否有重複之地址，如有重複該筆資料刪除。

(3) 利用臺北市政府民政局門牌檢索系統（http://www.houseno.tcg.gov.tw）查詢「門牌變動情形」，並利用整編後最新地址查詢所屬行政分區。

(4) 商請主辦單位協助發公告，並先行通知各區公所轉知里辦公室，說明調查緣由及調查內容。在調查員備妥調查證及公文後，依建物地址以道路順序進行實地調查或訪查，並將調查結果記錄（停車格位數及實際車輛停車數）在調查表格中。

(5) 如遇該建物管理單位堅持不願提供停車供需狀況時，調查員記錄該建物管理單位名稱，商請主辦單位再次行文（文中最好註明所提供資料將不會移交建管單位使用），請該建物以公文方式回覆其停車供需狀況。

(6) 如該建物仍不提供相關資料，則停車供給部分，會假設即爲該建物申請設置之數量；而需求部分，則以該交通分區內之建物附設停車空間的停車需供比推其需求數量。若該交通分區內無建物附設停車空間，則以該行政區內之建物附設停車空間的停車需供比推其需求數量。

6. 調查項目與表格

建築物附設停車空間供給及需求調查項目主要可分爲四部分：「建物停車調查基礎資料」、「小型車停車供需調查」、「機車停車供需調查」，以及「自行車停車供需調查」。建築物附設停車空間調查項目，詳見表 18-8 所示。

表 18-8　建築物附設停車空間供需調查表

行政區：____　交通分區：____　日期：____　天候：____　調查員：____　編號：____

使用執照	地址	機車空間	出入口數	小型車		機車		自行車		備註
				格位數	停車數	格位數	停車數	格位數	停車數	

18.8 停車需求推估方法

停車需求推估方法大致可分成總體停車需求與個體停車需求兩大類。

18.8.1 總體停車需求相關模式

總體停車需求推估主要係依據平均所得、小汽車持有總數、大樓樓地板面積等社經資料與交通特性，以及目前實際停車情形，預測目標年之總體停車需求。過去有關停車需求的預估模式研究中多半以總體模式爲主。總體停車需求模式係以總體資料，例如：平均所得、小汽車持有總數、大樓樓地板面積等社經資料與交通特性，建立基本輸入單元，再加以整理、分析，最後輸出總體停車需求量的結果。建立此類模式的主要目的是爲推估目標年之總停車需求，但無法反映個體的停車行爲。

目前較爲熟知的停車需求推估模式有「小汽車成長模式」、「旅次吸引力模式」、「產生率模式」、「多元迴歸模式」、「交通量－停車需求模式」、「土地使用－停車需求模式」、「多元成長幾何均數模式」、「分配模式」、「員工數導出模式」等 9 種，整理如表 18-9 所示，並簡要說明如下。

1. 小汽車成長模式

本模式主要是說明都市停車需求量與居民的車輛持有數呈線性關係，在運用之前必須先利用歷年小汽車之成長資料，建立線性迴歸模式；該迴歸式須先行校估，然後再推估出目標年的小汽車數。由此可知，模式內所需使用之調查資料爲基年停車需求量；其優點在於模式建立與資料蒐集容易，但其缺點爲該模式未考慮區外進入研究區之停車需求量，且影響變數太少，易使精確度受到質疑。小汽車成長模式可表爲：

$$D_{pi} = D_{bi}\frac{C_p}{C_b} \qquad (18\text{-}4)$$

其中，

D_{pi}：預測年 p 第 i 區之停車需求量

D_{bi}：基年 b 第 i 區之停車數量

C_p：預測年 p 全區之車輛數

C_b：基年 b 全區之車輛數

2. 旅次吸引率模式

本模式假設停車需求量的產生與各地區之社經活動及旅次吸引數量有關。若該地區所能吸引旅次的各種社經活動繁多，該地區之停車需求也會隨之增加。其具體作法是以該區所吸引的旅次數，乘上該年的運具分配比例，得到小汽車的旅次數，再配合小汽車的乘載率換算成車輛數，求得研究區內小汽車的停車需求量。

表 18-9　停車需求模式比較表

#	模式	模式基本假設	必須輸入資料	模式優點	使用限制
1	小汽車成長模式	假設停車需求的增加與小汽車的成長存在某一種關係	- 各地區未來之小汽車數 - 各地區基年之小汽車數 - 各地區基年之停車需求數	模式之建立頗為容易所需資料亦不難蒐集	考慮變數太少，使得模式之精確度受到相當影響
2	旅次吸引模式	假設停車需求與各地區之工商經濟活動有關，並以各地區之旅次吸引數代表工商經濟活動之強度以推估停車需求	- 各地區未來之小汽車旅次吸引數 - 各地區之小汽車承載率 - 各地區之停車尖峰係數	模式之理論極為健全 模式之精密度高	各地區之旅次吸引數、運具分配比率、小汽車乘載率等資料取得不易
3	產生率模式	根據各類土地使用之停車需求產生率推估未來之停車需求	- 各地區各類土地使用之停車需求產生率 - 各地區未來各類土地使用發展狀況	- 停車需求產生率與土地使用、建築物型態等變數彼此獨立 - 由停車需求產生率推估停車需求較為精確、直接	各地區未來之土地使用資料取得不易，往往需從事大量之調查，耗時費事
4	多元迴歸模式	假設停車需求與社經濟之發展及土地使用等特性之間有密切的關係	- 各地區未來之社會、經濟發展情況 - 各地區未來之土地使用之發展狀況	- 模式操作方便 - 經由統計分析可了解模式之精確性	模式之精確性較差產生率模式略低
5	交通量—停車需求模式	假設停車需求與各地區之通過交通量存在某種關係，據以推估停車需求	各地區未來之交通流量	當應用於小區域時，模式甚為簡便及實用	當預測區域擴大時，則交通量與停車需求之關係將隨之改變，且其準確性亦將降低

#	模式	模式基本假設	必須輸入資料	模式優點	使用限制
6	土地使用—停車需求模式	假設長時間需求與就業機會人數有關，短時間需求與商業及零售服務業樓地面積有關，而總停車需求則是此二需求之和	- 各地區之就業機會人數 - 中心商業區之總就業機會人數 - 各地區之商業及零售業樓地板面積	模式之建立簡單且具合理性	- 各地區就業人數不易取得 - 長短停車時間不易劃分 - 模式中之分配數值在長期不一致
7	多元成長幾何均數模式	假設停車需求之成長與人口成長、車輛數成長、所得成長及樓地面積成長等變數存在幾何均數關係	- 各地區之人口成長率、車輛成長率、所得成長率、樓地面積成長率 - 各區之區域特性加權值	模式總和考慮多個合理因素，又不失簡便	- 各區各成長關係間並非獨立 - 反映各區特性之加權值不易決定
8	分配模式	假設各區停車需求量與各區及就業人口及服務零售業樓地板面積有關	各區之社經資料，家户人口數、就業人口數、零售及服務樓地板面積	- 理論基礎完備 - 精確度高	- 建立模式所需的資料多 - 資料回收困難
9	員工數導出模式	假設各區停車需求量為員工至此區就業所產生之旅次轉換而得	- 各地區之總樓地板面積，每員工平均使用之總樓地板面積 - 小汽車使用之有關資料 - 停車轉換率	- 利用就業旅次為基礎 - 考慮短期停車之停車目的所引發之停車需求 - 能符合實際狀況	- 資料收集困難 - 某些參數值須予設定，難以客觀

（資料來源：交通部運輸研究所，1986）

此一模式的優點在於考慮了社經活動對於停車需求量的影響，同時也顧及了停車需求量與尖峰因素的關係；但本模式最大的限制是，無論是區域內的旅次數、運具分配比例、小汽車乘載率等資料，均需要詳細的調查與分析，若如能將資料需求納入大規模的計畫調查當中（例如每十年或是二十年一次的更新研究），則本模式尚屬勉強可行，但由於所耗費的成本與所需花費的調查時間太高，成爲本模式在使用時的最大限制。旅次吸引模式可表爲：

$$D_{pi}=\frac{(\Sigma_j TD_{pij})\times(MS_p)}{F_p}\times K \qquad (18\text{-}5)$$

其中，

D_{pi}：p 年 i 區之尖峰時間停車位需求量

TD_{pij}：p 年 i 區 j 種目的旅次數

MS_p：p 年小汽車運具分配比率

F_p：p 年小汽車之乘載率

K：停車尖峰係數值

3. 產生率模式

本模式假設停車需求量係以該類土地使用單位面積之停車產生率加以求得。其優點是考量了不同土地使用種類與不同區位間的停車需求量的差異性，但須先以抽樣方式對各類土地使用與建築物，分別進行調查共享停車[1]與無共享停車的停車產生率。

本模式最大的限制在於建立各類不同土地使用分區下的單位面積停車產生率時仍須仰賴大規模的調查，才能使模式的使用較爲精確。產生率模式之停車位需求量可計算如下：

$$D_{pi}=\Sigma_j (R_{pij})(LU_{pij}) \qquad (18\text{-}6)$$

其中，

D_{pi}：p 年 i 區之尖峰時間停車位需求量

R_{pij}：p 年 i 區 j 類土地使用單位面積停車需求量產生率

LU_{pij}：p 年 i 區 j 類土地使用單位面積

4. 多元迴歸模式

多元迴歸模式是較常使用的停車需求預測模式，除了考量都市停車需求量與社會經濟活動因子（如：家戶單位、就業人口數等）及土地使用種類（如：商業區樓地板面積、

1　將一處停車場服務於相同地點或達成協議的相鄰地點之兩個或多個用地，稱之為共享式停車。

服務業樓地板面積等）間的相互關係之外，也將所有相關的變數納入考量。其優點爲以統計方法來篩選自變數，能將容易影響模式結果且產生誤判的變數予以剔除，而保留對於依變數較有貢獻的因子，因此模式的解釋能力較高。

茲假設選擇六個變數作爲迴歸模式的自變數或解釋變數（independent variable），而以停車位需求量作爲依變數（dependent variable），則多元迴歸模式可表爲：

$$D_{pi} = K_0 + K_1 (EP_{pi}) + K_2 (PO_{pi}) + K_3(FA_{pi}) + K_4(DU_{pi}) + K_5(FS_{pi}) + K_6(AO_{pi}) \quad (18\text{-}7)$$

其中，

D_{pi}：p 年 i 區之尖峰時間停車位需求量

EP_{pi}：p 年 i 區之就業人口數

PO_{pi}：p 年 i 區之人口數

FA_{pi}：p 年 i 區之樓地板面積

DU_{pi}：p 年 i 區之家戶單位數

FS_{pi}：p 年 i 區之服務業樓地板面積

AO_{pi}：p 年 i 區之小汽車持有數

K_i：迴歸係數（$i = 0, 1, 2, \cdots, 6$）

5. 交通量—停車需求模式

本模式假設停車需求量應爲通過該地區車輛數之某一百分比，其優點爲在區域小、交通流量穩定、交通量成長有限、土地使用與就業機會等均勻分布的情況下預測將較爲準確，但其限制乃在於研究區域範圍不可過大，否則會使得準確率降低。其中主要的原因是當研究區域擴大時，路網交通流量會更複雜，例如交通量與停車需求量間的關係可能有完全反向的關係（例如穿越性或封閉性道路），且交通流量與停車需求量間的關係，也將隨道路特性的不同而有所差異，由於各道路間複雜的交互作用，因此將使得此模式預測準確性大爲降低。交通量—停車需求模式可表爲：

$$\log D_{pi} = A + B \log _{Vi} \quad (18\text{-}8)$$

其中，

A, B：係數，其數值可利用實際資料校估而得

D_{pi}：p 年 i 區之停車位需求量

V_i：p 年 i 區之交通流量

6. 土地使用—停車需求模式

本模式係假設停車需求量與長時間及短時間停車的需求有關，長時間停車需求可能

與當地就業人口有關，短時間停車需求與當地商業及零售業樓地板面積有關，總停車需求量則爲此二者之和。本模式優點爲區分長短時間停車需求量與停車特性或變數之間的關係，可以減少誤差，然而最大的限制則在於地區性的發展趨勢可能會改變，此時以小汽車的成長來預測停車需求量就容易導致誤差。土地使用—停車需求模式可表爲：

$$D_i^t = (A_{Li}^0 + A_{Si}^0) \times \frac{\tau_t}{\tau_0} \qquad (18\text{-}9)$$

其中，

D_i^t：t 年 i 區之尖峰總停車需求

A_{Li}^0：目前 i 區之尖峰長時間停車數

A_{Si}^0：目前 i 區之尖峰短時間停車數

τ_t：t 年汽車持有數

τ_0：目前之停車數

7. 多元成長幾何均數模式

此模式假設停車需求之成長與人口成長、車輛數成長、所得成長及樓地板面積成長等變數存在著幾何均數關係。此模式操作簡單，且應用彈性大，但模式中停車需求與各種成長率之幾何均數關係無法驗證，且各成長率間冪次關係的權數不易客觀認定，須對規劃區域充分理解之資深規劃者運用起來才能得到較佳之效果。多元成長幾何均數模式可表示如下：

$$D_{pi} = D_{bi}(1 + b_{pi})^{p-b} \qquad (18\text{-}10a)$$

$$R_{bi} = \Sigma_j \sqrt[W_{bij}]{\Pi_j R_{bij}{}^{W_{bij}}} \qquad (18\text{-}10b)$$

其中，

D_{pi}：p 年 i 區停車需求量

D_{bi}：基年（b 年）i 區停車需求量

R_{bij}：基年 i 區第 j 項因素之成長率〔人口成長率（$j = 1$）、車輛數成長率（$j = 2$）、所得成長率（$j = 3$）、樓地板面積成長率（$j = 4$）〕。成長率因素之個數 N = 4

R_{bi}：基年 i 區之綜合成長率

W_{bij}：基年 i 區第 j 項因素之成長率加權值（視區域狀況而定）

8. 分配模式

本模式主要是將停車需求量的成長及各個可能影響停車需求量的社會經濟變數加以整合，利用函數關係將各社經變數的預測函數納入考量；其優點乃掌握了影響因子在不同時間的變動情況，因此可逐步推估停車需求量之變動，其適用範圍較廣。但此模式所受的最大限制是必須了解各個社經變數長期成長情形，且其初始的資料必須相當的完整，並且需要有系統的整合來自於各個不同單位所調查的資訊之後，才能統籌加以運用，因此不能忽視大量時間與成本的耗費。分配模式可表爲：

$$\frac{D_{pi}}{D_p}=\frac{f(X_{pi})}{\Sigma_i f(X_{pi})} \quad (18\text{-}11)$$

其中，

D_p：p 年全區停車需求量

D_{pi}：p 年 i 區停車需求量

$f(X_{pi})$：各社經變數之預測函數

9. 員工數導出模式

此模式假設停車需求量與區域內員工數量以及該區域員工的需求特性有關，本模式除了考慮了停車需求與員工數量的關係之外，亦考慮員工請假的頻率。但本模式的限制在於其適用範圍屬於單純的土地使用型態，亦即全區的停車需求量大部分均是由該地區員工的活動所產生。員工數導出模式可表爲：

$$D_p=\frac{B_t\times(1-A)\times C\times K}{B_P\times P}\times\left(\frac{R}{T_t}+\frac{1-R}{T_s}\right) \quad (18\text{-}12)$$

其中，

D_p：停車總需求

B_t：商業使用總樓地板面積

B_p：員工每人平均所占用之商業樓地板面積 A：員工之請假率

C：使用小汽車之比率

P：平均每車所載乘客數

T_t：長期停車轉換率

R：長期停車占全部停車時間比例

T_s：短期停車轉換率

K：停車車位有效係數

經由上述的總體停車需求推估模式的說明，可以了解總體模式具有許多缺點，例如準確性低、資料收集不易，同時未將個體停車行爲及社經條件資料納入考慮，不具停車行爲的解釋能力。由於無法確實反映停車措施對停車需求行爲的影響，總體停車需求推估模式的總量推估結果對停車場規劃、停車管理政策的研擬並無太大的助益，因此，個體停車需求模式就自然成爲一個重要的替選方法。

18.8.2 個體停車需求相關模式

個體停車需求行為之研究，係以經濟學的觀點出發，將每個消費者（個體）視為一個決策單位，分析該個體對停車位（財貨）的選擇及消費行為。利用個體模式，描述消費者的需求行為，了解個體對停車需求行為的偏好，能彌補總體模式無法確實反應停車措施及個人社經條件對停車需求行為影響的缺點。個體選擇理論導源於隨機效用的概念，認為在理性的選擇行為下，決策者 n（個體）必然選擇效用最大化的替選方案 i。而替選方案的效用 U_{in} 可分為兩部分：可衡量效用 V_{in}，代表替選方案可觀測的效用，及隨機效用 ε_{in}，代表不可觀測的效用。其數學式如下：

$$U_{in} = V_{in} + \varepsilon_{in} \qquad (18\text{-}13)$$

其中，隨機效用 ε_{in} 除代表不可觀測的效用外，尚包含許多誤差來源，如可衡量效用之衡量誤差、抽樣誤差或其他誤差等等。對隨機效用做不同的機率分配假設，可得到不同的選擇模式。若假設其為岡勃（Gumbel）分配，則可推導出羅吉特（Logit）模式；以下將對羅吉特模式的形式、校估及檢定做一介紹。

1. 羅吉特模式之形式

假設決策者從一些互斥的方案中選擇效用最大的方案，每一方案之效用函數 U_{in} 可表示如下：

$$U_{in} = V_{in} + \varepsilon_{in} \qquad (18\text{-}14a)$$

其中，

U_{in}：決策者 n 選擇方案 i 之總效用

V_{in}：決策者 n 選擇方案 i 之可衡量效用

ε_{in}：決策者 n 選擇方案 i 之不可衡量的誤差項

可衡量效用部分包含方案與決策者特性，通常假設其為線性函數

$$V_{in} = \Sigma_j \beta_{ij} X_{ijn} \qquad (18\text{-}14b)$$

其中，

X_{ijn}：決策者 n 方案 i 的變數 j

β_{ij}：方案 i 的變數 j 的參數

羅吉特模式之決策者 n 選擇方案 i 的機率 P_{in} 可表示為：

$$P_{in} = \frac{e^{V_{in}}}{\sum_{k=1}^{K} e^{V_{km}}} \qquad (18\text{-}14c)$$

其中，

K：方案個數

2. 羅吉特模式之推估

多元羅吉特模式一般採最大概似估計法（maximum likelihood estimation, MLE）進行推估。

3. 羅吉特模式之檢定

模式的檢定可分爲模式參數檢定與整體模式結構之檢定。各檢定方法說明如下：

(1) 模式參數 t 值檢定針對模式參數中所有參數作檢定，包含檢定參數之正負號是否符合先驗知識之邏輯，並檢定在某一信賴水準下是否拒絕參數值爲 0 之 t 檢定。

(2) 整體模式結構檢定分成概似比指標（likelihood-ratio index）檢定與概似比統計量（likelihood-ratio statistics）檢定兩種，說明如下：

a. 概似比指標檢定

$$\rho^2 = \frac{LL(\beta) - LL(0)}{LL(C) - LL(0)} \quad (18\text{-}15a)$$

其中，

$LL(\beta)$：參數推估值爲 β 之概似函數對數值

$LL(0)$：等市場占有率（equal share）模式之概似函數對數值

$LL(C)$：理想模式所預測之選擇機率與觀測機率相同，故 $LL(C) = 0$

因此，

$$\rho^2 = \frac{LL(\beta)}{LL(0)} \quad (18\text{-}15b)$$

另一種概似比指標爲調整後之概似比指標，可定義爲：

$$\bar{\rho}^2 = 1 = \frac{LL(\beta) - C}{LL(0)} \quad (18\text{-}15c)$$

其中，

C：模式推估之參數個數

b. 概似比統計量檢定

即以概似比檢定爲基礎，檢定所有參數是否顯著，概似比定義如下：

$$-2\,[LL(0) - LL\,(\beta)] \sim \chi^2_{\alpha,df} \quad (18\text{-}15d)$$

上式符合卡方（χ^2）分配，故以卡方檢定檢定之，其自由度（df）爲估計模式中所有參數之個數。

上述個體停車行爲模式的相關方法，均屬於機率性模式，以決策者追求效用最大化爲理論基礎，每一決策者的行爲均須滿足效用最大化原則，即藉由停車區位的選擇機率，來描述停車決策者的停車選擇行爲。由於利用個體行爲的闡述，能夠克服總體模式未考慮到的行爲因子之影響，進而了解研究區域內各停車設施空間區位與個人選擇行爲的相互關係，因此使得模式具有政策應用與行爲解釋的能力。

18.9 結論與建議

交通問題可以區分爲兩個層面探討，一個是道路使用效率的提升，另一個是停車需求的滿足，兩者之間相互影響。例如道路流量高，所產生的需求量也就高，如果停車格位供給不足，車輛在道路上尋求停車格位的無效率時間就會延長，也會增加交通擁塞，進而導致環境惡化等問題。因此滿足停車需求的同時，也必須將道路使用效率的提昇一併納入考量。此外，由於科技的進步，有些停車供給與需求資料均可自動產生與擷取，而且數據更爲精準；若能應用這項數據科學的優點，將可降低停車調查之頻率與成本，並進行更有效之停車管理。

由於都市中能夠作爲停車格位的土地資源極爲有限，如何進行適當的停車管理乃是執政者的當務之急。此外，機車停車問題爲臺灣的特有課題，如何加強交通教育，執行讓機車退出騎樓、人行道，還給行人安全而舒適的空間，也是必須面對與克服的一大課題。

問題研討

1. 名詞解釋：
   (1) 路邊停車格。
   (2) 路外停車場。
   (3) 停車需供比。
   (4) 停車服務水準。
   (5) 停車困難處。
   (6) 停車位使用率。
2. 請簡述停車之特性包括哪些項目？
3. 請說明停車供需之調查作業流程。

4. 停車供給調查表格應包括哪些內容？
5. 停車需求調查表格應包括哪些內容？
6. 建築物附設停車調查流程為何？請詳細說明其內容。
7. 請列舉停車總體與個體之停車需求推估模式，並簡述之。

相關考題

1. 高速公路某服務區擬進行停車需求調查，試述調查進行步驟及方法，並請問其與在都會區某新闢公共設施（如巨蛋體育館）之停車需求調查方式是否有所不同？差異為何？（92 高三級第二試）

參考文獻

一、中文文獻

1. 王文麟（1993），交通工程學——理論與實用，三版，臺北。
2. 交通部（1995），交通政策白皮書，臺北。
3. 交通部（2002），交通政策白皮書，臺北。
4. 交通部（2004），交通工程手冊，二版，幼獅文化，臺北。
5. 交通部（2015），交通工程規範，臺北。
6. 交通部運輸研究所（1986），停車場規劃手冊，臺北。
7. 亞聯工程顧問股份有限公司（2005），臺北市汽機車停車格位合理分配比率與規劃配置方式，臺北市停車管理處委託專題研究報告。
8. 停車場法（2001），民國 90 年 5 月 30 日頒布修定。
9. 臺北市停車管理工程處（2008），97 年度臺北市汽機車停車供需調查（6 個行政區），www.pma.taipei.gov.tw。
10. 臺北縣政府交通局，新聞「北縣市停車特性不同收費時間費率亦有所差異」（2010.06.08），擷取日期：2010 年 6 月。
11. 臺灣省政府住宅及都市發展局（1996），縣市改善停車問題工作手冊，委託研究報告。

第 19 章

路邊停車管理

路邊停車位之設置，乃是因應路外停車供給不足之權宜措施。因此，路邊停車位之規劃，除考量道路路型、寬度、服務水準、地區停車供需等交通特性，以及救災、救護等公共安全因素之外，尙需配合路段之管制措施予以適當劃設禁停標線或停車位，方能兼顧道路原有功能及改善部分停車問題。

臺灣目前之停車方式仍是以路邊停車（curb parking）爲主、路外停車（off-street parking）爲輔。由於路邊停車會縮減道路寬度降低道路容量，故常於尖峰時刻造成交通阻塞。因此，在擬定路邊停車計畫時，必須考慮到各種可能的影響面向。本章節所介紹之內容，主要參考停車場法（2001）、「停車場規劃手冊」（1986）、「交通政策白皮書」（2002；2012-2013）、「交通工程手冊」（2004）、「交通工程規範」（交通部，2015）、「交通工程學——理論與實用」（王文麟，1993）、「縣市改善停車問題工作手冊」（1996）、「市區道路人行道設計手冊」（2003）、「市區道路及附屬工程設計規範」（2009），以及臺北市停車管理工程處網站編修而成。

本章節之順序安排如下：第一節說明路邊停車優缺點；第二節說明路邊停車設置規範與原則；第三節爲路邊停車規劃設計；第四節爲路邊停車管制；第五節介紹公車停靠站設計；第六節爲結論與建議。

19.1 路邊停車之優缺點

道路劃設路邊停車格位之優缺點如下：

1. 優點

(1) 進出容易且可及性高

路邊停車具有開放性，駕駛人可以選擇最接近目的地之停車位置，減少步行距離，不必使用較遠或較貴的路外停車場，而且車輛進出亦較路外停車場方便。

2. 缺點

(1) 減少道路容量，增加道路擁擠

路邊停車占用道路面積、減少道路有效寬度，故會導致道路容量減少，而且進出停車空間的車輛亦將直接妨礙或干擾到其他車輛的運行，也會嚴重影響大眾運輸車輛的運行或上下乘客。

路邊停車在不同道路寬度下對道路容量之影響，如表 19-1 所示：

表 19-1 路邊停車對道路容量之影響情形

道路寬度 *（公尺）	單行道（PCU/hr）				雙行道（PCU/hr）			
	禁止路邊停車	兩側路停車	容易減少值	減少百分比（%）	禁止路邊停車	兩側路停車	容易減少值	減少百分比（%）
10.8	6,680	4,220	2,460	36.83	5,600	3,680	1,920	34.29
12.0	7,740	5,240	2,500	32.30	6,460	4,380	2,080	32.20
13.8	8,800	6,380	2,420	27.50	7,320	5,080	2,240	30.60
15.0	9,900	7,480	2,420	24.44	8,220	5,860	2,360	28.71
16.8	11,000	8,650	2,350	21.36	9,100	6,640	2,460	27.03
18.0	12,120	9,783	2,337	19.28	9,960	7,360	2,600	26.10

* 道路寬度係指供車輛行駛之寬度。
（資料來源：停車場規劃手冊，1986）

(2) 干擾車流、易發生交通事故

路邊停車減少道路有效寬度，限制了車流行駛或轉彎活動空間。當車輛自車道駛入路邊停車位置時必須減速、轉彎或者停止、倒車。而車輛自路邊停車位置駛入車道時亦需併入行駛中之車流，均會對車流造成干擾且易發生側撞或追撞之交通事故。此外，由於路邊停車阻礙駕駛者或行人之視線，容易造成行人與汽機車衝突而發生交通事故。至於路邊停車對車流干擾嚴重程度，則與停車頻次、轉換率及流量大小有關。

當車輛在街道上「慢速遊行」尋找停車空間或卸載客貨的行爲時會對車流造成很大的影響。根據美國芝加哥市的調查顯示，在特定道路上繞行尋找街邊停車空間的車輛約占流量的 7%。

(3) 經濟因素

a. 闢建道路成本極高，臺北市政府估計在市中心中每設置一個路邊停車格位，平均成本約值 25 萬元，極爲昂貴，因此若容許路邊停車，在主要幹道或重要街道上劃設停車空間是非常不具經濟效益的。

b. 影響臨接道路商家之出入生意運作。

(4) 停車收費管理不易

路邊停車收費管理制度存在著許多問題。一般來說，路邊停車格位僅利用主要道路二側規劃應用並加以收費管理，以臺北市停車空間爲例，迄民國 99 年 4 月底爲止，列入收費管理之停車格位包括：路外停車位爲 46,199 個車位數（總路外停車位爲 192,201），路邊停車爲 35,075 格車位數（總路邊停車位爲 51,072），參見表 19-2。另路邊停車收費衍生之問題亦包括：收費管理制度、經營管理者、巡場收費員、停車使用者及計時器使用等各層面之管理相關課題。顯見路邊停車必須配置大量人力來執行路

邊停車收費的業務。

(5) 其他

影響緊急事故之救災、救護工作等作業。

表 19-2　臺北市停車位數（部分）

單位：格位

年(月)底別及區別 End of Year(Month) & District	現有停車位數① No. of Parking Spaces	按車種別 By Car Type 汽車 Automobile	機車 Motorcycle	按類別 By Category 市有停車位 Taipei Municipal Parking 合計 Total	路邊停車場 Roadside Parking 小計 Sub-Total	大型車 Big Car	小型車 Small Car	機車 Motorcycle	路外停車場 Off-street Parking 小計 Sub-Total	大型車 Big Car	小型車 Small Car	機車 Motorcycle	委外經營 Contractor Parking 汽車 Automobile	機車 Motorcycle	建築物附設停車位（建管處推估數）Parking Spaces Affiliated with Building 汽車 Automobile	機車 Motorcycle	非建築物附設停車位（停管處登記數）Independent Parking Spaces Registered in Parking Management Office 大型車 Big Car	小型車 Small Car	機車 Motorcycle
91年底 End of 2002	594,784	416,495	178,289	148,958	99,380	127	43,545	55,708	46,810	562	37,852	8,396	2,768	-	317,660	112,911	73	13,908	1,274
92年底 End of 2003	667,685	440,755	226,930	167,009	116,740	129	43,127	73,484	48,805	666	39,353	8,786	1,464	-	339,223	143,318	84	16,709	1,342
93年底 End of 2004	718,806	448,076	270,730	179,437	125,534	113	44,834	80,587	51,576	558	39,377	11,641	2,327	-	360,504	178,850	84	18,605	2,414
94年底 End of 2005	793,659	472,417	321,242	197,863	142,388	131	47,509	94,748	49,978	405	37,788	11,785	4,938	559	381,078	214,944	84	20,281	2,535
95年底 End of 2006	852,139	490,223	361,916	211,970	155,054	144	48,273	106,637	50,585	390	38,285	11,910	5,527	804	401,536	245,782	100	23,279	3,634
96年底 End of 2007	927,668	513,352	414,316	229,616	170,862	178	49,200	121,484	50,989	364	38,801	11,824	5,383	2,382	422,765	281,795	84	23,773	4,739
97年底 End of 2008	1,018,731	543,794	474,937	243,414	182,885	205	48,603	134,077	51,672	358	39,491	11,823	5,874	2,983	450,663	328,091	93	26,994	5,538
98年底 End of 2009	1,098,640	568,154	530,486	251,928	190,556	249	47,070	143,237	50,802	115	40,138	10,549	6,531	4,039	477,516	374,178	165	27,664	6,703
99年 2010																			
1月底 End of Jan.	1,102,580	569,595	532,985	251,888	190,903	249	47,037	143,617	50,414	102	40,011	10,301	6,532	4,039	479,542	376,555	165	27,259	6,693
2月底 End of Feb.	1,106,660	571,054	535,606	252,428	191,505	239	46,956	144,310	50,274	74	40,103	10,097	6,610	4,039	480,977	378,687	165	27,309	6,693
3月底 End of Mar.	1,111,237	572,582	538,655	253,542	191,680	236	46,773	144,671	50,970	50	40,603	10,317	6,613	4,279	482,633	381,150	165	27,350	6,678
4月底 End of Apr.	1,116,311	574,336	541,975	254,091	192,201	177	46,761	145,263	51,072	50	40,705	10,317	6,542	4,276	484,338	383,881	165	27,434	6,678
收費 Charge	…	…	…	91,657	35,075	175	23,652	11,248	46,199	50	39,814	6,335	6,369	4,014	…	…	…	…	…
不收費 Free①	…	…	…	162,434	157,126	2	23,109	134,015	4,873	-	891	3,982	173	262	…	…	…	…	…

註：現有停車位數 = 市有停車位數 + 建築物附設停車位（建管處推估數）+ 非建築物附設停車位（停管處登記數）－ 市有建築物附設停車場停車格位數（99 年 4 月底計 92 場，汽車 31,836 格位、機車 8,440 格位）。

（資料來源：臺北市停車管理工程處、建築管理處）

19.2 路邊停車設置規範與原則

除了人行道供行人使用外，道路之有效面積以提供車輛之客貨運輸爲主要目的。由於路邊停車較方便，可減少步行距離，但亦會降低道路容量與干擾交通。因此，路邊停車位在規劃設置前應審慎分析其利弊得失，並考慮道路路型、寬度、交通流量、服務水準、地區停車供需、路邊公共設施與道路兩旁之土地使用狀況等交通特性，以及救災、救護公共安全因素。

路邊停車帶係指以道路部分路面劃設指定區域，供公衆停放車輛之空間。劃設路邊停車格位時，依照停車需求配置汽車、機車或自行車停車格位。

公路以不設路邊停車帶爲原則，但必要設置時，應儘量採平行式設計，其寬度宜 2.5 公尺以上，最小 2.0 公尺。市區道路之路邊停車帶設置，依照「市區道路及附屬工程設計規範」（2009）規範設置。

19.2.1 路邊停車規範

依照 2001 年修訂之停車場法，路邊停車之相關規範如下：

1. 地方主管機關爲因應停車之需要，得視道路交通狀況，設置路邊停車場[1]，並得向使用者收取停車費。依前項設置之路邊停車場，應隨路外停車場之增設或道路交通之密集狀況，予以檢討廢止或在交通尖峰時段限制停車，以維持道路原有之功能。

2. 地方主管機關應於路邊停車場開放使用前，將設置地點、停車種類、收費時間、收費方式、費率及其他規定事項公告周知；變更及廢止時，亦同。

3. 路邊停車場之費率，應依停車場法第 31 條規定訂定之；其停車費得以計時或計次方式收取，並得視地區交通狀況，採累進方式收費或限制停車時間。

4. 地方主管機關爲整頓交通及停車秩序，維護住宅區公共安全，得以標示禁止停車或劃設停車位等方式全面整理巷道。

19.2.2 汽車停車位設置原則

汽車路邊停車設置原則如下：

1. 需有足夠的道路寬度

道路寬度爲設置路邊停車場必須考慮之首要基本要件，表 19-3 爲各類道路設置路邊停車與道路寬度之關係（標準）。

表 19-3　各類道路設置路邊停車與道路寬度之關係

道路類別	道路寬度	停車狀況
雙向道路	12 公尺以上	容許雙側停車
	8 公尺～12 公尺	容許單側停車
	不足 8 公尺	禁止停車
單行道路	9 公尺以上	容許雙側停車
	6 公尺～9 公尺	容許單側停車
	不足 6 公尺	禁止停車

（資料來源：停車場規劃手冊，1986）

於非禁止停車之路段，依照下列原則檢討劃設停車位：

(1) 6 公尺以下道路考量消防救災、救護及公共安全通行之需要，不予劃設停車位；6 公尺以上單行道路，應保留淨寬至少 3.5 公尺以上道路空間供車行使用。

(2) 雙向道之道路，應保留淨寬至少 5 公尺以上之通道。

(3) 其餘道路空間得視交通與停車需求規劃成車道、人行空間或停車空間，並依照

1　註：停車場法規定義之路邊停車「場」，與本書所使用的路邊停車「格」意義相同。

汽、機車停放需求及參考當地民意予以劃設。

2. 需維持道路服務水準（level of service, LOS）

道路寬度達設置路邊停車之最低路寬標準時，尚需考量道路之主要功能與服務水準，以決定是否適宜設置路邊停車格。

(1) 服務水準屬 A、B 或 C 級之道路可以設置路邊停車格；D 級道路得視情況考慮是否設置路邊停車格；若服務水準屬 E 級以下道路則宜禁止路邊停車。

(2) 設置路邊停車格之路段，應隨時隨著交通量之消長情況而加以修正或撤銷。例如：主要道路以不設置停車位為原則，但在辦公室、商店街、鬧區等停車需求大的地區，其附近距離 500 公尺以內的道路路面得設置上、下車臨時停車區。

(3) 縱坡度大於 7% 的道路，不宜設置停車位。

3. 需對機慢車之影響不大

路邊停車場設置後，對機慢車有嚴重影響者，仍不應設置。

19.2.3 機車停車位設置

設置機車路邊停車格位與設置汽車路邊停車格位之原則大致相同。於道路橫斷面上劃設路旁機車停車格的原則如下：

1. 機車停放以不影響行人安全為原則，機車應直接由慢車道進入停車格位，不得由人行道上駛入。

2. 機車停放格位以劃設於路旁停車帶為優先考慮。

3. 當路寬不足時，可利用公共設施帶植栽之間隔空間設置機車停放格位。

4. 機車停放格位與人行道間如有高程差，應設置警示帶，以防止行人誤踏入停車格，如圖 19-1 所示。

圖 19-1　與人行道有高程差之機車停放格位實例

5. 機車停放格位與車道間如有高程差，其坡度斜率應小於 1：3，以利機車駛入，如圖 19-2。

圖 19-2　與人行道等高之機車停放格位實例

當路寬不足時，可利用公共設施帶植栽之間隔劃設機車停車格位，其考慮原則如下：

1. 公共設施帶加人行道總寬度於 3.4 公尺以下者，原則上不設置。
2. 機車停車格位應設置與道路路面接近齊平之機車彎。
3. 機車停車以直角式爲主，儘量與路面邊緣直交，機車停車格位長 2.2 公尺，寬 1 公尺。
4. 若因路寬不足，且考慮機車進出方便，可改以斜角式，以 45 度爲原則，占路寬 1.6 公尺。

19.3 路邊停車規劃與設計

依照機動車輛區別，路邊停車規劃與設計可分爲二類：汽車停車位與機車停車位。另身心障礙者專用停車位，應於明顯處設置身心障礙者專用停車位標誌及標線，其設置應依交通部暨內政部合訂頒布「道路交通標誌標線號誌設置規則」辦理，宜於鄰近格位處設置無障礙設施。其與連接人行道或騎樓有高低差時，應依本規範第十四章無障礙設施規定設置路緣斜坡或無障礙坡道，以利行動不便者進出。

19.3.1 汽車停車位設計

汽車停車格位設計有以下規定。

1. 劃設單一小汽車停車格位，車位縱向長最小 5 公尺，車位橫向寬 2～2.5 公尺。
2. 劃設身心障礙者專用汽車停車格位，長度最小 6 公尺，寬度除平行停車外，應包括停車區及上下車區，單一停車位之停車區寬最小 2 公尺，上下車區寬最小 1.5 公尺；相鄰停車位得共用上下車區，設計尺寸參閱表 19-4。

表 19-4　汽車停車格位設計尺寸

停車位形式	車位橫向寬 W_p（公尺）	車位縱向長 L_p（公尺）	溢餘 A（公尺）
平行停車	2～2.5	6	-
直角（90 度）	5.3～6	2.5(3.5*)	-
斜角（30 度）	4.9～5.2	5～5.2	0.9～1.3
斜角（45 度）	5.6～6	3.6～4.2	1.8～2.0
斜角（60 度）	5.9～6.4	2.9～3	2.0～2.2

* 行動不便者汽車停車格位。

（資料來源：內政部 98.4.15 台內營字第 0980802542 號函修正部分條文）

汽車路邊停車格之規劃設計分為兩大部分：1. 平行停車（參見圖 19-3）、2. 斜角停車（參見圖 19-4）。

圖 19-3(a) 為等間距停車格設計，圖 19-3(b) 為雙停車（pair-parking）停車格設計，兩者均為平行停車格設計方式，但圖 19-3(b) 之成雙停車方式比 19-3(a) 之等間距停車方式更便於車輛進出。我國之小客車以小型車居多，在停車容量嚴重不足之情形下，為節省停車空間，增加停車位數，宜將每一車位長度定為 5 公尺，並保留 2 公尺之間距，則平均每一車位長度為 6 公尺，仍然合乎道路標誌、標線設置規則之規定，而且車輛進出時可利用之長度為 7 公尺，足以供運轉需要。

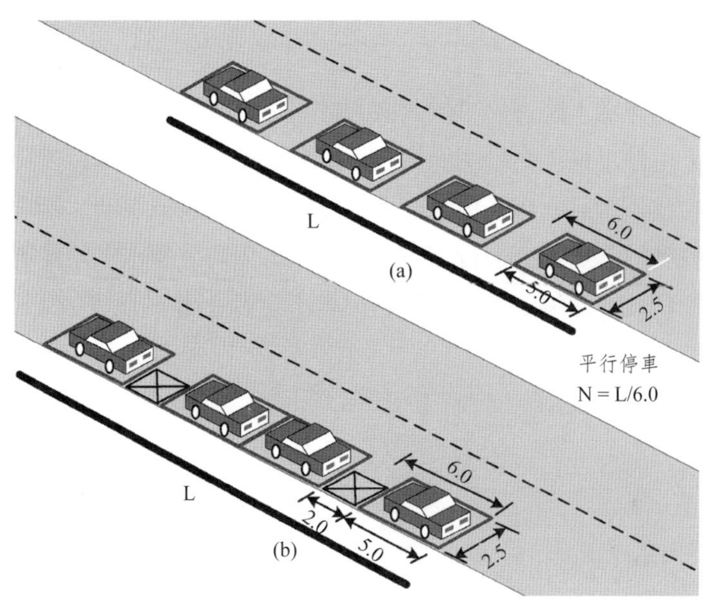

圖 19-3　平行停車示意圖

圖 19-4(a)、(b)、(c)、(d) 爲各種不同角度之斜角停車方式及其車位數（N）計算方法。其中 2.5～5.2m 之長度變化受角度控制，如 30° 以內停一部車，90° 則可停二部。一般而言，車軸與路軸成 60° 爲最大限制。

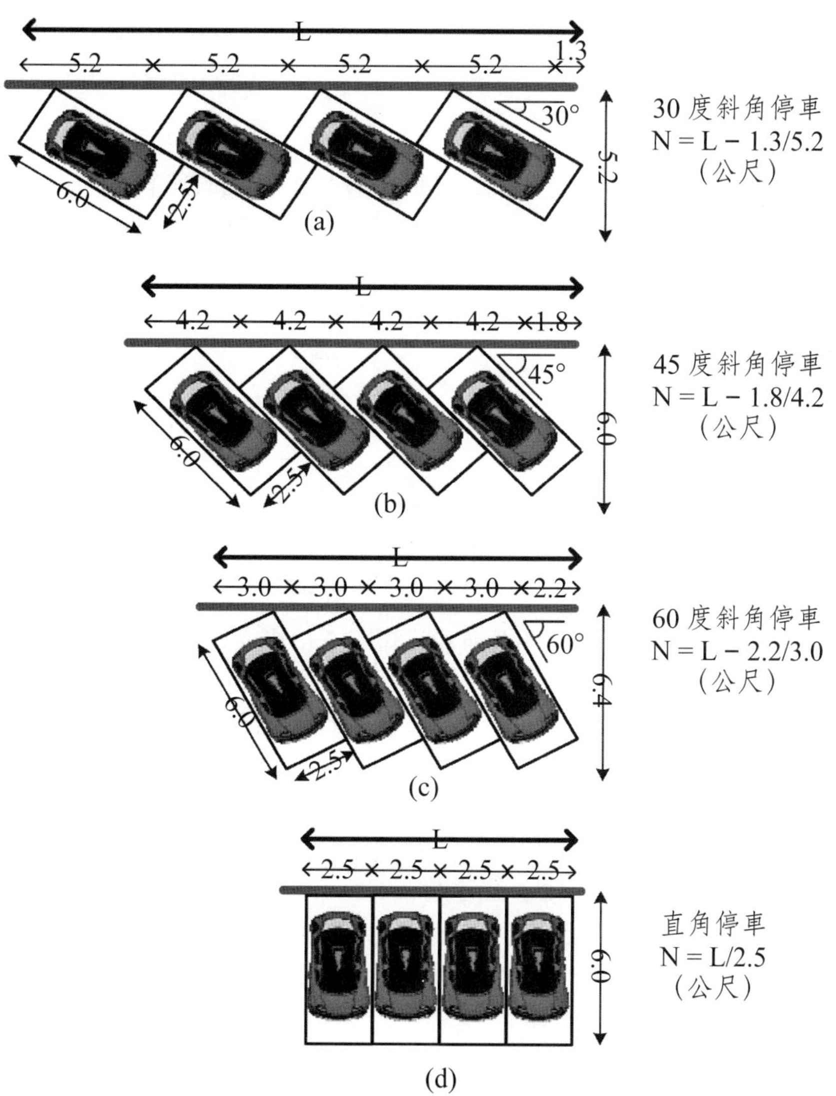

圖 19-4　各種不同角度之斜角停車示意圖

在有限的道路空間下，採用平行停車或斜角停車方式，必須考慮以下因素：

1. 道路之車流運行與停車服務何者較爲重要？若非得設置路邊停車格時，應考慮採取平行停車方式，可較斜角停車方式節省使用道路面積。

2. 平行停車占用的路幅寬度較斜角停車方式少，但在長度相同之情況下所能劃設的停車位數也較少。

3. 斜角停車在駛離車位時，駕駛人視界受到的阻礙較大，因此較平行停車危險，對車流運行之干擾較大。

4. 斜角停車車輛駛入、駛出車位所需時間，較平行停車少，且車輛駛入車位之操作亦較平行停車方便容易。

綜合上述，斜角停車能提供較多的停車位，且停車操作亦較迅速，但需占用較多的道路寬度且危險性較高，對道路容量影響較大。設計時應視各路段之道路長度、交通流量、停車需求等因素加以決定。

此外，停車格若考慮駕駛者與乘客之進出需有 0.75 公尺之自由淨空，若空間較受限者亦需有 0.5 公尺之淨空，殘障用途則需有 1.75 公尺淨空。設置殘障用途之停車格位時，得於鄰近之公共設施帶配合無障礙斜坡開口設計，以利行動不便者進出。

19.3.2 機車停車位設計

機車停車格位設計尺寸有以下規定：

1. 機車停車帶得以區塊或格位方式劃設。以區塊方式劃設時，區塊長度依需要劃設，車位縱向長最小 2 公尺；以格位劃設時，單一車位橫向寬最小 0.8 公尺，車位縱向長最小 2 公尺。

2. 身心障礙者專用機車停車格位劃設，單一車位橫向寬最小 2.3 公尺，車位縱向長最小 2.2 公尺。

機車路邊停車格之規劃設計可分為兩大部分：

1. 直角停車：機車停放格位以直角式為主，與路面邊緣直交，長 2.2 公尺，寬 1 公尺，詳圖 19-5。

2. 斜角停車：若因路寬不足，且考慮機車進出方便，可改斜角停放，以 45 度為原則，占路寬 1.6 公尺，詳圖 19-6。

19.4 路邊停車管制

民眾使用路邊停車需求，大致可分成三類：(1) 上班和需長時間停車者，一早上班即需路邊停車直到下班為止；(2) 購物者和中等時間停車者，這些人約需停車 1～4 小時；(3) 短時間停車者，停車時間由幾分鐘至 1 小時不等。

由於不同使用者有不同路邊停車需求，因此必須確實積極管理路邊停車，才不會造成停車格位的浪費或錯置。

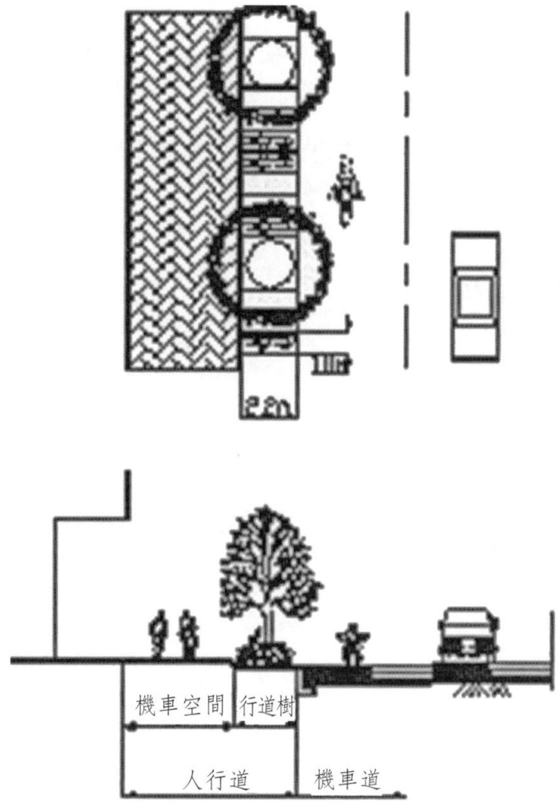

圖 19-5　直角式機車停車格示意圖

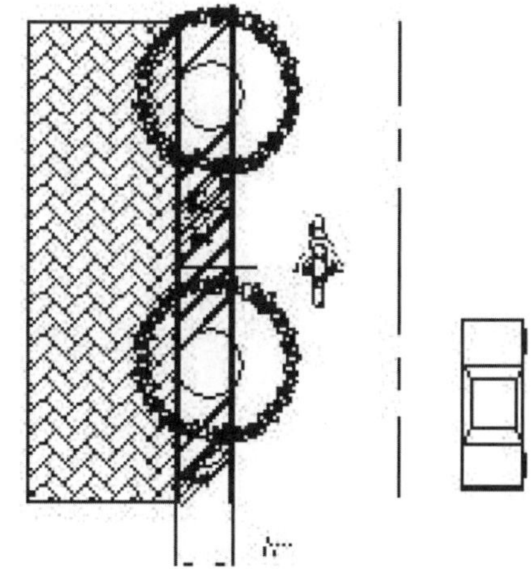

圖 19-6　斜角式機車停車格示意圖

1. 管制目的

路邊停車乃最方便之停車方式，路邊商店亦常因停車方便而增加營業。但路邊停車占用道路面積，亦會干擾交通車流之運行，爲減少路邊停車之不良影響，使有限的道路面積作最有效的使用，必須對路邊停車加以適當的管制，管制原則包括：

(1) 依實際需要作優先使用之分配。

(2) 依交通情況作時間或車種上的限制。

(3) 改善路邊停車秩序。

(4) 維護路邊停車之公平性。

2. 管制方式

路邊停車管制方式可分爲：

(1) 空間管制

即依行車與停車需要確實規定可供給路邊停車位置或禁止停車位置。其管制方法有：

a. 劃設停車格位

道路主要功能如係提供鄰近土地之可及性及路幅寬度、交通流量等均符合設置條件之路段，可劃設路邊停車格。

b. 規定禁止停車之路段

道路主要功能如係服務車輛交通（如主要幹道），設置路邊停車場將導致道路容量不足或服務水準降低至可接受標準以下之路段宜禁止停車。此外，凡道路交通安全規則中規定不得停車之路段，如交岔路口、消防栓、建築物進出通道等附近，均不得劃設爲路邊停車格。

c. 規劃上下乘客或裝卸貨物區段

適當規劃公車站位與貨物裝卸區段設置地點，以避免公車或貨車停靠時對車流之干擾。

d. 設置計程車招呼站

適當規劃計程車招呼站，可減少上下乘客時對車流之干擾。

(2) 時間管制

規定可供停車或禁止停車路段之時間以及停車時間之長短。其管制方法爲：

a. 禁止停車時間

即規定禁止在路邊停車的時段，例如在道路交通流量最大的尖峰時間或白天禁止停車，其餘時間則允許停車。

b. 停車延時之限制

即規定每次停車時間最長不得超過某一時限，其目的在提高車位轉換率、縮短平均停車時間，通常在短停車延時需求較高之地方，如商業區、郵局、銀行、車站、醫院等地方實施。

c. 裝卸貨物時間限制

即管制貨車在路邊裝卸貨物的時間，以免妨礙交通。

(3) 停車管制設施

爲使駕駛人明瞭路邊停車管制內容，實施停車管制的路段地區需依據「道路交通標誌標線號誌設置規則」之規定，設置明確之標誌、標線、標字等交通管制設施。

19.5 公車停靠站、客運停車彎設計

公車停靠站、客運停車彎之設計，亦爲路邊停車管理的重要項目，分述如下：

19.5.1 公車停靠站

公車停靠站之規劃，主要在市區道路中實施。以下先簡介公車停靠站設置原則，再介紹公車站台之設置。

19.5.1.1 公車停靠站設置原則

1. 主要道路以下之道路得依據交通及實際需要於路側設置公車停靠站，供公車停靠與乘客上下車使用，其位置宜距離交叉路口 30 公尺以上。整體設施可爲公車路緣停靠、公車彎、公車岬等型式。

(1) 公車路緣停靠指直接利用車道外緣劃設公車停靠區，設置參考如圖 19-7。

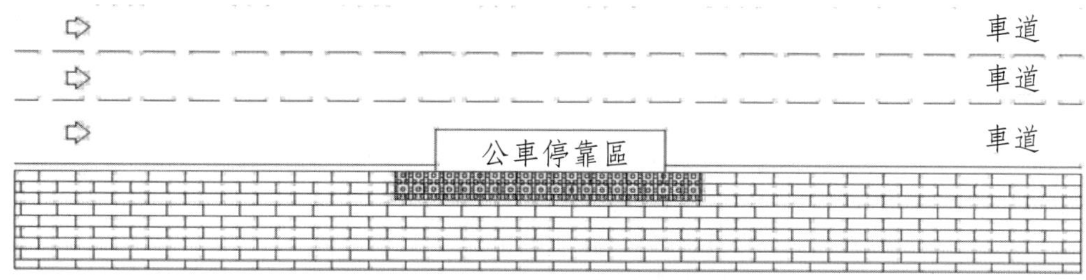

圖 19-7 公車路緣停靠參考圖

(2) 公車彎指於車道外側，以內縮路邊停車帶、路肩、設施帶或人行道，提供公車進入、停靠、駛離之空間，設置參考如圖 19-8，進入端漸變段之長寬比例

不得小於 5：1，離去端漸變段不得小於 3：1。公車彎如使用人行道，人行道最小淨寬度應參照第 16 章規定。

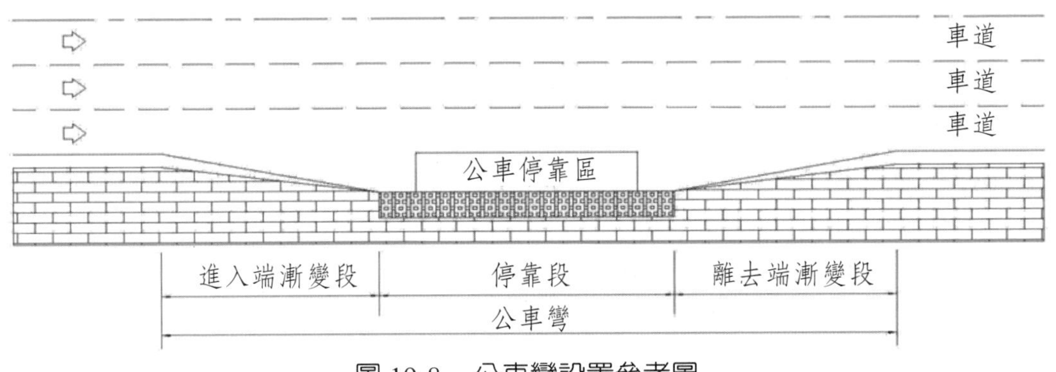

圖 19-8　公車彎設置參考圖

(3) 公車岬指自設施帶或人行道向車道側外突之空間，用以鄰接公車停靠區，設置參考如圖 19-9。公車岬前後宜配合設置路邊停車位或綠帶，並於適當處設置必要之警示設施。

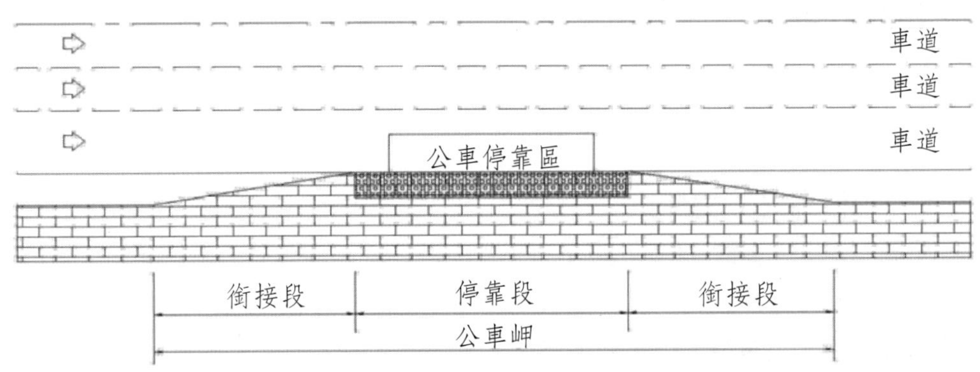

圖 19-9　公車岬設置參考圖

2. 公車停靠區橫向寬度最小 3 公尺；縱向長度供單輛公車停靠，最小 15 公尺，每增加一輛，應增長 15 公尺。

19.5.1.2 公車站台

1. 公車站台依設置位置分為三種：
   (1) 近端站台指公車於進入交叉路口前之鄰近區域設置停靠站；
   (2) 中間站台指公車於路段中設置停靠站；
   (3) 遠端站台指公車於通過交叉路口後之鄰近區域設置停靠站。
2. 近端站台及遠端站台，供單輛公車停靠，最短長度 20 公尺，每增加一輛，應增長 15 公尺；中間站台，供單輛公車停靠，最短長度 25 公尺，每增加一輛，應增長 15 公尺。

3. 鄰接設施帶或人行道之站台，淨寬度宜 1.5 公尺以上，最小 1.2 公尺；獨立設置之站台，淨寬度宜 2.5 公尺以上。
4. 站台高度以 20 公分爲原則，必要時得配合車輛規格或鄰接之設施帶、人行道高度。
5. 爲維護乘客安全與站台設施，視需要設置交通及安全防護設施。

19.5.2 客運停車彎

客運停車彎與公車停車彎之功能相同，一般公路如用地許可，在客運招呼站儘可能設置客運停車彎，其車道寬度最小 3.0 公尺，可直接設置於車道外側，停車彎長度每輛車最小 15 公尺，減速車道之長寬比例不得小於 5：1，加速車道不得小於 3：1。

19.6 結論與建議

路邊停車格係利用道路空間劃設，因此無可避免的會占用到原供車流使用之道路容量，同時車輛進出路邊停車格都會干擾車流甚至有礙交通安全，且由於設置成本高，不具有投資的效益。但由於接近活動場所且出入方便，因此路邊停車需求量較路外停車場爲高。基於交通流暢的考量，路邊停車應儘可能減少，若有實際的必要無法避免，則應愼選設置區位，並妥善規劃設計，方能有效解決停車問題並降低負面影響。

公車停靠站屬於一種臨時或限時的路邊停車格，但其影響與小汽車路邊停車格截然不同，良好的公車系統與公車彎設置，可以吸引乘客提高乘載率，反而更有助解決交通擁擠問題。

問題研討

1. 名詞解釋：
   (1) 平行停車。
   (2) 斜角停車。
2. 請說明路邊停車之特性。

3. 試述平行停車與斜角停車之優缺點。
4. 請說明路邊停車帶之設置原則與設置標準。
5. 請簡述路邊停車管制方式。
6. 請說明公車停靠站之型式與其設計標準。

相關考題

1. 如何評估街道外側應否限制或提供路邊停車？設置路邊停車格位時，請分析平行停車與斜角停車之適用狀況及優缺點。（90 高三級第二試）
2. 請繪圖說明下列各題：試繪〈A〉平面及〈B〉斷面示意圖，說明市區道路人行及公共設施帶植栽之間隔區內，改設 45° 機車停車設施之設計（必須標明尺度、單位）。（91 專技高）
3. 設計路邊公車站位的長度須考慮哪些因素？試列舉並說明其理由。（91 高三級第二試）
4. 請說明由設置地點及格位劃設方式來區分，路邊機車停車位有幾種設置方式？其優缺點分別為何？有關的交通管制設施應用如何配合設置？（95 專技高）
5. 在市區街道中，最常見的公車設站位置有交叉路口之前端站位（near-side stop）與後端站位（far-side stop）兩種。試分別說明在哪些情況下適合採用這兩種位置？（98 高三級）
6. 我國都市之舊社區常缺少停車空間，但由於停車需求之增加常將車輛停放巷道上，而社區若一旦發生災害（如火災）將影響救災。為顧及停車及防災之需要，應如何規劃及管理巷道之停車，又如何評估其效果？（93 專技高檢覈）

參考文獻

一、中文文獻

1. 王文麟（1993），交通工程學——理論與實用，三版，臺北。
2. 交通部（2002），交通政策白皮書，臺北。
3. 交通部（2004），交通工程手冊，二版，幼獅文化，臺北。
4. 交通部（2015），交通工程規範，臺北。
5. 交通部運輸研究所（1986），停車場規劃手冊。
6. 內政部營建署（2003），「市區道路人行道設計手冊」，臺北。

7. 內政部營建署（2009），「市區道路及附屬工程設計規範」，臺北。
8. 停車場法（2001），民國 90 年 5 月 30 日頒布修定。
9. 臺北市停車管理工程處（2008），97 年度臺北市汽機車停車供需調查（6 個行政區），www.pma.taipei.gov.tw。
10. 運輸安全資訊網（2009），「道路交通標誌標線號誌設置規則」條文（2009.12.08 修訂），擷取日期：2010 年 4 月，http://safety.iot.gov.tw/rule/rule2.asp。

第 20 章

路外停車管理

機動車輛的數量隨著經濟發展而快速增加，在繁忙的市區幹道或商業區附近，由於車輛聚集因此停車位就顯得不足，而且違規停車會阻礙交通更加深停車問題的嚴重性，因此，如欲改善市區交通，就必須適當的增加停車格位供給量。

由於路邊停車型態會造成道路容量縮減導致行車速度的緩慢，不但未能顧及整體性，亦缺乏前瞻性，是以不能以路邊停車爲主要之停車方式，因此部分車流量大之道路，禁止路邊停車有其必要性，且路邊停車無法滿足某些車輛長時間的停留需求，必須在都市中心區以興闢路外停車場的方式，包括路外的地面空間或是多層的立體停車空間等，以逐漸取代路邊停車格設置，從而改善擁擠的交通、保持市容的整齊、增進市中心區吸引力等。

所謂「路外停車」係指道路以外不占道路之停車空間，亦即路邊停車之外的停車型態，其對駕駛人可提供充份的停車空間且兼顧停放與駛離作業之安全。路外停車場的設置區位，最好能儘量接近產生或吸引大量旅次的活動據點，如大型百貨公司、戲院、餐廳或遊樂場等。如此停車場的功能才能盡量發揮。本章節所介紹之內容，主要參考停車場法（2001）、「停車場規劃手冊」（1986）、「交通政策白皮書」（2002；2012-2013）、「交通工程手冊」（2004）、「交通工程規範」（交通部，2015）、「交通工程學——理論與實用」（王文麟，1993）、「縣市改善停車問題工作手冊」（1996）、「市區道路人行道設計手冊」（2003）、「市區道路及附屬工程設計規範」（2009），以及臺北市停車管理工程處網站編修而成。

本章節之順序安排如下：第一節介紹路外停車特性；第二節說明路外停車場之設置規範與原則；第三節爲路外停車規劃與設計；第四節爲路外停車管制；第五節介紹停車導引資訊系統；第六節爲結論與建議。

20.1 路外停車特性

路外停車場可依不同標準加以分類：

1. 空間設置型態
   (1) 地面停車場。
   (2) 地下停車場（含地下立體停車場）。
   (3) 立體停車場（指地上立體停車場，或部分地下與地上之立體停車場）。
2. 車輛停放操作方式
   (1) 機械式停車場
   (2) 匝道式停車場

3. 服務對象

(1) 服務特定對象之專用停車場

(2) 服務非特定對象之公共停車場

路外停車場雖有不同分類方式，但大體而言仍有下列三項相同之特性：

1. 路外停車場屬於「非散布式設施」（undistributed facility），不像路邊停車場分布普遍，停車者從停車場至目的地以及從目的地返回停車場通常須花費較長之步行時間。
2. 路外停車場不占用道路（車道）面積，對道路容量影響與車流干擾較少，較適合於長時間之停車。
3. 市中心區之路外停車場車輛出入，造成道路擁塞及車流干擾之程度，較外圍區之路外停車場大。

一般而言，都市地區因土地面積有限、土地取得不易、且地價昂貴，興建平面停車場並不合適。平面停車場僅適合設置於鄰近市中心區邊緣空地或市郊邊緣，以轉運方式將郊區之停車者輸送至市區工作，但設置時須考慮之因素有：(1) 附近須有公車站設置來加以配合、(2) 停車無安全顧慮、(3) 費率便宜並且可供較長時間之停車。不過國內有車者大多集中於市區內，故此邊緣停車策略效益如何，應於規劃時詳加考量。

利用公共設施多目標使用的方式興建立體停車場，為解決土地取得問題之有效途徑，但造價較昂貴，至於工程部分則尚需考量通風、採光、地下水、地下管線及樹木根部之保育。另以造價而言，一般地上立體停車場成本較地下停車場為低，而發展空間也較不受限，如能配合道路系統進行整體規劃，不失為提供路外停車場之良好方式。建築物應附設停車空間為建築技術規則（2010.08.23 修訂）第五十九條所規定，但違規作為非停車用途使用之情形嚴重。

另以停放操作方式而言，使用機械式升降車輛較節省空間，適合建築面積較小與通道設計困難者。但在停車容量大，尖峰時間車輛進出甚多時，則採用匝道式較機械式有利，可避免因出入等待時間過長，造成擁擠現象。

20.2 路外停車場之設置規範與原則

茲將路外停車場之設置規範、設置之考量因素，以及設置標準分別說明如下：

20.2.1 路外停車場之設置規範

依照 2001 年修訂之停車場法第 16 至 23 條，路外停車場之設置之相關規範如下：

1.〔第十六條〕都市計畫停車場用地或依規定得以多目標使用方式附建停車場之公共設施用地經核准徵收或撥用後，除由主管機關或鄉（鎮、市）公所興建停車場自營外，並得依（下列）方式公告徵求民間辦理，不受土地法第 208 條、第 219 條、都市計畫法第 52 條及國有財產法第 28 條之限制：

(1) 主管機關或鄉（鎮、市）公所興建完成後租與民間經營。

(2) 主管機關或鄉（鎮、市）公所將土地出租民間興建經營。

(3) 主管機關或鄉（鎮、市）公所與民間合資興建經營。

前項由民間使用都市計畫停車場用地或依規定得以多目標使用方式附建停車場之公共設施用地投資興建之停車場建築物及設施，投資人得使用之年限，由投資人與主管機關或鄉（鎮、市）公所按其投資金額與獲益報酬約定，報請上級主管機關核定之，不受土地法第 25 條之限制。依第一項第二款及第三款投資興建之停車場建築物及設施，於使用年限屆滿後，應無償歸屬於該管主管機關或鄉（鎮、市）公所所有，並由主管機關或鄉（鎮、市）公所單獨囑託登記機關辦理所有權移轉登記爲國有、直轄市有、縣（市）有或鄉（鎮、市）有，投資人不得異議。

投資人在約定使用期間屆滿前，就其所有權或地上權爲移轉或設定負擔時，應經該管主管機關或鄉（鎮、市）公所同意。

2.〔第十六條之一〕停車場法修正施行前已核准徵收或撥用之都市計畫停車場用地或依規定得以多目標使用方式附建停車場之公共設施用地，適用前條規定。

3.〔第十七條〕公有路外公共停車場之費率，應依第 31 條[1] 規定定之；其停車費以計時收取爲原則，並得採月票方式收費；其位於市中心區或商業區者，得採計時累進方式收費。民營路外公共停車場之收費標準與收費方式，由停車場經營業擬定，報請直轄市或縣（市）主管機關備查。

4.〔第十八條〕路外公共停車場附近地區之道路，主管機關應視需要劃定禁止停車區，如鄰接禁止停車區路段有劃設路邊停車場之必要時，應以計時收費爲限。

5.〔第十九條〕建築物依建築法令附設停車空間不敷當地實際需要者，應由直轄市、縣（市）主管機關會同都市計畫主管機關擬定其增設標準及設置條件，納入該都市計畫內定之。前項已附設停車空間之建築物或未附設停車空間之舊建築物，主管機關應視其實際需要，於增建或用途變更時，協商有關機關責成增

1 第三十一條（停車場費率標準之依據）：路邊停車場及公有路外公共停車場之收費，應依區域、流量、時段之不同，訂定差別費率。前項費率標準，由地方主管機關依計算公式定之，其計算公式應送請地方議會審議。

設或附設停車空間。

6.〔第二十條〕在交通密集地區，供公衆使用之建築物，達一定規模足以產生大量停車需求時，得先由地方主管機關會商當地主管建築機關及都市計畫主管機關公告，列爲應實施交通影響評估之建築物。新建或改建前項應實施交通影響評估之建築物，起造人應依建築法令先申請預爲審查。起造人依前項規定申請預爲審查時，主管建築機關應交由地方主管機關先進行交通影響評估，就有關停車空間需求、停車場出入口動線及其他要求等事項，詳爲審核。建築物交通影響評估準則，由交通部會同內政部定之。

7.〔第二十一條〕建築物附建之防空避難設備，其標準符合停車使用者，以兼作停車空間使用爲限。

8.〔第二十二條〕私有建築物附設之停車空間，得供公衆收費停車使用。公有建築物，應附設停車空間，得於業務需要之外，開放供公衆收費停車使用。

9.〔第二十三條〕汽車運輸業、買賣業、修理業、洗車業及其他與汽車服務有關之行業，應設置其業務必要之停車場。停車場之設置規定，由直轄市或縣（市）各該行業之主管機關定之。

20.2.2 路外停車場設置之考量因素

設置路外停車場時其所須考慮之因素可歸納爲七項，如下所示：

1. 停車特性與需求

停車之特性包括旅次目的、停車延時與步行時間等，可反映停車者之行爲意願。因此，在規劃設置停車場前之停車特性調查，亦須包含停車車主的訪問調查。

停車需求高低可由停車位之需供比得知。依據不同停車特性考慮停車需求時，應以具體車位小時表示之。通常在兼顧不刺激小客車過度發展之原則下衡量路外停車場之停車需求時，可以尖峰時間總停車需求之 85% 作爲標準，再扣除可供作停車場使用之路邊停車位。

2. 進出之方便性

停車者對於停車場之選擇，通常以道路進出之方便性及至目的地所需步行之距離來衡量，此涉及附近道路之交通系統概況及鄰近道路交通量與道路容量比。例如，興建路外停車場之路口交通量較小，其進出之方便性較高（Kanafani, 1983）。停車者選擇停車設施諸多考量因素之中，以步行至目的地的距離影響爲最大。

3. 建築基地面積

基地面積係決定路外停車場容量與型式主要因素之一，其詳細規定於「建築技術規則」第 59-1 條至 62 條。例如：第 60 條規定停車場停車空間面積爲每輛車位 2.5*6 公尺之空間，且必須提供汽車出入之車道、迴車道；第 61 條車道之寬度爲單車道 3.5 公尺以上，雙車道 5.5 公尺以上，車道內側半徑至少爲 5 公尺以上。依研究顯示，停車場如以雙車道通道計算，基地寬度需超過 35 公尺，且面積在 1,500～4,000 平方公尺時，可視情況興建匝道式或機械式停車場，如面積超過 4,000 平方公尺時，以興建匝道式停車場較能符合經濟效益，若面積小於上述規定，則以機械式停車場較爲適當。

4. 地價

地價影響了停車場用地取得之難易程度，都市地區由於地價昂貴，若能以公有土地者優先闢建停車場，可大幅降低政府之財政壓力及民衆抗爭。現今政府取得公共設施用地之方式，大致可分爲：徵收、自辦或公辦重劃、價購、區段徵收、有償撥用、無償撥用等六種。一般而言，地價較低之地區由於政府所需負擔之成本較低，以興建平面式停車場較經濟，而地價昂貴之中心商業區則以立體停車場較具經濟效益。至於公園、學校操場等公共設施，因土地爲公有不必考量土地成本，可考慮設置地下停車場以因應停車之需求，但維護原有公共設施成本可能會增加。

5. 建造及營運收益、維修成本

興建路外停車場之成本有土地、土木與機械設備等營建工程款，其費用依停車場型式與規模之不同而有差異。另外需要考量的額外成本還包括地上物之拆遷費、補償費，重建補償價格、自動拆遷獎勵金及營業損失補助費等。

値得注意的是，雖然公共設施之地下停車場無需負擔土地成本，但因需遷移地下埋設物、建置通風設備、空調設備與排水、衛生、消防、照明等設備之龐大費用，故有時反較立體停車場之興建成本高；至於人事、水電、維修等費用，則各種樣式之停車場均大同小異。由於營運收益決定於停車費率與使用率，當停車費率受管制時，則影響最大因素爲路外停車場之使用率。

6. 鄰近道路交通量

設置路外停車場應避免吸引過多之車輛進出，否則將造成鄰近道路服務品質惡化，因此規劃時應考量交通流量與道路容量之關係。

7. 經營與管理

路外停車場的運作方式有以下幾種：

(1) 私人出資建造經營

(2) 公私合資建造或經營

(3) 公辦民營

(4) 公辦公營

20.2.3 路外停車場設置之標準

路外停車場具體設置標準，大致可歸納爲以下幾點：

1. 路外停車場係指可容納 15 輛小客車當量以上之停車設施。
2. 路外停車場設置後，其鄰近道路仍應維持在 D 級以上服務水準。
3. 路外停車場應直接臨接 8 公尺以上道路。
4. 路外停車場之臨接長度應大於表 20-1 之規定，以增加停車進出之方便性。

表 20-1　路外停車場基地臨接道路最小長度

總樓地板面積	臨接道路長度
500 平方公尺以下者	4 公尺
500 平方公尺～1,000 平方公尺者	6 公尺
1,000 平方公尺～2,000 平方公尺者	8 公尺
超過 2,000 平方公尺者	10 公尺

（資料來源：交通部運輸研究所，1986）

5. 路外停車場之出入口，不得臨接以下之道路及場所：
   (1) 自道路交叉點或截角線、轉彎處起點、斑馬線、天橋或地下道出入口 5 公尺內。
   (2) 坡度超過 8：1 之道路。
   (3) 自公共汽車站牌、鐵路平交道起 10 公尺以內[2]。
   (4) 自幼稚園、國民學校、公園等出入口起 20 公尺以內。
   (5) 自其他路外停車場汽車出入口（含本身停車場之其他汽車出入口）10 公尺以內。
   (6) 其他經主管建築機關或交通主管機關認爲有礙交通所指定之道路或場所。
6. 汽車出入所應設置空地，其寬度及深度應依下列規定：
   (1) 自建築物 2 公尺之汽車入口中心線上一點至道路中心線上，垂直左右各 60° 以上，範圍內無視線障礙之空地。
   (2) 利用升降設備之車庫，除前項規定之空地外，應再增設寬度及深度 6 公尺以上之空地。
7. 路外停車場車道之寬度、坡度、曲線半徑應依照下列規定：
   (1) 停車方式採自走式者，無論是否採汽車升降機，均須提供汽車出入車道。

2　臺北市汽車運輸業停車場設置辦法第九條，中華民國九十一年三月二十五日修正。

(2) 車道之寬度：

a. 單車道寬度應爲 3.5 公尺以上。

b. 雙車道寬度應爲 5.5 公尺以上。

(3) 車道坡度不得超過 1：6，其表面應用粗面或其他防滑之材料。

(4) 車道內側曲線半徑

a. 專供小型車使用應爲 5 公尺以上。

b. 供大型車使用應爲 10 公尺以上。

8. 採自走式停車方式者，其基本構造應依下列規定：

(1) 室外停車場及出入車道應有適當之舖築。

(2) 停車庫室內淨高：

a. 專供小型車使用應爲 2.1 公尺以上。（機械式爲 1.8 公尺）

b. 供大型車使用應爲 3.5 公尺以上，但須限制車輛性質，經主管建築機關准許者不在此限制內。

9. 停車位面積應依下列規定：

(1) 非採機械運作

a. 小型車停車位每輛不小於寬 2.5 公尺、長 6 公尺之空間。

b. 大型車停車位每輛不小於寬 4 公尺、長 12 公尺之空間。

c. 上述停車位若設於室內，其 1/2 之車位數，每輛停車位寬度及長度各減 25 公分。

(2) 採機械運作

a. 小型車停車位每輛不小於寬 2.2 公尺、長 5.5 公尺之空間。

b. 大型車停車位每輛不小於寬 3.8 公尺、長 12 公尺之空間。

c. 上述兩款，由於使用車輛性質特殊，經主管建築機關准予或指定者不在此限。

10. 停車空間採用機械停車者，其機械設備需經商品檢驗局檢查合格；並由開業機械技師，依建築師法第 19 條擔負設計、監造之責任，且不受地區、樓層、樓地板面積限制。

11. 路外停車場之防火、消防、通風等設備，應符合建築技術規定。

20.3 路外停車規劃與設計

路外停車場規劃設計所需考量的項目包括：(1) 停車場容量、(2) 進出口之型式、(3)

車道與停車格位之配置、(4) 平面或立體（包括匝道式、機械式或塔台式）、(5) 停車範圍、(6) 收費與管理系統、(7) 規模與容納車種、(8) 坡度與其鋪面性質、(9) 指示標誌與消防照明、(10) 安全防撞設施、(11) 通訊聯絡與偵測廣播系統等。茲選取其中五大部分，詳細說明如下：

1. 停車場容量

停車場之容量決定停車之供給量，由於停車場高度受建築技術規則第 14 條及 62 條之限制，對於匝道式與機械式停車場之最高停車容量估計公式如下（惟路外停車場仍應受容積率限制）：

$$\text{匝道式停車場車位容量} = \frac{\text{基地面積} \times \text{建蔽率} - \text{車道面積} - \text{公共設施}}{\text{每車位面積}（2.5 \times 6\text{m}^2）} \times \frac{\text{道路寬度} \times 1.5 + 6 + 1}{\text{層間高度}} + 1 \qquad (20\text{-}1)$$

$$\text{機械式停車場車位容量} = \frac{\text{基地面積} \times \text{建蔽率}}{\text{平均每車位面積}（\text{大於}2.2 \times 5.5\text{m}^2）} \times \frac{\text{道路寬度} \times 1.5 + 6 + 1}{\text{層間高度}} + 1 \qquad (20\text{-}2)$$

2. 停車場出入口

路外停車場設立後，車輛進出可能會干擾附近交通，因此為了使干擾降至最低，設立停車場後所引導之流量仍須維持 D 級以上之道路服務水準。因此在二條或二條以上之的街道上分別設置出入口，將有利於分散道路之交通量，並減少在行車時可能遭遇左轉以及與行人發生衝突點的影響；若出入口設置在次要道路或巷道上，更可以緩和對主要道路交通之干擾情況。規劃停車場時，亦須對已設立的單行道系統在設置方向上加以考慮，如單行道之停車區應儘量在右側，以便於以最短的時間及距離進出停車場。

路外收費停車場之進出口處，一般均有停車繳費之作業，代停式停車場更需在進出口處做交車與取車作業，故原則上停車場出入口必須各具備能使二車同時通行繳費的收費亭。由於停車進出之間尖峰時間極少同時發生，因此必要時靠內側之車道可作變向車道，如圖 20-1 所示。

停車場出入口位置亦不宜設置在靠近裝設交通號誌之交叉路口，以免妨礙進出停車場的流動，否則車輛在交叉路口會出現擁塞的情況。大量車輛集中出入之停車場入口附近，可裝設號誌、導引系統等設備以控制車輛進出。

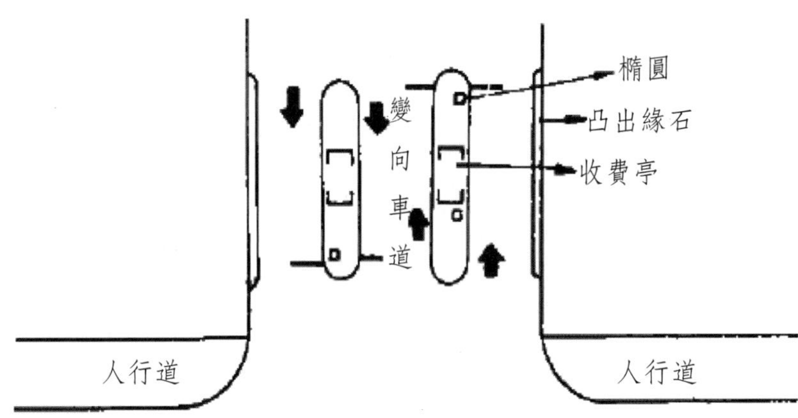

圖 20-1　停車場進出口調撥車道

3. 停車場空間布設方式

停車場空間布設方式與操作方式有密切之關係。一般而言，收費停車場之車輛進出分爲 6 步驟：駛入、登記（取票）、停放、取車、繳費、駛離。停車行爲因操作者不同，可分爲自停式及代停式兩種。

車輛行駛空間除了車輛本身大小外，還須包括在轉彎前後車輛角端所涵蓋之空間，因此必須妥善計算最低車道寬度。停車場空間布設最主要考量的項目爲二：通道之配置以及車位之安排（立體停車場需再多考慮各層間之轉運設備），如下所示：

(1) **通道設計與配置**

a. 前進停車

(a) 停車角度較大時，如圖 20-2a 所示。

$$\text{通道寬度} A_w = R' + C - \sin\theta\sqrt{R^2 - (r + t_r + o_s + i - c)^2} \qquad (20\text{-}3)$$

其中，

A_w：通道寬度

θ：停車角度

B：軸距

C：碰撞距離

i：兩相鄰外車身距

L：車身長度

o_f：前懸長度

o_r：後懸長度

o_s：輪與外車身距

r：內車緣迴轉半徑

R：外車緣迴轉半徑

R'：車軌跡迴轉半徑

S：停車位寬度

t_r：輪距

w：車身全寬

(b) 停車角度較小時，如圖 20-2b 所示。

$$\text{通道寬度} A_w = R' + C - \sin\theta\sqrt{(r-o_s)^2-(r-o_s+i-c)^2} - \cos\theta\,(r+t_r+o_s-s) \quad (20\text{-}4)$$

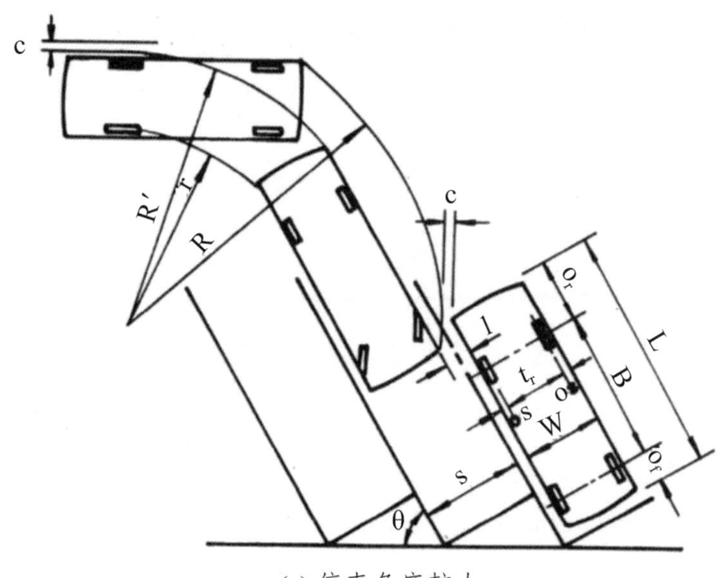

(a) 停車角度較大

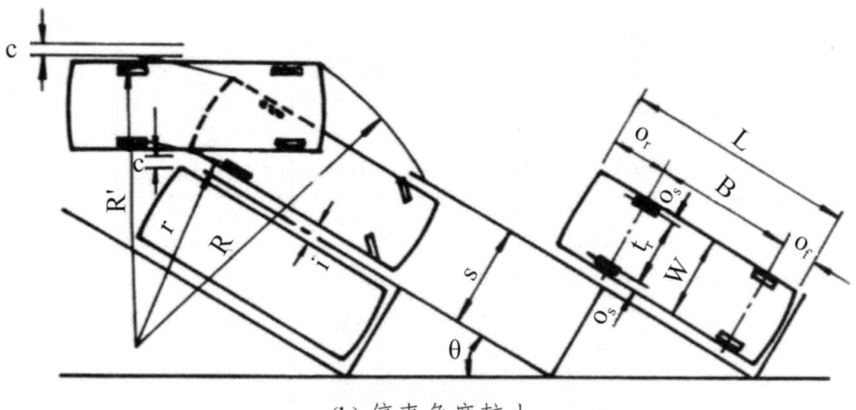

(b) 停車角度較小

圖 20-2　前進停車通道設計

b. 後退停車，如圖 20-3 所示。

$$通道寬度A_w = R + C - \sin\theta\sqrt{(r-s)^2-(r-o_s+i-c)^2} - \cos\theta\,(r+t_r+o_s-s) \qquad (20\text{-}5)$$

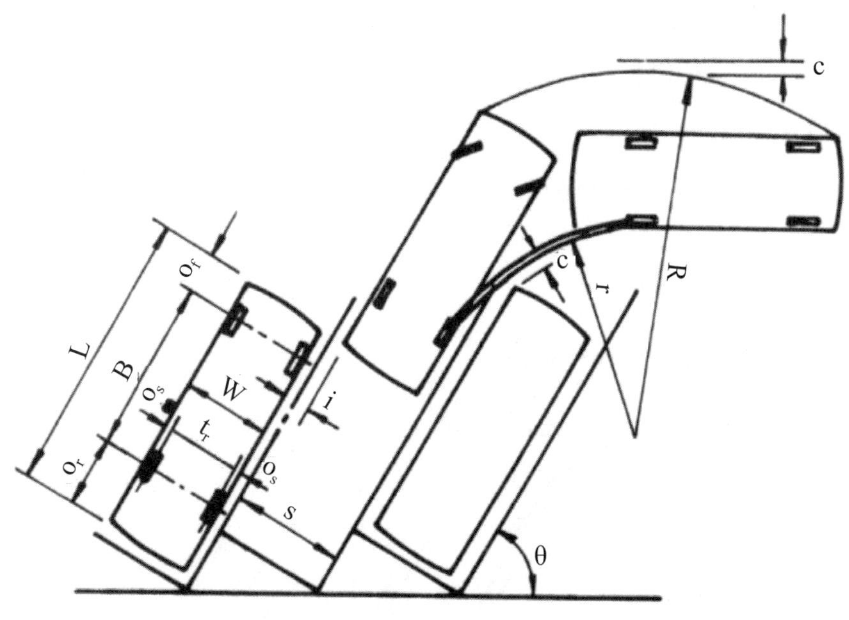

圖 20-3　後退停車通道設計

一般而言，小於 90° 之前進停車布設方式操作上比較方便，且易使駕駛人看到未使用的車位；90° 之後退停車則可達到空間最大利用。圖 20-4 爲停車場各種停車方式，依建築技術規定，每一停車車位所需面積，會隨停車角度不同而不同，如表 20-2 所示。

表 20-2　停車場各種停車位排列方式之單位面積

停車角度	停車方向	通道寬度 A_w（公尺）	與通道方向垂直之停車深度 S_d（公尺）	與通道方向平行之停車寬度 S_w（公尺）	計畫停車寬度 $W = A_w + 2S_d$（公尺）	平均每輛車停車所需面積 $A = \frac{W}{2} \times S_w$（平方公尺）
30°	前進停車	3.8	5.17	5.00	14.14	35.35
45°	前進停車	3.8	6.01	3.54	15.82	28.00
45° 交叉式	前進停車	3.8	5.30	3.54	14.40	25.49
60°	前進停車	6.3	6.45	2.88	19.20	27.65
60°	後退停車	5.7	6.45	2.88	18.60	26.78
90°	前進停車	7.5	6.00	2.50	19.50	24.38
90°	後退停車	6.7	6.00	2.50	18.70	23.38

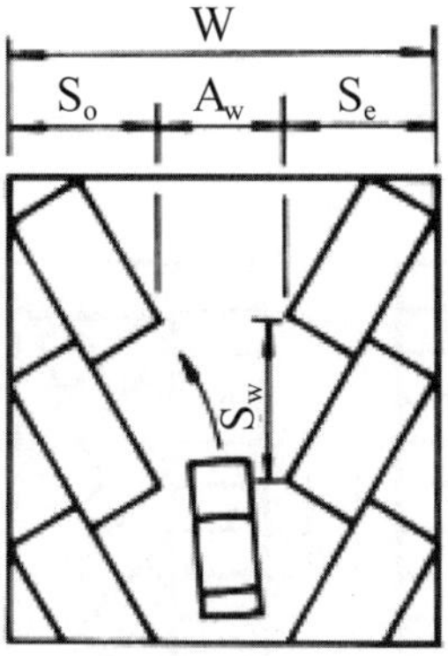

(a)30°前進停車

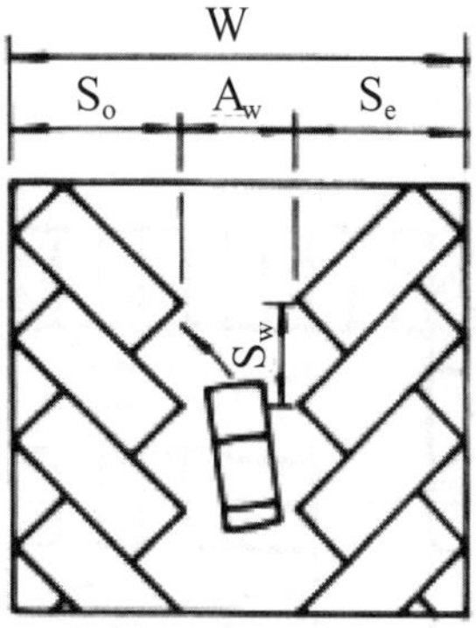

(b)45°前進停車

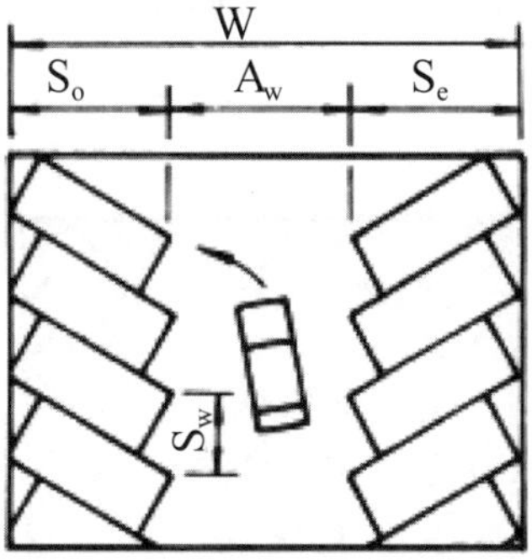

(c)60°前進停車

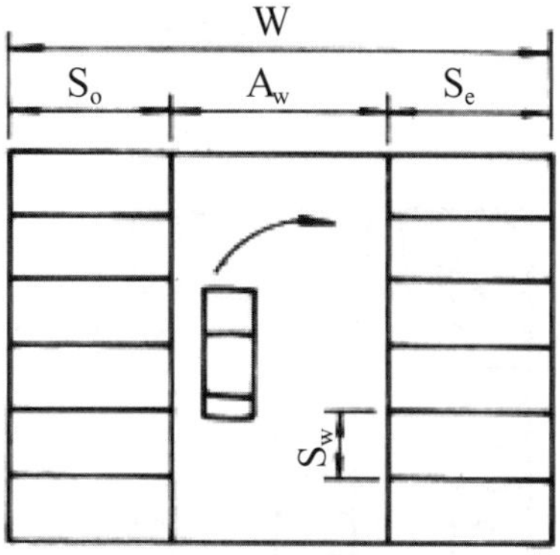

(d)90°前進停車

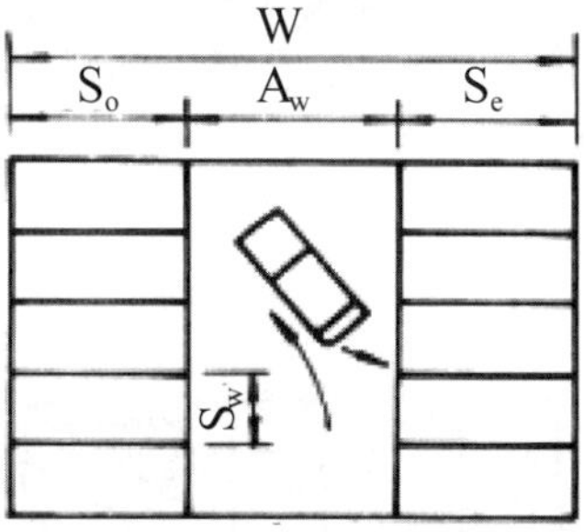

(e)90°後退停車

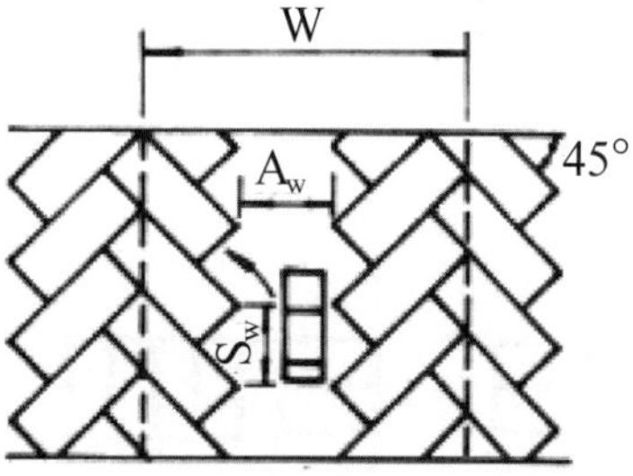

(f)交岔式停車（型一）

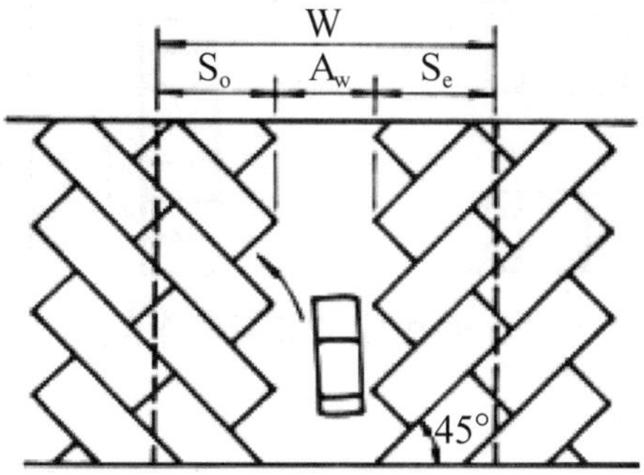

(g)交岔式停車（型二）

圖 20-4　停車場之各種停車方式

在大型停車場中，若將各種不同停車角度配合使用，則停車空間可得到最大效用，參見圖 20-5 所示。

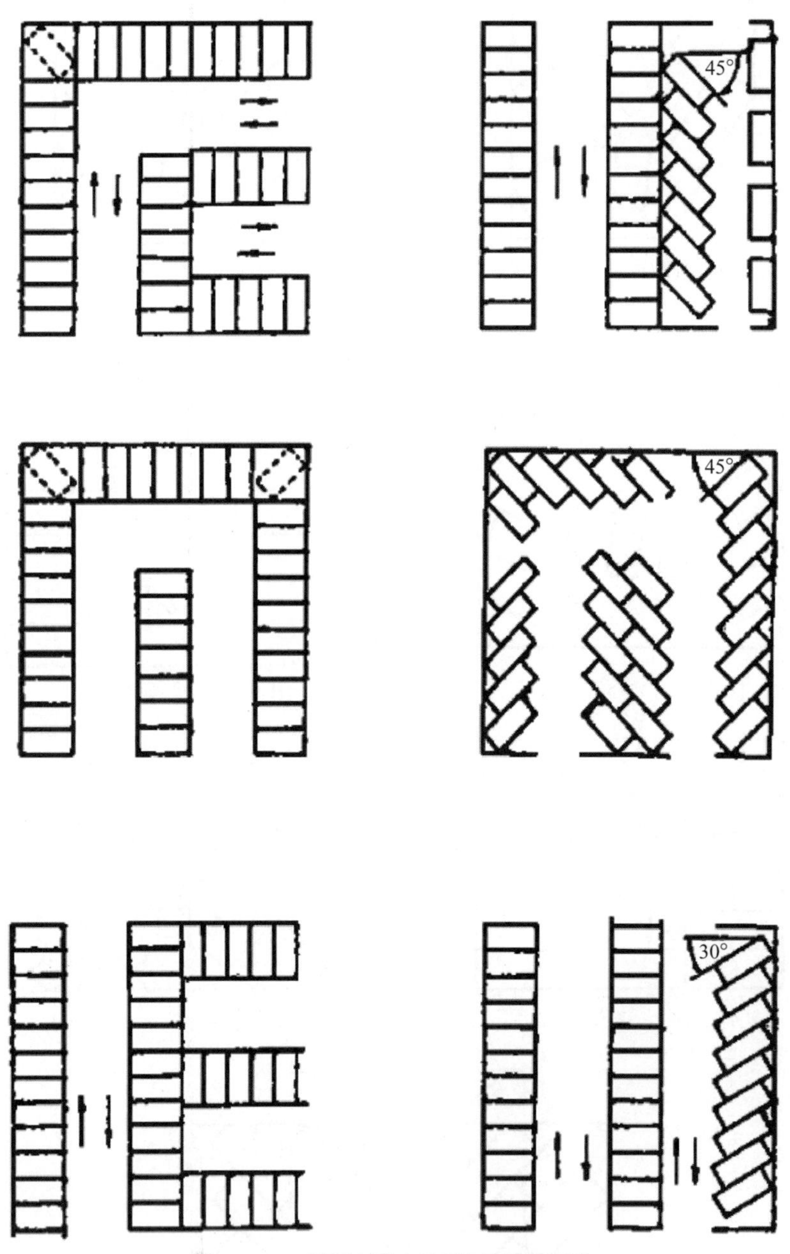

圖 20-5 停車場之有效停車配置

(2) 車位安排與停車方式

停車場車位布設依其與通道所形成之角度可分爲四種：30°、45°、60°、90°，其不同停車角度和通道所需尺寸，參見圖 20-6(a)、(b)。

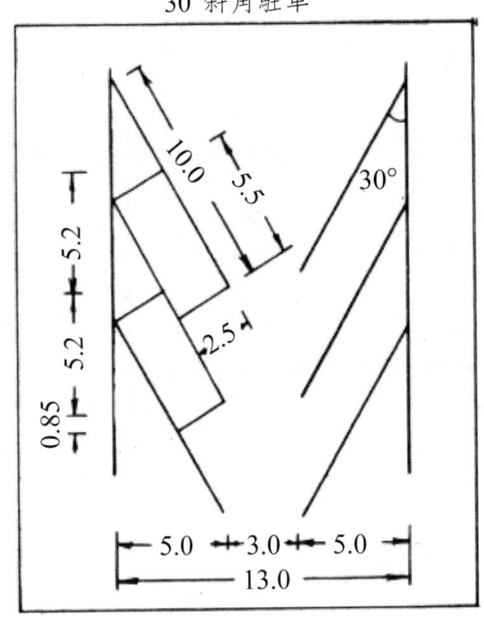

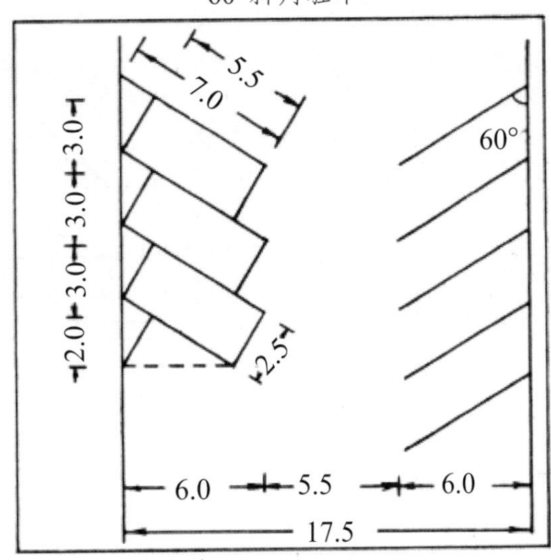

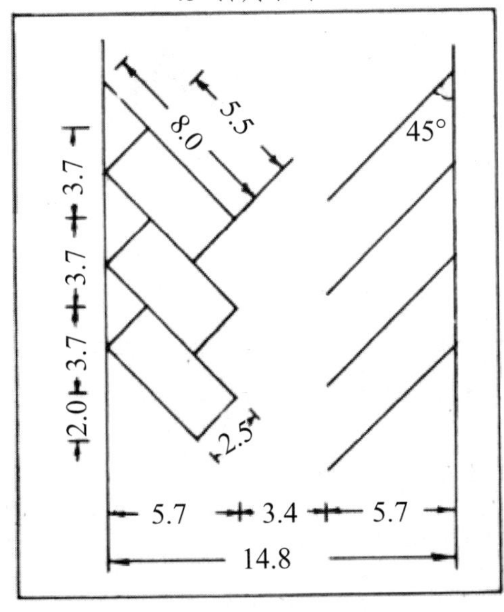

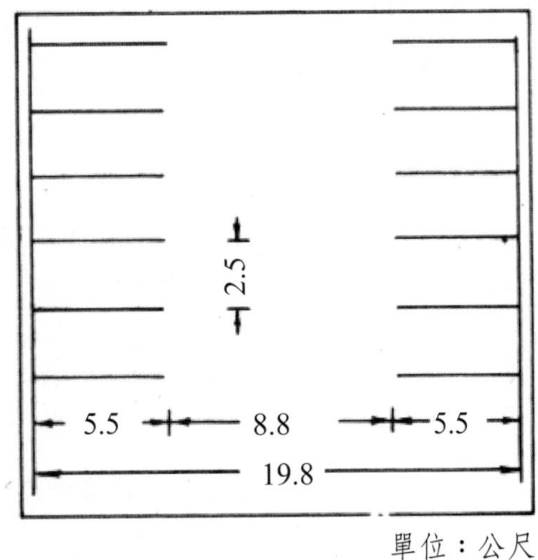

單位：公尺

(a) 不同角度之車位配置

圖 20-6　路外停車場空間及車位配置

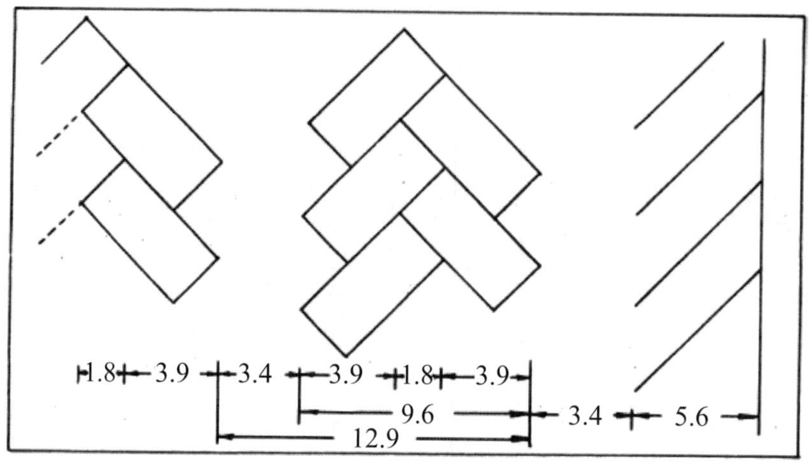

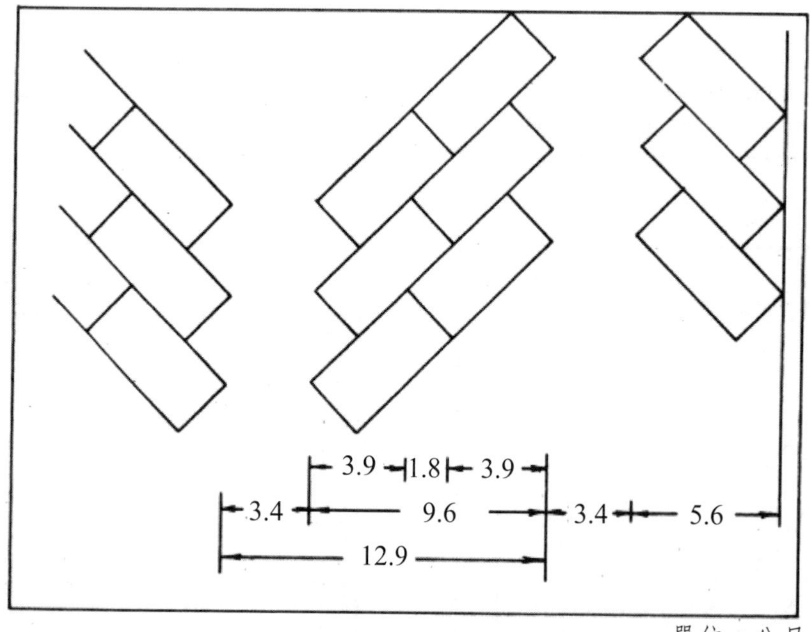

單位：公尺

(b) 人字型車位配置

圖 20-6　路外停車場空間及車位配置（續）

又依車輛停車操作不同可分為兩種：1. 車頭先入之前進停車；2. 車尾先入之後退停車，其優缺點敘述為下：

a. 前進車位

(a) 駛入車位較容易。

(b) 在廣大停車場停放較整齊一致。

(c) 所需通道面積較大，每一車位面積亦較多。

(d) 駛離車位較危險。

b. 後退車輛

(a) 駛離車位較容易與安全。

(b) 所需通道面積較小，車位面積亦較小。

(c) 較適合路外停車場使用。

(d) 駛入車位較困難與費時。

4. 停車場層間轉運設備

立體停車場之層間轉運設備可區分爲兩類：(1) 匝道式停車場；(2) 機械式停車場。

5. 內部之交通設備

停車場內部設備包括一般樓梯、旅客使用電梯、電動扶梯、服務員專用升降梯，以及停車場各層與主層間，工作人員用以垂直行動之救火滑桿（fire poles）等。

20.4 路外停車管制

設置路外停車設施，應先對現行停車空間之使用狀況加以檢討，並了解是否有違規使用或閒置不用情事，若發現時有違規使用現象，則應嚴加取締，處以重罰，或設法利用適當的停車管理措施，促進違規使用業主重新恢復其停車空間供公衆使用。

路外停車場之管制標準可歸納爲以下四點：

1. 路外停車場得設管理員依法收費，並於規定時間開放。若由政府設置者，對消防車、警備車、軍用車、救護車、工程車、公務車等可免收停車費，或繳費後准予報銷。

2. 停車場建築（建築附設停車空間）之新建或增建，其供應車位、數量及必要平面圖、剖面圖、設備等有關資料須送交通主管機關參考。

3. 非經政府交通主管機關核准，路外停車場不得減少其停車供應量或改變構造。交通主管機關得會同建設、工務等有關主管機關，抽查其有關構造及設備，若有違法，政府興建者須依法處分失職人員，民間興建應科以加倍罰金，並勒令期限內修復。

4. 若建築物於設置停車空間，有實際技術上之困難或以設置之停車空間無法利用時，可考慮同意建築物基地面積在某一範圍以內之建築物起造人或所有人，向主管機關申請准予抵繳代金作爲興建公共停車場之基金，而免除設置停車空間。在徹底清查建築物附設停車空間之使用狀況後，如其停車位仍嚴重缺乏時，就必須考慮興建路外停車場，以紓緩停車供給不足之現象。

20.5 停車導引資訊系統

道路上的繞行車流中約有 30% 是爲尋找停車位而產生（許照雄，1996）。一般而言，駕駛者在旅途中最想知道的是到達停車場時是否仍有車位可供使用，而不是出發前的停車資訊，因此停車導引系統的角色十分重要。

停車導引資訊系統（parking guidance and information system, PGIS），是用來幫助尋找空置車位，藉由透過控制中心之處理與操作，將停車相關資訊，如停車場位置、方向、空位數等，經由傳輸網路顯示於資訊顯示板（variable message sign, VMS）上，以提供駕駛人作爲停車參考採用，協助解決停車問題。即時停車資訊控制與管理系統之目的，在於將特定範圍內之尋停車輛按其停車特性加以分類，並導引其依照指定之路線前往指定之停車場，以達到該區域停車場使用率以及道路服務水準之最佳狀況。PGIS 系統亦爲先進旅行者資訊系統（advanced traveler information systems, ATIS）之一環，近年來在許多先進國家各大都市相當普及。

目前日本、德國、英國、法國與愛爾蘭等五個國家，均利用路邊資訊顯示看板，採「層級停車分區」控制原理顯示區內停車場使用狀況，或直接提供個別停車場使用狀況，將道路上之尋停車輛導引至停車場。所謂「層級停車分區」的原理是將停車導引區域內利用層級觀念劃分爲數個分區，在最外緣用不同方式顯示各分區停車狀況，再逐步導引車輛至分區內，分區內指示板則顯示區內各停車場狀況，最後則是以個別停車場指示板告知駕駛該場內使用情形之相關資訊。採用此種停車場控制與導引之方式，德國法蘭克福之車輛最長尋停時間値縮減六成；法國的香貝里（Charmbery）在系統啓用的第一年，就使得該系統服務的四個停車場總收入增加三倍；法國的格諾布勒爾（Grenoble）也在 1988 年系統完成後，其第一年停車場使用率增加了 15%，顯示停車導引資訊系統具有顯著之成效。

停車導引資訊具有以下四項優點：

1. 停車空位的充分利用。
2. 增加停車場業者的收入。
3. 減少駕駛人在尋停時所花費的時間。
4. 降低城市的空氣污染和交通流量。

20.5.1 停車導引資訊系統架構

一般來說，國內停車導引資訊系統之整體系統架構，主要包括四個子系統，說明如下：

1. 資料收集系統（data collection system）

設置於停車場入、出口處，用於收集進出車數資料，據以估算停車場之占用率（occupancy）現況。收集進出車輛數的方法主要有三種：

(1) 於停車場進出口匝道上鋪設感應線圈偵測車輛的出入；

(2) 於進出口處架設懸臂式柵欄，由柵欄的開閉計算進出車輛數；

(3) 人工計數法，由收費人員直接將進出車數鍵入終端機。

2. 資料處理系統（data processing system）

設置於控制中心內，負責收集、處理與儲存各停車場傳送過來的資料，並可用來監控停車導引資訊標誌之運作與顯示的訊息。資料處理系統配置有資料儲存器與列印機等周邊設備，可視需要隨時存取或列印各項存檔資料。

3. 停車資訊顯示（parking information monitor）

一般而言，停車資訊顯示設置於市區各主要交叉路口以及進入市區主要幹道沿線，用於顯示停車場之動、靜態資訊，以指引車輛駕駛人尋找適當的停車地點，其顯示之動態資訊主要爲各停車場占用情形，靜態資訊則爲停車場名稱、位置以及前往方向等。新型態資訊顯示可與電子地圖相互結合，以車內行動裝置顯示的方式，將停車場資訊以及其他附近相關的醫療、娛樂訊息提供給駕駛人。

我國目前停車導引資訊，多半以路側看板顯示爲主，如圖 20-7a、b 所示。

(a) 路側看板型式一

(b) 路側看板型式二

圖 20-7　路側看板

4. 資料傳輸系統（data transmission system）

負責停車場、控制中心以及路邊可變資訊標誌間相關資訊或控制指令的傳輸。資料的傳輸可透過專用或公共通訊網路（dedicated or public networks）進行，資料的轉換與編碼（encoding）、解碼（decoding）則可利用數據機處理。

20.5.2 停車導引資訊系統之硬體設備與功能

建構一組包含停車場主機、停車導引資訊伺服器以及停車導引資訊瀏覽器的即時停車導引資訊系統。駕駛人可藉由停車導引資訊瀏覽器獲取該系統所提供的即時停車資訊，因此駕駛者除可由路側系統取得資訊外，亦可由該系統直接獲取眾多停車場資訊。

停車導引資訊系統之設備可分成三大模組（停車場主機、停車導引資訊伺服器、停車導引資訊瀏覽器），參見圖 20-8，而停車導引資訊系統之步驟內容及其相關設施需求說明如下：

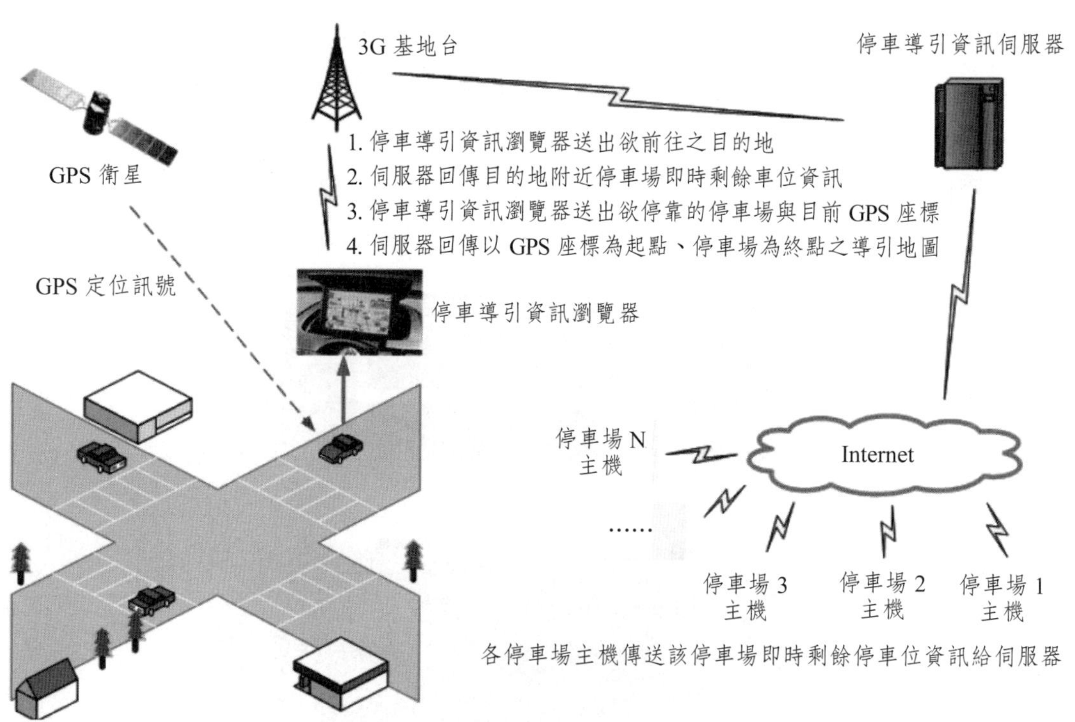

圖 20-8 停車導引資訊系統整合架構圖

（資料來源：林灵、陳世昌，2008）

1. 停車場主機

停車場主機為基礎模組，其主要的任務是回報停車位總數與即時剩餘停車位數量資訊給停車導引資訊伺服器，停車場資訊導引系統編碼處理後，透過網際網路傳送到停車導引資訊伺服器的資料庫。

回報的模式採事件驅動方式，事件定義爲剩餘停車位數改變，亦即當停車位數改變的時候，主機立即把停車場車位總數與剩餘車位數回報給伺服器，所以在不考慮回報時網路傳輸與資訊儲存時間的條件下，伺服器紀錄的剩餘車位數量與實際剩餘車位數量是同步的。如此就不會發生當使用者查詢時，系統顯示尙有車位，可是實際上卻是車位已滿的情況。

目前都市公有停車場回傳家數最多的是臺北市，回傳比率接近三成。臺北市當初在制定通訊協定時，封包量爲考量的重點之一，這可降低網路頻寬的使用率，讓網路傳輸更爲穩定（臺北市停車管理工程處，2007）。

2. 停車導引資訊伺服器

停車導引資訊伺服器爲最重要的關鍵模組，有二個主要功能：

(1) 儲存與提供即時車位資訊：各停車場傳來即時車位資訊後，伺服器會將即時車位資訊儲存於資料庫內，供使用者利用停車導引資訊瀏覽器查詢目的地附近停車場的即時車位資訊。

(2) 規劃與產出停車場導引地圖：當停車導引資訊瀏覽器送來該地座標與欲停靠的停車場後，停車導引資訊伺服器即可規劃、產出使用者到停靠停車場之路徑導引地圖。停車導引資訊伺服器與停車場主機之間的連線採用主從式架構。客戶端（client）爲停車場主機，透過網際網路，並依循臺北市停車場資訊導引系統通訊協定的規範，將即時剩餘停車位數量傳給伺服器端；伺服器（server）端爲停車導引資訊伺服器，接收各家停車場傳來的即時剩餘車位資訊後，更新資料庫內的車位數量，供使用者查詢。

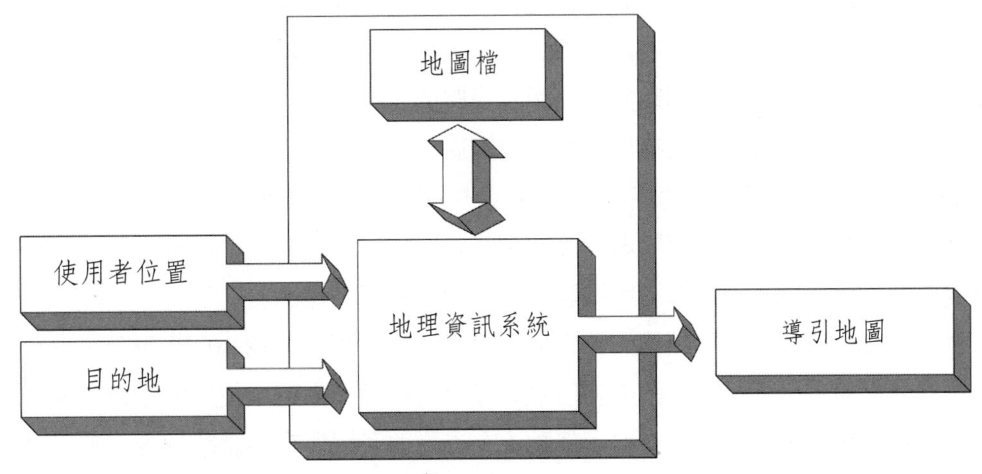

圖 20-9　停車場導引地圖建構模組的功能方塊圖

3. 停車導引資訊瀏覽器

停車導引資訊瀏覽器是專為停車導引資訊系統開發，使用者停車導引資訊瀏覽器與停車導引資訊伺服器之間的連線，採用主從式架構。客戶端為使用者停車導引資訊瀏覽器，透過 3G 網路，提供所在 GPS 座標與欲前往目的地等資訊；伺服器端為停車導引資訊伺服器，接收停車導引資訊瀏覽器傳來的資訊，回傳目的地附近停車場的剩餘車位資訊與停車場導引地圖。

規劃與產出停車場導引地圖的步驟如下：

(1) 使用者輸入欲前往的目的地。

(2) 伺服器內的地理資訊系統找出目的地附近停車場，以圖示的方式回傳給使用者。

(3) 使用者查詢停車場即時車位資訊，以決定車輛停靠地點。

(4) 使用者選定欲停靠的停車場後，系統傳送使用者的座標與欲停靠的停車場給伺服器。

(5) 伺服器內的地理資訊系統以使用者座標為起點、所選定停車場為終點，參考地圖檔內的資訊，規劃、建構出停車場導引地圖，再將導引地圖透過網際網路傳回給使用者。

行動網路除了提供旅行者路徑上的停車資訊，還可傳送旅行者所需之停車場導引路徑規劃至停車導引資訊瀏覽器。整合 GPS 與行動網路之停車導引資訊系統，除可解決路側顯示單元數量不足外，並可蒐集更多停車資訊，提供後續分析與改進之用。

20.5.3 停車導引資訊系統案例

臺北市政府以信義計畫區為範圍，進行國內第一座「停車導引資訊系統」的規劃與設計，此項計畫將該區分為市府區、區公所區、世貿區與影城區共四個中型分區群組，並依照市區道路行車速度與駕駛判讀面版資訊時間，確定各級資訊面版之布設位置、距離與類型，再利用最短路徑將尋停車輛自計畫區外圍入口導引至目標停車場。此研究於民國 89 年完成停車場資訊導引系統工程建設規劃報告。系統架構主要分為資料蒐集、資料傳輸、資料處理與停車資訊顯示等四項，並採用層級劃分、目標導引及連續導引三種規劃原則，進行停車資訊導引與標誌設立位置之分析工作。

駕駛人使用臺北市既有建構的停車導引資訊系統流程，如圖 20-10 所示。駕駛人在前往目的地之前，可以透過電話查詢信義區停車場資訊，亦可以使用網際網路進入政府所提供的停車場查詢網頁進行查詢。駕駛人在查詢並了解停車場之狀況後，前往尋找停車空位，此時，若駕駛人對停車場地點相當熟悉，駕駛人一般會採取直接前往不需要導引，但若是駕駛人對停車場位置不熟悉或對街道、路口名稱不了解，則會採用停車導引資訊系統所提供的導引方式前往。原始系統建立的導引系統僅在各重要路口設置路邊數位顯示板，藉由此種方式導引駕駛人尋找停車空位。

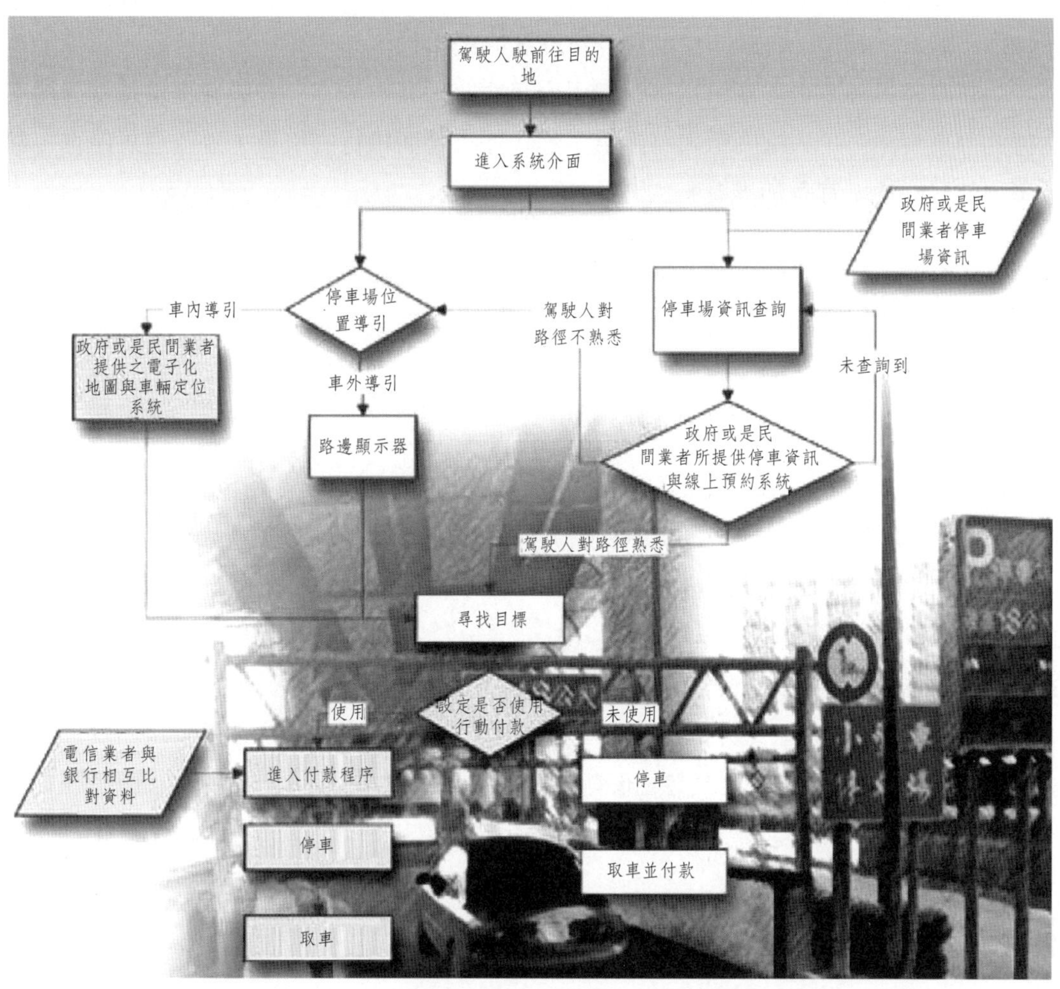

圖 20-10　停車導引資訊系統整合性服務流程圖

（臺北市停車管理處，2007；魏健宏、許瓊方，2009）

20.6 結論與建議

路邊停車具有設置容易、進出方便的優點，但卻會占用車道容量，並且容易造成交通安全的顧慮；在另一方面，路外停車則剛好相反，其所需要投資的成本較高且距離目的地較遠，但卻不會占用車道容量也不致於產生太大的交通安全問題，因此站在交通專業的立場，路外停車場的重要性高於路邊停車場，應投入較多的努力與關注。

由於都市地價高昂，僅適合高度密集的商業活動使用，路外停車場的獲利不高，因此要在市中心區興建路外停車場並不容易，在市中心路外停車供給量增加不易的情況下，唯有加強路外停車管理，才能提高使用效率，甚至在較偏遠地區興建路外停車場然後採取接駁方法轉運，紓緩市中心區停車問題的嚴重性。

近年來路外停車場逐漸引用停車導引資訊系統，藉由先進科技設備提供遠端靜態與動態的停車資訊，可大幅降低道路上爲了尋找停車場而繞行的流量，以及違規停車，甚至肇事的可能性，宜多加推廣。

問題研討

1. 名詞解釋：
   (1) 停車導引。
   (2) 資料收集系統（data collection system）。
   (3) 資料傳輸系統（data transmission system）。
2. 路外停車場設置的考量因素有哪些？
3. 如何進行路外停車場規劃設計，其主要內容有哪些？
4. 請說明停車導引資訊系統架構。
5. 請說明停車導引資訊系統之硬體設備與功能。

相關考題

1. 公共路外停車場之出入口配置對停車場之內部配置及周邊道路交通之影響甚大，試就下列問題回答之：
   (1) 試述選擇停車場出入口位置應考慮因素及其原因。（91 專技高檢覈）
   (2) 試述如何評估停車場出入口配置方案。（91 專技高檢覈）
2. 立體停車場各層間若採匝道式上下運轉，有哪幾種型式之匝道？請比較各型式之適用性及優缺點。（93 高三級第二試）
3. 利用國中或國小操場與建地下停車場為改善都市停車問題的方法之一。如果您負責辦理某一項這種個案的規劃設計工作，請說明您將如何執行該項工作，包括執行的步驟，以及每一項步驟的具體內容與方法。（25 分）（99 專技）

4. 請說明設置路外停車場時，其位置之選擇必須要考慮哪些因素？(20 分)（103 高三級）
5. 路外停車場車輛出入口之設置應考量那些限制？(25 分)（100 高三級）
6. 若有一正方形之基地，其面積為 2,400 平方公尺，在基地全部利用及合理設置之情況下，請問其約可設置多少數量之小型車停車格位？（5 分）另路外停車場車道之寬度、坡度、曲線半徑之設計規定為何？(15 分)（101 高三級）

參考文獻

一、中文文獻

1. 王文麟（1993），交通工程學——理論與實用，三版，臺北。
2. 交通部（2002），交通政策白皮書，臺北。
3. 交通部（2004），交通工程手冊，二版，幼獅文化，臺北。
4. 交通部（2015），交通工程規範，臺北。
5. 交通部運輸研究所（1986），停車場規劃手冊，臺北
6. 內政部營建署（2003），「市區道路人行道設計手冊」，臺北。
7. 內政部營建署（2009），「市區道路及附屬工程設計規範」，臺北。
8. 林炅、陳世昌（2008），「整合 GPS 與 3G 技術於停車導引資訊系統之研究」，中華智慧型運輸系統協會創會十週年論文研討會。
9. 停車場法（2001），民國 90 年 5 月 30 日頒布修定。
10. 建築技術規則（2010），民國 99 年 8 月 23 日修定。
11. 許照雄（1996），停車場即時供給資訊系統之研究，交通部運輸研究所委託研究。
12. 臺北市停車管理工程處（2008），97 年度臺北市汽機車停車供需調查（6 個行政區）www.pma.taipei.gov.tw
13. 臺北市停車管理工程處（2007），臺北市停車場資訊導引系統通訊協定規範，臺北。
14. 魏健宏、許瓊方（2009），以供需層面評斷停車導引資訊服務之系統架構，中華技術，第 83 期，頁 90-97。

二、英文文獻

1. Kanafani, A., (1983), Transportation Demand Analysis, McGraw-Hill Book Company.

第 21 章

停車管理策略

近年來，由於車輛快速增加、交通用地不足、建築物之附設停車場被不當移做他用，使得都市停車問題更加嚴重，也因此成爲各級政府施政改善的重點。爲了有效解決停車問題，須先行了解停車問題的本質，進而制定妥適的停車管理策略，以及相關的因應措施與行動方案。由於各國的國情不同，適用的策略與措施也不盡相同，例如：新加坡通行證計畫，未必適用於香港；日本買車自備停車位計畫，未必適用於現況的臺灣，各國所實行之相關政策雖方法不一，最終目標皆希望改善都市停車的問題。本章節所介紹之內容，主要參考停車場法（2001）、「停車場規劃手冊」（1986）、「交通政策白皮書」（2002; 2012-2013）、「交通工程手冊」（2004）、「交通工程規範」（交通部，2015）、「交通工程學——理論與實用」（王文麟，1993），以及交通年鑑（2009）編修而成。

本章節之順序安排如下：第一節說明停車問題；第二節介紹我國運輸白皮書之停車管理策略；第三節介紹都市停車管理政策；第四節介紹民間投資興建與其他改善方案；第五節爲結論與建議。

21.1 停車問題

臺灣地區停車問題之所以變得棘手難以解決，主要是由於下列五項因素之交互影響所致：

1. 車輛快速成長：由於經濟發展汽車進口關稅降低與國產汽車降價等因素使得都市內之車輛快速成長，因而停車場地的需求愈見急迫。臺灣地區小型車停車位（包括路外停車場、路邊停車場、建築物附設停車空間及風景遊樂區停車場）數量截至 98 年底止，共計 348 萬 87 個，較 97 年同一時期數量 327 萬 4,105 個增加 6.29%，惟小型車（包括小客車及小貨車）數量截至 98 年底止計 653 萬 2,267 輛，購車自備停車位之觀念尙未成熟，停車位供需仍嚴重不足。

2. 臺灣特有的「機車文化」：對機車高度依賴與使用，主因爲機車之機動性高、可及性高、易停性高，購買價格低、負擔社會成本低，近 10 年每年平均成長率 4.6%，截至 99 年 4 月底共計 14,614,000 輛，較 98 年同一時期數量增加 1.60%，機車已然成爲全民交通工具。但長期以來機車停放空間嚴重不足，常有任意在巷弄、騎樓、人行道上違規停車等問題。

3. 都市計畫不周全：都市計畫中並未在停車需求最高的地區預留有充足的路外停車場興建預定地。

4. 建築技術規則過寬：建築技術規則中將建築用途分爲三類，分別訂定不同的停車標準。其中將戲院、電影院、歌廳、國際觀光旅館、演藝場、集會堂、舞廳、體育館、室內遊藝場等歸類爲第一類建築，無論其樓板面總面積多大多小都要附設停車空間，其餘如餐廳、旅館、超市、百貨商場、博物館、紀念館、辦公廳屬第一二類建築，其與第三類建築（除一、二類以外的建築物），樓地板在 1,000 平方公尺以內的一律免設停車場。事實上縱然樓地板面積在 1,000 平方公尺以下，仍會有停車需求產生。

5. 主管單位太多：除了各項有關停車場管理辦法在實施前，均須送經議會審議通過才能實施外，各項有關停車業務的推展辦理，牽涉許多單位如停車場用地的規劃由都市計畫單位主管，大廈停車場違規使用由建管單位主管，路外停車場及路邊停車則由各縣市交通單位主管等，不一而足，使得改善停車問題難以立竿見影。

目前都市停車之課題包括：過度倚賴路邊停車、路外所提供之停車空間比例偏低、停車場費率太低、無差別費率造成轉換率偏低、計畫停車場之開闢率偏低、專用停車空間建設經費不易籌措等。

21.2 運輸白皮書之停車管理策略

縮減道路空間做爲停車位使用將導致了容量降低，並非停車問題之治本方法，要有效解決停車問題乃應綜合考量停車供需、土地資源、建設經費、法令、環境影響等複雜的因素。一般說來，爲了改善停車的供給、營運或需求問題，使之達到都市運輸的經濟、環境等策略目標，所採取的行動稱之爲停車管理策略。

我國交通部爲了改善都市停車問題、增進交通順暢，於 2002 年修定版之「交通政策白皮書」，界定未來運輸發展之目標，確立未來運輸發展之主軸，擬定運輸政策之內容及運輸政策之策略，其中亦針對停車管理課題提出解決之道，擬定國家之上位停車政策。運輸白皮書在都市運輸（政策六）章節中，提出「合理增加停車供給，整頓停車秩序，加強都市停車管理」，其相關策略以及對應之措施摘錄如下：

〔策略 1〕加強都市停車秩序

措施 1：節制都會地區停車需求：發展便捷大眾運輸系統取代部分小汽車旅次；加速市中心區之機關學校、行政中心遷移，以減少對市中心區之停車需求。

措施 2：加強違規管理及取締：取消部分路邊停車設施，並嚴格取締違規停車及加重罰款。

措施 3：督導地方有效管理路邊停車：建立市中心商業區即時停車資訊系統。

措施 4：保障消費者權益：運用回饋金方式成立停車事業的專責機構，同時設立專款專用的停車事業基金；依交通狀況，所處地點等因素調整停車場費率結構。

〔策略 2〕合理增加停車供給

措施 1：落實停車場法內容規範：透過尋找未利用之公有空地，運用都市計畫之方式，增設停車場；增加已開闢停車場容量、加速計畫停車場之開闢；運用公共設施多目標使用之方式，增加停車之供給量。

措施 2：建立獎勵民間投資停車場機制，獎勵民間興建停車設施。

措施 3：檢討建築物附設停車空間標準，增加新建建築物附設充足及更多之停車空間。

21.3 都市停車管理策略

策略須因地制宜，兼顧治標與治本才能符合現實需要。過去相關單位曾研擬諸多因應措施，例如：加速興建路外停車場。但若僅以增加停車供給來滿足停車需求，不僅無法抑制汽機車之成長，就長期而言，將更加重都市交通之負荷，因此須優先考量以大衆運輸爲城市主要交通建設。國內外相關解決停車問題之作法，目前多以「增加停車供給」及「減少停車需求」爲目標。

爲因應國內都市停車問題日益嚴重，行政院於民國 82 年 11 月頒布實施「改善停車問題方案」，依照「政府帶動爲先，民間投資爲主」之政策，除訂定合理之停車管理政策及制度，並推動近程及中長程應行興革之各項措施，以達成「增進交通流暢，改善交通秩序」目標。自民國 80 年至 89 年度累積編列 198.7 億元，輔助地方興建路外公共停車場 390 處，111,201 席停車位，全部工程至 92 年度完工。

國外有些成功的停車管理策略，未必能夠直接移植到臺灣實施。日本於 1962 年實施買車自備停車位制度，實施過程中遭遇許多反彈壓力，經由完整性與系統性之規劃後方能順利執行；臺灣所提出之買車須自備停車位策略，由於目前尚屬構想階段，在缺乏完整的規劃下，短期之內並無法改善國內的停車問題。

美國加州舊金山市實施機車停車收費市中心區 0.25 美元／小時、市郊 0.15 美元／小時、其他 0.1 美元／小時與 0.05 美元／小時，其以計時收費器進行收費管理，停車時限最高可達 10 小時；臺灣近年亦開始實施機車停車收費策略，其目的爲反應合理使用成本、減少機車旅次、促進大衆運具使用、整頓機車停放秩序、改善公共安全及行人權益以及公平性及使用者付費原則。但由於社會大衆目前普遍不贊成路邊機車格收費，因此短期之內仍無法全面性實施收費政策，須以嚴加取締違規停放機車爲主。

停車管理策略依照策略型態區分爲六類，內容如下：

1. 路邊停車供給管理策略

路邊停車管理策略是指停車管理當局對路邊停車從事時間與空間方面的控制，來影響停車需求以達某項特定目標的一切措施。一般而言，策略有三：

(1) 特許當地居民停車：其方式爲在某特定範圍內，給予當地居民停車許可證，並收取一定的費用。無許可證時，則不准在一定範圍內停車。對於到達此一區域之訪客，必須先領取訪客許可證後方可在當地停車，且停車延時受到限制，違反規定者即處以較重之罰金。

(2) 給予共乘者停車優惠：保留部分的停車空間，以某種優惠方式專供合車共乘者的停車使用。以期提高汽車乘載率，進而減輕道路擁擠以及節約能源。

(3) 限制路邊停車：主要目的在於增加道路行車空間以順暢車流，方法有二：

a. 供給限制，即減少路邊停車供給，以增加道路行車面積；

b. 延時限制，即限制路邊停車延時，以增加車位之周轉率；

c. 時間限制，在尖峰時段或道路服務水準達某一水準以下時，即禁止路邊停車。

2. 路外停車供給管理策略

路外停車供給管理策略，主要著眼於確保民間路外停車之供給，及公設路外停車場的有效運作。可資採取之管理策略有：

(1) 加強建築管理：由建管單位對於違規使用的大廈停車場加強取締，並限期改善，否則即予高額罰金之處罰。對於新建之建物，嚴格審查其自設停車場之設計與配置情形。

(2) 土地使用分區管制：依據都市計畫法之規定，針對都市內各分區不同的土地使用狀況，訂定土地使用分區管制規則並配合對容積率放寬計算的優惠，鼓勵民間多設自用停車位。

(3) 修改建築技術規則：提高建築附設停車位標準，以減輕政府部門所負擔之停車需求壓力。

(4) 獎勵民間投資興建：修改現行獎勵民間投資興建停車場辦法，提供更優惠的條件以鼓勵民間投資興建路外停車場。

(5) 繳交建設代金：對無力興建停車場或有實際困難者，可將所需設置之停車位數折合現金，交由政府統籌代爲興建。

3. 外圍停車運轉策略

由政府在都市的外圍興建停車場與相關運轉設施，並由政府以廉價方式配合提供良好的大眾運輸系統。藉在市中心外圍提供良好的停車環境，鼓勵到市中心的小汽車駕駛人將汽車停放在市中心外圍，再改搭高運量交通工具，以減少市中心的擁塞程度，並可減少停車供給的需求壓力，節省供給停車空間的經費支出，進而促進市中心土地的有效利用。

4. 停車費率策略

藉由價格策略的運用來影響停車供需：

(1) 全面提高停車費率：針對市中心所有停車空間，不論是公有或私有的，路邊或路外的，一律提高停車費率。如此，當可減少停車需求壓力，且提高大眾運輸的營運收入，緩和道路擁擠的壓力，同時改進空氣品質及節省能源耗用。

(2) 差別定價：停車費率之訂定，路邊停車收費應比路外停車收費來的高。交通繁雜地區的停車費率應比一般地區來的高。尖峰時段停車亦應比非尖峰停車時段之停車收費來的高。

5. 違規取締策略

(1) 加重罰鍰：對於違規停車的車輛採取重罰的方式，以樹立交通法規的權威，確實去除駕駛人僥倖的心態。

(2) 加強違規拖吊：對於主要交通要道，施以頻繁密集的拖吊，以維持良好停車秩序並確保道路車流的暢行無阻。

(3) 車輛加鎖：由於違規拖吊車輛所需之成本較高，故非主要交通要道之違規停車車輛，在不妨礙交通流暢的原則下，可施行就地加鎖措施。

6. 行銷策略與其他

(1) 行銷策略：行銷策略係指有關管理當局藉廣告、發行小冊子、代用幣與長期月票等促銷手段，提供停車方便，或提供一些停車地點、費率與其他有關停車設施的情報，以吸引購物與其他非工作旅次者到市中心，從事經濟與文化活動。

(2) 停車資訊系統：在市中心主要路口或街道設置停車指示信號器，由電腦中心控制與監視市中心區停車情況，隨時提供停車者停車資訊，告訴停車者可資利用之停車空間位置，並指示到達該停車空間的路線等。

(3) 發行停車卡來取代計時器：所謂停車卡係指一種顯示給停車者停車時間與預期離開時間的卡片。此卡片由管理當局發行，停車者每當停車時，只需將所購買的停車卡懸掛於汽車前窗即可，而不必投幣於計時收費器中。

(4) 聯合使用停車設施：由政府輔導民間開放其私有的停車空間以供公眾使用，期望能錯開不同的經濟活動對於停車設施的需求時間，使其能以有限的停車空間題最大的服務功能。例如：只有白天上班的辦公大樓停車位，在晚上即能開放給到附近看電影的停車者使用。

未來之停車策略，有賴政府公共部門與民間私人部門密切配合，來改善整體停車問題。劃設路邊停車格固然是改善車輛停放問題的可行手段之一，但非根本解決之道，因道路中車輛於進出停車格時，多少會對路上行進之車流造成干擾，而有礙交通之流暢。同時於劃設路邊停車格位時，也應顧及該路段之交通狀況，及路寬變窄後對該路的交通流量之影響，因此並非任何路段的任何部分均可劃設停車格位。

為根本解決停車問題，應以闢建路外停車場為重點，另外再輔以相關之管理配合措施確實執行，始能有效而全面的解決停車問題。

公、私兩大部門之路邊及路外停車策略分述如下：

1. 公共部門路邊停車：在短期內停車供給仍將以路邊停車為主力。故在規劃路邊停車場時，應綜合考慮路寬、道路服務水準以及機慢車容納能力之三項因素，來決定設置或取消停車格位。
2. 公共部門路外停車：長期而言，路外立體停車場的興建才是解決停車問題的上策。唯在設置路外停車場時，必須考慮服務範圍、停車特性、設置區位之三項因素。
3. 私人部門路外停車：過去政府主管機關一再倡言獎勵民間投資興建停車場，但由於獎勵不足，使投資者無利可圖。因此，欲民間大量投資興建停車場，就必須要修正現行的獎勵辦法，給予優惠資金融通，協助其取得土地，並提供相關之配合措施，讓投資興建人有起碼的利潤，才有辦法鼓勵民間大量的闢建路外停車場以應停車所需。
4. 私人部門建築物附設停車位：依照現行建築法規及建築技術規則的相關條文規定，凡是樓地板面積在 1,000 平方公尺以上，或是會吸引大量車旅次的特種建物，均應依照標準設置停車位。然而，由於建築物造價昂貴，把一定的樓地板面積作為停車使用，其經濟利益偏低，因此大部分業主均在領得使用執照之後，就違規變更使用。事後建管單位又無法嚴格而徹底的取締，違規情況乃日益普遍。為確保私人部門建築物附設停車場有效供給，以分擔公共部門端龐大停車需求壓力，須採下述策略，以求確實掌握私人部門建築物附設停車位供給。
   (1) 輔導違規使用者恢復使用，並給予工程技術上的協助，使其確實改善。
   (2) 不聽輔導改善者，即給予重罰，並採取斷水斷電之強制措施，直至改善為止。
   (3) 因區位型態特殊，對於附設停車場確實有困難者，得准其繳交代金，並將此一代金分區保管，作為公共停車場之興建基金，此一代金應隨物價指數調整。
   (4) 對於民間建物有剩餘未使用之停車空位，輔導其收費而向公眾開放，以供大眾停車之需。

各級政府相關單位在擬定停車管理辦法時，應參照前述之停車管理策略以及配合「停車場法」之第四章經營與管理及第五章獎助與處罰，參酌實際的狀況及各項主客觀因素，擬定出最適停車管理辦法。

臺北市在 2006 年之交通政策目標爲「0-30-60-90」（臺北市停車管理處，2006），說明如下：

1. 汽機車零成長。
2. 主要幹道平均旅行速率 30 公里 / 小時以上。
3. 大衆運輸使用率 60% 以上。
4. 道路交通事故死亡人數每年 90 人以下。

臺北市政府之停車政策爲「適度滿足停車需求、提供合理停車環境」，其實施之策略爲：

1. 停車政策應符合交通政策。
2. 路外停車爲主、路邊停車爲輔，促進交通順暢。
3. 使用者付費，合理反映車輛使用成本，降低汽機車使用。
4. 公平的路邊停車環境：
   (1) 費率應高於路外停車費率。
   (2) 全數納入收費管理。
   (3) 提高周轉率。
5. 增加路外停車供給

   臺北市實施此停車政策至 2005 年底爲止，實施結果爲總營收成長、路外停車場大幅增加（車位增加 47%），但私有運具零成長之施政目標尚需努力。

21.4 民間投資興建與其他改善方案

地方政府爲主管停車場規劃、興建與營運管理之法定機構，但若所有路外停車場均由地方政府投注龐大資金加以興建，將是一項沉重的財政負擔，因此應考慮採委外經營策略，將停車收費之工作交由民間專業團隊處理，以BOT[1]、ROT[2]、OT[3]等方式參與興建、經營停車場並配合企業化之經營，政府只處於監督與訂定費率之立場。因此，以獎勵「民間投資」及「公共設施用地多目標使用」來興建停車場，可以有效提高執行效率，亦爲政府目前解決財政與部分停車問題的重要手段。然而以此種方式來興闢停車場，僅能是採取消極被動的方式，如果碰上大環境的經濟不景氣及投資無利潤而意願低落時，民間投資興建、經營停車場的誘因不足，故政府仍有主動興闢停車場之義務。

爲促使民間投資興建停車場之意願提高，有賴於研擬改善提高有利之獎勵措施，例如：

1. 將依照「都市計畫公共設施用地多目標使用方案」之規定，適合作停車場使用之公園、廣場、學校、高架道路、道路、體育場等公共設施用地之地上或地下，訂定其比率，提供予有意之民間投資者。
2. 土地所有權屬於公有者，投資者可租用或與地方政府合建，政府可給予較有利的取得條件；至於土地所有權屬私有者，則可由投資人與所有權人協調取得之，必要時政府可出面加以協調，使投資人較易於取得興建停車場所需土地之所有權或租用權。
3. 對於私人或團體投資興建停車場，政府可協助洽請金融機構給予長期優惠融資，或給予某一期限之免息貸款，使投資者在資金籌措條件上更爲有利。
4. 政府可考慮比照「獎勵投資條例」減免投資人之有關稅捐，如前五年免徵地價稅，機械設備由國外進口者之進口稅可分年繳交等。
5. 由私人或團體投資興建之路外停車場，可視實際狀況，將鄰近之路邊停車場取消，並將臨接道路與巷弄劃設爲禁止停車或收取較高的路邊停車費用，同時對於停車場附近之違規停車加取締和拖吊，以促進民眾使用路外停車場。

爲能發揮停車場／格位之最大效能，除上述之獎勵措施外，尚有其他相關配合措施：

1. 爲能有效利用路外停車場，必須建立停車收費原則，即路邊停車之費率必須高於路外停車，以提高民眾使用意願，而市中心停車之費率更應高於市郊，以抑

1 BOT（build, operate, and transfer）之中文譯名為「建設、營運、轉移」，係指由民間機構投資興建設施後並繼續承接營運，俟營運期間屆滿後再將該設施之所有權移轉予政府。

2 ROT（rehabilitate operation, and transfer）之中文譯名為「擴整建、營運、移轉」，係指由政府委託民間機構，或由民間機構向政府租賃現有設施，予以擴建、整建後並為營運，俟營運期間屆滿後，將營運權歸還給政府。

3 OT（operate, and transfer）之中文譯名為「營運、轉移」，係指由政府投資新建完成後，委託民間機構營運，俟營運期間屆滿後，將營運權歸還給政府。

制部分民眾駕車進城之意願。

2. 計時計次停車收費地區巷道，應切實按照巷道之路邊停車標準，劃設黃線或紅線，若允許停車應劃設格位，有助於車輛整齊停放，且嚴格取締違規停車之現象。
3. 嚴格禁止並取締於私人住宅門前道路上，劃記禁止停車標誌或放置標示與障礙物，或標示私人專用之標記。
4. 有關「私人經營之路邊寄車業」必須納入管理，首先確定其主管機關，其設立需經有關機關申請核准，若屬公共設施且有妨害交通流暢之虞者，一律不准設置，否則亦應依照管理辦法設置，並可考慮由主管機關單位公開招標，並向經營者收取營業稅捐。
5. 加強停車管理措施：
   (1) 除積極興建路外停車場外，對原已設置之停車空間亦應促使其發揮最大功能。
   (2) 利用先進科技有效管理停車資源，改善停車服務品質，以減少尋找停車位的時間及提供更便利的服務。
   (3) 路邊停車收費資訊化，簡化停車收費作業流程，除可減輕停車收費人力及財力之負擔，並可擴大停車收費路段。
6. 加強政策宣導與法規教育。
7. 加強違規停車執法工作。

21.5 結論與建議

都市停車措施的擬定與執行和上位計畫或指導的停車政策有著密不可分的關係。就中央政府而言，會定時更新出版全國性的交通政策白皮書，其原則性之指導爲合理增加停車供給、整頓停車秩序以及加強都市停車管理；而就地方政府而言，亦有位居指導性質的縣市級交通政策白皮書，雖然各地的指導原則未必全然相同，但各地都市停車管理策略大同小異，包括路邊停車供給策略、路外停車供給策略、停車轉運策略、停車費率策略、違規取締策略以及行銷策略等。

停車策略尚有二項重要課題，即：(1) 都市計畫的住商混合使用對停車需求的影響程度，以及 (2) 市中心區停車供給總量管制的可行性。國外最近的研究顯示，住商混合使用確實能有效降低車輛使用與停車需求，而在市中心區停車供給總量管制可提昇人的價值，朝生態都市的方向發展。部分城市如美國波士頓（Boston）、波特蘭（Portland）、舊金山（San Francisco）及西雅圖（Seattle）均訂定最大停車空間限制（parking maximum），以抑制私人運具旅次，提高大衆運輸旅次比例；例如，舊金山規定停車空間不得超過建物樓地板面積的 7%，西雅圖則規定每 1,000 平方英呎樓地板面積至多可配置一個停車位。此與我國以往爲解決停車問題，要求建物必須附設一定比例以上的停車空間，即最小停車空間限制（parking minimum），甚至提供容積獎勵以鼓勵建商額外配置開放公共使用的停車空間之概念恰恰相反。購屋時要求一戶要同時購買多個車位，不僅有鼓勵民衆多持有及多使用私人運具外，也大幅提高購屋成本。因此，在大衆運輸相當便利的區域，也可研究訂定最大停車空間限制及房屋與車位必須分開銷售（unbundle parking）之相關規定。

問題研討

1. 名詞解釋：
   (1) 公共部門路邊停車。
   (2) 差別定價。
   (3) 停車資訊系統。
2. 造成都市停車問題的原因有哪些？
3. 請說明我國交通政策白皮書之停車管理政策。
4. 請說明都市停車管理策略及其內容。
5. 請列舉並說明路邊與路外停供給管理策略？
6. 試述如何利用訂價策略影響停車供需？

相關考題

1. 都市地區停車問題嚴重，請問其解決方式有哪些？(25 分)（97 高三級）

參考文獻

一、中文文獻

1. 王文麟（1993），交通工程學——理論與實用，三版，臺北。
2. 交通部（2004），交通工程手冊，二版，幼獅文化，臺北。
3. 交通部（2015），交通工程規範，臺北。
4. 交通部（2002），交通政策白皮書，臺北。
5. 交通部（2009），「交通年鑑」，第十三篇都市交通——第四章都市停車場建設與經營管理，http://www.motc.gov.tw/。
6. 停車場法，民國 90 年 5 月 30 日頒布修定。
7. 臺北市停車管理處（2006），「臺北市數位化停車管理成果與未來」，95 年度提升公有路外公共停車場經營管理研習會。
8. 交通部運輸研究所（1986），停車場規劃手冊，臺北。

第5篇

公路容量分析

第 22 章

公路容量與服務水準

「公路容量分析」（highway capacity analysis）之工作內容爲分析公路設施所能輸運的車輛或行人，以及在不同條件下所能提供的服務品質，其主要目的有二，第一，評估現有或預測未來計劃公路設施之服務品質，第二，計算公路設施達到特定服務品質之條件，以研擬交通管制和管理策略或改建擴建之資源分配。正確且客觀地估計公路設施的容量及分析其服務品質爲一複雜且費時的工作，除對於公路設施的深入理解外，尙需要具備使用不同分析工具的能力，包括物理模式、數學計算、統計分析以及電腦模擬，再加上公路設施的數量十分龐大且具備不同的特性，例如市區道路與郊區道路即有截然不同的交通特性，機動車輛與行人設施之考量亦全然不同，由此可知公路容量與服務水準分析工作實屬不易，因此，宜有一套經過深入研究及完整驗證的標準化程序供所有交通工程人員採用，以達到客觀、正確、有效率的交通規劃和管理。

本章第一節介紹公路容量手冊，第二節說明公路容量及服務水準之概念，第三節則爲結論與建議，影響公路容量之因素將在第二十三章介紹，而公路容量分析之概念於第二十四章詳述，由於公路設施種類衆多，第二十五章以高速公路基本路段爲例說明公路容量的分析方法。

22.1 公路容量手冊

有鑑於公路容量分析之重要性及複雜性，美國公路相關單位在 1950 年代開始製作公路容量手冊（Highway Capacity Manual, HCM），經過 1965 年以及 1985 年的修訂，將公路容量與服務水準的定義以及量化方式標準化，目前最新的版本已於 2010 年出版（Transportation Research Board, 2010）。「臺灣地區公路容量手冊」於 1990 年出版（交通部運輸研究所，1990），其內容大致參考 1985 年的美國公路容量手冊（Transportation Research Board, 1985），但美國與臺灣之交通特性有許多不同之處，其中最顯著者爲臺灣的高機車使用率，因此，在該手冊出版後，交通部運輸研究所開始進行長期的本土化參數的蒐集以及臺灣獨特交通特性之研究，進而編定「2001 年臺灣地區公路容量手冊」（交通部運輸研究所，2001）以取代 1990 年之手冊，隨後又在 2007 年進行了部分章節的修訂（交通部運輸研究所，2007），最新版本爲「2011 年臺灣公路容量手冊」（交通部運輸研究所，2011）（以下簡稱「公路容量手冊」）。

22.2 公路容量及服務水準之概念

1. 公路容量（highway capacity）

評估公路容量之目的在量化不同公路設施輸運車輛或行人的能力，以提供評估現況或未來設施服務水準的基礎。根據公路容量手冊的定義，「容量指在一已知之交通、管制、幾何及其他狀況下，單位時間內經常可通過一定點之最大流率」，此定義指出公路容量的幾項關鍵概念：

(1) 與許多其他工程領域不同，交通工程中所考慮之公路設施之容量為可變，其大小不但受到交通管制方式（標誌、標線、號誌及槽化）以及道路幾何設計（如線形、坡度……等）之影響，還有如號誌的有無對於單位時間可通過的數量可能有顯著改變，也會依交通需求特性而改變，或是車流中的重車（貨車、遊覽車……等）比例增加會導致容量降低，車流中用路人對於路況不了解，亦會降低公路的容量。

(2) 容量的單位可依照服務對象的不同而改變，因此容量的估計可以車輛或行人的單位，對同一運具也可以使用不同的容量單位，例如，公車專用道可採用單位時間通過車輛數或是乘客數為容量單位，行人設施則可以單位時間通過一定點的行人數為容量，也因此在上述定義中未指定單位。

(3) 容量係指通過一定點之最大流率，該定點與其上下游之各項條件應儘量相同，以避免容量估算的誤差，因此在容量分析時宜選擇設施中條件均勻的部分進行調查和估計。

(4)「經常可通過」代表該容量估計的是一般可見且可被合理期待的狀況，反之，偶然出現的極端現象並不適合代表公路設施的運輸能力，因此該狀況下的流率無法被當作是容量。

2. 流率（flow rate）

流量（flow）的定義為任意一段時間內通過一定點的車輛或人數，為方便比較不同時間單位之流量，必須將流量值轉換為同一時間單位，而將不定時間長度之流量換算成單位時間內通過一定點之車輛數或人數則可得到流率，在分析車輛時，通常是將小於一小時之流量轉換成小時流率，分析行人時則利用小於一分鐘之人流量換算為分鐘流率。舉例來說，若在某地點調查 15 分鐘之流量為 600 輛，則其對等流率為 $(600/15)\times 60$ = 2,400 輛／小時，此一流率僅代表調查期間之 15 分鐘，與連續調查一小時得到交通量 2,400 輛／小時之意義不同。如同第四章所述，為避免在一小時內的需求變化造成瞬間的容量不足，進而引發嚴重的阻塞，在容量分析時係使用尖峰 5 或 15 分鐘之流率而非尖峰小時交通量，實務上一般公路與市區道路之流率使用 15 分鐘尖峰小時係數放大尖峰小時交通量而得，而高（快）速公路則使用 5 分鐘尖峰小時係數。

流率又可分爲需求流率及實際流率，在公路容量分析中規劃新的設施或評估現有設施時，適用的流率爲需求流率。需求流率爲單位時間到達該定點上游的車輛數或人數，因爲容量的限制，此一需求流率不保證全部可通過該路段，因此單位時間實際通過該定點的車輛數或人數則定義爲實際流率，在需求流率未達到容量時，此二值相等，但需求流率超過容量時，公路設施將出現阻塞的現象，車流或人流呈現不穩定而走走停停的狀態，車輛或行人無法全部順利通過該定點，使得實際流率小於需求流率。

3. 服務水準（level of service, LOS）與績效指標（measures of effectiveness, MOE）

服務水準指的是「交通設施服務品質好壞之程度」（交通部運輸研究所，2011），服務水準爲一質化的指標，以評估用路人使用公路設施的感受，一般的分級爲 A、B、C、D、E、F 級六級，A 級代表最佳的服務水準，F 級則代表最差的水準。理想上，服務水準的判定以用路人重視且能確實反應服務品質的指標而定，例如，車輛駕駛操作的自由度、安全、便利等，但爲簡化判定程序，多選用可量化的交通流參數（如高速公路常用流量容量比以及平均速率、號誌化路口常用延滯、行人流使用行走速率），此類決定服務水準的量化值稱爲績效指標。因不同公路設施有不同的作業性質，所以有必要利用不同的績效指標以劃分不同設施的服務水準，績效指標及其使用將在第二十四及二十五章中進行更進一步介紹。

服務水準有簡明易懂的特色，對於向非交通專業人士解釋說明公路設施服務品質好壞有良好的效果，因此服務水準的概念被極爲廣泛的使用。但服務水準仍有少數缺點，首先，服務品質的高低實爲一連續變數而非如服務水準般的間斷區間，在同一服務水準下的服務品質可能有顯著的差異，採用服務水準可能對公路設施的狀態評估產生誤差，再者，服務水準爲一主觀之標準，其訂定可能缺乏客觀標準，服務水準可能對某一群人合理但卻不符合另一群人的感受。因此有人主張應直接使用績效指標而不使用服務水準（Roess *et al.*, 2011）。

公路容量分析以及編定公路容量手冊的終極目標並非是估計公路設施之容量，實際上，容量的估算是爲了配合需求流率的調查或預測以了解現存或未來設施之服務水準，再進一步執行公路設施的規劃設計及交通管理措施的研擬。而在服務水準可評估的情形下，容量亦可不估計，例如高速公路績效指標在過去多採用密度和平均速率，若此二績效指標已知，不需估計高速公路的容量即可得到服務水準，容量的估計也就可以省略。因此，2001 年的公路容量手冊曾指出將「公路容量分析」一詞改爲「服務水準分析」可更貼切其眞正內涵（交通部運輸研究所，2001）。

4. 服務流率（service flow rate）

由於公路設施在流率接近容量時之服務品質極為惡劣，因此公路設施並不適合在容量（最大流率）下運作，而應以可被用路人接受的狀況下的流率來運行。服務流率即是對應某一服務水準之最大流率，以高速公路為例，A 級服務流率指的是維持 A 級服務水準所能接受的最大流率，B 級服務流率則是維持 B 級水準的最大流率，同理，C 級至 E 級服務流率分別代表該級之最大流率，但 F 級服務水準之車流為不穩定（unstable）車流，車輛停停走走，流率變化過大，因此在公路容量分析時不定義 F 級服務流率。舉例來說，D 級服務水準常被選定為用路人可接受的最低服務水準，超過 D 級服務流率之車流量雖然仍可通過（尚未達到容量），但運輸品質過於惡劣而無法被用路人接受。

5. 流量容量比或流率容量比或 v/c 比（v/c ratio）

除了上述提及的績效指標（速率、密度、延滯）外，流量容量比或流率容量比亦是常用的績效指標之一，其意義為容量中被使用之比例。v/c 比之分母 c 為容量（capacity），而分子 v 原代表交通量（volume），但可泛指交通量或是流率，使用前者時一般稱為流量容量比，而採用後者時則可稱為流率容量比，但更經常利用縮寫 v/c 比或 v/c 表示之。v/c 愈小代表服務水準愈良好，反之，則代表服務水準不佳，但其上限常因定義不清而造成困擾。由物理法則來看，若容量的估計完全正確，「實際流率」（實際通過的車輛或行人）自然不可超過容量，若出現實際通過流量大於容量，代表容量之估計有誤（過低）。若是比較「需求流率」與容量，需求則有可能超過容量（v/c 大於 1），此時，上游出現車隊排隊現象，進而降低服務水準，該公路則有擴建的需要，或是必須採用交通管理措施以減少需求。因此，當 v/c 大於 1 時，應釐清使用的 v 值以及發生原因為容量估計錯誤或需求過高，再針對該原因予以改善。

22.3 結論與建議

公路容量分析之目的為評估現有或預測未來計劃公路設施之服務品質，或是估算公路設施達到特定服務品質之條件所需要之策略或資源。讀者必須先對相關名詞（如：容量、流量、流率、服務水準、服務流率、績效指標、流量容量比等）及其相互關係有完整的認識，方可了解後續章節所介紹之容量影響因素以及分析方法。

問題研討

1. 名詞解釋：
   (1) 公路容量。
   (2) 流率。
   (3) 服務水準。
   (4) 績效指標。
   (5) 服務流率。
   (6) 流量容量比。
2. 請說明公路容量分析的主要目的為何？
3. 使用服務水準評估交通設施服務品質好壞的優缺點各有哪些？

相關考題

1. 提昇都市地區主要幹道瓶頸路段之服務水準，有哪些交通工程與管理的改善措施？請說明每一種改善措施之內容與原理。（20 分）（94 專技高檢覈）
2. 請說明下列用詞的意義及用途：LOS。（5 分）（95 專技高）
3. 請說明下列用詞的意義及用途：V/C。（5 分）（95 專技高）
4. 請試述下列名詞之意涵：容量（capacity）。（每小題 5 分）（103 高三級）

參考文獻

一、中文文獻

1. 交通部運輸研究所（1990），臺灣地區公路容量手冊，交通部運輸研究所。
2. 交通部運輸研究所（2001），2001 年臺灣地區公路容量手冊，交通部運輸研究所。
3. 交通部運輸研究所（2007），2001 年臺灣地區公路容量手冊—— 2007 年修訂部分章節，交通部運輸研究所。
4. 交通部運輸研究所（2011），2011 年臺灣公路容量手冊，交通部運輸研究所。

二、英文文獻

1. Roess, R.P., Prassas, E.S., and McShane, W.R., (2011), Traffic Engineering, 4th Edition, Prentice-Hall, Inc.
2. Transportation Research Board (TRB), (1985), Highway Capacity Manual: Special Report 209, Transportation Research Board.
3. Transportation Research Board (TRB), (2010), Highway Capacity Manual, Transportation Research Board.

第 23 章

公路容量影響因素特性

「2011 年臺灣地區公路容量手冊」（以下簡稱「公路容量手冊」）（交通部運輸研究所，2011）納入了下列設施種類：

1. 高速公路
2. 市區幹道、地下道路及高架快速道路
3. 郊區雙車道及多車道公路
4. 號誌化路口、非號誌化路口及圓環
5. 公車設施
6. 機車專用道
7. 行人設施

其中高速公路又分為隧道、進出口匝道、收費站以及不受以上設施影響之高速公路基本路段（basic freeway segment），美國 Highway Capacity Manual）以下簡稱 HCM）（Transportation Research Board, 2000）所包含的公路設施也大致相同。由此可知，公路設施之涵蓋範圍廣且特性不一，難以在有限篇幅內完整介紹。基於此一原因，本書將公路設施大致分為兩大類：無阻斷車流（uninterrupted flow，例：高速公路基本路段、多車道郊區公路（multilane rural highways）、市區幹道……等）以及受阻斷車流（interrupted flow，例：號誌化及非號誌化交叉路口等），受阻斷車流中最重要的號誌規劃設計與服務水準評估已於第十五章說明，因此第二十三至二十五章之說明將以無阻斷車流為主，無阻斷車流之高速公路基本路段及多車道郊區公路之交通特性與第五章之交通車流理論可互相印證，因此本書藉用此二類設施進行公路容量分析概念及分析方法之解釋。

本章之內容安排如下：第一節介紹基本狀況的概念，第二節則說明公路容量的影響因素，第三節則為結論與建議。

23.1 基本狀況

理想上，欲分析某路段之服務水準，應針對該路段進行調查以蒐集資料，但交通調查耗費人力及時間，因此，實務上的作法為選定容量最大的狀況作為基準，此一容量最大狀況稱為「基本狀況」（base condition），若分析路段與基本狀況不同，則依據差異進行容量調整。基本狀況假設良好天候狀況、良好鋪面狀況、使用者對於交通設施熟悉以及車流中無阻礙，另外視考慮的設施不同有其他假設。接下來以高速公路基本路段以及多車道郊區公路為例說明基本狀況之概念。

高速公路為具有雙向分隔以及進出完全管制之多車道道路，而高速公路基本路段為高速公路中不受匝道、收費站、交織路段、隧道及橋梁影響之路段，公路容量手冊所訂高速公路基本路段之基本狀況整理如下：

1. 車道寬 = 3.75 公尺。
2. 外側路肩寬 = 3 公尺、內側路肩寬 = 1 公尺。
3. 道路位於平原區（意即無坡度或坡度小）。
4. 晴朗天氣及良好鋪面。
5. 平常日之車流（代表駕駛人多爲通勤目的，因此較熟悉道路且專注於駕駛工作）。
6. 車流中只有小客車。

而多車道郊區公路爲有平面交叉路口之市郊道路及城際公路，其每方向最少有兩車道，與高速公路基本路段之不同處在於多車道郊區公路之設計標準較低，因此平均自由速率略低，再者，中央分隔可有可無，車種組成中除小車和大車外還包括機車。公路容量手冊所訂多車道郊區公路基本狀況的條件如下所列：

1. 車道寬 = 3.75 公尺。
2. 橫向淨距最少 2.0 公尺（從車道外側到分隔島或路邊障礙物之距離）。
3. 道路位於平原區（意即無坡度或坡度小）。
4. 晴朗天氣及良好鋪面。
5. 平常日之車流（代表駕駛人多爲通勤目的，因此較熟悉道路且專注於駕駛工作）。
6. 車流中只有小客車。
7. 道路爲城際公路而且有中央實體分隔（城際公路指的是在城市之間，不在市區或市郊之公路，通過地區多爲鄉村或未開發地區，受兩側土地使用干擾少）。

比較高速公路基本路段及郊區多車道公路之基本狀況，除了少數寬度限制的不同，其餘基本狀況之條件大致相同，再加上多車道郊區公路基本狀況限定城際公路與中央實體分隔，使得兩者之差別十分有限，其概念皆是在描述無阻斷車流的理想運作狀況，若某高速公路基本路段或郊區多車道公路之交通狀況及道路設計滿足以上基本狀況，則該路段之容量可達到該類設施容量之最大值。基本狀況雖然不常發生，但在實務上仍屬可行。比基本狀況更高標準之公路（如更寬的車道）雖然在技術上可行，但其容量不會進一步提昇，同時亦缺乏經濟上的效益。

23.2 公路容量分析影響因素

在絕大多數的狀況下，設施現況與上述基本狀況有所不同，因此必須對基本狀況下之容量大小進行調整以反應其差異。本小節整理公路容量分析之主要因素以及各因素之影響效果，使讀者能對後續之容量調整工作有通盤的了解。公路容量分析影響之因素衆多，主要可分爲「交通特性因素」、「道路實質因素」以及「管制條件因素」，以下分別說明：

1. 交通特性因素

(1) 車種之組成：車輛可大略分爲機車、小客車、小貨車、大客車、大貨車以及聯結車，在容量分析時僅區分爲機車、小車及大車，小車包括小客車及小貨車，其他車輛屬於大車。基於小客車當量的概念，一輛大車對車流的影響較一輛小車爲高，因此車流中大車比例越高，經過小客車當量轉換後，其需求流率亦越大。反之，一輛機車對車流的影響較一輛小車輕微，因此，機車比例越高，經過小客車當量轉換後其需求流率將越小。

(2) 用路人對道路之熟悉程度：用路人對於道路不熟悉，行駛速率會稍低，而降低容量，此一因素亦可能造成需求流率上升或是平均速率降低。

(3) 需求尖峰趨勢：由於需求流率多以尖峰 15 分鐘之流率計算，尖峰小時係數愈小，代表尖峰的趨勢愈明顯，公路設施所需滿足之需求愈大。

(4) 車流方向分布：車流方向分布主要影響雙車道公路，當對向車道之車流量愈大，利用對向車道超越慢車之機率愈小，因此在相同道路設計下，兩方向之車流量差距愈大，其公路容量愈小。多車道公路之容量分析爲兩方向獨立考慮，因此較不受此一因素影響。

2. 道路實質因素

(1) 車道數、車道位置、爬坡道：車道數愈少，道路所能輸運之車輛數自然愈小，更進一步分析車道位置的不同，內車道之運作效率也會隨著車道數減少而下降，車道數愈少，內車道所占大車的比例愈高，如上所述，大車比例愈高，其轉換後需求流率愈大；另外，在上坡路段時是否有增設爬坡道對於各車道車種組成、速率、容量以及需求流率皆可能產生影響。

(2) 車道寬：車道愈窄，車輛之間的距離愈小，速率將會下降，容量隨之減少。

(3) 曲率：曲度愈大，車輛運作愈困難，公路容量將下降。

(4) 坡度及坡長：坡度愈大或坡長愈長，公路容量亦會降低，此因素對於大車之影響尤爲明顯。

(5) 設計速率：設計速率越低，單位時間可通過的車輛減少，因此容量降低，設計速率同時也影響上列之曲率以及坡度。

(6) 路肩寬與側（橫）向淨距：外車道與路邊障礙物之距離窄，會對駕駛人造成心理壓力，駕駛人傾向遠離障礙物而較逼近其他車道，並造成速率以及容量下降。

(7) 中央分隔：無實體中央分隔時，最內車道之駕駛人易受對向車流影響，因此速率下降，容量降低。

(8) 進、出口匝道或交叉路口之密度：匝道或交叉路口密度愈高，對於車流之干擾愈大，速率及容量愈低。

(9) 鋪面狀況：鋪面狀況愈差，車輛操作愈困難，速率及容量愈低。

(10) 氣候及照明度：氣候不良或照明度不足皆會影響駕駛人之視線，進而降低速率，容量下降，此類因素對容量之影響雖然十分明確，但尚未被公路容量手冊及 HCM 涵蓋。

(11) 事故、道路施工或養護之作業：此類臨時性的影響因素會造成車道寬度或車道縮減，同時常伴隨著速限降低，因此會降低容量，唯此類臨時性因素尚未被公路容量手冊及 HCM 涵蓋。

3. 管制條件因素

(1) 速率限制：同一道路之公路容量會因爲速限的變化而改變，速限愈低，單位時間通過的車輛減少，因此容量降低。

(2) 交叉路口管制：此類因素對於容量之影響較爲複雜，常見交叉路口之管制方式包括號誌化路口、閃光燈號以及「停」或「讓」標誌，號誌化路口之容量影響因素請參見第十五章，其他管制方式之影響因素需視各路口之車流量而定，並無明確之質化關係。

(3) 運輸系統管理：此類彈性管理措施（參見第二十八章）對於公路容量亦會有影響，此類措施之目的多爲降低交通需求或提高公路容量，以提昇服務水準，但此類措施之影響十分複雜，相關容量分析方法大部分未被公路容量手冊及 HCM 涵蓋。

23.3 結論與建議

公路容量之影響因素大致可分爲「交通特性因素」、「道路實質因素」以及「管制條件因素」等三大類，但在實際進行容量分析時，僅有對公路容量影響顯著且易量化之因素被納入（大多屬前兩類），其他不易量測或非常態之因素並無法納入（大多屬第三類）。讀者請參見以下兩章之容量概念及分析方法以了解可量化與不可（易）量化之容量影響因素之區別。在進行容量分析時，除了掌握可納入考量之影響因素外，也應清楚了解未納入考量之因素以及其對於公路容量分析結果可能產生之潛在影響。

問題研討

1. 何謂基本狀況？訂定基本狀況之目的及用途為何？
2. 公路容量分析影響因素有哪三大類？試舉例說明各因素對容量之影響方式？
3. 試說明大車的存在對公路容量之影響？
4. 試說明智慧型運輸系統對於公路容量大小之影響？

相關考題

1. 同樣的大型車（大客車、大貨車等）在不同的道路、交通、環境條件下，其小客車當量值（PCE）往往並不相同。請列出影響小客車當量值的各項因素，並具體說明其影響的情形。（20 分）（97 專技高）
2. 高速公路電子收費系統（ETC）啓用後，在現有收費站區域之車流特性將有所改變。在目前大型車與小型車各使用一個 ETC 專屬車道之情況下，其相對於原有之完全人工收費狀況，產生哪些交通特性之改變，試分析之。（25 分）（95 高三級）
3. 都市地區幹線道路的服務水準，因其路段中號誌化路口距離的不同，而有不同的評估指標與評估方法。請說明號誌化路口距離分別為 300 公尺、1,500 公尺與 3,600 公尺的三種情形下各應如何評估其服務水準？原因何在？（20 分）（97 專技高）

參考文獻

一、中文文獻

1. 交通部運輸研究所（2011），2011 年臺灣公路容量手冊，交通部運輸研究所。

二、英文文獻

1. Transportation Research Board (TRB), (2000), Highway Capacity Manual, Transportation Research Board.

第 24 章

公路容量分析概念

非阻斷車流之公路設施種類雖然多，但其容量分析概念大致相同，本章根據「2001 年臺灣地區公路容量手冊」（交通部運輸研究所，2001）、其部分修訂章節（交通部運輸研究所，2007）、「2011 年臺灣公路容量手冊」（交通部運輸研究所，2011）（以下簡稱「公路容量手冊」）以及 Roess *et al.*, 2011 之內容，解釋非阻斷車流容量分析之一般概念，第二十五章將以高速公路基本路段爲例，詳細說明容量分析之方法及程序。如同第二十二章所述，公路容量分析之主要目的有二，其對應之容量分析工作分別爲運作分析（operational analysis）以及規劃與設計分析（planning and design analysis）。本章第一節及第二節分別說明運作分析以及規劃與設計分析之基本概念及流程，第三節則爲結論與建議。

24.1 運作分析基本概念

「運作分析」指的是在幾何設計、交通管制及交通需求已知的條件下，進行服務水準的評估，以決定現有設施的運作是否達到要求。非阻斷車流之公路容量「運作分析」基本概念如圖 24-1 所示。

圖 24-2 及圖 24-3 分別爲步驟一所指出的高速公路基本路段及多車道郊區公路之基本狀況速率－流率曲線，其中高速公路之速率－流率曲線之速率爲速限而非自由流速率，其原因在於實際車流必須遵守速率限制而非以自由流速率行駛。另外，公路容量手冊中定義外車道爲靠右側路肩之車道（除爬坡道以外），其餘車道皆爲內車道。比較兩圖可看出兩類設施之速率－流率曲線之形狀幾乎相同，其中最明顯的差異爲速率的範圍，高速公路之速率範圍在 90～100 公里／小時，而多車道郊區公路之速率範圍則在 50～90 公里／小時。另外，多車道郊區公路之速率下降幅度較高速公路基本路段略快，除此之外，兩類設施之速率－流率曲線與第五章描述之車流特性完全相同。

一、調查基本狀況速率—流率曲線
調查該類公路設施之基本狀況下，不同平均自由流速率之速率—流率曲線（高速公路基本路段如圖 24-2，多車道郊區公路如圖 24-3）

↓

二、調查需求流率

↓

三、計算「平均自由流速率」
1. 調查路段現況之各項道路實質因素，若與基本狀況有差異則對基本狀況「平均自由流速率」進行折減，以計算現況「平均自由流速率」。
2. 理想上現況「平均自由流速率」應透過現地調查取得，但調查耗費成本時間，無法對所有設施進行調查，因此大多採取上述折減方式。

↓

四、計算「對等需求流率」
調查路段現況之各項交通特性因素，若與基本狀況有差異則對「需求流率」（步驟二）進行調整，以計算「對等需求流率」。

↓

五、計算績效指標以及劃分服務水準
依照現況「平均自由流速率」（步驟三）選用對應之基本狀況速率—流率曲線（步驟一），利用「對等需求流率」（步驟四）估計「平均速率」，計算績效指標（V/C、平均速率）以及劃分服務水準。

圖 24-1　非阻斷車流之公路容量「運作分析」基本概念

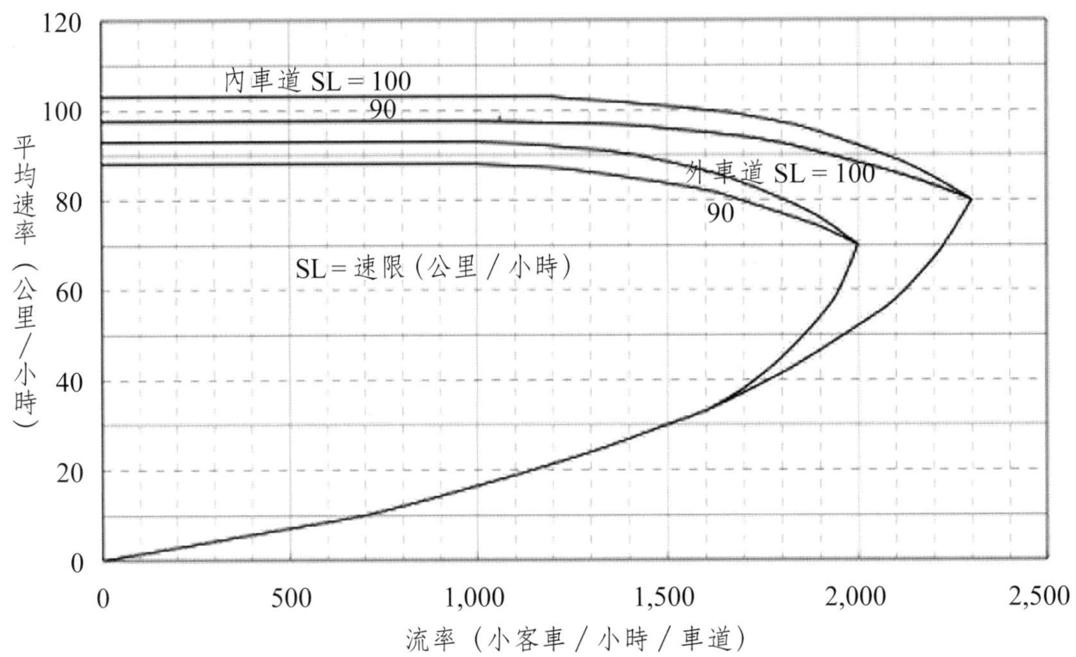

圖 24-2　高速公路基本路段在基本狀況（平坦路段）下速率與流率之關係

（資料來源：交通部運輸研究所，2011）

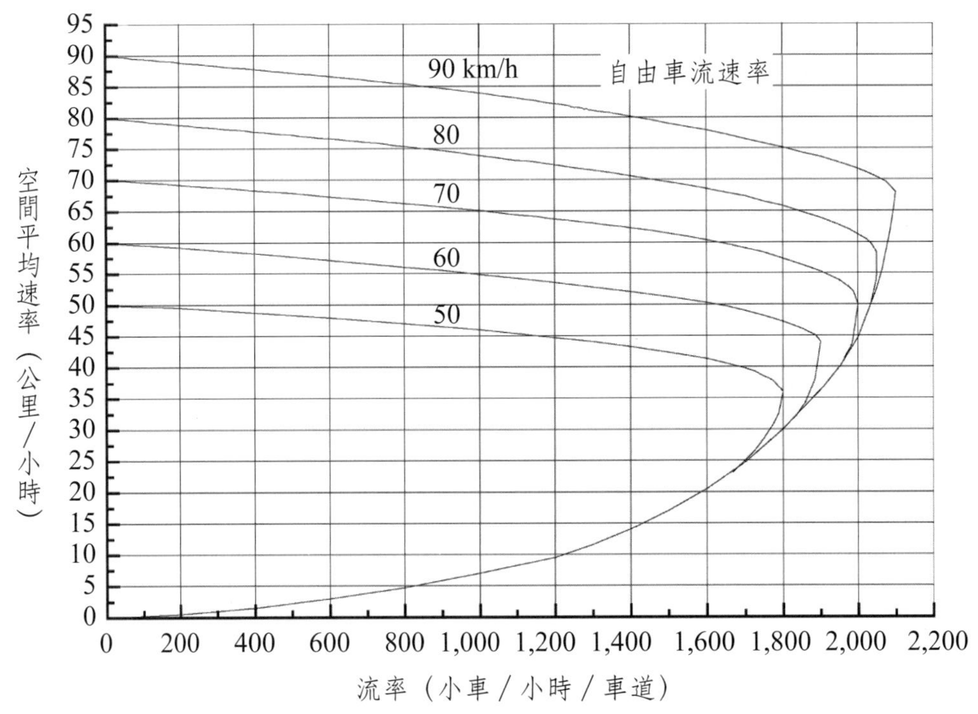

圖 24-3　多車道郊區公路基本狀況下非慢車道流率與速率之關係

（資料來源：交通部運輸研究所，2007）

表 24-1/24-2 以及表 24-3 分別為步驟四所採用的高速公路基本路段及多車道郊區公路之服務水準劃分標準。高速公路基本路段分析方法在過去係將服務水準根據密度以及平均速率分成 A、B、C、D、E 及 F 級，密度為車流中車輛之間的間距，可代表路段的擁塞程度，而速率則代表車輛運作之快慢程度，兩者對於駕駛人舒適程度以及車流順暢與否有極大的影響，同時考量方可完整反映服務水準。舉例來說，當密度相同時，不同幾何設計的路段上的車流可能有顯著不同的平均速率，又例如爬坡車道上的密度可能低於其他各車道上的密度，但其平均速率卻較低，因此，採用密度為單一績效指標將無法完整表達服務水準；另一方面，如圖 24-2 之平坦路段之不同自由流速率下的速率—流率曲線所示，當車流處於非擁塞狀態時（曲線的上半部），高速公路基本路段的速率並不會隨著流率增加而有明顯的變化，因此，僅使用平均速率為績效指標亦不易準確判斷服務水準。

表 24-1　高速公路基本路段根據 V/C 值之服務水準等級劃分標準

服務水準	V/C 值
A	$V/C \le 0.35$
B	$0.35 < V/C \le 0.60$
C	$0.60 < V/C \le 0.85$
D	$0.85 < V/C \le 0.95$
E	$0.95 < V/C \le 1$
F	$V/C > 1$

（資料來源：交通部運輸研究所，2011）

表 24-2　高速公路基本路段根據速限與平均速率差距之服務水準等級劃分標準

服務水準	速限減平均速率之差（公里／小時）
1	≤ 5
2	6～10
3	11～15
4	16～25
5	26～35
6	35

（資料來源：交通部運輸研究所，2011）

表 24-3　多車道郊區公路服務水準等級之劃分標準

服務水準	需求流率／容量比，V/C
A	0.0～0.37
B	0.38～0.62
C	0.63～0.79
D	0.80～0.91
E	0.92～1.00
F	> 1.00

（資料來源：交通部運輸研究所，2011）

最新的「2011 年臺灣公路容量手冊」（交通部運輸研究所，2011）以 V/C 值取代密度來衡量擁塞程度，兩者意義大致相同，但 V/C 有明確範圍，在應用上較為方便。另外，多數駕駛期望能維持一接近速限的行駛速率，因此該手冊採用「速限減平均速率之差」以取代平均速率來評估服務水準。最後，該手冊在服務水準的表達上也有改變，以往係以密度以及平均速率兩項績效指標共同決定一服務水準，高速公路基本路段的服務水準在 2011 年版中改為以兩個代號來表示，第一個代號（A、B、C、D、E、F）係參考 V/C 以評估擁塞程度，對於高速公路基本路段而言，A 級服務水準代表最佳的運作狀態，駕駛完全或大致上不受其他車輛干擾而可自由地行駛和變換車道。B 級服務水準時，駕駛人開始感到受到其他車輛之限制，駕駛人需要相當的注意力以順利變換車道。在 C 級服務水準時，行車自由度顯著受到干擾，駕駛人因此而開始感受到不舒適。在 D 級服務水準時，流率接近或達到容量，因此車輛之間距小，車流中幾乎沒有空間可變換車道，在此級服務水準的狀況下行車必須非常專注，行車舒適度差。E 級服務水準代表車流進入不穩定（unstable）狀態，是進入擁塞狀況之過渡型態，其持續的時間可能僅短暫維持幾分鐘，但若車流未能及時提昇至 D 級水準以上，則會進入可持續相當久的不穩定擁塞狀況，此時的服務水準為 F 級，通常代表下游有容量瓶頸或事故的發生而造成上游路段形成車隊，值得注意的是 F 級服務水準雖然可描述該路段的擁塞，但不一定表示該路段之容量不足，因為容量瓶頸路段可能發生在其他路段。第二個代號（1、2、3、4、5、6）則以速限減平均速率之差評估平均速率，依據表 24-2，平均速率從速限下降程度若超過 35 公里／小時，服務品質令人難以接受，屬於最低的服務水準。舉例來說，某一公路的 V/C 值為 0.5，其平均速率為 75 公里／小時，速限為 90 公里／小時，速限減平均速率之差為 15 公里／小時，則服務水準等級為 B3。

多車道郊區公路之流率與速率曲線在非擁塞狀態呈現下降趨勢（見圖 24-3），因此由 V/C 值可大致估計平均速率，再加上用路人對於平均速率之要求較高速公路基本路段爲低，因此採用 V/C 值單一績效指標即可判斷服務水準。

24.2 規劃與設計分析基本概念

「規劃與設計分析」又可分爲「規劃分析」及「設計分析」，其分析的層級不同但工作內容相近。其中「規劃分析」之目的爲評估運輸系統建設替選方案，以輔助運輸系統規劃之決策。例如某城市欲改善其大衆運輸系統，其替選方案包括公車專用道及捷運，規劃分析可分別預測兩方案所能達到之服務水準，供決策者在評選方案時參考。在進行規劃分析時各項方案之內容尚不明確，因此必須利用較多的假設值或預設值；「設計分析」是在已知交通需求及興建方案的狀況下，先決定需滿足的服務水準，再進行分析以求算交通設施所需的幾何設計或交通管制，其中最常見的例子爲決定新建公路之所需車道數。非阻斷車流之公路容量「規劃與設計分析」之基本概念如圖 24-4 所示，其中與「運作分析」不同處以斜體字標明。

24.3 結論與建議

本章說明公路容量運作分析以及規劃與設計分析之流程，運作分析是在已知外在條件時，進行現存或未來公路設施之服務水準評估，以決定設施運作是否滿足需求，規劃分析乃是評估運輸系統建設替選方案之可能服務水準，以輔助運輸系統規劃之決策，設計分析是在已知交通需求及興建方案的狀況下，先訂定需滿足的服務水準，再求算幾何設計或交通管制，三者各有適用場合，在進行公路容量分析之前，必須先定義分析工作之目的並選擇適當之流程。

一、調查基本狀況速率—流率曲線
調查該類公路設施之基本狀況下，不同平均自由流速率之速率—流率曲線（高速公路基本路段如圖 24-2，多車道郊區公路如圖 24-3）

↓

二、*調查或預測需求流率*

↓

三、*訂定須維持之服務水準*

↓

四、*決定*各項道路實質因素
若設計方案與基本狀況有差異則對基本狀況「平均自由流速率」進行折減，以計算現有設計方案之「平均自由流速率」。因「規劃與設計分析」之公路設施尚未存在，因此此類容量分析之「平均自由流速率」無法透過調查取得，必須採用折減方法。

↓

五、*預測*各項交通特性因素
若預測狀況與基本狀況有差異則對「需求流率」（步驟二）進行調整，以計算「對等需求流率」。

↓

六、*檢查是否滿足需維持之服務水準*
依照現有設計方案之「平均自由流速率」選用對應之基本狀況速率—流率曲線（步驟一），利用「對等需求流率」（步驟五）估計「平均速率」（步驟四），計算績效指標（V/C、平均速率）以及劃分服務水準，若不滿足須維持之服務水準（步驟三）則重新決定道路實質因素，若滿足則流程結束。

圖 24-4　非阻斷車流之公路容量「規劃與設計分析」基本概念

問題研討

1. 試述公路容量規劃與設計分析之流程。
2. 試述公路容量運作分析之流程。
3. 試舉出適用於非阻斷車流公路容量分析之績效指標。
4. 高速公路的績效指標為 V/C 值以及速限減平均速率之差，這兩種績效評估的方式各有什麼優缺點？兩者同時評估的好處為何？
5. 請說明分析高速公路基本路段、多車道郊區公路以及市區幹道之差異為何？

參考文獻

一、中文文獻

1. 交通部運輸研究所（2001），2001 年臺灣地區公路容量手冊，交通部運輸研究所。
2. 交通部運輸研究所（2007），2001 年臺灣地區公路容量手冊—— 2007 年修訂部分章節，交通部運輸研究所。
3. 交通部運輸研究所（2011），2011 年臺灣公路容量手冊，交通部運輸研究所。

二、英文文獻

1. Roess, R.P., Prassas, E.S., and McShane, W.R., (2011), Traffic Engineering, 4th Edition, Prentice-Hall, Inc.

第 25 章

公路容量分析方法——以高速公路基本路段為例

高速公路為具有雙向分隔以及進出完全管隔之多車道道路，高速公路系統包括基本路段、進口匝道、出口匝道、交織區段及收費站等，高速公路系統中車流運作不受匝道、收費站、交織路段、隧道及橋梁影響之路段稱為基本路段，其車流符合第五章介紹之無干擾車流各項特性，讀者可配合閱讀。本章介紹之容量分析方法係根據「2011 年臺灣公路容量手冊」（簡稱「公路容量手冊」）（交通部運輸研究所，2011），並參酌美國公路容量手冊（Highway Capacity Manual 2000，簡稱 HCM）（Transportation Research Board, 2000）而編寫。

本章之內容安排如下：第一節說明高速公路基本路段之車流特性，第二節說明其容量分析方法，第三節則以兩應用例題分別示範運作分析以及設計分析之過程，第四節則為結論與建議。

25.1 高速公路基本路段車流特性

高速公路基本路段之理想狀況、影響車流因素、以及服務水準績效指標分述如下。

25.1.1 基本狀況

高速公路基本路段之基本狀況如第 23.1 節所說明，若某路段之車流狀況及幾何設計滿足基本狀況，則該路段之容量可達到高速公路基本路段容量之最大值，但若現況與基本狀況有所不同，則必須調整車流特性或需求條件以反應其差異。

25.1.2 容量影響因素

在 23.2 節中列出的公路容量影響因素中，實際被公路容量手冊中納入考量的因素包括有車道數、車道寬度、坡度、坡長、車道離路旁障礙物之距離等道路實質因素以及需求流率、尖峰小時係數、車種之組成等交通特性因素。由於美國較早開始進行交通調查資料庫建立且投入大量資源，HCM 較公路容量手冊納入較多的影響因素，而這些因素對於服務水準之影響也有相當完整的分析及圖表。再者，美國公路系統龐大，車流及幾何設計變化較大，不同條件下之相關分析圖表有其必要性；相對於美國公路系統，我國之高速公路系統長度較短，再加上各路線之幾何設計相去不遠，因此，在公路容量手冊中將部分變化不大的因素予以忽略（如車道寬及側向淨距），另外某些影響因素則是針對實際狀況直接給定數據（如大小車使用內車道之比例），在分析步驟上較為簡略。

在各項容量影響因素中，公路容量手冊對於坡度路段之影響及其調整方式與 HCM

顯著不同，在此予以獨立說明。HCM 假設大車在坡度路段之小客車當量大致上隨著坡長及坡度增加而上升，因此坡度路段造成流率（以小客車當量爲單位）的上昇，但未改變速率—流率曲線。公路容量手冊認爲上述方法不甚合理，考量坡度對大車之影響爲根本上的自由流速率降低，坡度路段之速率—流率曲線應與平坦路段之曲線有所不同，因此公路容量手冊建議以圖 25-1 的有坡度速率—流率曲線取代圖 24-2 之平坦路段速率—流率曲線，再根據坡度、坡長、以及大車比例調整平均自由速率後（詳述於第 25.2 節），於圖 25-1 中選用對應或相近的曲線，再以需求流率估算平均速率，上述方法在第 25.3 節中有詳細之應用範例說明。

高速公路基本路段之績效指標與服務水準劃分於第 24.1 節已完整說明，在此不再重覆。

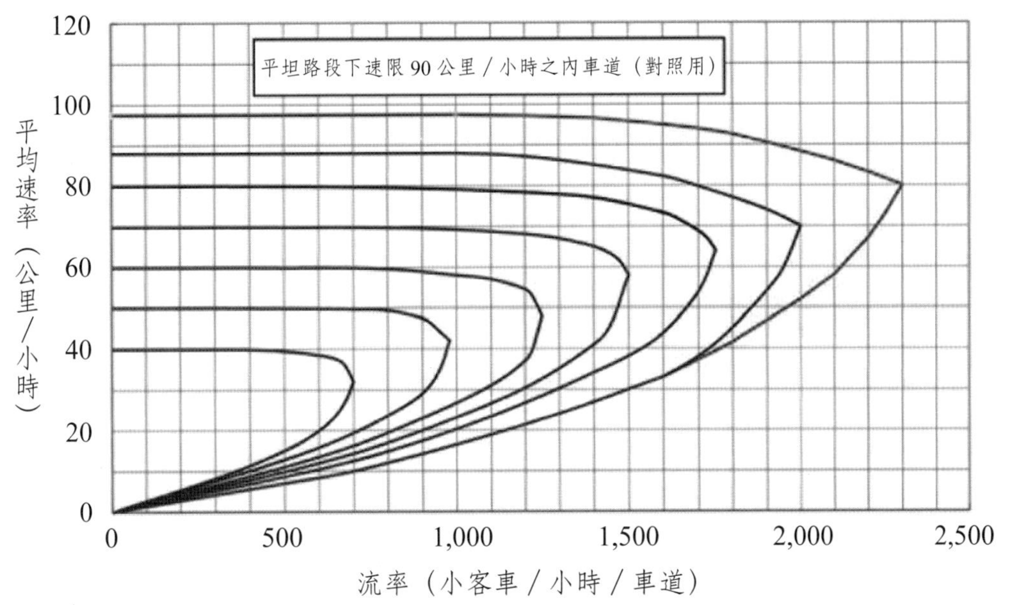

圖 25-1　坡度路段速率與流率之可能關係

（資料來源：修改自交通部運輸研究所，2011）

25.2 高速公路基本路段容量分析方法

根據第二十四章介紹之高速公路基本路段容量分析概念，公路容量手冊建議的分析方法包括七大步驟，視容量分析之目的（運作分析或設計分析）以及分析路段是否有坡度，部分步驟在分析過程中可省略，其流程請見圖 25-2 及 25-3，各步驟內容並詳述如下：

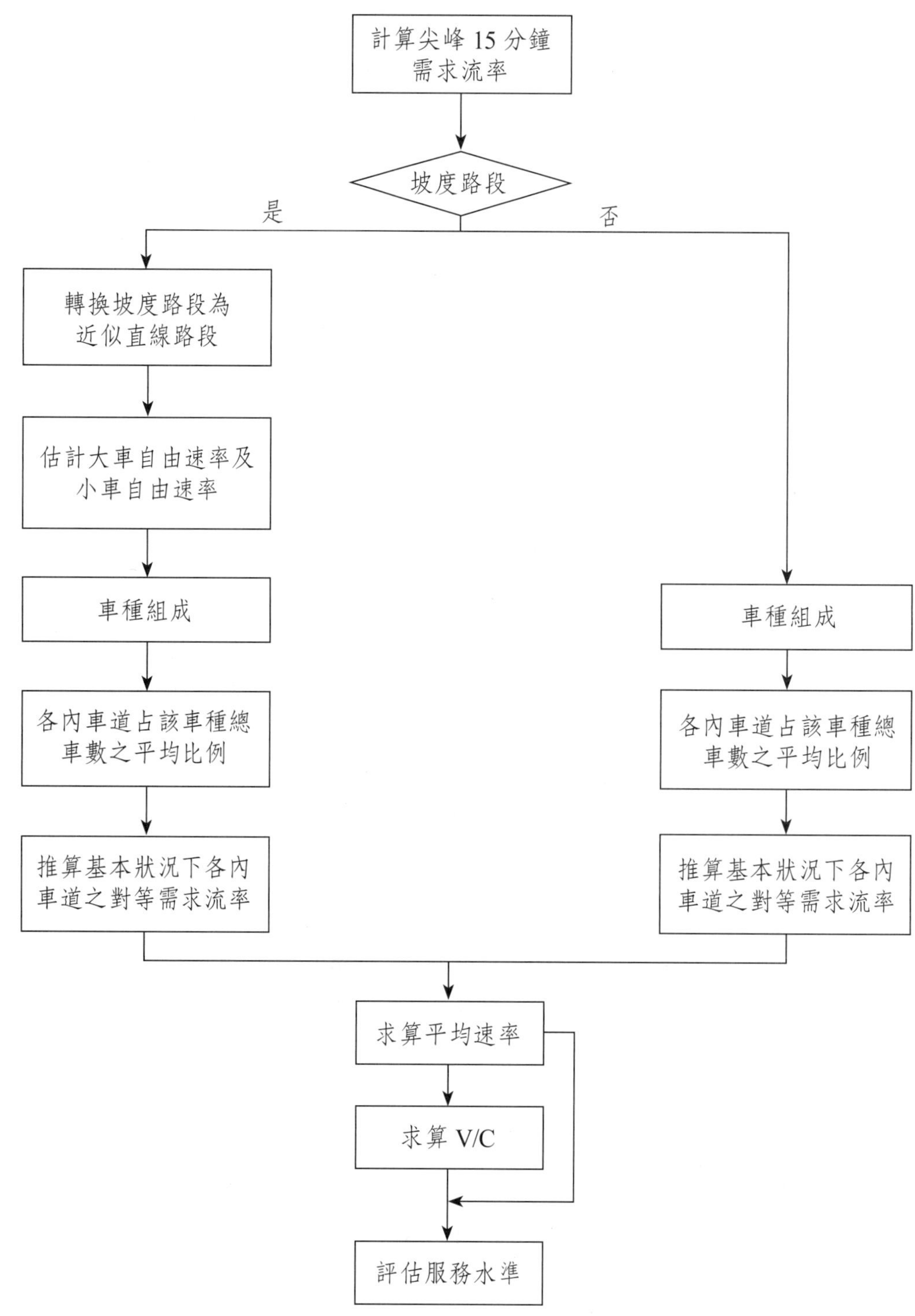

圖 25-2　高速公路基本路段運作分析流程

（資料來源：交通部運輸研究所，2015）

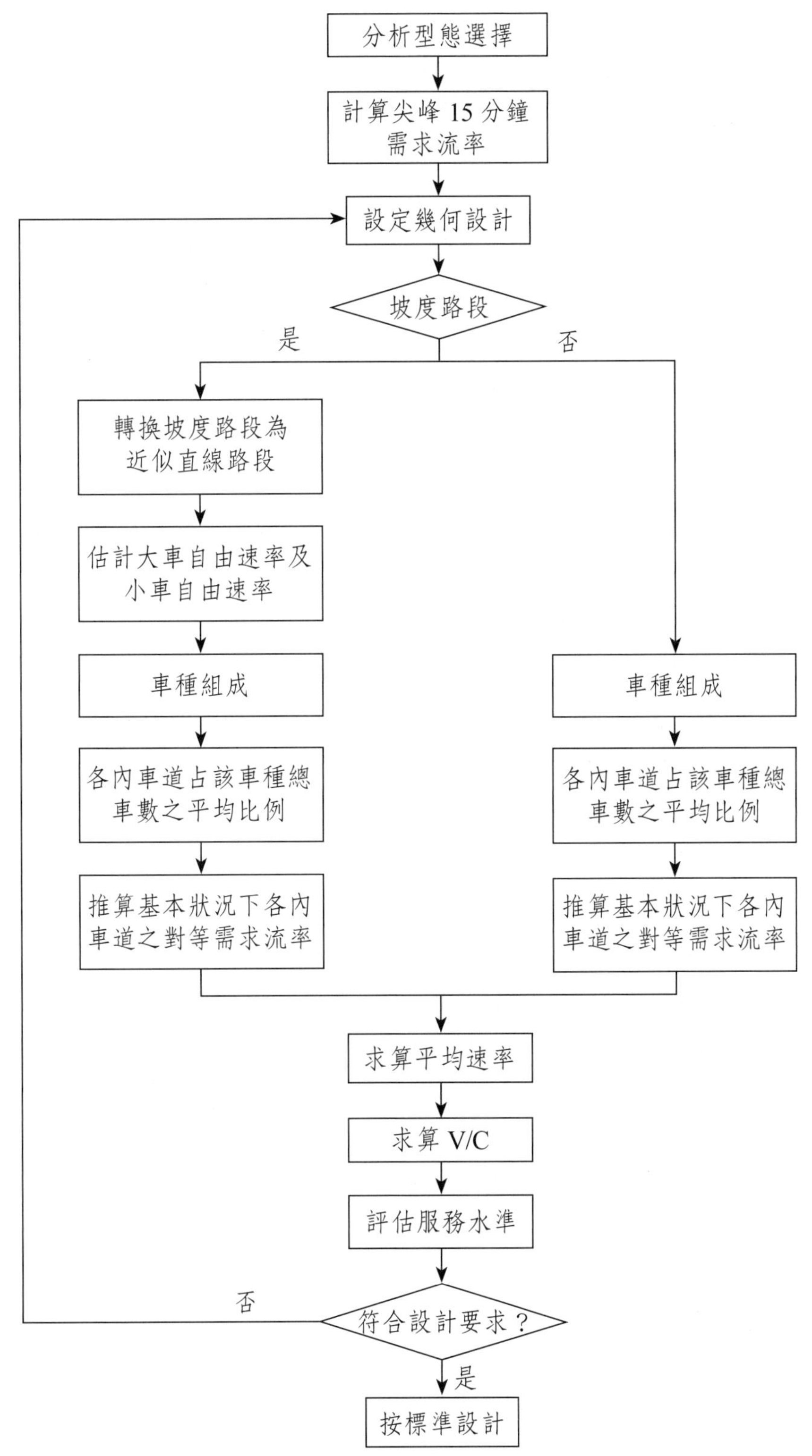

圖 25-3　高速公路基本路段設計分析流程

（資料來源：交通部運輸研究所，2015）

1. 訂定需求流率

由於流率在一小時內非完全穩定，爲避免短時間容量不足而引起的延滯，路段之需求流率以尖峰 15 分鐘流率代表，在設計分析時該流率係以未來預測值計算，在進行運作分析時，則以現況調查值代入。相關名詞定義及計算可見第四章。

2. 訂定須維持之服務水準

在利用本方法進行設計分析時，必須選用可滿足最低服務水準之設計方案，一般來說，在經過市區的路段最少應有 D 級服務水準，其他的路段應維持 C 級服務水準。當進行運作分析時並不需要最低服務水準，因爲服務水準爲分析流程之結果，但仍可訂定最低值以便決定現況之高速公路運輸品質是否可被接受。

3. 訂定或調查幾何設計狀況

設計分析的重點在於決定車道數，其他幾何設計要素還包括路肩寬、坡度及坡長等，而在運作分析的場合，以上資料皆已決定，工作內容則改爲上述幾何設計資料的蒐集。

4. 建立幾何設計之近似直線路段

若分析路段之縱斷面平坦無坡度，或是縱斷線形爲直線，則本步驟可省略，若縱斷線形中有包含曲線，意即縱坡度非定值，則坡度對公路容量之影響不易分析，因此必須將此曲線段轉換成近似的直線路段。轉換的方法說明如下。

(1) 曲線之前後同爲上坡或同爲下坡

若曲線坡度路段屬於此類，意即該路段未出現坡度的正負號轉換，則以兩直線近似該曲線路段，近似方法如圖 25-4 所示。假設行車方向爲向右，A 和 B 之間之路段爲曲線（圖 25-4a），首先將曲線前後之坡度取平均值以估計曲線中點（C 點）之坡度（圖 25-4b），若在 A 點左側之路段坡度爲 G_1，而 B 點右側之路段坡度爲 G_2，則 A-B 之中點 C 之坡度可以 $0.5G_1 + 0.5G_2$ 估計之，而曲線前段之坡度則利用兩端之坡度估計之，因此 A～C 段之坡度爲 G_1 與 $0.5G_1 + 0.5G_2$ 之平均值，其公式爲 $0.75G_1 + 0.25G_2$，C～B 段之坡度爲 $0.5G_1 + 0.5G_2$ 與 G_2 之平均，其公式爲 $0.25G_1 + 0.75G_2$。圖 25-4(c) 係以實例說明，若在 A 點左側之路段無坡度（0%），而 B 點右側之路段坡度爲 +3%，C 點之坡度可假設爲 +1.5%，則 A～C 段之坡度爲 +0.75%，同理，後段之坡度爲 +2.25%。

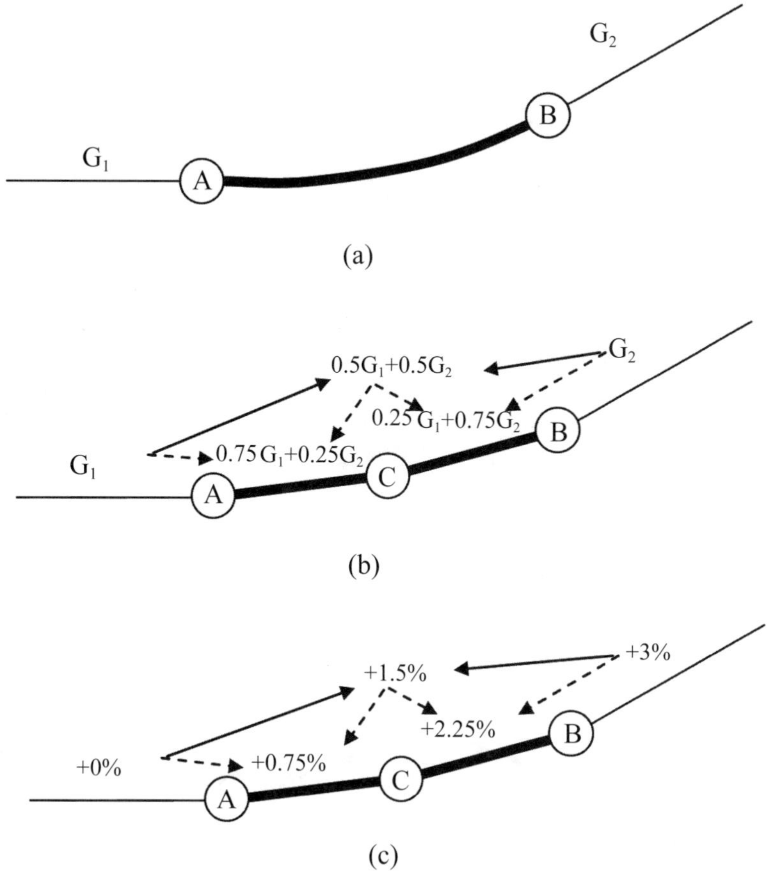

圖 25-4　建立近似直線路段（僅上坡或下坡）

(2) 若曲線坡度路段中由上坡轉下坡或下坡轉上坡

若曲線坡度路段出現坡度由正轉負或由負轉正（如圖 25-5a），必須先估計坡度轉換之最高點或最低點（圖 25-5b 點 C）而該點之坡度爲 0%（無坡度），公路容量手冊建議該點距兩端點之水平距離與兩端點坡度絕對值成正比，也就是 A～C 之水平距離與 C～B 水平距離之比爲 $|G_1|$ 比 $|G_2|$，其理由應爲端點之坡度絕對值越大，該曲線路段需要越長的距離才會轉成平坦，因此所占比例越高。最高點或最低點之位置決定後，A～C 段及 C～B 段之坡度由路段兩端點之坡度，採用上述同爲上坡或同爲下坡路段之方法估計。圖 25-5c 及 25-5d 以實例說明本方法，若曲線路段之長度爲 2,400 公尺，而曲線路段之左側坡度爲 3%，右側則爲 −5%，因此點 C 距點 A 之距離爲 2400*|+3|/(|+3| + |−5|) = 900m，而點 C 距點 B 之距離則爲 2,400*|−5|/(|+3| + |−5|) = 1,500m。由於 A～C 段之距離不長，可採用單一坡度估計，因此坡度爲 (+3% + 0%)/2 = +1.5%，而 C～B 段之長度較長，採用上述之近似直線方法以兩直線段估計更爲準確，因此下坡之第一段爲 0.75*0% + 0.25*(−5%) = −1.25%，第二段則爲 0.25*0% + 0.75*(−5%)

= −3.75%，公路容量手冊並未明確建議使用一直線段和兩直線段之時機，因此可參考 HCM 之建議：若長度在 1,200 公尺以內且坡度絕對值在 4% 以下，可採用單一坡度，若其中一項不符合，則分為多段估計坡度。

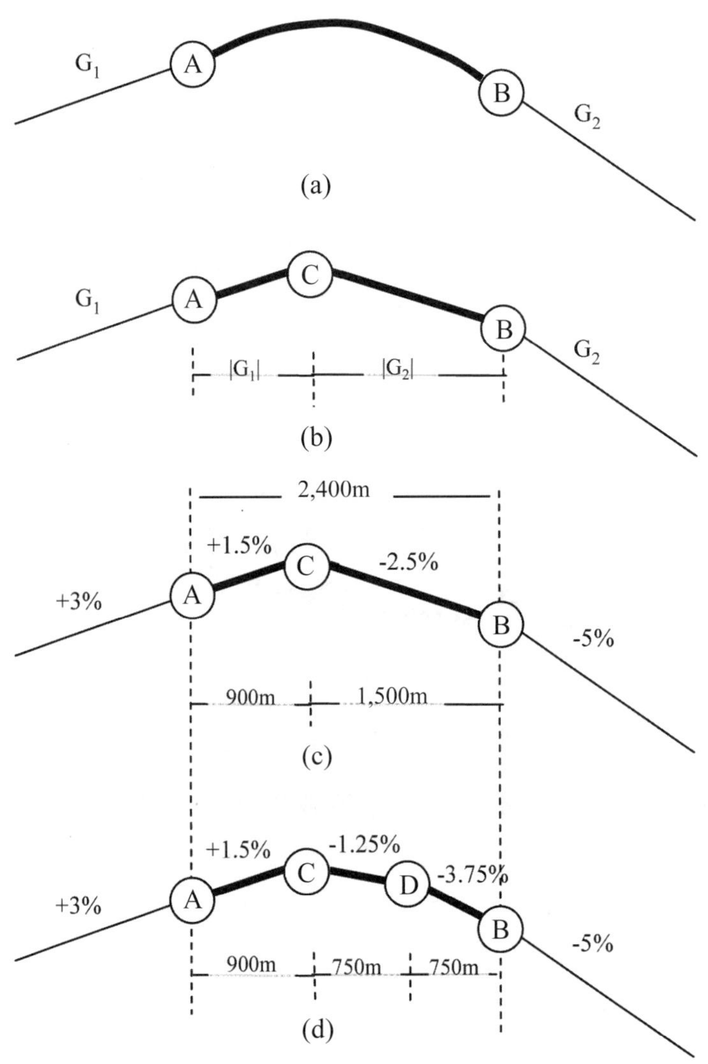

圖 25-5 建立近似直線路段（包含上坡及下坡）

5. 訂定分析臨界點及估計臨界點之平均自由速率

高速公路基本路段之臨界點指的是路段中平均自由速率最低之地點，本步驟之目的為估算坡度對內外車道以及大車小車所造成之影響，進而決定臨界點位置以及該點之平均自由速率，供後續服務水準之訂定。

公路容量手冊指出我國高速公路基本路段之幾何設計相當一致，各地之車道寬及路肩寬變化不大，因此建議直接利用以下數據分析平坦路段之內外車道平均自由速率：

(1) 速限 100 公里／小時之路段

a. 內車道自由速率 = 104 公里／小時

b. 外車道自由速率 = 94 公里／小時

(2) 速限 90 公里／小時之路段

a. 內車道自由速率 = 97 公里／小時

b. 外車道自由速率 = 87 公里／小時

在平坦路段大車小車之速率並無不同（坡度小於 1% 可視爲平坦路段），但在有坡度的路段，大車小車受坡度之影響即有差別，小車重量輕因此平均自由速率受坡度的影響較小，公路容量手冊建議小車速率受坡度之影響爲大車之 40%，意即以實際坡度之 40% 計算之。坡度及坡長對平均自由速率之影響如圖 25-6 所示，圖中之實線代表不同坡度之上坡路段，虛線代表不同坡度之下坡路段，橫軸代表在該坡度下行駛之距離，而縱軸代表行駛該距離所減少（上坡）或增加（下坡）之速率，該圖之用途可以下例說明之。

假設一路段爲第一段 +2% 上坡 1,000 公尺，接著第二段 +4% 上坡 1,000 公尺，最後第三段 −3% 下坡 1,000 公尺，該路段之平坦路段速率爲 87 公里／小時，小車比例爲 80%，大車爲 20%。使用圖 25-7 中 +2% 坡度之曲線，對應 87 公里／小時之距離值爲 1,020 公尺，大車在 +2% 之坡度行駛 1,000 公尺，因此對應該曲線 2,020(= 1,020+1,000) 公尺之速率爲 75 公里／小時，代表大車通過 +2% 上坡後速率由 87 降爲 75 公里／小時，接著大車以 75 公里／小時進入 +4% 上坡並行駛 1,000 公尺，參考 +4% 之曲線，75 公里／小時所對應之距離值爲 960 公尺，行駛 1,000 公尺後距離值成爲 1,960 (= 960+1,000) 公尺，因此可得速率再降爲 53 公里／小時，由於後續路段爲下坡，速率勢必會上昇，由此可知該位置（第二段與第三段交界）即爲臨界點而臨界點之大車平均自由速率爲 53 公里／小時。在考慮小車時坡度必須折減，採用 40% 之坡度進行估算，因此相當於「+2%×40% = +0.8 上坡 1,000 公尺，接著 +4%×40% = 1.6% 上坡 1,000 公尺，最後 −3%×40% = −1.2% 下坡 1,000 公尺」，其餘分析方法與大車並無不同，唯第一段之 +0.8% 可視爲平坦路段而不予計算，第二段之 +1.6% 非整數坡度，可依據圖 25.6 之 +1% 及 +2% 曲線並以內插估計，因此，假設小車進入坡度路段前之速率同樣爲 87 公里／小時，經過計算，小車達到臨界點之平均自由速率約爲 82 公里／小時。最後再將大車小車之平均自由速率以車種比例加權計算，假設大車比例爲 20%，則本例之最後結果爲臨界點平均自由速率 82×80% + 53×20% = 76 公里／小時。

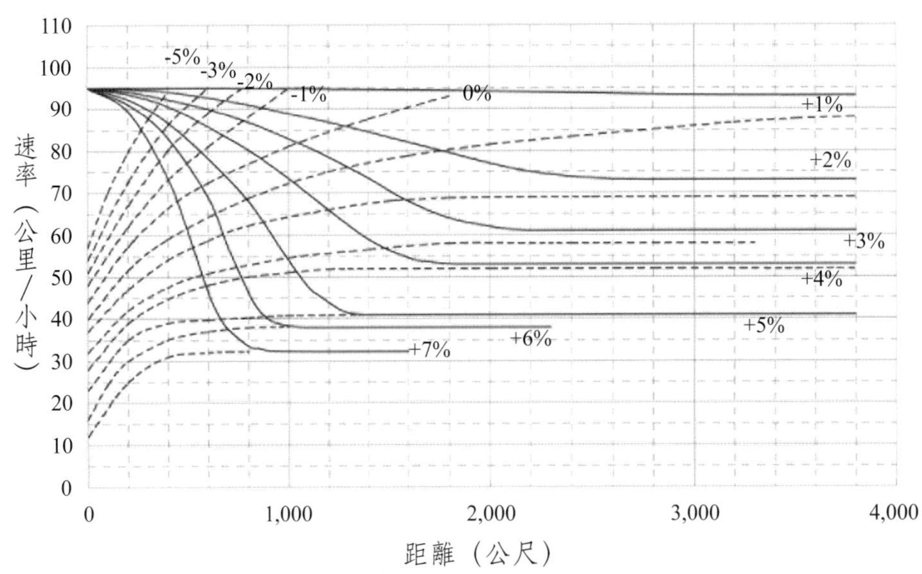

圖 25-6　大車在上下坡度路段加速（虛線）及減速（實線）之特性

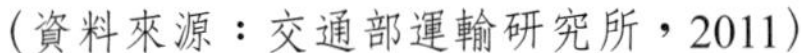

（資料來源：交通部運輸研究所，2011）

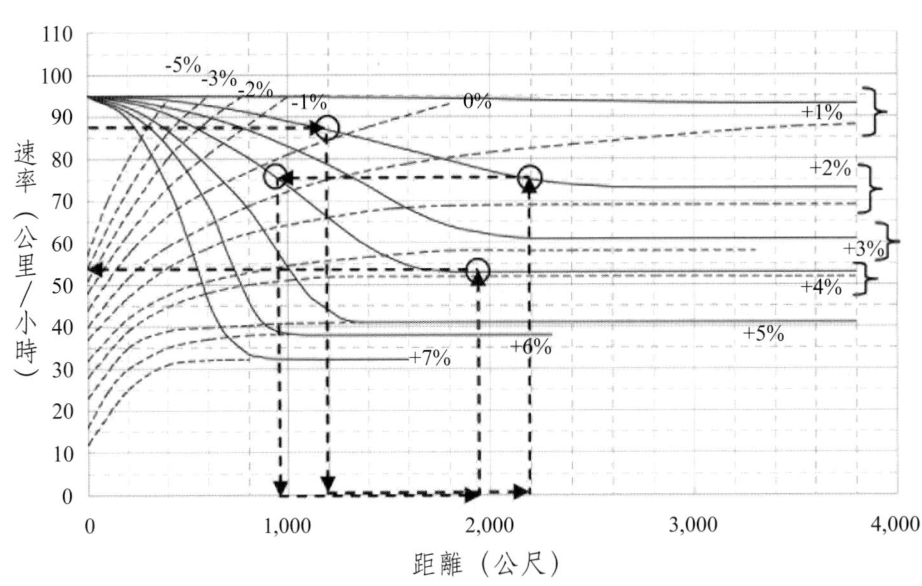

圖 25-7　大車在上下坡度路段加速及減速曲線之應用

（資料來源交通部運輸研究所，2011）

該圖在考慮先下坡再上坡的幾何設計時，有可能因爲下坡加速而使得進入上坡時之速率高於最大速率，此時該圖即不適用，此狀況在只有上坡或先上坡再下坡之路段較不易發生。另外，當坡度過長而超過曲線範圍時，以上方法亦不適用，此時應另行蒐集資料以進行容量分析。

6. 估計臨界點在基本狀況下各內車道之對等需求流率

由於行駛外車道之車輛對服務水準之要求較低，因此在評估服務水準時係以內車道爲代表，內車道之對等需求流率可根據下式計算：

$$q_e = \frac{q(1-P_t)f_c + qP_tEf_t}{f_w f_d} \qquad (25\text{-}1)$$

其中，

q_e：各內車道在基本狀況下之平均流率（小客車／小時／車道）

q：尖峰 15 分鐘單方向之需求流率（輛／小時）

P_t：大車比例

f_c：各內車道小車占小車總數之比例（見表 25-1）

E：大車之小客車當量（平坦路段：1.5；坡度路段：2.0）

f_t：各內車道大車占大車總數之比例（見表 25-1）

f_w：車道寬調整因素

f_d：路肩橫向淨距調整因素

以上公式估計內車道之對等需求流率，若將式中 f_c 和 f_t 改爲外車道之比例亦用以估計外車道之對等需求流率。最後，由於我國之高速公路設計標準高，車道寬及橫向淨距皆大，加上車輛之尺寸較小，公路容量手冊建議可忽略車道寬以及路肩橫向淨距調整因素，而假設 $f_w = 1$ 和 $f_d = 1$。本步驟之範例可見第 25.3 節。

表 25-1　各內車道各車種占該車種總車數之平均比例（假設值）

單向總車道數（包括爬坡車道）	大車	小車	
		無爬坡道	有爬坡道
2	28%	55%	—
3	25%	37%	50%
4	16%	27%	35%
5	12%	21%	28%
6	10%	18%	20%

（資料來源：交通部運輸研究所，2011）

7. 評估服務水準

最後，服務水準之評估乃是利用步驟五計算之臨界點平均自由速率，於圖 24-2 中尋找對應之曲線（若無對應之曲線則必須另行調查以取得該路段之速率—流率關係），接著利用步驟六計算之內車道對等需求流率，於速率—流率曲線取得平均速率，最後計算 V/C 與速限減平均速率之差值，並對照表 24-1 和表 24-2 求得該路段之服務水準。

25.3 高速公路基本路段容量分析方法應用例題

本節以例題示範高速公路基本路段之容量分析流程，其內容係修改自「2011 年臺灣公路容量手冊」（交通部運輸研究所，2011），兩例題之分別代表「運作分析」以及「設計分析」，其中「設計分析」範例屬於坡度路段，透過該例題可了解坡度路段速率—流率曲線之使用方法。

1. 平坦路段之運作分析

已知一平坦路段之幾何設計及交通狀況如下，需估算該路段內車道之服務水準。

a. 車道數 = 3；

b. 車道寬 = 3.5 公尺；

c. 路肩寬 = 2 公尺；

d. 護欄在路肩之邊線上；

e. 單方向尖峰小時需求流率 = 4,050 輛 / 小時；

f. 尖峰小時係數 = 0.9；

g. 大車比例 = 0.3；

h. 速限 = 90 公里 / 小時。

(1) 訂定需求流率

q = 4,050/0.9 = 4,500 輛 / 小時。

(2) 訂定須維持之服務水準

服務水準爲運作分析之結果，無需事先訂定，本步驟省略。

(3) 訂定或調查幾何設計狀況

運作分析之幾何設計爲調查而得，無需訂定。

(4) 建立幾何設計之近似直線路段

本例題爲平坦路段，不需建立近似直線路段，本步驟省略。

(5) 訂定分析臨界點及估計臨界點之平均自由速率

由於本例題爲平坦路段，無單一臨界點，意即平均自由速率於各點皆相同，根據第 25.2 節分析方法步驟五之數據，速限 90 公里 / 小時之路段，內車道之平均自由速率爲 97 公里 / 小時。

(6) 估計臨界點在基本狀況下各內車道之對等需求流率

根據式 25-1 其內車道需求流率爲

$$q_e=\frac{4500\times(1-0.3)\times0.37+4500\times0.3\times1.5\times0.25}{1\times1}=1672\text{（小客車／小時／車道）。}$$

(7) 評估服務水準

經過上述計算，內車道對等需求流率爲 1,672 小客車／小時，對應圖 25-8（即圖 24-2）中內車道速限 = 90 公里／小時之曲線可求算速率（如圖 25-8 中實線所示），可得到該路段之平均自由速率大約爲 95 公里／小時，V/C 值爲 1,672/2,300 = 0.73（其中容量 2,300 係由圖 24-2 中對應之曲線查得），查表 24-1 以及表 24-2 可得知服務水準屬於 C1 級。

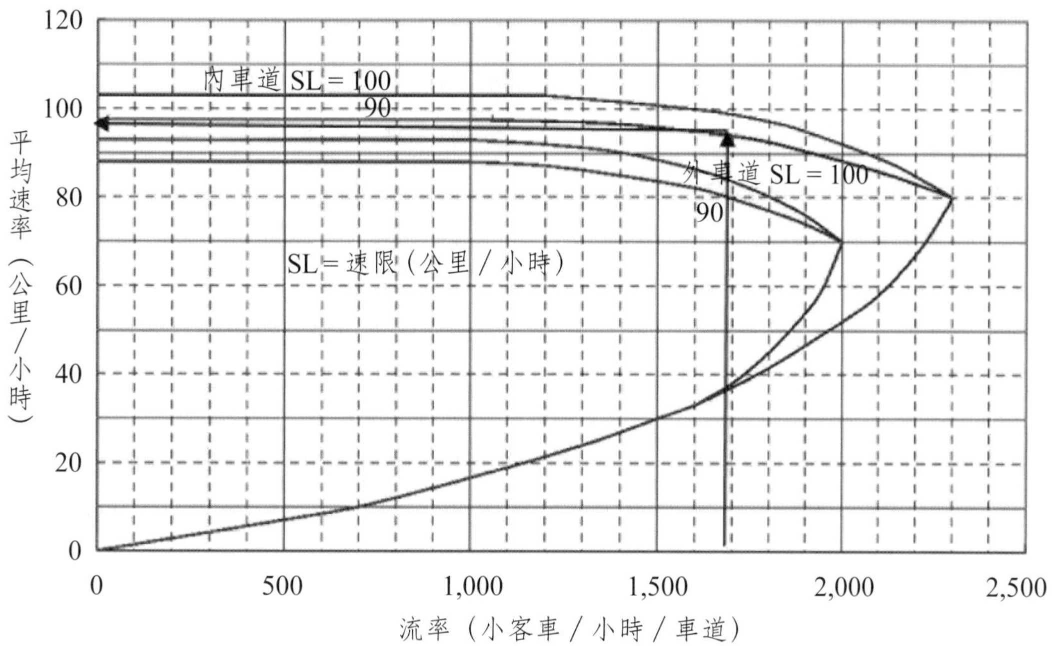

圖 25-8　高速公路基本路段在基本狀況（平坦路段）下速率與流率關係之應用

（資料來源：交通部運輸研究所，2011）

2. 坡度路段之設計分析

已知一高速公路基本路段之坡度設計如下：第一段爲一平坦路段，第二段爲長 500 公尺之曲段，第三段則爲長 1,000 公尺之 +4% 坡度，此基本路段之相關條件如下所列，必須決定所需車道數及是否設置爬坡道。

a. 車道寬 = 3.6 公尺；

b. 路肩寬 = 1 公尺，兩旁有護欄且護欄在路肩之邊線上；

c. 單方向尖峰小時需求流率 = 3,200 輛／小時；

d. 尖峰小時係數：0.95；

e. 大車比例：0.30；

f. 速限：90 公里／小時；

g. 內車道最少必須維持 C 級之服務水準。

(1) 訂定需求流率

單方向之尖峰 15 分鐘需求流率為 q = 3,200/0.95 = 3,368 輛／小時。

(2) 訂定須維持之服務水準

如前所述，內車道最少必須維持 C 級之服務水準。

(3) 訂定或調查幾何設計狀況

車道數及爬坡道待決定，其餘幾何設計狀況如上所述。

(4) 建立幾何設計之近似直線路段

根據 25.2 節之程序，原坡度設計可轉換成一系列近似直線路段，其結果為：平坦路段之後為250公尺之+1%上坡以及250公尺之+3%上坡，接著1,000公尺之+4%上坡。

(5) 訂定分析臨界點及估計臨界點之平均自由速率

由於本例在平坦路段之後為持續上坡，顯然臨界點位於上坡路段之終點，由速限 90 公里／小時可得內車道速率為 97 公里／小時，圖 25-6 中並無 97 公里／小時之曲線，理想的處理方式為蒐集相關資料以建立更高速率之曲線，在此先以圖中之曲線趨勢進行概估。由圖中曲線可知，250 公尺之 +1% 坡度對速率之影響極小，因此可予以忽略，而 250 公尺之 +3% 坡度大約相當於 1 公里／小時之速率下降，1,000 公尺之 +4% 坡度大約相當於 22 公里／小時的速率下降，因此大車之臨界點速率估計值為 74(= 97 － 1 － 22) 公里／小時。如前所述，坡度對小車的速率影響大約只有大車的 40%，因此坡度對小車相當於「250 公尺 +0.4% 上坡、250 公尺 +1.2% 上坡以及 1,000 公尺 +1.6% 上坡」，同理，+0.4% 及 +1.2% 之坡度相對平坦，對速率幾無影響，而 +1.6% 坡度 1,000 公尺之坡度約可造成 4 公里／小時之速率減少，因此小車在臨界點之平均自由速率為 93（= 97 － 4）公里／小時，而車種加權平均自由速率約為 93×0.7+74×0.3 = 87 公里／小時。

(6) 估計臨界點在基本狀況下各內車道之對等需求流率

根據式 25-1，各車道數及爬坡道方案之內車道需求流率如表 25-2 所示。

表 25-2　各車道數及爬坡道設置方案之內車道需求流率

單向車道數（包括爬坡道）	有無爬坡道	小車百分比	大車百分比	內車道需求流率（小客車／小時／車道）
2	無	55	28	1,863
3	無	37	25	1,378
3	有	50	25	1,684
4	無	27	16	960
4	有	35	16	1,149

(7) 評估服務水準

參考圖 25-1 之坡度下流率—速率曲線圖，最高平均自由速率之坡度路段曲線（圖 25-1 中外側第二條）與本例所需之 87 公里／小時平均自由速率十分接近，因此本例參考該曲線評估服務水準。由表 25-2 計算出之內車道需求流率，於圖 25-1 中取得對應之速率，接著計算 V/C（其中容量爲 2,000，由圖 25-1 中對應之曲線查得），最後再計算速限減平均速率之差值，並參考表 24-1 與 24-2，評估各方案之服務水準，其結果整理於表 25-3，由表中可看出，最簡單的兩車道之方案並未滿足本題 C 級水準之要求，新增一個一般車道可將服務水準提昇至 C1 級，新增一個爬坡道則是提昇至 C2 級，皆可達成本題之要求，若再增加一個車道（一般或爬坡）可將服務水準提昇至 B1 級。

表 25-3　各車道數及爬坡道設置方案之服務水準評估

單向車道數（包括爬坡道）	有無爬坡道	內車道需求流率（小客車／小時／車道）	速率（公里／小時）	V/C	服務水準
2	無	1,863	75	0.93	D3
3	無	1,378	87	0.69	C1
3	有	1,684	80	0.84	C2
4	無	960	89	0.48	B1
4	有	1,149	88	0.57	B1

25.4 結論與建議

公路容量分析之設施項目眾多且內容複雜，所需工作相當繁重且容易誤用圖表或計算錯誤，爲提昇交通人員之分析工作效率，交通部運輸研究所自 2005 年起推動「臺灣地區公路容量分析軟體」（Taiwan Highway Capacity Software, THCS）之開發工作，將公路容量手冊之內容納入互動式視窗軟體，以電腦自動處理取代人工計算，大幅提高容量分析工作之正確性以及時效性。目前最新的版本爲「2015 年臺灣公路容量分析軟體」（交通部運輸研究所，2015），可在臺灣公路容量專區網站免費下載，其操作介面如圖 25-9 及圖 25-10 所示。交通工程師在進行公路容量分析時應善加利用，以節省時間及提高正確性，但不可全盤採用軟體之分析結果，必須以自身的專業知識進行檢核與判讀，以確保合理性及可行性。

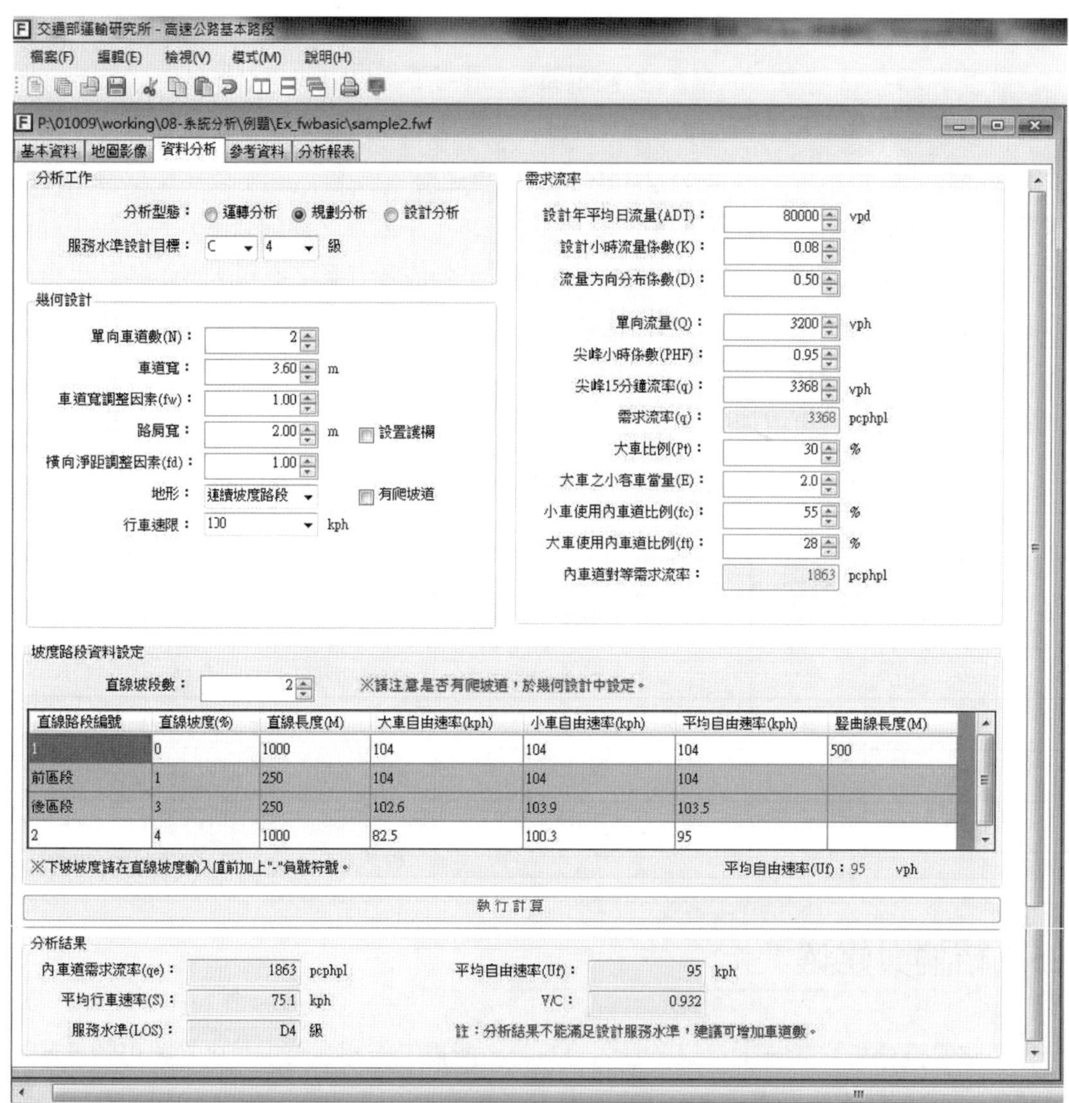

圖 25-9 高速公路基本路段輸入範例

（資料來源：交通部運輸研究所，2015）

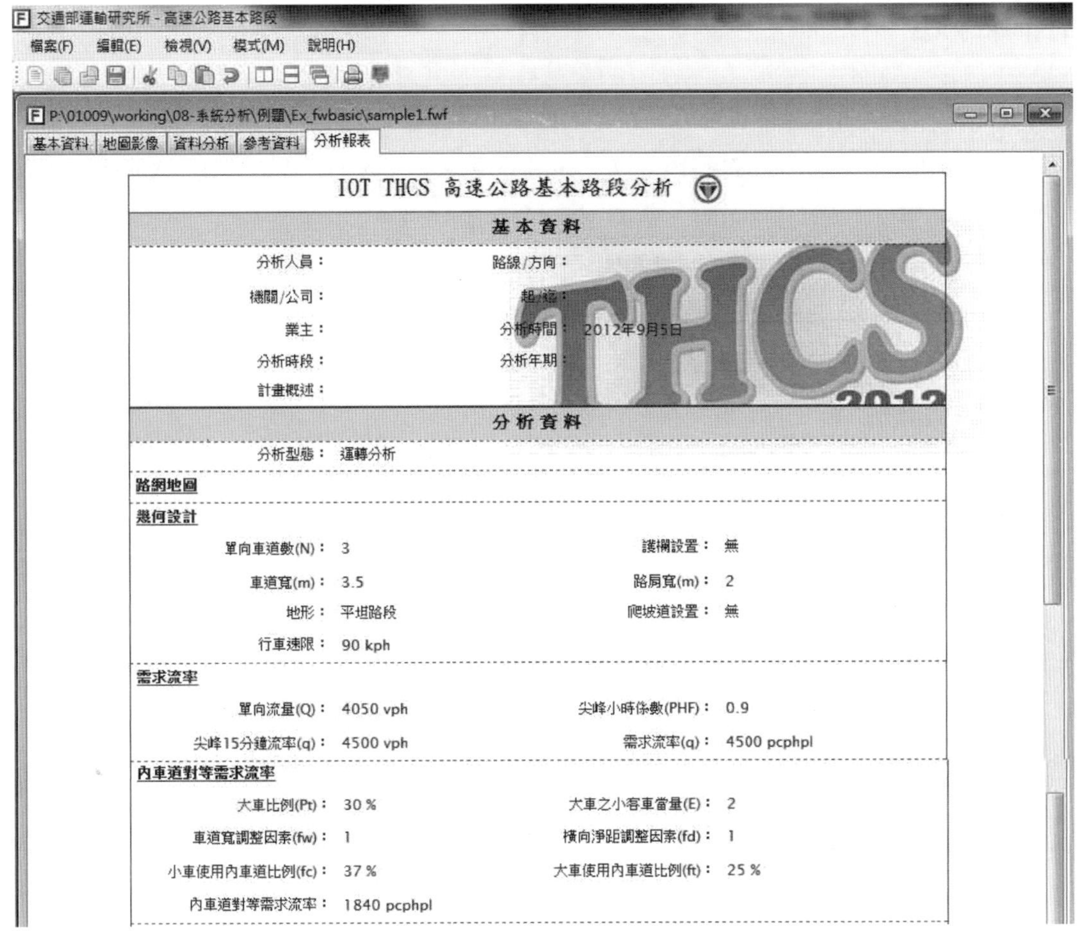

圖 25-10　高速公路基本路段輸出範例（交通部運輸研究所，2015）

問題研討

1. 試述高速公路基本路段之容量分析概念。
2. 試述高速公路容量坡度路段之容量分析方法。
3. 試述高速公路內外車道容量差異之原因。
4. 美國與臺灣所編訂的公路容量手冊內容差異有哪些？
5. 請參考 25.3 節例題 2 的數據，分別以單方向尖峰小時需求流率 = 4,000 輛／小時及 5,000 輛／小時進行高速公路車道數設計工作。

相關考題

1. 高速公路兩交流道間單向各設置六車道，尖峰小時流量為 2,000PCU/lane，其平均承載率小客車為 1.6 人／車，大客車 40 人／車，其中單向 2 人以上之小客車為 2,500 輛，3 人以上 1,600 輛，4 人以上 800 輛，公車 100 輛。（25 分）
   (1) 若設置（HOV）高承載車輛專用車道，並以 2、3、4 人以上為限制條件時，HOV 及非 HOV 車道之服務水準為何？(91 專技高)
   (2) 若設置後轉移至 HOV 車道之車輛為原交通量之 5%，而其中公車數量不變時，那一種限制方式較佳？(91 專技高)
   (3) 若設置後經宣導及鼓勵 Park and Ride 後，結果新增公車 50 輛之交通量，則 HOV 設施之效益為何？(91 專技高)
2. 在高、快速道路上使用可變速限標誌實施速率機動管制，以紓緩道路擁塞，其啓動管制與解除管制之運作機制，應如何設計？試說明之。（25 分）（90 高三級第二試）
3. 改善高速公路服務水準的交通管制策略可以概分為匝道管制、主線管制與運輸走廊管制三大類別。請分別說明每一類別所包括的管制方法及其原理。（30分）（90專技高檢覈）
4. 高速公路各收費站多配置有重型車（貨車、聯結車等）過磅之設計，以為載重車稱重之用；其中又分站前過磅（如國道三號之龍潭、樹林收費站）及站後過磅（如中山高之泰山、造橋北上收費站）。請評述兩種設計對過站收費車流之影響性及優缺點。（25 分）（92 高三級第二試）
5. 請說明高速公路基本路段之服務水準（level of service）分析程序過程為何。（25 分）（102 高三級）

參考文獻

一、中文文獻

1. 交通部運輸研究所（2011），2011 年臺灣公路容量手冊，交通部運輸研究所。
2. 交通部運輸研究所（2015），臺灣公路容量分析軟體 THCS（2015 年版）使用手冊。

二、英文文獻

1. Transportation Research Board (TRB), (2000), Highway Capacity Manual, Transportation Research Board.

第6篇

交通影響評估

第 26 章

交通影響評估

交通影響評估（traffic impact assessment, TIA）旨在評估基地開發（例如：辦公大樓、購物中心、百貨公司、住宅大樓、工業區、遊憩區、學校）於施工期間以及營運期間進出交通量對鄰近交通環境之衝擊，並據以研擬必要之改善對策，是開發計畫在規劃及設計階段一項相當重要的工作。因此，撰擬可行之交通影響評估報告是交通工程師必須具備之重要基本技能。

本章節之順序安排如下：第一節說明交通影響評估之基本內涵；第二節介紹交通影響評估之分析程序及各階段之分析重點；第三節交通影響評估之重要項目；第四節爲結論與建議。

26.1 交通影響評估之基本內涵

交通影響評估之目的在於：(1) 因應基地開發於施工期間，因施工圍籬、施工機具及進出車輛對周圍交通環境所產生之衝擊，以及 (2) 基地開發完成後之營運期間，因土地使用型態與強度的變化，所產生的「衍生交通量」對原有交通運輸系統服務水準產生之衝擊，而設計制定一套評估準則與規範機制，用以審核此一基地開發計畫。

藉由交通影響評估報告之撰擬及審議過程，可提出相關之交通維計計畫及交通紓緩措施，以減輕衍生交通量對原有交通運輸系統服務水準的衝擊。當然，該基地開發對周圍交通環境產生之衝擊程度，也可作爲該開發案准駁之依據，進而有效避免都市之過度成長。另一方面，交通影響評估也可作爲徵收開發影響費之依據，提供交通環境改善工程之財源，以落實使用者付費原則。

一般而言，交通影響評估之內容應包含：交通需求預測、道路服務水準分析、停車供需分析、聯外道路規劃、以及交通改善計畫等五大部分。爲便於後續內容說明，本節乃針對上述五大部分之目的及專有名詞分別說明如下：

26.1.1 交通需求預測

交通需求預測旨在推估基地開發後所衍生交通量、鄰近地區之交通量自然成長量，以及其他開發計畫之新增交通量。相關專有名詞定義如下（交通部運輸研究所，1997；2001；2008a；施鴻志等人，1988）：

1. 旅次（trip）：指一個人爲某種目的，在兩點之間形成之期望路線（desire line），結合使用某種交通工具及路線選定的單一行程，通常五歲以下的兒童旅次不計算在內。

2. 旅次發生（trip generation）：指以某一基地的開發型態、開發強度與所在區位社經變數等之特性估計進入或離開該基地的總旅次數。進入基地的旅次稱為旅次吸引（trip attraction），離開基地的旅次稱為旅次產生（trip production）。

3. 新生旅次（new trip or primary trip）：泛指因基地開發完成而專程前來活動後再返回原出發點之旅次，因此如 home-site-home 或 work-site-work 等皆為新生旅次型態。

4. 轉向旅次（diverted trip）：有兩種說法，一是就旅次方向觀點定義為本來存在其他基地的旅次，因基地開發完成而吸引過來的旅次，其產生旅次轉移的原因，可能因兩基地服務功能（使用類別）類似，而新基地卻具有距離短，交通便捷、停車方便等誘因。二是基於旅次長度觀點定義為在原來起迄點間再增加一個停留點，但為接近此停留點必須自原起迄路線轉至與基地銜接之路線，俟活動完成後再返回起迄路線之旅次。

5. 順道旅次（pass-by trip）：順道旅次之定義有廣、狹義之分，廣義係指在原來起迄（origin-destination, OD）間之相關路網增加一停留點（不一定循原來之起迄路線），但不增加原旅次長度（圖 26-1a）。狹義則為在緊鄰 OD 路徑旁新發展之基地，其所吸引之旅次係原 OD 路徑已有之旅次（圖 26-1b）。

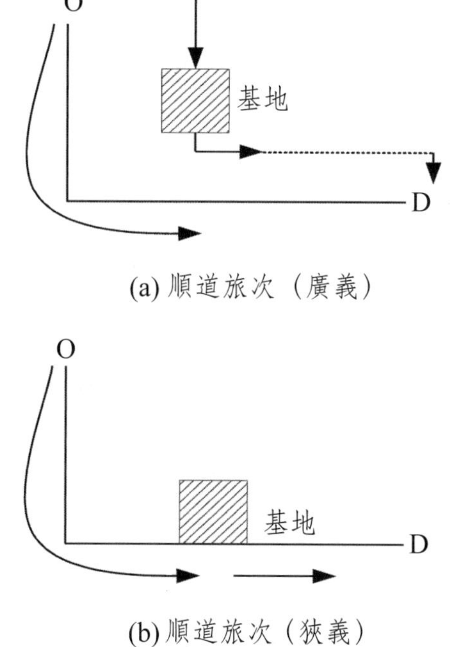

圖 26-1　順道旅次示意圖（交通部運輸研究所，1997）

6. 多目的旅次（multi-use trip）或混合土地使用旅次（mixed-use trip）：係指混合各種不同活動使用之基地或建物，其所吸引之旅次可能因基地服務功能之多樣性而隨之有多種旅次目的，但就道路交通而言，實際上僅產生單一旅次。故此類旅次之次要目的旅次與順道旅次之性質相似。

7. 旅次發生率（trip generation rate）：係指每一樣本建築物每單位使用單元（樓地板面積、戶數、櫃臺數、座位數等等使用單元變數）所發生之某單位時間內之總進出旅次數量。

8. 旅次分布（trip distribution）：係根據交通分區旅次產生數與吸引數配合其間之相關特性，預測各交通分區間旅次來往活動之動態數量化關係，其顯示結果即為旅次產生吸引流動矩陣表（P-A 表）或旅次起迄矩陣表（O-D 表）。

9. 運具分配（modal split）：依旅次發生者的社會經濟特性、價值觀的不同及基地附近運輸系統狀況，推估他們對運具的選擇使用情形。透過運具分配及各種運具之乘載率，可將旅次發生（人旅次）轉換為交通量（車旅次）。

10. 交通量指派（traffic assignment）：將起迄（OD）交通量，依據使用汽車或大眾運輸旅客對於路線的選擇行為，而將車旅次指派於其選擇路線上，即構成交通流量之實質空間分布型態。

26.1.2 道路服務水準分析

道路服務水準分析係將基地開發於施工期間及營運期間所衍生的交通量，合併鄰近地區自然成長交通量及其他開發計畫之衍生交通量，進行鄰近道路系統服務水準之評估，據以了解該基地開發計畫對道路交通系統之衝擊。相關專有名詞之定義請參考第二十二章。

26.1.3 停車供需分析

停車供需分析旨在評估基地開發衍生交通量的停車需求對鄰近停車系統之衝擊。相關專有名詞之定義請參考 18.3 節。

26.1.4 聯外道路規劃

開發基地必須有完善的聯外道路系統，以方便進出。依照道路等級之定義可區分為基地之聯絡道路及聯外道路兩種。相關專有名詞說明如下：

(1) 道路等級劃分：我國道路等級分為高速公路、快速公路、主要幹道、次要幹道、集散道路，以及地區道路。等級愈高之道路其易行性愈高，可及性愈低。

(2) 聯絡道路：為提供基地出入連接聯外道路之通道，包括緊急防災道路在內。聯絡道路等級視基地出入口與各級道路的相對位置而定，主、次要幹道、集散道路與地區道路均可爲基地之聯絡道路；若基地出入口直接臨接主、次要幹道或集散道路，則該道路爲基地之聯絡道路並爲其聯外道路。

(3) 聯外道路：爲基地經由聯絡道路通往鄰近地區，而比聯絡道路高一等級以上（含）之道路系統，其主要功能爲提供基地對外的交通活動。

26.1.5 交通改善計畫

交通影響評估之評估成果除明確指出該基地開發計畫對鄰近交通環境之衝擊外，具體成果也包括交通維持計畫及交通紓緩措施兩項，說明如下：

1. 交通維持計畫（traffic maintenance plan）：基地開發於施工期間，爲減少因大型施工機具進出、取棄土運輸車次、道路施工占用路面、施工圍籬、施工車輛占用周邊道路、施工車輛影響周邊停車管制規劃等對區域交通所造成之衝擊影響，需提出交通維持計畫，以維持基地施工區域交通之服務水準，確保行人、車輛通行之安全。

2. 交通紓緩措施（traffic mitigation measures）：基地營運期間，由於衍生旅次對區域交通造成一定程度之影響，且預期此影響非暫時性，需提出交通紓緩措施，透過運輸需求管理（transportation demand management, TDM）、運輸系統管理（transportation system management, TSM）等手段來紓緩對區域交通之影響，以維持一定之服務水準。

26.2 交通影響評估之分析內容

有關交通影響評估之分析程序及作業內容，最早係源自美國運輸工程師學會（ITE）所出版的「基地開發影響評估手冊」（ITE, 1991）。該報告建議交通影響評估之分析程序如圖 26-2 所示。

交通部運輸研究所（2000; 2008a）亦參考此一程序，將開發交通影響評估流程分階段制訂，包括交通需求預測及衝擊分析（第 1 階段～第 5 階段）、交通維持計畫及交通紓緩措施之研擬（第 6 階段）、交通監測計畫之編定（第 7 階段），評估程序如圖 26-3。

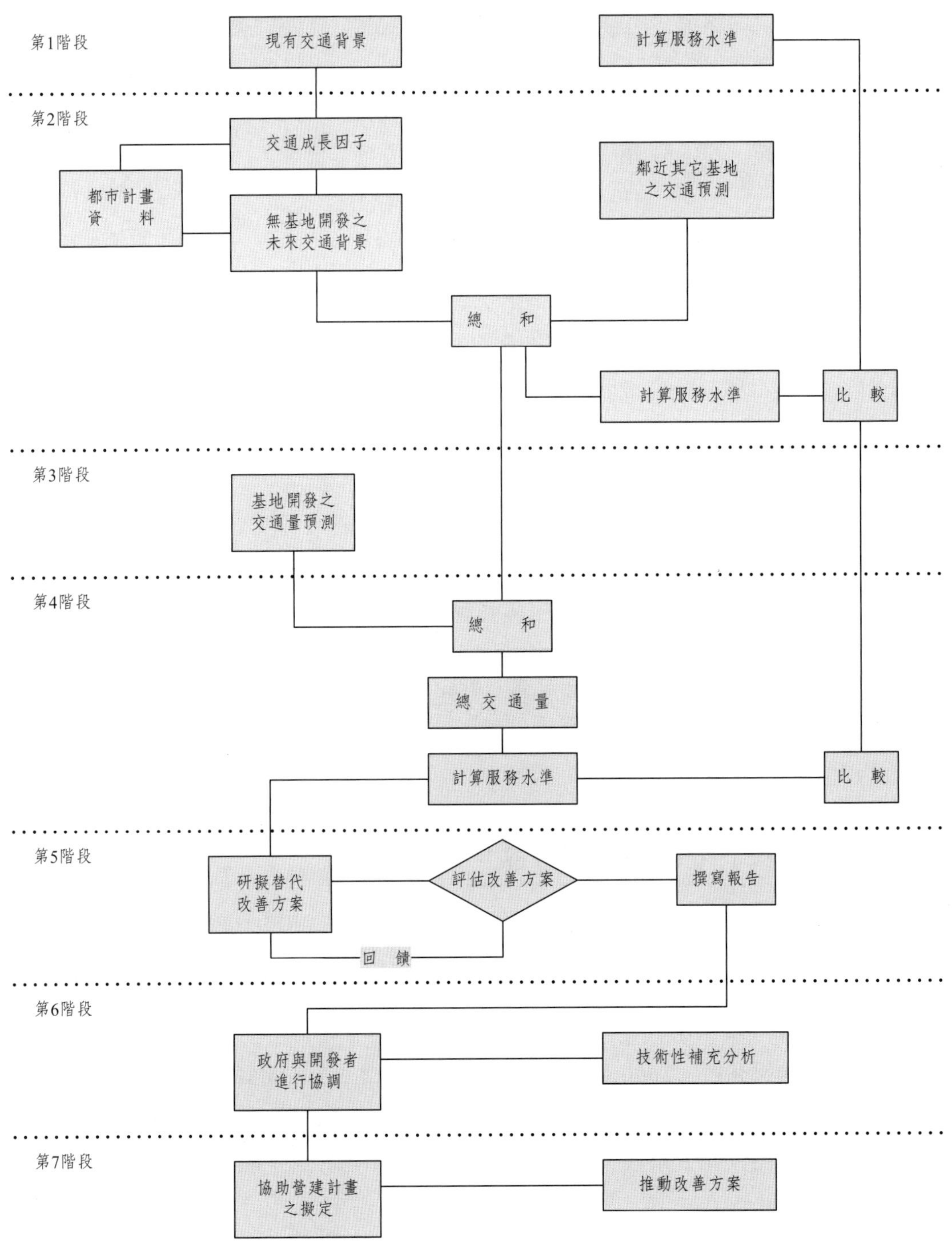

圖 26-2　美國 ITE 制訂之基地開發交通影響評估程序圖

（資料來源：ITE, 1991）

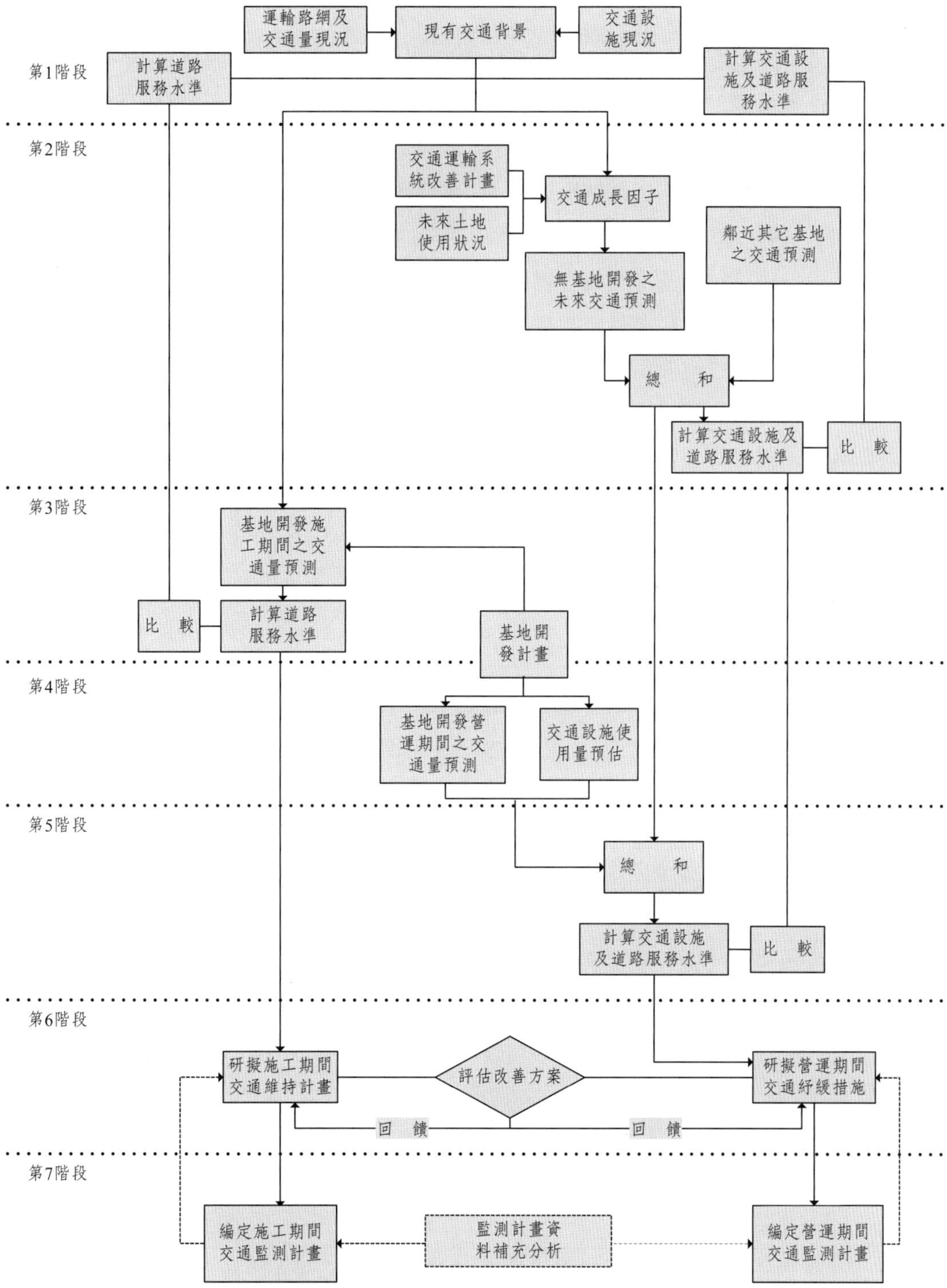

第1階段

運輸路網及交通量現況

現有交通背景

交通設施現況

計算道路服務水準

計算交通設施及道路服務水準

第2階段

交通運輸系統改善計畫

未來土地使用狀況

交通成長因子

鄰近其它基地之交通預測

無基地開發之未來交通預測

總　和

計算交通設施及道路服務水準

比　較

第3階段

基地開發施工期間之交通量預測

比　較

計算道路服務水準

基地開發計畫

第4階段

基地開發營運期間之交通量預測

交通設施使用量預估

第5階段

總　和

計算交通設施及道路服務水準

比　較

第6階段

研擬施工期間交通維持計畫

評估改善方案

研擬營運期間交通紓緩措施

回　饋

回　饋

第7階段

編定施工期間交通監測計畫

監測計畫資料補充分析

編定營運期間交通監測計畫

圖 26-3　地開發交通影響評估程序圖

（資料來源：交通部運輸研究所，2008a）

各階段之重點分別為：

第 1 階段：確定衝擊分析範圍及現有尖峰時間交通設施及道路服務水準（現況）；

第 2 階段：預測不包括基地開發在內的未來尖峰時間交通設施及道路服務水準（現況 + 自然成長交通量 + 其他已核定之基地開發累積交通量及其對交通設施累積使用量）；

第 3 階段：估計基地施工期間所產生的尖峰時間交通量（施工期間）；

第 4 階段：估計基地開發後產生的尖峰時間交通量及交通設施使用量（營運期間）；

第 5 階段：估算包括基地開發在內的未來尖峰時間交通設施及道路服務水準（現況 + 自然成長量 + 其他已核定之基地開發累積交通量及交通設施使用量 + 本案基地開發所衍生之交通量及交通設施使用量）；

第 6 階段：研擬交通維持計畫（施工期間）及交通紓緩措施（營運期間）；

第 7 階段：編定交通監測計畫（施工期間及營運期間）。

第 7 階段中虛線部分，包括監測資料的補充分析以及依實際監測結果回饋至第 6 階段修正改善方案，是屬於開發案核准開發後，於施工及營運期間進行監測，便於交通或環保主管機關監督，以確保交通系統維持一定的服務水準。各階段之主要工作項目詳表 26-1。

表 26-1　基地開發交通影響評估各階段工作重點彙整表

階段	工作項目	施工期間	營運期間
第 1 階段	確定研究範圍	✓	✓
	確定衝擊分析範圍	✓	✓
	蒐集土地使用、交通系統及社經資料等	✓	✓
	確定道路尖峰小時及確定交通設施尖峰小時	✓	✓
	基地鄰近交通設施現況及其服務水準評估 —道路路段、路口（現況資料、服務水準評估） —停車及行人設施（現況資料、服務水準評估） —大眾運輸（現況資料）	✓	 ✓ ✓ ✓
第 2 階段	確定目標年		✓
	未來道路路網及相關交通建設計畫		✓
	未來土地使用狀況		✓
	預測未來尖峰小時交通量及交通設施使用狀況、估計年成長率		✓
	估算鄰近其他已核定之基地開發案累積交通量及其對交通設施累積使用量資料		✓
	計算目標年道路及交通設施服務水準（不含本開發案）		✓

階段	工作項目	施工期間	營運期間
第 3 階段	基地開發施工計畫說明	✓	
	估算施工期間工程車次、施工人員交通車次	✓	
	估算施工期間對道路容量的影響程度	✓	
	施工期間工程車輛運輸路線	✓	
	估算施工期間道路服務水準	✓	
	敘明對人行道、大眾運輸的影響情形	✓	
第 4 階段	基地開發計畫說明（開發型態、規劃、配置等）		✓
	旅次發生（確定旅次發生率、順道旅次及多目的旅次）、計算旅次發生量		✓
	旅次分布		✓
	運具選擇（確定運具分配比例、各運具乘載率、各車種轉換之小汽車當量）		✓
	交通量指派		✓
	停車需求預估		✓
第 5 階段	計算目標年尖峰時間各項運輸系統及設施使用量		✓
	計算目標年各項運輸系統及設施服務水準（含本開發案）		✓
	比較第 1、2 及 5 階段衝擊分析範圍內各項運輸系統及設施服務水準		✓
第 6 階段	研擬施工期間交通維持計畫	✓	
	研擬營運期間交通紓緩措施		✓
	評估改善方案	✓	✓
第 7 階段	編定施工期間交通監測計畫	✓	
	編定營運期間交通監測計畫		✓

（資料來源：交通部運輸研究所，2008a）

26.3 交通影響評估之重要項目

交通影響評估中有以下幾項重要項目，包括適用對象、評估目標年、評估範圍，以及旅次發生率等四項，需要再加以說明。

26.3.1 適用對象

事實上，任一項基地開發計畫均會產生若干衍生交通量，而對鄰近交通環境造成影響。惟若要求每一項開發計畫都要進行交通影響評估，不但過於嚴苛而造成報告撰擬及審核之行政負荷，甚至影響開發意願。因此，原則上，基地開發計畫規模應超過一定門檻，而且預期將會導致一定程度之交通衝擊者，才會要求開發業者須進行交通影響評估。美國運輸工程師學會建議：「以基地開發本身產生旅次的尖峰時段或鄰近道路交通尖峰時段，新增加單方向 100 輛以上小汽車交通量，作爲進行交通衝擊評估之門檻值」（ITE, 1991）。惟未進行交通影響評估前，主管機關及基地開發業者未必了解其衍生交通量及其可能衝擊，爲便於行政管理，可依開發規模，配合各縣市道路系統發展特性及需要，訂定應實施交通衝擊評估之對象：

1. 開發規模超過某一面積（基地面積或樓地板面積）、住宅單位等。
2. 建築物高度超過一定之高度。
3. 開發經費超過一定金額。
4. 其他：特殊使用或位於敏感區位。

而應實施交通衝擊評估之基地開發規模仍會依不同開發用途、不同區位（都市計畫區或非都市計畫區）而有所差異。例如，交通部及內政部民國 96 年會銜頒布之「建築物交通影響評估準則」，即依建築物用途依停車位數及樓地板面積分別規範適用對象（如表 26-2）。地方主管機關得視當地特性，調整表中各項送審標準予以公告實施。

目前我國現行法令制度中，交通影響評估審議制度之上位指導包括「環境影響評估審查委員會」、「都市計畫委員會」，以及「區域計畫委員會」。下位計畫包括「都市設計審議委員會」及「土地使用開發許可審議委員會」，交通影響評估作業可能會納入「環境影響評估」、「都市設計審議」、「都市更新審議」及「建照申請」等程序之中。因此，符合前述各項之送審門檻時，交通影響評估也會一併被要求執行。

表 26-2 「建築物交通影響評估準則」之交通影響評估送審門檻規定

類別	建築物用途	送審門檻	
		停車位數（停車位）	樓地板面積（平方公尺）
第一類	戲院、電影院、歌廳、國際觀光旅館、演藝場、集會堂、舞廳、夜總會、視聽伴唱遊藝場、遊藝場、酒家、展覽場、辦公室、金融業、市場、商場、餐廳、飲食店、店鋪、俱樂部、撞球場、理容業、公共浴室、旅遊及運輸業、攝影棚等類似用途建築物。	150	24,000

類別	建築物用途	送審門檻	
		停車位數（停車位）	樓地板面積（平方公尺）
第二類	住宅、集合住宅等居住用途建築物。	360	48,000
第三類	旅館、招待所、博物館、科學館、歷史文物館、資料館、美術館、圖書館、陳列館、水族館、音樂廳、文康活動中心、醫院、殯儀館、體育設施、宗教設施、福利設施等類似用途建築物。	180	48,000
第四類	倉庫、學校、幼稚園、托兒所、車輛修配保管、補習班、屠宰場、工廠等類似用途建築物。	200	60,000
第五類	前四類以外建築物，由內政部視實際情形另定之。	其設置小型車停車位數或樓地板面積，由中央主關機關視實際情形另訂之。	

26.3.2 評估範圍

交通影響評之評估範圍依交通部運輸研究所（2008a）之建議應分爲研究範圍及衝擊分析範圍兩部分。其中，研究範圍指從事交通影響評估所需蒐集、調查資料之最大範圍。衝擊分析範圍則指基地開發對交通系統產生相當衝擊，應加以評估分析之範圍。分述如下：

1. 研究範圍

(1) 交通系統：半徑 5 公里範圍內之交通系統。

(2) 土地使用：以 1 公里半徑爲範圍。

(3) 公共停車場：以 500 公尺半徑爲範圍。

(4) 社經資料：以基地所在之縣、市轄區爲範圍。

2. 衝擊分析範圍

(1) 基地所有出入口。

(2) 基地附近主要交叉路口（都市地區：至少涵蓋各方向 3 個重要路口；非都市地區則視實際道路狀況而定，原則上，至少包含距離基地某一定距離內之主要聯絡道路第 1 個號誌化交叉路口）。

(3) 基地主要聯絡及聯外道路之路段，該路段之選取須具有代表性，即指基地主要使用之道路路段，以及交通量較大服務水準相對較差的路段。

(4) 距基地 500 公尺半徑範圍內之公共停車場。

(5) 基地附近可提供使用的大衆運輸系統設施。惟前述之研究及衝擊分析範圍僅為原則性的建議，仍應視基地開發個案之規模、性質，以及與當地相關計畫之發展政策而定。

26.3.3 評估目標年

如前述，交通影響評估應包括施工期間及營運期間兩部分。其中，由於一般基地開發之施工期間不致過長，因此，評估目標年可擇施工期間任一年進行評估即可。至於營運期間之評估目標年則原則上以基地開發完成並開始營運之時間作為目標年。但若基地開發規模太大，其開發呈階段性，則以基地每階段完成並開始營運之時間為評估目標年。此外，若開發計畫性質特殊者（例如工業區的開發，可能須於開發完成 10 年以上才達到使用的最大規模），可依其實際狀況訂定。但實際狀況需要 10 年以上者，最多以開發完成第 10 年為評估目標年，且開發完成第 5 年亦應列為評估目標年。至於超大規模開發則採運輸規劃年期作為目標年。

26.3.4 旅次發生率

交通影響評估中最關鍵的分析即在於基地開發所衍生交通量之推估。衍生交通量之推估方式，一般有下列二種方式：

1. 引用現有旅次發生率資料：引用現有同一開發型態之全日旅次發生率（每單位開發規模之全日基地旅次發生總數），乘以開發規模（基地面積、樓地板面積、座位數、戶數等），推估全日人旅次數，再依據運具分配比例及不同車種平均乘載率，可將全日人旅次數轉換為全日車旅次數（衍生交通量）。最後，依據 K 因子、D 因子，以及交通量指派，可推估尖峰小時尖峰方向之衍生交通量，俾進行道路及停車系統之服務水準分析。

2. 引用類似開發個案之實際資料：選擇與開發基地類似且已營運之個案，進行進出交通量及停車需求之實地調查，經規模調整後，可用以推估尖峰小時衍生交通量，進行道路及停車系統之服務水準分析。

當然，旅次發生率為交通影響評估結果正確性之關鍵因素。建立各種開發型態之旅次發生率，俾供國內進行交通影響評估作業之引用依據，實為一項重要的工作。基此，交通部運輸研究所（1995; 1996b; 1999; 2008b）已針對混合土地使用、工業區、非都市計畫區、大型購物中心等，進行旅次發生率調查與彙整，可供相關交通影響評估作業之參考。惟建立旅次發生率資料庫需耗費龐大資源，如果能有效落實交通監測計畫，將開發基地營運後之衍生交通量及停車需求集中回饋至一資料庫中，可提供後續相關基地開發交通影響評估作業之重要參考資訊。此外，旅次發生率的計算基礎（旅次發生率之分母項）的決定相當重要，應依基地使用型態謹愼選擇。例如：電影院可選取座位數，住宅社區可選擇住宅單位，辦公大樓可選擇樓地板面積等，以反應各該開發型態之旅次產生及吸引特性。

26.4 結論與建議

爲避免土地過度開發，導致交通環境受到嚴重衝擊，交通影響評估審議制度可有效進行都市成長之管理，要求開發業者研提交通改善措施。而撰擬及審核交通影響評估報告必須同時具備運輸規劃、交通工程、公路容量分析，以及交通控制等專業知識，是體現交通工程師專業能力的最佳工作項目。

惟由於交通影響評估分析過程有許多參數（如：旅次發生率、停車發生率），目前國內並無全國一致通用的標準，或具公信力的研究報告，以及長期維護之資料庫。基此，雖然交通部運輸研究所於民國 94 年起已進行一系列有關交通影響評估空間資料庫建置計畫，除架構一套地理資訊系統平台以輔助交通影響評估審議作業外，並擬定交通影響評估調查作業流程與標準參數項目與格式，建議應將此一標準化之資料格式予以推廣使用，以提高相關參數資料的整合及可運用性。

但觀之美國交通工程師學會有系統的整理土地使用旅次發生率已有 30 多年的歷史，早在 1972 年就已出版了有關的統計資料，歷年來不斷補充增添，至 2003 年已出版了第 7 版（ITE, 2003），包括了 158 個土地使用類別，超過 4,250 個調查個案資料，新的調查資料也經常在該學會的月刊上發表。如此龐大數量的數據蒐集當然不是美國工程師學會獨力所能完成，其大部分資料都是藉著美國工程師學會的會員將實際做過的案例調查結果提供學會來編纂。

是故，國內極需建立一套交通監測計畫之回饋制度，透過廣大基地開發計畫的資料，配合國內具有公信力的旅次發生率資料審核與鍵檔（Data Entry）系統。建議藉由相關法令的修正，要求基地開發業者，於進行交通影響評估時，需進行交通監測工作，並將旅次特性調查與交通監測資料彙整提送各縣市交通主管單位，俾逐年建立完整之旅次發生率資料庫，作爲未來基地開發交通影響評估作業與審議的依據。

問題研討

1. 名詞解釋：
   (1) 旅次發生（trip generation）；
   (2) 新生旅次（new trip or primary trip）；
   (3) 轉向旅次（diverted trip）；
   (4) 順道旅次（pass-by trip）；
   (5) 多目的旅次（multi-use trip）；
   (6) 旅次分布（trip distribution）；
   (7) 運具分配（modal split）；
   (8) 交通量指派（traffic assignment）；
   (9) 交通需求管理（traffic demand management, TDM）；
   (10) 運輸系統管理（transportation system management, TSM）。
2. 基地開發為何要進行交通影響評估？
3. 交通影響評估之分析階段及各階段分析重點為何？
4. 如何推估基地開發所衍生之交通量？
5. 如何進行基地開發對停車系統之衝擊分析？
6. 主管機關在研訂應進行交通影響評估的基地開發規模門檻時，應考慮哪些因素？

相關考題

1. 請詳細說明基地開發之交通衝擊評估之程序與內容？（15 分）當基地之停車場出入口設在主要幹道上時，應如何設計，以兼顧相關之交通衝擊？（請以示意圖詳加說明）（10 分）（90 專技高）
2. 有一大型遊樂區將進行開發，而必須作環境影響說明，試就下列問題回答之：
   (1) 試述該遊樂區在營運期之交通需求特性及其預估方法。（10 分）（91 專技高檢覈）
   (2) 如何分析該遊樂區在營運期可能造成周邊道路系統之影響（含分析方法）？（15 分）（91 專技高檢覈）
3. 試說明交通衝擊評估（traffic impact evaluation）之重要性及其所應涵括之分析項目。（25 分）（91 高三級第二試）
4. 都會區中某基地正開發成一棟住商混合大樓，其地下一樓至三樓為商場，四樓至八樓為辦公大樓，九樓至頂樓（25 樓）為一般住宅，請問評估其可能造成之交通衝擊考量要素有那些？評估步驟為何？（25 分）（92 專技高）

5. 大型基地開發之交通影響評估，一般以相關道路之道路服務水準作為分析其影響程度，試就下列各題回答之：
   (1) 試述道路服務水準之評估指標。（7 分）（93 專技高檢覈）
   (2) 試述如何選定道路服務水準之評估地點。（9 分）（93 專技高檢覈）
   (3) 試述如何證明所預估道路服務水準之準確度。（9 分）（93 專技高檢覈）
6. 試評論都會區開發巨蛋體育館及超高型住商混合大樓（如臺北 101 大樓）所考量之交通衝擊評估方式之異同點。（25 分）（93 高三級第二試）
7. 有一件位於市區之辦公商業高層大樓建設開發案，基地四面面臨道路，且在 500 公尺範圍內為棋盤式街道，其內設置有人行道、公車站、停車車位等，試繪製該基地開發對交通衝擊影響之流程圖，並說明之。（25 分）（96 專技高）
8. 試說明都市內某一基地開發計畫之交通衝擊分析步驟。（25 分）（100 專技高）
9. 請問實施交通影響評估（traffic impact assessment, TIA）之目的為何？而其內容應包括那幾大部分？（25 分）（102 高三級）

參考文獻

一、中文文獻

1. 交通部（1990），交通工程手冊，幼獅文化事業公司。
2. 交通部運輸研究所（1995），臺灣地區都市土地旅次發生特性之研究——臺北都會區混合土地使用旅次發生率之調查研究。
3. 交通部運輸研究所（1996a），停車場規劃手冊。
4. 交通部運輸研究所（1996b），臺灣地區西部走廊工業區對交通衝擊之調查研究。
5. 交通部運輸研究所（1997），基地開發交通衝擊評估審議規範之研究。
6. 交通部運輸研究所（1999），非都市不同土地使用型態旅次發生率之系列研究——中部地區。
7. 交通部運輸研究所（2000），基地開發交通衝擊評估作業手冊之研擬。
8. 交通部運輸研究所（2001），2001 年臺灣地區公路容量手冊。
9. 交通部運輸研究所（2008a），交通衝擊評估作業手冊之制訂。
10. 交通部運輸研究所（2008b），交通衝擊評估空間資料庫擴充及應用機制建立之研究。

11. 行政院環境保護署（1998），社會經濟環境影響評估技術規範之編纂（二）。
12. 施鴻志、段良雄、凌瑞賢（1988），都市交通計劃——理論、實務，國立編譯館。

二、英文文獻

1. ITE, (1991), *Traffic Access and Impact Studies for Site Development*, Institute of Transportation Engineers.
2. ITE, (2003), *Trip Generation*, 7th Edition, Washington, P.C., Institute of Transportation Engineers Journal.

第 27 章

交通維持計畫

27.1 交通維持計畫之基本內涵

27.2 交通維持計畫之分析內容

27.3 交通維持計畫之送審門檻

27.4 結論與建議

交通維持計畫（traffic maintenance plan, TMP）旨在針對進行基地施工期間或辦理大型活動對道路（或海、空航路）容量或需求產生相當程度之衝擊時，爲降低其可能對交通運行效率與安全產生之干擾，道路（或海、空航路）主管機關乃要求開發業者或主辦機關必須提送交通維持計畫送審，並依核定計畫據以執行。因此，交通維持計畫係一種臨時性作爲，旨在施工期間或舉辦活動期間，透過適當之交通管理措施，有效降低可能產生之衝擊。於施工或活動結束後，相關交通管理措施自然停止實施。至於基地於營運期間對鄰近道路環境產生之長期性且持續性之影響，則應於交通衝擊評估中加以研擬因應對策，不屬於交通維持計畫之範疇。

如第二十六章交通影響評估所述，交通維持計畫係該評估報告中一項相當重要的產出，旨在規劃其施工期間（也包括營運期間之大型促銷活動）之交通管理措施。由於交通維持計畫之對象多爲地區性工程建設計畫，故其主管機關大多爲地方政府。目前國內各縣市政府對於道路施工工程或辦理大型活動，大多已訂定相關交通維持計畫審議規定，規範各項工程或活動於達到特定門檻時，應提送交通維持計畫，並經送審核定後，方能據以進行施工或辦理活動，以提高道路交通之安全與順暢。

値得一提的是，必須提送交通影響評估之基地開發案，也會在評估報告中一併納入交通維持計畫，但達到提送交通維持計畫門檻之案件，未必需要提送交通影響評估報告。此外，一般而言，提送交通影響評估報告時，通常在環境影響評估、都市計畫審議，以及都市設計審議等階段，該開發計畫之內容可能還無法十分詳細。因此，即便是在交通影響評估報告中一併提送，該交通維持計畫之敘述也多屬於原則性之規範與作法。但在正式審核交通維持計畫時，多已在施工期間或大型活動期間之前數個月，該開發或活動計畫之細節均已告確定。因此，交通維持計畫通常較交通影響評估所分析的內容更爲詳細且具體，包括施工車輛遵行路線及時段，車行及人行動線之安排，交通號誌時制計畫之調整，交通標誌及管制設施（如拒馬、交通錐、施工標誌）之布設，公共運輸路線、班次及站牌之變動，以及交通管制人員之執勤位置與時段安排等。

本章節之順序安排如下：第一節說明交通維持計畫之基本內涵；第二節介紹交通維持計畫之分析重點；第三節說明交通維持計畫之送審門檻；第四節爲結論與建議。

27.1 交通維持計畫之基本內涵

交通維持計畫之目的在於確保施工（或活動）安全、車行及人行安全與順暢、以及居民便利。其主要考量事項爲如何有效減少在施工或辦理活動過程中所造成之交通衝擊，並降低對當地居民生活之干擾。交通維持計畫通常由當地縣市政府負責審核及監督，一般交通維持計畫會送各縣市道路主管機關（交通局處或工務局處），再陳送道路交通安全督導會報（道安會報）予以審議。交通維持計畫大多依據下列法令辦理：

1. 交通部會同內政部訂頒之「道路交通標誌標線號誌設置規則」。

2. 交通部（1990）編定之「交通工程手冊」。

3. 交通部運輸研究所（2001）編定之「公路容量手冊」。

4. 各縣市政府頒布之「工程施工期間交通維持作業辦法」或「大型活動交通維持作業辦法」。

交通維持計畫之擬訂原則，除依上述相關規定及當地之道路交通現況及特性外，並應依循下列原則：

1. 交通維持計畫須於工程或活動規劃、設計階段即予以考慮。

2. 參酌施工計畫之施工階段、時程及範圍，研擬有效維持施工區域周邊道路交通順暢的交通維持計畫。

3. 施工區圍籬範圍以施工確實需要之路段及最小寬度爲限，並審視分階段施工之可能，減少施工占用道路面積與分段先行開放先期完工之通行寬度，以利車流紓解。

4. 施工路段周邊道路於尖峰時段，嚴禁路邊違規停車，透過嚴格管制以確保道路使用空間之淨空。

5. 施工車輛之運輸必須與尖峰時段一般車流錯開，並且儘可能避免占用車道施作，即不得無故隨意停靠路邊，必須停放在圍籬內，以免影響交通。

6. 確保施工區域行人與行車安全，提供人、車進出通道，大衆運輸儘可能維持其原有路線與既有站牌位置。

7. 行人動線須充份考慮其友善性與安全度，盡量要維持行人通行之順暢與安全，尤其工區兩旁商家、學校及住家之行人出入應特別加以考量。

8. 當管制設施須重行檢討或因需要而增設時，應依「道路交通標誌標線號誌設置規則」有關規定，經各相關單位會勘後依權責辦理設置。而且相關交通管制標線及標誌應於施工前設置完畢。

9. 工程承攬廠商需依所訂定交通維持及安全管制措施之管理標準、檢查率及檢查時機落實自主檢查。

交通維持計畫包括下列幾項分析重點：工程（活動）計畫概要，道路交通現況分析，工程進行說明（活動交通影響分析），交通維持方案，交通維持宣導計畫，以及緊急應變計畫等部分。其中，又以交通維持方案最爲重要，其應包括：人行動線及車行動線規劃、交通管制措施（動線規劃、路邊停車管制、轉向限制、號誌時制調整等）、車道及交通安全設施布設，以及公車路線調整或站牌移設等項目。爲便於後續說明，各該項目之相關專有名詞定義如下（交通部，2009；FHWA, 2007; Office of Design, 2006）：

1. 人行動線（pedestrian movement）：施工或活動地點鄰近區域內之行人步行動線。
2. 車行動線（vehicular movement）：施工或活動地點進出車輛之行駛動線。
3. 交通管制設施（traffic control devices）：交通管制設施包括標誌、標線、號誌等三大類，其設置之目的在於提供車輛駕駛人及行人有關道路路況之警告、禁制、指示等資訊，以便利行旅及促進交通安全。
4. 標線（markings）：以規定之線條、圖形、標字或其他導向裝置，劃設於路面或其他設施上，用以管制道路上車輛駕駛人與行人行止之交通管制設施。
5. 號誌（signals）：以規定之時間上交互更迭之光色訊號，設置於交岔路口或其他特殊地點，用以將道路通行權指定給車輛駕駛人與行人，管制其行止及轉向之交通管制設施。
6. 標誌（signs）：以規定之符號、圖案或簡明文字繪於一定形狀之標牌上，安裝於固定或可移動之支撐物體，設置於適當之地點，用以預告或管制前方路況，促使車輛駕駛人與行人注意、遵守之交通管制設施。此外，由於交通維持計畫常須進行部分車道之封閉管制，為能安全有效地引導車流流動方向，通常必須利用拒馬、交通錐、施工標誌等輔助標誌，進行漸變線段之安排。有關拒馬、交通錐、施工標誌等輔助標誌之定義於後續項目說明。
7. 拒馬（barricade）：用以阻擋車輛及行人前進或指示改道，設於道路交通阻斷之處。依設置時間之長短，屬於輔助標誌。拒馬又分為固定型及活動型兩種：
   (1) 固定型拒馬，用以阻擋車輛及行人前進或指示改道，設於道路或其他設施損壞、施工或養護而致交通阻斷時間較久或範圍較廣之處。
   (2) 活動型拒馬，用以阻擋車輛及行人前進或指示改道，設於道路臨時性交通阻斷之處。

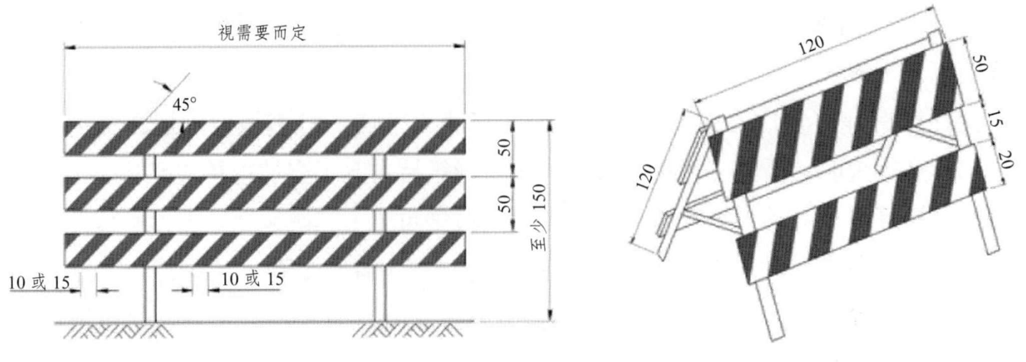

圖 27-1 拒馬的型式與規格

（資料來源：交通部，2009）

8. 交通錐（traffic cone）：用以輔助拒馬阻擋或分隔交通。交通錐之顏色分全橙色及橙白相間斜紋兩種，其基本型式尺寸如下圖：

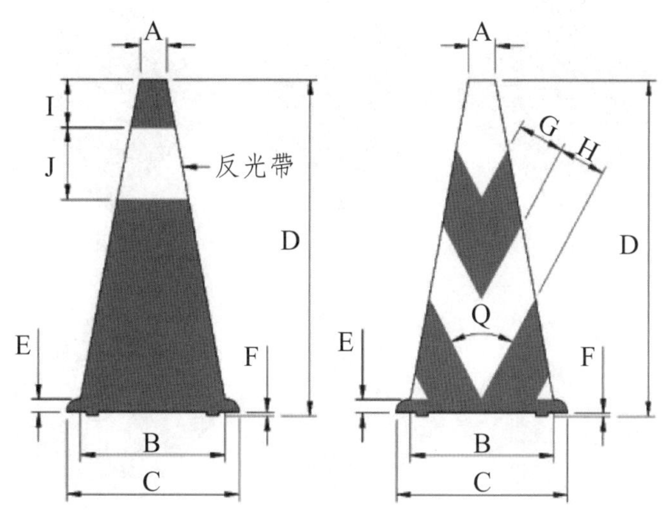

圖 27-2　交通錐的型式與規格

9. 施工標誌（construction signs）：用以告示前方道路施工，車輛應減速慢行或改道行駛。設於施工路段附近。因道路施工及封閉狀況可分為下列 5 種類型：

(1) 用於前方道路施工。

圖 27-3　施工標誌的型式與規格（用於前方道路施工）

（資料來源：交通部，2009）

(2) 用於前方道路封閉。

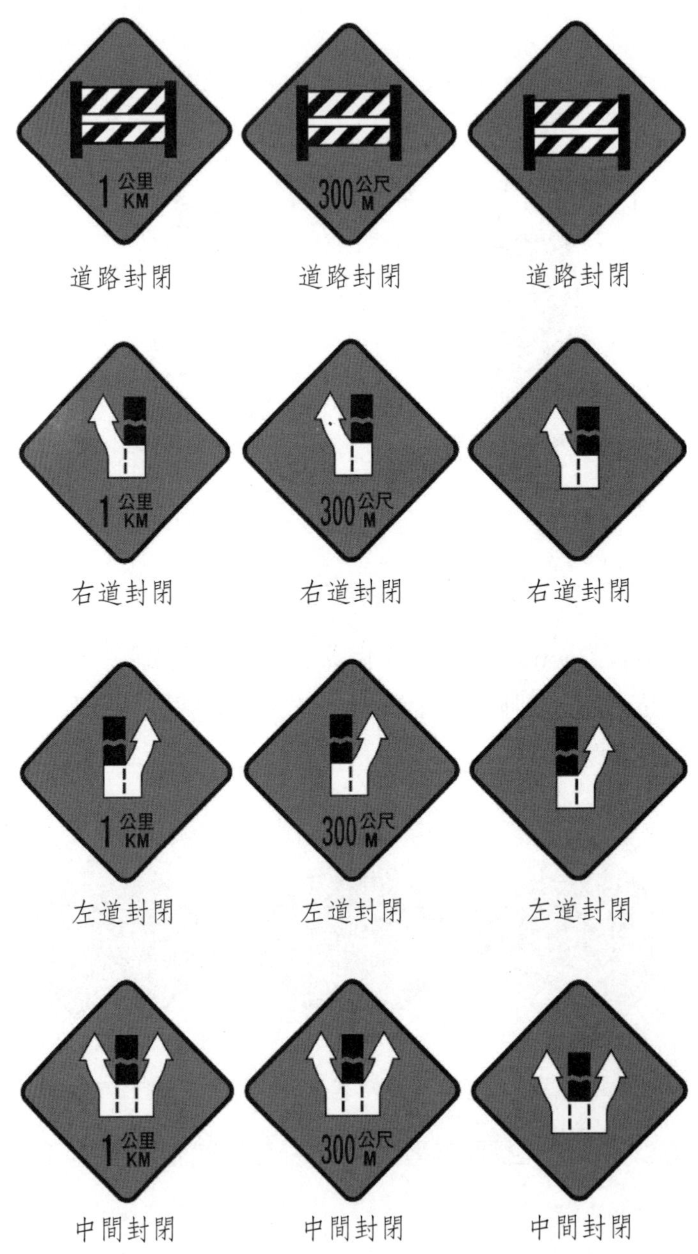

圖 27-4 施工標誌的型式與規格（用於前方道路封閉）

（資料來源：交通部，2009）

(3) 用於道路施工——車輛改道行駛及指示改道方向。

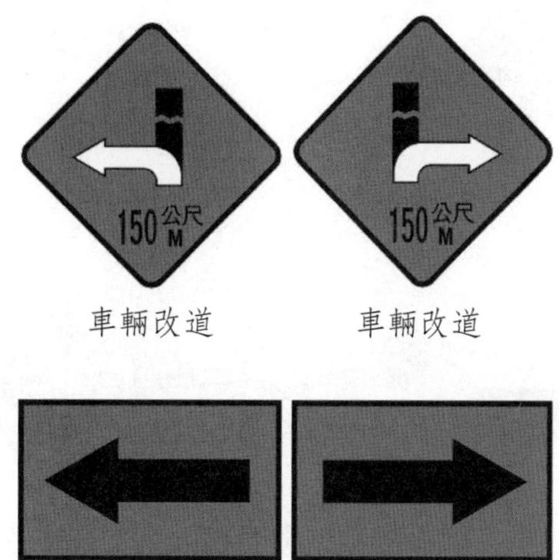

圖 27-5　施工標誌的型式與規格（用於道路施工車輛改道）

（資料來源：交通部，2009）

(4) 用於部分車道封閉，改單線管制行車。

圖 27-6　施工標誌的型式與規格（用於部分車道封閉，改單線管制行車）

（資料來源：交通部，2009）

(5) 用於移動性施工，警告前方道路短暫施工或養護，車輛駕駛人應減速或變換車道行駛時，懸掛於工程車輛及機械之後方，背面斜插橙色旗幟二面或於車身明顯處加設閃光燈號。

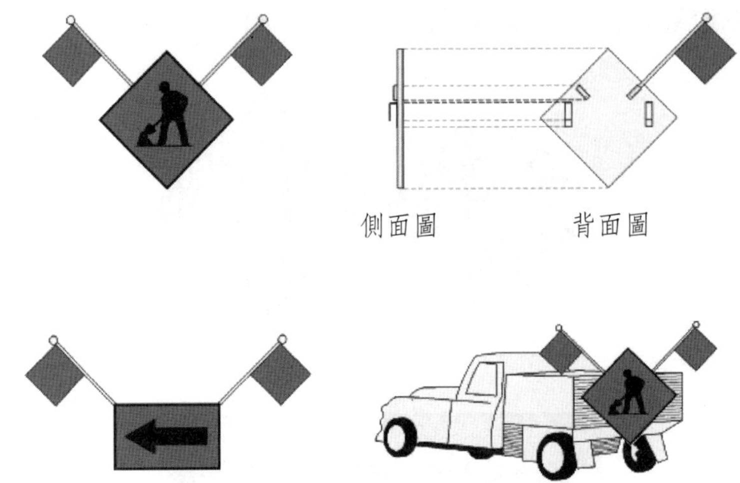

圖 27-7 施工標誌的型式與規格（用於移動性施工）

（資料來源：交通部，2009）

10. 施工警告燈號（construction warning lights）：設於夜間施工路段附近，用以警告車輛駕駛人前方道路施工，應減速慢行。
11. 臨時性交通管制區域（temporary traffic control zones）：係指因道路施工為維持交通安全與順暢，所採取交通管制措施之影響區域。一般分為四個區域：
    (1) 預警區域（advance warning area）：是開始布設警告標誌，用以預知駕駛人前方施工情況，以資因應的道路區段。警告標誌布設處距離施工地點之長度，需視道路速限而定。原則上，速限愈高，長度則愈長。有時需要設置多座警告標誌，甚至輔以施工警告燈號，方能達到充分提醒駕駛人之目的。
    (2) 過渡區域（transition area）：係指因前方部分路肩、車道，或道路封閉，而駕駛人開始被導引離開其原行駛路徑的道路區段。因此，漸變區域必須使用漸變線，以達到槽化目的。
    (3) 施工區域（activity area）：係指道路施工工程操作處，包括工作空間、交通空間，以及緩衝空間等三部分。工作空間即是道路封閉供工作人員及機具施作之空間。交通空間是駕駛人行經施工區域時的改道行駛空間。緩衝空間係側向或縱向空間用以將駕駛人與工作空間適當分隔，以確保駕駛人及工作人員之安全。縱向緩衝空間位於工作空間之前方（上游），用以分隔同一車道之車流。側向緩衝空間位於工作空間之側方（內側或外側），用以分隔不同車道之車流。基本上，由交通錐或拒馬所圍成的緩衝空間，其功能與交通島之槽化功能相同。

(4) 終端區域（termination area）：終端區域位於施工區域之後方（下游），用於導引用路人返回其原行駛路徑。

12. 漸變線（tapers）：係用於過渡及終端區域，利用拒馬及交通錐等槽化設施或鋪面標線，將車流導引離開其原行駛路徑。漸變線愈長未必愈好，因爲過長的漸變線容易鼓勵用路人動作更爲緩慢，甚至延遲變換車道。但是長度過短，則將導致用路人來不及反應，而發生危險。因此，漸變線之長度須視車速、縮減之路寬及漸變線種類而定。漸變線段因設置區位與目的之不同，又可分爲下列三種（如圖 27-8）：

(1) 匯入漸變線（merging taper）：用於部分車道縮減時之多車道道路。其長度必須足以使併行行駛之用路人，得以安全地調整速度，並在過渡區域終止前匯入

同一車道。其長度之計算公式如下：

$$L=\begin{cases}\dfrac{V^2W}{155}, V\le 60\\ 0.625VW, V>60\end{cases} \qquad (27\text{-}1)$$

其中，

L：由拒馬或交通錐排列的漸變線長度（m）

V：85% 行車速率或施工區域速限（km/h）

W：縮減之路寬（m）

(2) 側移漸變線（shifting taper）：係用於導引車流至另一條行駛路徑，但不必匯入其他車流之路徑。其長度最少須爲匯入漸變線長度之一半，即 $L/2$。

(3) 路肩封閉漸變線（shoulder closure taper）：係用於路肩封閉時，爲維護行駛安全，乃設計一漸變線，其長度最少須爲匯入漸變線長度之三分之一，即 $L/3$。

(4) 雙車道交通漸變線（two-way traffic taper）：係用於雙車道道路，當其中一方向車道封閉時，在施工區域內必須藉道對向車道行駛。因此，在交通管制區域的兩端必須配置旗手或用暫時性交通號誌進行交通管制，其長度最長爲 30 公尺。過長的雙車道交通漸變線會導致高速行駛及過早變換車道，而發生對撞危險。

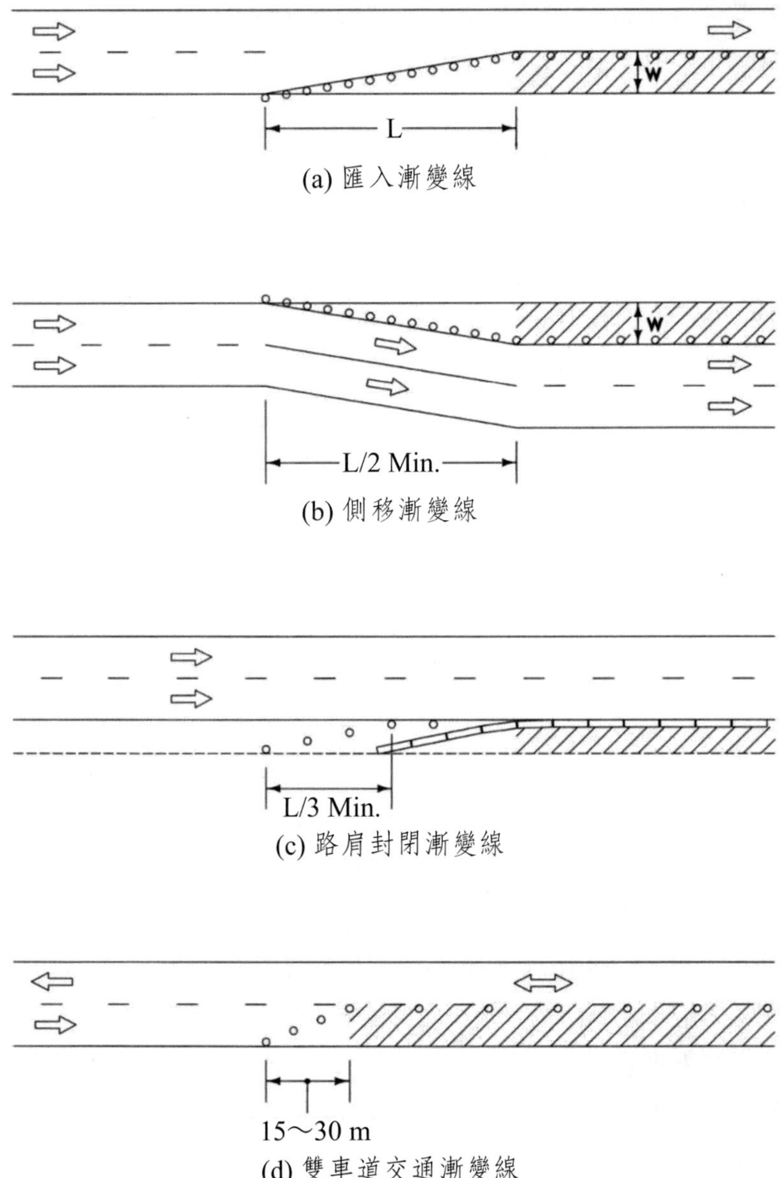

(a) 匯入漸變線

(b) 側移漸變線

(c) 路肩封閉漸變線

(d) 雙車道交通漸變線

圖 27-8　漸變線的類型與設計方式

（資料來源：Office of Design, 2006）

至於進行道路部分車道封閉時，各種輔助標誌及管制人員之配置，須視當地狀況，依「道路交通標誌標線號誌設置規則」。例如，用於雙車道道路局部施工，而封閉一向車道者，其交通管制設施之布設與人員（旗手）配置如圖 27-9 所示。

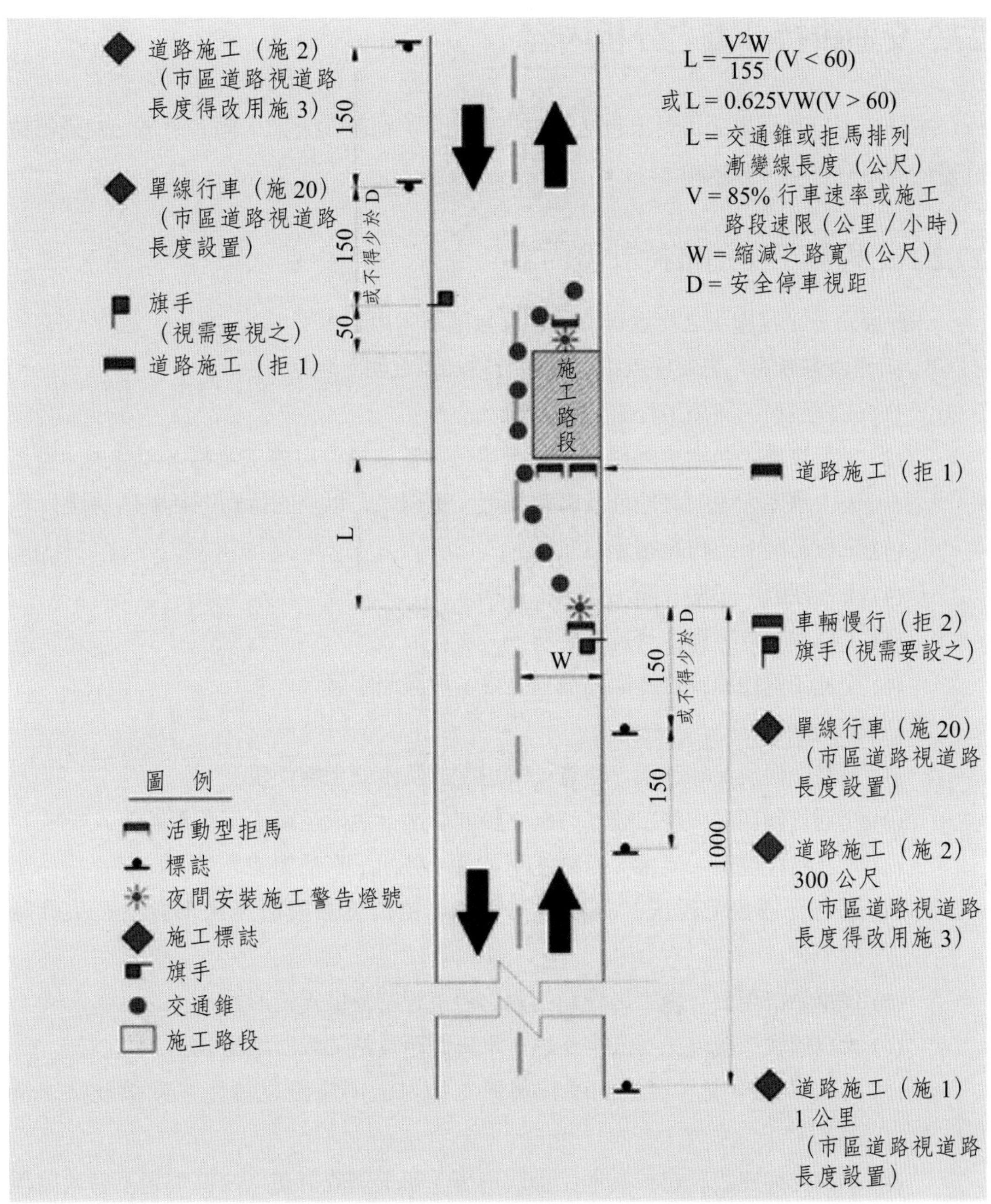

圖 27-9　雙車道局部施工封閉一向車道之交通管制設施布設方式

（資料來源：交通部，2009）

27.2 交通維持計畫之分析內容

由於交通維持計畫適用對象包括工程施工及舉辦活動兩大類。兩者所需之交通維持計畫內容略有不同。分述如下：

27.2.1 工程施工交通維持計畫內容

一般而言，工程施工之交通維持計畫應包括下列內容：

1. 工程內容概要：主要係就工程相關資料加以說明，包括：
   (1) 工程名稱：該項工程之契約名稱。
   (2) 工程單位：包括主辦機關、執行單位、監造單位與施工單位（起造人、監造人、承造人等）之地址及聯繫電話（應以二人以上的行動電話號碼爲佳）。
   (3) 工程範圍：工程範圍及位置圖。
   (4) 工程期限：工期、開工及完工日期。
   (5) 工程內容：工程內容及其配置。
   (6) 交通工程技師或監造顧問機構之姓名與證照字號。
2. 道路交通現況評析
   (1) 道路幾何現況（路型、路寬、車道配置及兩側土地使用）。
   (2) 交通管制現況（路口號誌時制、轉向管制、速限及路邊停車管制）。
   (3) 車流特性現況（流量、行駛速率及車流轉向、車種組成）。
   (4) 原有交通負荷現況（路段服務水準、路口延滯與服務水準評估及尖峰時間）。
   (5) 停車系統現況（施工影響範圍內之停車管制及供需情形）。
   (6) 大眾運輸系統現況（公車路線、車班間距及站位設置地點）。
   (7) 行人系統現況（行人的種類與原工地附近所施設之設施、動線及需求情形）。
   (8) 相關交通建設計畫或其他工程之影響：研擬調查計畫（工區周邊及替代路徑重點路口、路段）及現勘照相，並可向地方政府等有關機關單位蒐集工地鄰近之相關建設計畫與可能同一時期的活動，以了解施工期間可能帶來的交通衝擊與狀況。
3. 施工計畫說明
   (1) 施工階段分期計畫及時程。
   (2) 工程採用之施工方法及工法程序。

(3) 工程施工占用道路狀況與可能範圍。由施工單位研擬施工階段、預定工期，並提出施工作業需求空間。考量相關工程施作期程，避免加重當地的交通負荷衝擊。一般而言，為降低道路施工對交通之干擾程度，對於工程規模較大者，在工法許可下，建議以分階段施工，分階段開放方式。若須要在一個以上車道施工者，建議採半半施工法（即先施作某一車道，俟完工開放後，再施作另一車道）。

(4) 施工預定進度。

4. 交通維持方案

(1) 施工路段圍籬占用與車道配置計畫（圍籬範圍及工區路段車道配置）。

(2) 交通設施與動線影響情形（取消或遷移之交通設施、交通動線限制）。

(3) 行人動線規劃（考量工區鄰近學校進出或行人量是否較大）。

(4) 交通管制配合措施（配合工區車道配置進行號誌時制、標誌、標線、槽化更新及管制停車）。

(5) 公車路線及站牌遷移計畫（考量公車停靠、乘客上下車及候車安全）。

(6) 交通衝擊分析及減輕方案（以相關運輸軟體為分析工具，進行施工期間交通量預測、分析及服務水準評估）。

(7) 車流疏導計畫（研擬封閉路段、大區域車流之替代導引計畫）。

(8) 施工中交通安全措施（規劃各項圍籬、交通錐、活動式紐澤西護欄或其他的交通警示桿，並配置交通指揮勤務）。

(9) 施工機具、材料及廢土等進出規劃（推估土方量、車次、時程與路徑）。

(10) 環境保護措施，包括機具及車輛之清洗、車行路徑鋪面清潔、廢棄物收集處理、噪音及振動管制、空氣污染及塵土管制及道路維護。

(11) 緊急應變計畫（含通報系統、救災體系）：依施工地區及交通維持平面配置圖加以規劃。

5. 交通維持宣導計畫：包括新聞媒體、電台廣播、電視媒體、電腦網路、戶外廣告、宣導折頁、期刊報導、民政系統與教育系統的宣導、交通告示牌或可變標誌（changeable message sign, CMS）的即時通報與預告周知，甚至也可以就近利用接近工區時發出簡訊來通告用路人。原則上，須施工前一週於地方政府網站公告周知，施工前三天發布新聞稿，前一天進行廣播與村里民的宣導。另外，對於受施工影響之鄰近住戶進行說明或發放宣傳單，並拍照存證，以防未來爭議索賠的司法的證據參考。

6. 營建工地緊急應變計畫

(1) 緊急應變之組織架構：說明施工單位交通車流通報編制，包括任務編組及各編組之負責人（緊急聯絡人）。

(2) 緊急應變之處理程序：包括工區災變或交通事故之處理程序。

(3) 工區聯絡人員及相關單位之緊急聯絡電話或地址：以工地工務所爲監控及通報中心，向外連鎖構成緊急應變組織系統，包括各編組負責人（並含緊急聯絡人及第二應變聯絡人）及醫療、救災消防與各管線等三大體系相關單位之聯絡電話。

27.2.2 舉辦活動交通維持計畫內容

舉辦活動之交通維持計畫（路外活動）應納入下列內容：

1. 活動計畫概要：主要係就活動相關資料加以說明，包括：
   (1) 活動名稱及活動內容概述。
   (2) 主（協）辦單位負責人姓名、連絡電話、傳眞，以及住址。聯繫電話資料應以二人以上的行動電話號碼爲佳。
   (3) 活動時程（含活動日期及起迄時間等）。
   (4) 活動預估產生人、車旅次。
   (5) 交通工程技師之姓名與證照字號。
2. 道路交通現況評析
   (1) 道路幾何現況：路型、路寬、車道配置及兩側土地使用。
   (2) 交通管制現況：路口號誌時制、轉向管制、速限及路邊停車管制。
   (3) 車流特性現況：流量、行駛速率及車流轉向、車種組成。
   (4) 原有交通負荷現況：路段服務水準、路口延滯與服務水準評估。
   (5) 停車系統現況：活動影響範圍內之停車管制及供需情形。
   (6) 大衆運輸系統現況：公車路線、車班間距及站位設置地點。
   (7) 行人系統現況：行人的種類與原活動地點附近所施設之設施、動線及需求情形。
   (8) 自行車系統現況：自行車行駛路徑及相關設施。
   (9) 同一時期之相關活動：向地方政府等有關機關單位蒐集活動地點鄰近可能同一時期舉辦的活動，以了解在活動過程中可能帶來的交通衝擊與狀況。
3. 交通影響分析
   (1) 活動占用道路之交通影響：對道路交通服務水準之影響（使用道路前、後服務水準對照表）、對公車站位之影響，以及對停車之影響。
   (2) 活動衍生交通之影響：遊覽車停靠之影響、衍生停車問題之影響、衍生行人及自行車安全問題影響。

4. 交通維持方案
   (1) 活動時間之規劃：利用假日避開交通尖峰時段。
   (2) 交通管制措施及安全設施之設置：交通管制措施、禁左管制、動線調整；道路交通制制預告牌面、交通錐、夜間警示燈。
   (3) 行人動線規劃：考量鄰近學校進出或行人量是否較大。
   (4) 交通疏導人力之規劃安排：警力協勤、主辦單位交通疏導人員配置。
   (5) 公車站位、班次及路線配合調整、聯繫及宣導。
   (6) 停車問題之處理。
   (7) 遊覽車停靠問題之處理。
   (8) 參與人員及兒童交通安全問題之處理。
   (9) 須政府或相關單位協助事項，如警力、公車站位、班次及路線之調整、停車格（場）封閉或啓用、號誌調整等。
5. 交通維持宣導計畫：包括新聞媒體、電台廣播、電視媒體、電腦網路、戶外廣告、宣導折頁、期刊報導、民政系統與教育系統的宣導、交通告示牌或CMS的即時通報與預告週知，甚至也可以就近利用接近活動地點時發出簡訊來通告用路人。原則上，須於活動前一週在地方政府網站公告週知，活動前三天發布新聞稿，前一天進行廣播與村里民的宣導。另外，對於受活動影響附近住戶進行說明或發放宣傳單，並拍照存證，以防未來爭議索賠的司法的證據參考。
6. 突發狀況及活動結束之人員疏散計畫
   (1) 可能發生突發狀況預測。
   (2) 突發狀況交通管制範圍及處理方式，必要時須先進行演習。
   (3) 活動結束人員疏散計畫。

若舉辦活動涉及道路之使用（即舉辦路上活動），則於活動計畫概要中要增列：1. 活動占用道路情形（搭臺、活動及拆臺等不同情況占用道路情況說明、管制或封閉道路之內容設施配置說明）；2. 活動附帶工程說明；3. 申請地點附近其他活動或道路施工工程說明。

27.3 交通維持計畫之送審門檻

爲減輕交通維持計畫之行政審議負荷，一般縣市政府會依轄區內道路環境特性與交通旅次行爲，考量其對道路交通環境產生之衝擊程度，研訂送審門檻，其依適用對象又有所不同。交通維持計畫的適用對象大致可分為工程施工及舉辦活動兩大類。其中，工程施工又包括道路工程施工及建築工程施工，而舉辦活動則包括路上活動及路外活動，說明如下（易緯工程顧問有限公司，2004）：

1. 道路工程施工：因進行道路施工工程而封閉部分道路使用空間，導致道路服務水準降低者。

2. 建築工程施工：因施工車輛及機具之進出或施工圍籬之遮蔽，而造成鄰近道路之服務水準降低者。

3. 路上活動：因於道路上辦理大型活動（如遊行活動）為顧及參與活動人員之安全，而必須封閉部分道路空間，導致道路服務水準降低者。

4. 路外活動：因辦理大型路外活動（如運動會、演唱會等大型集會活動，或是百貨公司或大型賣場促銷活動）而吸引大規模交通旅次，導致道路服務水準降低者。

以臺北市為例，上述四種適用對象之提送門檻分別為：

1. 道路工程施工
   (1) 屬於主要幹道（含快速道路）且施工期間長達 5 天以上者。
   (2) 屬於次要幹道且施工期間長達 1 個月以上者。
   (3) 屬於一般道路（路寬 20 公尺以上）且因工程施工占用道路單向車行路寬超過二分之一，且施工期間長達 1 個月以上者。
2. 建築工程施工：同一基地建築物總樓地板面積一萬平方公尺以上者。
3. 路上活動：利用市區道路（行人徒步區及人行道除外）舉辦臨時活動者。
4. 路外活動：
   (1) 百貨公司、購物中心及大賣場等同性質之營業賣場總樓地板面積達一萬平方公尺以上舉辦開幕式、週年慶或特賣會。
   (2) 三百公尺內有捷運站之體育館場舉辦觀眾人數二萬人以上之演唱會或晚會。
   (3) 三百公尺內無捷運站之體育館場舉辦觀眾人數一萬人以上之演唱會或晚會。
   (4) 信義及南港展覽館舉辦預估平均每日一萬五千參觀人次以上之專業展覽。
   (5) 信義及南港展覽館舉辦預估平均每日三萬參觀人次以上之非專業展覽。
   (6) 戶外場地舉辦預估總參觀三十萬人次以上之大型活動。
   (7) 其他經本府交通局認為對道路交通順暢及安全有重大影響，而須提送交通維持計畫送審者。

國內有不少學術研究探討交通維持計畫送審門檻之課題。例如，蘇振維（1990）以道路可承受衝擊量的概念，推估不同道路、服務水準、車道寬度情形下，施工占用道路寬度百分比達到特定值時，作為提送交通維持計畫之門檻。林良泰和李季森（2001）將道路分為公路系統及市區道路系統，並以道路寬度、道路類型、施工期長短、占用道路寬度等爲考量，以定性方式整理道路交通工程送審原則及應送審機關。賴文泰和李俊賢（2004）以道路服務水準觀念，先設定道路負荷活動衍生量體後之服務水準下限，推估此服務水準下限之交通量，再以此下限交通量減去現況交通量之差值作爲門檻值，若大型活動衍生之交通量大於此門檻值，即需提送交通維持計畫。另外，爲便於審查單位審議，乃進一步提出交通量轉換爲活動人數或活動舉辦場地設施規模（如座位數）之方式，方便行政管理上門檻值之訂定。黃麗燕（2006）則透過平均工程總成本概念，探討道路施工工程若執行交通維持計畫時，將使平均施工成本增加量與平均延滯成本及平均肇事成本之減少量，作爲權衡，以決定施工工期之送審門檻。

27.4 結論與建議

透過交通維持計畫審議與執行，可避免工程施工或舉辦活動對於道路交通環境產生短期性之影響，有效降低其負面衝擊。而對道路交通環境產生干擾不外是供給減少（道路寬度縮減）及需求增加（衍生交通量）兩種衝擊。由於此兩種衝擊之影響層面不盡相同，因此，兩者之交通維持計畫之分析內容及送審門檻也應予以區別。一般而言，如果是道路寬度縮減者，其交通維持計畫多強調交通管制措施之執行及交通安全管制設施之布設。至於衍生交通量者則應重視車流之分散與管理。

隨著我國經濟發展及國內生活品質之要求提高，對於工程施工或舉辦活動所產生交通影響之管制，也愈來愈趨嚴格，各縣市多已針對交通維持計畫訂定相關規範。惟與交通影響評估不同的是，我國交通影響評估的審議已融入環境影響評估、都市計畫、區域計畫、都市設計及建照核發等審議制度中。而且，交通部及內政部業已於民國 96 年會銜頒布「建築物交通影響評估準則」，交通影響評估顯具有相當之法源依據。反觀各縣市雖多已針對交通維持計畫訂定作業要點，但僅要求業者須於施工或舉辦活動前數個月提出交通維持計畫送審，但對於未能配合者，無法限制其活動之舉辦之約束能力。爲使交通維持計畫之制度得以落實執行，相關制度仍應加以完備。

另外，對於道路施工部分車道封閉時，如何因應車流狀況與施工需求，利用車流理論研擬對車流安全與效率干擾最小之施工作業方式，亦值得加以研究，並將研究成果落實於相關法令規定中。最後，值得注意的是，交通維持計畫不僅限於道路交通環境，也適用於航路交通環境（含內陸水運、海運及空運）。例如，若港域內進行施工工程時，除須進行港區連絡道路之交通維持外，也須一併評估對航道之影響，並透過交通維持計畫予以降低。

問題研討

1. 名詞解釋：
   (1) 交通管制設施（traffic control device）；
   (2) 交通錐（traffic cone）；
   (3) 匯入漸變線（merging taper）；
   (4) 側移漸變線（shifting taper）；
   (5) 路肩封閉漸變線（shoulder closure taper）。
2. 交通維持計畫之適用對象包括哪些？
3. 交通維持計畫之分析內容為何？
4. 在單向雙車道的道路上，因道路施工而必須封閉外側車道時，請問相關交通管制設施應如何布設？
5. 在道路封閉部分空間時，為安全導引用路人至規劃之行駛路徑上，將利用配合輔助標誌進行漸變線之安排，請問漸變線有哪幾種？又如何布設？
6. 道路施工時之交通安全管制區域分為那幾區，各部分管制重點為何？
7. 工程施工與舉辦活動之交通維持計畫之內容有何差異？
8. 主管機關在研訂交通維持計畫之送審門檻時，應考慮哪些因素？

相關考題

1. 道路施工時之交通安全管制範圍共分哪幾區？請依設置順序說明其目的及長度要求。（25 分）（93 高三級第二試）
2. 當單向雙車道的道路因為施工而必須封閉外側車道時，請繪圖標示相關之交通管制設施應如何布設？（25 分）（99 高三級）
3. 提升都市地區瓶頸路段的服務水準，在交通工程領域通常有哪些方法？請分別說明每一種方法的原理及其具體內容。（25 分）（99 專技高）
4. 何謂施工交通管制區？設置交通安全管制設施之目的何在？而施工交通管制區通常分為哪幾個區段？試以同向二車道之外側車道施工為例說明之。（25 分）（100 專技高）

參考文獻

一、中文文獻

1. 交通部（1990），交通工程手冊，幼獅文化事業公司。
2. 交通部（2009），道路交通標誌標線號誌設置規則。
3. 交通部運輸研究所（2001），2001 年臺灣地區公路容量手冊。
4. 林良泰、李季森（2001），交通維持計畫審議制度之研究，都市交通季刊，第 16 卷第 3 期，頁 11～29。
5. 黃麗燕（2006），道路施工交通維持計畫提送門檻之研究——以高雄縣為例，國立臺灣大學土木工程學研究所碩士論文。
6. 易緯工程顧問有限公司（2004），桃園縣交通維持計畫暨交通衝擊影響評估審議制度及作業規範之研究第一冊：交通維持計畫，桃園縣政府委託研究。
7. 賴文泰、李俊賢（2004），大型活動提送交通維持計畫門檻值之研究，都市交通季刊，第 19 卷第 3 期，頁 59～75。
8. 蘇振維（1990），都市地區影響交通之重大工程施工規劃研究，交通大學交通運輸研究所碩士論文。

二、英文文獻

1. Federal Highway Administration, FHWA, (2007), *Manual Uniform Traffic Control Devices for Streets and Highways*, 2003 Edition, Federal Highway Administration, US Department of Transportation.
2. Office of Design, (2006), *Design Manual*, Revised Version, Office of Design, Iowa Department of Transportation, US.

第 28 章

運輸系統管理

運輸系統管理（transportation system management, TSM）之概念最早源自美國，係採用彈性的手段，利用短期的交通工程改善措施，使道路發揮其最大疏運功能，減少車輛停等延滯、提高行駛速率，也可間接吸引部分民眾搭乘大眾運輸，達到節能減碳之效果。

美國早期1950年代之都市運輸規劃，多依據未來運輸需求之預測結果，規劃長期大規模之道路系統興建計畫。但這些大型道路系統建設計畫，不僅耗費龐大經費，也間接促使私人機動車輛持有與使用之快速成長，而未能達成減少車輛延滯及污染排放之目標。尤其在1973與1978年兩次世界能源危機期間，由於經濟發展不振，導致政府公共投資資金短絀，無法持續支應大規模之道路建設計畫，而使得機動車輛過度成長所造成的交通擁塞問題日益嚴重。值此之故，美國政府乃逐漸將傳統以長期發展運輸規劃觀念，轉變爲與短期交通改善計畫並重的政策方向。1975年9月美國都市大眾運輸總局（Urban Mass Transportation Administration, UMTA）與聯邦公路總局（FHWA）正式發佈交通管理及執行程序的管理規則，要求市區運輸規劃必須包含長期計畫以及短期計畫兩大部分。其中，短期計畫除了道路工程之直接擴寬改善計畫外，即以著重於供給面之運輸系統管理及著重於需求面之運輸需求管理兩大類策略爲主。

運輸系統管理及運輸需求管理最早期及完整之定義，係在美國工程師協會（ITE, 1989）所出版的「疏解交通擁塞的策略工具箱」一份報告中。該報告中條列包括供給面及需求面兩大類總計53種，可用於疏解交通擁塞的管理措施。其中，供給面措施（即運輸系統管理）主要與公路系統及道路本身有關，主要目的在於有效運用道路容量或擴增道路容量。因此，運輸系統管理自此即常被應用於運輸規劃程序中，用以泛指所有可更有效運用既有道路設施及服務的運輸管理措施。而需求面措施（即運輸需求管理）則與如何改變運輸行爲及旅運需求有關，其主要目的在於管理（降低）既有運輸需求及控制（避免）運輸需求成長。而此一概念，隨著運輸資訊科技之快速發展，近一、二十年來，更進一步形成所謂「機動力管理」（mobility management, MM）策略。機動力管理源自歐盟贊助的三年期（1996～1998）馬賽克計畫（mobility strategy application in the community, MOSAIC），主要係透過運輸資訊之提供、溝通及組織等軟性方法，鼓勵民眾使用較爲環保永續的運輸工具，以達成其機動力需求，進而有效降低機動車輛旅次之數量、長度及依賴性。2015年起，「機動力服務」或稱爲「出行服務」（mobility-as-a-service, MaaS）之營運模式，由瑞典、芬蘭等歐洲國家開始推動，立即引起各國重視及仿效。MaaS主要是提供旅客一個即時、整合、一站式，以及個人化的運輸服務，特別強調無縫的跨運具整合、彈性的付費系統（如手機付費或月票制）、雙向的溝通反應機制、智慧的旅程規劃服務。

本章以介紹交通工程技術的運輸系統管理爲主，至於運輸需求管理、機動力管理，以及機動力服務等策略，則僅加以略述，有興趣的讀者可自行參閱其他相關書籍及研究報告。例如，Ferguson（1998）介紹運輸需求管理之相關措施，以及歐洲機動力推動平台組織（European Platform on Mobility Management）於 1997 年開始每年舉辦有關機動力管理的學術研討會論文集，以及歐洲 MaaS Alliance 相關研究報告。本章節之順序安排如下：第一節說明運輸系統管理之實施措施；第二節簡介我國有關運輸系統管理重要措施之實施現況；第三節說明運輸系統管理之績效評估；第四節爲結論與建議。

28.1 運輸系統管理之實施措施

運輸系統管理不外乎是利用投資、科技、定價、管理及行銷等策略，達到有效運用道路資源之目的（Ferguson, 1998）。ITE（1989）及 Strickland（1994）針對如何疏解交通擁塞提出供給面及需求面之實施措施。其中，供給面措施包括道路交通運作、優先待遇、公共運輸運作，以及貨物運輸管制等四部分，分述如下。

28.1.1 道路交通運作

道路交通運作（road traffic operations）主要係改善道路交通運行之效率，其可行之相關措施包括：

1. 入口匝道控制（entrance ramp controls）：即匝道儀控（ramp metering），是一種交通管理策略，其主要目的是限制高速公路之進入車輛，以提昇公路主線的車流速度。實施的方式是利用設置於入口匝道的號誌標誌、設置於主線與匝道上的偵測器來蒐集必要車流資訊，並控制進入車輛。

2. 旅行者資訊系統（traveler information system）：蒐集即時交通資訊並利用有線及無線網路，透過可變標誌、廣播、網站、行動電話、車上設備，以提高旅行者進行運具、路線或出發時間選擇之有效性。

3. 交通號誌改善（traffic signal improvement）：包括建置電腦化號誌控制系統（computerized signal control system）、設計號誌連鎖系統（coordinated signal control system）、建置適應式號誌控制系統（adaptive signal controller）、改善定時式號誌時制（pre-timed signal control plan）。

4. 事件管理（incident management）：事件管理包括事件即時偵測及處理，以求在最短時間內進行事件救護及復舊，以減少傷亡及降低對交通之衝擊。

5. 高速公路交通管理（freeway traffic management）：包括前述的匝道儀控及事件偵測管理外，還包括路線導引系統、主線速限控制、高乘載管制，以及匝道封閉等。

6. 施工區交通管制（construction site traffic control）：施工區域因占用部分車道或路肩，乃透過交通管制標誌及漸變線段之布設，以避免造成交通事故及交通衝擊。

7. 禁止路邊停車（restricting/removing on-street parking）：在交通擁塞路段，禁止路邊停車不僅可提高道路容量，也可避免停車出入對車流的干擾。

8. 設置單行道系統（one-way streets）：在交通擁塞區域，可透過單行道系統之設計，有效簡化車流，減少交叉路口衝突點數量，提高交通安全及效率。

9. 設置調撥車道（reversible traffic lanes）：係指可依雙向車流量差異高低，而變換行駛方向的車道，即調撥對向部分車道以供使用，適用在上午尖峰進城或下午尖峰離城方向之道路。

10. 交通槽化設施（traffic channelization）：在車流混亂區域（如大型交叉路口），可透過適當之槽化設施，導引及分散車流方向，以提高交通安全及效率。

28.1.2 優先待遇

優先待遇（preferential treatment）係指在分配道路容量或停車空間時，給予相對永續之車輛（包括公車、替代能源車輛、自行車、行人）優先使用權，其可行之相關措施包括：

1. 公車專用道（bus lane）：在道路上劃設部分專用車道，提供公車以專有路權方式行駛，一方面可有效提昇公車運行效率，吸引民眾搭乘公車，另一方面，也可減少公車頻繁停靠站牌對車流之干擾。

2. 共乘專用道（carpool lane）：類似公車專用道之設計，專供共乘車輛行駛，以鼓勵車輛共乘。惟在實際執行時，車輛是否共乘較難判斷，而僅以乘載人數作爲檢查準則，因此又稱爲高乘載車道（high occupancy vehicle lane, HOV lane）。如美國許多高速公路設有高乘載車道，僅供乘載兩人以上車輛行駛。

3. 自行車及行人設施（bicycle and pedestrian facilities）：爲鼓勵民眾多騎乘自行車或步行，可在道路上設置自行車及行人設施，包括自行車專用道、行人步道、行人徒步區、自行車及行人專用時相、自行車停車設施，以及公共自行車租賃等。

4. 交通優先號誌（traffic signal preemption）：爲進一步提高特定車輛（如公車或救護車）之運行效率，透過車輛定位或偵測系統，在接近路口時，號誌自動轉換爲綠燈（通常採用紅燈早閉、時相插入或綠燈延長等策略），以給予路口優先通行權。

28.1.3 公共運輸運作

公共運輸運作（public transport operations）係指提昇公共運輸效率或使用方便性，

以吸引更多人使用公共運輸，減少使用私人運輸，其可行之相關措施包括：

1. 提供快捷公車服務（express bus services）：透過高品質車輛之使用、公車路線與班次之調整（如減少路線彎繞度及增加班次等）、乃至於設置公車優先號誌及公車專用道等，均可提高公車運行效率。

2. 設置停車轉乘設施（park-and-ride facilities）：在大眾運輸場站設置停車轉乘設施（包括汽車、機車、自行車），以方便民眾停車轉乘，減少私人運具使用。

3. 改善公共運輸服務（public transport service improvement）：透過定價、補貼、評鑑等制度，以及先進大眾運輸系統（advanced public transportation systems, APTS），改善公車營運組織及作業方式，提昇公共運輸服務品質。

4. 提昇公共運輸形象（public transport image）：透過宣導、教育及市場行銷措施，改變民眾對公車服務不佳之刻版印象。

5. 使用高運量公車（high-capacity transit vehicles）：高運量公車包括雙層公車或多節公車等運量較高之公車，以提昇公車運量。

28.1.4 貨物運輸管制

貨物運輸管制（freight movements）係指在部分區域，為避免貨物運輸及裝卸對車流之干擾，而加以管制，其可行之相關措施包括：

1. 市中心區貨車裝卸管制（restricting on-street loading）：在市中心區及尖峰時段內，禁止貨車進行裝卸作業，以減少對車流之干擾。

2. 建立路外裝卸貨物（off-street loading）：設置部分路外貨物裝卸場站，以解決上述禁止貨物裝卸之送收貨問題。

3. 尖峰時段貨車管制（restricting peak-hour freight transportation）：在尖峰時段限制貨車行駛區域或路線，以避免對車流造成干擾。

當然，如果只靠供給面之運輸系統管理措施，其效果可能相當有限。因此，一般均會同時實施需求面之運輸需求管理措施，其可行相關措施包括：

1. 土地使用及分區管制（land use and zoning）：如大眾運輸導向開發（transit-oriented development, TOD）。

2. 通訊替代旅次（telecommunications substitutes）：如遠距通勤（telecommuting）、遠距會議（teleconferencing）、遠距購物（teleshopping）等。

3. 旅行者資訊系統：如行前或行中資訊系統（pre-trip or on-route travel information）、共乘配對系統（rideshare matching）等。

4. 經濟措施（economic measures）：如擁塞定價（congestion pricing）、停車收

費（parking pricing）、大眾運輸補貼（transit subsidy）、共乘獎勵（rideshare incentives）等。

5. 行政措施（administrative measures）：如替代工時（alternative work schedules）、汽車禁行區域（auto-restricted zones）、停車管理（parking management）。其中，替代工時又分為彈性工時（flexible work schedules）及工作時間錯開（staggered work schedules）兩種等。

28.2 運輸系統管理之實施現況

運輸系統管理策略在 1970 年代開始，即受各國重視並加以實施。而我國也在同一時期，開始引進運輸系統管理觀念，並相繼加以推廣執行。在國內實施之相關運輸系統管理措施說明如下：

28.2.1 電腦化號誌控制系統

藉由適當的交通管制策略，善用現有道路容量，以提高交通效率與安全，是交通控制的主要目的。交通號誌控制器是交通控制系統中的基礎設備，其功能為提供交通號誌燈顯示適當的燈相，使行駛路權可藉由號誌燈的指示功能得到公平分配，改善人車的交通安全與效率。

早期的交通號誌控制器因技術上限制，採用如電機或電子電路式作為號誌控制器的控制單元，其對時相的控制方式缺乏修改與擴充等彈性，然民眾對道路的需求常會因不同的時段或特殊事件而產生大幅的變化，造成交通控制策略無法配合用路需求改變而調整，故常須借助人力輔助控制燈號。近年來，國內對微電腦應用技術發展快速，並成功的將這項技術廣泛的使用於自動控制等相關領域上，即所謂電腦化號誌控制系統，其被視為最有效的運輸系統管理措施之一。

為有效推動電腦化號誌控制系統之建置，交通部於民國 77 年訂頒「電腦化交通號誌控制系統之規劃與設置規範」，提供各地方政府採用，但因各縣市政府對交通控制需求不同，大多個別研修所需的交通號誌控制器採購規範；再者因各生產廠商分別以不同的設計方式達成交通號誌控制器的功能等因素，致使各縣市交通號誌控制器機種「百家雜陳，互不相容」，導致使用單位於採購、管理、使用與維護等之困擾。基此，交通部運輸研究所乃於民國 86 年開始進行電腦化交通號誌控制系統通訊系統與協定之統一規格研究（交通部運輸研究所 , 1997），依其研究成果，交通部乃於民國 87 年正式訂頒「電腦化交通號誌控制系統通訊協定」，配合都市交通控制系統標準化軟體之開發及各都會區交通控制中心之成立，我國都市交通號誌控制系統已逐漸進入電腦化時代。

隨著智慧型運輸系統之發展，爲確保 ITS 系統組成單元彼此之間的「相互操作性」（interoperability）與「相互置換性」（interchangeability），交通部運輸研究所持續進行國家智慧型運輸系統標準通訊協定（National Transportation Communications for ITS Protocol, NTCIP）整合式通訊平台之相關研究與開發（交通部運輸研究所，2003），以使將來國內政府單位或廠商，在規劃、投資及參與 ITS 相關建設時面對相關通訊課題能有所參考依循，因此希望藉由整合我國在 ITS 相關通訊研究成果並參照美國發展 NTCIP 的累積經驗，建立我國 NTCIP 整合式通訊平台並推廣其應用，爲我國智慧型運輸系統之發展奠定良好基石。

28.2.2 匝道儀控

匝道儀控最早自 1968 年美國聖地牙哥（San Diego）實施以來，相關理論與實務之研究已逾四十餘年，實施地點遍及美、歐、澳、亞洲等各先進國家，而降低高速公路擁塞爲目的之控制策略也由定時儀控、獨立交通感應儀控、改良爲整合性交通感應儀控等，以及可接受間隙控制、匯入控制等以強調匝道匯入安全爲訴求之控制策略，在交通管理與控制之策略而言，可謂相當完整。匝道儀控之控制邏輯大致可分爲三大類型：

1. 定時式儀控管制（pre-timed ramp metering）：定時式儀控管制係早期之匝道儀控管制方式，係根據歷史交通資料計算出不同時段的最佳儀控率，事先予以設定以供執行，爲疏解重現性擁塞所實施的預防性交通控制。其優點是所需設備最少，控制邏輯設計最簡單，且駕駛者較能預知號誌固定運轉方式而採均一之行止。其缺點是無法即時反應主線及匝道即時需求之變化，因此，較適用於車流穩定的狀況，但由於無法因應交通日益增加、尖離峰變化明顯之交通管制需求，已逐漸被淘汰。

2. 接受間距式匯入管制（gap-acceptance merge control）：匯入控制的主要目的在有效利用高速公路主線車流的間距，便利匝道車輛匯入，使最多的匝道車輛能安全地匯入主線車道，又不致對主線車流造成太大干擾。尤其對於某些幾何標準較低的高速公路或匝道，匯入控制有其實施的必要性。但由於其控制績效受許多變數影響，應用上並不普遍。

3. 交通感應式儀控（traffic-responsive metering）：交通感應式儀控的儀控率係依據即時量測的交通變數值估算下一控制時段之儀控率，能積極反應匝道上、下游需求與容量間關係，對交通變異較大的狀況較能即時因應，惟需要較多即時資料蒐集設備，控制邏輯亦較爲複雜。由於交通感應式儀控方式不僅可因應交通流量變化，而改變儀控率，其控制模組與原則也較具彈性，爲多數匝道儀控所採用，也爲未來發展之主要方向。

交通感應式儀控方法又可因各匝道間運作之獨立與否，分爲獨立型（isolated）、連鎖型（coordinated）及整合型（integrated）三大類。所謂獨立型係指匝道儀控的時制設計係依該匝道當地之主線與匝道車流狀況加以決定，不受其他儀控匝道的影響。連鎖型係指匝道儀控的時制設計，會考量上、下游相關之匝道儀控的時制與車流狀況，來加以決定。其又依上、下游匝道兩者相互影響之關係，分爲合作型（cooperative）及競爭型（competitive）兩類。至於整合型是同時考量設定整條公路或整個區域內的所有儀控匝道之時制，而使得該公路或區域之控制績效最佳。

圖 28-1 彙整各類型匝道儀控之控制演算法。由圖知，目前以整合型匝道儀控之控制演算法最多，有多種已開發測試完成，但也有數種演算法已提出並經模擬驗證，但尚未實地實施者（虛線方框者）。

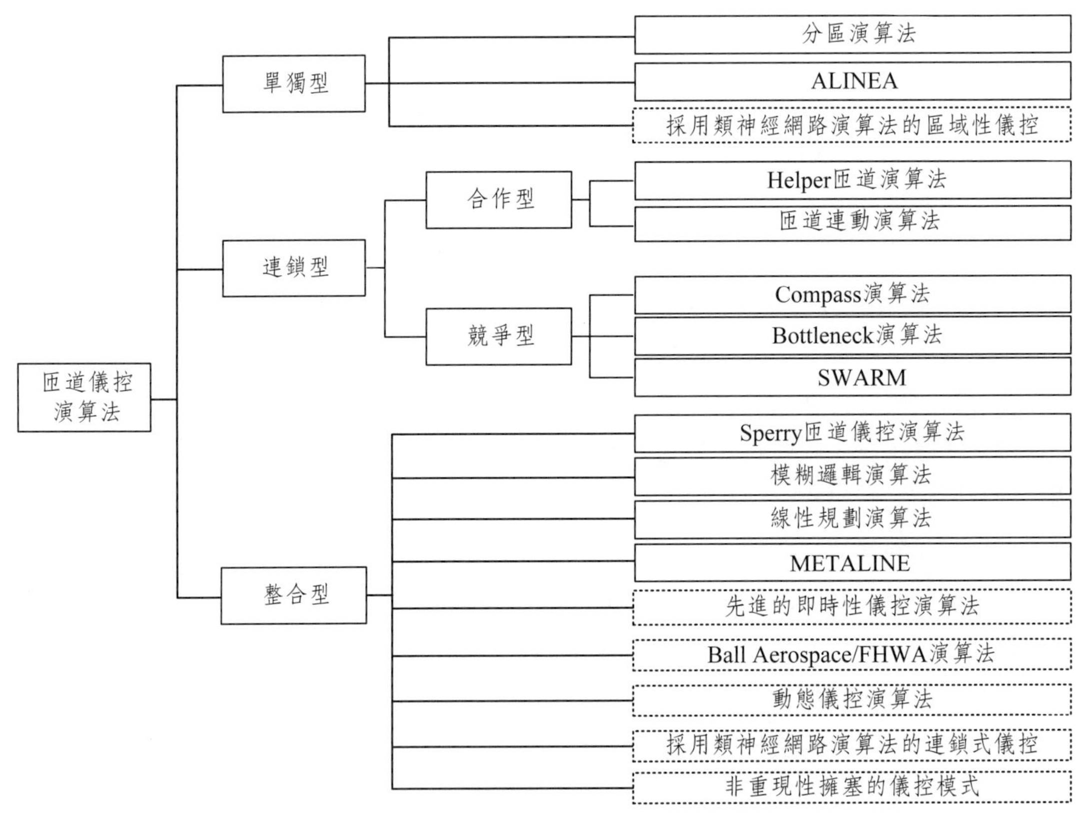

圖 28-1 各類型匝道儀控控制演算法之彙整

（資料來源：Zhang *et al.*, 2001；邱裕鈞，2006）

我國高速公路自民國 82 年逐步實施匝道儀控措施後，對高速公路主線車流之順暢，已發揮一定程度之效果。然國內匝道儀控方式因囿限於控制機制與交控設備之不足，以往僅能以定時方式或人工方式進行管制，無法因應瞬時變化的交通量變化。基此，高公局乃於民國 87 年委託加拿大商道康國際工程顧問公司規劃建置中山高速公路入口匝道儀控系統（1998），希能克服定時時制之缺點，達到動態控制之目的。惟該系統之控制機制主要是係以控制邏輯規則（設定某些門檻值）方式進行時制控制，而非從全線整合之角度求取各入口匝道之最佳時制，故此種控制方式之控制績效尚待考驗。況且由於系統參數設定之問題無法克服，以及車輛偵測器設置數量與功能之不足，目前在實際運作上仍無法充分發揮其系統功能。

28.2.3 公車專用道

公車專用道係採用低成本、短期易行的高乘載之大眾運輸優先通行措施，以達到車流順暢與公車優先的效果。公車專用道措施係選擇適合路段，配合以交通工程及交通管制措施，使高乘載之公車具有專用道路使用權，藉以提昇公車之行駛速率。公車專用道之布設方式可依方向：順向或逆向、位置；外側車道或內側車道，以及設站方式：遠端設站或近端設站等，因時因地加以搭配設計。通常公車專用道以順向方式配置，以避免民眾產生誤解，導致搭錯公車。另外也可避免民眾穿越道路時，在同一方向車道上必須同時注意雙向來車的危險。但在單行道上，爲便利民眾能夠搭乘雙向之公車路線，則必須配置一條逆向公車專用道。至於布設位置則視該道路有無快慢分隔島而定。若無，則布設於內側車道，利用中央分隔島作爲站台設計。若有，則設於快車道外側車道，利用快慢分隔島作爲站台設計。至於設站方式爲避免公車綠燈通過路口產生擁塞，而造成交叉路口難以清道之危險，大多採近端設站方式布設。當然，也可因當地特性，調整爲遠端設站，以避免公車於號誌前因上下乘客，而無法於綠燈時相內順利通過路口。至於公車專用道之寬度以 3.5 公尺爲原則，不宜小於 3.25 公尺，於站台區之車道寬不宜小於 3.0 公尺。

目前臺北市爲我國公車專用道布設數量最多、長度最長的城市，其布設時間與方式彙整如表 28-1。

爲能在有限預算下，推動大眾運輸系統，近年來公車捷運系統（bus rapid transit, BRT）也成爲另一種選擇。公車捷運系統係一具有專有或部分專有路權，並運用高效率收費系統及現代化運輸車輛，以提供舒適、便捷、安全服務之先進公車系統。具體而言，公車捷運系統是以改良的公共汽車、運用軌道運輸的經營方式，提供大眾捷運服務，是一種具有軌道服務品質與公車營運彈性的大眾捷運系統（張學孔，2005）。嘉義公車捷運系統爲我國第一條公車捷運系統，主要服務高鐵嘉義站與臺鐵嘉義車站往返嘉義市區之間的旅運需求而興建，全長 29.65 公里。2014 年臺中市快捷巴士系統正式營運，是繼嘉義公車捷運系統後，我國第二條公車捷運系統。惟 2015 年改爲優化公車專用道，僅試營運一年的臺中公車捷運系統正式走入歷史。

表 28-1 臺北市公車專用道布設時間與方式

路線別	起點	終點	長度（公里）	布設方向	布設位置	實施日期
信義路	中山南路	基隆路	4.50	逆向、順向	外側快車道	85.07.06
仁愛路	逸仙路	中山南路	3.10	逆向、順向	外側快車道	85.07.27
南京東路	中山北路	三民路	4.20	雙向、順向	內側快車道	85.07.27
民權東西路	延平北路	敦化北路	3.60	雙向、順向	內側快車道	85.08.02
松江路	民權東路	長安東路	1.54	雙向、順向	內側快車道	85.01.27
新生南路	忠孝東路	和平東路	1.78	雙向、順向	外側快車道	85.06.01
敦化南北路	民權東路	長安東路	1.54	北向南順向	外側快車道	85.08.02
重慶北路	民權東路	長安東路	1.54	雙向、順向	內側快車道	90.01.18
中華路	愛國西路	忠孝西路	1.06	雙向、順向	內側快車道	90.03.01
羅斯福路	和平東路	興隆路	3.10	雙向、順向	內側快車道	95.03.04

28.2.4 單行道系統

單行道管制可減少交叉路口之衝突點及對向車流之阻力，增加行車速率，降低空氣污染等優點，其爲增進道路使用效率之有效方法之一。但其缺點是可能會造成用路人需要繞路，而致行駛距離增加、不熟悉路況的用路人容易迷失方向，以及沿線商家因客源流失而反對等問題。惟由於各縣市早期市中心商業區之街道通常都相當狹窄，爲容納愈來愈多的交通需求，不得不規劃單行道系統，以克服此一問題。國內各縣市在市中心區均設有相當比例之單行道系統，以簡化車流運行方向。

以臺北市爲例，其單行道規劃最早係臺北市政府警察局於民國 69 年 12 月辦理「臺北市中心區單行道系統研究規劃」，續有國立交通大學交通運輸研究所於民國 73 年 8 月辦理「臺北市中心區單行道系統之發展規劃」。早期單行道係爲解決中心商業區狹窄街道之擁擠現象而設置，故多集中於城中、龍山區及建成區一帶，之後因幹道交通之擁擠程度漸趨嚴重，單行道之設置遂擴展至較寬之道路，如信義路、仁愛路等。目前成效較爲顯著之主要幹道如信義路及仁愛路配對單行、市中心區西門町區域性單行等，均使衝突點減少，行車速率提高。

28.2.5 自行車專用道

自行車爲一及戶的個人交通工具，具有經濟、彈性、節約能源、無空氣污染等特性，又可強身健體，適於短距離旅次，也可作爲休閒活動的工具。尤其，近年來油價大幅上漲及氣候暖化問題，鼓勵民眾騎乘自行車通勤或休閒，也成爲運輸系統管理的一項重要措施。爲鼓勵民眾騎乘自行車，廣設自行車道顯爲一最有效重要之措施。自行車道之布設方式可參考第 16 章之介紹。

28.3 運輸系統管理之績效評估

運輸系統管理之相關措施甚多，選擇時當然須視當地時空特性與需要而定。由於各項措施在國內外已有相當多之實施案例與經驗，實施前後都必須充分加以了解與掌握。一般而言，用於評估運輸系統管理成果的績效衡量指標（measures of effectiveness, MOE）包括三大部分：

1. 政策目標效果：主要探討因運輸系統管理措施之實施，而使得原設定政策目標之達成程度。一般而言，實施運輸系統管理措施之目標爲：(1) 減少交通延滯、(2) 減少污染排放，以及 (3) 減少能源消耗等。

2. 運輸系統效果：主要探討因運輸系統管理措施之實施，而使得運輸系統之正面或負面績效，例如，總車輛數、大眾運輸乘載率、行駛延滯與事故件數，因而獲得提昇或改善。此一部分之調查可利用直接觀察方式予以進行。

3. 旅運行爲效果：主要探討因運輸系統管理措施之實施，而使得用路人因而改變其出發時間、運具選擇，以及路線選擇等行爲之狀況。當然，此一部分之調查，必須透過問卷訪問方可獲得。

至於上述各項衡量指標，可透過直接觀察法（direct observation）或問卷調查法（questionnaire survey）加以衡量。俟資料蒐集完整後，在分析及評估運輸系統管理措施之績效時，可利用事前事後分析法或者是有或無分析法（with or without method），透過統計檢定方式驗證實施績效之顯著性，以克服衡量誤差問題。例如，邱裕鈞和張建華（2008）及 Chiou and Chang（2010）即分別利用事前事後分析法檢視設置紅燈倒數計秒器前後駕駛人提早起動行爲、起動延滯及疏解車流車間距之變化情形（以同一路口裝置紅燈倒數計秒器前後一段時間進行直接觀察）。另外，也觀察綠燈倒數計秒器對駕駛人闖紅燈行爲、猶豫區間，以及停行決策之變化情形（選擇兩個幾何及交通條件相同之路口，同時進行直接觀察）。

28.4 結論與建議

運輸系統管理雖然自 1970 年代開始推動，迄今已逾四十年，但許多措施至今仍廣爲各先進國家及城市採行。尤其，在現今永續運輸及人本交通之目標下，爲避免大規模運輸系統建設計畫，而改以運輸系統管理解決交通問題，更值得重視。惟運輸系統管理之相關措施甚多，選擇時當然須視當地時空特性與需要而定。況且各項措施在國內外均已有相當多之實施案例與經驗，值得執行前先加以參考。另外，在執行過程中，也應該建立一套績效評估方法，並據以落實執行，以充分掌握實施成效，俾供後續檢討改進或其他國家及城市參考之用。當然，如前述，運輸系統管理僅能發揮一部分之效果，執行時，應同時考量運輸需求管理，甚至進一步考量機動力管理等相關措施，一併施行以收綜效。

問題研討

1. 名詞解釋：
   (1) 公車專用道（bus lane）；
   (2) 調撥車道（reversible lane）；
   (3) 入口匝道控制（ramp metering）；
   (4) 高乘載專用車道（HOV lane）；
   (5) 交通優先號誌（traffic signal preemption）；
   (6) 出行服務（Mobility-as-a-Service）。
2. 運輸系統管理、運輸需求管理及機動力管理三者間有何差異？
3. 運輸系統管理有哪些措施？
4. 試列舉我國運輸系統管理的實施現況？
5. 試述自行車專用道布設類型與方式。
6. 如何評估運輸系統管理之執行成效？

相關考題

1. 請分析比較單行道、調撥式車道與不平衡車道三種道路路段管制方式的相對優點與缺

點。（20 分）（90 專技高檢覈）

2. 都市之空氣污染源大部分來自道路車輛交通，試述有哪些交通管理措施可減少道路車輛污染量，並述該措施實施之效果如何評估？（25 分）（93 專技高檢覈）
3. 智慧型運輸系統（ITS）之理念在國際上已廣為接受，並有許多具體之實施案例。傳統的交通 3E 政策該如何因應此潮流而予以重新詮釋，請說明之。（25 分）（95 高三級）
4. 請明順向與逆向公車專用道的優缺點，及在公車專用道的起點應注意哪些配套措施？（20 分）（95 專技高）
5. 何謂運輸系統管理（transportation system management, TSM）？試依現行國內都市交通問題之特性，列舉具體可行之 TSM 案例，並說明其據以實施之原因。（25 分）（96 高三級）
6. 請詳細說明運輸系統管理（transportation system management）、運輸需求管理（transportation demand management），以及機動力管理（mobility management）的內容？又三者彼此之間的關係與差異性為何？（25 分）（99 高三級）
7. 在「綠色交通」之理念下，都市交通工程應有哪些配合措施？（30 分）（100 高三級）
8. 何謂單行道系統管制？詳細說明其優缺點、施行適用條件。（25 分）（104 專技高）

參考文獻

一、中文文獻

1. 交通部運輸研究所（1997a），電腦化交通號誌控制系統——通訊系統手冊與通訊協定：規劃報告。
2. 交通部運輸研究所（1997b），電腦化交通號誌控制系統——通訊系統手冊與通訊協定：通訊協定。
3. 交通部運輸研究所（1997c），電腦化交通號誌控制系統——通訊系統手冊與通訊協定：通訊系統手冊。
4. 交通部運輸研究所（2003），國家智慧型運輸系統標準通訊協定（NTCIP）整合式通訊平台之研究、開發與實作（一）。
5. 交通部運輸研究所（2009），自行車道系統規劃設計參考手冊。
6. 張學孔（2005），我國應積極推動公車捷運系統，運輸人通訊交通評論專欄，中華民國運輸學會。
7. 邱裕鈞、張建華（2008），車行號誌倒數計秒器下駕駛行為分析，中華民國運輸學會第

23 屆論文研討會。

8. 邱裕鈞（2006），基因灰模糊邏輯匝道儀控系統之建構與驗證，國科會專題研究成果報告。

二、英文文獻

1. Chiou, Y.C. and Chang, C.H., (2010), "Driver's responses to green and red signal countdown displays: Safety and efficiency aspects," *Accident Analysis & Prevention*, Vol.42, pp.1057-1065.
2. Ferguson, E., (1998), *Transportation Demand Management*, American Planning Association Publication Office.
3. ITE, (1989), *A Toolbox for Alleviating Traffic Congestion*, Institute of Transportation Engineers (ITE) Publication IR-054A. Washington, D.C.
4. Strickland, S.G., (1994), *Congestion Control and Demand Management*, Paris: Organisation for Economic Cooperation and Development.
5. Zhang, M., Kim, T., Nie, X. and Jin, W., (2001), *Evaluation of On-ramp Control Algorithms*, California Partners for Advanced Transit and Highways (PATH), Institute of Transportation Studies, UC Berkeley.

索引

五劃

六劃

七劃

八劃

九劃

十劃

十一劃

十二劃

十三劃

十四劃

十五劃

十六劃

十七劃

十八劃

十九劃

二十劃

二十一劃

二十四劃

二十七劃

國家圖書館出版品預行編目資料

交通工程／陳惠國，邱裕鈞，朱致遠著．——二版．——臺北市：五南圖書出版股份有限公司，2017.06
面； 公分
ISBN 978-957-11-9197-3（平裝）

1.交通運輸學

557 106008176

5G25

交通工程

作　　者— 陳惠國（259.6）、邱裕鈞（149.9）、朱致遠（34.8）
編輯主編— 王正華
責任編輯— 張維文
封面設計— 智酷設計
出 版 者— 五南圖書出版股份有限公司
發 行 人— 楊榮川
總 經 理— 楊士清
總 編 輯— 楊秀麗
地　　址：106臺北市大安區和平東路二段339號4樓
電　　話：(02)2705-5066　傳　　真：(02)2706-6100
網　　址：https://www.wunan.com.tw
電子郵件：wunan@wunan.com.tw
劃撥帳號：01068953
戶　　名：五南圖書出版股份有限公司
法律顧問　林勝安律師
出版日期　2017年6月二版一刷
　　　　　2025年1月二版七刷
定　　價　新臺幣620元